Business Consulting – Methoden, Techniken und Einblicke

Christian Aichele · Marius Schönberger
(Hrsg.)

Business Consulting – Methoden, Techniken und Einblicke

Wege zur Performanz in der Beratung

Hrsg.
Christian Aichele ⓘ
Fachbereich Betriebswirtschaft
Hochschule Kaiserslautern
Zweibrücken, Rheinland-Pfalz
Deutschland

Marius Schönberger
Fachbereich IT und Technik
IU Internationale Universität
Erfurt, Deutschland

ISBN 978-3-658-49389-9   ISBN 978-3-658-49390-5   (eBook)
https://doi.org/10.1007/978-3-658-49390-5

Die Deutsche Nationalbibliothek verzeichnet diese Publikation in der Deutschen Nationalbibliografie;
detaillierte bibliografische Daten sind im Internet über https://portal.dnb.de abrufbar.

© Springer Fachmedien Wiesbaden GmbH, ein Teil von Springer Nature 2025

Springer Vieweg ist ein Imprint der eingetragenen Gesellschaft Springer Fachmedien Wiesbaden
GmbH und ist ein Teil von Springer Nature.
Die Anschrift der Gesellschaft ist: Abraham-Lincoln-Str. 46, 65189 Wiesbaden, Germany

Wenn Sie dieses Produkt entsorgen, geben Sie das Papier bitte zum Recycling.

Vorwort

Die Arbeit von Unternehmensberatungen und deren Mitarbeiter ist entsprechend des Projekterfolges positiv oder negativ konnotiert.

Projekte der Unternehmensberatungen sind zumeist ein komplexer Transformationsprozess für die Klientenunternehmen, der vieles organisatorisch vereinfachen kann, nachhaltig sein kann und Menschen in vielen Funktionen und Prozessen sinnvoll unterstützen kann. Er kann aber auch das Gegenteil bewirken, zum Beispiel zur Aufsplittung und Verkauf und zur Mitarbeiterreduktion eingesetzt werden. Letzten Endes ist Beratung eine kommunikative und soziale Interaktion und damit auch abhängig von allen positiven und negativen Aspekten und Ausprägungen der individuellen, menschlichen Charaktere.

Zielsetzung des Buches

Fokus dieser Publikation ist es, aufzuzeigen wie Unternehmensberatung erfolgreich funktionieren kann, das Verständnis für die Möglichkeiten der Unternehmensberatung zu wecken und insbesondere die Erfolgsfaktoren in der Anwendung von Techniken und Methoden sowie der Sozialfaktoren der Protagonisten in der Unternehmensberatung aufzuzeigen.

Was liefert das vorliegende Buch?

In den ersten Kapiteln werden grundlegenden Definitionen und Prinzipien der Unternehmensberatung erläutert, die Vorgehensweise der Beratungsprojekte aufgezeigt und die Strategie zur erfolgreichen Durchführung der Beratungsprojekte erläutert. Der zweite Teil enthält praxisrelevante Inhalte zum Thema. Praktiker werden bei der Lektüre umfangreiche Hilfestellungen, Guidelines und konkrete Informationen zur Umsetzung von Beratungsprojekten erhalten. Aber auch nur an der Thematik Interessierte werden das Buch mit Gewinn lesen können.

An wen richtet sich „Business Consulting – Methoden, Techniken und Einblicke"

Das vorliegende Buch ist besonders für Unternehmens- und IT-Berater mit Fokus auf die Projektarbeit geeignet. Ferner an Lehrende und Studenten der Betriebswirtschaft, Wirtschaftsinformatik und Informatik sowie allgemein mit all den

Personen in Gesellschaft und Politik, die sich mit den Zukunftsthemen und Inhalten der Unternehmensberatung beschäftigen.

Aufbau des Buchs

Das Buch strukturiert die Thematik Business Consulting in drei Hauptteile. Im ersten Teil werden die allgemeinen Grundlagen Unternehmensberatung und der Beratungsprojekte erläutert.

Der zweite Teil beschäftigt sich mit praxisrelevanten Beratungsprojekten In den Einblicken (Insights) werden erfolgreiche und weniger erfolgreiche Projekte vorgestellt. Ein erfolgreiches Beratungsprojekt ist für das Beratungsunternehmen und den Klienten vorteilhaft. Beide ziehen einen Gewinn aus dem Projekt. Weniger erfolgreiche Projekte sind meistens mit organisatorischen und finanziellen Einbußen für den Kunden gekennzeichnet, wobei das Beratungsunternehmen zumindest einen monetären Gewinn aus dem Projekt realisiert. Nicht erfolgreiche Projekte für beide Protagonisten geht mit finanziellen Verlusten beider Parteien und mit einem erheblichen Renommee-Verlust für das Beratungsunternehmen einher. Im dritten Teil werden Methoden und Techniken der Unternehmensberatung in einem umfassenden Kompendium aufgeführt.

I. Konzept der Unternehmensberatung

Das Konzept der Unternehmensberatung beinhaltet die Herleitung und Definitionen der Unternehmensberatung. Der Mehrwert der Berater für die Kundenunternehmen wird aufgezeigt und die grundlegenden Anforderungen an die Berater werden aufgeführt. Die Beratungsunternehmen werden klassifiziert, die typischen Karrierestufen in der Beratung werden strukturiert und die Phasen des Beratungsprozesses werden erläutert. Die Inhalte eines erfolgreichen Beratungsmarketings werden erklärt und die einzelnen Phasen des Beratungsprozesses werden abschließend detailliert dargestellt.

II. Guidelines und Insights

Das Kapitel Guidelines enthält Prinzipien und Richtlinien, die Berater und Beratungsunternehmen in allen Phasen der Projektarbeit unterstützen und die bei Beachtung den Projekterfolg erleichtern. In dem Kapitel „Insights" berichten Berater von konkreten Projekten, Erfolgen und Misserfolgen und geben damit Denkanstöße und Handlungshinweise für die erfolgreiche Durchführung eigener Beratungsprojekte.

Christian Aichele berichtet von einem Unternehmen der Energiebranche, in dem mehrere, sequenzielle Projekte zur Erstellung und Einführung integrierter Softwaresysteme für alle Unternehmen des Konzerns und externen Unternehmen der Energiebranche durchgeführt wurden.

Daniel Wolf zeigt Herausforderungen aus der Praxis im Bereich des IT-Outsourcings und der Implementierung von Managed Services auf. Das Kapitel beinhaltet Erfahrungen und Handlungsempfehlungen aus der Projektpraxis von Transitionen und Transformationen bei einem Managed Service Provider.

Alpay Tsitak erläutert, mit welchen Risiken ein Nahrungsmittelhersteller durch den technologischen Wandel mit einem veralteten ERP-System zu kämpfen hatte und wie ein Projekt die Probleme gelöst hat.

Thorsten Rink zeigt Erfahrungen des Einsatzes von Vorgehensmodellen und Standardmethodiken im Rahmen von SAP S/4 Hana Einführungsprojekten auf. In diesem Kapitel wird sich primär mit der Frage beschäftigt, welche Abweichungen bei einer SAP S/4 Implementierung zwischen theoretischer Standardmethodik und praktischer Umsetzungen entstehen können.

Viktor Abich befasst sich in seinem Erfahrungsbericht mit der erfolgreichen Umsetzung von Großhandelsprojekten im ERP-Umfeld mit praktischen Handlungsempfehlungen aus bereits durchgeführten Implementierungsprojekten und zeigt Strategien, Methodiken und Best Practices auf.

Cedric Rocker eröffnet mit einer Abgrenzung von Digitalisierung und Künstlicher Intelligenz und beleuchtet ihr Wechselspiel. Darauf aufbauend liefert eine Trend- und Marktanalyse Einblicke in die jüngste KI-Adoption: von Generative AI über Retrieval-Augmented Generation (RAG) bis hin zu Edge-Computing gestützter KI. Den Abschluss des Kapitels bilden konkrete Handlungsempfehlungen: ein vierstufiges Vorgehensmodell vom Digitalisierungsaufbau bis zum skalierbaren KI-Roll-out sowie eine praxiserprobte Checkliste für die Technologiefolgenabschätzung.

Abschließend beschreibt **Christian Aichele,** wie der massive Einsatz von Beratern und die falsche Einschätzung der Branchensituation und daraus folgende Entscheidungen des Vorstands in mehreren Turn-Around-Management Projekten bei einem Porzellanhersteller zum Kollaps des Unternehmens führten.

III. Kompendium

Das vorliegende Buch vereint nicht nur fundierte theoretische Grundlagen mit praxisrelevanten Perspektiven, sondern legt auch einen besonderen Wert auf eine systematische Darstellung der Methoden- und Werkzeuglandschaft, wie sie in der professionellen Beratungspraxis zur Anwendung kommt. Einen zentralen Bestandteil dieses Buches bildet das Kompendium der Methoden und Techniken im Business Consulting.

Das Kompendium stellt ausgewählte Instrumente der Unternehmensberatung in strukturierter, anwendungsnaher und zugleich wissenschaftlich fundierter Form dar. Es ist das Ergebnis intensiver Recherchen sowie praktischer Erfahrung. Alle Beiträge folgen einer einheitlichen Systematik und sind entlang wesentlicher Handlungsfelder des Business Consulting gegliedert. Die Aufzählung der Methoden und Techniken ist als Beispiel bzw. Extrakt zu verstehen, es gibt darüber hinaus zahlreiche unternehmensspezifische Ansätze, historische und sich entwickelnde Beratungsmethoden und Beratungstechniken, die nicht explizit aufgeführt werden. Ziel war es, eine Sammlung an Methoden und Techniken zu schaffen, das Studierenden, Praktiker und Entscheidungsträger gleichermaßen Orientierung, Inspiration und methodische Sicherheit bietet – unabhängig davon, ob sie am Beginn ihrer Beratungsarbeit stehen oder langjährige Erfahrung mitbringen.

Als Herausgeber sehen wir das Kompendium nicht nur als Nachschlagewerk, sondern als Beitrag zur Professionalisierung und Qualitätsentwicklung in der Beratung. Es soll dazu ermutigen, Methoden nicht nur anzuwenden, sondern auch kritisch zu reflektieren, situativ anzupassen und mit anderen Ansätzen zu kombinieren. Gerade in Zeiten beschleunigter Veränderung ist methodisches Denken eine zentrale Ressource für wirksame Problemlösung und nachhaltige Entwicklung.

In eigener Sache möchten wir darauf hinweisen, dass wir in der Publikation von dem Gebrauch von KI-Tools Abstand genommen haben. Weder für Stil, Orthografie noch Grammatik wurden KI-Tools eingesetzt. Damit sind in großen Teil das eigene Idiom und der eigene Stil eingesetzt worden.

Nahezu die gesamte Publikation ist im generischen Maskulinum erstellt. Wir weisen ausdrücklich darauf hin, dass damit auch unsererseits jegliche Diskriminierung ausgeschlossen sein sollte.

Die Leser, die möglicherweise Anstoß daran nehmen, mögen uns verzeihen.

Zum Schluss gilt unser besonderer Dank allen an diesem Buch beteiligten Autoren, ohne deren hohes Engagement beim Verfassen der nachfolgenden Artikel dieses Buchprojekt nicht hätte realisiert werden können. Darüber hinaus bedanken wir uns bei zahlreichen Experten und Praktikern aus der Wissenschaft und von Unternehmen, die uns bei der Erstellung dieses Buches wiederholt mit Rat und ihrem detaillierten Wissen unterstützt haben. Nicht zuletzt gilt unser Dank auch der professionellen Unterstützung und wohlwollenden Begleitung durch das Lektorat Elektrotechnik, IT und Informatik des Springer Vieweg Verlags.

Wir würden uns freuen, wenn die vorliegende Publikation einen Beitrag zur inhaltlichen Konkretisierung und zu Erfolg von Beratungsprojekten in Unternehmen leisten könnte sowie dem Praktiker bei der Umsetzung von Beratungsprojekten hilfreiche Informationen zur erfolgreichen Realisierung geben kann.

im Juli 2025   Christian Aichele
                                                                 Marius Schönberger

Inhaltsverzeichnis

Herausgeber- und Autorenverzeichnis

Über die Herausgeber

Prof. Dr. Christian Aichele lehrt Wirtschaftsinformatik an der Hochschule Kaiserslautern. Nach seinem Studium des Wirtschaftsingenieurswesens an der Universität Karlsruhe arbeitete er weltweit als Unternehmensberater in verschiedenen Positionen und für unterschiedliche Branchen. Danach war er als Leiter Solution Center für Abrechnungslösungen für klein- und mittelständische Versorger bei RWE und als Manager bei Tieto Oyi für die Konzeption von Service Offerings und für die Projektakquisition und -durchführung im Bereich Energy und Smart Meter zuständig.

Prof. Dr. Marius Schönberger ist Professor für IT, Technik und wissenschaftliches Arbeiten an der IU Internationale Universität. Seine Schwerpunkte sind Künstliche Intelligenz, Mensch-Maschine-Interaktion, IT-Projektmanagement sowie Führungs- und Kommunikationstechniken. Zuvor war er Geschäftsführer des Forschungsinstituts für Bildung und Digital (FoBiD) an der Universität des Saarlandes. In dieser Funktion war er für die Leitung und Begleitung von Forschungs- und Entwicklungsprojekten in den Bereichen Bildung und Digitalisierung verantwortlich. Als IT-Leiter eines mittelständischen Medizintechnikunternehmens in Saarbrücken war er für den Betrieb der IT-Infrastruktur und der IT-Systeme verantwortlich.

Autorenverzeichnis

Viktor Abich Scheer GmbH, Saarbrücken, Deutschland
Christian Aichele Hochschule Kaiserslautern, Zweibrücken, Deutschland
Christian Aichele Hochschule Kaiserslautern, Ketsch, Deutschland
Christian Aichele Hochschule Kaiserslautern, Zweibrücken, Deutschland
Christian Aichele Hochschule Kaiserslautern, Zweibrücken, Deutschland
Christian Aichele Hochschule Kaiserslautern, Zweibrücken, Deutschland
Christian Aichele Hochschule Kaiserslautern, Zweibrücken, Deutschland

Thorsten Rink Nagarro ES GmbH, Pirmasens, Deutschland

Cedric Rocker, M.Sc. BEST e. V. c/o Arbeitskammer des Saarlandes, Saarbrücken, Deutschland

Marius Schönberger IU Internationale Hochschule, Erfurt, Deutschland

Marius Schönberger IU Internationale Hochschule, Erfurt, Deutschland

Alpay Tsitak EY Consulting GmbH, Köln, Deutschland

Daniel Wolf Kyndryl Deutschland GmbH, Stuttgart, Deutschland

Einführung in die Unternehmensberatung

1

Christian Aichele

*Grundlagen, Definitionen, Added Values der
Unternehmensberatung und der Beratungsprozess*

Aller Anfang ist schwer. Dieser Aphorismus trifft auf viele Bereiche der humanen Interaktion zu. Insbesondere die Unternehmensberatung ist eine Interaktionsform, in der "neue" Berater mit zahlreichen Schwierigkeiten am Anfang Ihrer Karriere zu kämpfen haben. Die intrinsischen Fragestellungen sind u. a.:

- „Was ist der Mehrwert, den ich meinem Kunden liefere?"
- „Reicht mein Wissen für die Aufgabe/Problemstellung aus?"
- „Wie gehe ich vor?"
- „Die Mitarbeiter des Unternehmens verfügen alle über mehr Berufserfahrung und Expertise"
- „Wie verhalte ich mich in den Interviews, Workshops, Arbeitsgruppen und außerhalb der Arbeitszeit bei sozialen Events?"

Was sind nun die Added Values und Deliverables der Unternehmensberater, was sind die Anforderungen der Auftraggeber, der Kundenunternehmen? Was ist Unternehmensberatung eigentlich?

Die folgenden Definitionen klarifizieren den Begriff der Unternehmensberatung:

C. Aichele (✉)
Hochschule Kaiserslautern, Zweibrücken, Deutschland
E-Mail: christian.aichele@hs-kl.de;

© Der/die Autor(en), exklusiv lizenziert an Springer Fachmedien Wiesbaden GmbH, ein Teil von Springer Nature 2025
C. Aichele und M. Schönberger (Hrsg.), *Business Consulting – Methoden, Techniken und Einblicke*, https://doi.org/10.1007/978-3-658-49390-5_1

▶ Unternehmensberatung ist Rat und Mithilfe bei der Erarbeitung und Umsetzung von Problemlösungen in allen unternehmerischen, betriebswirtschaftlichen und technischen Funktionsbereichen.[1]

Unternehmensberatung ist eine professionelle Tätigkeit zur externen und unabhängigen Analyse und Bewertung von Problemen des Auftraggebers, Erarbeitung von individuellen Lösungen sowie projektbezogener Begleitung der Umsetzung, mit dem Ziel, Werte zu schaffen sowie notwendige Veränderungen beim Auftraggeber zu fördern. Sie beruht auf einer vertraglichen Grundlage zwischen Auftraggeber und Beratungsunternehmen.[2]

▶ Unternehmensberatung ist eine höherwertige, persönliche Dienstleistung, die durch ein oder mehrere, unabhängige und qualifizierte Persönlichkeiten erbracht werden. Sie hat zum Inhalt, Probleme zu identifizieren und zu analysieren, welche die Kultur, Strategien, Organisation, Prozesse, Verfahren und Methoden des Unternehmens des Auftraggebers betreffen. Es sind Problemlösungen zu erarbeiten, zu planen und im Unternehmen umzusetzen. Dabei bringt der Berater seine (branchenübergreifende oder Branchen-) Erfahrung und sein Expertenwissen ein.[3]

Kolportierend mit einer eher negativen Konnotation zu den obigen Definitionen folgender Reim:

Of all businesses, by far
Consultancy's the most bizarre.
For to the penetrating eye,
There's no apparent reason why,
With no more asset than pen,
This group of personable men
Can sell to clients more than twice
The same ridiculous advice,
Or find, in such a rich profusion,
Problems to fit their own solution.[4]

Die folgende Abbildung visualisiert die Kernaussagen des Reimes in einer prägnanten Form (siehe Abb. 1.1).

Die negierenden Aussagen sind, dass es keinen guten Grund für den Einsatz von Unternehmensberatern gibt, dass die einzigen Arbeitsmittel der Berater ihr Stift ist (entspricht übertragen auch dem Notebook und der Präsentationssoftware), dass die gleiche Beratung bzw. Beratungsinhalte mehrfach an den Klienten

---

[1] Historische Definition des BDU (Bundesverband der deutschen Unternehmensberatungen).
[2] https://www.bdu.de/consultinglexikon/unternehmensberatung/, Abruf am 25.02.2025.
[3] Siehe Niedereichholz, Christel, 2010.
[4] Bernie Ramsbottom, Financial Times, 1981.

Abb. 1.1 Beratung als Kombination von Betrug und Verrat

verkauft werden und abschließend, dass Berater in dem Kundenunternehmen Problembereiche eruieren, auf die ihre eigene Lösung bzw. Beratungsangebote passend sind.

Welche Wahrheiten oder Unwahrheiten in diesen Aussagen enthalten sind, wird in den folgenden Kapiteln geklärt werden.

1.1 Added Values der Unternehmensberater

Grundsätzlich bieten Berater folgende Mehrwerte:

- **Umfangreiche Informationsbeschaffung:** Berater bieten Klienten Informationen, über die er nicht verfügt. Das können Erfahrungswerte aus anderen Projekten / Unternehmen der gleichen oder aus anderen Branchen sein. Diese können persönlich und individuell erworben sein, aber auch im Knowledge Management des Beratungsunternehmens vorhanden sein. In Abgrenzung dazu sind öffentlich vorhandene Informationen (Internet, Large Language Models (LLM), Generative KI) nicht Bestandteil dieses Mehrwertes.
- **Problemlösungskompetenz:** Berater lösen Probleme, d. h. erkennen diese nicht nur sondern offerieren auch die Vorgehensweise zur Problemlösung. Die eigentliche Beseitigung des Problems wird in vielen Fällen von den Mitarbeitern des Klienten selbst durchgeführt, durch organisatorische Umstellungen / Optimierungen und/oder durch die Einführung spezialisiertes Softwarelösungen.
- **Analyse und Empfehlungen:** Die Analyse der vorhandenen Situation in den betreffenden Strukturen (Aufbau- und Ablauforganisation, IT, Marktsituation u. a.) ist ein Bestandteil der Problemlösungskompetenz. Die Empfehlungen ergeben sich aus dem Expertenwissen und den Erfahrungen der Berater, bzw. aus der Synthese verifizierter Informationen, Daten, den analysierten Problembereichen und dem Wissen bzw. Erfahrungen. Für diese Empfehlungen ist eine immanente Kreativität erforderlich, die entweder durch den Bildungsweg oder den vorhandenen Erfahrungen erworben wurde.

- **Umsetzung der Empfehlungen:** Interne Mitarbeiter und ggf. auch das interne Management haben oft nicht das Standing und die Unterstützung des Top-Managements (C-Level) (teilweise schon bekannte) Optimierungspotenziale durchzusetzen. Hier wirken die Berater als Accelerator (Beschleuniger), da sie (oft) größeren Einfluss auf die Entscheidungsfindung des Top-Managements haben (nach dem Motto: „Was teuer bezahlt wird, ist auch gut und richtig"
- **Konsens und Zustimmung über Veränderungen herbeiführen:** Die Berater wirken als Moderator und Mediator und haben initial Zugang zu allen ggf. auch konkurrierenden Fachbereichen. Wichtig ist, dass die Konflikte auch erkannt werden und damit sich die Möglichkeit offeriert, diese zu reduzieren bzw. zu beseitigen.
- **Lernen fördern:** Die Berater bringen externes Know-how aus vielen (externen) Projekten und aus ihrer Branchenexpertise ein. Dies sollte die Lernbereitschaft der Kundenmitarbeiter motivieren und fördern.
- **Optimierung der organisatorischen Effektivität und Effizienz:** Durch das Know-how und die Expertise der Berater werden Optimierungspotenziale erkannt und so bietet sich die Möglichkeit die Ablauf- und ggf. die Aufbauorganisation zu verbessern.
- **Einbringen neuer Techniken und Methoden:** Beratungsunternehmen und die Berater stehen unter permanenten Druck Techniken und Methoden zu optimieren oder auch neu zu kreieren. Kundenunternehmen neigen eher dazu bestehende Techniken und Methoden nicht zu hinterfragen und zeitlich lange anzuwenden. Dieser Vorsprung in den Technik- und Methodenkenntnissen wirkt sich positiv auf Projektklienten aus, indem die Möglichkeit der Adaption dieser Techniken und Methoden gegeben wird.
- **Dynamik und Motivation:** Die Dynamik und Motivation der Berater sind in nahezu allen Fällen größer als die Dynamik und die Motivation der Kundenmitarbeiter. Für die Berater ist der Kunde neu, das Projekt neu und die zu erwartende individuelle Saturation monetär und karrierebezogen äußerst motivierend. Die Kundenmitarbeiter sind häufig in repetitiven Aufgaben eingebunden, die Karriere und die Entlohnung eher stagnierend oder auf einem geringen linearen Wachstum verbleibend. Durch die extern einwirkende Dynamik und Motivation der Berater wird oft auch die interne Dynamik und Motivation gesteigert, wenn auch meistens nur für das spezifische Projekt und nach dem Projekt oft wieder eine Abflachung erfolgt.

Damit bringen Berater das notwendige Know-how und die Expertise für Problemlösungen ein und beseitigen häufig die Unsicherheit, die bei den Kundenmitarbeitern und dem Kundenunternehmen selbst vorhanden sind.

1.2   Anforderungen an die Berater

Die Anforderungen an die Berater ergeben sich aus den Mehrwerten, die sie den Kundenunternehmen liefern sollen:[5]

- **Teamfähigkeit:** Projekte können nur im Team, gemeinsam mit Kunden und Kollegen erfolgreich abgeschlossen werden.
- **Die Kundensprache kennen:** Eine Beratung kann nur dann erfolgreich sein, wenn der Berater den Kunden und seine Bedürfnisse versteht.
- **Vertrauen schaffen:** Der Berater sollte möglichst das Kundenvertrauen gewinnen, ohne es auszunutzen.
- **Mobilität beweisen:** Bereitschaft auch überregionale Projekte anzunehmen und die korrelierenden Reiseaufwände hinzunehmen.
- **Flexibilität beweisen:** Statt schematischer Problemlösungen, sollten individuelle Lösungsansätze erarbeitet werden, da kein Projekt dem anderen gleicht.
- **Engagiert, motiviert und belastbar:** Diese Eigenschaften müssen junge Berater erfüllen, da gerade zu Beginn der Karriere eine 60 h-Woche keine Seltenheit ist.
- **Objektiv und gründlich arbeiten:** Vorgesetzte und Kollegen müssen sich auf die Tätigkeiten (z. B. Datenauswertung und Kundenumgang) des jungen Beraters verlassen können.
- **Verhaltensweise:** Der Berater sollte so auftreten wie es von seinen Kunden und Kollegen erwartet wird.

Einige der Anforderungen sind durch den Bildungsweg, durch Training-on-the-job und durch die Adaption der Verhaltensweisen und Methoden der erfahrenen Berater erlernbar. Aber es gibt auch Anforderungen, die insbesondere das soziale Verhalten betreffen, die intrinsisch bei Beratern vorhanden sein sollten. Ohne diese sozialen Verhaltensmuster und die notwendige Empathie, ist es schwer ein erfolgreicher Berater zu werden. Zumindest was die meisten Einsatzbereiche betrifft. Berater, die insbesondere im Turn-around-Management tätig sind, kommen ggf. ohne diese Fähigkeiten aus, ggf. ist es in diesem Segment auch besser autokratisches, unempathisches Verhalten zu besitzen.

Beispiel

In einem Projekt in der Porzellanbranche wurde ein Unternehmensberater als Substitut für den aufgrund eines nicht erfolgreichen ERP-Einführungsprojektes gekündigten IT-Leiters eingesetzt. Seine Aufgabe bestand in der Erhaltung des IT-Bereiches und der nachträglichen Realisierung funktionierender ERP-Prozesse. Der Unternehmensberater war ehemaliger Leiter einer IT-Abteilung eines

---

[5] Siehe Hartel, Consultant-Knigge, 2013, S. 23–24.

kollabierten Nähmaschinenherstellers und insbesondere im Turn-around-Management erfahren. Innerhalb kürzester Zeit kündigten aufgrund seines aggressiven und unempathischen Verhaltens gegenüber den vorhandenen IT-Mitarbeitern die meisten von ihnen. Die fehlenden Qualifikationen wurden durch externe Berater ersetzt. Dadurch wurde zwar der Betrieb aufrechterhalten, aber die Kosten waren extrem gestiegen. Die erste Welle der eingesetzten Berater wurde durch günstigere Freelancer ausgetauscht. Die Qualität wurde dadurch Schritt für Schritte reduziert. Nach einem Jahr zogen die Stakeholder (Vorstand und Aufsichtsrat) die Reißleine, kündigten dem Unternehmensberater und führten für die gesamte IT-Abteilung ein Outsourcing durch. ◄

1.3   Strukturierung und Klassifizierung der Beratung

1.3.1   Strukturierung der Angebotsseite

Der Zugang zu einer Tätigkeit als Unternehmensberater/in ist nicht geregelt. Üblicherweise werden fundierte kaufmännische und betriebswirtschaftliche Kenntnisse gefordert, wie sie in entsprechenden Studiengängen erworben werden. Neben bestimmten formalen Qualifikationen sollten noch Persönlichkeitsmerkmale hinzukommen, die für eine beratende Tätigkeit wichtig sind, beispielsweise analytische Fähigkeiten sowie überzeugendes, seriöses Auftreten. Häufig sind Zusatzkenntnisse im Bereich Recht, betriebliches Rechnungswesen und Finanzwirtschaft von Vorteil.[6]

Aber diese Nichtregelung führt auch dazu, dass sich prinzipiell jeder als Unternehmensberater bezeichnen kann und jeder eine Unternehmensberatung gründen kann.

Die Seriosität, Qualität und Reputation ergeben sich durch erfolgreich durchgeführte Projekte, durch das Marketing und die Selbstdarstellung in den Medien, insbesondere auch in den sozialen Medien, durch Publikationen, eigene Konferenzen und Kongresse und Konferenzteilnahmen. Qua Titel, Bildung und Projekterfahrung wird eine Basisqualifikation nachvollziehbar und damit garantiert (siehe Abb. 1.2).

In der Kernbranche werden nationale und internationale Beratungsunternehmen und Einzelberater unterschieden. Je größer und internationaler eine Unternehmensberatung, desto leichter ist der Zugang zu Akquisitionen bei großen und internationalen Konzernen. Kleine und mittlere Unternehmen bevorzugen oft lokale und regionale Unternehmensberatungen, ggf. auch Einzelberater. Erfolgreiche Projekte in den Kundenunternehmens sorgen für nachhaltige Beziehungen und erleichtern damit den Zugang zu neuen Projekten bei diesem Kunden. Insofern ist

---

[6] Siehe und vgl. https://www.bdu.de/karriere/unternehmensberater-werden/, Abruf am 25.03.2025.

Short Profile **Christian Aichele – Senior Advisor**

Prof. Dr. Christian Aichele

Education: Degree in Industrial Engineering
             PhD degree in Business Informatics
             Professor for Business Informatics at
             University of Applied Sciences Kaiserslautern

Professional experience			**Core competencies**	**Project experience**	
from	**to**	**Company, Position**			
1999		University of Applied Sciences Kaiserslautern Professor	• + 20 years experience in business process management and optimization projects	RWE The energy to lead	Development and Establishment of a SAP CCC, Development of a SAP-based utility system
1998	2011	CAT Net, Camelot IDpro, RWE, Topas Consulting, Tieto Nordic, movento Manager	• + 20 years experience in BPR and process modelling, development of modelling conventions	Unilever	Project manager for European SAP template modelling conventions and development of modelling architecture
1995	1997	IDS Korea, IDS-Gintic Singapore President and VP, Development of Joint-ventures	• + 20 years experience in project management in international environment (SAP and non-SAP)	Henkel	Rollout manager for SAP template implementation
1991	1995	IDS Scheer Consulting Industry Segment Leader Process Industry	• Industry sectors: Consumer Goods, Utilities, Automotive, Mechanical Engineering • Knowledge in core consumer goods and utilities processes		Project Manager for Process Modelling and PPC system selection
1989	1990	Elektrowatt Consulting Software-Engineer, Project Manager	• Knowledge of IT Management processes (ITIL, CoBit) and Modelling methods		Development of energy and smart meter offerings, establishment of country units

https://www.hs-kl.de/hochschule/profil/personenverzeichnis/detailanzeige-personen/person/christian-aichele/ueberblick/

Abb. 1.2   Beispiel eines Beraterprofils

ein kontinuierliches Account- bzw. Key-Account-Management der erfolgreichste und beste Weg neue Projekte zu generieren.

Neue Wettbewerber sind IT-Anbieter mit einer proprietären Beratungsabteilung, IT-Serviceunternehmen, Hochschulen in Form von Drittmittelprojekten, Studentische Unternehmensberatungen, Wirtschaftsprüfer und Steuerberater, die neben dem originären Geschäftsmodell auch Beratung anbieten, interne Beratungen der Unternehmen sowie Verbände, Fachverlage und andere (siehe Abb. 1.3).[7] Die Digitalisierung führte auch zu neuen Beratungsansätzen in Form von Online-Beratungen, Remote-Beratungen und KI-basierten Beratungen (siehe Kapitel Synopse und Synthese Digital Consulting / Analoges Consulting). Eine enge Kunden-Beraterbeziehung kann aber nur durch Präsenz erzeugt werden. Die soziale Interaktion und die persönlichen Treffen sind unabdingbar für die Generierung von Sympathien und nachhaltigen Beziehungen.

1.3.2   Klassifikation der Beratungsunternehmen

Beratungsunternehmen werden in folgende Segmente unterteilt (siehe Abb. 1.4):

---

[7]Vgl. Niedereichholz, Christel, Unternehmensberatung Bd.1, S. 19, 2010, De Gruyter Oldenbourg.

Abb. 1.3 Struktur der Angebotsseite des Beratungsmarkts

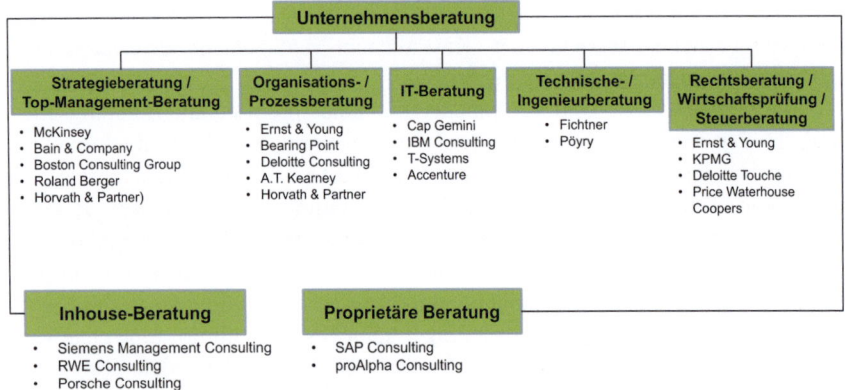

Abb. 1.4 Klassifikation von Beratungsunternehmen

1. Strategie oder Top-Management-Beratungen

Die Beratungen fokussieren auf die Erarbeitung von Unternehmensstrategien und
-ausrichtungen. Sie unterstützen ihre Kunden in der Neuausrichtung und Etablierung in ihrem Marktsegment. Die Ansprechpersonen im Kundenunternehmen sind
zumeist auf der C-Level-Ebene (Top-Management). Beratungsinhalte sind u. a.:

- Turn-Around-Management
- Mergers and Acquisitions
- Unternehmensstrategie
- Marketingstrategie
- Produktfokussierung und -ausrichtung
- Marktstrategien
- Benchmarking / Konkurrenzanalyse
- Outsourcing / Insourcing
- Outplacement

2. Organisations- und Prozessberatungen
Die Beratungsunternehmen haben ihren Schwerpunkt in der Optimierung der Ablauforganisation, der Geschäftsprozessanalyse und Geschäftsprozessoptimierung (GPA / GPO). Ausgehend von der Unternehmensstrategie werden Prozesse analysiert und optimiert, oft durch die Einführung adäquater Softwaresysteme. Ggf. kommt es auch zu Anpassungen in der Aufbauorganisation. Ansprechpersonen kommen überwiegend aus dem mittleren Management, Auftraggeber können auch auf der Top-Management-Ebene sein. Beratungsinhalte sind u. a.:

- Business Process Reengineering (BPR = GPA/GPO)
- Erarbeitung einer IT-Strategie abgeleitet von der Unternehmensstrategie
- Umsetzung der Organisationsoptimierungspotenziale

3. IT-Beratung
Die IT-Beratungen beschäftigen sich mit der Einführung neuer IT-Komponenten (Software, Hardware und Netware, abgekürzt SW, HW und NW) oder der Optimierung bestehender IT-Systeme. Der Übergang von der Prozessberatung zur IT-Beratung kann nahtlos erfolgen. Viele IT-Beratungen starten auch mit der Prozessanalyse und optimieren die Prozesse in der Regel durch Einführung von neuen IT-Systemen. Umgekehrt bieten auch die meisten Prozessberatungen die Einführung von IT an. Die Bandbreite der Beratungsangebote ist weit, IT-Beratungen können mit der Organisations- und Prozessberatung aufsetzen, es gibt aber auch Unternehmen, die insbesondere auf der technischen Ebene Beratung anbieten. Die Kundenmitarbeiter kommen aus allen Unternehmensebenen (Top-Management, Mittleres Management, Fachbereichsmitarbeiter, IT-Mitarbeiter). Beratungsinhalte sind u. a.:

- Einführung von Standardsoftware
- Erarbeitung einer IT-Strategie auf strategischer, taktischer und operativer Ebene
- Prozessoptimierung digital sowie analog
- Einführung von Rechenzentren

- Einführung von IT-Komponenten (SW, HW, NW)
- Datensicherheitsberatung
- Abuse- und Fraudberatung
- Realisierung der IT-Strategie
- IT-Outsourcing
- IT-Insourcing

4.Technische oder Ingenieurberatungen
Die Beratungsunternehmen bieten Leistungen im technischen Bereich an. Dazu gehören die Planung und Auslegung von technischen Komponenten und Anlagen, das Projektmanagement oder die Generalunternehmerschaft für die Realisierung der technischen Komponenten und Anlagen. Typischerweise sind diese Aufgaben im Bereich der Ingenieurleistungen und werden in Zusammenarbeit mit den technischen Fachbereichen der Kundenunternehmen erbracht. Leistungen in diesem Bereich sind u. a.:

- Planung technischer Komponenten und Anlagen
- Beachtung der formalen und gesetzlichen Vorgaben bei der Auslegung technischer Komponenten und Anlagen
- Technisches Projektmanagement
- Generalunternehmerschaft zur Einführung technischer Komponenten und Anlagen

5. Rechtsberatung, Wirtschaftsprüfung und Steuerberatung
Die Beratungsleistung konzentrieren sich entsprechend dem Unternehmensgegenstand auf rechtliche Beratung, auf die gesetzlich vorgeschriebene Wirtschaftsprüfung und auf die steuerliche Beratung und steuerliche Optimierung. Zumeist haben die Kundenunternehmen nur limitiert verfügbare Ressourcen in diesen Bereichen und sind auf externe Beratungen angewiesen. In diesem Segment bestehen zum größten Teil langfristige Kunden-Beraterbeziehungen, ein Austausch der Beratungsunternehmen findet nur sehr selten statt.

6. Inhouse-Beratung
Die Beratungsinhalte der Inhouse-Beratungsgesellschaften entsprechen ihren Pendants in den externen Beratungen (siehe 1. bis 5.). Der Unterschied besteht zum einen in den Gesellschaftern, die Kundenunternehmen sind zugleich die Gesellschafter der Beratungsunternehmen und zum anderen im Kundenzugang und den regulierten Kostenvorgaben. Bestehende Inhouse-Beratungen werden oder müssen zum Teil bevorzugt eingesetzt werden, Abstimmungen bzgl. der Kosten sind reguliert bzw. durch das Top-Management oder die Stakeholder definiert und determiniert. Diese Art der Beratung bietet sich vor allem für größere Unternehmen / Konzerne an, die einen permanenten Beratungsbedarf in ihren Gesellschaften haben. Dadurch können sich Qualitäts- und Kostenvorteile etablieren.

7. Proprietäre Beratung

Proprietäre Beratungsleistungen werden von Unternehmen angeboten, die zusätzlich zu ihren Kernprodukten auch subsidiäre Beratungen anbieten. Die Produkte können technische Komponenten, IT-Komponenten (SW, HW, NW) und Serviceangebote sein. Diese proprietären Beratungsleistungen können exklusiv oder alternativ zu weiteren Beratungsgesellschaften angeboten werden. Im Bereich der Softwareprodukte haben sich beide Arten der Beratungen korrelierend zur Unternehmensstrategie konstituiert. Für ein schnelles Wachstum und eine offensive Marktetablierung ist der Aufbau eines offenen Ecosystems vorteilhaft.[8] Durch die Ausweitung der Beratungsleistungen auch auf externe Beratungsunternehmen und der damit verbundenen Erlösvorteile für diese Unternehmen wird der Absatz der eigenen Produkte beschleunigt.

In der Abb. 1.4 sind je Segment auch Beispiele für Beratungsunternehmen angeführt. Die konkreten Namen der Gesellschaften sind sehr volatil, bedingt durch Mergers and Acquisitions, durch Unternehmensabspaltungen und -aufteilungen und durch gesetzliche Vorgaben und Regularien.

1.4 Die Historie der Beratung

Warum ist externe Beratung überhaupt entstanden? Unternehmen benötigen kreative Ideen für neue Dienstleistungen und Produkte, der Aufbau der internen Organisation bedarf einer Vorgabe und Struktur, die Gestaltung der Lieferketten und Kundensegment einer Strategie. All diese Aufgaben benötigen einen Plan aufbauend auf einer Vision. Dies kann vollständig intern durch das eigene Management und die eigenen Mitarbeiter erfolgen und baut auch auf externe Impulse auf. Um all die externen Informationen, Ideen und Impulse nahezu vollständig zu erhalten und für das eigene Unternehmen zu kanalisieren, ist die externe Beratung ein adäquates Mittel.

Die Entwicklung der Beraterbranche ist der folgenden Abbildung zu entnehmen (Abb. 1.5)[9]

Eine schöne und umfangreichere Darstellung der Historie der Beratung findet sich in der Publikation von Dirk Lippold.[10]

Die Hauptphasen der Beratungshistorie sind:

- **Die Initialisierung:**
  - 1886 erste Unternehmensberatung in den USA, Arthur D. Little
  - Trennung von Management und Eigentümer, Industrialisierung

---

[8] Verbund von Unternehmen, die Leistungen für die Produkte eines führenden Unternehmens anbieten. In der Regel eine Win–Win-Situation mit (Profit-) Vorteilen für alle Beteiligten.

[9] Siehe Fink, Dietmar (2014), Strategische Unternehmensberatung, 2014, S. 16, Vahlen Verlag.

[10] Siehe Lippold, Dirk, Die Unternehmensberatung, S. 40–51, 2018, Springer Gabler.

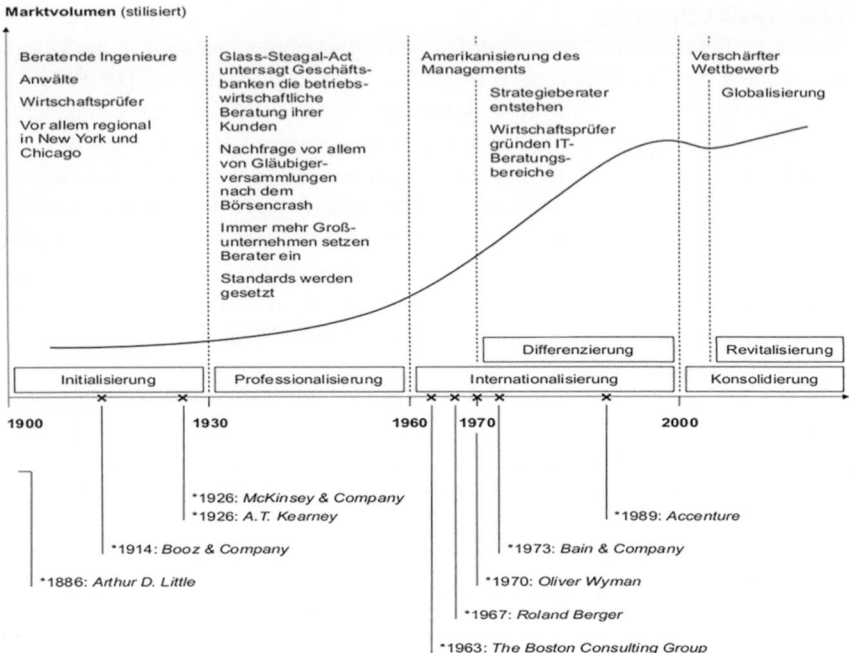

Marktvolumen (stilisiert)

Beratende Ingenieure	Glass-Steagal-Act	Amerikanisierung des	Verschärfter
Anwälte	untersagt Geschäfts-	Managements	Wettbewerb
Wirtschaftsprüfer	banken die betriebs-		
	wirtschaftliche	Strategieberater	Globalisierung
Vor allem regional	Beratung ihrer	entstehen	
in New York und	Kunden		
Chicago		Wirtschaftsprüfer	
	Nachfrage vor allem	gründen IT-	
	von Gläubiger-	Beratungs-	
	versammlungen	bereiche	
	nach dem		
	Börsencrash		
	Immer mehr Groß-		
	unternehmen setzen		
	Berater ein		
	Standards werden		
	gesetzt		

			Differenzierung		Revitalisierung
Initialisierung	Professionalisierung	Internationalisierung		Konsolidierung	

1900   1930   1960 1970   2000

*1926: McKinsey & Company
*1926: A.T. Kearney
                                        *1989: Accenture
*1914: Booz & Company
                            *1973: Bain & Company
*1886: Arthur D. Little
                            *1970: Oliver Wyman
                            *1967: Roland Berger
                            *1963: The Boston Consulting Group

Abb. 1.5 Entwicklung der Beraterbranche

- 1910–1930 : Edwin Booz, James O. McKinsey gründen Unternehmen, erste Unternehmen in Europa und Deutschland (20er)
- **Die Professionalisierung**
  - 30er Jahre
- **Die Internationalisierung**
  - Beginn in den 60er
- **Die Phase der Differenzierung**
  - Beginn in den 70er, Spezialisierung der Unternehmen, Bruce D. Henderson (Boston Consulting)=> Strategieberatungen, Wirtschaftsprüfungsgesellschaften (WP), Steuerberatungen (SB), IT-Consulting, Prozessberatung, Branchenberatungen
- **Konsolidierung nach Krisen**
  Bedingt durch externe Faktoren (Umwelt, Krisen, Rezessionen) stagniert das Wachstum der Beratung bzw. Reduktionen bzgl. Erlösen, Projekten, Anzahl Beratungsgesellschaften, Anzahl Berater werden generiert.
  - Wirtschaftskrisen (2002/03, 2009)
  - Corona-Epidemie (2020–2023)
  - Kriege (Ukraine, Gaza / Israel, Syrien, seit 2022)
- **Mehrfache Revitalisierungen**
  - Nach externen Krisen und durch externe Umweltfaktoren setzt sich das Wachstum der Beratungsbranche fort.

1.5   Die Beraterpyramide

Karriere in der Beratung bedeutet nicht nur Steigerung der individuellen Honorie-
rung, sondern insbesondere die Erweiterung der Verantwortungsbereiche und der
Aufgabengebiete. Ausgedrückt wird diese Extension durch den Titel. Diese haben
auch für die Fakturierung in Kundenprojekten eine enorme Bedeutung. Je mehr
Verantwortung der Titel suggeriert, desto höher der potenzielle Fakturawert und
desto höher die Erlöse des Beratungsunternehmens. Die Rendite korreliert ggf.
nicht mit den höheren Erlösen. Höhere Karrierestufen bedeuten auch höhere Ent-
lohnungen und einen höheren variablen Anteil in den Entlohnungskomponenten.
Variable Anteile sollen den Berater motivieren möglichst viele Tage in externen
Projekten zu fakturieren.

Beispiel

In einem Beratungsunternehmen werden Berater auf der untersten Karrierestufe
(Junior Consultant oder Consultant) mit einem fixen und einem variablen Ge-
haltsbestandteil entlohnt. Der variable Gehaltsanteil ergibt sich aus den faktu-
rierten Tagen. Je fakturiertem Tag erhält der Berater eine Prämie in Höhe von
1 % des Bruttomonatsgehalts. Damit sollte sich der variable Anteil zwischen
15–20 % des Fixgehalts bewegen. Typischerweise erwarten die Unternehmen
mindestens 15 Fakturatage je Monat für den einzelnen Berater. ◄

Interne Projekte werden wie Kundenprojekte behandelt und der Anteil wird für
den Berater auf eine Tagesanzahl je Monat limitiert. Je niedriger die Karrierestufe,
desto seltener werden interne Projekte vorgesehen. Die Rendite für das Beratungsunternehmen ist für Berater auf der untersten Karrierestufe sehr hoch. Daher ergibt
sich für Beratungsunternehmen in Bezug auf die Anzahl der Berater je Karrierestufe oft eine Pyramidenform (siehe Abb. 1.6). Das betrifft vor allem große Beratungsunternehmen. Kleinere Unternehmen, die auf spezielle Beratungsbereiche fokussieren und dafür insbesondere hochqualifizierte Berater benötigen, haben ggf.
eine andere Verteilung (Kreis oder Ellipse auf der Spitze stehend).

Auf der linken Seite der Abbildung sind die Entlohnungshöhen in Relation zur
Stufe angezeigt. Während der Consultant mit x T€ entlohnt wird, kann der Manager oder Partner $4 \times$ T€ erreichen oder ggf. ein Vielfaches davon. Der variable
Anteil bei Junior Consultants oder Consultants beträgt zwischen 10- maximal
20 %, der variable Anteil bei Senior Consultant zwischen 20–30 % bei Managern
zwischen 30–40 % und bei Partnern oder Principals zwischen $40 - \times 100$ %. Viele
Beratungsunternehmen verzichten auf die Stufe „Junior Consultant" und starten
sofort mit dem Titel „Consultant. Die Qualifikation und Fähigkeiten sind natürlich die gleichen. Die Titel sind beispielhaft, deutschsprachigen Derivate können
„Berater", „Projektmanager", „Bereichsleiter", „Geschäftsbereichsleiter" und
„Partner" sind. Die Unternehmen haben das Bestreben die Stufe „Junior Consultant" oder „Consultant" sehr schnell in die Stufe „Projektmanager" oder „Senior

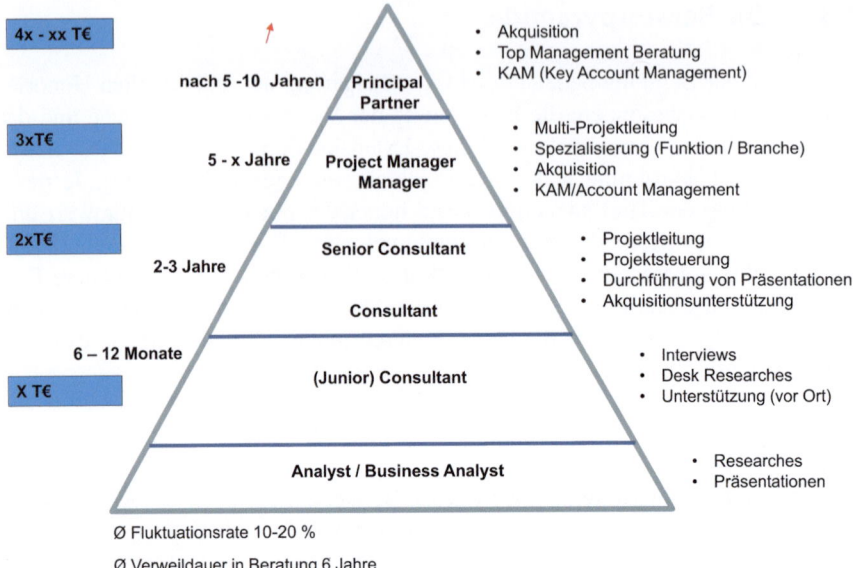

Abb. 1.6 Beraterpyramide

Consultant" übergehen zu lassen (nach 6–12 Monaten sollte die Karrierestufe erreicht werden. Der Verbleib in der Stufe „Senior Consultant" sollte 2–3 Jahre nicht wesentlich überschreiten. Die Zeit auf dem Level des „Mangers" oder „Consulting Managers" kann 5 Jahre und länger andauern. Ein Verbleib auf dieser Stufe ist auch im Bereich des Möglichen. Nach 5–10 Jahren ergibt sich für einige die Chance „Partner" oder „Principal" zu werden. Oft muss man sich dafür auch in die Beratungsunternehmen einkaufen, entweder monetär in Form von Investments oder Gehalts- oder Prämienbestandteilen.

Analysten oder Business Analysts (zumeist interne Mitarbeiter / Sachbearbeiter) haben die Aufgaben Daten zu analysieren, Researcharbeiten durchzuführen oder Präsentationen auszuarbeiten. Dieser Level kann eine Vorstufe zum Berater sein, meist haben große Beratungsunternehmen eigene Abteilungen oder Tochterunternehmen, die diese Aufgaben durchführen und der Übergang für diese Mitarbeiter zum Berater ist nicht vorgesehen oder möglich.

Junior Consultants oder Consultants führen Desk Researches durch, analysieren Strukturen, Daten und Dokumente und unterstützen das Beratungsteam vor Ort. Auch die Durchführung von Interviews kann ggf. schon selbständig zum Aufgabenbereich gehören.

Senior Consultants übernehmen die Projektsteuerung und Projektleitung, führen die Projektmitarbeiter, sind verantwortlich für Präsentationen und unterstützen die Akquisitionstätigkeiten. Ggf. kann auch das Key Account Management für B- oder C-Kunden schon in ihrem Verantwortungsbereich liegen.

Die Manager verantworten Funktionsbereiche für eine definierte Dienstleistung oder einem spezifischen Geschäftsprozess oder Branchenbereiche, führen die Mitarbeiter dieser Bereiche und leiten bzw. steuern ein oder mehrere Projekte. Die Akquisition in diesen Bereichen sowie das Key Account Management und Account Management für A- und B-Kunden ist auch Bestandteil der Aufgaben.

Principals oder Partner führen das Beratungsunternehmen, legen Unternehmensstrategie fest, sind bei bedeutenden Akquisitionen federführend, führen das Key Account Management bei großen A-Kunden (internationale Konzerne) durch und beraten die Führungsebene der Kundenunternehmen (Geschäftsleitung oder C-Level).

Aber nicht jeder Berater führt diesen Weg in einem Unternehmen durch, nicht jeder Berater bleibt der Branche Beratung so lange erhalten. Die durchschnittliche Fluktuationsrate in Beratungsunternehmen ist im Branchenvergleich eine der höchsten und beträgt zwischen 10–20 %. Sehr viele junge Berater wechseln das Beratungsunternehmen nach 2–3 Jahren zum ersten Mal. Sehr viele Berater finden ihr Kundenunternehmen attraktiv und die Kundenunternehmen sind von der Qualifikation des Beraters überzeugt, sodass hier der Wechsel recht einfach fällt. Ggf. ist das Gehalt geringer, aber der Reiseaufwand und der Zeitaufwand für die Aufgaben im Kundenunternehmen sind zumeist sehr gering im Vergleich zu den Aufwänden im Beratungsunternehmen. Über alle Berater hinweg beträgt die durchschnittliche Verweildauer 5–6 Jahre. Die Beratung ist eine optimale Branche, um schnell und effektiv die eigenen Fähigkeiten und Qualifikationen zu steigern, um einige Branchen kennenzulernen und um den zukünftigen Arbeitgeber bestens in den Beratungsprojekten analysiert zu haben und die Unternehmenskultur des Kunden und potenziellen Arbeitgebers auch ausgiebig getestet zu haben.

Natürlich hat die inflationäre Vergabe von Titeln in Beratungsunternehmen auch ihre Gründe. Zum einen soll die Qualifikation und Erfahrung der Berater durch den Titel Ausdruck verliehen bekommen und zum anderen je höher die erreichte Karrierestufe, desto höher der mögliche Fakturierungswert. Insbesondere die Titel „Vice President" und „General Manager" werden sehr gerne für Berater auf der obersten Karrierestufe verwendet, die eigentlich keine Managementaufgaben haben.

Zum Abschluss dieses Kapitels einige Prinzipen bzw. Aphorismen die auf Beratungsunternehmen und Berater zutreffen:

Grow or go (up or out)
Man steigt in seinem eigenen Beratungsunternehmen überdurchschnittlich schnell auf, oder man steigt aus und wechselt das Unternehmen oder die Branche. Nur die besten und erfolgreichsten Berater mit den außergewöhnlichsten Fähigkeiten und den optimalen Qualifikationen werden gefördert und deren Leistungen entsprechend honoriert. Die anderen Berater bleiben auf ihren Karrierestufen stehen, erhalten keine attraktiven Projekte mehr oder werden unverblümt aufgefordert sich einen neuen Job zu suchen. Bei zu großem Beharrungsvermögen sind Kündigungen nicht ausgeschlossen. Gründe dafür finden sich immer (manchmal auch konstruiert).

Love it, change it or leave it

Die Berater sind dann engagiert und motiviert, wenn die Kultur des eigenen Unternehmens ihnen zusagt. Manchmal besteht auch die Möglichkeit das eigene Unternehmen zu optimieren, in Hinsicht auf die Organisation, auf die Geschäftsprozesse und die inhärente Kultur. Je höher der Berater in der Hierarchie steht, umso leichter ist das eigene Potenzial für Änderungen und Optimierungen. Kommt man mit der Kultur des eigenen Beratungsunternehmens nicht klar oder ist der Umgang mit den Vorgesetzten und Managern schwierig bzw. ist deren Verhalten suboptimal und hat man nicht die Möglichkeit daran etwas zu ändern, dann bleibt nur der Wechsel.

Als weitergehende Literatur zu dem Einstieg als Berater und zu den Verhaltensregeln im eigenen Unternehmen und insbesondere in Beratungsprojekten ist die Publikation von Dirk Hartel zu empfehlen.[11] Einige dieser Regeln bzw. Empfehlungen sind:

- **Für den ersten Eindruck gibt es keine zweite Chance:** Die Begrüßung in Workshops oder Interviews wird in einer definierten Reihenfolge durchgeführt. Entscheiden sind der Rang, das Geschlecht und das Alter der Personen. Je nach Kulturkreis werden zuerst die weiblichen Personen je nach Wichtigkeit bzw. Unternehmensrang begrüßt, dann folgt der Rest. In Asien ist das umgekehrt, zuerst werden die männlichen Personen je nach Unternehmensrang begrüßt, dann erst der Rest.
- **Das Erscheinungsbild als Zeichen des Respekts:** Der Berater ist entsprechend den Gepflogenheiten des Kundenunternehmens gekleidet und ausgestattet, aber immer weitestgehend neutral. Dazu gehören u. a.:
  - Neutrale Kleidung unifarben und nicht hell. In der Regel tragen weibliche Berater Kostüm und männliche Berater Anzug, mittlerweile auch ohne Krawatte legitim. In vielen (meist jungen) Unternehmen (Start-ups) ist auch Jeans und Hemd (ggf. mit Sakko) nicht nur am sogenannten „Leisure Friday" akzeptiert,
  - Normale Frisuren (keine langen Haare oder Zöpfe bei Männern, keine Mehrfachfärbungen oder Regenbogenfärbungen bei Frauen)
  - Gepflegte Bärte bei Männern werden mittlerweile auch akzeptiert
  - Keine nackte Haut, kurze Hosen oder kurze Röcke
  - Neutrale Gürtel,
  - Neutrale Krawatten,
  - Schwarze Strümpfe bei Frauen, Löcher / Laufmaschen vermeiden
  - Schwarze Schuhe aus Leder, Sneakers oder Sportschuhe nur wenn die Unternehmenskultur des Kundenunternehmens dies bevorzugt
  - Keine zu teuren Uhren, aber auch keine billigen, am besten weitestgehend neutral aus Metall. Smart Watches sind mittlerweile weit verbreitet und akzeptiert.

---

[11] Vgl. Hartel, Dirk, Consulting-Knigge, 2013.

- Nicht besser angezogen als Vorgesetzter und Kunden
- Mobilfunkgerät am Gürtel oder sichtbar in Hosentasche, nicht ständig mit dem Smartphone interagieren
- Keine hohen Absätze (alle Geschlechter)
- Nicht mehr als 5 Schmuckstücke,
- Neutrale unaufdringliche Parfümierung
- Neutrales Gepäck, keine Edelmarken
- Keine Manschettenknöpfe, zu teure Anzüge, Krawattennadeln oder Lederkrawatten
- **Statussymbole nach Rang,** insbesondere bei den Firmen-KFZ, aber keine Luxuswagen oder Sportwagen, auch nicht im Rang eines Partners.
- **Höflichkeit:**
  - Den Kunden immer Vortritt lassen
  - Begrüßung normalerweise per Handschlag, außer der Kunde bevorzugt kontaktlose Begrüßung
  - Erheben, wenn der Kunde den Raum betritt
  - Ansprechen lassen
  - Mit Bitte und Danke, wo angebracht antworten
  - Abstand halten (60–80 cm, Merker: eine Armlänge)
- **Respekt:** Niemand lächerlich machen!
- **Freundlichkeit**
- **Empathie, Eloquenz, Emotional Intelligence (EQ):** Wichtige Eigenschaften und Charakterzüge eines Beraters
- **Verlässlichkeit und Pünktlichkeit:** Mindestens 15 min vor einem Termin eintreffen, keine Termine kurzfristig absagen
- **Richtige Anrede:** In der DACH-Region und in Asien werden die Personen mit ihrem akademischen Titel angesprochen (Herr/Frau Doktor, Herr/Frau Professor), in der Nordic Region meist mit Vornamen und ohne Titelnennung, in machen Unternehmenskulturen auch mit Adaptierung verschiedener Kulturen, z. B. mit Vornamen, aber Siezen
- **Loyalität und Verschwiegenheit:** Beide Prämissen gelten insbesondere für den Projektverlauf. Nach dem Projekt und ggf. schon während des Projektes können für wichtige Neuakquisitionen Hinweise und Informationen aus dem spezifischen Projekt wichtige Accelerator (Beschleuniger) für Akquisitionserfolge sein (ohne den Kundennamen oder zu detaillierte Inhalte in den Präsentationen und Unterlagen schriftlich niederzulegen). Ggf. ist der Kunde auch als Referenzkunde zu gewinnen. Dann sollte der Berater die verwendbaren Informationen mit dem Kunden abstimmen.
- **Kommen und Gehen:** Der Berater kommt mit dem Kunden oder zu vereinbarten Zeiten (ggf. benötigt der Kunde Zeiten für projektunabhängige, interne Aufgaben. Der Berater geht mit dem Kunden und nicht Stunden vorher.

In einem Projekt bei einem Porzellanunternehmen wurden parallel mehrere Beratungsunternehmen eingesetzt. Die Berater einer internationalen Strategieberatung kamen immer vor den Kundenmitarbeitern und den anderen Beratern und gingen erst nach den Kundenmitarbeitern und den anderen Beratern. Ihren Mehrwert für das Unternehmen blieb den anderen Beratern unbekannt oder zumindest mysteriös, die Kommunikation der Strategieberatung fand wohl nur mit dem Vertriebsvorstand statt. Die Führungskräfte hatten es unterlassen, die Berater und die Beratungsgesellschaften zu koordinieren. Mit Ausnahme der Strategieberatung koordinierten sich die Berater selbst untereinander. Der Einsatz der Strategieberatung dauerte ein Jahr, in dieser Zeit wurde keiner ihrer Berater gesehen. Das Ergebnis war weder intern noch extern zu merken. ◄

- **Erreichbarkeit:** Viele Kunden erwarten eine 24/7 Erreichbarkeit. Hier sollte von den Beratungsunternehmen klare und verbindliche Zeiten kommuniziert werden und die Einhaltung durch ihre Berater auch von dem Management kontrolliert werden. Manche der Berater neigen aus Opportunitätsgründen zur ständigen Erreichbarkeit für ihre Kunden.
- **Vorbereitung** (Workshops, Präsentationen, Denglish): Workshops und Präsentationen sollten detailliert und zielorientiert vorbereitet werden. Die zu erreichende Ziele müssen vorher schon in den Köpfen der Berater sein. Anglizismen sind mittlerweile Usus, sollte aber der Unternehmenskultur angepasst werden.
- **Absacker** (Berater zahlt, Alkohol, Etablissements): Gemeinsame Essen und Nachbesprechungen in Cafés oder Bars sollten auf keinen Fall ausarten, Alkohol sollte vom Berater nur in Maßen getrunken werden. Soziale Interaktion ist wichtig, aber hier müssen die Berater so viel Empathie haben, zu wissen wo die Grenzen sind.

In einem Beratungsunternehmen in Südostasien (ein Joint-Venture zwischen einem europäischen und einem asiatischen Beratungsunternehmen) gab es mehrere Mitarbeiter, die ausschließlich für Kundenkontakte und Vertrieb zuständig waren. Die Akquisitionsgespräche fanden in aufeinanderfolgenden Sequenzen statt, das Beratungsunternehmen zahlt grundsätzlich für jede Sequenz. Zuerst gab es ein kurzes Kennenlernen und eine Präsentation, im nächsten Schritt fand ein gemeinsames Essen statt. Nach dem Essen ging es eine Bar, wo oft Hochprozentiges und Hochwertiges aus Europa (Single Malts, Cognacs u. a.) in mehreren Runden genossen wurden („Freundschaft trinken"). Im finalen Schritt luden die Vertriebsmitarbeiter die potenziellen Kunden (immer nur Männer) in Rotlicht-Etablissements ein. Als der europäische Manager dies realisierte, kam es zu erheblichen Streitigkeiten und nachfolgenden Dissonanzen. Der europäische Manager hatte bisher Akquisitionen in Europa rein technisch mit Fokus ausschließlich auf Inhalte durchgeführt. In der dortigen (patriarchalischen, chauvinistischen) Kultur ging es bei Akquisitionen um Beziehungsaufbau, je besser und tiefer die Beziehung zwischen potenziellen Kunden und den Beratern, umso wahrscheinlicher kam es zu Projektaufträgen. Inhalte waren relativ unwichtig. Dieser Culture Clash führte schließlich zum Aufgeben des europäischen Managers und zur Abberufung zurück nach Europa. ◄

- **Gemeinsames Reisen** (gleiche Klasse, gleiches Hotel): Die Berater orientieren sich an den Gegebenheiten des Kundenunternehmens, reisen in der gleichen Klasse und übernachten in denselben Hotels oder in Hotels der gleichen Kategorie wie die Kundenmitarbeiter.

1.6 Die Phasen des Beratungsprozesses

Die Phasen des Beratungsprozesses gliedern sich in die folgenden Phasen (siehe Abb. 1.7):

1. Kontaktaufnahmen
2. Akquisition
3. Angebotserstellung und -abgabe, Nachverfolgung des Angebotsprozesses
4. Projektdurchführung
5. Auftragsnachbearbeitung und Account Management

Kontaktaufnahme
Die Kontaktaufnahme ist ein komplexer, nicht perpetuierender Prozess. Optimalerweise hat der Berater oder das Beratungsunternehmen ein Netzwerk aufgebaut, dass die Erweiterung in neue Kontakte und Kontaktmöglichkeiten erlaubt. Ggf. ist es für Beratungsunternehmen vorteilhaft erfahrene Berater mit einem vorhandenen Netzwerk als Mitarbeiter zu akquirieren. Sind solche Netzwerke nicht vorhanden oder im Aufbau befindlich, gibt es verschiedene Optionen Kontakte zu knüpfen (Details siehe Kap. 2 und 3). Die Teilnahme an Messen, Konferenzen und Tagungen bietet die Chance neue Kontakte zu generieren. Eigene Seminare offerieren die Option neue Kontakte zu gewinnen. Soziale Medien dienen als Potenzial zur Darstellung des eigenen Unternehmens und der eigenen Leistungen und durch Aktualität und Transparenz der Informationen Kontakte zu gewinnen (Digitales Marketing). Treffend beschreibt Niedereichholz, dass aus den meisten Kontakten keine konkreten Aufträge generiert werden („1000 contacts – no business").[12] Von daher ist es auch von immenser Bedeutung bestehende Kundenbeziehungen durch ein effektives Account- oder Key-Account-Management am Leben zu halten und auszubauen.

---

[12] Siehe Niedereichholz, Christel, Unternehmensberatung, Band 1, S. 9.

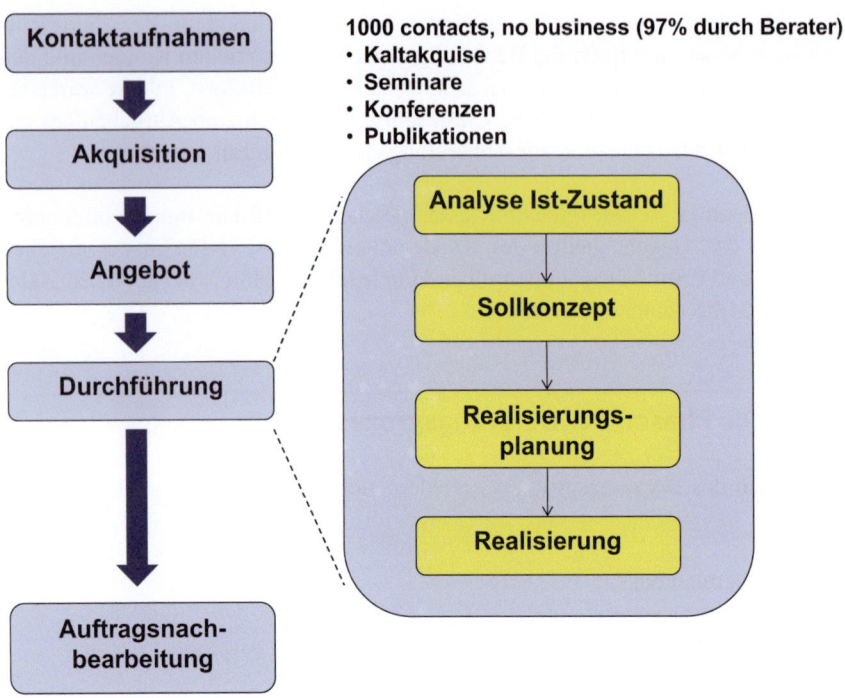

Abb. 1.7 Die Phasen des Beratungsprozesses

Kaltakquisen durch Telefonkontakte oder durch Drittunternehmen (Call-Center) haben für ein erklärungsbedürftiges Produkt wie das der Beratung nur wenig Erfolgschancen. Der physische Kontakt und die Begegnung mit potenziellen Kunden in Präsenz ist immer noch gegenüber allen digitalen Kontaktmöglichkeiten zu präferieren und hat die weitaus höhere Erfolgsquote.

Akquisition

Ein vereinbarter Akquisitionstermin ist ein vielversprechender Schritt in Richtung Angebotserstellung und Projektauftrag. Der Termin muss dementsprechend optimal vorbereitet werden. Alle möglichen Informationen zu dem potenziellen Kunden müssen eruiert werden und in die Akquisitionsunterlagen inkorporiert werden (Präsentation, Handout, Projektportfolio etc.). Vorteilhaft ist auch die Vereinbarung einer Vorabkontaktaufnahme mit einem der Kundenmitarbeiter (per Videocall oder Telefon), um Detailinformationen erhalten zu können. Das in dem Akquisitionstermin offerierte Produktportfolio muss zielgerichtet auf die Problembereiche des Kunden und/oder der Branche des Kunden ausgerichtet sein. Potenzielle Projektteilnahme aufseiten des Beratungsunternehmens sollten an dem Termin teilnehmen und Teile der Akquisition übernehmen. Eine individuelle Vorstellung jedes Beraters ist Bestandteil der Präsentation. In produzierenden Unternehmen ist eine Begehung der Produktionsanlagen wichtig. Dort bieten sich die Möglichkeiten bidirektionaler Kontakte und Gespräche und ggf. auch das erste Erkennen von Optimierungspotenzialen. Ergebnis des Akquisitionstermins sollte auf jeden Fall die Vereinbarung der Abgabe eines Angebotes sind, optimalerweise kann auch ein initialer Analyseworkshop oder auch ein initiales Analyseprojekt abgestimmt werden (zum Festpreis bzw. in Anrechnung auf ein umfangreiches Beratungsprojekt, ggf. auch kostenlos, wobei kostenlos eine Wertlosigkeit indizieren könnte und damit eher suboptimal ist.

Angebotserstellung und -abgabe, Nachverfolgung des Angebotsprozesses
Das Angebot sollte kurz und prägnant sein, aber alle relevanten Aspekte beinhalten, Die Angebotserstellung erfolgt in einem internen Projekt durch ein definiertes Beratungsteam. Die Dauer der Angebotserstellung sollte mit dem potenziellen Kunden angestimmt sein. Ein Einbinden von Mitarbeitern des Kunden in den Angebotserstellungsprozess kann vorteilhaft sein. Der Projektleiter des Beratungsunternehmens sollte diese Mitarbeit des potenziellen Kunden eruieren, dabei ist Fingerspitzengefühl und Empathie gefragt. Je größer das mögliche Projekt, desto umfangreicher der Aufwand für die Erstellung des Angebots. Der Angebotserstellungsprozess kann mehrere Wochen dauern und ein größeres Beratungsteam involvieren. Ideal ist die Vorstellung des Angebots in Präsenz (ggf. per Videokonferenz oder auch vor Ort) und die Vereinbarung von Kontaktaufnahmen, um Fragen zum Angebot zu klären und die Möglichkeit von Nachbesserungen und Optimierungen zu erhalten.

Projektdurchführung
Die Projektdurchführung gliedert sich typischerweise in die Phasen

1. Ist-Analyse
2. Sollkonzeption
3. Realisierungsplanung und
4. Realisierung

Nicht alle Phasen müssen Bestandteil des Angebots bzw. des Beratungsprojektes sein. In der Regel bilden die Kombination von Ist-Analyse und Sollkonzeption ein eigenständiges Projekt, ggf. inclusive eines Ausblickes in die mögliche Realisierung (grober Realisierungsplan). Die Ist-Analyse dient zur Evaluierung der Optimierungspotenziale in der bestehenden Aufbau- und Ablauforganisation, in dem bestehenden Produktportfolio und in dem Unternehmensumfeld (Markt- und Branchensituation). Die Sollkonzeption stellt die optimierte Aufbau- und Ablauforganisation dar und ggf. neue Produkte vor. Die Realisierungsplanung zeigt die Schritte, Methoden und Techniken zur Implementierung der Sollkonzeption auf und enthält damit auch den Projektplan. Die Realisierung besteht aus allen Aktionen zur Umsetzung der Ist-Situation in den Sollzustand.

Auftragsnachbearbeitung und Account Management

In der Phase der Auftragsnachbearbeitung wird die Zufriedenheit des Kunden mit dem Projekt sichergestellt, ggf. müssen Nacharbeiten durchgeführt werden. Die Saturierung des Kunden hat oberste Priorität. Die Auftragsnachbearbeitung geht nahtlos in das Account Management über. Der Kontakt zu dem Kunden wird nachhaltig gehalten. Der Kunde erhält Informationen zu dem aktuellen Produktportfolio des Beratungsunternehmens, das Beratungsunternehmen erhält im Gegenzug Informationen des Kunden über neue potenzielle Projekte und Feedback zu den Situationen in den bereits realisierten Projekten.

Literatur

Fink, D. (2014). *Strategische Unternehmensberatung*. Vahlen Verlag.
Hartel, D. H. (2013). *Consultant-Knigge*. Oldenbourg Wissenschaftsverlag
Lipplod, D. (2018). *Die Unternehmensberatung*. Springer Gabler Verlag.
Niedereichholz, C. (2010). *Unternehmensberatung Bd.1: Beratungsmarketing und Auftrags-akquisition*. De Gruyter Oldenbourg.
Ramsbottom, B. (1981). *The Preying Mantis*. Financial Times.

Internetquellen

https://www.bdu.de/consultinglexikon/unternehmensberatung/. Zugegriffen: 25. Febr. 2025.
https://www.bdu.de/karriere/unternehmensberater-werden/. Zugegriffen: 25. März 2025.

Christian Aichele lehrt Wirtschaftsinformatik an der Hochschule Kaiserslautern. Nach seinem Studium des Wirtschaftsingenieurswesens an der Universität Karlsruhe arbeitete er weltweit als Unternehmensberater in verschiedenen Positionen und für unterschiedliche Branchen. Danach war er als Leiter Solution Center für Abrechnungslösungen für klein- und mittelständische Versorger bei RWE und als Manager bei Tieto Oyi für die Konzeption von Service Offerings und für die Projektakquisition und -durchführung im Bereich Energy und Smart Meter zuständig.

Beratungsmarketing

2

Marius Schönberger

*Grundlagen und Konzepte der Unternehmensberatung als
Fundament für erfolgreiche Beratung.*

2.1 Einführung in das Beratungsmarketing

Unternehmensberatungen agieren in einem zunehmend wettbewerbsintensiven und dynamischen Marktumfeld. Die Globalisierung, Digitalisierung und sich wandelnde Kundenbedürfnisse erfordern eine klare Positionierung und differenzierte Marketingstrategien. Insbesondere das Marketing von Beratungsportfolios gewinnt an Bedeutung, da es nicht nur der Kundengewinnung, sondern auch der langfristigen Kundenbindung und Markenbildung dient (Lippold, 2024, S. 1).

Beratungsleistungen sind immaterielle Güter, deren Qualität und Nutzen für potenzielle Kunden vor der Inanspruchnahme schwer zu beurteilen sind. Dies stellt besondere Anforderungen an das Marketing von Beratungsunternehmen, da Vertrauen und Reputation zentrale Entscheidungsfaktoren für Kunden darstellen (Lippold, 2018, S. 336; Barchewitz und Armbrüster, 2004, S. 13). Ein effektives Beratungsmarketing muss daher nicht nur die Leistungen und Kompetenzen des Unternehmens kommunizieren, sondern auch Vertrauen aufbauen und die spezifischen Bedürfnisse der Zielgruppen adressieren (Niedereichholz, 2010, S. 8).

Ziel dieses Kapitels ist es, die Grundlagen des Beratungsmarketings darzulegen und die Besonderheiten sowie Herausforderungen bei der Vermarktung von Bera-

M. Schönberger (✉)
IU Internationale Hochschule, Erfurt, Deutschland
E-Mail: marius.schoenberger@iu.org

tungsportfolios zu beleuchten. Dabei wird ein besonderer Fokus auf die strategische Ausrichtung und die Integration von Marketingaktivitäten in die Gesamtstrategie des Beratungsunternehmens gelegt.

Der Beitrag zum Thema Beratungsmarketing gliedert sich in drei zentrale Hauptabschnitte, die systematisch den Aufbau, die Instrumente und die Entwicklung des Marketings in Unternehmensberatungen beleuchten. Zunächst wird in Abschn. 2.1 eine grundlegende Einführung gegeben, in der Definitionen (Abschn. 2.1.1) und Besonderheiten des Beratungsmarketings (Abschn. 2.1.2) dargestellt werden. Dabei wird auf die immaterielle Natur von Beratungsleistungen, die Rolle von Vertrauen sowie die strategischen Ziele wie Zielgruppensegmentierung, Positionierung und Differenzierung eingegangen. Abschn. 2.2 widmet sich klassischen Ansätzen des Beratungsmarketings. Hier werden traditionelle Instrumente wie Beziehungs- und Empfehlungsmarketing, persönliche Netzwerke, Direktansprache, Veranstaltungsmarketing sowie Öffentlichkeitsarbeit und Corporate Identity analysiert. Abschließend behandelt Abschn. 2.3 moderne und digitale Entwicklungen im Beratungsmarketing. Im Fokus stehen hier die Online-Präsenz über Websites, Social-Media-Marketing sowie der Einsatz audiovisueller Formate wie Podcasts, Webinare und Videos. Der Beitrag endet mit einer umfassenden Literaturliste, die zentrale wissenschaftliche und praxisorientierte Quellen zusammenführt.

2.1.1   Definition des Beratungsmarketings

Lippold (2024, S. 1) betont, dass das Marketing in der Unternehmensberatung einer der wichtigsten Erfolgsfaktoren ist. Der Begriff „Marketing" wird in der Fachliteratur vielfältig definiert – von sehr allgemeinen Ansätzen bis hin zu speziellen Betrachtungsweisen. So definieren Kotler et al. (2016, S. 38) den Begriff Marketing als einen.

▶ […] Prozess im Wirtschafts- und Sozialgefüge, durch den Einzelpersonen und Gruppen ihre Bedürfnisse und Wünsche befriedigen, indem sie Produkte und andere Dinge von Wert erzeugen, anbieten und miteinander austauschen.

Diese Definition betont die Wertschöpfung für verschiedene Anspruchsgruppen und unterstreicht die Rolle von Marketing als ganzheitlichen Prozess. Bruhn (2024, S. 2) betrachtet Marketing als.

▶ […] eine unternehmerische Denkhaltung. Sie konkretisiert sich in der Analyse, Planung, Umsetzung und Kontrolle sämtlicher interner und externer Unternehmensaktivitäten, die durch eine Ausrichtung der Unternehmensleistungen am Kundennutzen im Sinne einer konsequenten Kundenorientierung darauf abzielen, absatzmarktorientierte Unternehmensziele zu erreichen.

Nach Bruhn (2024) ist Marketing somit nicht nur eine Funktion, sondern eine ganzheitliche Unternehmensphilosophie. Diese Perspektive ist weitestgehend übereinstimmend mit der Definition nach Meffert et al. (2024, S. 18):

▶ Marketing ist eine organisatorische Funktion und eine Reihe von Prozessen zur Schaffung, Kommunikation und Lieferung von Werten an Kunden sowie zur Pflege von Kundenbeziehungen, die dem Unternehmen, seinen Anspruchsgruppen und der Gesellschaft insgesamt nutzen, ohne die Fähigkeit zukünftiger Generationen zu gefährden, ihre eigenen Bedürfnisse zu erfüllen.

Nach Meffert et al. (2024) ist der Schwerpunkt des Marketings somit die konsequente Ausrichtung aller Unternehmensaktivitäten an den Bedürfnissen der Kunden und anderer Anspruchsgruppen. Zudem wird die Bedeutung der Nachhaltigkeit hervorgehoben, indem ökologische und soziale Aspekte in die Marketingstrategie integriert werden. Diese Erweiterung des Marketingbegriffs reflektiert die Notwendigkeit, langfristige Kundenbeziehungen aufzubauen und gleichzeitig gesellschaftliche Verantwortung zu übernehmen.

Das Marketingverständnis nach Bruhn (2024) und Meffert et al. (2024) verdeutlicht, dass Beratungsunternehmen Marketing nicht als isolierte Funktion betrachten sollten, sondern als unternehmensweite Denkhaltung, bei der sämtliche Beratungsleistungen, Strukturen und Kommunikationsmaßnahmen konsequent auf die Bedürfnisse ihrer Mandanten und relevanter Anspruchsgruppen abgestimmt werden.

Um diese grundlegende Perspektive zu vertiefen, lohnt sich ein Blick auf spezifische Definitionen des Beratungsmarketings. Während einige Ansätze den Aufbau langfristiger Mandantenbeziehungen betonen, fokussieren sich andere stärker auf die Besonderheiten der Vermarktung immaterieller Beratungsleistungen. Im Folgenden werden verschiedene Definitionen des Beratungsmarketings vorgestellt, um ein differenziertes Verständnis der speziellen Anforderungen und Erfolgsfaktoren in diesem Bereich zu ermöglichen.

Unter Beratungsmarketing versteht Jeschke (2004) alle Maßnahmen einer Unternehmensberatung zur gezielten Gewinnung und Bindung von Klienten. Er definiert (S. 28):

▶ Beratungsmarketing umfaßt sämtliche Aktivitäten und Instrumente einer Unternehmensberatung, die dem Ziel dienen, Klienten für die angebotenen Beratungsleistungen zu gewinnen oder für eine mögliche Folgeberatung zu halten.

Nach Jeschke (2004) beinhaltet Beratungsmarketing somit das komplette Spektrum an strategischen und operativen Marketingmaßnahmen, die darauf abzielen, neue Beratungsprojekte zu akquirieren und bestehende Kundenbeziehungen zu pflegen.

Niedereichholz (2010) betont ebenfalls die zentrale Rolle des Marketings für Beratungshäuser und sieht das Beratungsmarketing als integralen Bestandteil der Unternehmensberatung, der sich auf die spezifischen Anforderungen und Herausforderungen der Branche konzentriert. Sie zeigt, dass die Initiative meist vom Beratungsunternehmen ausgehen muss (2010, S. 65): „In der Praxis der Unternehmensberatung muss in über 90 % der Fälle die Kontaktaufnahme vom Berater ausgehen." Zwar formuliert Niedereichholz keine abweichende Definition, doch deckt sich ihre Sicht mit Jeschke (2004). Demnach umfasst das Beratungsmarketing alle marktorientierten Aktivitäten einer Beratung, um potenzielle Kunden proaktiv anzusprechen und durch systematische Akquisitionsarbeit in zahlende Auftraggeber zu verwandeln (Niedereichholz, 2010, S. 34 f.). Dieses Verständnis des Beratungsmarketings schließt sowohl strategische Aspekte (z. B. Positionierung, Zielgruppenfokus) als auch operative Instrumente (persönliche Kontakte, Netzwerkpflege, Referenzen etc.) ein.

Weitere deutschsprachige Autoren stufen das Beratungsmarketing als Spezialfall des Dienstleistungsmarketings ein. So sind nach Barchewitz und Armbrüster (2004, S. 63 ff.) aufgrund der immateriellen Natur von Beratungsleistungen und der hohen Vertrauensbedürftigkeit seitens der Kunden im Beratungsmarketing besondere Strategien und Vertriebsansätze erforderlich. Sie betonen die Bedeutung eines effektiven Marketings für den Erfolg von Unternehmensberatungen und betrachten das Beratungsmarketing im Kontext von Marktmechanismen, Marketing und Auftragsakquisition (ebenda).

Insgesamt herrscht in der deutschsprachigen Literatur Konsens darüber, dass das Beratungsmarketing eine eigenständige Disziplin ist, die sämtliche strategischen und operativen Maßnahmen umfasst, um Beratungsleistungen erfolgreich am Markt zu positionieren, die Sichtbarkeit und Wahrnehmung von Beratungsunternehmen zu erhöhen sowie nachhaltige und langfristige Kundenbeziehungen aufzubauen. Dabei steht nicht nur der Einsatz klassischer Marketinginstrumente im Fokus, sondern zunehmend auch die Nutzung digitaler Kommunikationskanäle, um Vertrauen bei potenziellen Klienten zu schaffen und die Reichweite zu erhöhen. Aufgrund der immateriellen und erklärungsbedürftigen Natur von Beratungsdienstleistungen sind maßgeschneiderte Strategien erforderlich, die den besonderen Anforderungen der Branche gerecht werden und sich gezielt an den Bedürfnissen der jeweiligen Zielgruppen orientieren.

2.1.2 Strategische Bedeutung und Ziele des Beratungsmarketings

Das strategische Fundament des Beratungsmarketings beruht auf drei eng miteinander verknüpften Grundprinzipien: der Zielgruppensegmentierung, der klaren Positionierung im Markt und der glaubwürdigen Differenzierung gegenüber Wettbewerbern (Wirtz und Lovelock, 2022, S. 81; Lippold, 2018, S. 204 ff.). Diese drei Dimensionen bilden die konzeptionelle Basis jeder erfolgreichen Marketingstrategie und müssen speziell auf die Besonderheiten der Beratungsbranche abgestimmt sein. Diese ergeben sich aus der Natur der Dienstleistung selbst:

- **Immaterielle Leistungen:** Beratungsleistungen sind nicht greifbar und können vor dem Kauf schwer bewertet werden (Lippold, 2018, S. 16; Nissen, 2007, S. 6; Barchewitz und Armbrüster, 2004, S. 9).
- **Vertrauensbasierte Beziehungen:** Der Erfolg von Beratungsprojekten hängt stark von der Qualität der Beziehung zwischen Berater und Klient ab (Lippold, 2018, S. 10; Deelmann und Petmecky, 2012, S. 166; Niedereichholz, 2010, S. 8; Nissen, 2007, S. 10).
- **Hohe Informationsasymmetrie:** Klienten verfügen oft nicht über das notwendige Fachwissen, um die Qualität der Beratungsleistung vorab zu beurteilen (Bruhn et al., 2019, S. 99; Lippold, 2018, S. 41; Nissen, 2007, S. 23).

Angesichts dieser Herausforderungen ist ein effektives Beratungsmarketing unerlässlich, um die eigene Expertise zu kommunizieren, sich im Wettbewerb zu differenzieren und nachhaltige Kundenbeziehungen aufzubauen. Nachfolgend werden die zuvor genannten strategischen Dimensionen des Beratungsmarketings näher erläutert (siehe Abb. 2.1).

Die Zielgruppensegmentierung ist ein zentrales Planungsinstrument im strategischen Marketing. Sie erlaubt es Beratungsunternehmen, heterogene Märkte in homogene Kundengruppen zu unterteilen und damit eine zielgerichtete, effiziente Marktbearbeitung sicherzustellen (Meffert et al., 2024; Bruhn et al., 2019). In der Unternehmensberatung erfolgt die Segmentierung häufig entlang folgender Kriterien (Wirtz und Lovelock, 2022; Lippold, 2018):

- Branche (z. B. Gesundheitswesen, Finanzdienstleistungen, Industrie)
- Unternehmensgröße (z. B. Start-ups, KMU, Konzerne)

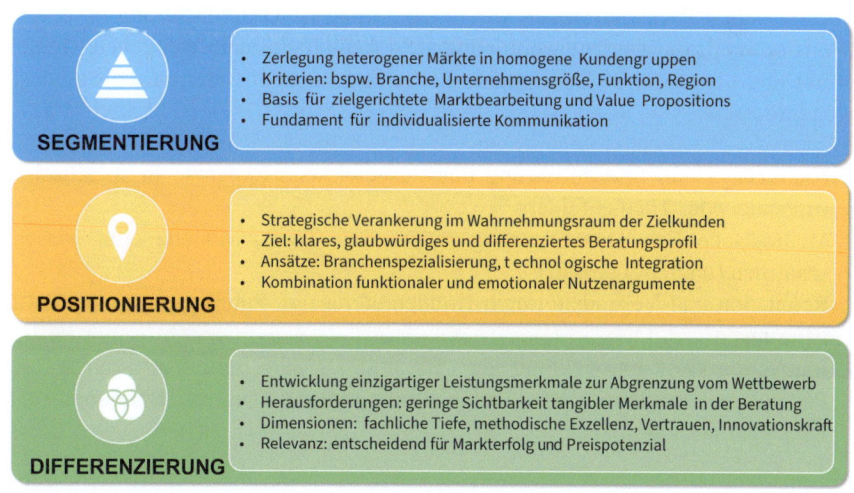

SEGMENTIERUNG
- Zerlegung heterogener Märkte in homogene Kundengruppen
- Kriterien: bspw. Branche, Unternehmensgröße, Funktion, Region
- Basis für zielgerichtete Marktbearbeitung und Value Propositions
- Fundament für individualisierte Kommunikation

POSITIONIERUNG
- Strategische Verankerung im Wahrnehmungsraum der Zielkunden
- Ziel: klares, glaubwürdiges und differenziertes Beratungsprofil
- Ansätze: Branchenspezialisierung, technologische Integration
- Kombination funktionaler und emotionaler Nutzenargumente

DIFFERENZIERUNG
- Entwicklung einzigartiger Leistungsmerkmale zur Abgrenzung vom Wettbewerb
- Herausforderungen: geringe Sichtbarkeit tangibler Merkmale in der Beratung
- Dimensionen: fachliche Tiefe, methodische Exzellenz, Vertrauen, Innovationskraft
- Relevanz: entscheidend für Markterfolg und Preispotenzial

Abb. 2.1 Strategische Dimensionen des Beratungsmarketings. Eigene Darstellung, in Anlehnung an Wirtz und Lovelock, 2022, S. 81

- Funktionsbereiche (z. B. Strategie, IT, HR, Supply Chain)
- Geografische Regionen (z. B. D-A-CH-Raum, internationale Märkte)

Segmentierung ermöglicht darüber hinaus die gezielte Entwicklung von Leistungsversprechen (Value Propositions), die exakt auf die Problemstellungen und Entscheidungslogiken der jeweiligen Zielgruppen abgestimmt sind (Wirtz & Lovelock, 2022; Kotler et al., 2016). Ein differenziertes Verständnis der Zielgruppen ist zudem die Basis für die Entwicklung individualisierter Inhalte, bspw. im Rahmen des Account-Based Marketing (Herrmann, 2021; siehe Abschn. 2.2.2).

Positionierung bezeichnet den strategischen Prozess, eine Beratung eindeutig und differenziert im Wahrnehmungsraum der Zielkunden zu verankern. Ziel ist es, ein klares, positives und glaubwürdiges Bild der Beratungsleistung im Vergleich zum Wettbewerb zu vermitteln (Wirtz und Lovelock, 2022; Lippold, 2018). Während bei der Zielgruppensegmentierung Konsumenten anhand konsumentenbezogener Kriterien in Gruppen eingeteilt werden, sind im Rahmen der Positionierung Dienstleistungen anhand der Konsumentenwahrnehmung leistungsbezogener Merkmale zu differenzieren (Bruhn et al., 2019). Ein wirkungsvolles Positionierungskonzept basiert auf präzise formulierten Value Propositions, das sowohl funktionale als auch emotionale Nutzenargumente adressiert. Mögliche Positionierungsansätze in der Beratung sind:

- Spezialisierung auf eine Branche oder einen Funktionsbereich.
- Kombination aus Beratung und technologischer Implementierung.
- Eigene Frameworks, Tools oder methodische Innovationen.

Differenzierung zielt auf die Entwicklung und Kommunikation einzigartiger Leistungsmerkmale, durch die sich eine Beratung von Wettbewerbern abhebt. In professionellen Dienstleistungen wie der Beratung ist Differenzierung besonders herausfordernd, da tangibel wahrnehmbare Produktmerkmale weitgehend fehlen (Wirtz und Lovelock, 2022; Lippold, 2018). Relevante Differenzierungsdimensionen umfassen:

- Fachliche Tiefe: Spezialisierung und ausgewiesene Expertise in spezifischen Branchen oder Themenfeldern
- Methodische Exzellenz: Nutzung proprietärer Tools, Modelle oder wissenschaftlich fundierter Ansätze
- Reputation und Vertrauen: durch Kundenreferenzen, Publikationen oder Zertifizierungen
- Innovationskraft: Entwicklung neuer Beratungsansätze, agile Methoden
- Persönliche Passung: Werte- und Kulturkongruenz zwischen Beratungs- und Kundenorganisation

Gerade in einem Markt mit hoher Austauschbarkeit, wie er in Teilen der Beratungsbranche besteht, entscheidet Differenzierung maßgeblich über Markterfolg und Preisgestaltungsspielräume (Meffert et al., 2024).

Zusammenfassend lassen sich die zentralen Zielsetzungen des Beratungsmarketings im Kontext der zuvor beschriebenen Dimensionen in die folgenden drei Ebenen strukturieren (siehe Abb. 2.1):

1. **Aufbau und Pflege von Vertrauensbeziehungen:** Aufgrund der immateriellen und nicht standardisierbaren Natur von Beratungsleistungen steht der Aufbau von Vertrauen im Zentrum aller Marketingaktivitäten. Vertrauen reduziert Informationsasymmetrien, fungiert als Entscheidungsstütze für Kunden und beeinflusst langfristige Geschäftsbeziehungen positiv (Lippold, 2018; Niedereichholz, 2010).
2. **Erhöhung der Marktbekanntheit und Sichtbarkeit:** Die Sichtbarkeit einer Beratungsmarke beeinflusst signifikant ihre Wahrnehmung, die Wahrscheinlichkeit einer Beauftragung sowie die Kundenloyalität. Gerade für kleine und mittlere Beratungshäuser ist eine klar erkennbare Marktpräsenz entscheidend, um sich im zunehmend kompetitiven Umfeld zu behaupten (Lippold, 2018; Jeschke, 2004).
3. **Generierung von Leads und nachhaltige Kundengewinnung:** Neben der Imagebildung dient das Beratungsmarketing der Leadgenerierung – der Identifikation, Qualifizierung und Entwicklung potenzieller Neukundenbeziehungen. Dies umfasst sowohl klassische als auch digitale Akquisitionsformen (Kotler et al., 2016; Niedereichholz, 2010).

Die strategischen Grundlagen des Beratungsmarketings bilden den Rahmen für eine zielgerichtete, konsistente und wirksame Marktansprache. Sie ermöglichen Beratungsunternehmen nicht nur, ihre Marktchancen systematisch zu realisieren, sondern auch ihre Identität und Glaubwürdigkeit im Wettbewerbsumfeld nachhaltig zu etablieren.

2.2   Klassische Ansätze im Beratungsmarketing

Die klassischen Instrumente des Beratungsmarketings sind tief in der Praxis der Branche verwurzelt und prägen bis heute das Bild erfolgreicher Akquise- und Kundenbindungsstrategien. Sie beruhen auf persönlichen Netzwerken, vertrauensbildender Kommunikation und reputationsgestützter Marktpräsenz. Diese Merkmale haben dazu geführt, dass sich im Beratungsumfeld spezifische, klassische Marketingansätze etabliert haben, die primär auf persönliche Kommunikation und Netzwerkeffekte ausgerichtet sind. Im Gegensatz zu vielen Konsumgütermärkten, in denen Reichweite und kurzfristige Konversion zentral sind, zielen klassische Beratungsmarketingansätze auf den Aufbau langfristiger Beziehungen, die Vermittlung von Expertise sowie die Positionierung im Expertenmarkt (Wirtz und Lovelock 2022; Lippold, 2018).

Im Folgenden werden zentrale klassische Marketinginstrumente vorgestellt und im Kontext der Unternehmensberatung analysiert.

2.2.1 Beziehungs- und Empfehlungsmarketing

Wirtz und Lovelock (2022) betonen die strategische Bedeutung des Beziehungs-marketing, auch bekannt als Relationship Marketing, im Dienstleistungskontext. Dabei geht es um den Aufbau langfristiger, profitabler Beziehungen mit ausge-wählten Kundensegmenten. Rosário und Casaca (2023, S. 44) definieren Bezie-hungsmarketing wie folgt:

▶ Relationship marketing is the process of establishing, maintaining, and impro-ving solid relationships with a company's customers and other stakeholders.

In der Unternehmensberatung sind Folgeaufträge und langjährige Kundenbin-dungen besonders rentabel, da Akquisitionskosten gesenkt und projektbezogene Lernkurven genutzt werden können (Lippold, 2018, S. 422). Der Aufbau stabiler Kundenbeziehungen ermöglicht es Beratungsunternehmen, wiederkehrende Auf-träge zu sichern, Empfehlungen zu generieren und sich langfristig im Markt zu positionieren.

Durch gezieltes Beziehungsmarketing können Beratungsunternehmen (Lippold, 2018):

- die Kundenzufriedenheit und -bindung erhöhen,
- die Kundenloyalität stärken,
- Cross-Selling- und Upselling-Potenziale nutzen,
- die Markenreputation verbessern und
- Wettbewerbsvorteile durch differenzierte Kundenbeziehungen erzielen.

Insgesamt trägt Beziehungsmarketing dazu bei, die wirtschaftliche Stabilität und das Wachstum von Beratungsunternehmen nachhaltig zu fördern.

Das Empfehlungsmarketing stellt eine der wirksamsten Methoden zur Kunden-gewinnung in der Unternehmensberatung dar (Schüller, 2014). Studien belegen, dass persönliche Empfehlungen einen erheblichen Einfluss auf Kaufentscheidun-gen im B2B-Bereich haben. So zeigt eine globale Studie von Nielsen (2021), dass persönliche Empfehlungen nach wie vor die vertrauenswürdigste Informations-quelle für Konsumentinnen und Konsumenten sind. Laut der Untersuchung, die im August und September 2021 durchgeführt wurde und über 43.000 Personen in 56 Ländern weltweit befragte, gaben 89 % der Befragten an, dass sie Empfehlun-gen von Menschen, die sie kennen, mehr vertrauen als jeder anderen Form von Werbung (Nielsen, 2021). Dies hat mehrere unterschiedliche Gründe: Zum einen führt die hohe Informationsasymmetrie in der Beratung dazu, dass potenzielle Kli-enten sich stark auf die Erfahrungen anderer verlassen (Lippold, 2018, S. 41), zum anderen ist die positive Mund-zu-Mund-Kommunikation (Weiterempfehlung) be-deutsam, da personenbezogene Informationsquellen (z. B. Freunde) als besonders glaubwürdig eingestuft werden und somit einen größeren Einfluss auf das Kauf-verhalten potenzieller Kunden ausüben (Bruhn et al., 2019, S. 172). Zudem, wie in

Abschn. 2.1.2 bereits erläutert, sind Beratungsleistungen in hohem Maße vertrauensbasiert, was das Gewicht von persönlichen Empfehlungen weiter erhöht.

Beziehungs- und Empfehlungsmarketing sind essenzielle Bestandteile des Beratungsmarketings. Durch den Fokus auf langfristige Kundenbeziehungen können Beratungsunternehmen nicht nur die Zufriedenheit und Loyalität ihrer Klienten erhöhen, sondern auch ihre Marktposition stärken und nachhaltiges Wachstum fördern. Die Implementierung effektiver Beziehungsmarketingstrategien erfordert jedoch ein tiefes Verständnis der Kundenbedürfnisse und eine konsequente Ausrichtung aller Unternehmensaktivitäten auf den Aufbau und die Pflege dieser Beziehungen. Empfehlungsmarketing stellt im Kontext der Unternehmensberatung ein besonders wirkungsvolles Instrument dar, da es auf dem hohen Vertrauen basiert, das Entscheider persönlichen Empfehlungen beimessen. Durch gezielte Maßnahmen können Beratungsunternehmen ihre Glaubwürdigkeit deutlich steigern und neue Aufträge effizienter generieren. Das Empfehlungsmarketing fungiert damit nicht nur als Mittel der Kundengewinnung, sondern auch als strategisches Element zur Positionierung im Markt.

2.2.2 Persönliche Netzwerke und Direktansprache

Der Aufbau und die Pflege persönlicher Netzwerke, etwa über Fachveranstaltungen oder individuelle Kontakte zu Entscheidungsträgern, stellen ein strategisches Ziel vieler Beratungsunternehmen dar (Meffert et al., 2019). Diese Netzwerke fungieren als Zugang zu potenziellen Mandaten und als Resonanzboden für neue Leistungsangebote und umfassen meist neben ehemaligen Klienten auch:

- Alumni,
- Branchenkontakte,
- Hochschulkollegen,
- Multiplikatoren,
- Personen aus Branchen- oder Wirtschaftsverbänden,
- Personen aus politischen Kontexten.

Aufgrund der hohen Bedeutung von Vertrauen und Reputation in der Auswahl von Beratungspartnern (siehe Abschn. 2.1.2) basieren viele Mandate auf bestehenden Kontakten, persönlichen Empfehlungen oder informellen Empfehlungen durch Dritte. Laut Niedereichholz (2010) stellt der Aufbau und die kontinuierliche Pflege eines belastbaren Netzwerks eine zentrale Erfolgsdeterminante in der Akquisitionspraxis dar. Der systematische Aufbau solcher Kontakte, beispielsweise über Mitgliedschaften oder gemeinsame Projekte, dient nicht nur der Sichtbarkeit, sondern erleichtert die Kontaktanbahnung erheblich (Meffert et al., 2019).

Ergänzend zur Netzwerkpflege ist die **Direktansprache, auch als Direktmarketing oder Active Sourcing bekannt,** ein etabliertes Instrument, um neue Klienten zu gewinnen. Dies geschieht häufig durch persönliche Telefonate, individuelle E-Mail-Kommunikation, persönliche Ansprache auf Fachveranstaltungen oder über Empfehlungen Dritter (Wirtz und Lovelock, 2022, S. 226; Barchewitz und Armbrüster, 2007, S. 224). Anders als im Massenmarketing ist hierbei ein tiefes Verständnis der Zielorganisation erforderlich, um individuell relevante Anknüpfungspunkte herzustellen (Kotler et al., 2016). Bruhn et al. (2019, S. 590) definieren Direktmarketing wie folgt:

▶ […] ist die gezielte Einzelansprache mit sämtlichen Kommunikationsmaßnahmen, die darauf ausgerichtet sind, einen direkten Kontakt zum Adressaten herzustellen und einen unmittelbaren Dialog zu initiieren oder durch eine indirekte Ansprache die Grundlage eines Dialogs in einer zweiten Stufe zu legen, um Kommunikations- und Vertriebsziele eines Unternehmens zu erreichen.

Die primäre Zielsetzung des Direktmarketings in Unternehmensberatungen besteht in der zielgerichteten Informationsvermittlung an potenzielle Klienten sowie in der vertieften Betreuung bestehender Kundenbeziehungen (Lippold, 2018, S. 274). Erfolgreiche Direktansprache zeichnet sich durch einen hohen Grad an Individualisierung und Relevanz aus. Eine standardisierte oder gar massenhafte Ansprache widerspricht den Erwartungen von Entscheidern im B2B-Umfeld und wird in der Regel als unprofessionell wahrgenommen. Der Erfolg hängt maßgeblich vom konkreten Informationswert und dem wahrgenommenen Nutzen für die Zielperson ab (Bruhn et al., 2019, S. 590).

Eine spezialisierte Form des Direktmarketings ist das *Account-Based Marketing (ABM)*, das auf wenige, strategisch relevante Zielunternehmen fokussiert ist (Herrmann, 2021). Insbesondere im B2B-Bereich gewinnt ABM als strategischer Ansatz an Bedeutung. Aus dieser Sichtweise heraus definiert Bacon (2021, S. 419) den Begriff ABM wie folgt:

▶ ABM is a strategic management approach jointly implemented by sales and marketing that focus on key, targeted accounts (whether they are existing customers or not).

Nach Bacon (2021) ist ABM somit ein strategischer Marketingansatz, welcher sich auf die gezielte Ansprache ausgewählter Schlüsselkunden durch personalisierte Marketing- und Vertriebsmaßnahmen fokussiert. Im Gegensatz zu traditionellen, breit angelegten Marketingstrategien konzentriert sich ABM auf die individuellen Bedürfnisse und Herausforderungen einzelner Kundenunternehmen (Burgess, 2025). Dieser personalisierte Ansatz ermöglicht es, maßgeschneiderte Marketingkampagnen zu entwickeln, die auf die spezifischen Anforderungen der Zielkunden zugeschnitten sind (Bacon, 2021).

Persönliche Netzwerke und Direktansprache stellen im Beratungsmarketing nach wie vor zentrale Pfeiler der Kundengewinnung dar. Ihre Stärke liegt in der persönlichen Nähe, der Möglichkeit zur individuellen Kommunikation sowie der Vertrauensverankerung durch bestehende Beziehungen. In einer Branche, in der Entscheidungen stark auf subjektiver Einschätzung und Beziehungsqualität basieren, sind diese Instrumente nicht nur traditionell bewährt, sondern auch zukunftsfähig, solange sie authentisch, relevant und wertschöpfend gestaltet werden.

2.2.3 Veranstaltungsmarketing und persönliche Präsenz

Die persönliche Präsenz auf Fachveranstaltungen, Messen, Kongressen und Roundtables zählt zu den ältesten, aber weiterhin wirksamen Formen des Beratungsmarketings. Diese Formate des Veranstaltungsmarketings, auch als Event Marketing bezeichnet, ermöglichen nicht nur Wissensaustausch, sondern fördern durch persönliche Interaktion den Aufbau von Vertrauen und Reputation (Meffert et al., 2024, S. 699 ff.). Bruhn et al. (2019, S. 582) definieren Event Marketing als.

▶ […] die zielgerichtete, systematische Analyse, Planung, Inszenierung und Kontrolle von Veranstaltungen als Plattform einer erlebnis- und dialogorientierten Präsentation einer Dienstleistung oder eines Unternehmens […].

Die Definition nach Bruhn et al. (2019) unterstreicht die Bedeutung von Veranstaltungen als Mittel zur emotionalen Ansprache und Aktivierung der Zielgruppe. Das Event Marketing schafft somit einen direkten und persönlichen Kontakt zum Kunden und zielt unter anderem auf die Steigerung des Bekanntheitsgrads, die Imageverbesserung, eine erhöhte Markenaufmerksamkeit sowie die Gewinnung neuer Kunden ab (Meffert et al., 2024, S. 702).

Beratungsunternehmen nutzen verschiedene Veranstaltungsformate, um ihre Zielgruppen anzusprechen (Bruhn et al., 2019, S. 582; Lippold, 2018, S. 255):

- **Fachkonferenzen und Seminare:** Diese Formate ermöglichen es Beratungsunternehmen, ihre fachliche Kompetenz sichtbar zu machen und aktuelle Themen aus ihrem Beratungsportfolio adressatengerecht zu vermitteln. Durch Fachvorträge, Podiumsdiskussionen oder moderierte Panels wird das Unternehmen als kompetenter und engagierter Akteur im jeweiligen Themenfeld wahrgenommen.
- **Workshops und Trainings:** In diesen praxisorientierten Formaten haben Beratungen die Möglichkeit, gemeinsam mit Teilnehmenden konkrete Fragestellungen zu bearbeiten, Methoden zu vermitteln oder individuelle Lösungen zu entwickeln. Der direkte Austausch fördert nicht nur das Verständnis komplexer Inhalte, sondern stärkt auch die Beziehung zwischen Beratung und potenziellen Auftraggebern.
- **Networking-Events:** Diese Veranstaltungen dienen vor allem dem Aufbau und der Pflege persönlicher Kontakte in informeller Atmosphäre. Sie ermöglichen es, bestehende Beziehungen zu intensivieren und neue Verbindungen zu Entscheidungsträgern aufzubauen, was insbesondere im beratungsintensiven B2B-Umfeld von hoher Bedeutung ist.

Die Auswahl des geeigneten Formats hängt von den Zielen der Veranstaltung und der Zielgruppe ab. Grundsätzlich lassen sich im Event Marketing drei Erscheinungsformen von Events unterscheiden (Bruhn et al., 2019, S. 583):

- Beim **anlassbezogenen Event** steht die Präsentation des Unternehmens im Vordergrund, wie etwa bei einem Firmenjubiläum eines Dienstleistungsunternehmens.
- Der **anlass- und markenorientierte Event** konzentriert sich auf die Vermittlung leistungs- oder markenbezogener Botschaften im Rahmen eines zeitlich begrenzten Ereignisses, bspw. der Einführung einer neuen Dienstleistung durch eine Veranstaltung.
- Der **markenorientierte Event** zielt hingegen auf eine emotionale Positionierung der Marke sowie deren dauerhafte Verankerung in der Erlebniswelt der Zielgruppe ab, etwa durch ein themenspezifisches Festival mit starker Markenintegration oder eine interaktive Erlebniswelt im Rahmen eines Messeauftritts.

Studien zeigen, dass Events einen positiven Einfluss auf die Markenwahrnehmung und die Kundenbindung haben. So betonen Martensen et al. (2007), dass sowohl positive Emotionen als auch ein hohes Involvement signifikant zur Verbesserung der Markenwahrnehmung und der Kaufabsicht beitragen. Sharafutdinova et al. (2020), dass Eventmarketing ein effektives Werkzeug zum Aufbau langfristiger Kundenbeziehungen ist, da es emotionale Bindungen stärkt und die Markenloyalität fördert.

Veranstaltungsmarketing und persönliche Präsenz sind für Beratungsunternehmen essenzielle Instrumente zur Kundenakquise und -bindung. Durch gezielte Planung, Durchführung und Nachbereitung von Veranstaltungen können Beratungsfirmen ihre Expertise demonstrieren, Vertrauen aufbauen und langfristige Beziehungen zu ihren Klienten etablieren. Die Integration von Events in die Gesamtmarketingstrategie und die kontinuierliche Evaluation ihrer Effektivität sind dabei entscheidend für den nachhaltigen Erfolg.

2.2.4 Öffentlichkeitsarbeit und Corporate Identity

In der Unternehmensberatung ist die strategische Öffentlichkeitsarbeit, auch als Public Relations (PR) bekannt, ein zentrales Instrument zur Positionierung und Differenzierung im Markt (siehe Abschn. 2.1.2). PR verfolgt das Ziel, über redaktionelle Inhalte, Pressemitteilungen, Fachbeiträge oder Interviews die Expertise einer Beratung nach außen sichtbar zu machen. Durch gezielte Kommunikationsmaßnahmen können Beratungsunternehmen ihre Expertise sichtbar machen, Vertrauen aufbauen und ihre Reputation stärken (Lippold, 2018, S. 257). Bruhn (2024, S. 220) definiert PR wie folgt:

▶ Public Relations (Öffentlichkeitsarbeit) als Kommunikationsinstrument bedeutet die Analyse, Planung, Durchführung und Kontrolle aller Aktivitäten eines Unternehmens, um bei ausgewählten Zielgruppen (extern und intern) um Verständnis und Vertrauen zu werben und damit gleichzeitig kommunikative Ziele des Unternehmens zu erreichen.

Nach diesem Verständnis umfasst PR die systematische und langfristige Gestaltung der Kommunikation zwischen Organisationen und ihren relevanten Bezugsgruppen. Grundsätzlich lassen sich drei Erscheinungsformen der PR unterscheiden (Bruhn, 2024, S. 221):

- Bei der **leistungsorientierten PR** steht die Hervorhebung spezifischer Merkmale von Produkten und Dienstleistungen im Mittelpunkt, etwa durch Informationen zur Verbesserung bestimmter Produkteigenschaften.
- Der **unternehmensbezogenen PR** sind jene Maßnahmen zuzuordnen, die nicht nur einzelne Leistungen kommunizieren, sondern das Unternehmen als Ganzes in den Vordergrund rücken, um dessen Selbstverständnis und Unternehmensbild zu vermitteln, bspw. durch Hinweise auf die Sicherung von Arbeitsplätzen in der Region.
- Bei der **gesellschaftsbezogenen PR** hingegen treten die konkreten Leistungen des Unternehmens in den Hintergrund. Stattdessen wird das verantwortungsvolle Handeln des Unternehmens als Teil der Gesellschaft dokumentiert, etwa durch Stellungnahmen zu gesellschaftlichen Kontroversen, die unabhängig von unternehmensspezifischen Fragestellungen sind, wie etwa Äußerungen zur Ausländerfeindlichkeit.

Auch das visuelle und sprachliche Erscheinungsbild eines Beratungsunternehmens spielt im klassischen Marketing eine wichtige Rolle. Die Corporate Identity (CI) dient dazu, Konsistenz, Seriosität und Wiedererkennungswert zu vermitteln (Meffert et al., 2024). Lippold (2018, S. 171 f.) definiert CI wie folgt:

▶ Als Unternehmensidentität (engl. Corporate Identity) wird die strategisch geplante und operativ eingesetzte Selbstdarstellung und Verhaltensweise eines Unternehmens nach innen und außen auf der Basis einer festgelegten Unternehmensphilosophie und -zielsetzung bezeichnet.

CI umfasst Elemente wie Logo, Farbgestaltung, Layouts, Tonalität und visuelle Bildsprache. Diese konsistente Außendarstellung erhöht die Wiedererkennbarkeit, unterstützt die strategische Positionierung und stärkt intern das Zugehörigkeitsgefühl (Meffert et al., 2024).
CI Sie setzt sich aus verschiedenen Komponenten zusammen (Lippold, 2018, S. 172):

- **Corporate Behaviour:** Verhaltensweisen und Werte, die im Unternehmen gelebt und nach außen getragen werden.
- **Corporate Design:** Visuelle Gestaltungselemente wie Logo, Farbgebung und Typografie.
- **Corporate Communication:** Einheitliche Kommunikationsstrategie und -sprache über alle Kanäle hinweg.
- **Corporate Governance:** Auf langfristigen Erfolg ausgerichtete Unternehmensführung

Regenthal (2003) betont, dass eine ganzheitliche CI die interne und externe Wahrnehmung des Unternehmens prägt und zur Schaffung einer starken Markenidentität beiträgt. In der Unternehmensberatung ist eine klare und konsistente CI besonders wichtig, da die Dienstleistungen oft immateriell und schwer vergleichbar sind. Eine starke CI hilft dabei, Vertrauen aufzubauen und sich im Wettbewerbsumfeld zu differenzieren. Sie vermittelt den Kunden ein einheitliches Bild des Unternehmens und stärkt die Wiedererkennbarkeit (Regenthal, 2003).

Öffentlichkeitsarbeit und Unternehmensidentität sind wichtige Bestandteile des strategischen Marketings in der Unternehmensberatung. Durch die gezielte Gestaltung der Unternehmenskommunikation und eine konsistente Identität können Beratungsunternehmen ihre Marktposition stärken, Vertrauen aufbauen und langfristige Kundenbeziehungen fördern. Die erfolgreiche Integration von PR und CI erfordert eine klare strategische Ausrichtung, die Einbindung aller Unternehmensbereiche und die kontinuierliche Anpassung an sich verändernde Marktbedingungen.

2.3 Moderne Ansätze und digitale Kommunikation im Beratungsmarketing

Die Digitalisierung hat das Beratungsmarketing in den letzten Jahren tiefgreifend verändert. Während klassische Formen der Kundenkommunikation weiterhin Bedeutung haben (siehe Abschn. 2.2), verlagert sich ein wachsender Teil der Marketingaktivitäten in den digitalen Raum. Die Bitkom-Studie *„Digitales Marketing in Deutschland 2025"* (Bitkom, 2025) verdeutlicht zentrale Entwicklungen, die auch für das Beratungsmarketing von hoher Relevanz sind. Laut Studie investierten deutsche Unternehmen im Jahr 2024 rund 30,9 Mrd. Euro in digitales Marketing (Bitkom, 2025, S. 5), ein Anstieg von 20 % gegenüber 2022 und damit ein deutliches Signal für die wachsende Bedeutung digitaler Kommunikationsstrategien (siehe Abb. 2.2). Besonders relevant für Beratungsdienstleister ist der hohe Return on Advertising Spend (ROAS) von 2,50 € je investiertem Euro (Bitkom, 2025, S. 13), was den wirtschaftlichen Nutzen zielgerichteter Online-Marketingmaßnahmen unterstreicht.

Beratungsunternehmen agieren in einem stark kompetitiven Umfeld, in dem digitale Sichtbarkeit und gezielte Kundenansprache entscheidend für den Markterfolg sind. Personalisierte Werbung nimmt dabei eine Schlüsselrolle ein: 54 % der

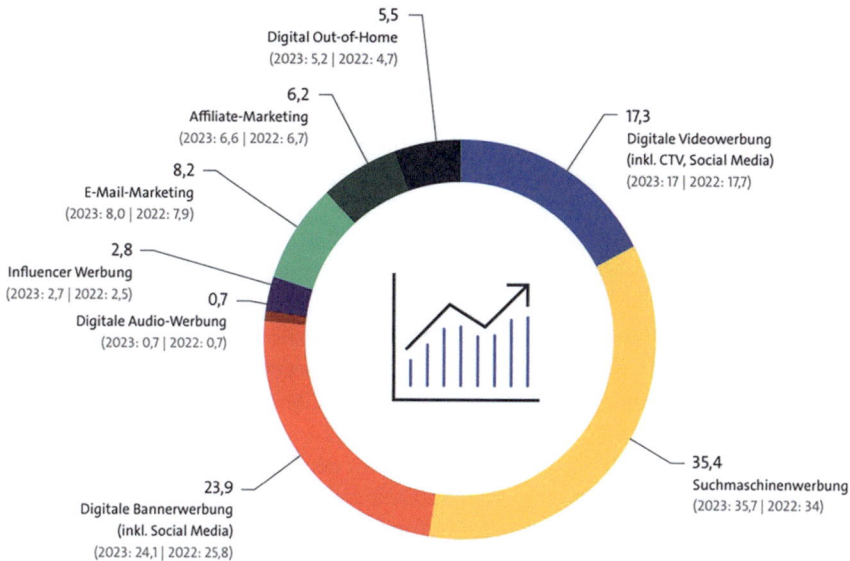

Abb. 2.2   Ausgaben für digitales Marketing in 2024 (in Prozent) (Bitkom, 2025, S. 11)

Internetnutzenden haben infolge personalisierter Werbung bereits Beratungs- oder Dienstleistungsangebote in Anspruch genommen (Bitkom, 2025, S. 29) (siehe Abb. 2.2). Für Beratungsunternehmen ergibt sich hieraus die Chance, ihre komplexen und oft erklärungsbedürftigen Leistungen wirksam zu positionieren. Plattformen wie Social Media, Suchmaschinen oder digitale Fachportale bieten geeignete Kanäle, um Vertrauen aufzubauen, Expertise zu kommunizieren und spezifische Zielgruppen präzise anzusprechen (Lippold, 2018, S. 541).

Insgesamt liefert die Bitkom-Studie damit wertvolle Impulse für Beratungsunternehmen, um ihre Marketingstrategien zukunftsfähig und wirkungsvoll auszurichten. Insbesondere für KMU bieten digitale und personalisierte Werbemaßnahmen Potenziale, um ihre Wettbewerbsfähigkeit in einem zunehmend digitalen Marktumfeld zu sichern (Bitkom, 2025, S. 24). Die Studie unterstreicht damit die Relevanz eines strategisch ausgerichteten digitalen Marketings für die deutsche Wirtschaft. Die nachfolgenden Kapitel zeigen, wie sich diese modernen Ansätze konkret gestalten, welche Instrumente im digitalen Beratungsmarketing dominieren und wie diese strategisch eingesetzt werden können.

2.3.1   Online-Präsenz und Unternehmenswebsite

Die Website einer Unternehmensberatung bildet das digitale Fundament ihrer Außenkommunikation (Lippold, 2018, S. 266). Sie ist nicht nur Informationsplattform, sondern zunehmend auch Interaktions- und Vertriebsinstrument. Die Unter-

nehmenswebseite ist im Kontext der „Customer Journey" oftmals der erste An-
laufpunkt, an dem potenzielle Klienten ein erstes Bild von der Beratungsleistung,
der Arbeitsweise und der Professionalität des Anbieters erhalten (Bruhn, 2024,
S. 193). Eine professionelle Website muss sowohl funktional als auch inhaltlich
überzeugen. Sie sollte das Leistungsportfolio präzise darstellen, Einblicke in die
Denkweise und Referenzen des Unternehmens geben und die individuelle Positionierung unterstreichen (Lippold, 2018, S. 266). Eine wirkungsvolle Website
muss dabei mehrere zentrale Anforderungen erfüllen (Wirtz und Lovelock, 2022,
S. 229 f.; Bruhn et al., 2019, S. 574; Lippold, 2018, S. 266):

- **Klarheit und Positionierung:** Die Unternehmenswebseite sollte die Positionierung der Beratung unmissverständlich transportieren. Dies geschieht durch
  ein präzise formuliertes Leistungsversprechen, eine klare Darstellung der Be-
  ratungsfelder sowie aussagekräftige Fallbeispiele und Referenzen. Eine stringente visuelle Gestaltung nach den Prinzipien der Corporate Identity erhöht die
  Wiedererkennbarkeit und stärkt die Markenidentität.
- **Vertrauensbildung:** Da Beratungsleistungen immateriell sind, spielt Vertrauen
  eine zentrale Rolle (siehe Abschn. 2.1.2). Die Website muss daher Vertrauen
  schaffen, bspw. durch Teamvorstellungen mit Fotos und Kurzprofilen, Te-
  stimonials, Gütesiegel, Kooperationspartner oder Auszeichnungen. Auch die
  Transparenz über Methoden und Vorgehensweisen kann zur Glaubwürdigkeit
  beitragen.
- **Suchmaschinenoptimierung (SEO):** Damit die Website im Internet auffind-
  bar ist, ist eine strategische Suchmaschinenoptimierung unerlässlich. Dazu zählen technische Aspekte, wie Ladezeiten oder mobile Optimierung, ebenso wie
  inhaltliche Maßnahmen, bspw. die Einbindung relevanter Keywords und strukturierter Daten. Eine gute SEO-Performance führt dazu, dass die Website bei
  Suchanfragen nach spezifischen Beratungsleistungen weit oben erscheint. Allerdings ist zu beachten, dass die meisten Beratungsleistungen nicht über reinen
  Such-Traffic verkauft werden. SEO ist eher unterstützend, um sichtbar zu sein,
  wenn ein Bedarf bereits besteht.
- **Content-Bereich und Call-to-Actions:** Erfolgreiche Beratungswebsites integrieren einen Content-Bereich mit Blogartikeln, Whitepapern, Studien oder Webinaren. Dieser Bereich dient nicht nur der Bereitstellung von Informationen
  rund um die Dienstleistungen des Unternehmens, sondern auch der gezielten
  Leadgenerierung. Inhalte können beispielsweise gegen Angabe der E-Mail-Ad-
  resse heruntergeladen werden, wodurch qualifizierte Interessenten erfasst werden. Eine aktuelle Studie des Content Marketing Institute (CMI) bietet umfassende Einblicke in den aktuellen Stand und die zukünftigen Entwicklungen im
  B2B-Content-Marketing, die die Bedeutung von Content-Bereichen auf Unter-
  nehmenswebsites unterstreichen. So nutzen über 84 % der B2B-Dienstleister
  Blogs auf Unternehmenswebsite (Stahl, 2024). Dies zeigt, dass Blogs ein zentraler Bestandteil der Content-Strategie sind und maßgeblich zur Sichtbarkeit
  und Kundenbindung beitragen. 75 % der befragten B2B-Dienstleister gaben an,
  Fallstudien oder Kundengeschichten zu verwenden, die typischerweise auf der

Website präsentiert werden (Stahl, 2024). Solche Inhalte stärken das Vertrauen potenzieller Kunden und demonstrieren die Leistungsfähigkeit des Unternehmens.

- **Technische Performance und Nutzererlebnis:** Eine moderne Website muss responsiv sein und somit auf allen gängigen Endgeräten (vom Desktop-Computer über Tablets bis hin zu Smartphones) reibungslos funktionieren (Lippold, 2018, S. 266). Responsives Design ist heute nicht nur Standard, sondern auch Voraussetzung für eine positive Nutzererfahrung. Eine intuitive Nutzerführung bedeutet, dass Besucher und Besucherinnen sich ohne Umwege zurechtfinden, relevante Inhalte schnell erreichen und Handlungsoptionen klar erkennbar sind. Die Prinzipien der Usability und der User Experience (UX) zielen darauf ab, den Aufenthalt auf der Website so angenehm und effizient wie möglich zu gestalten (Jacobsen, 2017, S. 225). Studien zeigen, dass bereits eine Verzögerung von mehr als drei Sekunden bei der Ladezeit zu erheblichen Absprungraten führen kann (Coe, 2019). Daher sind kurze Ladezeiten, klar strukturierte Menüs, semantisch durchdachte Navigationspfade und eine durchgehende Barrierefreiheit für verschiedene Nutzergruppen essenziell (Coe, 2019). Auch das konsistente Design, in Farben, Schriftarten und Symbolik, trägt zur Wiedererkennbarkeit und professionellen Wahrnehmung bei.

Zusammenfassend ist die Website einer Unternehmensberatung heute weit mehr als ein digitaler Prospekt. Sie fungiert als Plattform zur Positionierung, Vertrauensbildung und Leadgenerierung. Beratungsunternehmen, die ihre Online-Präsenz strategisch ausrichten, verschaffen sich einen nachhaltigen Wettbewerbsvorteil im zunehmend digitalisierten Marktumfeld.

2.3.2 Social-Media-Marketing

Soziale Medien (engl. Social Media) sind im digitalen Beratungsmarketing ein zentrales Instrument zur Sichtbarmachung der eigenen Expertise, zur Pflege von Kundenbeziehungen und zur strategischen Markenpositionierung (Lippold, 2018, S. 266). Weiterhin sind Soziale Medien heutzutage ein fester Bestandteil der zwischenmenschlichen Kommunikation und eine bedeutende Informationsquelle. Für Unternehmen bilden sie einen zentralen Kanal zur Ansprache verschiedener Zielgruppen. Aus diesem Grund sind weltweit immer mehr Unternehmen in sozialen Medien aktiv (Eurostat, 2023). Zerres (2024, S. 5) definiert den Begriff Social Media wie folgt:

▶ Social Media ermöglichen es, Nutzern mit einem Nutzerprofil sich über onlinebasierte Plattformen zu vernetzen, miteinander zu interagieren und selbst erstellten Content (User-Generated-Content) auszutauschen.

Auf diesem Verständnis definiert Zerres (2024, S. 6) den Begriff Social-Media-Marketing folgendermaßen:

▶ Social-Media-Marketing ist die systematische Planung, Implementierung, Steuerung und Kontrolle aller Aktivitäten, die in Social Media unternommen werden und die an übergeordneten Zielen ausgerichtet sind.

Demnach umfasst Social-Media-Marketing sämtliche Maßnahmen, bei denen insbesondere soziale Netzwerke zur Verbreitung von Inhalten, zur Interaktion mit Zielgruppen und zur gezielten Positionierung genutzt werden (Zerres, 2024, S. 6). Die Nutzung sozialer Medien in Unternehmen verläuft häufig in drei Entwicklungsphasen, die den Reifegrad des Einsatzes widerspiegeln und zeigen, wie stark Social Media in die Unternehmensprozesse integriert sind (Lippold, 2018, S. 269 f.):

- In der ersten Phase wird mit dem Einsatz von sozialen Medien experimentiert. Erfahrungen über Technologie und Gesetze müssen gesammelt werden.
- Die zweite Phase sieht einen strukturierten Einsatz der sozialen Medien vor, der vor allem durch Werbung und PR getrieben ist. Außerdem werden mehr Ressourcen für die Prozesse und für die Kommunikation bereitgestellt.
- In der dritten Phase werden soziale Medien in die internen Prozesse und Strukturen der Unternehmen eingebunden.

Damit wird Social Media zu einem wichtigen Wertschöpfungsfaktor und für eine zunehmend breite Palette an Zielen und Einsatzbereichen verwendet. Beispiele sind die Integration sozialer Netzwerke in den Kundenservice oder die Zusammenarbeit von interdisziplinären Projekt-Teams (Lippold, 2018, S. 270). Während sich Unternehmen früher vor allem auf die Steigerung der Markenbekanntheit und die Imagepflege konzentrierten, sind mittlerweile weitere zentrale Ziele und Anwendungsfelder hinzugekommen. Dazu zählen insbesondere Werbung über Plattformen und Influencer, Informationsbeschaffung, Mitarbeiterrekrutierung sowie der Kundenservice (Zerres, 2024, S. 4).

Während Plattformen wie Facebook oder Instagram vorrangig für B2C-Kommunikation genutzt werden, ist insbesondere LinkedIn im B2B-Kontext und somit auch für Unternehmensberatungen der wichtigste Kanal (Litterst, 2024, S. 342; Lippold, 2018, S. 269). Nach der aktuellen CMI-Studie (Stahl, 2024) geben 85 % der B2B-Dienstleister an, dass LinkedIn zur Content-Verbreitung den besten Wert liefert, gefolgt von 28 %, die Facebook nennen, 22 %, die YouTube nennen, und 21 %, die Instagram nennen. Nur sieben Prozent nennen Twitter und drei Prozent TikTok, wobei die Antworten fast identisch mit denen des Vorjahres sind. Für Beratungsunternehmen bieten LinkedIn-Plattform verschiedene Vorteile (Litterst, 2024, S. 342; Lippold, 2018, S. 269):

- Sie ermöglicht eine präzise Zielgruppenansprache über Branchenfilter, Unternehmensgrößen und Funktionsrollen.
- Beiträge können gezielt über Unternehmensseiten oder individuelle Profile verbreitet werden.

- Persönliche Netzwerke von Beraterinnen und Berater fungieren als Multiplikatoren, was der Glaubwürdigkeit zugutekommt.
- Sie bietet umfassende Analysetools, mit denen die Reichweite und Wirkung einzelner Beiträge sowie das Engagement der Zielgruppe detailliert ausgewertet werden können.
- Sie unterstützt den Aufbau von Follower-Communities, wodurch langfristig ein eigener Kanal zur Distribution von Inhalten und zur Dialogführung entsteht.
- Die Möglichkeit zur Integration von Veranstaltungen, Umfragen oder Newslettern erlaubt eine interaktive und vielseitige Kommunikation mit potenziellen Interessenten.

Ein wachsender Trend im Social-Media-Marketing ist der Aufbau sogenannter Corporate Influencer Programme. Hierbei werden Mitarbeitende gezielt dazu ermutigt, im Rahmen ihrer beruflichen Rolle öffentlich aktiv zu sein (Ebner und Eck, 2022, S. 22). Gerade in Beratungsunternehmen mit starken Persönlichkeiten in der Geschäftsführung oder in Fachbereichen kann diese Form der Sichtbarkeit zu einer enormen Reichweitensteigerung führen.

Der Erfolg von Social-Media-Marketing in der Unternehmensberatung hängt von mehreren Faktoren ab:

- Konsistenz und Qualität der Beiträge.
- Relevanz und Aktualität der Themen.
- Authentizität der Personenkommunikation.
- Engagement in Form von Interaktion und Reaktion auf Kommentare.

Herausforderungen liegen unter anderem in der Ressourcenbindung, der Notwendigkeit klarer Social-Media-Guidelines sowie in der zunehmenden Informationsüberflutung, die eine präzise Positionierung und redaktionelle Exzellenz erfordert (Zerres, 2024, S. 104). Hinzu kommen organisatorische Hürden wie mangelnde Abstimmung zwischen Marketing- und Beratungsteams, fehlende Kompetenzen in der digitalen Kommunikation sowie rechtliche Unsicherheiten im Umgang mit Datenschutz und Markenrecht (Gust, 2024, S. 201 f.; Solmecke, 2024, S. 31 f.). Zudem lassen sich Unterschiede zwischen B2B- und B2C-Unternehmen erkennen: B2B-Unternehmen schätzen die Wirksamkeit von Social Media häufig als geringer ein und haben oft Schwierigkeiten, Social-Media-Aktivitäten in ihre Marketingstrategie einzubinden (Zerres, 2024, S. 4).

Social Media ist im Beratungsmarketing kein optionales Add-on mehr, sondern ein integraler Bestandteil professioneller Marktkommunikation. Es bietet nicht nur Plattformen zur Reichweitensteigerung, sondern auch zur aktiven Positionierung und Beziehungspflege. Beratungen, die Social-Media-Marketing strategisch einsetzen und authentisch kommunizieren, erhöhen ihre Wettbewerbsfähigkeit, insbesondere im digitalen Umfeld.

2.3.3   Podcasts, Webinare und Video-Formate

In einer zunehmend digitalen Kommunikationslandschaft gewinnen audiovi-
suelle Formate wie Podcasts, Webinare und Videos auch im B2B-Marketing an
Bedeutung (Bruhn, 2024, S. 227). Diese Formate ermöglichen es Unternehmensberatungen, Inhalte auf eine persönliche, zugängliche und dialogorientierte Weise
zu transportieren und dabei Vertrauen, Autorität und Nähe zur Zielgruppe aufzubauen (Wirtz und Lovelock, 2022, S. 234 f.). Gerade für erklärungsbedürftige
Dienstleistungen wie Consulting bieten sich diese Formate an, um Expertise zu
demonstrieren und komplexe Inhalte persönlich und langfristig zu vermitteln.

Podcasts haben sich in den letzten Jahren auch im B2B-Marketing etabliert
(Lippold, 2018, S. 541). Sie ermöglichen eine kontinuierliche Präsenz im Alltag
der Hörer, etwa beim Pendeln oder Sport, und schaffen eine persönliche Verbindung zur sprechenden Person (Kreutzer, 2024, S. 238). Kreutzer definiert Podcasts
wie folgt (2024, S. 238):

▶ Podcasts sind digitale Audioinhalte, die online oder per Download kostenlos
verfügbar sind und aufgrund ihrer zeit- und ortsunabhängigen Nutzung […] [f]ür
Unternehmen […] eine schnelle, relativ einfache und damit kostengünstige Form
des Content-Marketings dar[stellen].

Zahlreiche Beratungen veröffentlichen eigene Podcast-Formate, in denen aktuelle
Management-Themen besprochen oder Interviews mit Branchenexperten geführt
werden. Typische Podcast-Formate im Beratungsmarketing sind:

- **Fachliche Themenformate,** z. B. Trends in der Digitalisierung, New Work,
  Nachhaltigkeit.
- **Interviewformate** mit internen Experten oder externen Stakeholdern.
- **Projektberichte** und **Lessons Learned.**
- **Kommentar- oder Meinungsbeiträge** zu aktuellen wirtschaftlichen Entwick-
  lungen.

Ein Beispiel ist „Erlebe McKinsey – Der Podcast", ein Audioformat von McKinsey & Company, das Einblicke in die Welt der Topmanagement-Beratung bietet
(McKinsey, 2025). Jede Folge stellt eine McKinsey-Persönlichkeit vor, die über
ihren individuellen Werdegang, ihre Erfahrungen im Unternehmen und persönliche Interessen spricht. Dabei werden vielfältige Themen behandelt: Von der Ver-
einbarkeit von Beruf und Familie über den Bewerbungsprozess bis hin zu Fallstudien und Karriereevents (MyKinsey, 2025).

Als Ersatz oder Ergänzung zu physischen Events bieten Webinare eine direkte,
interaktive Form der Wissensvermittlung und sind im B2B-Bereich fest etabliert.
Für Beratungsunternehmen sind diese meist kurzen Online-Seminare ein zentrales Mittel, um Expertise zu demonstrieren, den Dialog mit potenziellen Kunden
zu fördern und Leads zu generieren. Teilnehmer gewinnen so einen Eindruck von

der Kompetenz der Beratung und erhalten im Idealfall direkt anwendbares Wissen (Kreutzer, 2024, S. 240).

Typische Anwendungsformen von Webinaren für Beratungsunternehmen sind, u. a.:

- **Wissensimpulse** zu aktuellen regulatorischen oder technologischen Entwicklungen.
- **Produktvorstellungen** bei Beratungsleistungen mit digitalen Tools oder Methoden.
- **Paneldiskussionen** mit Kunden oder Partnern.
- **Live-Demonstrationen** von z. B. Softwarelösungen.

Die aktuelle Studie des Content Marketing Institute (Stahl, 2024) zu den Trends im B2B-Content-Marketing zeigt, dass Webinare sich als äußerst effektive Kommunikationsform im B2B-Bereich etabliert haben. 55 % der B2B-Dienstleister nutzen Webinare zur Distribution von Inhalten. Im Technologiesektor ist der Anteil noch höher: Dort greifen 76 % der Marketingverantwortlichen auf Webinare zurück. Besonders bemerkenswert ist dabei, dass 59 % diese als den effektivsten Kanal zur Verbreitung ihrer Inhalte einstufen (Stahl, 2024).

Bewegtbild wird im Beratungsmarketing ebenfalls wichtiger (Lippold, 2018, S. 268). Video-Formate sind besonders beliebt, da sie sich durch ihre leichte Konsumierbarkeit auszeichnen und zugleich ein hohes Informations- und/oder Unterhaltungsniveau vermitteln (Kreutzer, 2024, S. 240). Für Unternehmensberatungen bieten Video-Formate insbesondere die Möglichkeit, emotionale Authentizität und komplexe Inhalte gleichzeitig zu vermitteln.

Für Beratungen geeignete Video-Formate umfassen:

- **Erklärvideos**, bspw. zu Methoden, Frameworks oder Tools.
- **Kundentestimonials**.
- **Case Study Visuals**, bspw. in Form animierter Darstellungen von Problemlösungen.
- **Teaser-Videos**, bspw. für Whitepaper oder Veranstaltungen.
- **Behind-the-Scenes**-Einblicke, bspw. zur Personalisierung der Marke.

Einige Beratungen betreiben YouTube-Kanäle mit Erklärvideos, Vortragsmitschnitten oder Kurzinterviews. Als ein Beispiel kann Accenture genannt werden. Accenture veröffentlicht regelmäßig Videos unter dem Titel „Tomorrow, Today", in denen aktuelle Trends, Technologien und Branchenentwicklungen analysiert werden. Diese Videos dienen dazu, die Innovationskraft und Branchenkenntnis von Accenture hervorzuheben (Accenture, 2025).

Die Studie des Content Marketing Institute (Stahl, 2024) liefert ebenfalls Einblicke in die Nutzung von Videoformaten im B2B-Content-Marketing: 76 % der befragten B2B-Dienstleister setzen Videos zur Content-Vermarktung ein. Damit stellen Videos das meistgenutzte Format im aktuellen Content-Mix dar. Gleichzeitig gelten sie als besonders effektiv: Viele B2B-Dienstleister stufen Videos als das leistungsfähigste Medium zur Ansprache von Geschäftskunden ein.

Podcasts, Webinare und Videoformate haben sich zu integralen Bestandteilen des modernen Beratungsmarketings entwickelt. Sie ermöglichen nicht nur die Vermittlung komplexer Inhalte, sondern fördern auch den Vertrauensaufbau, die Kundenbindung und die Sichtbarkeit im Markt. Besonders hervorzuheben ist ihre Fähigkeit, emotionale Nähe zu schaffen und die Persönlichkeit der Beratung greifbar zu machen. In Zeiten zunehmender Reizüberflutung gewinnen **authentische, dialogorientierte und multimedial aufbereitete Inhalte** zunehmend an strategischer Relevanz. Mit Blick auf die Zukunft ist davon auszugehen, dass **KI-gestützte Personalisierung** von Bewegtbildinhalten verstärkt Einzug in das Beratungsmarketing halten werden.

Literatur

Accenture. (2025). *Tomorrow, Today.* https://www.accenture.com/nz-en/about/events/tomorrow-today. Zugegriffen: 15. Mai. 2025.

Barchewitz, C., & Armbrüster, T. (2004). *Unternehmensberatung: Marktmechanismen, Marketing, Auftragsakquisition.* Deutscher Universitätsverlag.

Barchewitz, C., & Armbrüster, T. (2007). Marktmechanismen und Marketing in der Beratungsbranche. In V. Nissen (Hrsg.), *Consulting Research: Unternehmensberatung aus wissenschaftlicher Perspektive* (S. 217–234). Deutscher Universitäts-Verlag.

Bitkom (2025). *Digitales Marketing in Deutschland. Studie Wertbeitrag des digitalen Marketings 2025.* Bitkom e. V., Berlin, https://www.bitkom.org/sites/main/files/2025-01/bitkom-studie-digitales-marketing-in-deutschland-2025.pdf. Zugegriffen: 10. Mai. 2025.

Bruhn, M. (2024). *Marketing. Grundlagen für Studium und Praxis* (16. Aufl.). Springer Gabler.

Bruhn, M., Meffert, H., & Hadwich, K. (2019). *Handbuch Dienstleistungsmarketing. Planung – Umsetzung – Kontrolle* (2. Aufl.). Springer Gabler.

Burgess, B. (2025). *Account-based marketing: The definitive handbook for B2B marketers.* Kogan Page Publishers.

Coe, M. E. (2019). Milliseconds earn millions: Why mobile speed can slow or grow your business. *Think With Google.* https://www.thinkwithgoogle.com/intl/en-emea/marketing-strategies/app-and-mobile/milliseconds-earn-millions-why-mobile-speed-can-slow-or-grow-your-business/. Zugegriffen: 12. Mai 2025.

Deelmann, T., & Petmecky, A. (2012). Inhouse Consulting – Abgrenzung, Umfeld und Organisation interner Unternehmensberatungen. In I. Bamberger & T. Wrona (Hrsg.), *Strategische Unternehmensberatung* (S. 156–181). Springer Gabler Verlag.

Ebner, W., & Eck, K. (2022). *Die neue Macht der Corporate Influencer* (2. Aufl.). Redline Verlag.

Eurostat. (2023). *Anteil der Unternehmen in Europa, die Social Media nutzen im Ländervergleich im Jahr 2023.* Statista, 8. Dezember, 2023, https://de.statista.com/statistik/daten/studie/188620/umfrage/einsatz-von-social-media-marketing-durch-firmen-in-europa/. Zugegriffen: 14. Mai 2025.

Gust, B. (2024). Zielgruppenorientierte Kommunikation in Social Media. In C. Zerres (Hrsg.), *Handbuch Social-Media-Marketing* (S. 199–211). Springer Fachmedien.

Herrmann, T. (2021). Account-based Marketing – Weit mehr als ein neuer Automatisierungstrend. In U. Hannig (Hrsg.), *Marketing und Sales Automation* (2. Aufl., S. 375–386). Springer Gabler.

Jacobsen, J. (2017). *Website-Konzeption: Erfolgreiche und nutzerfreundliche Websites planen, umsetzen und betreiben* (8.Aufl.) Dpunkt. verlag.

Kotler, P., Armstrong, G., Harris, L. C., & Piercy, N. (2016). *Grundlagen des Marketing* (6. Aufl.) Pearson Deutschland GmbH.

Kreutzer, R. T. (2024). Content-Marketing. In C. Zerres (Hrsg.), *Handbuch Social-Media-Marketing* (S. 229–249). Springer Fachmedien.

Lippold, D. (2018). *Die Unternehmensberatung. Von der strategischen Konzeption zur praktischen Umsetzung* (3. Aufl.). Springer Gabler.

Lippold, D. (2024). *Marketing für Unternehmensberatungen: B2B-Marketing im digitalen Wandel.* Walter de Gruyter GmbH & Co KG.

Litterst, F. (2024). Social-Media-Advertising. In C. Zerres (Hrsg.), *Handbuch Social-Media-Marketing* (S. 339–355). Springer Fachmedien.

Martensen, A., Grønholdt, L., Bendtsen, L., & Jensen, M. J. (2007). Application of a model for the effectiveness of event marketing. *Journal of advertising research, 47*(3), 283–301.

Meffert, H., Burmann, C., Kirchgeorg, M., & Eisenbeiß, M. (2024). *Grundlagen des Marketing. Grundlagen marktorientierter Unternehmensführung. Konzepte – Instrumente – Praxisbeispiele* (14. Aufl.). Wiesbaden: Springer Gabler.

MyKinsey (2025). *Erlebe McKinsey – Der Podcast.* McKinsey & Company. https://karriere.mckinsey.de/entdecken/erlebe-mckinsey-der-podcast. Zugegriffen: 15. Mai. 2025.

Niedereichholz, C. (2010). *Unternehmensberatung. Band 1: Beratungsmarketing und Auftragsakquisition* (5. Aufl.). Oldenbourg Wissenschaftsverlag.

Nielsen, (2021). Neue Nielsen-Studie zu Vertrauen in der Werbung. https://www.nielsen.com/de/news-center/2021/neue-nielsen-studie-zu-vertrauen-in-der-werbung/. Zugegriffen: 15. Mai 2025.

Nissen, V. (2007). Consulting Research – Eine Einführung. In V. Nissen (Hrsg.), *Consulting Research: Unternehmensberatung aus wissenschaftlicher Perspektive* (S. 3–38). Wiesbaden: Deutscher Universitäts-Verlag.

Regenthal, G. (2003). Ganzheitliche Corporate Identity. Form, Verhalten und Kommunikation erfolgreich steuern. Wiesbaden: Springer Gabler Verlag.

Rosário, A., & Casaca, J. A. (2023). Relationship marketing and customer retention-a systematic literature review. *Studies in Business and Economics, 18*(3), 44–66.

Schüller, A. M. (2014). *Zukunftstrend Empfehlungsmarketing: Der beste Umsatzbeschleuniger aller Zeiten* (6. Aufl.). BusinessVillage GmbH.

Sharafutdinova, N S., Xametova, N. G., Novikova, E. N., Shnorr, Z. P., & Rolbina, E. S. (2020). Event Marketing as an Effective Tool for Building Long-Term Customer Relationships. In *"New Silk Road: Business Cooperation and Prospective of Economic Development"* (NS-RBCPED 2019), Atlantis Press, S. 561–565.

Solmecke, C. (2024). Rechtliche Rahmenbedingungen von Social Media. In C. Zerres (Hrsg.), *Handbuch Social-Media-Marketing* (S. 23–39). Springer Fachmedien.

Stahl, S. (2024). *B2B Content Marketing Benchmarks, Budgets, and Trends: Outlook for 2025.* Content Marketing Institute (CMI), London, https://contentmarketinginstitute.com/b2b-research/b2b-content-marketing-trends-research. Zugegriffen: 12. Mai. 2025.

Wirtz, J., & Lovelock, C. (2022). *Services marketing: People, technology, strategy.* World Scientific Publishing.

Zerres, C. (2024). Social-Media-Marketing: Ein einführender Überblick. In C. Zerres (Hrsg.), *Handbuch Social-Media-Marketing* (S. 1–19). Springer Fachmedien.

Dr. Marius Schönberger ist Professor für IT, Technik und wissenschaftliches Arbeiten an der IU Internationale Universität. Seine Schwerpunkte sind Künstliche Intelligenz, Mensch-Maschine-Interaktion, IT-Projektmanagement sowie Führungs- und Kommunikationstechniken. Zuvor war er Geschäftsführer des Forschungsinstituts für Bildung und Digital (FoBiD) an der Universität des Saarlandes. In dieser Funktion war er für die Leitung und Begleitung von Forschungs- und Entwicklungsprojekten in den Bereichen Bildung und Digitalisierung verantwortlich. Als IT-Leiter eines mittelständischen Medizintechnikunternehmens in Saarbrücken war er für den Betrieb der IT-Infrastruktur und der IT-Systeme verantwortlich.

Projektakquisition

3

Christian Aichele

Erfolgreiche Projektakquisition ist der First Step for Success

Erfolg einer Unternehmensberatung bedingt den Erfolg in der Projektakquisition. Die strategischen, taktischen und operativen Parameter der Beratungsgesellschaft müssen auf die optimalen Erfolgsfaktoren für die Akquisition ausgerichtet sein. Kreativität und Innovationsfreudigkeit sind dafür erforderlich. Man muss nicht immer der Erste (First Movers) in der Generierung neuer Beratungsprodukte sein, aber man sollte zu den ersten frühen Folgern gehören (Fast Followers).

Abb. 3.1(siehe Abb. 3.1) zeigt die die Trend- und Hypethemen.[1]

Mittlerweile sind Themen wie Blockchain, Künstliche Intelligenz, Künstliche Neuronale Netze, Generative KI, Robotik, Nachhaltigkeit, Regenerative Energie, Energiemanagement, Klimaschutz und -Klimaneutralität als Beratungsgebiete mit hoher Priorität hinzugekommen. Die Fluktuation solcher Themen ist hoch und wird sich zum Zeitpunkt der Veröffentlichung dieser Publikation weiter geändert haben.

Die Entwicklung neuer Beratungsprodukte ist ein kontinuierlicher Prozess und erfordert neben der eigenen Kreativität die permanente Beobachtung des Beratungsmarktes und der angesagten Offerings. Eine Übersicht über zahlreiche Beratungsprodukte ist in der Abb. 3.2 dargestellt.

---

[1] Siehe Kawohl, Waubke, & Höselbarth, 2017, S. 25

C. Aichele (✉)
Hochschule Kaiserslautern, Ketsch, Deutschland
E-Mail: christian.aichele@hs-kl.de; christian.aichele@t-online.de

C. Aichele und M. Schönberger (Hrsg.), *Business Consulting – Methoden, Techniken und Einblicke,* https://doi.org/10.1007/978-3-658-49390-5_3

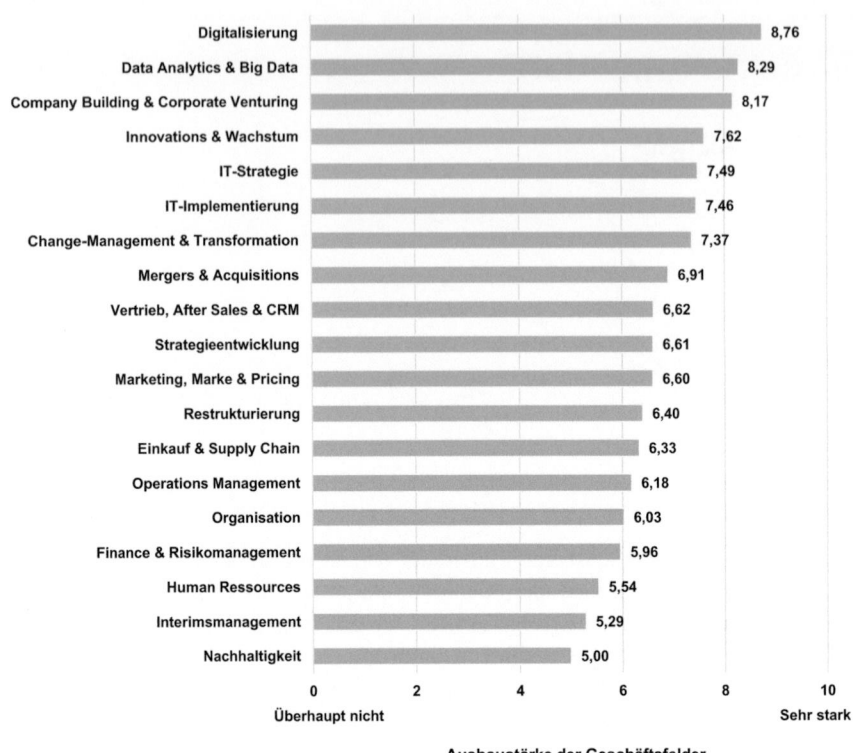

Abb. 3.1 Trend- und Hypethemen für Beratungsunternehmen

Die Fokussierung und Spezialisierung auf bestimmte Beratungsprodukte ist korrelierend zu der Größe des Beratungsunternehmens vorteilhaft. KMU-Beratungsunternehmens sollten sich auf wenige Angebote konzentrieren, um die notwendige Qualität der Produkte und damit das Differenzierungspotenzial zum Wettbewerb zu realisieren. In der Abb. 3.3 (siehe Abb. 3.3) ist der Produktlebenszyklus eines IT-Beratungsunternehmens mit Spezialisierung auf die Branche Energiewirtschaft und die Softwareprodukte von SAP dargestellt.

Beispiel

Das Beratungsunternehmen (BU) ist auf die Einführung des SAP-Produkts IS-U (Industry Solution Utility, Industrielösung für die Energiewirtschaft) spezialisiert. Zu dem Betrachtungszeitpunkt entwickelte sich das Softwareprodukt IS-U in Richtung Commodity-Solution. D. h. etliche andere Beratungsunternehmen hatten mit ihrem Know-how aufgeschlossen und boten vergleichbare Beratungsleistungen z. T. mit geringeren Kosten an. Das Unternehmen BU beschloss in mehreren Strategiesitzungen sich auf neue Produkte des Softwareun-

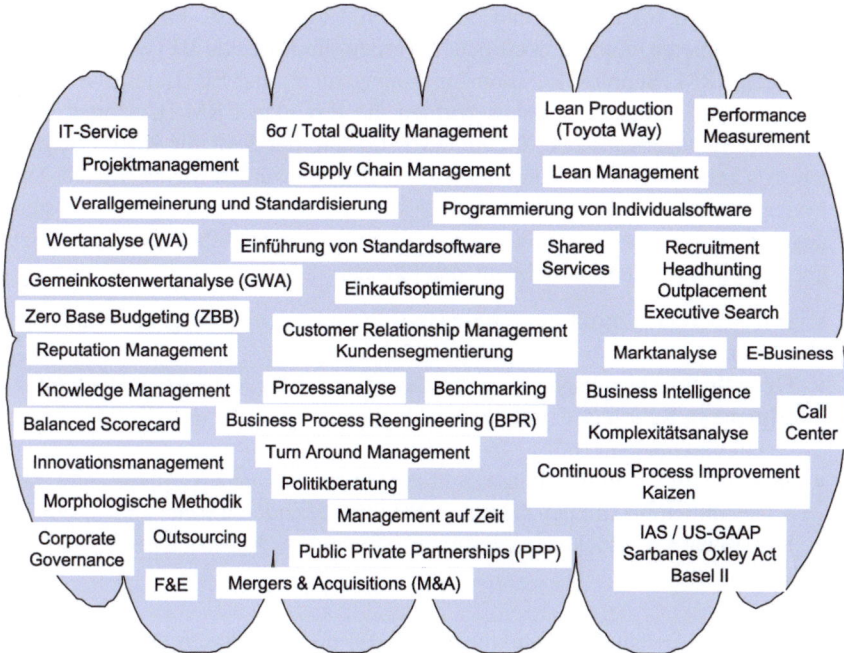

Abb. 3.2 Produkte und Methoden in der Beratung

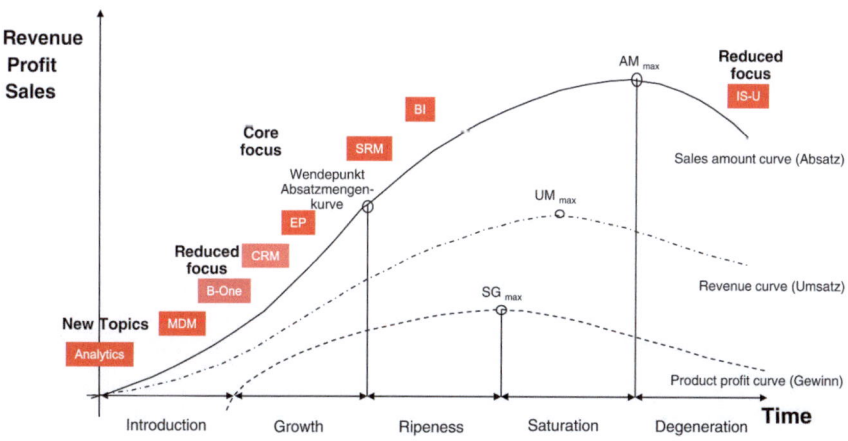

Abb. 3.3 Produktlebenszyklus der Fokusbereiche 20XX–20YY

ternehmens zu fokussieren und dort als First Mover bzw. Fast Follower am Markt zu agieren. Zum „Core Focus" wurden die Produkte BI (Business Intelligence), SRM (Supplier Relationship Management) und EP (Enterprise Portal) erkoren. Mit reduziertem Fokus wurden die Produkte CRM (Customer Relationship Management) und B-One (ERP-Lösung der SAP für KMU) betrachten. Als neue, interessante und innovative Themen wurden MDM (Master Data Management) und Analytics (Analysesoftware der SAP, Kennzahlensystem) angesehen. Die einzelnen Produkte wurden einer Produktlebenszykluskurve zugeordnet. Diese Kurve besteht aus den Phasen:

- **Introduction:** Einführungsphase eines Produktes mit geringem Absatz, Umsatz und Gewinn
- **Growth:** Wachstumsphase mit gestiegenem Absatz, Umsatz und Gewinn
- **Ripeness:** Reifephase mit weiter steigendem Absatz und Umsatz bis zu einem maximalen Profit
- **Saturation:** Sättigungsphase mit am Ende maximalen Ansatz und zwischenzeitlich maximalen Umsatz, aber mit sinkendem Profit
- **Degeneration:** Rückgangsphase mit sinkendem Absatz, Umsatz und Gewinn

Empfehlenswert ist ein Produktportfolio, das in allen Phasen Produkte enthält und somit die Substitution von Produkten in der Phase Degeneration nahtlos ermöglicht. ◄

3.1 Kontaktaufnahme und Akquisitionstermin

Die Kontaktaufnahme mit potenziellen neuen Kunden ist der am wenigsten, strukturierte Schritt im Akquisitionsprozess (siehe Abschn. 1.6). Je interessanter das vorhandene Produktportfolio, desto größer ist die Chance, dass Unternehmen selbsttätig den Kontakt mit dem Beratungsunternehmen aufnehmen. Die Transparenz über das Angebot muss maximal möglich auf dem Beratungsmarkt durch Marketingmaßnahmen bekannt sein. Soziale Medien, Konferenzen, Kongresse, Messen und Publikationen sind dafür adäquate Maßnahmen. Kontakte, mit den Entscheidungsträgern potenzieller Kunden sind äußerst wertvoll und ebnen den Weg zum angestrebten Akquisitionstermin. Kenntnisse der Branchenprobleme, des potenziellen Kunden und der passenden Beratungsprodukte sind unabdingbare Voraussetzung für eine erfolgreiche Kontaktinteraktion. Der Akquisitionstermin sollte bestmöglich vorbereitet werden. Für diesen Termin sollten insbesondere erfahrene Berater eingesetzt werden, zur Protokollierung und zur Informationsbeschaffung können in der Akquisition auch Junior Consultants begleitend tätig werden. Das sollte dem potenziellen Klienten rechtzeitig transparent gemacht werden, um den Akquisitionserfolg nicht zu gefährden (siehe folgendes Beispiel).

Beispiel

Eine Kooperation von zwei Unternehmensberatungsgesellschaften wurde zur Projektakquisition bei einem multinationalen Chemie- und Pharmaunternehmen eingeladen. Die Kooperation bestand aus einer Strategieberatung und einer IT-Beratung. Es ging um die Einführung einer Freischaltabwicklungssoftware (Work Clearance Management). In einer internen Vorbesprechung wurde das Vorgehen besprochen, insbesondere die Reihenfolge der persönlichen Vorstellungen. Diese sollte sich auf die Partner beschränken, die dann auch die Projektteilnehmer kurz vorstellen sollten. Das Akquisitionsteam bestand aus zwei Partnern der Strategieberatung, einem Partner der IT-Beratung und dem designierten Beratungsteam der IT-Beratung bestehend aus drei Beratern. Nach einer Vorstellung der Teilnehmer des potenziellen Klienten (5 Personen), sollte die Vorstellung des Beratungsteams starten.

Plötzlich und unerwartet startete einer der IT-Berater mit seiner Vorstellung, die Mitarbeiter des Chemie- und Pharmaunternehmens insistierten sofort in die Fragen nach der vorhandenen Expertise und Erfahrungen aus bisherigen Projekten im WCM-Bereich. Diese waren leider nicht vorhanden!

Der Termin dauerte dann noch weitere 90 min, ein Erfolg war aufgrund des negativen Starts nicht mehr möglich. ◀

Das Akquisitionsgespräch sollte mit dem kompletten Akquisitionsteam detailliert vorbereitet werden. Die Präsentation und ggf. weitere Dokumentationen und Informationen müssen auf das Kundenunternehmen ausgerichtet akkurat erstellt werden Eine Vorabstimmung mit Teilnehmern des Kunden ist erstrebenswert und vorteilhaft. Die Redebeiträge der einzelnen Personen des Akquisitionsteams werden definiert und in der Reihenfolge strukturiert. Der designierte Projektleiter hat den Lead in dem Termin. Der Ablauf des Akquisitionstermins ist in der Abb. 3.4 (siehe Abb. 3.4) dargestellt.

Das Team muss rechtzeitig erscheinen (15 min vor dem Termin ist das Minimum, mehr als 30 min vor dem Termin ist zu früh). Die Begrüßung erfolgt zum einen informell vor dem Start des Termins und formell mit dem Start. Die informelle Begrüßung kann für Small-Talks genutzt werden und sollte für die Evolvierung von Sympathien genutzt werden. Die offizielle Begrüßung startet durch den Kundenverantwortlichen, die Reihenfolge der Vorstellung der Teilnehmer (Kunde, Berater) sollte vorab abgestimmt sein. Die Vorstellung der Berater erfolgt entweder ausschließlich durch den Projektleiter bzw. in der Reihenfolge strukturiert durch den Projektleiter des Beratungsunternehmens. Die Einzelvorstellungen sollten aus wenigen Sätzen bestehen (Rolle im Beratungsunternehmen, Projektexpertise im Hinblick auf die Kundenbedürfnisse). Danach erfolgt durch den Projektleiter die Leistungspräsentation (kurz und knapp ist auf jeden Fall einer epischen Präsentation vorzuziehen. Die präsentierten Beratungsprodukte sollten auf die Bedürfnisse des Kunden abgestimmt sein). Die Präsentation des Kunden kann vorher oder danach erfolgen (entsprechend der Präferenz des Kunden). Danach werden die Problembereiche des Kunden angesprochen und diskutiert. Die

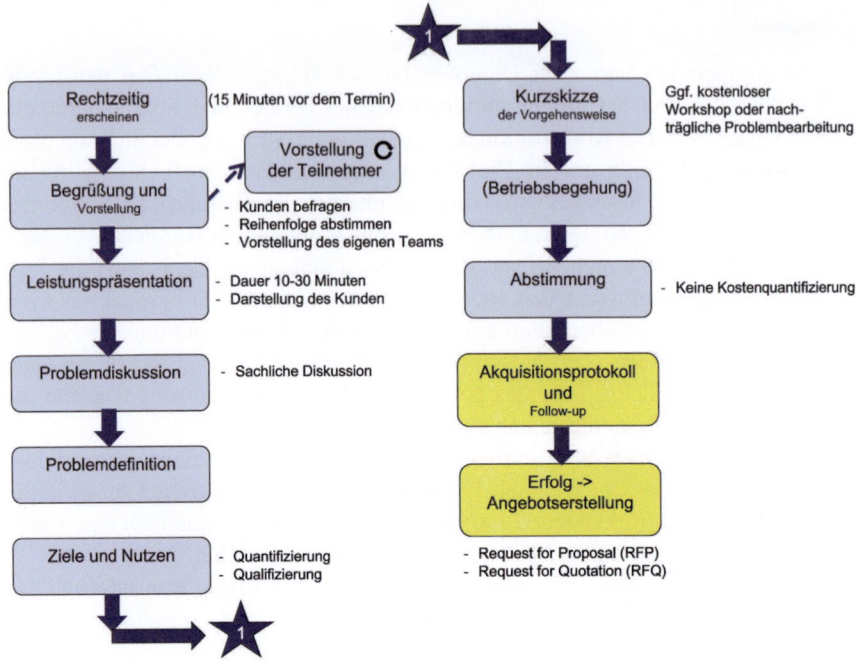

Abb. 3.4   Ablauf des Akquisitionstermins

Probleme werden definiert und visualisiert (Flipchart, Metaplan oder digital über PC und Beamer). Die Ziele und der Nutzen der Problemlösung werden durch den Projektleiter rubriziert, qualifiziert und quantifiziert. Der Projektleiter skizziert die weitere Vorgehensweise und bietet die nachträgliche Vorabproblembearbeitung oder ggf. eintägige oder maximal einwöchige Workshops an (diese können im ersten Schritt kostenlos angeboten werden oder zur Verrechnung mit dem eigentlichen Projekt). Eine Betriebsbegehung ist vorteilhaft und bietet die Möglichkeit zu ersten Analysen und zu bilateralen Small-Tals zwischen allen Teilnehmer. Diese Begehung ist optional, aber das Beratungsunternehmen sollte darum bitten. Danach gibt es eine abschließende Abstimmung, in der die weiteren Schritte vereinbart werden. Eine Kostenquantifizierung sollte in dieser Phase vermieden werden. Das Beratungsunternehmen erstellt schnellstens das Protokoll des Akquisitionsgesprächs und verteilt dieses nach Abstimmung mit dem Kundenverantwortlichen an alle Teilnehmer. Das Beratungsunternehmen erstellt nach einem erfolgreichen Akquisitionstermin ein Angebot. Ggf. existieren von dem Kunden schon Angebotsanfragen (RFQ, Request for Quotation) oder Ausschreibungsunterlagen (RFP, Request for Proposal) auf die im Angebot dediziert eingegangen werden kann.

3.2   Angebotserstellung

Beispielhaft wird im Folgenden die Struktur eines Teilnahmeantrags zur Angebotsabgabe für Consultingleistungen dargestellt (ca. 70 Seiten):

An dem Angebot sind zwei Unternehmensberatungen mit unterschiedlichen Beratungsschwerpunkten als Bietergemeinschaft beteiligt. Nach einer Einleitung wird das Unternehmen des GU (Generalunternehmers) mit Kurzprofil und den Erfahrungsschwerpunkten, Kompetenzen und Referenzen vorgestellt. Danach wird das zweite Unternehmen in der gleichen Struktur angeführt. Enthalten sind auch Mitarbeiterprofile, die für das potenzielle Projekt geeignet sind. Zu den Referenzprojekten werden konkrete Ansprechpersonen der Klientenunternehmen genannt (das Einverständnis und die tendierten positiven Resonanzen müssen vorher in Abstimmung verifiziert und validiert werden). Abschließend wird das Angebot zusammengefasst und die Stärken der Bietergemeinschaft hervorgehoben. Bei diesem Dokument handelt es sich um einen Teilnahmeantrag zur Angebotsabgabe. Das Angebot selbst enthält detaillierte Informationen zu Zielen und Nutzen und zur Projektvorgehensweise. Des Weiteren stellen die enthaltenen Beraterprofile die konkreten Projektmitarbeiter dar. Eine verbindliche Aufwandsschätzung mit den korrelierenden Kosten (Beratertagessätze und out-of-pocket-costs) sind elementarer Bestandteil des Angebots. Vorteilhaft sind je nach angebotenen Beratungsprodukt unternehmensspezifische Vorgehensmodelle, die die Erfahrungen des Beratungsunternehmens bestätigen. Beispielhafte Strukturen von Angeboten sind im Folgenden angeführt:

- **Beispiel 1:** Angebot zur Einführung eines Asset Managements für ein Gasunternehmen (6 Seiten):
  1. Leistungsbeschreibung
  2. Leistungsumfang und Aufwand
  3. Mitarbeiterdisposition und Honorar
  4. Zahlungsbedingungen
  5. Sonstige Vereinbarungen
  6. Unterschriften
- **Beispiel 2:** Angebot zur Analyse und Konzeption der kaufmännischen und logistischen Geschäftsprozesse eines Herstellers von Stein- und Betonprodukten (10 Seiten):
  1. Ausgangssituation
  2. Leistungen der Unternehmensberatungs AG
     2.1 Phase Geschäftsprozessanalyse
     2.2 Phase Geschäftsprozesskonzeption auf Basis der eruierten Potenziale
     2.3 Phase Planung der Realisierung und Wirtschaftlichkeitsanalyse
     2.4 Projektorganisation und Zeitplan
  3. Aufwand und Kosten
  4. Erfahrungen der Unternehmensberatungs AG //enthält auch die Referenzen
  5. Sonstige Vereinbarungen
  6. Unterschriften

Angebote sollten so kurz und prägnant wie möglich gehalten werden, Projektspezifische Inhalten können auch ausführlicher dargestellt werde. Je nach Größe des
Projektes können die Angebotsdokumente auch mehrere hundert Seiten dick sein.
Dies erfordert bei dem potenziellen Kunden einen entsprechenden Aufwand alternative Angebote zu vergleichen. Je fokussierter und spezifischer ein solches Angebot ist, desto größer die Chance für einen Projektauftrag.

3.3   Vorgehensmodelle

Vorgehensmodelle, die die einzelnen Phasen mit allen möglichen Aktivitäten
aufzeigen, unterstützen das Beratungsteam in der Projektakquisition und – planung. Die einzelnen Aktivitäten und Aufgaben können kundenspezifisch erweitert oder angepasst werden. Solche Vorgehensmodelle gehören zum spezifischen
Knowledge Management des Beratungsunternehmens und stellen ein Differenzierungspotenzial zu den Mitbewerbern dar. In der Akquisitionsphase zeigen solche
Modelle die Expertise des Beratungsunternehmens auf und stellen gegenüber dem
potenziellen Kunden den Mehrwert / Added Value dar.
    Die folgende Abbildung (siehe Abb. 3.5) stellt ein Vorgehensmodell zur
Durchführung eines Geschäftsprozessanalyse- und -optimierungsprojektes dar
(GPA/GPO, oder auch mit Business Process Reengineering BPR) bezeichnet.

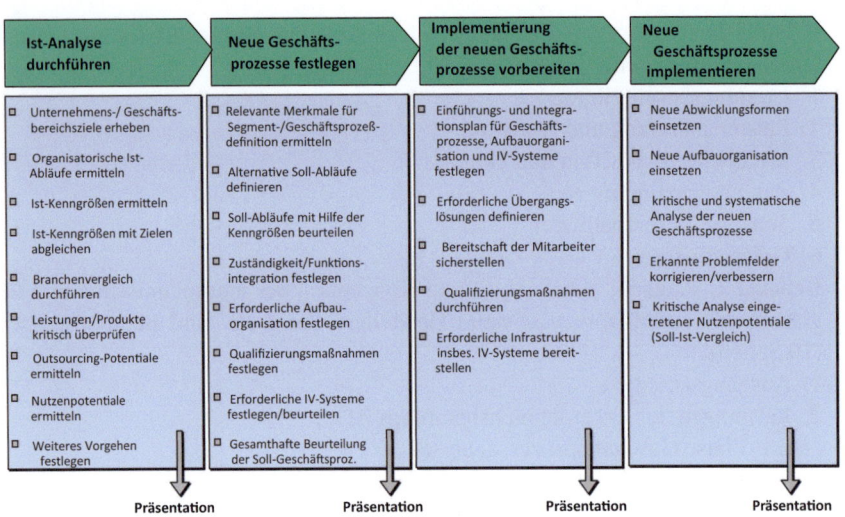

Abb. 3.5 Vorgehensweise für das BPR

3.4   Projektauftrag

Das Ergebnis einer positiven Projektentscheidung wird schriftlich festgehalten. Für das entsprechende Dokument werden Synonyme wie Projektauftrag, Projektpflichtenheft, Projektsteckbrief, Projekthandbuch u. ä. verwendet.[2]
Immanent sind zu allen unterschiedlichen Bezeichnungen des Projektauftrags die folgenden Punkte:

- **Benennung des Projekts**
  Der Name des Projekts wird angeführt.
- **Projektbeschreibung**
  Das Projekt wird im Detail verbal beschrieben.
- **Projektziele**
  Jedes Projekt muss Ziele haben. *„Nur wer das Ziel kennt, kann auch ankommen"*. Das Ziele müssen SMART sein: **S**pezifisch, **M**essbar, **A**kzeptiert, **R**ealistisch und **T**erminiert.
- **Kennzahlen und Kennzahlausprägungen zu den Projektzielen**
  Nur messbare Projektziele können auch verfolgt werden. Insofern ist es eminent wichtig, zu den einzelnen Projektzielen Kennzahlen (ein oder mehrere) zu definieren. Die dazugehörigen Kennzahlenausprägungen quantifizieren die Kennzahlen und damit die Projektziele.
- **Vorgehensweise zur Erreichung der Projektziele**
  Schon in dem Projektauftrag sollte festgehalten werden soweit bekannt und damit auch festlegbar, welche Projektvorgehensweise, welche Methoden und Techniken zur Projektzielerreichung verwendet werden sollen.

Der Projektauftrag kann z. B. die folgende Struktur haben:
Diese Struktur des Projektauftrags kann auch Grundlage für die permanente oder periodische Projektdokumentation sein.
Wichtig für den Vertrag ist die Gestaltung als reiner Beratungsauftrag. Die Beratung ist eine Dienstleistung und die Haftung des Unternehmensberaters ist nach § 676 BGB beschränkt:
„Wer einem anderen einen Rat oder eine Empfehlung erteilt, ist unbeschadet der sich aus einem Vertragsverhältnis oder einer unerlaubten Handlung ergebenden Verantwortlichkeit, zum Ersatz, der aus der Befolgung des Rates oder der Empfehlung entstehenden Schadens nicht verpflichtet." Beratungsverträge sind in der Regel Dienstverträge nach §§ 611 ff. BGB. Im Gegensatz dazu stehen Werkverträge nach §§ 631 ff. BGB, die z. B. für Gutachten und Softwarerealisierungen infrage kommen. Hier haftet das (Beratungs-) Unternehmen für die Nicht-Erbringung der Leistung. Ggf. werden mit dem Auftrag auch Non-Disclosure-Agreements unterzeichnet (NDAs = Vertraulichkeitsvereinbarung oder Geheinhaltungs-

---

[2] Siehe Aichele, Intelligentes Projektmanagement, S. 72–72, Kohlhammer, 2006.

vereinbarung). Mit dem NDA verpflichtet sich der Berater über das Unternehmen, die bereitgestellten Informationen und Dokumente und das Projekt Stillschweigen zu wahren.

Literatur

Aichele, C. (2006). *Intelligentes Projektmanagement*. Kohlhammer.
Kawohl, Waubke & Höselbarth. (2017). *Digitale Transformation von Unternehmensberatungen – wie Consulting sich verändern wird*, Studie von Prof. Dr. Julian M. Kawohl, Ralf Waubke, Dr. Frank Höselbarth, chrome-extension://efaidnbmnnnibpcajpcglclefindmkaj/https://www.people-brand.de/img/studie_transformation-von-unternehmensberatungen.pdf, Abruf am 17.09.2025.

Christian Aichele lehrt Wirtschaftsinformatik an der Hochschule Kaiserslautern. Nach seinem Studium des Wirtschaftsingenieurswesens an der Universität Karlsruhe arbeitete er weltweit als Unternehmensberater in verschiedenen Positionen und für unterschiedliche Branchen. Danach war er als Leiter Solution Center für Abrechnungslösungen für klein- und mittelständische Versorger bei RWE und als Manager bei Tieto Oyi für die Konzeption von Service Offerings und für die Projektakquisition und -durchführung im Bereich Energy und Smart Meter zuständig.

Das Beratungsprojekt

4

Christian Aichele

Phasen und Aufgaben im Beratungsprojekt

„Projekte muss man leben, aber auch überleben. Eine ganzheitliche Einstellung zu sich, den Stakeholdern eines Projektes (Sponsoren, Lenkungsausschuss, Projektmitarbeiter), dem unmittelbaren Projektumfeld und dem nicht projektbezogenen Umfeld ist unabdingbar. Dafür sind neben allen quantitativen Methoden zur Projektentscheidung, zur Projektstrukturierung, zur Projektsteuerung und zum Projektcontrolling auch die Soft Facts in Form von Guidelines für das Projektmanagement zu berücksichtigen."[1]

„Erst die Durchführung mehrerer Projekte, als Projektmitarbeiter, als stellvertretender Projektleiter und als Projektleiter selbst, gibt die Erfahrung und Sicherheit die richtigen Methoden, Techniken und Tools anzuwenden und die richtigen Projektmitarbeiter auszuwählen und die Zusammenarbeit auf einem produktiven Niveau zu gewährleisten."[2]

Im Regelfall entsteht ein Beratungsprojekt auf Basis einer Ausgangslage im Unternehmen, welche einen Handlungsbedarf initiiert, der die Organisationsform eines Projektes bedingt. Der Handlungsbedarf für externe Unterstützung durch Unternehmensberater artikuliert sich in Form einer Zielsetzung zur Erreichung eines Sollzustandes.[3]

---

[1] Siehe Aichele, Christian, Intelligentes Projektmanagement, Vorwort, Kohlhammer, 2006
[2] Siehe Aichele, Christian, Intelligentes Projektmanagement, Vorwort, Kohlhammer, 2006
[3] Vgl. Aichele, Christian, Intelligentes Projektmanagement, S. 25 Kohlhammer, 2006

C. Aichele (✉)
Hochschule Kaiserslautern, Zweibrücken, Deutschland
E-Mail: christian.aichele@hs-kl.de; christian.aichele@t-online.de

© Der/die Autor(en), exklusiv lizenziert an Springer Fachmedien Wiesbaden GmbH, ein Teil von Springer Nature 2025
C. Aichele und M. Schönberger (Hrsg.), *Business Consulting – Methoden, Techniken und Einblicke,* https://doi.org/10.1007/978-3-658-49390-5_4

Abb. 4.1 „Magisches
Dreieck" des
Projektmanagements

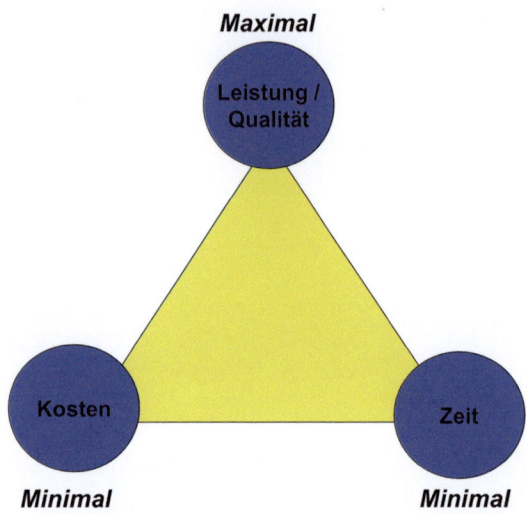

Beratungsprojekte zeichnen sich durch bestimmte Merkmale aus und sind mit gewissen Risiken und Erfolgsfaktoren verbunden. Sie sind einmalige Vorhaben, die von der Tagesroutine abheben und sich nicht ständig wiederholen. Außerdem ist ein Projekt zeitlich begrenzt durch definierte Start- und Endtermine. Ein Projekt hat klar definierte Ziele. Es muss genau festgelegt sein, was erreicht werden soll und wie dies zu geschehen hat. Des Weiteren handelt es sich bei Projekten um komplexe Vorhaben, die unterschiedliche Techniken und Methoden zur erfolgreichen Durchführung erfordern. Es sind zum Teil neuartige und unbekannte Probleme zu lösen und Projekte haben daher ein besonderes Risiko. Ferner steht Projekten ein bestimmtes Budget zur Verfügung, das nicht überschritten werden darf.[4]

Der Erfolg jedes Projektes ist durch drei Eckpunkte bestimmt:

- Qualität/Funktionalität,
- Kosten und
- Zeit.

Diese drei Faktoren sind voneinander abhängig und konkurrieren um ihre Anteile im Projekt (siehe Abb. 4.1). [5]

Qualität/Funktionalität
Am Anfang eines Projektes steht die Analyse des Ziels. Hier wird definiert, welche Funktionalitäten erreicht werden sollen. Eine präzise Definition der Funktio-

---

[4] Vgl. Kellner, Hedwig, 1996, S. 6 ff.
[5] Vgl. George, Gunnar, 1999, S. 20.

nalität und der Qualität und eine ständige Kontrolle sind ein wichtiger Erfolgsfaktor von Projekten.

Kosten

Die Kosten eines Projektes richten sich nach den Kosten für die benötigten Ressourcen (Budget, Kosten, Material, Mitarbeiter, Hard-, Soft- und Netware etc.), die Kosten für die Einführung und das Projektmanagement. Die tatsächlich anfallenden Kosten müssen ständig überwacht werden. Der Projektleiter sollte einen Plan haben, bis zu welchem Zeitpunkt, in welchen Bereichen Ausgaben nötig werden. Es darf nicht zu Budgetüberschreitungen kommen, die das Projekt verteuern und somit den Nutzen am Ende schmälern.

Zeit

Ein Projekt ist durch feste Zeitbegrenzungen limitiert. Zu einem bestimmten Zeitpunkt muss die Einführung des Projekts abgeschlossen sein. Es darf keine Verzögerungen geben. Aus diesem Grund müssen im laufenden Projekt immer wieder Zeitpunkte definiert werden, an denen Zwischenergebnisse erreicht sein müssen. Oft werden diese Zeitpunkte auch als Meilensteine („Milestones") bezeichnet.

Definition Stakeholder

Das Prinzip der Stakeholder erfasst das Unternehmen in seinem gesamten sozialökonomischen Kontext und bringt die Bedürfnisse der unterschiedlichen Anspruchsgruppen in Einklang. Als Stakeholder gelten neben den Shareholdern (Eigentümer) die Mitarbeiter, die Lieferanten, die Kunden, die Kapitalmärkte sowie der Staat und die Öffentlichkeit.

Für alle drei Eckpunkte im Projektmanagement ist es wichtig, sie so früh wie möglich mit den Projekt Stakeholdern abzustimmen und messbare Größen zu definieren. Es muss ein klar abgegrenzter Zeitrahmen festgelegt werden, ein konkretes Budget, sowie ein genauer Funktionsumfang. Die Festlegung messbarer Größen („Performance Measures" oder Kennzahlen) gewährleistet eine Ergebnis- und Zielorientierte Arbeitsweise. Denn das Scheitern eines der drei Eckpunkte führt zum Scheitern des gesamten Projektes.

> *„If you can't measure it, you can't manage it."*
> *(Peter F., Drucker)*

Diese Aussage unterstreicht die Bedeutung von messbaren, klar definierten Kennzahlenausprägungen der wichtigsten Projektziele. Wenn die Ziele eines Projektes, die jeweils benötigten Ausprägungen der Ressourcen und die Zeiten der Projektvorgänge nicht gemessen werden können, kann das Projekt nicht gesteuert werden.
Weitere Erfolgsfaktoren für ein Projekt sind die hundertprozentige Unterstützung durch das Management, bzw. der Unternehmensführung. Die Erfahrung zeigt außerdem, dass dem Faktor Mensch und der zwischenmenschlichen Beziehung oft zu wenig Bedeutung beigemessen wird.

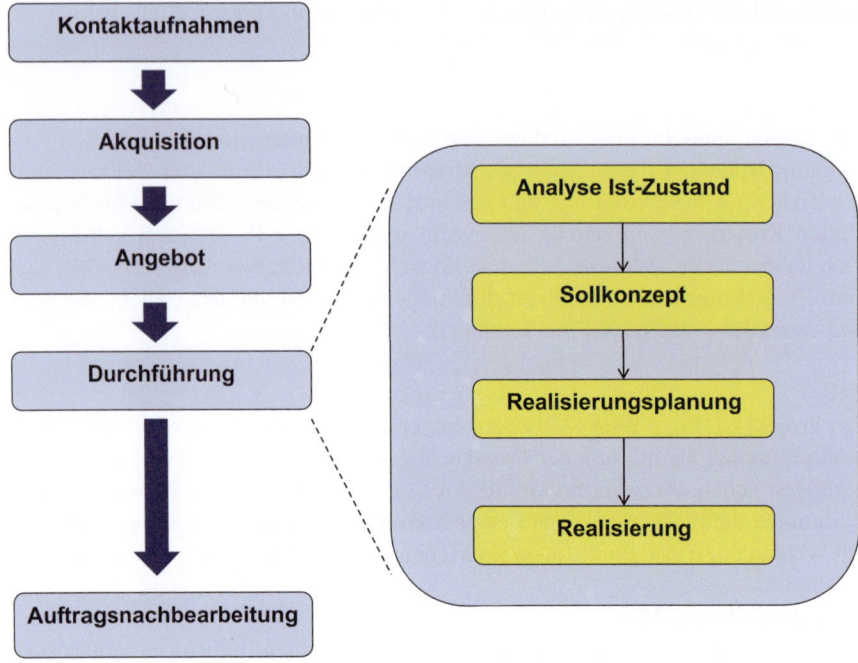

Abb. 4.2   Phasen des Beratungsprozesses: Projektdurchführung

„Technology is easy – people are hard."
(John, Cage)

Human Behaviour stellt aber einen erheblichen Risikofaktor dar, den man nicht
unterschätzen darf. Mithilfe eines optimal, strukturierten Vorgehensmodells anhand eines erprobten Referenzplans und einem stringenten Projektmanagement
kann diesem Problem entgegengewirkt werden.[6]
Die Projektdurchführung besteht grundsätzlich aus den Vorgängen:

- **Analyse des Ist-Zustands**
- **Sollkonzept**
- **Realisierungsplanung und**
- **Realsierung**

Die Durchführung erfolgt nach den Beratungsprozessphasen Kontaktaufnahme,
Akquisition und Angebot. Erst durch die Angebotsannahme des Kundenunternehmens erfolgt der Projektstart (siehe Abb. 4.2).

---

[6] Vgl. Aichele, Christian, Intelligentes Projektmanagement, S. 25–27, Kohlhammer, 2006.

4.1   Definitionen Projekt und Projektmanagement

Der Begriff Projekt leitet sich ab von lateinisch proiectum, ‚(nach vorn gewor-
fen).[7]

▶ **Definition der DIN 69901** Projekte sind Vorhaben, die im Wesentlichen durch
Einmaligkeit der Bedingungen in ihrer Gesamtheit gekennzeichnet sind, wie z. B.
Zielvorgabe, zeitliche, personelle oder andere Begrenzungen, Abgrenzung gegen-
über anderen Vorhaben und eine projektspezifische Organisation.[8]

Die Eigenschaften von Projekten sind damit:

- Bedeutung
- Klare Zielvereinbarung (qualitativ)
- Komplexität
- Umfang
- Interdisziplinarität, Bereichsübergreifende Zusammenarbeit
- Einmaligkeit
- Endlichkeit, Zeitliche Befristung
- Abgrenzung gegenüber anderen Vorhaben
  - Komplexität
  - Neuartigkeit
  - Einmaligkeit
  - Unsicherheit
- Begrenzte Ressourcen
- Projektspezifische Organisation
- Risiko

Zusammenfassend kann ein Projekt als ein Vorhaben bezeichnet werden,

- dessen Ablauf (zumindest weitgehend) einmalig ist,
- dessen Struktur eine gewisse Komplexität aufweist und
- dessen festgelegte Zielsetzung in vorgegebener Zeit und mit gegebenen Mitteln
  zu erreichen ist.

Der Umfang und die Zahl der Beratungsprojekte nehmen signifikant zu. Dafür
sind mehrere Ursachen relevant, so etwa die zunehmende Komplexität und disruptive Entwicklungssprünge der Technik und insbesondere der Informationstech-
nik (Künstliche Intelligenz, Digitalisierung, Blockchain, Cloud Computing, Cy-
berkriminalität, Kryptowährungen, Virtual Reality, Augmented Reality, Big Data

---

[7] Siehe Wikipedia, https://de.wikipedia.org/wiki/Projekt#:~:text=Projekt%20leitet%20sich%20
ab%20von,Projektil), Abruf am 27.02.2025.
[8] Siehe DIN 69901, 1987.

und vieles mehr), die Internationalisierung und Globalisierung, im Gegensatz dazu der Trend zum Nationalismus und wirtschaftlicher Autonomie und Autarkie, die externen Krisen und ein dynamischer Wandel in vielen Unternehmensbereichen.

Der Begriff Management (ital. menaggiare = handhaben, bewerkstelligen) besitzt viele unterschiedliche Definitionen.

Im Wesentlichen beinhaltet der Begriff jedoch einen Prozess, der über die Teilprozesse (Phasen)

- Planung,
- Organisation,
- Durchführung,
- Verfolgung und Steuerung

mit dem Einsatz von Menschen (institutionalisierte Führung) zur Formulierung und Erreichung von Zielen führt.

Eine adäquate Projektorganisation und ein performantes Projektmanagement sind für Beratungsprojekt von immenser Bedeutung. Dabei reicht es nicht aus, die Methoden, Techniken und Tools für das Projektmanagement anwenden zu können. Wesentlich bedeutender ist ein humanzentriertes Projektmanagement, d. h. die Projektziele kommunizieren zu können, die Unternehmens- und Projektmitarbeiter überzeugen und führen zu können, rechtzeitig und prospektiv Entwicklungstendenzen des Projekts zu erkennen, diese Tendenzen hinsichtlich der Projektziele permanent anzupassen, empathisch mit dem Projektsponsor und den Projektmitarbeiter umgehen zu können und natürlich die Projektziele unter den gegebenen Rahmenbedingungen zu erreichen.

Das Projektmanagement ist ein Leitungs- und Organisationskonzept, mit dem die vielen sich teilweise gegenseitig beeinflussenden Projektelemente und das Projektgeschehen nicht dem Zufall oder der Genialität einzelner Personen überlassen werden, sondern gezielt zu einem festen Zeitpunkt herbeigeführt werden (*Etwas entwerfen und geplant nach vorne bringen, etwas unternehmen, um zielgerichtet ein Vorhaben zu erreichen*).

Es beinhaltet die Gesamtheit von Führungsaufgaben, Organisation, Techniken und Mitteln für die Abwicklung eines Projektes. Hierzu wird im Regelfall eine temporäre Institution zur Wahrnehmung der Aufgaben implementiert (siehe Abb. 4.3).

Projekte müssen organisiert werden, damit die Komplexität in realisierbare Aufgabenpakte zerlegt wird.

Zur Projektorganisation gehören die folgenden Bestandteile (siehe Abb. 4.4):

- Definition des Projekts (verbale Beschreibung)
- Benennung des Projektziels
- Quantifizierung des Projektziels und der Projektunterziele (Kennzahlen)
- Definition der Projektvorgaben
- Strukturierung der Projektaufbauorganisation (Sponsoren, Lenkungsausschuss, Projektleitung, Teilprojektleiter, Projektmitarbeiter)

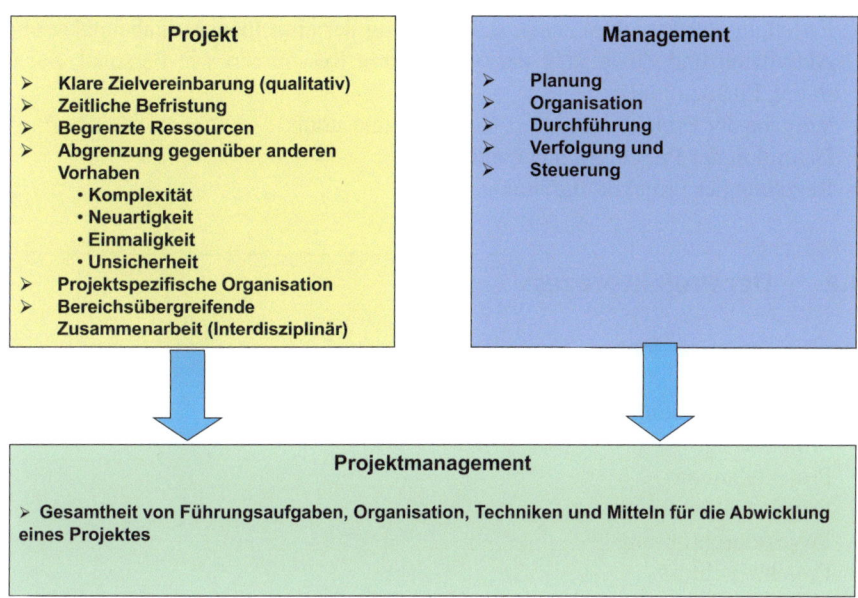

Abb. 4.3   Projekt, Management, Projektmanagement

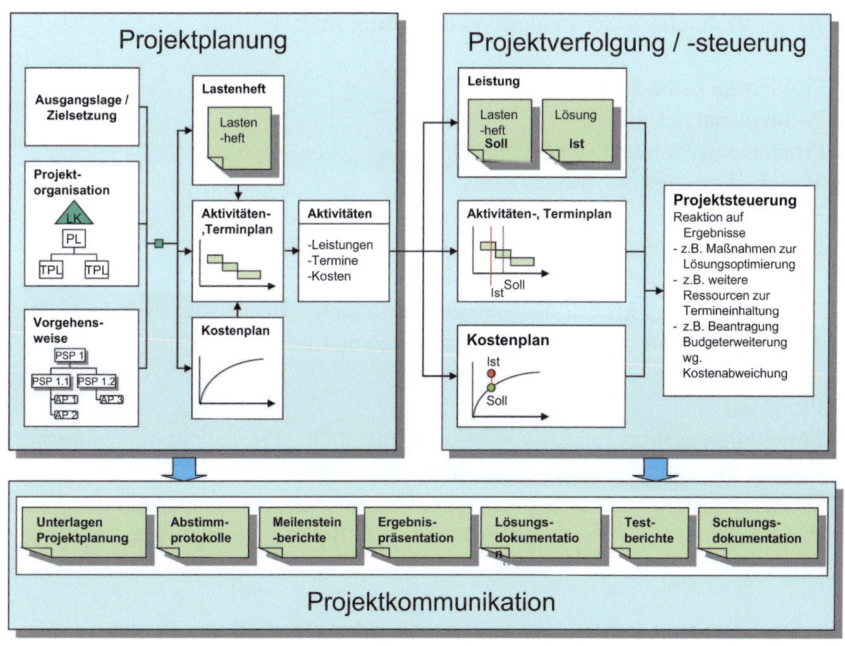

Abb. 4.4   Aufgaben des Projektmanagements

- Erstellung der Projektplanung, d. h. Planung der einzelnen Aufgabenpakte und Aktivitäten und Zuweisung der einsetzbaren Ressourcen wie Personal, Sachmittel, Finanzmittel
- Vorgabe der Projektmethoden, -techniken und -tools
- Definition der Projektdokumentation
- Regelung der Projektkommunikation

4.2 Der Projektprozess

Der Projektprozess umfasst die Aufgaben:

- Projektvorbereitung
- Projektdesign
- Projektplanung
- Projektauslösung
- Projektdurchführung
- Projektabschluss

Ein Projekt ist nur dann notwendig, wenn Probleme erkannt worden sind und wenn Analysen vorliegen, dass diese Probleme auf Basis von Projekten beseitigt werden können. Reichen die internen Ressourcen und Kenntnisse zur Projektbewältigung nicht aus, werden aus Unternehmensprojekten Beratungsprojekte. Die einzelnen Bestandteile der **Projektvorbereitung** sind:

- Problemsuche und -erkennung
- Problemanalyse
- Problementscheidung (Projektentscheidung)
- Machbarkeitsanalyse (Make or buy)
- Risikoanalyse
- Projektplanungsentscheidung

Aufgaben des **Projektdesigns** sind die Festlegung der strukturellen bzw. statischen Eigenschaften eines Projekts. Dazu gehören im Einzelnen:

- Projektart
- Projektorganisation (Sponsor, Lenkungsausschuss, Projektleitung, Teilprojektleitung, Projektmitarbeiter), siehe Abb. 4.5
- Einbindung der Projektorganisation in die Unternehmensorganisation
- Projektressourcen (Personal, Finanzen und Budgets, Sachmittel, Werkzeuge und Tools)

Die dynamischen Aspekte eines Projektes werden innerhalb der **Projektplanung**festgelegt. Zwischen Projektdesign und Projektplanung besteht ein iterativer Phasenprozess. Das Projektdesign ist der erste Schritt, die Projektplanung der zweite

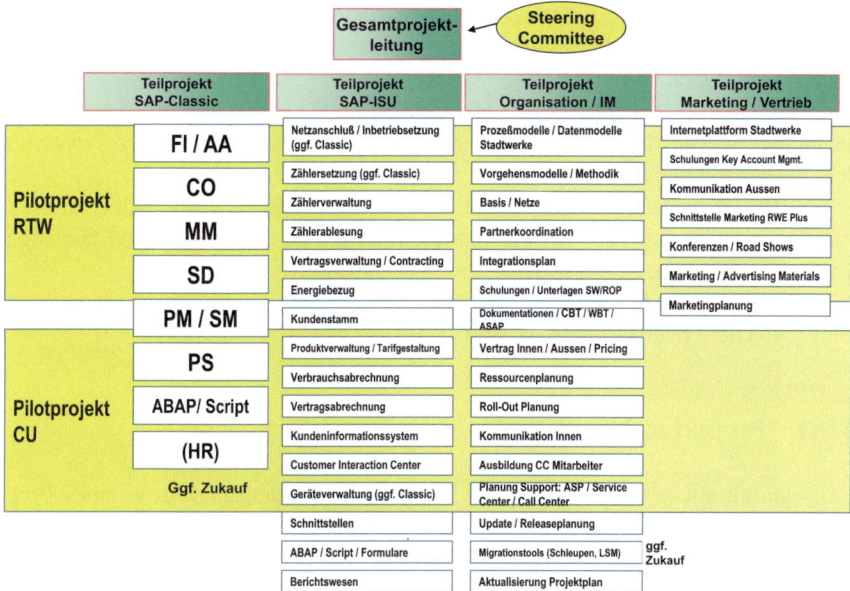

Abb. 4.5 Beispiel einer Projektorganisation mit Teilprojekten

Schritt. Ergebnisse der Projektplanung können dazu führen, dass das Projektdesign aktualisiert und/oder revidiert wird. Zu den Planungsaufgaben der Projektplanung gehören:

- Planung und Strukturierung der Projektaufgaben
- Personalplanung (Quantitativ und qualitativ)
- Zeit- und Terminplanung
- Sachmittelplanung
- Kostenplanung
- Finanzierungs- und Budgetplanung
- Kommunikations- und Dokumentationsplanung
- Qualitätsplanung

Auf Basis des Projektdesigns und der Projektplanung wird die **Projektauslösung** durchgeführt. Nach einer positiven Projektentscheidung auf Basis der vorliegenden Phasenergebnisse wie Projektdesign und Projektplan wird das Projekt gestartet.

Neben dem Projektbrief hat insbesondere das offizielle Projekt Kickoff Bedeutung. Zweck des Kickoffs ist es, die Einleitung des Projekts offiziell im Unternehmen bekannt zu geben. In diesem Kickoff-Meeting sollten die allgemeinen Ziele, detaillierte Aufgabenpläne und die Prozesse präsentiert werden. Projektleiter, Projektmitarbeiter, Lenkungsausschuss, Unternehmensleitung und allen anderen

Projektpartnern (externe Beratungsunternehmen und insbesondere der Betriebsrat) müssen in das Meeting miteinbezogen werden. Damit wird das ganze Unternehmen angesprochen.

Es ist wichtig, dass nach dem Kickoff-Meeting als Bestandteil des Change Managements das restliche Unternehmen über die Vorgänge, Ergebnisse usw. auf dem Laufenden gehalten wird.

Die **Projektdurchführung** ist die wesentliche Aufgabe des Projekts und des Projektmanagements. Ziel der Projektdurchführung ist die termin- und kostengerechte Erreichung der Projektziele.

Der **Projektabschluss** ist erreicht, wenn die ursprünglichen bzw. die revidierten Projektziele realisiert worden sind.

4.2.1 Projektvorbereitung[9]

Im Regelfall entsteht ein Projekt auf Basis einer Ausgangslage bzw. eines Problems im Unternehmen, welche einen Handlungsbedarf initiiert, der die Organisationsform eines Projektes bedingt.

Der Handlungsbedarf artikuliert sich in Form einer Zielsetzung zur Erreichung eines Sollzustandes.

Problemermittlung
Probleme stellen eine Abweichung des Ist-Zustands von dem gewünschten Soll-Zustand dar. Nur durch eine detaillierte Darstellung des Soll-Zustands und eine Analyse des Ist-Zustands ist das Problem erkennbar.

Problemanalyse
Probleme müssen quantitativ und qualitativ untersucht werden. Auf Basis von Scoring-Systemen können organisatorische Probleme quantitativ rechtzeitig erkannt werden. Für die anschließende qualitative Problemanalyse ist es vorteilhaft, eine modellbasierte Darstellung der Organisation zu verwenden.

Ein Entscheidungsproblem liegt dann vor, wenn unter bestimmten Rahmenbedingungen (Umweltzuständen) aus mehreren Projektalternativen diejenigen Projekte auszuwählen sind, die am besten zur Zielerfüllung beitragen.

Die Kernfunktion unternehmerischen Handels in Organisationen ist das Entscheiden. Insbesondere in der Projektorganisation ist schnelles Entscheiden unabdingbar für ein erfolgreiches Projekt. Schnelle Entscheidungsfindung bedeutet, aber nicht intuitives, sondern insbesondere qualifiziertes und validiertes Entscheiden (Abb. 4.6).

---

[9] Vgl. Aichele, Intelligentes Projektmanagement, S. 52–53, Kohlhammer, 2006.

Abb. 4.6 Organisation und Entscheidungen

Das Ergebnis einer positiven Projektentscheidung wird schriftlich festgehalten. Für das entsprechende Dokument werden Synonyme wie Projektauftrag, Projektpflichtenheft, Projektsteckbrief, Projekthandbuch u. ä. verwendet.[10]

Immanent sind zu allen unterschiedlichen Bezeichnungen des Projektauftrags die folgenden Punkte:

- **Benennung des Projekts**
  Der Name des Projekts wird angeführt.
- **Projektbeschreibung**
  Das Projekt wird im Detail verbal beschrieben.
- **Projektziele**
  Jedes Projekt muss Ziele haben. *„Nur wer das Ziel kennt, kann auch ankommen"*. Das Ziele müssen SMART sein: **S**pezifisch, **M**essbar, **A**kzeptiert, **R**ealistisch und **T**erminiert.
- **Kennzahlen und Kennzahlausprägungen zu den Projektzielen**
  Nur messbare Projektziele können auch verfolgt werden. Insofern ist es eminent wichtig, zu den einzelnen Projektzielen Kennzahlen (ein oder mehrere) zu definieren. Die dazugehörigen Kennzahlenausprägungen quantifizieren die Kennzahlen und damit die Projektziele.

---

[10] Siehe Aichele, Intelligentes Projektmanagement, S. 72 und 73, Kohlhammer, 2006.

- **Vorgehensweise zur Erreichung der Projektziele**
  Schon in dem Projektauftrag sollte festgehalten werden soweit bekannt und damit auch festlegbar, welche Projektvorgehensweise, welche Methoden und Techniken zur Projektzielerreichung verwendet werden sollen.

Der Projektauftrag kann z. B. die folgende Struktur haben:
Diese Struktur des Projektauftrags kann auch Grundlage für die permanente oder periodische Projektdokumentation sein.

4.2.2 Projektdesign[11]

Wesentlich in der Phase „Projektdesign" ist die Bildung eines performanten Projektteams. Das Kernelement zum erfolgreichen Projekt ist die Gewinnung geeigneter Projektmitglieder, da ausschließlich hierdurch ein Projekterfolg erreichbar ist. Neben der Auswahl der Projektmitglieder ist auch der verfügbare zeitliche Freiraum für diese sicherzustellen, um eine durchgängige Mitwirkung im Projekt zu gewährleisten.
Geeignete Mitarbeiter zur Projektarbeit zeichnen sich im Wesentlichen durch folgende Eigenschaften aus: Motivation, Sozialkompetenz, Kreativität und Qualifikation.
Da Projekte durch Menschen und nicht Methoden bzw. Werkzeuge erfolgreich werden sind die im Folgenden angeführten Aspekte bei der Auswahl geeigneter Projektmitglieder von höchster Bedeutung:

- Projektarbeit ist Teamarbeit von Individualisten.
- Klasse statt Masse führt zum Projekterfolg.
- Mitarbeiter müssen zur Entfaltung kommen.
- Das Umfeld muss stimmen.
- „Herrschaftswissen" muss gerne weitergegeben werden.
- Unklare Vorstellungen und inhaltliche Verständnisprobleme müssen offen kommunizierbar sein („angstfreie Projektarbeit, ohne Gesichtsverlust").
- Das **M**otivations-, **O**rganisation- und **I**nnovationsverhalten muss im Einklang stehen (siehe Abb. 4.7).

Anforderungen, die seitens der Mitarbeiter an ein Projekt zur ihrer persönlichen Entwicklung vorliegen sollten, sind insbesondere:

Unabhängigkeit, Selbständigkeit	nicht Abhängigkeit, Unselbständigkeit.
Auf die Sache konzentriert	Auf die Karriere fokussiert
insubordinant	angepasst
bunt	grau

---

[11] Vgl. Aichele, Intelligentes Projektmanagement, S. 140–143, Kohlhammer, 2006.

Unabhängigkeit, Selbständigkeit	nicht Abhängigkeit, Unselbständigkeit.
kompetent	inkompeten
jugendlich, naiv	erwachsen, festgelegt
revolutionär, rebellisch	devot
grundehrlich	verlogen
risikobereit	risikoscheu
bittet um Vergebung	bittet um Erlaubnis
Pionier, Vordenker	Nachfolger
kann improvisieren	braucht Anweisung

Innere Überzeugung
„Die können froh sein, dass ich noch in diesem Projekt bzw. der Firma arbeite"
  „Das Leben ist zu kurz für Ärger"

versus
„Ich habe ja eigentlich Glück gehabt, in diesem Projekt bzw. Firma Arbeit gefunden zu haben"
  „Das Leben ist so schwer und bringt nur Ärger"

Bildung des Projektteams
Bei der Bildung der Projektteams müssen folgenden Eckpfeiler beachtet werden:

- Zuordnung der Ressourcen als Symbiose aus fachlicher Kompetenz und sozialer Kompetenz.
- Gruppenbildung in Kleingruppen (max. 3 bis 7 Mitarbeiter) zur Bearbeitung einzelner Aktivitäten sowie ein Kernteam zur Bearbeitung einzelner Aktivitäten und übergreifenden Koordination.
- Spielregeln zur Teamarbeit
  - Rollen (z. B. Kommunikation der Ergebnisse an die Projektleitung durch Mitarbeiter X, Moderation der Teamsitzungen durch Mitarbeiter Y usw.).
  - Verantwortung (z. B. Einhaltung der Anforderungen an das Ergebnis und den Termin der Aktivität).
  - Kompetenz (z. B. Entscheidung zur priorisierten Bearbeitung der Projektaufgabe vor der Linienarbeit, Entscheidung zur Auswahl einer Lösungsalternative zur Aktivität, Buchung einer für die Projektarbeit erforderlichen Schulung usw.).
  - Kommunikation (z. B. Einhaltung von Hol- und Bringschulden zu Aktivitäten und Ergebnissen des Teams, positive Kommunikation der Teamergebnisse im eigenen Fachbereich, offene Kommunikation von Problemen usw.).
  - Kooperation (z. B. Bereitschaft zu Kompromisslösungen bei Dissens, Nutzen des eigenen Fachbereiches dem Gesamtnutzen des integrierten Prozesses subsumieren usw.).

Die Projektleitung bzw. das Projektmanagement ist der entscheidende Faktor für einen Projekterfolg („Decisive Factor"). Das Projektmanagement muss neben dem erforderlichen Wissen über Vorgehensweisen, Methoden und Tools auch die richtige Kombination von menschlichen Eigenschaften verfügen. Das Projektmanagement sollte motivierend und integrativ sein, ausgleichend und antreibend, kommunikativ aber informativ, freundlich aber bestimmt, demokratisch aber mit der für den Projekterfolg notwendigen Autorität sein. Die Projektleitung muss die richtigen Mitarbeiter mit den notwendigen Qualifikationen und menschlichen Eigenschaften auswählen und die richtigen Maßnahmen für die Teambildung ergreifen. Das Projektmanagement muss die Mitarbeiter führen können aber auch Arbeiten delegieren können und damit den Mitarbeitern die entsprechend notwendigen Freiräume zugestehen.[12]

Diese Vorgaben müssen von den Projektsponsoren bei der Auswahl des Projektleiters berücksichtigt werden.

Bei der Auswahl des Projektleiters sind insbesondere die folgenden Aspekte zu berücksichtigen:

- Er definiert den Evolutionshorizont, nicht die Detailvorgabe.
- Er ist Entscheidungsförderer, nicht Entscheidungsträger.
- Für ihn zählt Kompetenz, nicht Macht.
- Für ihn sind Schnelligkeit, Originalität, Wendigkeit und Kraft wichtig, nicht Größe und Ruhm.
- Er erreicht Gefolgschaft durch Selbstverantwortung, nicht durch Befehl und Kontrolle.
- Er sieht die reale Außenwelt als Maßstab, nicht die Zentrale.
- Er hat neben „Geberqualitäten" ebenfalls „Nehmerqualitäten".
- Er hat eindeutig strukturierte Zielvorstellungen und lässt gerne an der Zielerreichung messen.
- Er leitet die zukünftige Projektentwicklung logisch aus dem bisherigen Verlauf ab und wartet nicht auf das Wunder oder die Gnade am Projektende.
- Er sucht Mitstreiter und Verbündete zur Gemeinschaftsarbeit.
- Er vermittelt Selbstvertrauen und keine Angst bei den Projektbeteiligten.
- Er motiviert positiv zu Leistungseinsatz und Aufbruchstimmung, er lebt dies vor.
- Er misst am Erfolg und kann danken, sowie die Leistung anderer hervorheben.
- Er forciert Naivität, Witz, Leidenschaft, Piratentum, Pioniergeist, Abenteuerlust.
- Er vermarktet das Projekt beim Management und Anwender.
- Das **M**otivations-, **O**rganisation- und **I**nnovationsverhalten muss im Einklang stehen (Vgl. Abb. 4.7).[13]

---

[12] Siehe Aichele, Intelligentes Projektmanagement, S. 144, Kohlhammer, 2006.
[13] Siehe Aichele, Intelligentes Projektmanagement, S. 144–145, Kohlhammer, 2006.

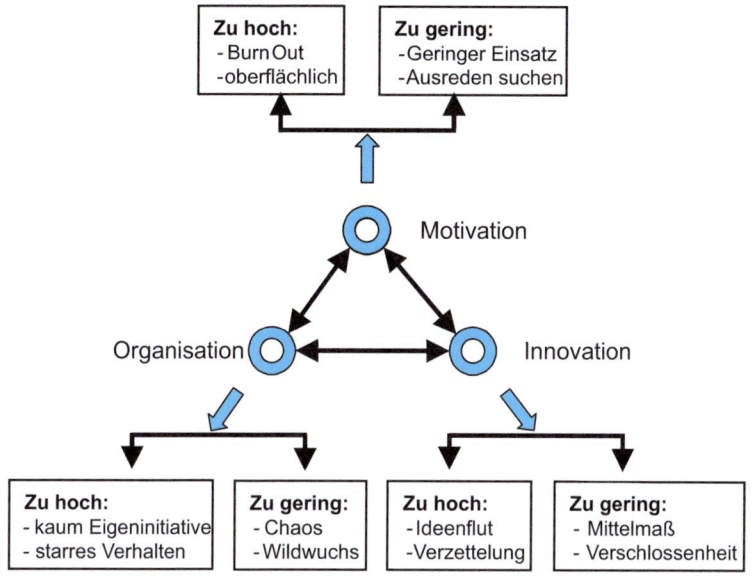

Abb. 4.7 Motivations-, Organisation- und Innovationsverhalten

Organisationsform des Projektteams

Die Projektorganisation dient der Gesamtheit der Anordnungen und Regeln, durch welche zum einen die Verteilung der zur Durchführung eines Projektes erforderlichen Aufgaben, Befugnisse und Verantwortung auf Aufgabenträger sowie zum anderen deren gegenseitige Abstimmung (Koordination) festgelegt wird.

Bei einer durch die Projektgröße determinierten Organisationsform des Projektes werden folgende Modelle unterschieden:

Fachbereichsorganisation

- Organisation im Fachbereich mit bestehenden Stellen.
- Keine Weisungsbefugnis gegenüber anderen Fachbereichen.
- Kleinere Projekte mit geringer Komplexität.
- Quasi Besonderheit des Tagesgeschäftes.

Stabsorganisation

- Organisation und Ausführung durch Stabsbereich „Sonderaufgaben".
- Keine Weisungsbefugnis gegenüber anderen Fachbereichen.
- Kleinere Projekte mit geringem Wiederholungsgrad.
- Quasi Besonderheit außerhalb des Tagesgeschäftes eines Fachbereiches.

Linienorganisation

- Organisation und Ausführung federführend durch einen Fachbereich (z. B. Org./IV).

- Keine Weisungsbefugnis gegenüber anderen Fachbereichen.
- Größere Projekte mit höherer Komplexität und starker Auswirkung auf den federführenden Fachbereich.
- Quasi Besonderheit außerhalb des Tagesgeschäftes eines Fachbereiches mit Auswirkung auf andere Fachbereiche.

Matrixorganisation
- Organisation und Ausführung unabhängig von Fachbereichen.
- Temporär gleichwertige Verteilung der Entscheidungs- und Weisungsrechte zwischen Fachbereichsmanagement und Projektleitung (Fachbereichsleiter = disziplinarische Weisungsbefugnis, Projektleiter = fachliche Weisungsbefugnis).
- Größere Projekte mit höherer Komplexität und starker Auswirkung auf mehrere Fachbereiche.
- Quasi Besonderheit außerhalb des Tagesgeschäftes mit Auswirkung auf mehrere Fachbereiche.

4.2.3 Projektplanung[14]

Die Projektplanung besteht im Wesentlichen aus einer statischen, strukturellen Planung, einer dynamischen, ablauforientierten Planung und der Ressourcenplanung und der Budget- und Kostenplanung.

In der folgenden Abbildung ist das Vorgehensmodell für IT-Projekte eines Konzerns dargestellt. Jede der Hauptphasen Initiierung, Planung, Durchführung und Abschluss startet und endet mit einem Meilenstein (milestone). Zugeordnet zu den einzelnen Phasen und Meilensteine sind die zu erstellenden Schlüsseldokumente angeführt (siehe Abb. 4.8).

Die Projekteinzelplanung sollte in eine Projektgesamtplanung eingebunden sein. Wie in den folgenden beiden Abbildungen beispielhaft dargestellt, macht ein kleiner Teil der Projekte den größten Teil des Werts und den größten Teil des zu erzielenden Mehrwerts („Added Value") aus (siehe Abb. 4.9 und 4.10).

4.2.3.1 Aufgaben- und Aktivitätenplanung

Die statische Projektplanung wird auf Basis der Projektstrukturplanung durchgeführt (PSP, siehe Kapitel Kompendium, Projektstrukturplan). Die Projektaufgaben werden in einer Dekomposition strukturiert.

Die Aufgaben werden in Aktivitäten überführt (insbesondere letzte Ebene der Dekomposition) und in eine zeitliche Reihenfolge orchestriert (Kapitel Knowledge Management und Social Skills, Netzplanung/MPM).

---

[14] Vgl. Aichele, Intelligentes Projektmanagement, S. 74 und 75, Kohlhammer, 2006.

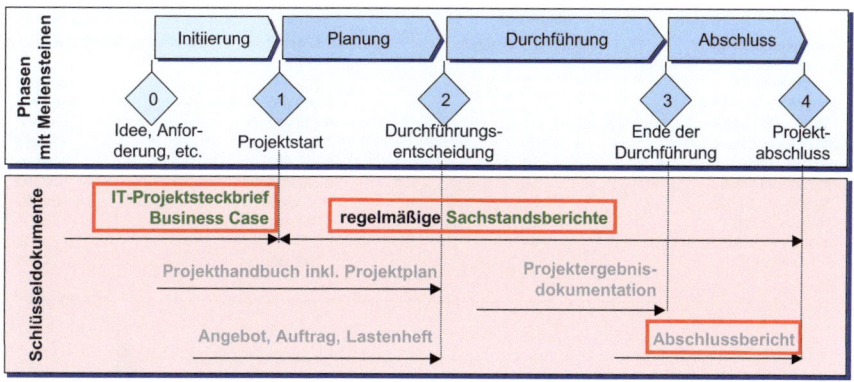

Abb. 4.8 Vorgehensmodell Konzern IT

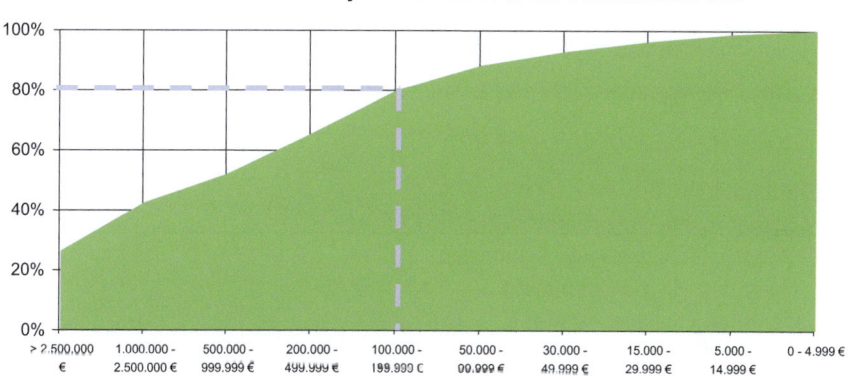

Abb. 4.9 Anwendungsbereich Vorgehensmodell Konzern IT

4.2.3.2 Ressourcenplanung[15]

Aufbauend auf der Aktivitäten- und Terminplanung stellt sich die Frage, wer bzw. was zur Ausführung der Aktivität benötigt wird. Der Fokus der Ressourcenplanung an dieser Stelle liegt im Wesentlichen bei zusätzlich zur Projekt-/Teilprojektleitung benötigtem Personal.

Als Ressourcen können folgende Projektkomponenten bezeichnet werden:

- Personal
  - des eigenen Unternehmens
  - des Beratungsunternehmens

---

[15] Vgl. Aichele, Intelligentes Projektmanagement, S. 132–134, Kohlhammer, 2006.

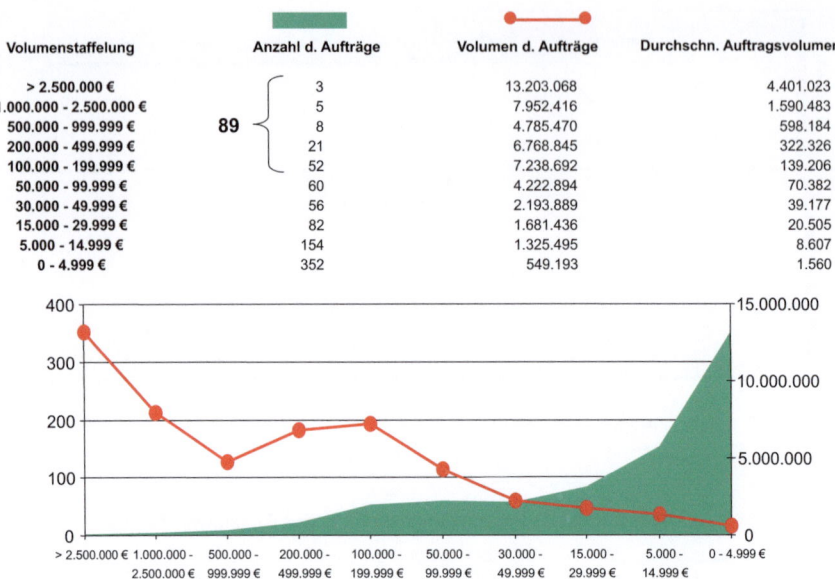

Volumenstaffelung	Anzahl d. Aufträge	Volumen d. Aufträge	Durchschn. Auftragsvolumen
> 2.500.000 €	3	13.203.068	4.401.023
1.000.000 - 2.500.000 €	5	7.952.416	1.590.483
500.000 - 999.999 €	89 8	4.785.470	598.184
200.000 - 499.999 €	21	6.768.845	322.326
100.000 - 199.999 €	52	7.238.692	139.206
50.000 - 99.999 €	60	4.222.894	70.382
30.000 - 49.999 €	56	2.193.889	39.177
15.000 - 29.999 €	82	1.681.436	20.505
5.000 - 14.999 €	154	1.325.495	8.607
0 - 4.999 €	352	549.193	1.560

Abb. 4.10 Volumen Anwendungsbereich Vorgehensmodell

- Einrichtungen
  - Standorte zur Projektarbeit (Project Office)
  - Räumlichkeiten an den Standorten
  - Schulungsräume/Equipment
- Sachmittel, Projektausstattung
  - Flipchart
  - Beamer
  - Metaplan-Koffer
  - Rechner
  - Netzanschluss
  - Zugang/Berechtigung/Verfügbarkeit IT-Testsystem (IT-Projekte)
  - u. a.
- Schulungskosten
- Reisekosten

Um jeder **Aktivität** die geeignete **Ressource** „Mitarbeiter(innen)" **zuweisen** zu können sollte die zuweisende Person über folgenden Kenntnisstand verfügen:

- Vollständiger Wissensstand über Inhalt und Umfang der geplanten Aktivitäten.
- Ausreichender Wissensstand über die Fähigkeiten der verfügbaren Ressourcen.

Bei der **Auswahl** der geeigneten **Ressourcen** sind jedoch die **drei Faktoren** Ressource, Zeit und Kosten optimal aufeinander abzustimmen:

* Die geeigneten Ressourcen im eigenen Unternehmen sind im Regelfall auch die wichtigsten Ressourcen mit der geringsten zeitlichen Verfügbarkeit.
* Die geeigneten Ressourcen der Beratungsunternehmen sind die kostenintensiveren Lösungen.

Bei **Einschränkung** einer dieser drei **Faktoren** müssen im Regelfall die anderen Faktoren erhöht werden:

* Bei geringer zeitlicher Verfügbarkeit der geeigneten Ressourcen im eigenen Unternehmen (z. B. nur 1 anstatt 2 Tage Projektarbeit pro Woche) verlängert sich die Projektlaufzeit entsprechend.
* Bei anteiliger Substitution der geeigneten Ressource des eigenen Unternehmens durch die Unternehmensberater steigen die Projektkosten.
* Bei Ressourcenbereitstellung aufgrund nicht vorhandener Ressource des eigenen Unternehmens (qualitativ oder auch quantitativ) durch die Unternehmensberater steigen die Projektkosten

Die Auswahl der Ressourcen des eigenen Unternehmens muss auf jeden Fall mit der jeweiligen Bereichsleitung des Fachbereiches abgestimmt werden. Hierbei müssen die Konsequenzen der Freistellung der Ressource auf jeden Fall deutlich genannt werden.

* Die Ressource steht ganz oder zum Teil nicht mehr für die Tagesarbeit zur Verfügung.
* Die Ressource arbeitet nicht nur während der Projektsitzungen, sondern auch in der Abteilung an den Projektaufgaben.
* Dauerhafte Doppelbelastungen aus Linien- und Projektarbeit sind zu limitieren.

Zur erfolgreichen Projektarbeit sollte das Projektteam möglichst nicht während der Laufzeit eines Projektes personell verändert werden. Dies würde zu einem hohen Einarbeitungsaufwand für die bestehenden und neuen Ressourcen führen, da sich das Projektteam durch die intensive bisherige Beschäftigung mit dem Thema ein Spezialwissen angeeignet hat.

Zur koordinierten und strukturierten Bearbeitung der Aktivitäten sind diese in der Organisationsform von **Projektteams** zu bearbeiten.

Somit ist neben der Auswahl und Zuordnung der Ressourcen zu Aktivitäten eine Einbindung der Ressourcen in Projektteams erforderlich.

Nach Festlegung der zur Bearbeitung der Aktivitäten determinierten Ressourcen sind diese entsprechend im Aktivitäten- und Terminplan zu hinterlegen (Vgl. Abb. 4.11 und 4.12).

Zur detaillierten Ressourcenplanung werden der Projektauftrag (bzw. das Lastenheft) und die Aktivitätenplanung (PSP und Netzplan) benötigt.

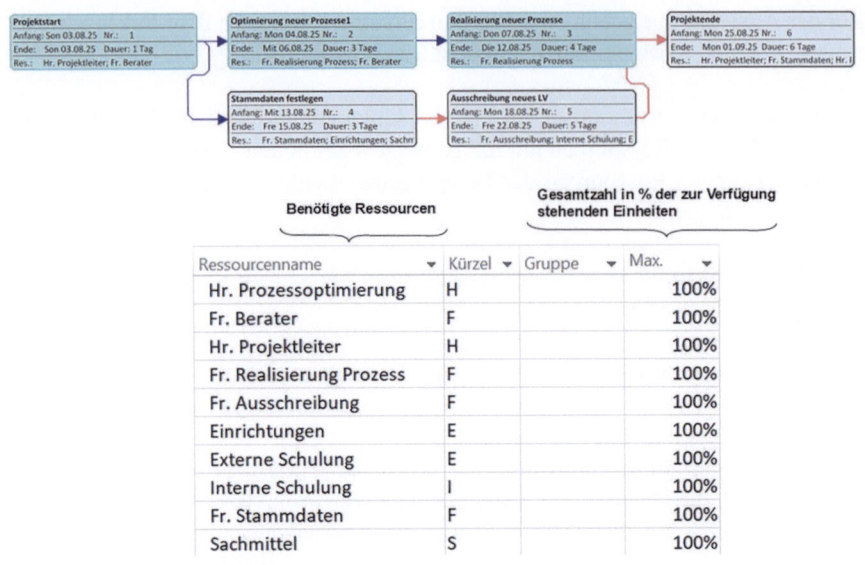

Abb. 4.11   Einbindung der Ressourcenplanung in Microsoft Project

4.2.3.3 Kostenplanung[16]

Ein weiterer wesentlicher Aspekt des Projektmanagements sind die anfallenden Projektkosten. Der Erfolg des Projektes hängt neben der Einhaltung der Termine und Qualität auch davon ab, inwieweit der Kostenrahmen des Projektes eingehalten wurde.

Unter der Kostenplanung versteht man die Ermittlung der Kosten für die einzelnen Aktivitäten sowie für das Gesamtprojekt als Grundlage für Finanzierung, Budgetierung und Controlling des Projektes.

Controlling kommt aus dem Englischen und heißt steuern. Man versteht darunter eine ergebnisorientierte, zukunftsgerichtete Unternehmenssteuerung, die auf einem den spezifischen Erfordernissen angepassten Berichtssystems basiert.

Ziele der Projektkostenplanung sind die Erfassung und die Dokumentation der Projektkosten:

- Sie liefern Dispositionsgrundlagen, z. B. bezüglich der Entscheidung, der Projektdurchführung, oder der Festlegung des Angebotspreises.
- Sie ist Bestandteil der geplanten Kosten des Unternehmens im Rahmen der Zusammenstellung eines Wirtschaftsplanes.

---

[16]Vgl. Aichele, Intelligentes Projektmanagement, S. 135–138, Kohlhammer, 2006.

Einbindung der Ressourcenplanung in MS- Project (2)
Zuordnung der Ressourcen zu den jeweiligen Aktivitäten

PSP-Code	Vorgangsname	Ressourcennamen	Mai '03 / 12. Mai '03 / 19. Mai '03
(0)	Projektstart	Einrichtungen;Sachmittel	◆09.05.
(1)	Optimierung neue Prozess	Hr. Prozessoptimierung;Fr. Berater[50%];Hr. Projektleiter[50%];Externe Schulung	Hr. Prozessoptimierung;Fr.
(2)	Stammdaten festlegen	Fr. Berater[50%];Hr. Projektleiter[50%];Fr. Stammdaten	Fr. Berater[50%];Hr. Pro
(3)	Realisierung neue Prozess	Hr. Projektleiter[50%];Fr. Realisierung Prozesse;Fr. Berater[50%];Interne Schulung	Hr. Projektle
(4)	Ausschreibung neues LV	Fr. Berater[50%];Hr. Projektleiter[50%];Fr. Ausschreibung	Fr. Bera
(6)	Projektende		◆21.05.

Ergebnis: Aktivitäten und Terminplan zur jeweiligen Ressource (Wer macht was wann?)

	09.05.	10.05.	11.05.	12.05.	13.05.	14.05.	15.05.
Hr. Prozessoptimierung	8 Std.			8 Std.	8 Std.		
Optimierung neuer Prozesse	8 Std.			8 Std.	8 Std.		
Fr. Berater	8 Std.			8 Std.	8 Std.	8 Std.	8 Std.
Optimierung neuer Prozesse	4 Std.			4 Std.	4 Std.		
Stammdaten festlegen	4 Std.			4 Std.	4 Std.		
Realisierung neuer Prozesse						4 Std.	4 Std.
Ausschreibung neues LV						4 Std.	4 Std.
Hr. Projektleiter	8 Std.			8 Std.	8 Std.	8 Std.	8 Std.
Optimierung neuer Prozesse	4 Std.			4 Std.	4 Std.		
Stammdaten festlegen	4 Std.			4 Std.	4 Std.		
Realisierung neuer Prozesse						4 Std.	4 Std.
Ausschreibung neues LV						4 Std.	4 Std.
Fr. Realisierung Prozesse						8 Std.	8 Std.
Realisierung neuer Prozesse						8 Std.	8 Std.
Externe Schulungen						8 Std.	8 Std.
Realisierung neuer Prozesse						8 Std.	8 Std.

Abb. 4.12   Zuordnung der Ressourcen zu den jeweiligen Aktivitäten in Microsoft Project

- Nur durch eine Kostenplanung besteht die anschließende Möglichkeit eines Soll-Ist-Vergleiches, der Gegenüberstellung der geplanten Kosten mit den tatsächlich entstandenen Kosten.

Laufende Soll-Ist-Vergleiche (Controlling der Projektkosten) sind außerordentlich wichtig, da nur durch eine sorgfältige Verfolgung der geplanten Kosten eine wirtschaftliche Projektabwicklung möglich ist. Folgende Aufgaben werden hierdurch erfüllt:

- **Frühwarnung bei Kostenüberschreitung:** Die laufende Verfolgung zeigt bei richtiger Handhabung drohende Überschreitungen der Projektkosten rechtzeitig an. Dadurch können frühzeitig Gegenmaßnahmen eingeleitet werden. Sollte ein Ausgleichen der Kostenüberschreitung in zukünftigen Phasen nicht möglich sein, sind frühzeitige Alternativentscheidungen möglich (z. B. Budgeterhöhung, Reduktion Projektumfang, etc.).
- **Kostenprognose für die Folgephasen des Projektes:** In enger Beziehung zum Effekt der Frühwarnung kann auf Basis der vorhandenen Istwerte sowie den resultierenden Soll-Ist-Abweichungen die voraussichtliche Entwicklung und Gesamthöhe der Projektkosten besser prognostiziert werden.

- **Schwachstellenanalyse bisheriger Projektarbeit:** Ergebnis der Kostenverfolgung können unter anderem Hinweise auf Schwachstellen der Projektabwicklung liefern (z. B. zu hoher Schulungsaufwand, zu viele Projekt- statt Arbeitssitzungen, Bearbeitung von Zusatzthemen, die nicht Bestandteil der Projektziele sind).
- **Wirtschaftlichkeitsanalyse:** Gewährleistung der wirtschaftlichen Umsetzung des Projektergebnisses (z. B. keine Verzettelung im letzten Prozent der Lösungsentwicklung).

Da sich ein Projekt durch Neuartigkeit, Einmaligkeit, Komplexität und Unsicherheit auszeichnet ist die frühzeitig detaillierte Kostenplanung von noch höherer Bedeutung, da zu Beginn des Projektes die Unsicherheit über die anfallenden Kosten sowie deren Beeinflussbarkeit hoch ist. Je früher Fehlentwicklungen erkannt werden, desto höher ist somit die Chance des Gegenwirkens ohne gravierende Folgen.

Eine Kostenüberschreitung macht unter Umständen den erwarteten Nutzen zunichte und gefährdet damit den Projekterfolg.

Inhalt der Projektkostenplanung sind alle Kosten, die in unmittelbarem Zusammenhang mit dem Projekt stehen. Die im Folgenden aufgeführten variablen Kosten fallen im Regelfall bei der Abwicklung von Projekten an (Vgl. Abb. 4.13).

Betrachtungsgegenstände der Kostenplanung sind die Aufgaben und Aktivitäten des Projektstrukturplans. Projektbezogene Kostenpläne können für einzelne

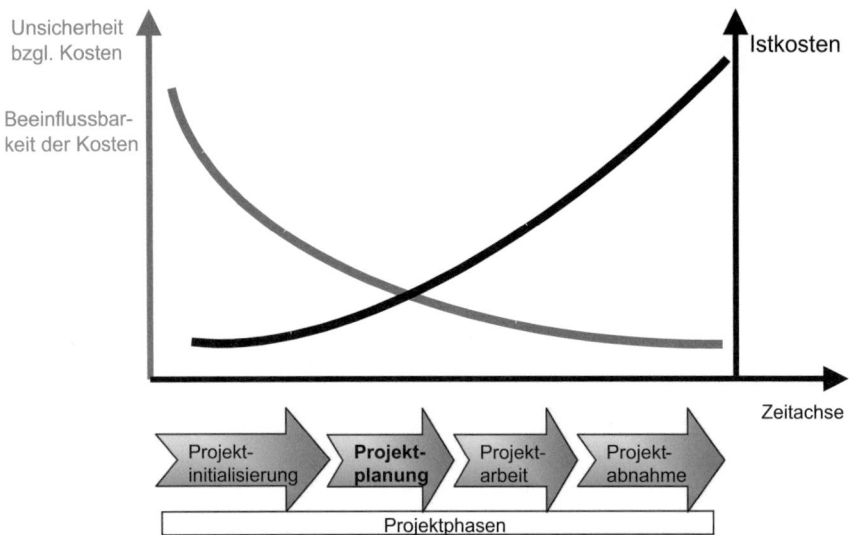

Abb. 4.13 Entwicklung der Projektkosten

Aktivitäten und für das gesamte Projekt erstellt werden. Dabei hat die Gliederung der Projektkostenplanung derjenigen des Projektstrukturplans zu entsprechen, um eine integrierte Projektplanung und ein integriertes Projektcontrolling zu ermöglichen.

Für eine **mehrstufige Kostenplanung auf der Basis eines Projektstrukturplans** kann die Zergliederung der Projektstruktur in Teilprojekte, Unterprojekte und Arbeitspakete speziell für die Zwecke der Kostenplanung erfolgen. Dabei kann man nach drei Gesichtspunkten vorgehen:

(1) Die Zusammenfassung der Vorgänge zu Arbeitspaketen wird **durch die im Netzplan dargestellte Projektstruktur** bestimmt. Es werden solche Vorgänge (und auf höheren Stufen Arbeitspakete) zusammengefasst, die im Netzplan unmittelbar zusammenhängen und ein möglichst geschlossenes Teilnetz bilden.

(2) Die Vorgänge werden entsprechend ihrer Zugehörigkeit **zu einzelnen Projektteilen (Objekten) zusammengefasst, unabhängig von den strukturellen Verknüpfungen des Netzplans.** Entscheidend ist hier die Zuordnung der Vorgänge zu einer technischen und organisatorischen Einheit.

(3) Schließlich können die Vorgänge auch **nach unternehmensorganisatorischen Gesichtspunkten (Funktionen) zusammengefasst** werden, wobei **insbesondere die Kostenstellengliederung** zu erwähnen ist. Die Vorgänge werden hierbei den ausführenden Kostenstellen zugeordnet und entsprechend zusammengefasst. Kann ein Vorgang einer Kostenstelle nicht zugeordnet werden, weil mehrere Stellen beteiligt sind, dann ist er in geeigneter Form zu zerlegen.

Die Verdichtung nach (1) entspricht einer projektplanorientierten, nach (2) einem objektorientierten und die nach (3) einem funktionsorientierten Projektstrukturplan. Entscheidend ist, dass die hierarchische Gliederung des Projekts für die Zwecke der Kostenplanung so vorgenommen wird, dass den Elementen jeder Stufe Kosten verursachungsgerecht zugerechnet werden können.

Im Regelfall erfolgt die Verdichtung nach (1) **Projektplanorientierung.**

Die auf den verschiedenen Ebenen des Projektstrukturplans ermittelten direkten Kosten bilden die Grundlage der Kostenplanung. Je nach Planungsgrundsätzen und Aufbau des Rechnungswesens können zu diesen direkten Kosten noch indirekte hinzukommen, etwa in Form von Verwaltungsgemeinkosten. Sofern diese Kosten einem Projekt zugerechnet werden sollen, geschieht das über Schlüsselgrößen. Die Zuordnung von Gemeinkosten auf Projekte wird in der Praxis meist nicht vorgenommen, da der hierfür entstehende Aufwand der Schlüsselung den Nutzen nicht rechtfertigt.

4.2.3.4 Projektauslösung

Aufbauend auf der Ausgangslage und Zielsetzung des Projektes erfolgt die Erstellung des Lastenheftes. Das Pflichtenheft wird in der Systementwicklung aus dem Lastenheft abgeleitet und enthält nur realisierbare Anforderungen, ist also im Regelfall eine Teilmenge des Lastenhefts.

Im Wesentlichen wird durch die Erstellung des Lastenheftes (Anforderungskatalog, Pflichtenheft) folgende Zielsetzung verfolgt:

- Beschreibung der Ausgangslage zum Projekt (Ist-Situation, Ziel und Zweck, Geltungsbereich usw.).
- Beschreibung der Anforderungen an das geplante Projekt.
- Sicherstellung, dass wichtige Themenkreise nicht vergessen werden.
- Klare Abgrenzung zum Umfang des zu erstellenden Projekts.
- Übereinstimmung über Art und Umfang der Projektaufgabe hinsichtlich der Vorstellungen des Auftraggebers und des Auftragnehmers.
- Grundlage zur Lösungsfindung im Projektverlauf.

Das Lastenheft bildet außerdem die Basis für:

- den Aufbau und Inhalt möglicher Angebote (konkrete Kostenplanung zum Projekt),
- die Spezifizierung und Strukturierung der Aktivitäten zum Projekt,
- die fundierte Zuordnung geeigneter Ressourcen zu den Aktivitäten des Projektes,
- die Grundlage zum fachlichen Projektcontrolling (Bewertung der Lösungen auf Basis der konkreten Vorgaben des Lastenheftes,
- die Vermeidung der Bearbeitung vom Projektinhalt abweichender Themen.

Der Aufbau sowie der Inhalt des Lastenheftes sollten folgende Aspekte berücksichtigen:

1. **Formaler Aufbau des Lastenhefts**
   - Zusammenhängendes Gesamtwerk.
   - Deckblatt mit Version, Status (z. B. Entwurf, Abgestimmt), Verfasser, Datum, Bezeichnung Dokument.
   - Fortgeschriebener Änderungs-/Abnahmestand mit, Relevantem(n) Kapitel(n), Kurzbeschreibung der Änderung, Datum der Änderung, Namen der Änderer, Abnahme mit Datum und Name.
   - Abkürzungsverzeichnis.
2. **Ausgangslage/Einführung**
   - Ziel und Zweck (zur Realisierung der im Lastenheft beschriebenen Anforderungen auf Basis einer Kurzbeschreibung der Ist-Situation „Prozesse, eingesetzte Systeme, Vorgaben für Systeme").
   - Risiken (die für das Unternehmen entstehen, wenn die Anforderungen nicht realisiert werden).
   - Geltungsbereich (von den Anforderungen des Lastenheftes betroffene Organisationseinheiten des Unternehmens).
   - Referenzierte Dokumente (im Lastenheft angesprochene bestehende Dokumente).
   - Termine (Meilensteine für Einzelergebnisse, Endtermin Fertigstellung).

- Verantwortlichkeiten (für Termin und Inhalt, ggf. differenziert nach Auftrag-geber und Auftragnehmer).

3. **Zieldefinition der Anwendung**
   - Beschreibung der Anwendung (Konkrete Beschreibung der einzelnen Anforderungen an die Anwendung).
   - Rollen und Rechte (Festlegung, welche Anwender mit der zukünftigen Anwendung bzw. Teilen der Anwendung mit welcher Berechtigung arbeitet).
   - Prozesse (Flussdiagramme zur prozessualen Darstellung der Beschreibung der Anwendung sowie Auflistung, in welchen operativen Prozessen die Anwendung verwendet wird).
   - Datenimport und -export (Beschreibung der Schnittstellen dieser Anwendung zu respektive von peripheren Systemen).
   - Abhängigkeiten zu laufenden und geplanten Projekten (Auflistung der Projekte, welche dieses Projekt beeinflussen bzw. von diesem Projekt beeinflusst werden, um frühzeitige Abstimmungen zu ermöglichen).

4. **Übergreifendes**
   - Qualitätsanforderungen (Verwendung im Unternehmen gängiger Formulare, Einhaltung der Zwischenberichterstattung usw.).
   - Datenschutz, IT-Sicherheit (Auflistung der diesbezüglichen Regularien des Unternehmens).
   - Dokumentation (Auflistung der Anforderungen des Unternehmens an Art und Umfang der Ergebnisdokumentation).

4.2.3.5 Projektdurchführung

Zur Erreichung der Projektziele werden unter den gegebenen Rahmenbedingungen (Ressourcenvorgaben) Teilprojekte, Aufgabenpakete und Aktivitäten bzw. Aufgaben der einzelnen Aufgabenpakete definiert.

Die einzelnen Aktivitäten werden unter Berücksichtigung ihrer Abhängigkeiten terminiert, d. h. in eine zeitlich sinnvolle Reihenfolge gebracht. Die gegebenen Ressourcen werden den einzelnen Aktivitäten zugeordnet (siehe Abb. 4.14).

Ist-Analyse

In dem ersten Schritt, der Ist-Analyse werden die relevanten Objekte (Business Objects) analysiert:

- Ablauforganisation
- Aufbauorganisation
- Infrastruktur (Anlagen, IT-Architektur, Hardware, Software, Netware)
- Daten und Informationen
- Kommunikationswege
- Struktur der Gebäude, Liegenschaften
- Lieferketten
- Marktakteure
- Markt- und Branchensituation
- Politische, regulatorische Impacts

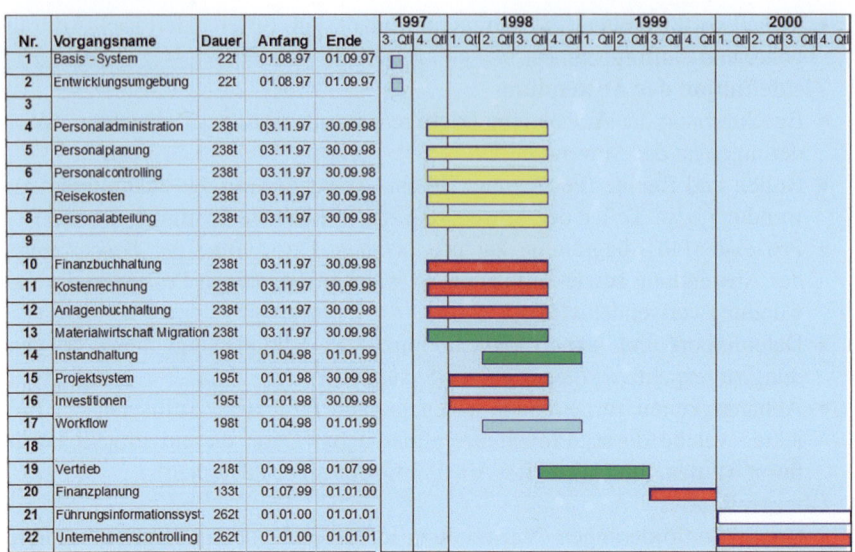

Abb. 4.14 Projektplan mit Projektaufgaben zur Einführung eines ERP-Systems in einem Großkraftwerk

Dazu wird zuerst eine Datenanalyse mit den relevanten Dokumenten des Unternehmens und dem Umfeld durchgeführt. Die Ist-Analyse wird offiziell mit
einem Kick-off gestartet (ggf. gestaffelt mit den Projektteilnehmern und Stakeholdern und in einem größeren Rahmen mit dem Unternehmensmitarbeitern). Dieses
sollte inhaltlich kurz und prägnant sein und startet mit einer kurzen Einführung
durch den Projektauftraggeber (Stakeholder, Dauer ca. 10–15 min) und setzt sich
mit einer Präsentation der Zielsetzung und der Vorgehensweise durch den Projektleiter des Beratungsunternehmens fort (Dauer ca. 30–90 min). Vorteilhaft ist auch
eine Einbindung des Betriebsrats durch eine Abstimmung der Inhalte vor dem
Kick-off-Termin.

Ggf. wird vor den Präsenzterminen mit den Fachbereichen ein „Request for
Information (RFI)" verteilt, der Informationen zur ersten Analyse einholt. Die
Termine mit den Fachbereichen werden in Form von Interviews durchgeführt (2
Mitarbeiter des Fachbereichs, 2 Berater). Das Beratungsteam setzt sich aus dem
Projektleiter oder einem Senior Consultant und einem Junior Consultant/Projekt-
mitarbeiter zusammen. Der Projektleiter moderiert das Interview und leitet zielorientiert die Interviews (Dauer 2–4 h). Die Ergebnisse der Interviews werden protokolliert, Ablauf- und Aufbaustrukturen und IT-Architekturen idealerweise in Form
von Modellen hinzugefügt. Die Ergebnisse gehen dann zurück an die Fachbereiche zur Verifizierung und Validierung. Ggf. wird dann ein zweites Interview oder
ein Workshop notwendig.

Das Beratungsunternehmen analysiert die Ergebnisse der Ist-Aufnahme
und leitet daraus Optimierungspotenziale ab (auch mit Schwachstellenanalyse

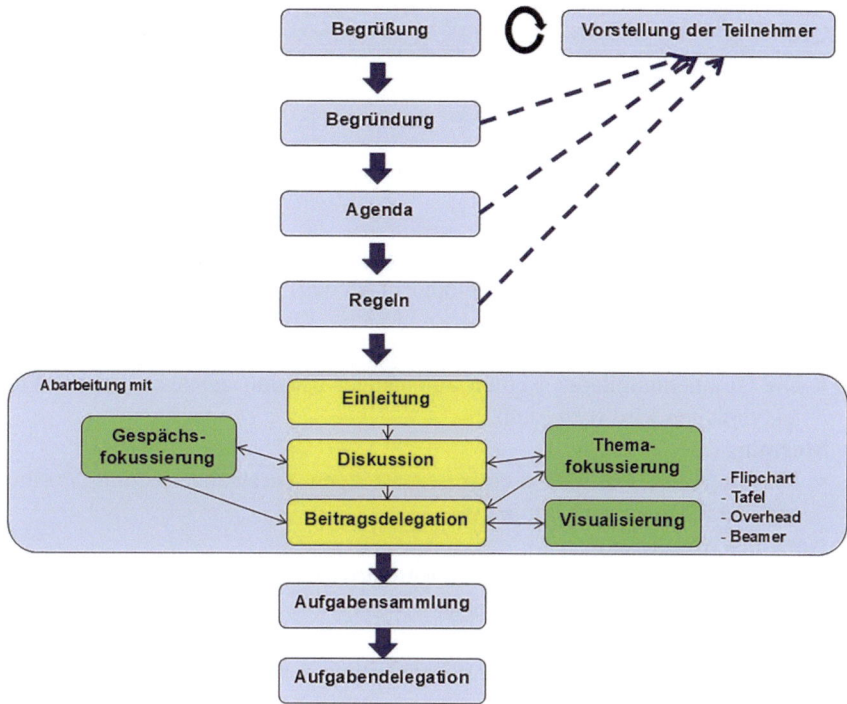

Abb. 4.15 Workshopablauf der Ist-Analyse und der Sollkonzeption

bezeichnet). Diese Potenziale werden optimalerweise in einer Präsenzpräsentation den Stakeholdern, den Projektmitarbeitern des Klienten und den relevanten Mitarbeitern der Fachbereiche vorgestellt.

Eine Alternative zu den Interviews sind Workshops, in der eine größere Zahl an Mitarbeitern der Fachbereiche teilnehmen kann. Workshops sind auch die bevorzugte Abstimmungsform für die Sollkonzeption (siehe Abb. 4.15).

Sollkonzeption

Ziel der Sollkonzeption ist die Um- oder Neugestaltung der Business Objects (Aufbau- und Ablaufstrukturen, IT-Architektur und IT-Infrastruktur, Informations- und Kommunikationsflüsse u. a.) durch Reduktion der in der Ist-Analyse eruierten Schwachstellen bzw. durch Realisierung der Optimierungspotenziale.

Die Workshops werden durch den Projektleiter des Beratungsteams geleitet, ggf. kann er Teile des Workshops an Projektmitarbeiter des Klienten oder des Beratungsteams delegieren. In den ersten Workshops sollte die Leitung nur durch die Berater erfolgen, im weiteren Fortlauf des Projektes können Mitarbeiter des Klienten immer größere Teile übernehmen. Voraussetzung dafür ist ein performantes Team, dass auf Kooperationsbereitschaft und gegenseitige Sympathien beruht (siehe Abb. 4.16).

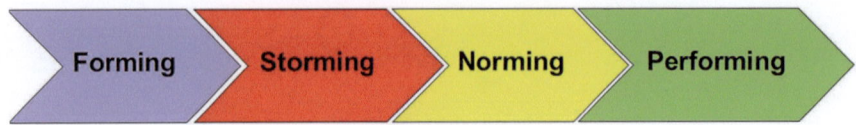

Abb. 4.16 Gruppenentwicklung (Tuckman-Modell)

Die vier Phasen entsprechen dem ursprünglichen Modell von Tuckman zur Teambildung und -arbeit (Team Development Modell)[17]:

1. **Forming** (Formierung)
   • Die Gruppenmitglieder werden miteinander bekannt gemacht und das Projektvorhaben wird vorgestellt.
2. **Storming** („Rollensturm")
   • Die Gruppe nimmt, ggf. in einer gegenseitigen Auseinandersetzung, Positionen und Plätze in der Gruppe ein.
3. **Norming**(Normierung)
   • Der Rollenfindungsprozess wird abgeschlossen und Gruppennormen, Regeln und Strukturen werden festgelegt.
4. **Performing**(Performanz)
   • Die Gruppe beginnt aktiv an der Bearbeitung der vorliegenden Problemstellung.

Die Entwicklung eines Projektteams vom ersten Treffen bis zur Auflösung nach Beendigung des Projektes erfolgt meistens in den folgenden Phasen[18]:

(1) Organisationsphase (erstes Treffen) mit Festlegung von
   • Umgangsformen (z. B. Ausreden lassen, Fragen positiv betrachten, Pünktlichkeit…)
   • Verhaltensweisen (z. B. gegenseitige Akzeptanz, Respekt, Offenheit…)
(2) Testphase
   • Höflich
   • Unpersönlich
(3) Nahkampfphase (Vgl. Konflikte/Konfliktbewältigung)
   • Konflikte
   • Konfrontationen
(4) Arbeitsphase
   • Leistungsfähig
   • Ideenreich

---

[17]Vgl.   https://de.wikipedia.org/wiki/Teambildung#:~:text=Das%20Modell%20von%20Tuckman%20beschreibt,Klotz%20im%20Jahr%202000%20entworfen., Abruf am 05.03.2025.

[18]Siehe Aichele, Intelligentes Projektmanagement, S. 157, Kohlhammer, 2006.

Der Projektmanager hat die Aufgabe, von ihrem Umfang her ausführbare Aufgabenpakete an die Mitarbeiter zu delegieren und deren Ausführung zu koordinieren. Zur Projektarbeiten gehören folgende Tätigkeiten:

- Teamarbeit
- Recherchieren und Analysieren
- Lösungen erarbeiten
- Arbeitstechniken einsetzen
- Kreativitätstechniken anwenden
- Kommunikation
- Präsentationen erstellen, Präsentieren
- Visualisieren
- Protokollieren
- Berichten
- Dokumentieren
- Verhandeln

Besonders wichtig ist dabei die Zusammenarbeit, d. h., die Projektteamarbeit und die Dokumentation der Projektergebnisse.

„Der gemeinsame Wille ein Ziel zu erreichen, führt Projekte zum Erfolg, die Auswahl der Methoden und Techniken ist sekundär"[19]

In den meisten Projekten sind jedoch Konflikte unvermeidbar. Dies wird zumeist durch die unterschiedlichen Charaktere mit zum Teil individuellen Zielsetzungen verursacht.

Adäquate Umgangsformen mit den jeweiligen Charakteren sind in der Klammer aufgeführt[20]:

- **Der Streiter** (sachlich und ruhig bleiben, die Gruppe veranlassen seine Behauptungen zu widerlegen).
- **Der Positive** (Ergebnisse zusammenfassen).
- **Der Alleswisser/Besserwisser** (die Gruppe auffordern, zu seinen Behauptungen Stellung zu nehmen).
- **Der Redselige** (taktvoll unterbrechen, Redezeiten festlegen).
- **Der Schüchterne** (leichte und direkte Fragen stellen, sein Selbstbewusstsein stärken).
- **Der Ablehnende** (seine Kenntnisse und Erfahrungen anerkennen).
- **Der Uninteressierte** (nach seiner Arbeit fragen, Beispiele aus seinem Interessengebiet geben).
- **Das große Tier** (keine Kritik üben, „Ja aber-Technik" einsetzen).
- **Der Ausfrager** (seine Fragen an die Gruppe zurückgeben).
- **Der Teamgeist** (versuchen ihn zu wecken).

---

[19] Vgl. Steinbuch, Pitter A., 1998, S. 278–308.
[20] Siehe Aichele, Intelligentes Projektmanagement, S. 157, Kohlhammer, 2006.

In nahezu jedem Projekt entstehen somit im Laufe der Arbeit des Projektteams Konflikte („Nahkampfphase").[21]

Die wesentlichen Konfliktursachen in Projekten sind:

- Ziele (z. B. Qualität vs. Zeit vs. Kosten, Fachbereichssicht vs. Projektsicht).
- Urteile (z. B. über Information, Kommunikation oder Methoden).
- Werte (z. B. politische, religiöse, soziale Ansichten).
- Beziehungen (z. B. Antipathie, Misstrauen, Vorurteile).
- Karriere, Macht (z. B. Herrschaftswissen nicht weitergeben, Darstellung des Teamergebnisses als eigenes Ergebnis usw.).
- Überforderung (z. B. Aufgabenstellung zu komplex, Zeitfenster zur Bearbeitung zu gering, Doppelbelastung Linie/Projekt, Ausbildung zu gering usw.).

Die Eskalationsstufen von Konflikten sind in der Abb. 4.17 dargestellt:

Zur Bewältigung dieser Konflikte in der „Nahkampfphase" und somit der Übergang in die eigentliche Projektarbeit („Arbeitsphase") werden im Regelfall folgende Methoden der Konfliktbewältigung gewählt:

- Konfliktanalyse und Konfliktdiskussion
- Schulungsmaßnahmen
- Flucht, Vermeidung (z. B. Zeitmangel als Vorwand nennen, um aus dem Projekt zu flüchten oder potenzielle Probleme nicht offen ansprechen bzw. ignorieren).
- Kampf bzw. Supervising
  - Vernichtung (z. B. Mitarbeiter aus dem Projekt entfernen)
  - Unterwerfung (z. B. Mitarbeiter durch Druck gefügig machen)
- Delegation (z. B. Weitergabe der Aktivität an andere Mitarbeiter des Teams)
- Deeskalation durch Remove
- Kompromiss
- Konsens

Zielführend sind hierbei die Methoden, um Kompromiss und Konsens herzustellen, wobei in Einzelfällen jedoch so genannte notorische Querulanten überzeugt werden sollten (Ausnahme der personellen Änderung des Projektteams, nach erfolgter Abwägung der Vor- und Nachteile für das Projekt). Entscheidend in Situationen des Dissenses sind außerdem die Fähigkeiten des Projekt-/Teilprojektleiters zur Moderation bzw. Motivation des Teams.

Die Projektdurchführung kann mit der Phase Sollkonzeption enden. Die Ergebnisse der Sollkonzeption werden wieder in einem abschließenden Meeting vor den Projektteilnehmern, den Projektauftraggebern, den Stakeholdern, den Mitarbeitern der betroffenen Fachbereiche und dem Betriebsrat präsentiert. Ggf. wird das Beratungsunternehmen aufgefordert ein Angebot für die Realisierung der Sollstruk-

---

[21] Vgl. Aichele, Intelligentes Projektmanagement, S. 158, Kohlhammer, 2006.

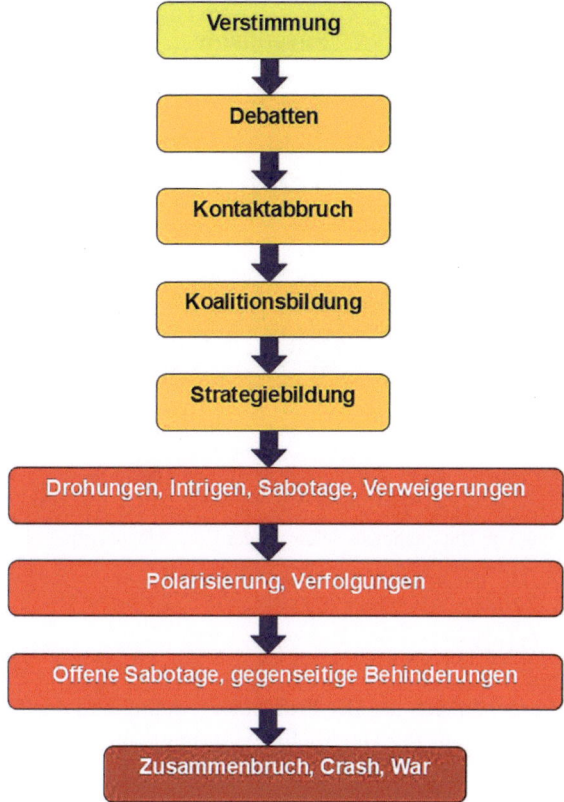

Abb. 4.17 Konflikteskalation

turen abzugeben, möglicherweise wird die Realisierung auch von dem Klienten selbst übernommen. Realisierungsprojekte betreffen organisatorische Umstellungen und/oder Einführung von IT-Systemen.

4.2.3.6 Projektabschluss

Der Projektabschluss besteht aus der finalen Präsentation der Sollkonzeption. Wird das Angebot der Realisierung durch den Klienten angenommen, ergibt sich das Realisierungsprojekt als weiteres, eigenständiges Beratungsprojekt.

Wichtig ist, dass mit dem Projektabschluss ein effektives Key Account Management mit dem Kunden aufgebaut wird und dass regelmäßig Abstimmungen bzw. Kontaktaufnahmen durchgeführt werden. Neue Trends und Themen können durch rechtzeitige Kommunikation mit dem Kundenunternehmen zu weiteren Projekten führen.

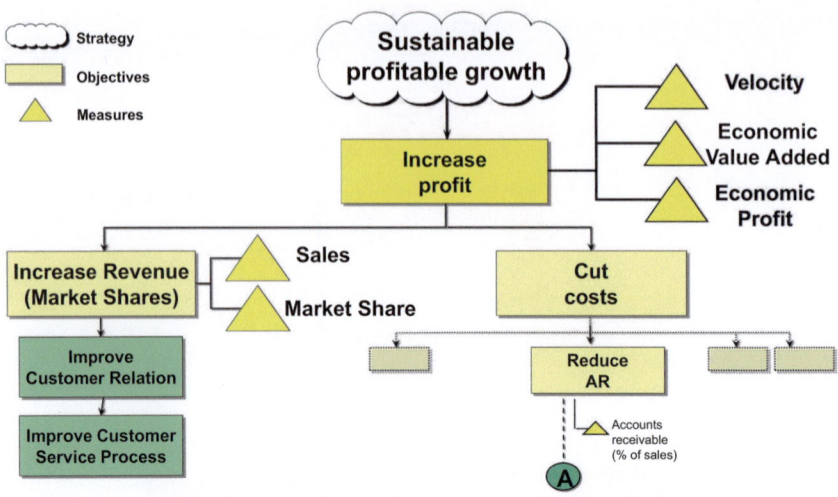

Abb. 4.18 Ableitung von Unternehmenszielen aus der Unternehmensstrategie

4.3 Projektziele[22]

Die Projektziele ergeben sich aus der Problemerkennung und der Problemanalyse. Projektziele sollten sich aus der Unternehmensstrategie und den Unternehmenszielen ableiten lassen.

Beispiel

Die im Folgenden beispielhaft dargestellten Projektziele eines Projektes zur Verbesserung des Kundenserviceprozesses (Projekt Customer Integration, Vgl. Abb. 4.20) ergeben sich aus der Ableitung der Unternehmensziele bzw. aus der Unternehmensstrategie (Vgl. Abb. 4.18 und 4.19). Für die einzelnen Projekte werden Projektziel-Kennzahlensysteme erarbeitet, die die Ergebniserreichung quantifiziert darstellen (Vgl. Abb. 4.21)

Das oben angeführte Projektziel-Kennzahlensystem wurde für ein Projekt zur Entwicklung und zum Vertrieb eines SAP-basierten ERP und Abrechnungssystem für klein- und mittelständische Versorger entwickelt. Die einzelnen Kennzahlen sind dabei Projektteilzielen wie Vertriebserfolg (Sales Excel), Konferenzen und Publikationen, Marketing und Broschüren, Vertrieb bei Stadtwerken (SW), Entwicklung des Systems (Template) und Weiterentwicklung zugeordnet.

---

[22] Vgl. Aichele, Intelligentes Projektmanagement, S. 35, Kohlhammer, 2006.

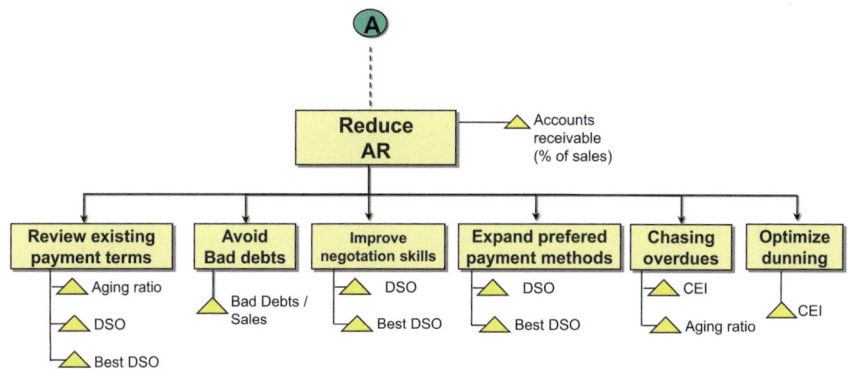

Abb. 4.19 Detailunternehmensziele mit Kennzahlen

Die Kennzahl „Anzahl Akquisitionen" des Projektteilziels „Sales Excel" sollte im Jahr 2002 die absolute Ausprägung 10 durchgeführte Akquisitionen, 3 Akquisitionen mit hoher Erfolgswahrscheinlichkeit (++) und 1 Akquisition mit Projektgenerierung erreichen. ◄

4.4 Projektmittel[23]

Zur Erreichung der Projektziele stehen eine Vielzahl von Methoden, Techniken und Tools zur Verfügung. Aufgabe des Projekts ist die Auswahl der adäquaten Projektmittel.

Wir definieren Projektmittel wie folgt:

▶ **Projektmittel** sind immaterielle und materielle Werkzeuge zur Durchführung von Projekten und zur Projektzielerreichung. Darunter fallen Rahmenbedingungen, Modelle, Verfahren (Methoden und Techniken), Tools und Sachmittel

Rahmenbedingungen sind dabei insbesondere vorgegebene Gesetze, Normen und Standards.

Modelle können in diesem Zusammenhang materielle Modelle, Zeichnungsmodelle, mathematische Modelle und Beschreibungsmodelle sein.

Für IT-Projekte ist die Gruppe der Beschreibungsmodelle besonders interessant. Beschreibungsmodelle können Vorgehensmodelle (z. B. Einführung einer Standardsoftware), Referenzmodelle (z. B. Datenmodell einer Standardsoftware) und Informations- und Kommunikationsmodelle (z. B. Modellierungsmethode für Geschäftsprozesse, Vgl. Abb. 4.22) sein.

---

[23] Vgl. Aichele, Intelligentes Projektmanagement, S. 36, Kohlhammer, 2006.

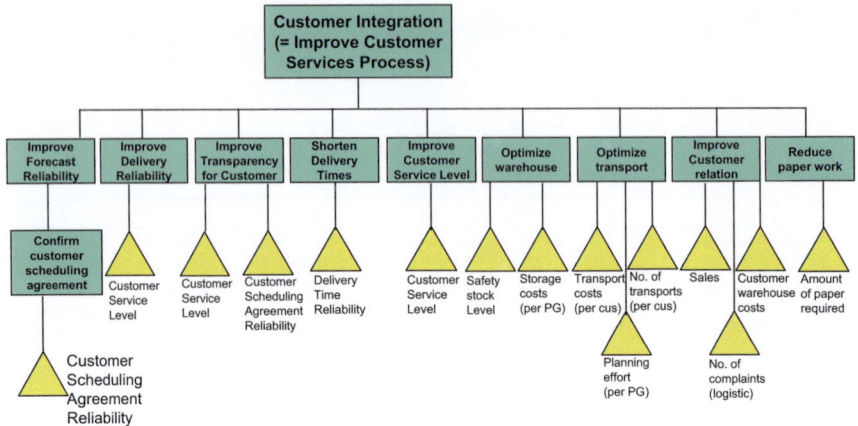

Abb. 4.20 Projektziele mit Kennzahlen

Objectives	Sub Objectives	Area	Kennzahlen	Ziel 2002	Ziel 2003	Ziel 2004	Status
Sales Excel			Anzahl Akquisitionen	> 10 mit Status 0, +, ++	> 15 mit Status	> 15 mit Status	o
				> 3 Status ++,	> 5 Status ++	> 5 Status ++	o
				> 1 Status Neues Projekt	> 3 Status Proj	> 3 Status Projekt	o
Conferences / Publikationen	RtW Konferenz 12./13.09		Anzahl Teilnehmer	> 50			+
			Feedback Teilnehmer	> 80 % positiv			+
	Billing Konferenz		Anzahl Kontakte				
Marketing / Broschüren			Verteilte Auflagen	> 500	> 1000	> 2500	-
Branding							+
SW Trier			Kundenzufriedenheit	Referenz	Referenz	Neuprojekte	o
SW Dueren			Kundenzufriedenheit	Referenz	Referenz	Neuprojekte	o
Template	Abnahme	Classic	Termin	Anfang August erfolgt			-
		ISU	Termin	Anfang August erfolgt			o
		Dokumentation	Termin				
Weiterentwicklung							+
			Reduktion durchschnittlicher Einführungsaufwand	von bisher 500 auf 400	von 400 auf 250	von 250 auf 150	
			Reduktion RtW Lösungs Einführungsaufwand	< 300 Tage	< 200 Tage	< 100 Tage	-
		Status					
		+	Ziele werden erreicht				
		o	Zielerreichung nicht gefährdet, Verbesserung notwendig				
		-	Ziele nicht erreicht, alternatives Vorgehen notwendig				

Abb. 4.21 Projektziel-Kennzahlensystem

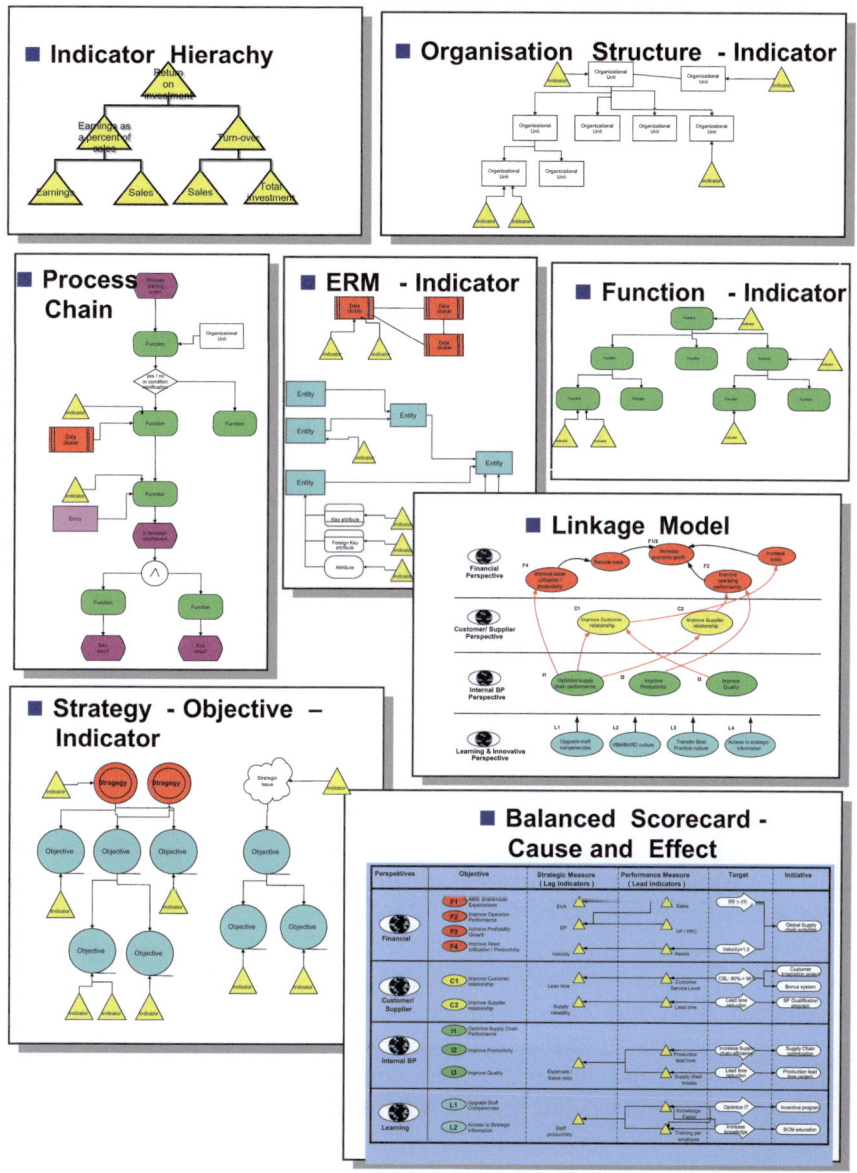

Abb. 4.22 Beispiele für Modellierungsverfahren

Unter **Verfahren** versteht man eine vorgegebene Vorgehensweise. Verfahren können Methoden und Techniken sein.

▶ **Definition Methode** Methode ist ein Verfahren bei dem schrittweise vorgegangen wird (z. B. die Entscheidungsmethode Nutzwertanalyse).

▶ **Definition Techniken** Techniken sind Handlungsanweisungen zur Lösung von Teilaufgaben (z. B. die Planungstechnik Netzplanung).

Softwaregestützte Verfahren werden als **Tools** bezeichnet. In Projekten werden Tools folgenden Bereichen zugeordnet:

- **Projekttools** zur Steuerung und Überwachung von Projekten (Ressourcen, Termine, Kosten) wie z. B. Microsoft Project, SAP-Project System.
- **Office Tools** zur Unterstützung der Projektadministration und zur Darstellung von Projektaufgaben, Projektschritten und Projektergebnissen wie Textverarbeitung (Word), Tabellenkalkulation (Excel) und Präsentationsprogramme (Powerpoint).
- **Modellierungstools** zur Analyse und Konzeption von Geschäftsobjekten (ARIS Toolset, Signavio) wie Organisationsstrukturen, Datenstrukturen, Geschäftsprozesse, Unternehmensfunktionen und Unternehmensnetzwerke.
- **Projektsupporttools** zur Strukturierung von Projekten (mit Vorgehensmodellen, Projektdokumenten) wie z. B. SAP Enable Now).
- **Workgrouptools** zur Kommunikation, Dokumentenmanagement, Computer Conferencing und verteilten Aufgabendurchführung (auch remote und zeitversetzt) wie z. B. MS SharePoint, Jira.

Neben diesen projektunterstützenden Tools gibt es insbesondere die Softwaresysteme zur Projektergebniserreichung bzw. Projektdurchführung (wie z. B. integrierte Programmierumgebungen oder Standardsoftwaresysteme), die zum Teil auch als Tools bezeichnet werden.

4.5   Projektinformation und -dokumentation[24]

Projektinformationen werden als schriftliche Dokumentationen festgehalten, dieser Prozessschritt kann entweder als Ergebnis- (z. B. System-, Programm-, Benutzerdokumentation) oder Ablaufdokumentationen (z. B. Projektverlauf, Entscheidungsdokumentation, Protokolle, Berichte) geführt werden.

Eine adäquate Projektinformation und -dokumentation sollte mit dem folgenden Vorgehen und Mitteln durchgeführt werden.

- Schriftliche Fixierung der verbalen Ergebnisse (Verfügbarkeit der Ergebnisse für die Projektbeteiligten, Vermeidung der „stillen Post")
- Frühzeitige Information der Projektmitglieder und Entscheidungsträger über Inhalt und Stand des Projektes (Vorteil der Projektarbeit gegenüber dem Tagesgeschäft)
- Informationen stehen auch denen zur Verfügung, die in der Abstimmung respektive Ergebnisfindung nicht involviert waren (offene Kommunikation unter-

---

[24] Vgl. Aichele, Intelligentes Projektmanagement, S. 159–167, Kohlhammer, 2006.

stützt die Kooperation und Akzeptanz vom Projektteam zum Anwender, Auftraggeber)
- Grundlage zur Meinungs-/Entscheidungsfindung (mit steigender Unternehmensgröße wächst der Anteil des schriftlichen Informationsaustausches)
- Klare Regeln zu Organisation und Sicherstellung des Informationsflusses (aufgrund der Bedeutung qualifizierter Information für erfolgreiche Projektarbeit dürfen wichtige Informationen nicht verloren gehen)
- Beschreibung des Ist-Zustandes **während des Projektes** (Status und bisherige Ergebnisse zum jeweiligen Zeitpunkt des Projektes)
- Nachvollziehbarkeit der Organisation, Ablauf, Entscheidungen und Ergebnissen **nach Ablauf des Projektes** (Projekte bringen nicht nur Ergebnisse, sondern auch Know-how. Solange dieses Know-how nur in den Köpfen steckt, muss es immer wieder neu erarbeitet werden und geht beim Ausscheiden eines Mitarbeiters unter Umständen völlig verloren. In einer guten Dokumentation steckt viel von dem erworbenen Know-how und bleibt lange nutzbar.)
- Verfügbarkeit des im Projekt erworbenen Know-how **für zukünftige Projekte** (z. B. Lernen aus falscher Vorgehensweise im Projekt)

Erfahrungen aus den unterschiedlichsten Projekten zeigen, dass die Dokumentation zu den **Aufgaben** gehört, die **unter Zeitdruck** oder auch nur durch **Motivationsmangel** am ehesten vernachlässigt werden.

Hier muss ein Umdenkprozess einsetzen. Projekte waren von jeher auf gute Informationsflüsse und Dokumentation angewiesen. Mittelfristig werden Informationen in allen Unternehmen zunehmend weniger im „Aufzug" zwischen den verschiedenen Hierarchieebenen transportiert, sondern allen Mitarbeitern verfügbar gemacht. Das Wissensmanagement (Knowledge Management) wird sich als eine Kernkompetenz erfolgreicher Unternehmen herausstellen[25]. Aus Pyramiden werden Netzwerke, in denen das Wissen aller Mitarbeiter (allen anderen) zur Verfügung steht.

Der Erfolg eines Mitarbeiters hängt dann nicht mehr von der Verwaltung von Informationen, sondern deren Bereitstellung ab. Gleichzeitig muss die Organisation des Informationsbestandes, d. h., vor allem die Dokumentation optimiert werden. Letztendlich entstehen Informations- und Dokumentationsstrukturen, die in Projekten bereits heute existieren.

Der nächste Schritt wird dann darin liegen, die vorhandenen Informationen zielgerichtet und nutzbar aufzubereiten und verfügbar zu machen und dadurch das „Knowledge Management" zu verwirklichen. Eine derartige Entwicklung existiert bereits im Internet, dessen Informationsfülle von einzelnen kaum noch genutzt werden kann. Hier helfen Informations-Broker und Generative KI, die gewünschte Informationen zu recherchieren und in strukturierter Form zur Verfügung stellen.

Für das Projektmanagement liegen die Herausforderungen darin, die Kommunikation von Projektteams effizienter und effektiver zu gestalten. Verbesserungspotenziale stecken sowohl in den Kommunikationsmitteln als auch den Kooperationsformen.

---

[25] Vgl. Aichele, Christian, Kennzahlenbasiertes Knowledge Management, Seite 161–169, Springer, 2002.

Die Projektdokumentation muss folgende **Qualitätskriterien** erfüllen:

- **Aktualität:** Die Projektdokumentation dient auch dem Projekt-Controlling und muss stets den aktuellen Stand des Projektes wiedergeben. Merke: **„Der Stand der Dokumentation ist der Stand des Projektes."**
- **Vollständigkeit:** Alle notwendigen Dokumente müssen vorhanden sein. Welche dies sind, wird bei der Planung der Dokumentation festgelegt.
- **Korrektheit:** Treten in der Dokumentation Fehler auf, müssen diese sofort bereinigt werden.
- **Verständlichkeit:** Die Dokumentation ist so zu organisieren und inhaltlich zu führen, dass auch andere Personen damit arbeiten können.
- **Identifizierbarkeit:** Die Organisation der Dokumentation hat so zu erfolgen, dass alle Dokumente eindeutig bestimmbar sind und gefunden werden können. Hierzu eignet sich unter anderem ein Nummernsystem, das sowohl das Dokument selbst als auch seine inhaltliche Zuordnung (z. B. anhand der Nummern im Projektstrukturplan) identifiziert.
- **Standardisierung:** Die Verwendung von Formblättern erleichtert die Bearbeitung der Dokumente.

Inhalt und Aufbau der Dokumentation

Im Rahmen der Durchführung von Projekten fallen im Wesentlichen folgende Dokumentationen an (siehe Abb. 4.23):

- Dokumente zum Projektauftrag (Phase Projekt)
  - Ausgangslage (Projektinitialisierung, Projektplanung)
  - Zielsetzung (Projektinitialisierung, Projektplanung)
  - Verträge (Projektinitialisierung, Projektplanung)
  - Spätere Ergänzungen, Erweiterungen oder Korrekturen (alle Phasen)
- Planungsunterlagen
  - Projektsteckbrief (Projektinitialisierung, Projektplanung), Vgl. Abb. 4.24, 4.25 und 4.26
  - Lastenheft (Projektplanung)
  - Projektorganisation (Projektinitialisierung, Projektplanung)
  - Projektstrukturplan zur Vorgehensweise (Projektplanung)
  - Termin- und Ablaufplan (Projektplanung)
  - Kostenplan (Projektplanung)
- Protokolle zu Besprechungen
  - Kickoff (Projektinitialisierung)
  - Lenkungskreissitzungen (ab Projektplanung)
  - Projektleitungssitzungen (ab Projektplanung)
  - Teilprojektsitzungen (ab Projektplanung)
  - Sonstige Sitzungen zum Projekt (alle Phasen)
- Führungsinformationen
  - Periodische Berichtspläne/Meilensteinberichte (ab Projektplanung), Vgl. Abbildung Abb. 4.27 und 4.28

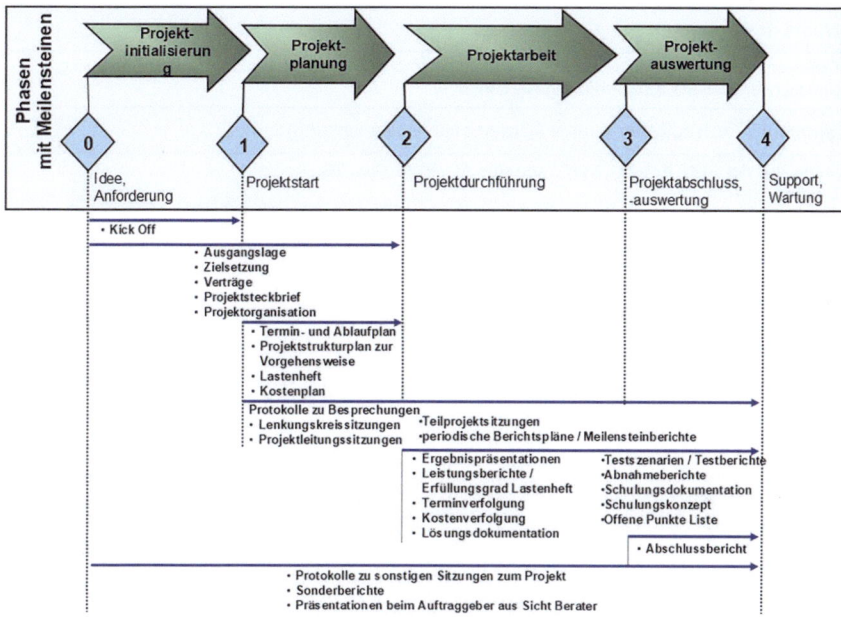

Abb. 4.23 Zuordnung Dokumentationstypen zu Projektphasen

Projektsteckbrief:

Optimierung von Geschäftsprozessen zu kaufmännischer Planung / Ausführung und Controlling technischer Bau und Instandhaltungsvorhaben

Bearbeitungshistorie:

Versi on	Datum	Geändert von	Beschreibung der Änderungen
1	10.01.02	Hr. Projektleiter	Zusätzlicher Meilenstein

Abb. 4.24 Projektsteckbrief Titelblatt

- Ergebnispräsentationen (ab Projektarbeit)
- Leistungsberichte/Erfüllungsgrad Lastenheft (ab Projektarbeit)
- Terminverfolgung (ab Projektarbeit)
- Kostenverfolgung (ab Projektarbeit)
- Sonderberichte (alle Phasen)

Name des Projektes
Optimierung von Geschäftsprozessen zu kaufmännischer Planung / Ausführung und Controlling technischer Bau und Instandhaltungsvorhaben

Sponsor / Auftraggeber (Name / Organisationsbezeichnung)
Vorstand der RWE Net AG, RWE Systems AG, RWE Gas AG **Lenkungskreis:** Herr Dr. Vorstand 1 / Ressort Personal Herr Professor Vorstand 2 / Ressort Kaufm. Hr. Elektriker Vorstand 3 / Ressort Technik

Zielsetzung des Projektes

Projektleitung (Name(n) / Organisationsbezeichnung)
Herr Projektleiter / Netzplanung

Anzahl Projektmitarbeiter		
Intern: 15	Extern: 2	Gesamt: 17

Projektstart (Datum)	Geplantes Projektende (Datum)
01.07.2001	30.06.2002

Projektbudget (T€)		
Intern: 300 Kosten	Extern: 80 Kosten	Gesamt: 380

Anzahl Manntage (laut Planung)		
Intern: 600	Extern: 80	Gesamt: 680

Meilensteine	
Datum	**Bezeichnung**
01.07.2001	Projektinitialisierung
01.10.2001	Projektplanung
	Projektarbeit
01.02.2002	- Konzeption
01.04.2002	- Realisierung
01.05.2003	- Test
01.06.2003	- Schulung
30.06.2002	Projektauswertung

Wesentliche Inhalte / Abgrenzung zu anderen Projekten und Organisationseinheiten

Abb. 4.25 Projektsteckbrief Projektbeschreibung

- Prozessoptimierung Wirtschaftsplanung, Ausführungsplanung
  - Abbildung in SAP PS/IM und PM/CS
- Prozessoptimierung Logistische Bestandteile zur Ausführungsplanung
  - Abbildung in SAP MM

Wesentliche Schnittstellen zu anderen Projekten / Organisationseinheiten	
Bezeichnung (Projekt / Org.-einheit)	**Beschreibung der Schnittstelle**
Bezirkstellenstruktur / Bau, Instanh.	Anpassung der regionalen Bezirkstellenstruktur
Proficenter / Rechnungswesen intern	Implementierung von Profitcentern

Name des externen Beraters/Ansprechpartner
Herr Berater
Frau Beraterin

Bewertung der Beraterleistung (nach Abschluss der Projektdurchführung):

	Sehr gut (1)	Gut (2)	Befriedigend (3)	Ausreichend (4)	Mangelhaft (5)
Branchenwissen					
Methodischer Ansatz					
Erfahrung / Seniorität					
Zielerreichung Gesamtprojekt					

Bemerkungen:
Keine Bemerkungen

Projekt genehmigt:

_____	_____	_____
Unterschrift	Unterschrift	Unterschrift

Abb. 4.26 Projektsteckbrief Projektbeschreibung und Genehmigung

	Projektstatusbericht		
	Optimierung '	01.07.2001 bis	30.6.03

Allgemein	Projektname	Optimierung von Geschäftsprozessen zu kaufmännischer Planung / Ausführung und Controlling technischer Bau und Instandhaltungsvorhaben	Projektnummer	2000
	Zeitbereich	vom	01.07.2001	bis	30.6.03

Statusüberblick	Status		
	Erläuterung	Grün	Der derzeitige Stand der Arbeit entspricht (weitgehend) der Planung und es kann erwartet werden, daß die Planung auch in Zukunft eingehalten werden kann.
		Gelb	Die Einhaltung der Planung kann nur durch besondere Maßnahmen wieder hergestellt / gesichert werden.
		Rot	Die ursprüngliche Planung kann auch mit besonderen Maßnahmen nicht eingehalten werden; Projekterfolg gefährdet.

Statusbericht	Durchgeführte Arbeiten	
	Wesentliche Ergebnisse	
	Geplante Arbeiten für den kommenden Berichtszeitraum	

Abb. 4.27   Projektstatusbericht

- Informationen über Arbeitsergebnisse
  - Lösungsdokumentation (ab Projektarbeit)
  - Testszenarien/Testberichte (ab Projektarbeit)
  - Abnahmeberichte (ab Projektarbeit)

		Status	
Probleme / Hindernisse / Schwierigkeiten	**Inhalte u. Ziele**	Status-begründung	
		ggf. notwendige Maßnahmen	
	Projektkosten	Status	
		Status-begründung	
		ggf. notwendige Maßnahmen	

		Status	
Probleme / Hindernisse / Schwierigkeiten	**Ressourcen**	Status-begründung	
		ggf. notwendige Maßnahmen	
	Meilensteine	Status	
		Status-begründung	
		ggf. notwendige Maßnahmen	
	Beschaffung u. IT-Services	Status	
		Status-begründung	
		ggf. notwendige Maßnahmen	
	Risiken	Status	
		Status-begründung	
		ggf. notwendige Maßnahmen	
	Allgemeine Probleme	Status	
		Status-begründung	
		ggf. notwendige Maßnahmen	

Abb. 4.28 Projektstatusbericht, Beschreibung der Probleme, Hindernisse und Schwierigkeiten

- Schulungsdokumentation (ab Projektarbeit)
- Schulungskonzept (ab Projektarbeit)
- Abschlussbericht (ab Projektauswertung)
• Weitere u. U. sinnvolle Bestandteile sind:
  - Offene Punkte Liste (ab Projektarbeit)
  - Präsentationen beim Auftraggeber aus Sicht Berater (alle Phasen)

Einbindung der Dokumentation in die Projektphasen
Die zuvor aufgeführten Dokumentationen lassen sich auch nach den Projektphasen strukturieren. Hierbei gibt es sowohl phasenspezifische als auch phasenübergreifende Dokumentationen. Die Zuordnung der Dokumentation auf die Projektphasen kann der folgenden Abbildung (Abb. 4.23) entnommen werden.

Ablageform/Zugänglichkeit der Dokumentation
Die Ablage der Dokumentationen erfolgt im Regelfall in elektronischer Form (Projektlaufwerk, -verzeichnis). Folgende Aspekte sind diesbezüglich zu berücksichtigen (Vgl. Abb. 4.24, 4.25, 4.26, 4.27 und 4.29):

• Schaffung der Zugriffsmöglichkeiten zu den Dateien für die Projektbeteiligten (Standortübergreifend)
• Strukturierung des Verzeichnisses (z. B. phasenorientiert)
  - Projektplanung
    Ausgangslage
    Zielsetzung
    Projektorganisation
    Aktivitäten und Terminplan
    Kostenplan
    Lastenhefte
    …
  - Projektberichtswesen/Protokolle
    Meilensteinberichte
    Präsentationen
    Protokolle
    Lenkungskreis
    Projektleitung
    …
  - Projektarbeit, -durchführung
    Lösungen
    Schulungen
    Testergebnisse
    …
  - Projektbeteiligte
    Mitarbeiter(in) A
    Mitarbeiter(in) B
    …

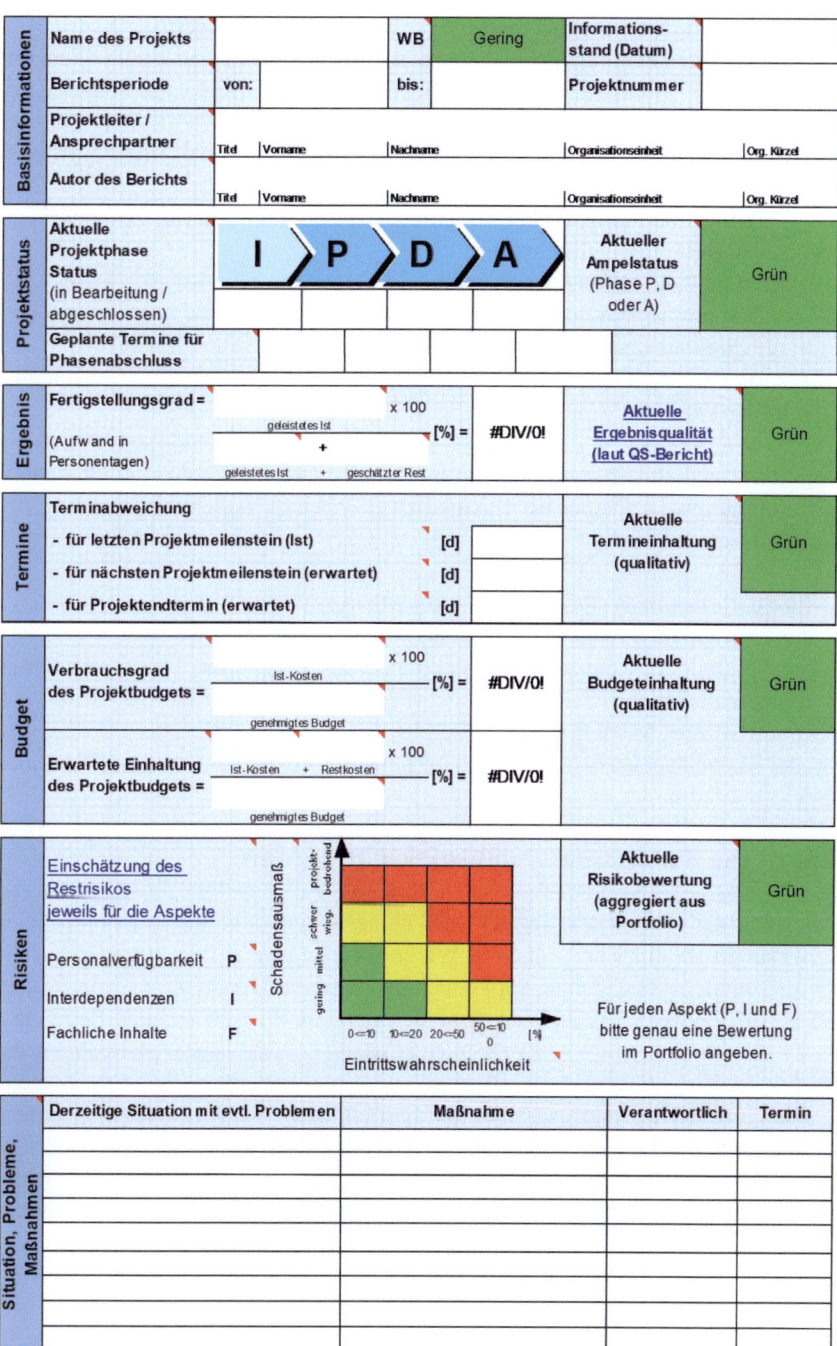

Abb. 4.29   Projektreport Onepager

- Differenzierung der Zugriffsberechtigungen (Anzeigen, Ändern)
  - Änderungen der Verzeichnisstruktur sowie zur Dateiablage (außer Unterverzeichnisse Mitarbeiter(in)) ausschließlich durch den Projektkoordinator respektive dessen Vertreter.
  - Änderungen innerhalb des Verzeichnisses Mitarbeiter(in) A sowie zur Dateiablage nur durch Mitarbeiter(in) A.
  - Falls erforderlich, Leseberechtigung ebenfalls auf Mitarbeiter(innen) verzeichnisspezifisch einschränken.
- Eindeutige Konventionen zur Vergabe der Dateinamen
  - zum vereinfachten Suchen von Dateien.
  - zur vereinfachten Versionsverwaltung von Dateien.
  - z. B. 110103_1000_001_01 (Erstellungsdatum_Aktivität_lfd.Nr. Dokument_lfd Nr.Version).

Vorteilhaft sind plakative, visuelle Projektberichte, die konzentriert sämtliche Projektinformationen auf einer bis maximal zwei Seiten darstellen (siehe Abb. 4.29). Enthalten sein sollten:

- Basisinformationen (Projektname, Projektleiter)
- der Projektstatus, visualisiert mit einer Ampelfunktion
- die wesentlichen Kennzahlen (Projektfortschritt, Ergebnisse, Termineinhaltung, Budgeteinhaltung
- eine Risikoabschätzung
- eine Aktivitätenübersicht zur Problemlösung mit Verantwortlichen und Terminen

4.6   Die Kunst Beratungsprojekte zu führen

Das Buch die "Kunst des Krieges" des chinesischen Generals und Philosophen Sun Tzu gilt als eines der frühesten Werke über Strategien (hier bezogen auf die Kriegsführung). Diese Strategien können auch auf die Durchführung von Projekten übertragen werden und bieten damit den Beratern Prinzipien, die in Beratungsprojekten vorteilhaft angewendet werden können:

1. **Die Gute Sache.** Jeder Anführer muss für eine gute Sache in den Krieg ziehen, sonst sind die Truppen nicht optimal motiviert. D. h. der Projektleiter sollte an die Projektziele und an den Erfolg glauben und damit die Projektmitarbeiter des eigenen Unternehmens aber auch die Mitarbeiter des Kunden motivieren können.
2. **Führung.** Der Anführer muss weise und mutig, aber auch streng und wohlwollend sein, sonst werden ihm seine Truppen nicht folgen.
3. **Umweltbedingungen.** Wenn man plant, muss man sich immer der Umweltbedingungen bewusst sein. Änderungen bei diesen können selbst den besten Plan vereiteln. Als Umweltbedingungen kann man die Unternehmenskultur des Kunden, die Machtstrukturen im Kundenunternehmen, die potenziellen Unterstützer des Projektes, die Branchen- und Marktstrukturen ansehen. Diese

sollten dem Beratungsteam bewusst sein. („*Kein Plan überlebt die erste Feind-berührung.*" Helmut von Moltke)

4. **Terrain.** Der Befehlshaber (*Projektleiter*) muss sich mit dem Gelände (*Projektplan*) vertraut machen, sonst fallen seine Truppen Überraschungsangriffen zum Opfer.

5. **Organisation und Disziplin.** Um in einer militärischen Konfrontation (*Projekt*) die Oberhand zu erlangen und Chaos zu vermeiden, müssen die Truppen gut organisiert und diszipliniert sein.

6. **Spionage.** Ohne Spione (*Informationen*) ist es unmöglich, zuverlässige Information und Erkenntnisse über den Gegner (*Projektauftraggeber*) zu bekommen. Denn, „...*wenn Du den Feind und dich selbst kennst, brauchst Du den Ausgang von hundert Schlachten nicht zu fürchten...*"

Literatur

Monographien

Aichele, C. (2006). *Intelligentes Projektmanagement*. Kohlhammer.

Georg, G. (1999). *Kennzahlen für das Projektmanagement: projektbezogene Kennzahlen und Kennzahlensysteme, ein Ansatz zur Unterstützung des Projektmanagements*. Lang.

Kellner, H. (1996). *Projekte konfliktfrei führen*. Hanser Verlag.

Steinbuch, P. A. (1998) *Projektorganisation und Projektmanagement*. Friedrich Kiehl Verlag GmbH.

Internetquellen

https://de.wikipedia.org/wiki/Projekt#:~:Text=Projekt%20leitet%20sich%20ab%20von,Projektil), Zugegriffen: 27. Febr 2025

https://de.wikipedia.org/wiki/Teambildung#:~:Text=Das%20Modell%20von%20Tuckman%20beschreibt,Klotz%20im%20Jahr%202000%20entworfen, Zugegriffen: 5.03.2020

Christian Aichele lehrt Wirtschaftsinformatik an der Hochschule Kaiserslautern. Nach seinem Studium des Wirtschaftsingenieurswesens an der Universität Karlsruhe arbeitete er weltweit als Unternehmensberater in verschiedenen Positionen und für unterschiedliche Branchen. Danach war er als Leiter Solution Center für Abrechnungslösungen für klein- und mittelständische Versorger bei RWE und als Manager bei Tieto Oyi für die Konzeption von Service Offerings und für die Projektakquisition und -durchführung im Bereich Energy und Smart Meter zuständig.

Das Projektcontrolling

Christian Aichele

Erfolgreiches Controlling von Beratungsprojekten

Die Hauptaufgabe des Projektcontrolling ist die Unterstützung des Projektmanagements bei der Projektrealisierung und der Kontrolle des Projekterfolgs. Aufgabe des prospektiven Projektcontrollings ist das rechtzeitige Erkennen von Problemen in der Projektzielerreichung. Das Projektcontrolling fokussiert insbesondere während der Realisierung durch den Einsatz von KPIs (Key Performance Indicators, Kennzahlen) auf die aktive Kontrolle von Kosten, Terminen und Projektfortschritten. Während der Realisierung und nach Projektabschluss ermöglicht der Einsatz von Projekt Scorecards die Kontrolle der Erreichung strategischer Ziele und Zielausprägungen durch das Projekt. Planungsobjekt der Projekt Scorecards ist die Gesamtheit aller betrieblichen Projekte.

Für den Erfolg oder Misserfolg eines Projektes sind die folgenden internen und externen Faktoren von Bedeutung[1]:

---

[1] Vgl. Keplinger, W., 1992, S. 99 f.

Vgl. Aichele, Christian, Intelligentes Projektmanagement, S. 168–173, Kohlhammer, 2006.

C. Aichele (✉)
Hochschule Kaiserslautern, Zweibrücken, Deutschland
E-Mail: christian.aichele@hs-kl.de; christian.aichele@t-online.de

- **Umweltfaktoren**
  - Markt und Kunden
  - Regulative, Gesetze, Vorgaben
  - Zeitgeschehen (Disruptive Ereignisse)
- **Projektmanagement**
  - Erfahrung und Qualifikation
  - Stringente Projektplanung
  - Prospektives Projektcontrolling
  - Teamfähigkeit und Durchsetzungsvermögen
  - Fähigkeit zur Information und Kommunikation
- **Ressourcenverfügbarkeit**
  - Zeitliche und qualitative Verfügbarkeit
  - Störungen durch Tagesgeschäft
- **Organisationsfaktoren**
  - Einflussnahme durch Organisation
  - Standing von Projekten in der Organisation
- **Projektmitarbeiter**
  - Qualifikation und Erfahrung
  - Teamfähigkeit
  - Motivation und Engagement

Nicht immer lässt sich der Misserfolg von Projekten verhindern. Die Hauptgründe für den Misserfolg von Projekten liegen in:[2]

- Ungenügende Unterstützung durch das Unternehmensmanagement,
- Mangel an Ressourcen in Bezug auf Qualität und Quantität,
- Fehlende oder unklare Zielvorgabe,
- Projektziel hat keine Beziehung zur Unternehmensstrategie,
- Ungenaue oder fehlerhafte Projektplanung und dadurch ggf. fehlerhafte Ressourcenplanung,
- Häufige Zusatzanforderungen oder Änderung der Projektaufgaben,
- Fehlende oder unklare Entscheidungskompetenz des Projektleiters,
- Ungenügende Qualifikation des Projektmanagers und/oder der Projektmitarbeiter,
- Ungenügendes Projektcontrolling bzw. rein retrospektives Projektcontrolling,
- Fehlende Motivation und/oder ungenügendes Engagement des Projektteams und/oder der Organisation,
- Ungenügendes Change Management.

---

[2] Vgl. Kellner, H., 1994; vgl. Klose, B., 1995.

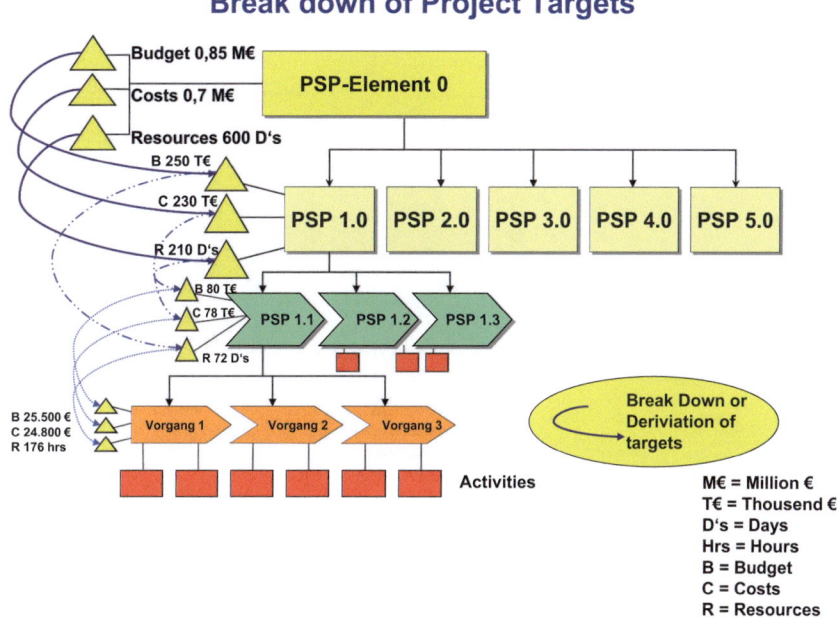

Abb. 5.1   Budget-, Kosten- und Ressourcenplanung

Das Projekt-Controlling hat folgende Aufgaben:

1. Budget- und Aufwandschätzung

Auf Basis von direkt und indirekt zuordenbaren Kosten wird die Projektbudget-
planung durchgeführt. Dabei werden Budgets auf die untergeordneten PSP-Elemente (Projektstrukturplan, siehe Kompendium) heruntergebrochen. Ziel ist eine
Transparenz des Budgets, der Kosten und der benötigten (quantitativen) Ressourcen bis auf die Vorgangsebene (siehe Abb. 5.1). Im zweiten Schritt werden die
Kosten kostenartengerecht verteilt. Die Kostenaspekte sind die Grundlage für die
Entscheidung bezüglich Eigenfertigung oder Fremdvergabe.

Dabei ist es sinnvoll in den einzelnen Einheiten mit unterschiedlichen Granu-
laritäten zu arbeiten (z. B. Ressourcen in der Einheit von Jahren auf oberster PSP-
Ebene und auf die Einheit Stunden auf Vorgangsebene heruntergebrochen).

2. Ressourcenplanung

Hier steht die Frage im Mittelpunkt, wie z. B. Mitarbeiter oder Geldmittel zeitlich
als auch mengenmäßig eingesetzt werden. Für eventuell auszulagernde Aktivitäten
werden externe Anbieter miteinbezogen (Outsourcing von Projektaktivitäten).

3. Planorientierte Steuerung der Projekte

Dazu werden Meilensteine mit Vorgaben in Form von Termin-, Leistungs-
und Kostenzielen gebildet. So bald Soll-Ist-Abweichungen auftreten, werden

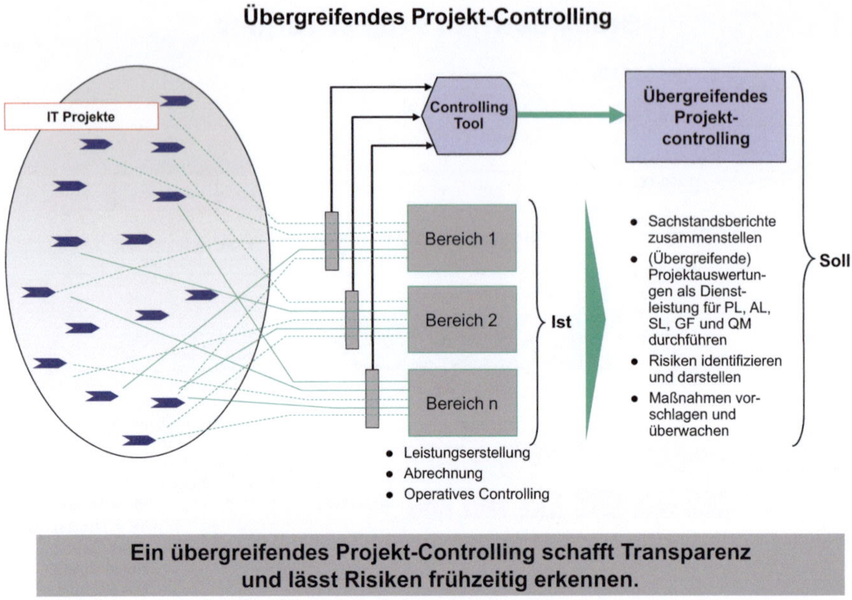

Übergreifendes Projekt-Controlling

Abb. 5.2 Übergreifendes Projektcontrolling einer Konzern IT

Gegensteuerungsmaßnahmen wie Terminverschiebungen, Erhöhung der Mitarbeiteranzahl u. a. ergriffen (siehe Abbildungen Abb. 5.2 und 5.3).

4. Nachkalkulation

Für die Nachkalkulation werden die tatsächlichen Kosten-, Termin- und Leistungswerte des Projektes erfasst. Die Projektdaten werden in einer Knowledge Managementdatenbank abgelegt, da diese Erfahrungsdaten wichtige Informationen für nachfolgende Projekte liefern können.

5.1 Kennzahlenbasierte Projektsteuerung[3]

5.1.1 Vorgehensweise zur Realisierung eines Kennzahlenbasierten Projektcontrollings

In Unternehmen mit wenigen parallelen Projekten von geringer strategischer Relevanz ist die Entwicklung eines einfachen Kennzahlensystems zur Steuerung der Projekte effizient und zielführend.

Ein ausschließlich kennzahlenbasiertes Projektcontrolling ist für dezidierte, determinierte und abgegrenzte Projektvorhaben von Vorteil. Dabei steht eine Fokussierung auf projektfortschrittsbezogene Kennzahlen im Vordergrund. Der Beitrag

[3] Vgl. Aichele, Christian, Intelligentes Projektmanagement, S. 192–201, Kohlhammer, 2006.

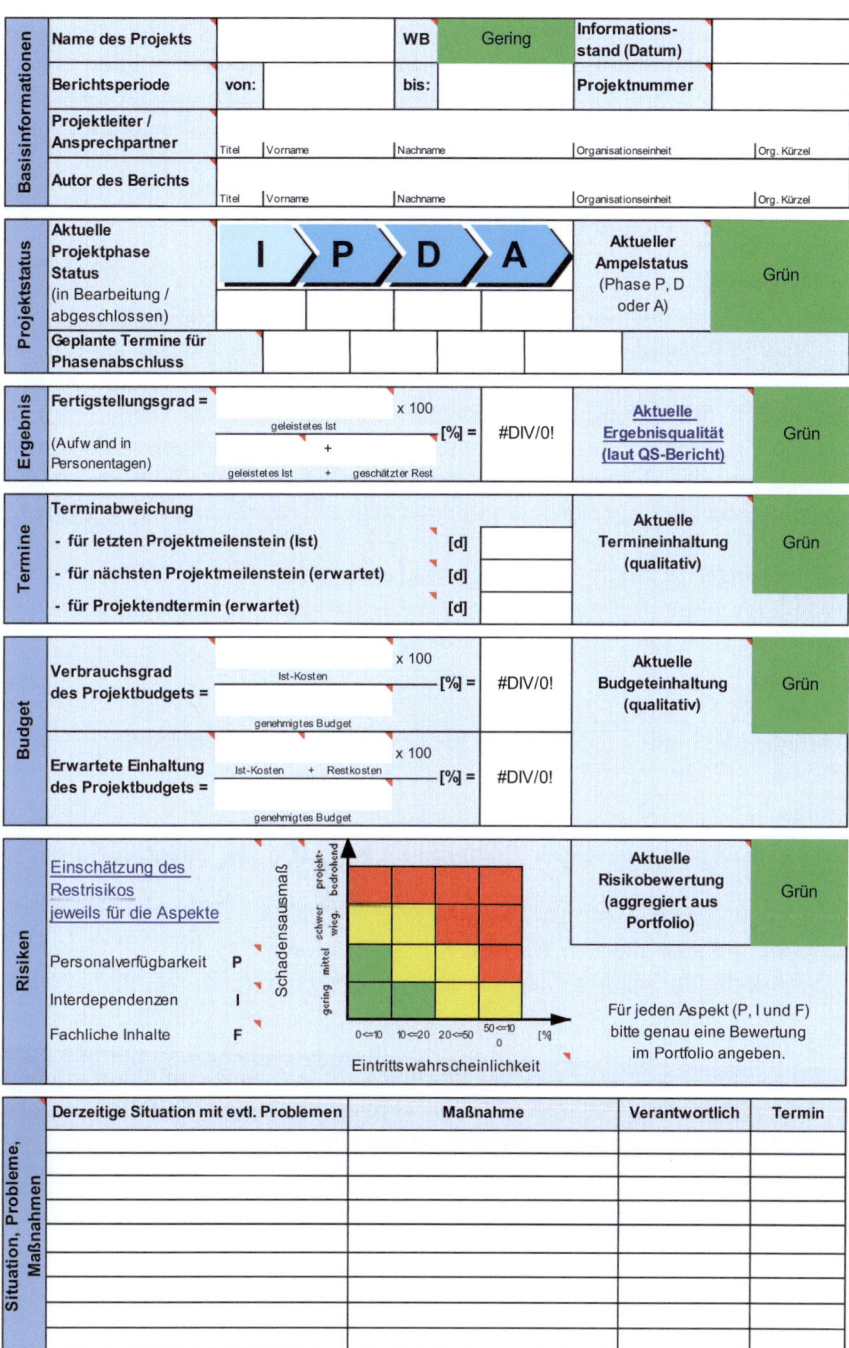

Abb. 5.3 Periodischer Projektbericht

des Projektes zur Unternehmensstrategie und zu spezifizierten Unternehmenszielen ist von sekundärer Bedeutung. Das Projektkennzahlensystem sollte einfach aufgebaut sein, d. h. ein abgegrenztes Subset von Kennzahlen mit einem kausalen Zusammenhang zueinander ist vorteilhaft. Optimal ist ein rechentechnisch verknüpftes Kennzahlensystem mit 1–3 Spitzenkennzahlen.

Die Vorgehensweise zur Generierung eines kennzahlenbasierten Projektcontrollings wird wie folgt durchgeführt:

1. **Schritt**
   Im ersten Schritt werden die Budget-, Kosten und Ressourcenplanungen auf allen PSP-Ebenen durchgeführt. Dabei wird das Gesamtbudget, die Gesamtkosten und die Ressourcen (z. B. Arbeitstag je Qualifikationslevel, Arbeitsstunden, Maschinenstunden, Maschinenkapazität je Stunde, Energie etc.) auf alle PSP-Elemente bis auf die unterste Ebene heruntergebrochen. Falls möglich wird eine Dekomposition bis auf Vorgangsebene (teilweise bis auf Aktivitätenebene) durchgeführt. Dabei sollten folgende Regeln eingehalten werden.

Gesamtbudget: $\quad B_{Ges} \geq \sum_{i=1}^{n} B_{PSP_i}$ für $\forall i \varepsilon$ Level 1.

Teilbudget 1: $\quad B_1 \geq \sum_{i=1}^{n} B_{PSP_{1,i}}$ für $\forall i \varepsilon$ Level 2.

....

Teilbudget K: $\quad B_K \geq \sum_{i=1}^{n} B_{PSP_{K,i}}$ für $\forall i \varepsilon$ Level 2 und i untergeordnet K,

$\forall K = 1...n.$

Entsprechend haben die Regeln Gültigkeit für $\mathbf{K_{Ges}}$, $\mathbf{R_{Ges}}$, $\mathbf{K_K}$ und $\mathbf{R_K}$.

$$B_{Ges} \geqslant K_{Ges} \geqslant R_{Ges}$$

$B_K \geqslant K_K \geqslant R_K$ für alle $K = 1...n$ und K PSP-Elementen.
   Entsprechende Gültigkeit liegt für die Level 2 bis m vor.

2. **Schritt**
   Im zweiten Schritt wird die Projektplanung (Netzplanung) auf Vorgangsebene durchgeführt. Dabei müssen nicht alle Vorgänge zwingend den PSP-Elementen auf den jeweilig untersten Level zugeordnet sein.
3. **Schritt**
   Im dritten Schritt findet die Evaluation der Basis-Kennzahlen statt.
4. **Schritt**
   In diesem Schritt wird der Aufbau eines Kennzahlensystems realisiert.

Beispiel

Ein Unternehmen der metallverarbeitenden Industrie plant für die Geschäftsprozesse des Rechnungswesens, der Produktionsplanung und -steuerung und

der Vertriebslogistik das Mittelstandssystem SAP Business One (B-One) einzuführen. Das Projekt soll auf Basis eines projektbasierten Kennzahlensystems
gesteuert werden

1. **Schritt**
   1. Durchführung der Projektstrukturplanung (ggf. bis auf Vorgangsebene),
      siehe Abb. 5.4:
   2. Allokation der Budgets, Kosten und Ressourcen auf die PSP-Elemente
      und Vorgänge (siehe Abb. 5.5)
      Die Einzelwerte der Budgets, Kosten und Ressourcen sind entsprechend
      der vorgegebenen Regeln von der untersten Hierarchieebene (Vorgänge)
      auf die oberste Ebene (PSP 0) verdichtet. Dabei ist zu beachten, dass die
      Summe der untergeordneten Vorgänge und PSP-Knoten die Werte der
      übergeordneten PSP-Knoten nicht überschreitet. Eine Unterschreitung ist
      erlaubt. Unter Beachtung der Regel ist es damit z. B. möglich im Projekt-
      verlauf untergeordneten Ebenen zusätzliches Budget zu erteilen.
2. **Schritt**
   Mit der gegebenen Vorgangsliste (siehe Abb. 5.6) wird ein Vorgangskno-
   ten-Netzplan erstellt (siehe Abb. 5.7 und Kompendium).
3. **Schritt**
   Die Basiskennzahlen für das Projektkennzahlensystem werden festgelegt:
   1. Restliches Budget $=$ Budget$_{\text{Plan}}$ $-$ Budget$_{\text{Ist}}$ für $\forall\ PSP_i, V_i, i = 1...k$
   2. Realisierte Kosten $=$ Kosten$_{\text{Plan}}$ $-$ Kosten$_{\text{Ist}}$ für $\forall\ PSP_i, V_i, i = 1...k$
   3. Restliche Ressourcen $= R_{Plan} - R_{Ist}$ für $\forall\ PSP_i, V_i, i = 1...$

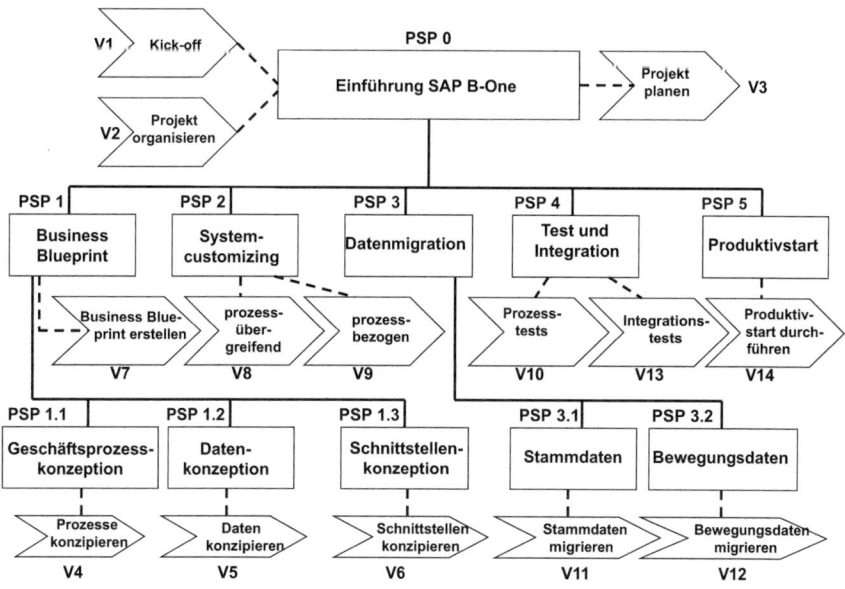

Abb. 5.4 PSP-Hierarchie mit Vorgängen für das Projekt „Einführung SAP B-One"

PSP / Vorgang	Budget [€]	Kosten [€]	Ressourcen [Days]	
PSP 0	1.600.000	1.450.000	1200	
V1		50.000	40.000	40
V2		50.000	40.000	40
V3		50.000	40.000	40
PSP 1	400.000	350.000	320	
V7		30.000	30.000	30
PSP 1.1	200.000	180.000	170	
V4		200.000	180.000	170
PSP 1.2	100.000	80.000	70	
V5		100.000	80.000	70
PSP 1.3	60.000	50.000	50	
V6		60.000	50.000	50
PSP 2	600.000	550.000	540	
V8		100.000	80.000	80
V9		500.000	460.000	450
PSP 3	200.000	180.000	180	
PSP 3.1	150.000	150.000	150	
V11		150.000	150.000	150
PSP 3.2	40.000	30.000	30	
V12		40.000	30.000	30
PSP4	150.000	140.000	140	
V10		80.000	80.000	80
V13		70.000	60.000	55
PSP 5	50.000	40.000	40	
V14		50.000	40.000	40

Abb. 5.5 Allokation Budgets, Kosten und Ressourcen zu PSP-Elementen

4. Vorgangsfertigstellung = % Fertigstellung für ∀ $PSP_i, V_i, i = 1...k$
5. Vorgangsrestdauer = $V_{Plan} - V_{Ist}$ für ∀ $PSP_i, V_i, i = 1...k$ ∧ % Fertigstellung $V_i < 100$ und V = Vorgangsdauer.

4. Schritt

Das Projektkennzahlensystem wird aufgebaut:

1. Vorgangsfortschritt = $\dfrac{\left(\frac{\%Fertigstellung}{100}\right)}{\left[1-\left(\frac{Vorgangsrestdauer}{Vorgangsdauer_{Plan}}\right)\right]}$ für ∀ $V_i, i = ...k$

Bei einem Vorgangsfortschritt ⩾ 1 ist das Projekt im Plan.

2. Budgetdeckung = $\dfrac{\left(\frac{Restliches\ Budget}{Budget_{Plan}}\right)}{\left(\frac{\%Fertigstellung}{100}\right)}$ für ∀ $PSP_i, V_i, i = ...k$

Bei einer Vorgangsfertigstellung von < 100, ist eine Kennzahlausprägung ⩾ 1 der Kennzahl Budgetdeckung in Ordnung. Eine Ausprägung der Werte zwischen 0 und 1 ist kritisch.

Bei einer Vorgangsfertigstellung von 100, bedeutet eine Ausprägung von 0, dass der Vorgang in Plan war. Eine Ausprägung kleiner 0 weist auf eine prozentuale Überziehung des Budgets in der Höhe der Ausprägung * 100 hin. Einem Wert größer 0 entspricht damit ein übrig gebliebenes prozentuales Budget von Ausprägung * 100.

Vorgang	Dauer	Anordnungsbeziehung (AOB)
V1	1	---
V2	10	EA zu V1
V3	10	EA-5 zu V2
V4	20	EA zu V3
V5	10	EA zu V3
V6	10	EA-5 zu V4, EA zu V5
V7	10	EA zu V6
V8	20	EA zu V7
V9	50	EA zu V8
V10	20	EA + 30 zu V9
V11	30	EA zu V9
V12	10	EA zu V11
V13	20	EE+10 zu V10, AA+5 zu V12
V14	5	EA+5 zu V13

Abb. 5.6 Vorgangsliste des Projekts „Einführung SAP B-One"

Die Kennzahlen Ressourcen- und Kostendeckung sind entsprechend zu berechnen. Falls die benötigten Ressourcen direkt auf Kosten umgerechnet werden und die berechneten Kosten als einzige Basis für das Planbudget genommen werden, kann das Projektkennzahlensystem vereinfachend nur auf Basis der Kennzahl Budgetdeckung aufgebaut werden.

3. $\text{Vorgangsauslastung} = \frac{Vorgangsdauer_{Plan}}{Vorgangsdauer_{Ist}}$ für $\forall \; V_i, i = 1...k$

   Ist der Wert der Kennzahl Vorgangsauslastung ≥ 1, so ist der Vorgang aus zeitlichen Aspekten gesehen unkritisch.

5. **Schritt**

Anwendung des Projektkennzahlensystems:

Das Projektkennzahlensystem besteht aus den Kennzahlen Vorgangsfortschritt (VF), Budgetdeckung (BD) und Vorgangsauslastung (VA). Ein Tag einer Ressource kostet 1000 €. Die Kennzahlenausprägungen sollen unter der vereinfachenden Annahme $\text{Kosten}_{Ist} = \text{Budget}_{Ist}$ und auf Basis der unten angeführten Abbildung mit Ist-Daten (siehe Abb. 5.8) berechnet werden (aktueller Projekttag ist 37).

Zuerst wird der Netzplan des Projekts aktualisiert (siehe Abb. 5.9).

Die Vorgänge V_4 und V_6 sind noch nicht beendet. Das Projektkennzahlensystem hat folgenden Stand (Abb. 5.10):

Das restliche Budget ergibt sich durch die Subtraktion des Budget_{plan} mit dem monetären Wert der bisher aufgewendeten Tage (Ressourcen_{Ist}

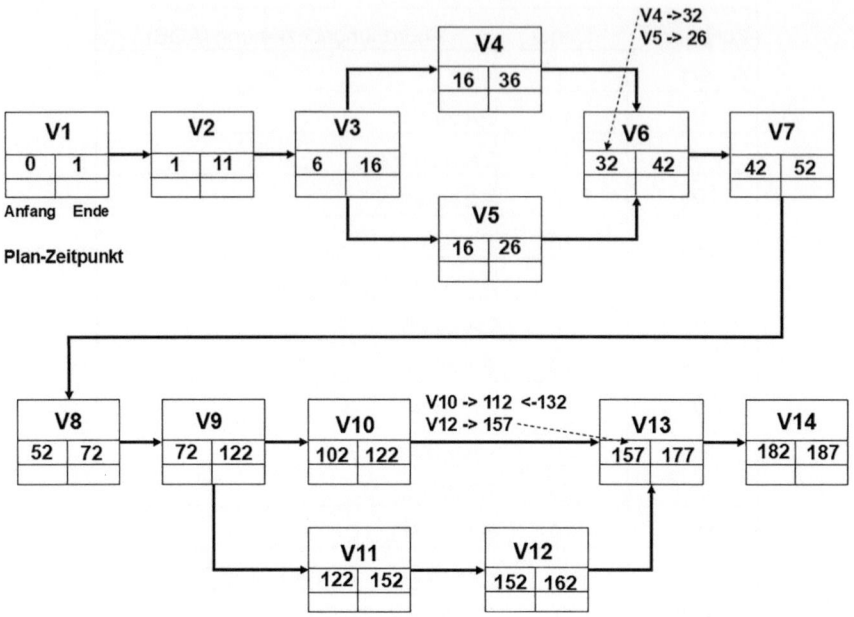

Abb. 5.7 Vorgangsknotennetzplan mit den Plandaten für das Projekt „Einführung SAP B-One"

Abb. 5.8 Ist-Daten des Projekts „Einführung SAP B-One"

	Dauer$_{Ist}$	% Fertigstellung	Ressourcen$_{Ist}$
PSP 0			
V1	1	100	35
V2	11	100	45
V3	12	100	50
PSP 1			
PSP 1.1			
V4	18	60	150
PSP 1.2			
V5	13	100	80
PSP 1.3			
V6	3	40	30
V7	-	-	-
V8	-	-	-
V9	-	-	-
V10	-	-	-
V11	-	-	-
V12	-	-	-
V13	-	-	-
V14	-	-	-

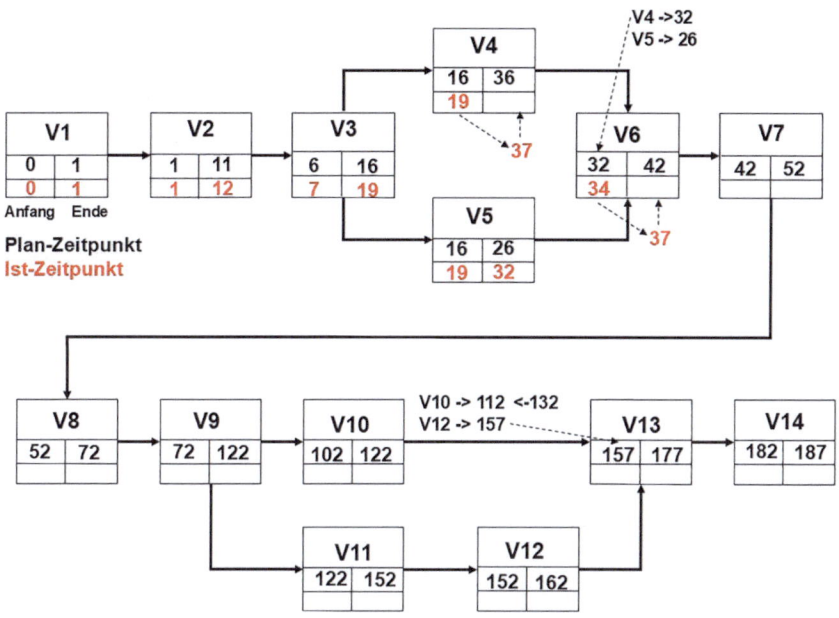

Abb. 5.9 Vorgangsknotennetzplan mit den Plan- und Ist-Daten für das Projekt „Einführung SAP B-One"

* Tagessatz von 1 T€). Auf den ersten Blick ist der zeitliche Verzug der Vorgänge 2, 3 und 5 (Vorgangsauslastung VA ist kleiner als 1) und das Überbudget der Vorgänge 1 (30 % Restbudget), 2 (10 % Restbudget) und 5 (20 % Restbudget) zu erkennen.

Vorgang 6 ist zeitlich unkritisch (VA = 3,33 bei einer % Fertigstellung von 40 % und einer Vorgangsrestdauer von 7, d. h. 70 %). Vorgang 4 hat auch eine positive Ausprägung der Kennzahl VA = 1, jedoch ist bei Analyse der %Fertigstellung von 60 % und der Vorgangsrestdauer von 0 sofort zu erkennen, dass der Vorgang 4 zeitlich kritisch ist. Daraus resultiert auch die Ausprägung der Kennzahl Vorgangsfortschritt (VF) von 0,66. Auch der Wert für die Kennzahl Budgetdeckung (BD) von 0,41 ist für den Vorgang 4 kritisch. ◀

5.1.2 Earned Value Analysis

Die, Anfang der 60er-Jahre vom US-Militär entwickelte Earned Value Analysis (EVA, Ertragswertanalyse) legt den Schwerpunkt des Projektcontrollings auf die Kontrolle der Projektkosten und des Projektbudgets.[4]

---

[4] Vgl. Project Management Institute, 2000, S. 92.

	Budget^{Plan} [T€]	Ressourcen^{Ist}	Restliches Budget [T€]	VA	BD	VF
PSP 0						
V1	50	35	15	1	0,3	na
V2	50	45	5	0,9	0,1	na
V3	50	50	0	0,83	0	na
PSP 1						
PSP 1.1						
V4	200	150	50	1	0,41	0,66
PSP 1.2						
V5	100	80	20	0,76	0,2	na
PSP 1.3						
V6	3	30	30	3,33	1,25	1,33
V7	-	-	-	-	-	-
V8	-	-	-	-	-	-
V9	-	-	-	-	-	-
V10	-	-	-	-	-	-
V11	-	-	-	-	-	-
V12	-	-	-	-	-	-
V13	-	-	-	-	-	-
V14	-	-	-	-	-	-

Abb. 5.10 Aktuelles Projektkennzahlensystem des Projekts „Einführung SAP B-One"

Die Earned Value Analysis basiert auf vier grundlegenden Kennzahlen:

- **Budgeted Cost of Work Performed (BCWP)** = Soll-Kosten der bereits abge-schlossenen Vorgänge/Arbeit
- **Actual Cost of Work Performed (ACWP)** = Ist-Kosten der bereits abge-schlossenen Arbeit
- **Budgeted Cost of Work Scheduled (BCWS)** = Soll-Kosten der geplanten Ar-beit
- **Bugdet At Completion (BAC)** = Gesamtbudget

Auf Basis dieser Kennzahlen werden weitere Kennzahlen abgeleitet:

- **Cost Variance (CV) = BCWP – ACWP,** Abweichungen zwischen den Soll-und Ist-Kosten
- **Schedule Variance (SV) = BCWP – BCWS,** Differenz der Soll-Kosten der be-reits abgeschlossenen Arbeit und der Soll-Kosten der geplanten Arbeit
- **Cost Performance Index (CPI) = BCWP/ACWP,** Kostenindex zur Verfol-gung der Effizienz der Kostenplanung (>=1 in Ordnung, Soll-Kosten größer als Ist-Kosten/< 1 kritisch, geplante Kosten geringer als angefallene Kosten)

- **Schedule Performance Index (SPI) = BCWP/BCWS,** zur Verfolgung der Kostenplantreue des Projekts
- **Estimate At Completion (EAC)** $= ACWP - \frac{(BAC - BCWP)}{CPI}$, Restliche Sollkosten unter Berücksichtigung der bisherigen Effizienz der Kostenplanung
- **Estimate To Complete (ETC) = EAC – ACWP,** noch zu erwartende Projektkosten

Nach Abschluss des Projektes werden die exakten Gesamtkosten ermittelt und ein retrospektives Projektcontrolling durchgeführt.

5.1.3 Kostentrendanalyse zur Projektsteuerung

Die Kosten-Trendanalyse ist eine Methode zur Kontrolle von Projektkosten, die es erlaubt, regelmäßig Schätzwerte über die Gesamtkosten eines Projektes zum voraussichtlichen Endtermin zu gewinnen, sowie einen Soll-Ist-Vergleich durchzuführen. Der Mittelpunkt des Verfahrens ist die Ermittlung des Fertigstellungswertes. Der Schätzwert der Gesamtkosten (**SGK**) des Projektes wird aus den in der Projektkostenplanung errechneten geplanten Gesamtkosten (**PGK**), den periodisch ermittelten Ist- Kosten (**AIK**) und dem aktuellen Fertigstellungswert der Arbeitspakete (**AFW**) berechnet, woraus sich folgende Formel ableiten lässt:

$$SGK = PGK * \frac{AIK}{AFW}$$

Zudem sind Stellungnahmen zu den Abweichungen von den Plankosten erforderlich und mögliche Korrekturmaßnahmen anzubringen. Der Schätzwert der Gesamtkosten des Projektes ist nur eine Trendannahme, die davon ausgeht, dass sich die jeweilige Entwicklung im weiteren Projektverlauf fortsetzt. Der ermittelte Schätzwert der Gesamtkosten wird grafisch durch die Kosten-Trendkurve abgebildet, deren Werte kommentiert werden müssen.

Beispiel

Beispieldaten

- Projektlaufzeit von 01.01.25 bis 31.12.25.
- Plangesamtkosten des Projektes (PGK) 10.000 €.
- Fertigstellungsgrad (AFG) des Projektes zum 30.06.25 ist 50 %.
- Ist-Kosten zum 30.06.25 sind 6000 €.

Die Ergebnisse der Kostentrendanalyse sind der Abbildung Abb. 5.11 zu entnehmen. ◄

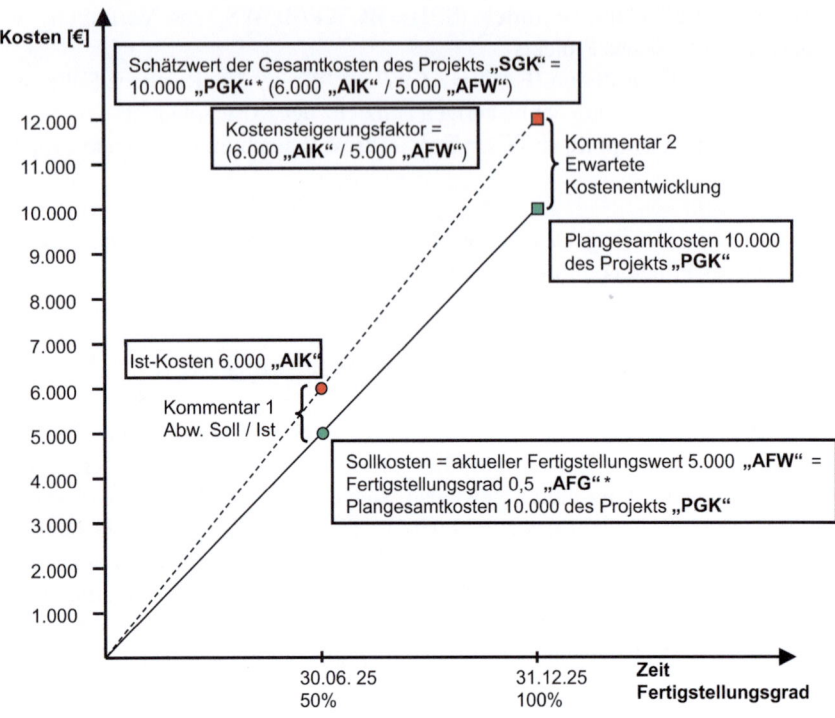

Abb. 5.11 Kostentrendanalyse

5.2   Business Object Management (BOM)[5]

5.2.1   Projektcontrolling mit Business Object Management

Die Integration unternehmensstrategie- und unternehmenszielorientierter Kennzahlen mit Business Object (BO)-bezogenen Kenngrößen ermöglichen operative
Aktivitäten aufgrund strategischer Änderungen und Ausrichtungen durchzuführen.
Durch den Strategiebezug wird eine zukunftsorientierte Ausrichtung der BO, also.
der gesamten Unternehmensaufbau- und -ablauforganisation ermöglicht.

Die Methode zur Unterstützung eines prospektiven Projektmanagements insbesondere durch Unterstützung bei der Entscheidungsfindung und durch Aufzeigen
der betroffenen und entscheidenden Business Objects bzw. Unternehmensprojekte
wird mit Business Object Management bezeichnet. BOM ermöglicht zum einen
die Analyse, Bewertung und das Steuern von Projekten, Geschäftsprozessen und
Organisationseinheiten auf Basis von definierten Kennzahlen, die den Projekten,

[5] Vgl. Aichele, Christian, Intelligentes Projektmanagement, S. 201–218, Kohlhammer, 2006.

Geschäftsprozessen und Organisationseinheiten zugeordnet werden und zum anderen die Kontrolle und Steuerung der Unternehmenszielerreichung und damit verbunden die Verfolgung der Geschäftsstrategie.

Informationsbasis des BOM ist ein Top-down- und Bottom-up-Kennzahlensystem das die Vorteile der Balanced Scorecard als ein strategisches Steuerungsinstrument mit den Vorteilen von BO- bzw. Projekt-Kennzahlensystemen integriert (vgl. Abbildung Abb. 5.12).

5.2.2   Vorgehensweise zur Einführung eines BOM-basierten Projektcontrollings

Das dem BOM zugrunde liegende Top-down und Bottom-up-Kennzahlensystem stellt den Rahmen für die Einordnung der Kennzahlen zur Verfügung. Dieses integrierte Kennzahlensystem erlaubt Unternehmen eine multidimensionale Analyse der Änderungen von Leistungsgrößen auf der operationalen Ebene in Richtung

* Unternehmensziele,
* Unternehmensstrategie,
* Unternehmensprojekte,
* Dedizierte Projekte,
* Organisationseinheiten,

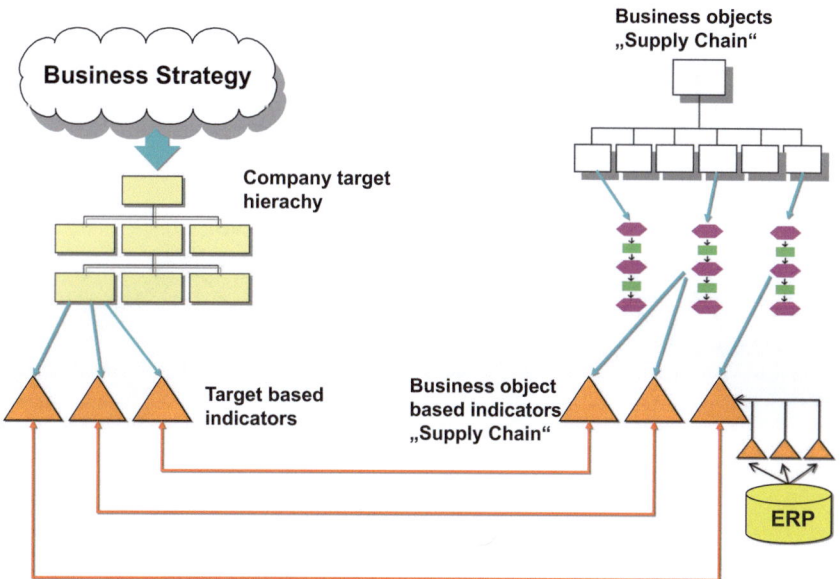

Abb. 5.12 Top-down and Bottom-up Kennzahlensystem

- Unternehmens- und Geschäftsprozessen,
- Daten und Informationen (siehe Abb. 5.13).

Die Vorgehensweise zur Einführung des BOM ist in den folgenden Schritten durchzuführen:

1. Evaluieren und Analysieren der bestehenden Controllingzahlen und Kennzahlen und Kennzahlensysteme über die Unternehmensgrenzen hinweg
2. Trainieren des Einführungsteam in der BOM-Methodik (Zielsetzung, Modellierungsmethoden, Validierungsmethoden, Erfahrungswerte)
3. Entwickeln eines BOM-Konzeptes, d. h. zum einen Ableitung der Unternehmensziele aus der Unternehmensstrategie und Festlegung der zugeordneten Kennzahlen und zum anderen Erweiterung des bestehenden, operativen Controllings bzw. der bestehenden, operativen Kennzahlensysteme aufgrund der Phase (1) und Integration der Top-down-Vorgehensweise mit dem Bottom-up-Vorgehen (Abbildung Abb. 5.14, Schritt 1 und Schritt 2)
4. Einführung oder Entwicklung einer adäquaten IS-Unterstützung (z. B. BI, EIS oder MIS in Verbindung mit operativen ERP-Systemen)
5. Durchführen einer Pilotphase in dezidierten Unternehmensteilen oder -bereichen und Validieren der Ergebnisse und Erfahrungen

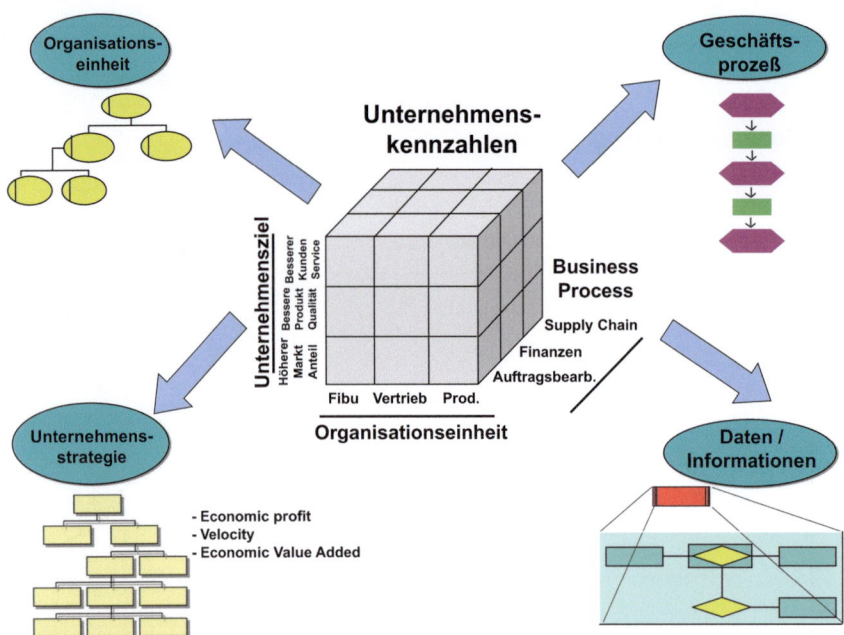

Abb. 5.13 Multidimensionale Analyse der Unternehmens-BO

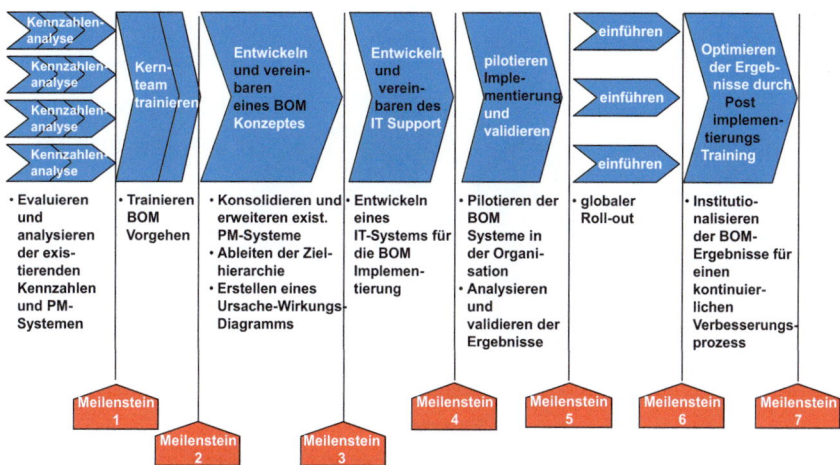

Abb. 5.14 Projektvorgehensweise zur Einführung eines BOM-Konzeptes

6. Einführung des BOM-Konzeptes und der zugehörigen IT-Unterstützung in allen Unternehmensteilen und/oder -bereichen
7. Durchführen eines Continuous Process Improvement (CPI) oder von kontinuierlichen Verbesserungen (Kaizen) für alle Unternehmensobjekte (Business Objects) und insbesondere auch permanente Evaluierung und Validierung des BOM-Konzeptes aufgrund der Ergebnisse

Die BOM basiert damit auf einem zyklischen Vorgehen und einem permanenten Review der Unternehmensstrategie, der Unternehmensziele und der operationalen Geschäftsobjekte (siehe Abb. 5.15).

Das Ergebnis des ersten Schritts ist eine quantifizierte Unternehmensstrategie mit einer detaillierten Darstellung der Unternehmensziele, der zugeordneten Kennzahlen und den Zielvereinbarungen für einen mittel- bis langfristigen Zeitraum. Methoden, die für eine solche Quantifizierung der Unternehmensstrategie infrage kommen sind die Balanced Scorecard oder die Business Model Canvas.

Im zweiten Schritt werden zuerst operative Kennzahlensysteme (Performance Measurement Systeme) für die wichtigsten Projekte erstellt. Diese Kennzahlensysteme sollten zumindest die kritischen Projekte messen. Weiterer Bestandteil dieses zweiten Schrittes ist die Integration der operativen mit den strategischen Kennzahlen des ersten Schrittes. Diese Integration ist der schwierigste Schritt in der Erstellung des Top-down und Bottom-up-Kennzahlensystems. Während auf der einen Seite die Messung der Unternehmensziele mit strategischen Kennzahlen vor allem auf empirischen Absichtserklärungen beruht und auf der anderen Seite die Messung der operativen Geschäftsobjekte auf explizite Kenngrößenzuordnungen basiert, ist die Ursache-Wirkungsbeziehung der operativen mit der strategischen Ebene sehr oft impliziter Herkunft und unterliegt damit allen subjektiven Erklärungsmechanismen und einem nicht zu unterschätzenden Manipulationspotenzial.

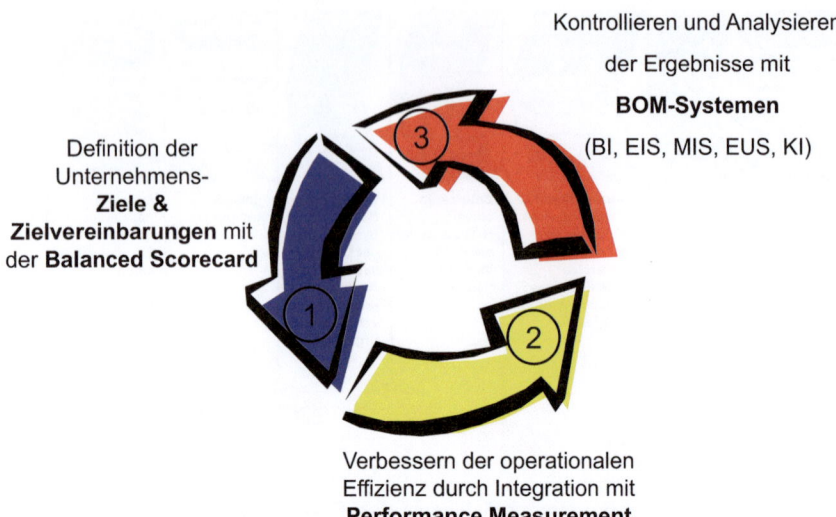

Abb. 5.15 Zyklisches Vorgehen der Business Object Management Methode

Eine Abhilfe kann hier nur das Durchleben mehrerer Zyklen schaffen und damit die Bereitstellung der empirischen Grundlage der Ursache-Wirkungsbeziehungen. Insbesondere in komplexen, globalen Konzernstrukturen sollte in einer ersten Einführung auf eine Beschränkung der Ursache-Wirkungsbeziehungen geachtet werden, damit eine empirische Validierung noch durchführbar ist.

Der Reporting- und Updateaufwand für ein BOM-basiertes Projektcontrolling ist erheblich. Insofern ist das BOM auf eine adäquate, performante und integrierte IT-Unterstützung aufzubauen.

5.2.2.1 Die Einbindung der Balanced Scorecard in ein BOM-Konzept

Traditionelle Systeme zur betrieblichen Leistungsmessung versagen, wenn es darum geht Kennzahlen verschiedener Unternehmensbereiche parallel zu überwachen und zu steuern. Zur Lösung dieses Problems entwickelten H. Felix und J.L. Riggs eine Leistungsmatrix).[6]

Darin werden die Unternehmenskennzahlen unterschiedlich gewichtet. Die Summe aller gewichteten Kennzahlen bildet den Leistungsindex des Unternehmens bzw. des Mitarbeiters. Durch die Verwendung des Indexes zur Leistungsmessung ist gewährleistet, dass der einzelne sich nicht nur auf eine Kennzahl konzentriert. Vielmehr wird jeder Mitarbeiter dazu motiviert alle mit seiner Tätigkeit zusammenhängenden Kennzahlen im Auge zu behalten. Beispielsweise darf ein

---

[6] Vgl. Riggs, H. Felix/Riggs James L., 1983.

Mitarbeiter der Produktion nicht allein die produzierte Stückzahl als Leistungsindikator sehen und dabei Qualitätsaspekte vernachlässigen.

Dieser Ansatz wurde von R. Kaplan und D. Norton in der Form weiterentwickelt, dass zukunftsorientierte Kennzahlen sowie Kennzahlen aus dem Bereich der Unternehmensintelligenz mit aufgenommen wurden.[7]

Das grundlegende Konzept dieser Balanced Scorecard besteht darin die Unternehmensstrategie durch Kennzahlen in der Scorecard abzubilden. Damit die Unternehmensstrategie gesamthaft abgebildet werden kann, müssen finanzielle und nicht-finanzielle Kennzahlen gleichermaßen enthalten sein. Diese müssen so kombiniert werden, dass eine Bewertung zurückliegender Unternehmensleistungen möglich ist und gleichzeitig zukunftsbestimmende Indikatoren enthalten sind. Die Balanced Scorecard ist eines der wenigen Managementinstrumente, das durch die strategie- und zielabgeleiteten Kennzahlen eine Informationsbasis für zukunftsgerichtete Entscheidungen zur Verfügung stellt. Ein wesentlicher Vorteil der Balanced Scorecard im Vergleich zu traditionellen Kennzahlensystemen ist die Möglichkeit mit ihr die Unternehmensstrategie zu operationalisieren. Unternehmen, die diese Integration von Strategie, Kennzahlen, Zielvorgaben und Projekten erreichen, können sehr viel besser Unternehmensziele und Vorgaben kommunizieren.

Die Integration von Finanzkennzahlen mit nicht-finanziellen Kennzahlen wird durch verschiedene Kennzahlenperspektiven realisiert. In der originären Balanced Scorecard werden vier Perspektiven vorgeschlagen, die jedoch in Abhängigkeit der unternehmensspezifischen Belange reduziert bzw. erweitert werden können.[8] Auf Basis der originären Perspektiven können die folgenden Fragen beantwortet werden:

Wie werden wir von unseren Anteilseignern gesehen?	**Finanzperspektive**
Wie wird unser Unternehmen von Kunden beurteilt?	**Kundenperspektive**
In welchen Bereichen müssen wir uns auszeichnen?	**Interne Perspektive**
Wie können wir uns weiterhin verbessern?	**Innovations- und**
	Lernperspektive

Die Balanced Scorecard ist aber frei von der Determinierung der Perspektiven. Jedes Unternehmen kann, abgeleitet aus der Unternehmensstrategie und den dazugehörigen Unternehmensziele eigene Perspektiven ergänzen oder neu definieren.

Die Herleitung einer Balanced Scorecard wird in den folgenden Schritten durchgeführt:

1. Strategiefindung
In diesem Schritt geht es um die Visualisierung und Verbalisierung der vorhandenen Unternehmensstrategie. Implizit im Unternehmen vorhandene Strategien werden explizit dargestellt. Geeignet hierfür sind Top Management Workshops unterstützt durch die Anwendung der Techniken Mind Map oder Metaplantechnik.

---

[7] Vgl. Kaplan/Norton, 1992.
[8] Vgl. Horvath & Partner, 2007, S. 25, S. 133 ff.

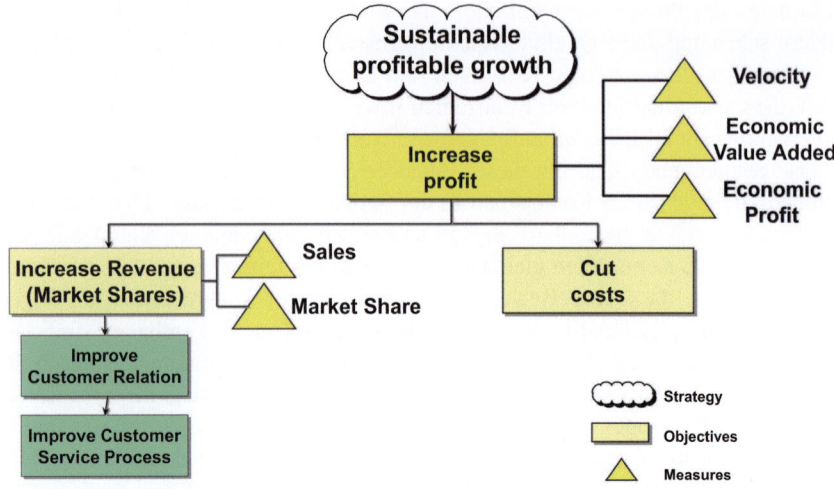

Abb. 5.16 Strategie-Ziel Hierarchie Level 1

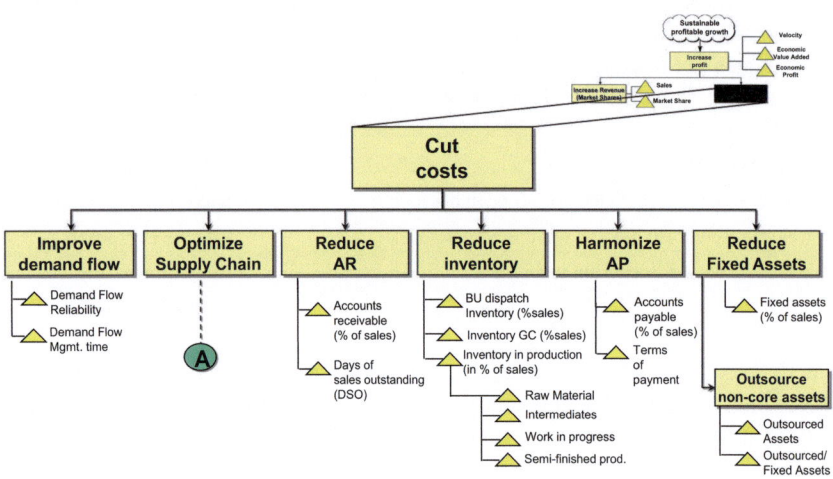

Abb. 5.17 Strategie-Ziel Hierarchie Level 2

2. Herleitung einer Strategie-Ziel Hierarchie

Nach Festlegung der Unternehmensstrategie in der Phase Strategiefindung werden ausgehend von der ausformulierten Strategie die Unternehmensziele abgeleitet. Diese Ziele werden abhängig von ihrer Granularität und Priorität in einer Hierarchie abgebildet (vgl. Abb. 5.16, 5.17 und 5.18). Explizite Zuordnungen von Unternehmenszielen zu strategischen Kennzahlen können schon in dieser Phase abgebildet werden (vgl. Abb. 5.16).

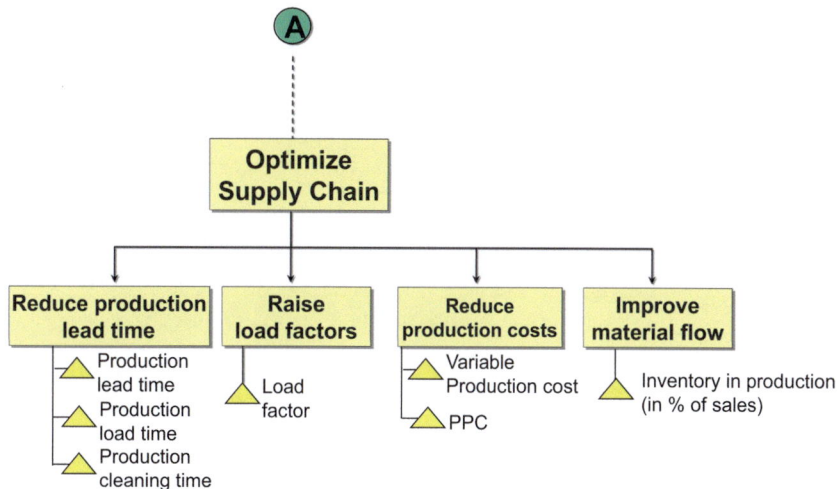

Abb. 5.18 Strategie-Ziel Hierarchie Level 3

3. Aufbau einer Ursache-Wirkungsbeziehung (Linkage Model)

Der nächste Schritt in der Entwicklung einer Balanced Scorecard ist der Aufbau eines sogenannten Ursache-Wirkungs-Beziehungsdiagramms. Darin werden die Unternehmensziele der verschiedenen, vordefinierten Perspektiven der Balanced Scorecard miteinander verknüpft.

Zielsetzung des Linkage-Modells ist es, insbesondere in Workshops mit dem Management ein gemeinsames Verständnis und einen Konsens über die Definition und Verbindung der Unternehmensziele zu finden. Die Definition und Verbalisierung der Unternehmensziele führt zu einer abgestimmten und validierten Priorisierung der aus der Strategie abgeleiteten Ziele, zu einem Balancing der Unternehmensziele.

Es wird deutlich, wie sich die Ziele der einzelnen Perspektiven gegenseitig beeinflussen. Beispielsweise kann eine durch Ausbildungsmaßnahmen gesteigerte Mitarbeiterkompetenz (Innovations- und Lernperspektive) eine verbesserte Produktivität (Interne Perspektive) zur Folge haben. Diese wiederum wirkt direkt auf die Finanzperspektive, da Leistungen verbessert, Kosten gesenkt und der Gewinn gesteigert wird (vgl. Abbildung Abb. 5.19).

4. Aufbau der Balanced Scorecard

Die Balanced Scorecard stellt in einer Tabellenstruktur die Zuordnung der Unternehmensziele zu den definierten Perspektiven dar. Jedem Unternehmensziel werden Kennzahlen zugewiesen. Die Kennzahlen können teilweise aus den Zuordnungen der Strategie-Ziel Hierarchie übernommen werden, teilweise werden weitere hinzugefügt. Die Kennzahlen werden in Lag- und Lead Performance Measures unterteilt. Lead Performance Measures sind Kennzahlen, die sofort bei einer Verbesserung oder Verschlechterung der Zielerreichung eine quantitative Änderung

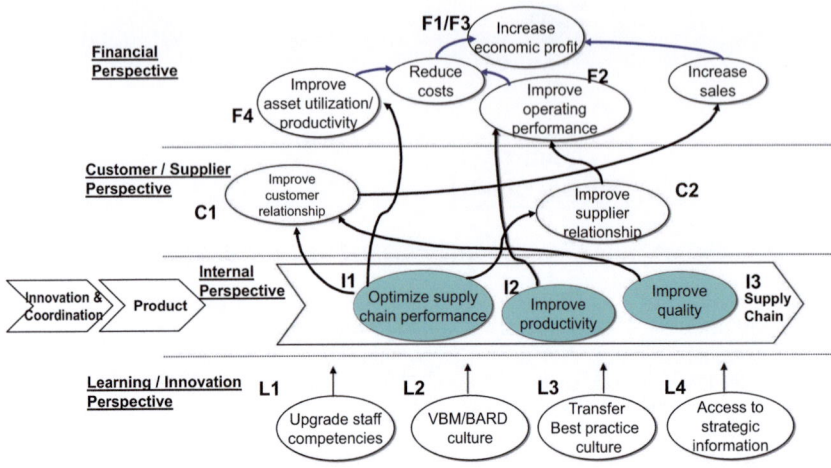

Abb. 5.19 Beispiel eines Linkage Modells

Strategic Objectives	Strategic Measurements		Targets 2026	Projects
	Core Outcomes (LAG)	Performance Drivers (Lead)		

Financial
F1 - Meet Shareholder Expectations
F2 - Improve Operating Performance
F3 - Achieve Profitability Growth
F4 - Improve Asset Utilization /
  Productivity
	• EVA
	• EP
	• Velocity
		• Sales (paid)
		• VP / PPC
		• Assets
			• EP > 4%
			• Velocity 1,0
				• Global supply
				  chain activities

Customer / Supplier
 	
C1 - Improve Customer relationship
 	
C2 - Improve Supplier relationship
	• Lead time
	
	• Supply reliability
		Customer Service Level
		• Customer Information
		  Ratio
		• Lead Time
			• 80% -> 95%
			• lead time red.
				• Customer
				  integration project
				• Bonus system
				• SF Qualification
				  program

Internal BP
I1 - Optimize Supply Chain
  Performance
I2 - Improve Productivity
I3 - Improve Quality
	• Expense/Sales
	  ratio
		• Production lead time
		• Lead time
		• Supply chain breaks
			• Increase supply
			  chain efficiency
			• Reduce prod.
			• Lead time
				• Supply chain
				  optimization
				• Production lead
				  time project

Learning
L1 - Upgrade Staff Competencies
L2 - Access to Strategic Information
	• Staff Productivity	• Knowledge Factor
		• Training&Education Ratio
		• Training per employee
			• Increase
			  knowledge
			• Optimize IT
				•Incentive
				  program
				•SCM education

Abb. 5.20 Beispiel einer Balanced Scorecard

zeigen. Lag Performance Measures zeigen eine Änderung erst mit einer gewissen Zeitverzögerung. Für einen mittelfristigen Zeitraum werden die zu erreichenden Kennzahlenausprägungen spezifiziert. In der letzten Spalte der Tabelle werden die Projekte angegeben, die zur Zielerreichung beitragen sollen (siehe Abb. 5.20).

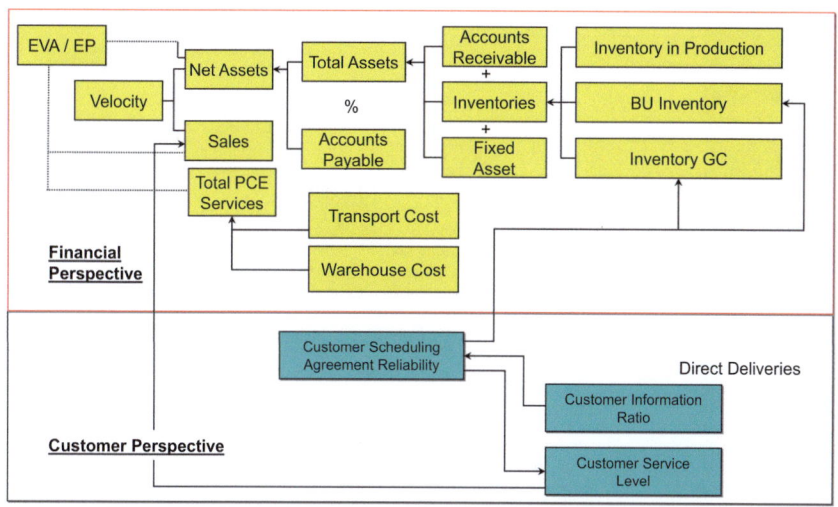

Abb. 5.21   Beispiel eines Wirkungszusammenhangs zwischen Kennzahlen

5. Die Balanced Scorecard messbar machen

In diesem Schritt wird der Zusammenhang zwischen den Performance Measures der einzelnen Perspektiven verdeutlicht. Die Kausalitäten zwischen den Lag- and Lead Performance Measures werden hergeleitet. Diese Kausalität kann von einem rein ordnungstechnischen Zusammenhang bis zu rechentechnisch verknüpften Kennzahlensystemen reichen.

In der obigen Abbildung Abb. 5.21 hat die Kennzahl Customer Information Ratio einen positiven Einfluss auf die Kennzahl Customer Scheduling Agreement Reliability innerhalb der Kundenperspektive. Die Kennzahl Customer Information Ratio gibt die Zuverlässigkeit der Belieferung der Kunden mit notwendigen Informationen bzgl. der Supply Chain und Produkten an. Die Kennzahl Customer Scheduling Agreement Reliability zeigt die Einhaltung von Lieferplänen auf. Zwischen den beiden Kennzahlen besteht ein Ordnungszusammenhang. Die Zuverlässigkeit des Lieferplans (die Customer Scheduling Agreement Reliability) hat einen positiven Einfluss auf die Bestände der Produktionseinheiten (Business Units = BU) und der Vertriebseinheiten (Group Companies = GC). Die Bestandskennzahlen der Finanzperspektive stehen in einem rechentechnischen Zusammenhang mit den strategischen Kennzahlen Velocity und Economic Value Added (EVA) und Economic Profit (EP) (siehe Abb. 5.22). Die Kennzahl Velocity wird als Spitzen- bzw. strategische Kennzahl insbesondere bei anlagenintensiven Unternehmen eingesetzt und wird mit der Relation Umsatz (Sales) zu Nettoanlagevermögen (Net Assets) berechnet. Zur Optimierung der Kennzahl muss entweder der Umsatz gesteigert werden oder das Anlagevermögen reduziert werden.

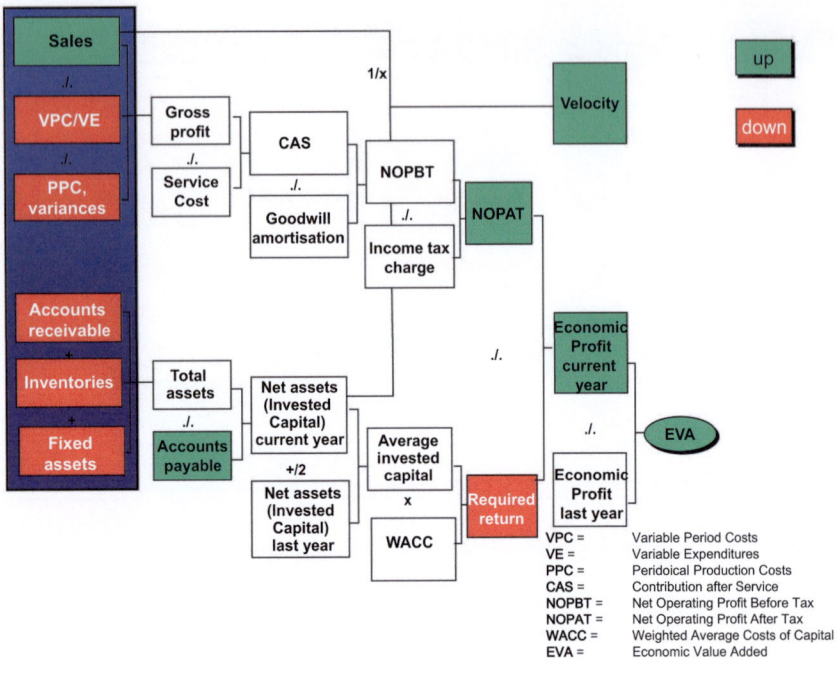

Abb. 5.22 Kennzahlensystem Economic Value Added (EVA)

5.2.2.2 Die Einbindung von Projekt-Scorecards in ein BOM-Konzept

Jedes Beratungsprojekt muss Ziele haben. Daher ist es wichtig in der Vorberei-tungsphase gemeinsam mit dem Kunden Ziele festzulegen, die mit der Projektrea-lisierung erreicht werden sollen. Ziele müssen SMART sein: spezifisch, messbar, akzeptiert, realistisch und terminiert.

Eine bessere Steuerbarkeit und Kontrolle der Projekte wird durch das Instru-ment Projekt-Scorecard erreicht. Insbesondere in einem Multi-Projekt Umfeld er-leichtert die Projekt-Scorecard die individuelle Steuerbarkeit der Einzelprojekte durch Integration mit der Balanced Scorecard. Die Projekt-Scorecard liefert neben der strategischen Relevanz auch pragmatische Lösungsansätze. Besonders berück-sichtigt werden muss, wie man von der Utopie zum konkreten unternehmerischen Tun kommt.[9]

Nach der Entwicklung eines strategischen Steuerungsinstruments wie der Ba-lanced Scorecard müssen für schon laufende und für geplante Projekte in einem Bottom-up-Vorgehen die relevanten Projektziele definiert werden. Ähnlich wie bei dem Balanced Scorecard Ansatz werden bei der Projekt Scorecard die einzel-

---

[9] Vgl. Friedag, Herwig, 2001, S. 32 ff.

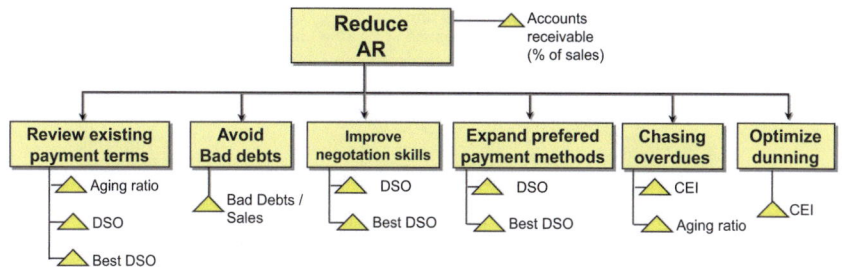

DSO = Days Sales Outstanding
CEI = Collection Effectiveness Index

Abb. 5.23 Projektzielhierarchie Accounts Receivable

nen Projektziele hierarchisch dargestellt. Die folgende Abbildung zeigt die Projektziele eines Projektes zur Optimierung der Debitorenbuchhaltung (Accounts
Receivables = AR = A/R). Dabei ist das oberste Projektziel „Reduce Accounts
Receivables" (Reduktion der ausstehenden Forderungen) gleichzeitig ein Unternehmensziel der Balanced Scorecard (vgl. Abb. 5.23).

Die einzelnen Projektziele sind:

- Überprüfung der Zahlungsparameter und -konditionen (Reviewing Existing
  Payment Terms)
- Vermeidung abzuschreibender Forderungen (Avoid Bad Debts)
- Verbesserung der Verhandlungsfähigkeiten (Improve Negotiation Skills)
- Ausweitung der präferierten Zahlungskonditionen (Expand Prefered Payment
  Methods)
- Reduktion der langfristigen Forderungen (Chasing Overdues)
- Optimierung des Mahnwesens (Optimize Dunning)

In diesem Schritt werden den einzelnen Projektzielen auch Kennzahlen (Perfor-
mance Measures) zugeordnet. So ist z. B. die Kennzahl DSO, d. h. der zeitliche
Unterschied zwischen dem Verkauf bzw. Umsatz (Sales) und dem Eingang der
Zahlung, dem Projektziel „Reviewing existing payment terms" zugeordnet.

Die in der Projektzielhierarchie definierten Performance Measures werden im
nächsten Schritt in einen kausalen Zusammenhang gebracht. In der Abbildung
Abb. 5.24 ist beispielsweise ein Kennzahlensystem für das Projekt zur Optimierung der Debitorenbuchhaltung (Accounts Receivable) dargestellt.

Die Basiskennzahl „Bad Debts" (ausstehende Forderungen) geht in die relative
Kennzahl „Bad Debts/Sales" ein. Je kleiner die Ausprägung der Kennzahl, umso
geringer der relative Anteil ausstehender Forderungen. Die relative Kennzahl
„Bad Debts/Sales" hat einen indirekten Einfluss („indirect impact") auf die Spit-
zenkennzahl „AR/Sales" (Forderungen/Umsatz).

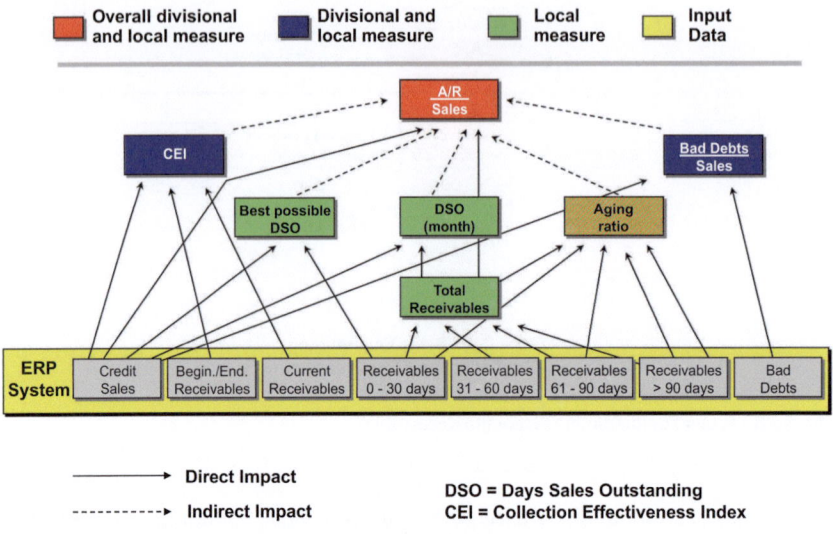

Abb. 5.24 Kennzahlensystem Projekt Accounts Receivable

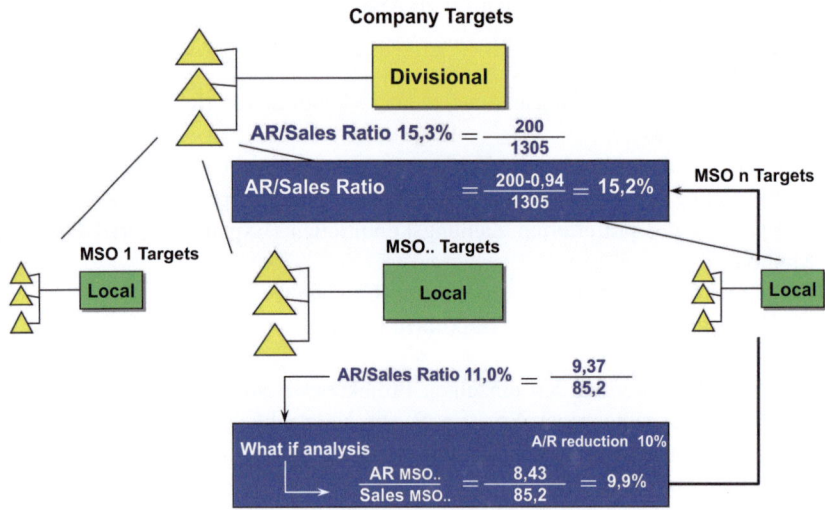

Abb. 5.25 Integration Kennzahlen Projekt Accounts Receivable in Unternehmensziele

Für ein BOM-basiertes Multi-Projektmanagement muss die Wirkung der Einzelprojekte mit ihren spezifischen Zielen und Kennzahlen auf den Konzern visualisiert werden. Durch die Quantifizierbarkeit der Kennzahlen ist das in der Regel ohne größeren Aufwand möglich. Die folgende Abbildung zeigt den Einfluss der lokalen Projektspitzenkennzahl auf das Konzernprojekt auf (Abb. 5.25).

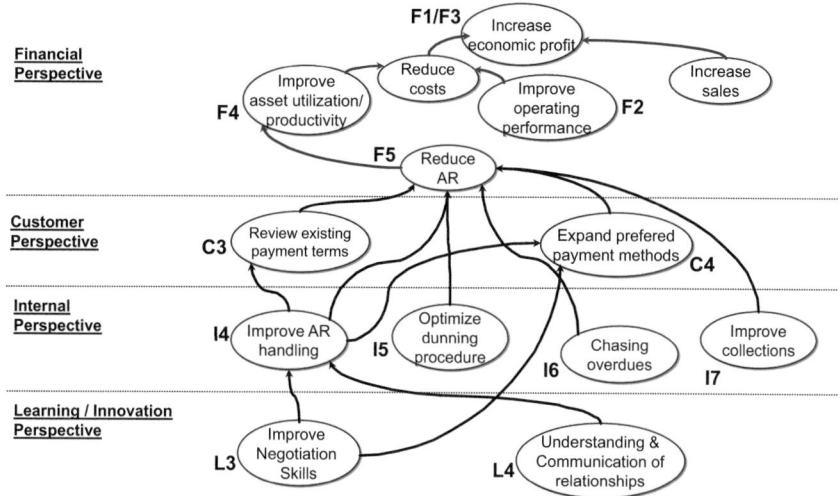

Abb. 5.26   Integration Project Scorecard in Balanced Scorecard

Die Abbildung zeigt den Beitrag der lokalen Projekte zur Optimierung der Debitorenbuchhaltung auf die entsprechenden Konzernkennzahlen. Wird z. B. in einer Vertriebsgesellschaft (Marketing Sales Operations Unit=MSO) die Forderungen um 10 % reduziert, führt das zu einer Optimierung der relativen Kennzahl „AR/Sales" der Vertriebsgesellschaft von 11 % auf 9,9 %. Die entsprechende Konzernkennzahl „Sales ratio" (AR/Sales) wird dadurch von 15,3 % auf 15,2 % reduziert.

Die Ziele der einzelnen Projekte werden mit den Zielen der Balanced Scorecard integriert (vgl. Abb. 5.26). Um die Unternehmensstrategie und die aus der Strategie abgeleiteten Ziele auf die praktische Projektrealisierung zu übertragen, ist es sinnvoll, die Perspektiven der klassischen Balanced Scorecard für die Projekt Scorecard ganz oder in Teilen zu übernehmen.

In dem Projekt Optimierung Debitorenbuchhaltung ist eine Integration durch die Kongruenz des Unternehmensziels "Reduce AR" mit dem Projektziel "Reduce AR" (F5) explizit gegeben. Dieses Ursache-Wirkungsbeziehungsdiagramm der Ziele dient zum einen der Integration der Balanced Scorecard mit der Project-Scorecard, aber zum anderen auch der Zuordnung der einzelnen Projektziele zu den Projektperspektiven.

Aus der Projektzielhierarchie, der Projektkennzahlenhierarchie und dem Ursache-Wirkungsdiagramm wird dann die abschließende Project-Scorecard entwickelt. In der folgenden Abbildung ist die Project Scorecard für das Projekt Optimierung Debitorenbuchhaltung (AR-Projekt) dargestellt (Abb. 5.27).

Die Projekt-Scorecard stellt in einer Tabellenstruktur die Unternehmens- und die Projektziele mit den zugeordneten Kennzahlen und Kennzahlenausprägungen dar. In der letzten Spalte werden die einzelnen Aktivitäten des spezifischen Projekts aufgeführt. Kennzahlen werden, wie in der Balanced Scorecard in Lag und

Strategic Objectives	Strategic Measurements		Targets 2026	AR-Project
	Core Outcomes (LAG)	Performance Drivers (Lead)		
Financial F1 - Meet Shareholder Expectations F2 - Improve Operating Performance F3 - Achive Profitability Growth F4 - Improve Asset Utilization / Productivity F5 - Reduce Accounts Receivable	• EVA • EP • Velocity	• Sales (paid) • VP / PPC • Assets • Accounts Receivable	• EP > 4% • Velocity 1,0 • AR 14% Sales	• Global supply chain activities • AR initiatives
Customer C3 - Review existing payment terms C4 - Expand prefered payment methods	• Aging Ratio • DSO • Best DSO	• Payment Terms	• Improve payment terms in Ciba view	• Divisional credit policy • Best practice review and transfer
Internal BP I4 - Improve AR handling I5 - Optimize dunning procedure I6 - Chasing Overdues I7 - Improve Collections / Avoid bad debts	• Aging ratio • CEI • Bad Debts / sales	• AR efficiency • Collections efficiency • Overdues	• Reduction of overdues • Reduction of collection time	• AR workshops • Performance Measurement • Divisional Benchmarking • Best practice transfer
Learning L3 - Improve Negotiation Skills L4 - Understanding and communication of relationships between division and BSC	• DSO • Best DSO	•Sales Rep. Efficiency • Payment Terms	•Increase knowledge in customer treatment	• Sales Force Training

Abb. 5.27 Project-Scorecard Accounts Receivables

Lead Performance Measures unterteilt. Der Zeitraum der Kennzahlenausprägungen orientiert sich an der Projektlaufzeit. Für eine retrospektive Betrachtung des Projekts werden die Kennzahlen für einen definierten Zeitraum nach Projektabschluss aufgenommen und analysiert.

Der Aufbau der Project Scorecard entspricht damit dem Aufbau der Balanced Scorecard (vgl. Abschn. 5.2.2.1). Die Project Scorecards enthalten wie die Balanced Scorecard die Kausalketten Ziele -> Kennzahlen -> Zielvorgaben -> Initiativen/Projektteilschritte/Projektaufgaben.

Durch die Integration der strategischen Balanced Scorecard mit den operativen Projekten wird ein Unternehmenskennzahlensystem erstellt, dass die entscheidenden Ursache-Wirkungsbeziehungen zwischen den operativen Tätigkeiten, Projekten, Initiativen und der Unternehmensstrategie enthält. Dadurch können Unternehmen Beratungsprojekte in Hinblick ihres Beitrages zur Erreichung der Unternehmensziele und damit der Unternehmensstrategie priorisieren und proaktiv und prospektiv die einzelnen Projekte kontrollieren, steuern und optimieren (vgl. Abb. 5.28).

5.2.2.3 Projekt-Scorecards für Beratungsprojekte

Die kritischen Erfolgsfaktoren eines Beratungsprojekts sind Zeit, Kosten und Qualität. Diese drei Faktoren stehen in wechselseitigen Beziehungen zueinander und konkurrieren um die Produktivität im Projekt. Für jede Perspektive müssen Kenn-

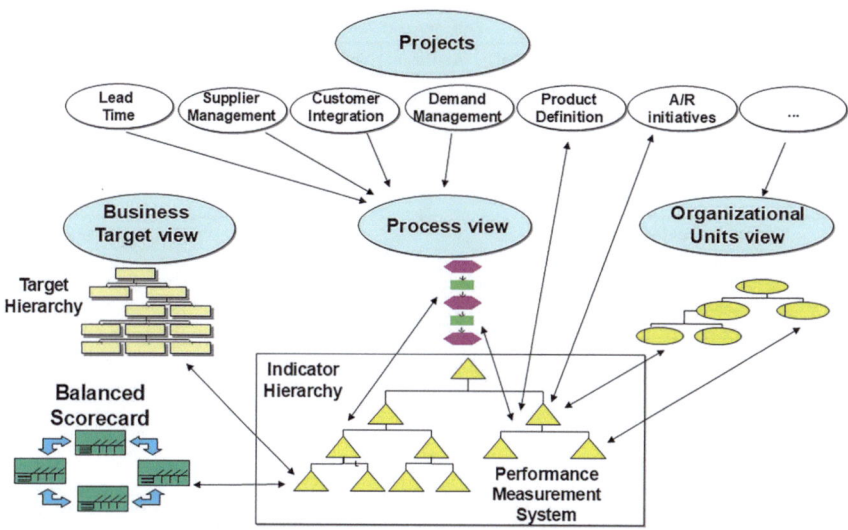

Abb. 5.28 Aufbau eines Balanced Scorecards – Business Objects Unternehmenskennzahlensystems

zahlen aufgestellt werden, die eine bessere Steuerung der Projekte ermöglichen (Abb. 5.29).

Kostenperspektive
Die Kostenperspektive berücksichtigt die Einhaltung der zu Beginn des Projektes geplanten Kosten. Die Kennzahl Budgeteinhaltung ist eine retrospektive Kennzahl, da zuerst das bereits verbrauchte Budget gemessen wird (siehe Abb. 5.30). Wird die Kennzahl allerdings im Verlauf des Projektes immer wieder eingesetzt, beispielsweise nach Abschluss jeden Meilensteins, können damit durchaus die Projektkosten gesteuert werden. Zur Berechnung wird das tatsächlich verbrauchte Budget vom geplanten Budget abgezogen. Das Ergebnis sollte größer Null sein. Zur Ermittlung des verbrauchten Budgets können im einfachsten Fall die benötigten Mitarbeiterstunden multipliziert mit dem entsprechenden Stundensatz herangezogen werden.

Zeitperspektive
Die Zeitperspektive berücksichtigt die Einhaltung des zu Beginn des Projektes geplanten Zeitrahmens. Die Einhaltung des Zeitplans wirkt sich indirekt wieder auf die Kostenperspektive aus. Auch hier werden retrospektive Kennzahlen verwendet, die aber bei permanenter Erhebung während des Projektes zur Steuerung bei-

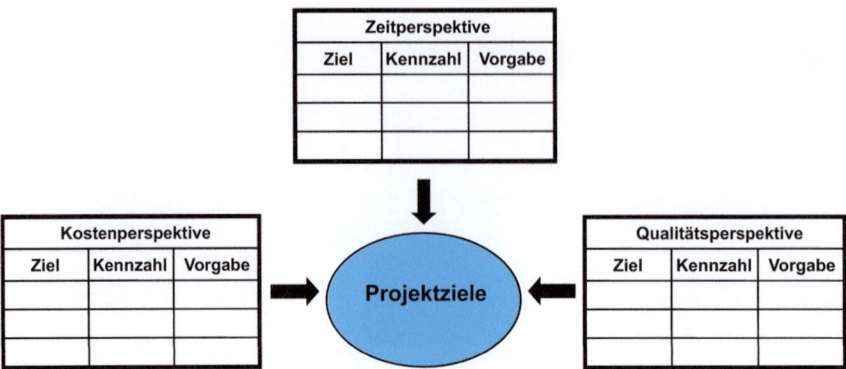

Abb. 5.29 Perspektiven Projekt-Scorecard

Ziel	Keine Überschreitung des geplanten Projektbudgets
Kennzahl	Budgeteinhaltung
Formel	Geplantes Budget (a) minus tatsächlich verbrauchtes Budget (b)
Vorgabe	$$a - b \geq 0$$

Abb. 5.30 Kennzahl Budgeteinhaltung

tragen. Zusätzlich können die Erhebungen für Aufwandsschätzungen in zukünftigen Projekten herangezogen werden.

Die Kennzahl der Zeitplaneinhaltung, die in Personentagen gemessen wird, ist eine absolute Kennzahl. Zur Berechnung werden die tatsächlich verbrauchten Personentage multipliziert mit 100 durch die geplanten Personentage geteilt. Die tatsächlich verbrauchten Personentage werden durch die Zeitrückmeldungen der Projektmitarbeiter ermittelt (siehe Abb. 5.31).

Ziel	Einhaltung des Projektzeitplans
Kennzahl	Zeitplaneinhaltung (gemessen in Personentagen)
Formel	tatsächlich $\dfrac{\text{verbrauchte Personentage (a) * 100}}{\text{geplante Personentage (b)}}$
Vorgabe	$\dfrac{a}{b} * 100 \leq 100\%$

Abb. 5.31 Einhaltung Projektzeitplan in Personentagen

Der relative Projektfortschritt gibt Auskunft über die bereits erledigten Arbeiten. In Kombination mit den verbrauchten Personentagen lassen sich hier Rückschlüsse ziehen, inwieweit das Projekt wie geplant eingehalten werden kann. Zur Berechnung werden die erledigten Meilensteine multipliziert mit 100 durch die geplanten Meilensteine geteilt. Es besteht die Möglichkeit nur Meilensteine zu berücksichtigen, die zu 100 % erledigt sind, oder weitere Differenzierungen vorzunehmen. Sobald das Ergebnis 100 % erreicht hat, ist das Projekt abgeschlossen. Diese Kennzahl muss allerdings in Relation mit der benötigten Zeit und den benötigten Kosten analysiert werden (siehe Abb. 5.32).

Qualitätsperspektive
Die Kennzahl der durchschnittlichen Anzahl offener Punkte am Projektende ist eine Kennzahl, die sich erst über mehrere Projekte erheben lässt. Zur Berechnung werden die offenen Punkte aller Projekte am Projektende durch die Anzahl der Projekte geteilt. Der Vorgabewert ist in diesem Fall frei wählbar. Je niedriger der angestrebte Wert ist, desto höher ist die Qualität des Projektverlaufs anzusehen. Allerdings ist hier bei Nichterreichen des Vorgabewertes die Ursache genauer zu analysieren, um geeignete Gegenmaßnahmen zu ergreifen (siehe Abb. 5.33).

Eine weitere Kennzahl, welche die Qualität der durchgeführten Projekte misst, ist die Einhaltung der geplanten Projektziele. Zur Berechnung werden die erreichten Projektziele multipliziert mit 100 durch die geplanten Projektziele geteilt.

Ziel	Einhaltung des Projektzeitplans
Kennzahl	relativer Projektfortschritt (gemessen in Personentagen)
Formel	erledigte Meilensteine (a) * 100 / geplante Meilensteine (b)
Vorgabe	$\frac{a}{b}*100 \leq 100\%$

Abb. 5.32 Relativer Projektfortschritt in Meilensteinen

Ziel	Verbesserung der Einhaltung der geplanten Funktionalität
Kennzahl	Durchschnittliche Anzahl offener Punkte am Projektende
Formel	offene Punkte aller Projekte (a) / Anzahl durchgeführter Projekte (b)
Vorgabe	$\frac{a}{b} \leq 1$

Abb. 5.33 Durchschnittliche Anzahl offener Punkte

Auch hier ist der Vorgabewert frei wählbar. Je höher die errechnete Prozentzahl ausfällt, desto mehr Projektziele wurden erreicht und damit verbunden eine hohe Qualität des Projektes (siehe Abb. 5.34).

Ziel	Erhöhung der Realisierung der Projektziele
Kennzahl	Durchführung der geplanten Projektziele
Formel	erreichte Projektziele (a) * 100 / geplante Projektziele (b)
Vorgabe	$\dfrac{a}{b} \geq 80\%$

Abb. 5.34   Realisierung der Projektziele

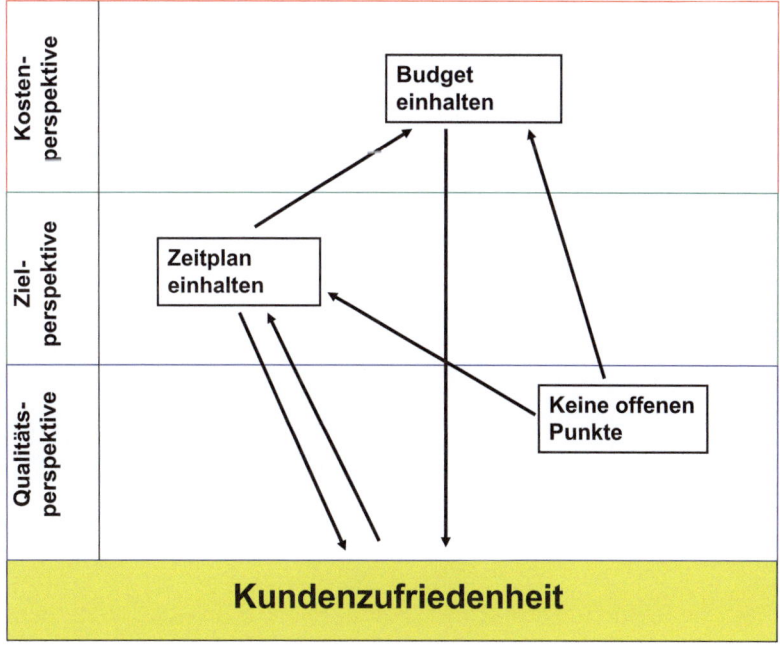

Abb. 5.35   Zielzusammenhang Projekt-Scorecard

Zielzusammenhang
Die folgende Abbildung verdeutlicht den kausalen Zusammenhang zwischen den
Kennzahlen der einzelnen Perspektiven. Unter Bündelung der einzelnen Ausprägungen führt eine Optimierung der Kennzahlenausprägungen zu einer Erhöhung
der Projekt Stakeholder Zufriedenheit (siehe Abb. 5.35).

Literatur

Aichele, C. (2006). *Intelligentes Projektmanagement*. Kohlhammer.
Friedag, H. (2001). *My Balanced Scorcard*. Haufe Verlag.
Horvath & Partner. (2007). *Balanced Scorecard umsetzen*. Schäffer-Poeschl Verlag.
Kaplan/Norton (1996), The Balanced Scorecard – Translating Strategy into Action, Harvard Bu-
    siness School Press, 1996.
Kellner, H. (1994). *Die Kunst DV-Projekte zum Erfolg zu führen*. Hanser Verlag.
Keplinger, W. (1992). *Erfolgsmerkmale im Projektmanagement* ZFO 1992, Heft 2, Seite 99 f.
Klose, B. (1995). *Projektabwicklung* (2. Aufl.). Wirtschaftsverlag Carl Überreuther.
Project Management Institute. (2000). *A guide to the project management body of knowledge*.
    Pennyslvania.
Riggs, H. Felix, & Riggs, James L. (1983). *Productivity by Objectives*. Prentice Hall Trade.

Christian Aichele lehrt Wirtschaftsinformatik an der Hochschule Kaiserslautern. Nach seinem Studium des Wirtschaftsingenieurswesens an der Universität Karlsruhe arbeitete er weltweit als Unternehmensberater in verschiedenen Positionen und
für unterschiedliche Branchen. Danach war er als Leiter Solution Center für Abrechnungslösungen für klein- und mittelständische Versorger bei RWE und als Manager bei Tieto Oyi für
die Konzeption von Service Offerings und für die Projektakquisition und -durchführung im Bereich Energy und Smart Meter
zuständig.

Guidelines für erfolgreiche Berater

Hints and Guidelines for Success in Business Consulting

Christian Aichele

Aphorismen für erfolgreiche Berater

Was macht einen Berater erfolgreich? Seine Fähigkeiten, seine Expertise, die Qualität seiner Arbeit und insbesondere auch das soziale Verhalten, seine Emotional Intelligence (EQ) sind Faktoren, die in ihrer Kombination den Erfolg ermöglichen. Die in diesem Kapitel angeführten Guidelines gilt es zu verinnerlichen, um so ein perfekter Berater zu werden.

6.1 High Piority Consulting Guidelines

6.1.1 Guidelines for the technical configuration:

(1) **Keep organisation, communication and applications in balance (the OCA triangle, the technical triangle)**
Die intelligente Beratung muss alle Aspekte eines Projektes in einer optimalen Balance halten. Die interne Organisation muss in Bezug auf die externe Organisation strukturiert werden. Ein Projekt kann nur dann erfolgreich sein, wenn auch die externe Organisation (Stakeholder eines Projektes, Steering Committee) das Projekt ernsthaft und zielbezogen voranbringen wollen. Die interne Organisation muss genauso zielbezogen das Projekt vorantreiben. Eminent wichtig ist die Kommunikation in einem Projekt, die Kommunikation der Projektmitglieder untereinander, die Kommunikation der

C. Aichele (✉)
Hochschule Kaiserslautern, Zweibrücken, Deutschland
E-Mail: christian.aichele@hs-kl.de; christian.aichele@t-online.de

© Der/die Autor(en), exklusiv lizenziert an Springer Fachmedien Wiesbaden GmbH, ein Teil von Springer Nature 2025
C. Aichele und M. Schönberger (Hrsg.), *Business Consulting – Methoden, Techniken und Einblicke,* https://doi.org/10.1007/978-3-658-49390-5_6

Projektorganisation mit externen Objekten und insbesondere mit den Stakeholdern eines Projekts, wie dem Lenkungsausschuss (dem Steering Committee) und den Sponsoren (den Geldgebern). Dabei ist die Kommunikation
von projektbezogener und zielgerichteter Information prioritär, aber auch für
die nicht projektbezogene Kommunikation muss Raum und Zeit sein. Die
eingesetzten Applikationen (Tools) sollten dem State-of-the-Art entsprechen, aber auch von allen Projektmitgliedern verstanden werden. Applikationen müssen die Organisation und die Kommunikation zielbezogen widerspiegeln (siehe Abb. 6.1.)

(2) **Do not start out-of-budget/out-of-resources/out-of-qualifications project**
Die potenzielle Projektleitung sollte auf Basis ihrer bisherigen Erfahrungen
abschätzen, inwieweit die Projektziele realistisch erreichbar sind. Sind von
Anfang an kritische Engpässe („bottlenecks") im Projektbudget, bei den
vorgesehenen Ressourcen und den damit verbunden Qualifikationen vorhanden, sollte man auch den Mut besitzen, solche Projekte abzulehnen. Ist aufgrund der organisatorischen Einbettung ein solches, kritisches Projekt nicht
vermeidbar, sollte man seine Einwände und Befürchtungen von Anfang an
kommunizieren (vgl. OCA triangle) und vor allem auch dokumentieren. Aus
Erfahrungen lernt man und diese Erfahrungen können positiv sowie auch
negativ sein. Der „Kicking Edge" eines guten Projektmanagements sind die
Summe der Projekterfahrungen und insbesondere auch das rechtzeitige Erkennen negativer Einflüsse und Tendenzen.

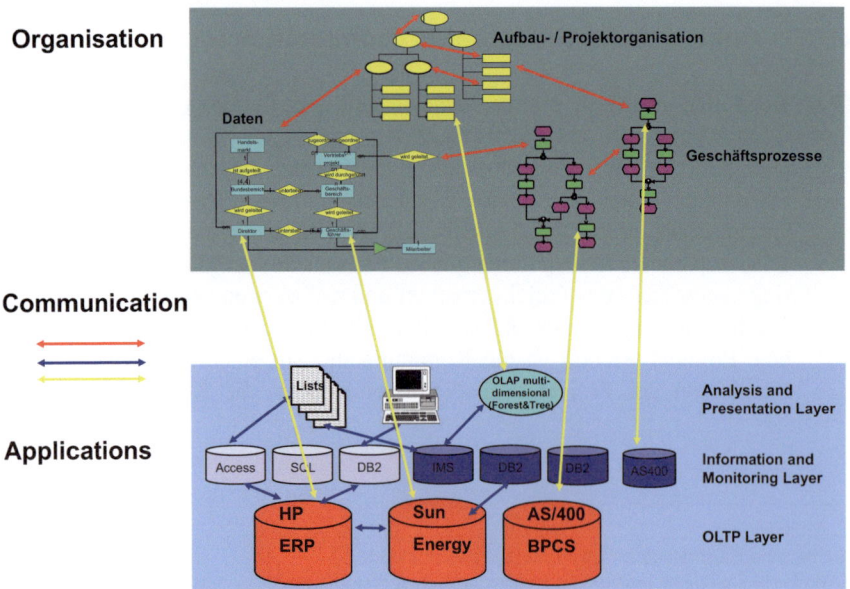

Abb. 6.1 The OCA triangle

(3)   **Plan and staff proper**
Eine Selbstverständlichkeit sollte die akkurate Planung eines Projektes sein. Neben der Projektstruktur und dem Projektablaufplan ist insbesondere die Auswahl der adäquaten Ressourcen in Bezug auf die notwendigen Qualifikationen und die menschlichen Verhaltensweisen („human behaviours") bzw. die Teamfähigkeit von großer Bedeutung.

(4)   **Never change a winning/successful team**
Einer der bekanntesten Grundsätze erfolgreicher Projektleitung ist die Erhaltung eines erfolgreichen Projektteams über die Projektlaufzeit hinweg. Der einzelne Projektmitarbeiter kann ohne weiteres durch einen externen Mitarbeiter ersetzt werden, zu berücksichtigen ist aber das Beziehungsgefüge zu den anderen Projektmitarbeitern und die verhaltensbezogene Projektstellung dieses einzelnen Mitarbeiters. Ein Mitarbeiter mit eher durchschnittlicher Qualifikation, aber mit einem sehr hohen internen sowie externen Motivationsfaktor sollte eher im Projekt verbleiben. Mitarbeiter mit überdurchschnittlich hoher Qualifikation, aber eher destruktiven Verhaltensweisen (Konkurrenz, Information Hiding, Profilierungssucht, usw.), können eher leicht aus einem laufenden Projekt entfernt werden. Ein erfolgreiches Team bzw. ein Team, dessen Arbeitsfortschritte im Moment sehr gut sind („Running Team") sollte nicht durch externe Wechsel gestört werden. Falls organisatorische Maßnahmen bzw. höhere externe Prioritäten doch einen Wechsel erfordern, sollte das Gesamtgefüge durch ein Ersetzen mit gleichwertigen Ressourcen und Qualifikation so weit wie möglich erhalten bleiben.

(5)   **A late project will be late**
Ein Projekt, das von Anfang an zeitlich restriktiv geplant wurde, wird diese Restriktion bis zum Ende des Projekts mit sich führen. Projekte, die zeitlich zu eng geplant wurden, werden auch am Ende zu spät realisiert. Die zeitliche Projektplanung sollte durchaus ehrgeizig sein, aber nicht unrealistisch.

(6)   **An early project will be in time**
Ein Projekt mit vorhandenen zeitlichen Puffern, wird in der Regel rechtzeitig („in time") beendet, verliert aber zum größten Teil diese zeitlichen Puffer in der Projektlaufzeit. Dieser Pufferzeitverlust ist durch die menschlichen Verhaltensweisen bedingt, bei genügend Zeit diese nicht effizient und rechtzeitig zu nutzen. Auch hier sollte immer berücksichtigt werden, dass eventuell vorhandene zeitliche Puffer in späteren Projektphasen benötigt werden könnten. Insofern ist das sofortige Starten der möglichen Aktivitäten in Bezug auf Abhängigkeiten, Ressourcen und Qualifikationen empfehlenswert.

(7)   **Shortening the project time minimizes the risk of project failure (Lengthening the project time maximizes the risk of project failure)**
Die Planung der für ein Projekt notwendigen Zeiten sollte berücksichtigen, dass zu viel Pufferzeit nicht genutzt wird (vgl. Kap. 6). Dies hat auch Gültigkeit für nachträgliche Verlängerungen von Projekt- bzw. Vorgangszeiten. Die Vorgänge müssen in der vorgegebenen Zeit durchführbar sein, aber die

Zeit sollte herausfordernd knapp gewählt werden. Permanent vorhandene Zeitknappheit führt zu einer stringenten Ausführung der einzelnen Vorgänge „in time". Berücksichtigt werden sollte, dass diese (ggf. künstliche) Verknappung der Zeit zwar herausfordernd, aber auch gut machbar sein sollte. Eine zu große Zeitrestriktion führt zu einem negativen Projektstress und maximiert dann wieder das Risiko des Projektscheiterns.

(8) **Control prospective, not historic**

Das Projektcontrolling benötigt den Bezug auf zukünftige Aktivitäten, nicht auf bisher Geschehenes. Die Retrospektive hat dann ihre Berechtigung, wenn durch diese Sichtweise zukünftige Fehler vermieden werden. Projekt Scoring-Systeme, die durch eine adäquate Auswahl der Perspektiven, des Performance Measurement und der Segmentierung strukturiert sind, ermöglichen die prospektive Steuerung eines Projekts.

(9) **The first choice is the best choice**

In der Projektlaufzeit fallen eine Vielzahl von Entscheidungen (u. a. in der Aktivität Meilenstein/Milestone) an. Vielen Projektleitern (und auch dem Lenkungskreis) mangelt es an Entscheidungsfähigkeit und auch Entscheidungsfreude. Mit allen möglichen analytischen Methoden werden Entscheidungsvorlagen erstellt und es wird versucht Entscheidungen zu verifizieren und damit zu validieren. Dies wirkt sich negativ auf die Projekttermine und auch auf die Moral der Projektmitarbeiter aus. In einem großen, deutschen Energiekonzern ist es z. B. üblich, Vorstandsvorlagen erst nach mehrfacher Vorlage und Nachbesserungen (mit Investitionsentscheidungen und weiteren Dokumenten) zur Entscheidung zu bringen. Dabei vergehen im Regelfall Monate, die ohne weiteres Ausgangsvoraussetzungen für ein Projekt radikal ändern können. Das verursacht wiederum Änderungen in der Entscheidungsvorlage, die wieder in weiteren Vorlagen enden können. Erfahrungswerte validieren, dass die erste Entscheidung/Wahl meist die beste Wahl ist. Mit schnellen Entscheidungen, die möglicherweise in Nuancen auch nicht optimal sein mögen, bringt man das Projekt voran und hält die Moral der Mitarbeiter aufrecht.

(10) **Project Management means leading and controlling the project**

Insbesondere Projektmeetings, -diskussion und Projektabstimmungen bedürfen einer strikten Steuerung durch den Projektleiter. Der Projektleiter muss beachten, dass die Diskussionsbeiträge auf einem für die momentane Projektphase relevanten Level bleiben und dass alle Projektmitarbeiter die Möglichkeit erhalten, ihren paritätischen Input zu geben. Vorteilhaft ist eine Vorstrukturierung des Meetings organisatorisch und auch inhaltlich durch den Projektleiter.

(11) **Keep duties and responsibilities small and simple**

Je schneller einzelne Aufgaben erledigt werden können und je geringer die Komplexität einzelner Aufgaben gehalten wird, umso effektiver gestaltet sich der Projektfortschritt. Eine Kunst erfolgreicher Projekte und Projektmanager ist die Delegation einfacher und schnell durchzuführender Aufgaben und Aktivitäten. Der Erfolg in der Durchführung dieser Aufgaben motiviert die einzelnen Projektmitarbeiter und steigert insgesamt die Projektdynamik. Komplexe Aufgaben, die viele Probleme aufwerfen und die eine lange Zeit zur Realisierung benötigen, zermürben die Projektmitarbeiter und reduzieren die Motivation.

(12) **Focus on the essentials**
Insbesondere zu Beginn eines Projektes sollten weder das Projektziel infrage gestellt werden noch die Projektaufgaben durch Hinzunahme wesentlicher neuer Aktivitäten mit sekundärer Priorität bearbeitet werden. Ein ruhiges Fahrwasser unter möglichst wenigen externen Störungen und ein homogenes Projektteam, das das gleiche Projektziel verfolgt, sind für die Projektzielerreichung äußerst wichtig.

(13) **Always round up (in the billing)**
Beratungsunternehmen rechnen ihre erbrachte Leistung auf Stunden- oder Tagesbasis ab. Jede angefangene Stunde ist eine volle, zu fakturierende Stunde, ein Arbeitstag hat acht Stunden, jede weitere Stunde zählt für den nächsten Tag. Berater sollten es hier vermeiden Zugeständnisse zu machen, Geschenke gegenüber dem Kundenunternehmen schaden dem eigenen Beratungsunternehmen. Es wird konsequent immer aufgerundet!

(14) **Project decisions require the stakeholder approval**
Projektentscheidungen können oder sollten nicht autark gefällt werden. Natürlich sind die Unternehmensstrategie, die Ergebnisse anderer Projekte und auch die Beziehungen zu Partnern, Kunden und Lieferanten zu berücksichtigen. Falls diese Umstände nicht in das Kalkül gezogen werden, kann es durchaus vorkommen, dass Projektentscheidungen revidiert werden müssen. Das könnte zu einer entsprechenden Unzufriedenheit bei den Protagonisten dieser Entscheidung führen. Insbesondere projektinterne Grabenkämpfe sind zu vermeiden und ggf. unter Hinzunahme eines Mediators rechtzeitig zu deeskalieren.

6.1.2   Guidelines for the human configuration:

(15) **Keep body, soul and mind in balance (the human triangle)**
Projekte sind für Organisationen wichtig, aber in der Regel für den Einzelnen (den Projektleiter, den Projektmitarbeiter) nicht lebenswichtig. Man sollte nie vergessen, dass es neben dem Projekt auch noch Lebenswertes gibt. Das Projekt sollte nie im Kernfokus des Einzelnen stehen. Projektmitglieder die eine Balance zwischen der Projektarbeit („Mind"), dem Leben außerhalb des Projekts („Soul") und ihrer körperlichen Gesundheit („Body") anstreben, sind in der Regel in dem eigentlichen Projekt (zumindest mittel- bis langfristig) erfolgreicher als Projektmitglieder, die das Projekt in den Mittelpunkt ihres Lebens stellen.

(16) **Minimize the project risk through stable organizations**
Projekte, die in volatilen Organisationsstrukturen mit Mitarbeitern unterschiedlichster Expertise durchgeführt werden, haben ein enormes Risiko

zum Spielball individueller Ziele zu werden. Stabile Unternehmensorganisation und stabile Projektorganisationen und mit dem Projektziel verbundene Mitarbeiter haben eher die Grundvoraussetzung für den Projekterfolg. Insofern ist der Projekterfolg auch mit der adäquaten Reihenfolge der Ziele verbunden. Zuerst sollte die Organisation definiert und manifestiert werden und dann sollten funktionale Ziele in weiteren Projekten realisiert werden.

(17) **Select the project members with caution**

Die Mitarbeiter eines Projektes sollten unter funktionalen und sozialen Gesichtspunkten ausgewählt werden. Unerlässlich ist die Einsetzung eines erfahrenen und entscheidungsgewohnten Projektleiters mit den entsprechend notwendigen Befugnissen. Inhaltliche Detailkenntnisse sind für den Projektleiter nicht erheblich. Die Projektmitarbeiter sollten die inhaltlichen Anforderungen an ein Projekt in all seinen Aspekten abdecken können. Vorteilhaft sind Charaktere bzw. Persönlichkeiten die teamorientiert arbeiten, die empathisch aufeinander eingehen und die essenzielle und zielorientierte Information rechtzeitig und vollständig kommunizieren. Kommunikation um der Kommunikation willen ist zu vermeiden.

(18) **The biggest threat for a project is not budget, resources and qualifications but human behaviour**

Die größten Gefahren für das Scheitern eines Projektes sind nicht das Budget, die Personalressourcen oder die Personalqualifikationen, sondern die negativen menschlichen Verhaltensweisen und Emotionen. Ein Projektmitarbeiter, der das Vorankommen verzögert und die Projektharmonie stört, der Streitigkeiten und Konflikte beginnt, hat immense Auswirkungen auf das Gesamtprojekt. Dieser Mitarbeiter kann noch so qualifiziert sein, falscher Ehrgeiz, ausgelebte Antipathien oder einfach charakterliche Schwächen behindern das Projekt im Vorankommen und damit im Erfolg. Rechtzeitiges Einwirken auf diesen Mitarbeiter und falls das Einwirken keine Änderungen hervorruft, ein rechtzeitiges Entfernen des Mitarbeiters aus dem Projekt und insbesondere aus dem näheren und **weiteren Projektumfeld** sind absolut notwendig. Mehrfach haben Erfahrungen gezeigt, dass ein sofortiges Entfernen eines solchen, destruktiven Mitarbeiters beim ersten Auftauchen von Disharmonien und Dissonanzen Erfolg versprechender ist, als viel Zeit für harmonisierende und einwirkende Gespräche und Meetings aufzuwenden.

(19) **Be creative and innovative**

Projekte sind per Definition keine routinemäßigen Vorhaben, wobei die meisten Projekte in der Regel durchaus aus Aktivitäten bestehen, die eine gewisse Routine erfordern. Von daher ist Kreativität und Innovationsbereitschaft insbesondere bei dem Projektmanagement erforderlich. Diese Kreativität und die Innovationen müssen nicht allein oder auch überhaupt nicht von dem Projektleiter erbracht werden, der Projektleiter hat eigentlich nur die Aufgabe und Verantwortung ein kreatives und innovatives Umfeld zu generieren, in dem die Projektmitarbeiter kreativ und innovativ sind. Der Projektleiter muss diese kreativen Ideen und Innovationen sondieren und auch rechtzeitig wieder zur Projektroutine zurückkehren. Kreativität und Innovation sind sehr gut und wichtig, nur kreativ und innovativ zu sein verhindert aber einen Projekterfolg. Auch hier muss die richtige Balance in Hinblick auf die Projektzielerreichung gefunden werden.

(20) **Be kind, friendly and smart**
Insbesondere der Projektleiter muss dafür sorgen, dass das Projektteam harmonisch zusammenarbeitet. Von daher ist es wichtig, dass der Projektleiter diese Harmonie und Freundlichkeit vorlebt. Projekte, die mit Druck und Aggressionen vorangetrieben werden, haben möglicherweise einmaligen Erfolg, aber die Projektmitarbeiter werden kein zweites Mal freiwillig mit einem solchem Projektleiter zusammenarbeiten. Dies bedingt von dem Projektleiter eine gewisse, charakterliche Reife, Moral und ethische Einstellung.

(21) **Be communicative, informative and motivating**
Alle projektrelevanten Informationen müssen den Projektmitarbeitern rechtzeitig für ihre jeweiligen Aufgaben zur Verfügung stehen. Die Aufgabe des Projektmanagement ist die Sicherstellung des Informationsflusses direkt oder indirekt, verbal oder medien- und toolbasiert. Tödlich für ein Projekt ist das Selektieren von Informationen für bestimmte Projektmitarbeiter oder das Verstecken von Informationen vor allen oder einem Teil der Projektmitarbeiter („Information Hiding"). Die Informationen müssen frei zugänglich sein, eine Selektion sollte nur in Bezug auf die Relevanz und damit auf den Weg des Informationsflusses durchgeführt werden. Nicht alle Informationen müssen an alle Projektmitarbeiter auf einem direkten Weg übermittelt werden. Erforderlich dafür ist aber, dass alle Projektmitarbeiter wissen, wo die Informationen stehen und wie die Informationen verwendet werden können. Wichtig ist eine zielgerichtete, informative Kommunikation und nicht eine Kommunikation um der Kommunikation willen. Der Zeitbedarf eines Projektes zur Entwicklung eines Softwaresystems ergibt sich idealisiert mit folgender Formel („Chinese Rule"):

$$T = \frac{A}{n}$$

T = Zeitbedarf
A = Geschätzter Aufwand in Monaten/Jahren und
n = Anzahl Teammitglieder in Monaten/Jahren
In der Realität wird der Zeitbedarf durch die notwendige Kommunikation zwischen den Projektmitarbeitern aber vergrößert. Die adaptierte Formel unter Berücksichtigung des durchschnittlichen Kommunikationsaufwands **K** stellt sich wie folgt dar (siehe Abb. 6.2):

$$T = \frac{1}{n} + K\frac{n(n-1)}{2} \approx \frac{1}{n} + K\frac{n^2}{2}$$

(22) **Involve team members in the decision process**
Entscheidungen sollten nicht selbstherrlich gefällt werden, sondern in einem Konsensprozess herbeigeführt werden. Die Aufgabe des Projektleiters ist die zeitliche Begrenzung des Entscheidungsprozesses und der Beschluss

Projektzeitbedarf

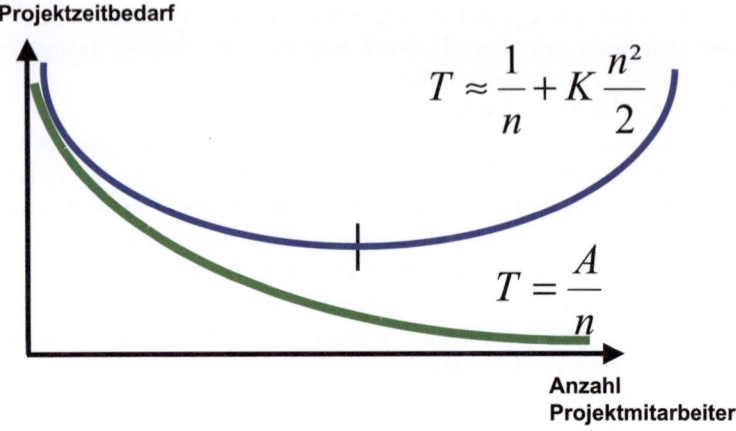

Anzahl
Projektmitarbeiter

Abb. 6.2 Kommunikationsaufwand und Zeitbedarf in Projekten[1]

der herbeigeführten Entscheidung. Mehrheitsentscheidungen sollten in der
Regel bevorzugt werden und bei gleichem Informationsstand für alle Projektmitarbeiter sollte ein Projektleiter die Befähigung besitzen, die zielbezo-
genen Entscheidungen argumentativ zu kommunizieren und herbeizuführen.
Entscheidungen gegen die Mehrheit sollten gut begründbar sein. Ein Projekt
ist keine Abbildung einer demokratischen Grundordnung, aber demokrati-
sche Verhaltensweisen sollten zumindest gepflegt werden (hier sind auch
kulturelle Aspekte zu berücksichtigen). Eine Beteiligung der Projektmitarbeiter am Entscheidungsprozess sollte weitestgehend sein, aber nicht alle
Entscheidung müssen Gruppenentscheidungen sein. Verlangen zeitliche Restriktionen, Projektziele bzw. der Projekterfolg schnelle Entscheidungen, so
sind diese durch den Projektleiter zu fällen ggf. mit späterer Einbeziehung
der Projekt-Stakeholder. Die Information und Kommunikation dieser Entscheidungen haben auf jeden Fall schnell und offen zu erfolgen.

(23) **Get rid of disturbing elements**

Störende Elemente für eine Projekterfolg können neben Personen aus dem
Bereich der Stakeholder auch Engpässe in Form von Budgets, Zeit und
Qualifikationen sein. Die einfachste Form eines Störelements sind nicht in-
tegrierbare Projektmitarbeiter. Diese sind so schnell wie möglich aus dem
unmittelbaren und mittelbaren Umfeld des Projekts zu entfernen. Ist das Stö-
relement eine Person aus dem Lenkungsausschuss („Steering Committee")
oder ein Projektsponsor, hilft im ersten Schritt ein direktes, offenes und ziel-
gerichtetes Gespräch mit dieser Person. Führt das zu keinem Erfolg, dann
muss bei erheblichen Störungen und Behinderungen dem Lenkungsausschuss bzw. dem Sponsorenkreis das Problem kommuniziert und transparent

---

[1] Vgl. Balzert, Helmut, 1999, S.78.

gemacht werden. Führt auch das zu keinen Änderungen, Störungen und Behinderungen bleiben weiterhin so erheblich, dass der Projekterfolg infrage gestellt werden kann, so muss das Projektmanagement die „Reißleine" ziehen und die Projektleitung mit dem entsprechenden Hinweis („protokolliert") auf den Grund abgeben.

Engpässe in Budgets und Zeit müssen dem Lenkungsausschuss und den Sponsoren rechtzeitig kommuniziert werden. In diesem Fall müssen entweder Budgets erhöht, Milestones nach hinten verschoben werden oder ggf. geplante Projektleistungen aus dem Ergebnisportfolio entfernt werden.

Eine Restriktion in Bezug auf Qualifikationen kann ggf. durch Zukauf externer Expertise beseitigt werden. Eine andere Möglichkeit, falls zeitliche Restriktionen dies auch erlauben, besteht in der Erhöhung der Qualifikationen der Projektmitarbeiter durch entsprechende Schulungs- und Trainingsmaßnahmen.

(24) **Not everyone is adequate for project work**
Projektmitarbeiter sollten Projekterfahrung haben oder zumindest so weit lernfähig sein, dass sie ohne Probleme in Projekte integrierbar sind. Mitarbeiter aus dem Linienmanagement ohne Projekterfahrung, die ggf. durch Organisationsneuordnungen ihren bisherigen Verantwortungsbereich aufgeben mussten, sind für Projekte im Regelfall ungeeignet.

(25) **Learn from successful and non-successful projects**
Vieles was notwendig ist für die Projektleitung kann man lernen. Vorgehensweisen, Methoden, Tools und Erfahrungsberichte anderer Projekte unterstützen die Fähigkeit, Projekte zu managen. Aber nur die eigene Projekterfahrung gibt die selbsterlebte Reflektion in der Anwendung dieses Wissens wieder. Dabeihaben nicht nur erfolgreiche Projekte einen positiven Input, sondern auch die Erfahrungen aus Misserfolgen bringen den Projektmanager weiter voran. Nicht erfolgreiche Projekte ermöglichen dem Projektmanagement die negativen Konstellationen, die zu einem Misserfolg geführt haben, in Zukunft zu vermeiden bzw. zu umgehen bzw. rechtzeitig gegenzulenken.

(26) **Learn from the best – extend permanently your knowledge**
Als neuer Berater sollte man sich an den erfahrenen, erfolgreichen Beratern orientieren. Deren technisches Know-how und insbesondere auch deren soziales Verhalten sollte als Vorbild für die Erweiterung der eigenen Fähigkeiten dienen. Das bedeutet nicht, dass man selbst eine Art Kopie dieser Experten werden sollte, sondern die Qualitäten, das Know-how und die Fähigkeiten an die eigene Persönlichkeit adaptieren sollte. Permanentes Lernen, das Kreieren neuer Techniken, Methoden, Vorgehensweisen, Dienstleistungen und Produkte ist für Berater unverzichtbar, garantiert den wirtschaftlichen Erfolg durch die Differenzierung mit anderen Beratern bzw. Beratungsunternehmen.

(27) **Sell, sell, sell (or sell good leads to a good project)**
Projekte sind nicht allein durch eine richtige fachlich-funktionale, inhaltliche Bearbeitung erfolgreich, sondern insbesondere durch ihre Präsenz in dem Unternehmen, bei den Sponsoren, dem Lenkungsausschuss und den

nicht direkt betroffenen Unternehmen. Es ist eminent wichtig Projekte intern und auch extern zu vermarkten, die erfolgreichen Meilensteine zu pro-
pagieren und ein insgesamt offensives Marketing zu betreiben. Dabei geht
es nicht darum, die Probleme zu verheimlichen bzw. Schwierigkeiten in der
Projektdurchführung „unter den Tisch zu kehren", sondern durch besondere
Betonung der Erfolge eine positive Stimmung zu erzeugen. Diese Stimmung
wirkt sich auch auf die Projektarbeit und das Projektteam positiv aus. Probleme und Schwierigkeiten werden positiv angegangen und mit dieser „Project Mute" auch im Regelfall gelöst werden.

(28) **A project requires one leader but never leave the leader alone**
Wie unter (22) angeführt ist es wichtig, die Projektmitarbeiter in den Entscheidungsprozess miteinzubeziehen, aber die letztendliche Entscheidung
wird durch den Projektleiter gefällt. *„Die Projektorganisation ist auto-*
kratisch, nicht demokratisch"
Ein guter Projektleiter kommuniziert nicht nur rechtzeitig seine Entscheidungen, sondern bereitet diese durch Einbeziehung der Projektmitarbeiter
vor. Die Projektmitarbeiter sollten die Chance erhalten konstruktiv an der
Entscheidungsfindung mitzuarbeiten, ggf. ist dabei diese Entscheidungsfindung proaktiv durch den Projektleiter in die geplante Richtung lenkbar.
Ein Projekt darf aber auch nicht darunter leiden, dass keine Entscheidungen
gefällt werden, wenn der Projektleiter nicht verfügbar ist (Urlaub, Krankheit
o. ä.). Von daher ist es wichtig, einen kompetenten Stellvertreter benannt
zu haben, der durchaus auch im Tagesgeschäft Verantwortung übernehmen
sollte (z. B. mit der vollständigen Entscheidungsbefugnis für ein Teilprojekt). Projektleiter und Stellvertreter müssen gut miteinander auskommen,
sich sozusagen „blind" verstehen. Insofern ist es kontraproduktiv, die beiden
Positionen miteinander opponierenden Charakteren zu besetzen.

(29) **Only real experience makes the master**
Es ist wichtig adäquate Methoden, Techniken und Tools für die Projektdurchführung zu kennen und auch anwenden zu können. Das Projektmanagement bzw. die Projektleitung ist aber keine Kenntnis oder Erkenntnis, die in
Kursen oder an Hochschulen erlernbar ist. Nur reale Projekte in einem kom-
merziellen Umfeld führen zu der notwendigen Erfahrung im Projektmanagement und machen den erfolgreichen Projektleiter aus. Die Erfahrung aus der
Anwendung der Methoden, Techniken und Tools muss reflektiert werden,
der richtige Umgang und die richtige Zusammenarbeit mit verschiedensten
Individuen muss erfahren werden. Nur derjenige der Projekte als Projektmitarbeiter, als stellvertretender Projektleiter und als Projektleiter erfahren hat
und auch mit verschiedensten Inhalten und Mitarbeitern konfrontiert worden
ist, erlangt die Reife zu einem intelligenten Projektmanager. Dabei ist es unabdingbar, kommerzielle Projekte durchzuführen. Akademische Projekte
oder Projekte mit universitärem Charakter oder Background haben einen
anderen Stellenwert und insbesondere eine andere Erwartungshaltung der
Projekt-Stakeholder. An Hochschulen und Hochschulinstituten lernt man die

aktuellen Methoden, Techniken und Tools kennen, man lernt aber nicht die erfolgreiche, zielgerichtete Durchführung kommerzieller Projekte.

(30) **The right combination runs the project**
Die Durchführung eines Projektes nur mit erfahrenen Projektmitarbeitern und Projektmanagern führt nicht automatisch zum Erfolg. Die Erfahrung bedingt auch das Festhalten an Ritualen, Formalien und eingeübten Prozessen. Neueste wissenschaftliche Erkenntnisse, neue Methoden und Techniken und neue Tools werden im Regelfall nicht berücksichtigt. Möglicherweise sind Dynamik, Motivation und anfängliche Euphorie durch das jahrelange Erfahren und Erleben („Überleben") von Projekten auch einer gewissen Skepsis bzw. im schlimmsten Fall einer pessimistischen Grundhaltung gewichen. Insofern ist es für Projekte überaus wichtig, erfahrene Mitarbeiter mit jungen, eher projektunerfahrenen Mitarbeitern zu kombinieren. Während die erfahrenen Mitarbeiter die notwendige Erfahrung und Ruhe in das Projekt einbringen, bringen die jungen Mitarbeiter die Up-To-Date-Kenntnisse über Methoden, Techniken und Tools ein und sorgen mit ihrer Motivation, Dynamik und Euphorie für den richtigen „Projekthype".

(31) **Project targets and individual targets must be (almost) congruent**
Eminent wichtig in einem Projekt ist die Verinnerlichung des Projektziels. Positive Zusammenarbeit kommt nur dann zustande, wenn alle gemeinsam an einem Strang ziehen und das Ergebnis erreichen wollen. Dabei können individuelle Ziele mit dem Projektziel kongruent sein, nämlich dann, wenn alle Projektmitarbeiter mit der Erreichung des Projektziels eigene Ziele verwirklichen können. Neben der extrinsischen Motivation sollte der Projektleiter auch die intrinsische Motivation der Mitarbeiter fördern (positiver Teamgeist).

(32) **Keeping up team members dynamic and motivation requires success**
Um die Motivation und Eigendynamik in Projekten aufrecht zu erhalten, benötigen das Projekt und die Projektmitarbeiter Anerkennung durch Projekterfolge. Werden Projekte gestoppt und wird der Grund für das Anhalten nicht transparent kommuniziert, ergibt sich zumeist ein kontraproduktiver Zustand, der in der Demotivation der Projektmitarbeiter enden kann. Offenheit, Kommunikationswillen, Objektivität und Transparenz sind Eigenschaften eines Unternehmens, in der sich eine positive Projektkultur etablieren kann.

(33) **Integrate users and IT people**
Projekte zur Einführung und Realisierung von IT sind in der Regel mit Mitarbeitern aus den Fachbereichen und der IT kombiniert. Wichtig ist, dass das Projektmanagement beide Parteien vertritt. Oft kommt es in Projekten zur Polarisierung zwischen den Organisationseinheiten und den Aussagen des Fachbereichs. „die IT versteht unsere Prozesse nicht" bzw. „die IT kann unsere Prozesse nicht umsetzen". Insofern ist es in den Projekten wichtig, dass es Projektmitarbeiter gibt, die beide Bereiche verstehen und übersetzend und vermittelnd tätig sein können. Idealerweise verfügt das Projektmanagement über diese Expertise.

(34) **A project consists of humans and individuals are responsible for the project success**
Projekte basieren auf Teamarbeit und das Team ist als Ganzes auch für den Projekterfolg verantwortlich. Aber für bestimmte Bereiche ist die Expertise und Qualifikation von Einzelnen gefragt. Und solange diese Personen auch durch ihre Charaktereigenschaften und emotionale Intelligenz für die Projektarbeit geeignet sind, ist das für den Projektfortschritt und –erfolg akkumulativ zuträglich.

(35) **Involve everyone for achieving the project success**
Entscheidend für die Akzeptanz eines Projektes ist zum einen die Unterstützung und Förderung des Projekts durch die Sponsoren (im Regelfall das Management) und zum anderen die Einbeziehung aller betroffenen Unternehmensteile, Abteilungen und Mitarbeiter in die operative Projekttätigkeit. Unterlässt man die Einbeziehung von wenigen, kann es durchaus passieren, dass aus eher emotionalen Gründen gegen den Projektfortschritt und den – erfolg opponiert wird. Je einflussreicher die nicht involvierten Personen sind, umso gefährlicher sind deren Aktivitäten für das Projekt. Hauptgrund für diese zum Teil schwer nachvollziehbare Opposition ist die Nicht-Kongruenz von Intelligenz und Qualifikation zu ethischen Grundsätzen und Charaktereigenschaften. Den sich so verhaltenden Personen geht es weniger um den Unternehmenserfolg und den Projekterfolg, sondern um die Befriedigung eigener Ziele und Machtgelüste.

(36) **Keep the standards**
Beratungsunternehmen haben einen Standard in Bezug auf die Reisetätigkeit ihrer Mitarbeiter (Übernachtungsqualität, Bahnreisen in der 1. Klasse, Flugreisen in der Business Class etc.), diese Standards sollten auch in den Projekten seitens der Kunden gewährt werden. In gemeinsamen Reisen von Mitarbeitern des Beratungsunternehmens und des Kundenunternehmens sollten aber die Kundenstandards eingehalten werden. Kundenmitarbeiter, die in der Economy Class sitzen, entwickeln natürlich Antipathien gegenüber Beratern, die e sich in der Business Class gut gehen lassen (siehe auch Guideline: **Sometimes it is better to give up or even refuse**).

Ein Unternehmen der Automobilzulieferindustrie buchte in einem Projekt zur Optimierung der PPS-Prozesse aus Kosteneinsparungsgründen dem Berater ein Zimmer in einer einfachen Pension. Der schon erfahrene Berater lehnte das nach einer miserablen Testübernachtung grundsätzlich ab und war sogar bereit das Projekt zu beenden. Der Kunde besserte nach und buchte ein Zimmer in einer qualitativ höherwertigen Pension.

(37) **Keep the scope and solve only the scope**
Die Projektziele sollten strikt eingehalten werden. Weitere Ziele, Umfänge und Ausgaben sollten durch ein Anforderungsmanagement (Requirements Definition Team) beurteilt werden und ggf. zu einer Erweiterung des Scope

führen. Diese Erweiterung muss aber von dem Auftraggeber auch honoriert werden und führt ggf. zur qualitativen und quantitativen Vergrößerung des Projektteam und zu einer Anpassung der zeitlichen Planung. Für die Realisierung bzw. die Ergebnisse ist nur der vereinbarte Scope die Vorgabe und das Ziel.

(38) **Enemies keep enemies and the empire strikes always back**
Eine der Hauptaufgaben des Projektmanagements und damit der Projektleitung ist die Kommunikation des Projekts zu den Stakeholdern. Die Darstellung des Projekts sollte durch den objektiven Informationsgehalt, Transparenz und Offenheit geprägt sein. Konflikte sollten rechtzeitig deeskaliert werden. Schuldzuweisungen, ungerechte und manchmal zu offene Kritik führen dazu, dass bestimmte Personen oder Gruppen einem Projekt negativ gegenüberstehen. Wird dieser Konflikt von dem Projektmanagement oder von den Projektsponsoren auch noch geschürt, steht einer Eskalation nichts mehr im Wege. Sobald sich eine passende Gelegenheit ergibt, werden diese Personen oder Gruppen, das Projektvorankommen bzw. den Projekterfolg torpedieren

(39) **Project work requires dedication**
Projekte macht man ganz oder gar nicht. Reduziertes Engagement oder auch nur reduzierte, unpriorisierte Kapazitäten führen zu reduzierten, suboptimalen Ergebnissen. Insbesondere das Projektmanagement erfordert die volle Aufmerksamkeit und das volle Engagement der dedizierten Personen. Je wichtiger und komplexer ein Projektvorhaben ist, umso wichtiger ist die Fokussierung des Projektmanagers und des Projektteams nur auf dieses eine Vorhaben. Je mehr das Projektteam von den normalen, operativen Tätigkeiten freigestellt ist, umso eher kann das Projekt in „**time and budget**" realisiert werden.

(40) **Recognize the essence oft he consulting business – set the priorities correctly**
Der Berater sollte für sich, sein Beratungsunternehmen und seinen Klienten die Prioritäten richtig setzen. Priorität Nummer eins ist der Berater selbst, sein Vorankommen, seine Karriere, die Optimierung seiner Effizienz und seiner Fähigkeiten. Priorität Nummer zwei ist sein Beratungsunternehmen, dessen Erfolge in der Akquisition und in den Kundenprojekten. Dadurch sollte sich korrelierend der Erfolg des Beraters in seinem Unternehmen ergeben (in Form von Karrierestufen und monetärer und nicht-monetären Belohnungen). Priorität Nummer drei ist der Kunde und das Kundenprojekt. Der Berater muss die unterschiedlichen Strömungen und Machtverhältnisse in dem Kundenunternehmen erkennen, die Entscheidungs- und Kompetenzträger eruieren und seinen Added-Value insbesondere diesem Personenkreis zukommen lassen. Der Aufbau von Sympathien und sozialen Beziehungen mit diesen Personen ist für den Berater mittel- und langfristig von erheblichem Vorteil. Und damit zieht dieser Personenkreis an dem eigenen Unternehmen vorbei und wird zur Priorität zwei. Dieses Netzwerk ist für die weitere Karriere des (einzelnen) Beraters von elementarer Bedeutung. Die Lo-

yalität des eigenen Unternehmens ist limitiert. Nicht erfolgreiche Projekte, neue Vorgesetzte, Mergers & Acquisitions, persönliche Weiterentwicklung und Präferenzen, Chancen bei anderen Beratungsunternehmen beenden oft die Fokussierung auf das bisherige Beratungsunternehmen, und sorgen für einen Wechsel der Orientierung und damit für einen Neustart des Beraters. In dem neuen Unternehmen müssen die eigene Qualität und Fähigkeiten erst einmal validiert werden. Das eigene Netzwerk und die immanenten Beziehungen erleichtern die Projektakquisition und ermöglichen schnelle Erfolge.

Ein Berater hatte in seinem ersten Beratungsunternehmen einige erfolgreiche Projekte durchgeführt. In seinem Beratungsunternehmen war er nach einiger Zeit als Bereichsleiter (Consulting Manager) für alle Projekte der Konsumgüterindustrie zuständig. Insbesondere mit zwei Kundenmitarbeitern hatte er sehr gute Beziehungen aufgebaut. Der eine Mitarbeiter war aus der zweiten Führungsebene eines Konsumgüterunternehmens, der andere aus der ersten Führungsebene eines internationalen Konsumgüterkonzernes. Diese Beziehungen hielten trotz mehrfachen Wechsels in mehrere neue Beratungsunternehmen und zwischenzeitlich auch eines eigenen Start-ups an und jedes dieser neuen Unternehmen führte ein oder mehrere Projekte in beiden Konsumgüterunternehmen durch. Teilweise sorgten die beiden Protagonisten auch für die Generierung von Projektideen und damit für Aufträge. Umgekehrt hat dieses Network auch für die Mitarbeiter des Kunden Vorteile. Der Berater hat dem Kundenmitarbeiter des Konsumgüterkonzerns die Möglichkeit der Bewerbung als CIO in einem Nahrungsmittelunternehmen, in dem er gerade ein Projekt durchgeführt hat, generiert. ◄

6.2 Low Piority Project Management Guidelines

(1) **Postponing or shifting tasks means never do the tasks**
Aktivitäten mit niedriger inhaltlicher bzw. zeitlicher Priorität werden nur zu gerne nach hinten geschoben. Im Regelfall bedeutet diese Verschiebung, dass diese Aktivitäten zukünftig nicht oder nur unzureichend realisiert werden. Da diese Aktivitäten ursprünglich in der Projektplanung durchaus ihren Stellenwert und Sinn besessen haben, sollte man, wenn keine wichtigen Gründe dagegensprechen (z. B. notwendige Kostenreduktionen, Kapazitätsengpässe, Ressourcenknappheit u. a.), diese Aktivitäten planbezogen und zeitnah realisieren. Ein Verschieben bedeutet auch mögliche, zukünftige Engpässe zu kreieren.

(2) **Carry out regular team meetings**
Regelmäßige Treffen des Projektteams sollten eigentlich aus Gründen der Teambildung, der Kommunikation, des Informationsaustauschs und der Projektsteuerung ein absolutes Muss sein. Sehr oft werden aber bei zeitlichen

Engpässen oder Ressourcenrestriktionen solche Treffen verschoben oder ab-gesagt. Damit wird implizit die Wertigkeit solcher Zusammenkünfte deter-miniert und auch die Projektmitarbeiter unterstellen diesen eine reduzierte Wichtigkeit. Dadurch wird dem Projektmanagement eine der wichtigsten Projektsteuerungsmöglichkeiten genommen. Ein absolutes Beibehalten der Teammeetings und eine absolute Einhaltung der Formalien ist mehr als nur eine Empfehlung. Der oft verwendete Begriff „Jour Fixe" verdeutlicht die Wichtigkeit.

(3)   **Structure the first meeting well**
Das erste Aufeinandertreffen der Projektmitarbeiter sollte vom Projektleiter sehr gut strukturiert werden. In seiner Einleitung sollten die Projektteilneh-mer auf eine Begrenzung der Redebeiträge aufmerksam gemacht werden. Die Reihenfolge der Vorstellungen und Beiträge werden durch den Projekt-leiter festgelegt. Insbesondere externe und interne Berater neigen zur Selbst-darstellung und haben einen starken Profilierungsdrang. Hier sollte der Pro-jektleiter limitierend eingreifen.

(4)   **Encourage project communication, but avoid informal channels**
Projekte und Teamarbeit leben durch zielgerichtete Kommunikation. Nur nachhaltige Transparenz und Offenheit trägt zur Projektzielerreichung bei. In großen Konzernen sind bei strategisch bedeutenden Projekten viele Un-ternehmenseinheiten beteiligt, deren Zusammenarbeit oft durch historische Sympathien und Antipathien geprägt ist. Insofern ist neben der offiziellen und projektorientierten Kommunikation oft auch informelle Kommunikation und Gruppenbildung zu beobachten. Unter dieser „Politisierung", „Polarisie-rung" und „Cliquenbildung" leidet natürlich das Projekt. Es geht nicht mehr um den Projekterfolg, sondern um den Erfolg einzelner Gruppen. Das Pro-jekt wird als Weg zur Macht degradiert

(5)   **Success requires information and communication**
Nichts ist wichtiger für den Projekterfolg als Transparenz und Nachhaltig-keit in der Kommunikation und Information. Die zielgerichtete Weitergabe von Informationen und die Integration der einzelnen Teilprojekte bzw. –mo-dule eines Projekts durch adäquate Kommunikation sind existentiell für den Erfolg. Agieren Teilprojekte unabhängig und unintegriert, so kann man sie auch als voneinander separierte Projekte behandeln. Aber selbst unabhän-gige Projekte sollte durch Informationsweitergabe synergetische Effekte er-zielen können.

(6)   **Keep team members together**
Projekte laufen dann gut, wenn das Projektteam zusammenarbeitet, wenn der Projektleiter seine Mitarbeiter „im Griff" hat. Insofern sollte das Pro-jektteam auch räumlich an einem Ort zusammenarbeiten. Die Zusammen-setzung von Projekt-Arbeitsgemeinschaften aus vielen Abteilungen und un-terschiedlichsten externen Dienstleistern (z. B. Unternehmensberatungen) bringt unterschiedlichste Interessenskonstellationen zusammen. Die internen Abteilungen benötigen ihre Mitarbeiter für das Tagesgeschäft, die externen Dienstleister haben ihre Mitarbeiter gerne für zumindest einen Tag in der

Woche im eigenen Unternehmen. Im Sinne des zielgerichteten Projekts ist es aber erforderlich die Projektmitarbeiter so oft wie möglich an einer Lokalität zu konzentrieren. Nur dann kann sich ein gemeinsamer Teamgeist generieren, der den Projektfortschritt entsprechend beschleunigt.

(7) **Keep personal resentments out of the project**

Subjektive Eindrücke, persönliche Animositäten, negative Emotionen und Ressentiments sollten von allen Projektteilnehmern inklusive der Stakeholder aus dem Projekt herausgehalten werden und vor allem nicht als Grundlage für Entscheidungen Einfluss haben.

(8) **Positive stress is fine, no stress is better**

Stress kann dem Projekt nicht schaden, solange er einen positiven Effekt auf den Projektfortschritt hat. Es ist die Aufgabe des Projektmanagements, diesen Stress zu kanalisieren und dafür zu sorgen, dass der Druck auf die Projektmitarbeiter nicht zu groß wird, also der „positive" Stress sich in „negativen" Stress umwandelt. Wo viel gearbeitet wird, ist auch Erholung notwendig. Fringe Benefits wie Kurzurlaube für alle bzw. einen Teil der Projektmitarbeiter, gemeinsame Freizeitaktivitäten (auch diese sollten zu einem gewissen Maße limitiert werden), projektfreie Tage u. a. müssen neben der eigentlichen Projektarbeit eingeplant und vorgesehen werden.

(9) **Be as good as possible**

Jederzeit sollte die Projektarbeit mit hoher Intensität und Qualität durchgeführt werden. Jedoch sollte ein permanentes Überbeanspruchen der Arbeitsleistungen durch einen zu hohen Qualitätsanspruch vermieden werden. Der Projektleiter sollte die Qualität und die möglichen Arbeitsleistungen seiner Mitarbeiter kennen und die Mitarbeiter entsprechend fordern und auch fördern.

(10) **Be a good example**

In allen Projektbereichen sollte der Verantwortliche, der Leiter, mit einem guten Beispiel vorangehen. Dies betrifft zum einen die inhaltlichen, funktionalen Leistungen sowie auch die empathischen, sozialen Leistungen. Ein Projektleiter sollte neben allen administrativen Fähigkeiten auch die Inhalte des Projektes verstehen können und mit den Mitarbeitern auf einer fachlichen Ebene diskutieren und kommunizieren können.

(11) **Marketing keeps up appearances**

Ein Projekt muss neben allen inhaltlichen und technischen Ergebnissen und Fortschritten auch gegenüber den Projekt Stakeholdern dargestellt werde. Grundsätzlich ist eine positive, die Projektfortschritte und –erfolge darstellende Berichterstattung zu bevorzugen. Die positive Stimmung wirkt sich auch auf das Projektteam positiv aus. Bedenklich ist die Darstellung von nicht dem Projekt zuordenbaren Erfolgen als Projektergebnis. Entscheidend ist das Finden der richtigen Balance zwischen positivem Marketing und nüchternen Fakten.

(12) **Don't doubt too much**

Entscheidungen unter Berücksichtigung aller Aspekte sind gut, schnelle Entscheidungen sind meist besser. Entscheidungen mit 100 %iger Sicherheit unter Abwägung aller Risiken und Eventualitäten gibt es nicht, insofern muss ein guter Projektleiter auch lernen Entscheidungen, unter Unsicherheit „intuitiv" zu fällen. Wer zu oft zweifelt (sei es an sich oder an dem Projekt) wird irgendwann an seinen Aufgaben verzweifeln.

(13) **Never give up (too early)**
In Projekten kommt man oft in Situationen, die ausweglos erscheinen. Der Projektleiter sollte möglichst alles versuchen, das Projekt aus der prekären Situation zu befreien. Nicht erfolgreiche Projekte sind zumeist dadurch gekennzeichnet, dass Projektleiter oft wechseln, dass ein Projektleiter beim ersten Auftauchen eines schwierigen Problems sich aus dem Projekt verabschiedet (zumeist durch einen Aufstieg in andere Positionen oder in noch wichtigere Projekte). Die Projektsponsoren, der Projektlenkungsausschuss und auch der Projektleiter selbst sollten sicherstellen, dass ein Wechsel in der Projektleitung nicht stattfindet. Einzige Ausnahme sind erfolgreich laufende Projekte, die damit auch unproblematisch durch den kompetenten Stellvertreter übernommen werden können. Ein problematisches Projekt sollte nie zu früh beendet werden (aber auch nicht zu spät), durch eine Änderung der Rahmenbedingungen inklusive der Projektzielsetzung und der Vorgehensweise kann der Verlauf eines Projektes zum Positiven wechseln. Auf der anderen Seite sollte man aber nicht zu lange an „verlorenen" Projekten festhalten. Die Mentalität mancher Unternehmen Projekte immer zum Erfolg zu führen, führt meistens nur zu immensen Kosten und negativer Stimmung bei den Involvierten. Man muss sich Fehler eingestehen. Und auch Projektmisserfolge müssen transparent und nachhaltig aufbereitet werden.

(14) **Never say never**
Absolute Verneinungen sind in einem Projekt zu vermeiden. Vorschläge von Projektmitarbeitern sollten positiv aufgenommen werden, auch wenn die Vorschläge nicht zum Zuge kommen mit einem positiven Feedback reflektiert werden. Abschlägige Entscheidungen sollten mit einer informativen Begründung versehen werden, nicht lapidar und damit motivationsvermindernd kommuniziert werden. Dadurch wird die Möglichkeit zur nachträglichen Revision von Entscheidungen vereinfacht.

(15) **You ever met twice**
Projekte leben aus Diskussionen und Entscheidungen. Dabei sollte der Projektleiter versuchen Konflikte mit den Stakeholdern eines Projektes (Projektmitarbeiter, Lenkungsausschuss, Sponsoren, Betroffene) zu vermeiden. Eine ausführliche Erläuterung und Erklärung der Projektziele sowie der Vorgehensweise mit allen Projektstakeholdern, eine größtmögliche Transparenz und ein optimaler Informationsfluss reduzieren das Konfliktpotenzial. Selbst nach dem Entstehen eines Konfliktes gibt es Ausstiegsmöglichkeiten aus der Konflikteskalation, die verhindern, dass allzu große Gegner des Projektes entstehen. Deshalb sollte man das umgangssprachliche Sprichwort „Man trifft sich immer zweimal" berücksichtigen und größere Anfeindungen und Konflikte vermeiden.

(16) **No risk, no fun (Too much risk, no fun)**
Ein Projekt sollte für alle Projektteilnehmer herausfordernd sein. Ohne ein gewisses Maß an Herausforderung fehlen dem Projekt die Dynamik und der positive Stress. Dies kann an dem folgenden Beispiel verdeutlicht werden:

In einem ERP-Migrationsprojekt für ein Großkraftwerk wurde die Projektplanung großzügig durchgeführt, um Möglichkeiten des Scheiterns zu vermeiden. Der Projektzeitraum war mit 15 Monaten mehr als ausreichend angesetzt. Durch den fehlenden Zeitdruck wurden viele für die ersten 6 Monate eingeplanten Aktivitäten nicht bzw. nur unzureichend durchgeführt. Nach diesem ersten halben Jahr stellte der Projektleiter fest, dass der Realisierungszeitpunkt gefährdet war und nur durch überproportionalen Einsatz des gesamten Projektteams konnte der Produktivstart noch realisiert werden.

Das Beispiel zeigt, dass zu wenig Anspruch in zu wenig Dynamik endet. Darüber hinaus ist es natürlich die Aufgabe des Projektleiters dafür zu sorgen, dass Projektvorgänge bzw. -aktivitäten rechtzeitig („in time") durchgeführt werden. Aber falls die Ansprüche an das Projekt und die damit verbundenen Herausforderungen zu hoch sind, tritt genau das Gegenteil ein. Die Projektmitarbeiter arbeiten unter einem permanenten Frust, jede Verzögerung wird einer kritischen Eskalation unterworfen und das Projekt ist letztendlich zum Scheitern verurteilt.

(17) **Use the right and suitable tools and systems**
Projektmanagement-Tools und Softwaresysteme zur Projektunterstützung gibt es wie Sand am Meer. Wichtig für den individuellen Projektmanager ist es, Tools und Systeme einzusetzen, die zum einen den Projektfortschritt vorantreiben, die aber zum anderen auch verstanden sind und benutzt werden können. Schöne Tools und Systeme nutzen nichts, wenn man nicht mit ihnen umzugehen weiß. Nicht der State-of-the-Art ist wichtig, sondern das individuelle Know-how („gewusst wie") bezogen auf Projekttools und Projektsysteme.

(18) **Beware of pitfalls**
Nicht jeder der Mitarbeiter des Kundenunternehmens ist erfreut über den Einsatz von Beratern. Diese Antipathien werden zum Teil offen ausgetragen und diese Mitarbeiter sind nicht erpicht darauf positive Beiträge zum Projekterfolg beizutragen. Das Beratungsunternehmen sollte sofort Maßnahmen zur Deeskalation ergreifen, zuerst mit der oder den kritisch eingestellten Mitarbeitern, in einem zweiten Schritt durch Einbindung des Kundenprojektleiters und in einem weiteren Schritt mit den Stakeholdern, dem Auftraggeber. Das Kundenunternehmen sollte, wenn nötig die möglichen Konsequenzen ergreifen, ggf. den oder die Mitarbeiter aus dem Projekt oder auch aus dem Unternehmen entfernen. Zum Teil werden die Kritiken auch nur unter der Hand bzw. im Verborgenen geäußert und die Mitarbeiten scheinen produktiv mitarbeiten zu wollen. Aber das Gegenteil ist der Fall. Hier müs-

sen die Berater ein gesundes Misstrauen mitbringen und die Beiträger der Kundenmitarbeiter kritisch hinterfragen.

Beispiele

Eine Unternehmensberatung führte ein Projekt zur Unternehmensprozessoptimierung (BPR – Business Process Reengineering) bei einem mittelständischen Getränke- und Brauereiunternehmen durch. Im Zuge der Ist-Prozessanalyse führte des Beratungsteam Workshops mit den betroffenen Funktionsbereichen durch. In dem Workshop mit dem Logistikcenter, zeigte sich der zuständige Bereichsleiter sehr konstruktiv und machte auf das Beratungsteam einen sehr positiven und sympathischen Eindruck. Er machte die Berater darauf aufmerksam, dass die LKWs zur Auslieferung der Getränke im Schnitt nur zu 30 % volumenmäßig ausgelastet sind und da sehr wohl ein Optimierungspotenzial liegen müsste. Nach Aufnahme der Prozesse aller Fachbereiche erfolgte die Zwischenpräsentation vor allen Bereichsleitern, der Geschäftsführung und den Unternehmensbesitzern. Die Präsentation war auf 2 Stunden anberaumt. Zum Ende der Präsentation war der Logistikbereich an der Reihe. Die Prozesse wurden im Detail vorgestellt und abschließend das Optimierungspotenzial der möglichen besseren Auslastung der Auslieferungs-LKWs vorgestellt.

Plötzlich erwiderte der Logistik-Bereichsleiter lautstark und zornig, dass eine volumenmäßige Auslastung der LKWs von 30 % das Maximum dessen darstellen, was die LKWs gewichtsmäßig aufnehmen können (nahezu 100 %) und hier überhaupt kein Potenzial vorliege. Es brach eine heftige, tumultartige Diskussion aus und nur ein Abbruch mit einer Verschiebung der Vorstellung der Ergebnisse der Ist-Analyse beruhigte die Situation. Das Beratungsteam verifizierte und validierte daraufhin die Optimierungspotenziale mit allen Bereichsleitern. Die Reputation war dennoch angekratzt. Die zweite Vorstellung der Ist-Analyse verlief ruhig, alle disruptiven und möglicherweise kritischen Optimierungspotenziale waren nicht mehr in der Präsentation enthalten. Die Sollkonzeption optimierte die Unternehmensprozesse in vielen Kleinigkeiten, disruptive Änderungen konnten keine mehr durchgesetzt werden. Die Chance auf Folge- oder Umsetzungsprojekte war vertan.

Die Falle, die der Logistik-Bereichsleiter nonchalant und mit viel Chuzpe durchgezogen hat, zeigte seine Wirkung. In dem Logistikbereich wurden keine Optimierungen durchgeführt. Er sei vorbildlich. ◄

---

(19) Only what is recorded in writing is certain

Nur die Ergebnisse, Aufgaben und Schwierigkeiten bzw. Probleme, die protokolliert wurden bzw. schriftlich festgehalten wurden sind sicher, verwertbar und verwendbar. Alles andere ist unsicher, wird ggf. repetitiv hinterfragt oder wird nicht ausgeführt. Für ein Beratungsprojekt ist es eminent wichtig alle notwendigen Aufgaben, Schritte und Ergebnisse nachvollziehbar zu halten. Dies bedingt die Notwendigkeit der permanenten Protokollierung. In der Vergangenheit war dies zumeist die Aufgabe der Juniorberater. Mittlerweile erlaubt die generative KI bzw. Large Language Models die Automatisierung der Protokollerstellung (automatische Transkription). Eine Nachbearbeitung der Protokolle und eine Validierung durch die Sitzungs- oder Workshopteilnehmer ist jedoch weiterhin notwendig.

(20) **Heterogeneity is equal and unequal homogeneity. Diversity helps!**
Projekte leben durch den Input und die Kreativität der Projektteilnehmer. Heterogenität der Projektmitarbeiter ermöglich die Einbringung unterschiedlichster Erfahrungen, Meinungen und kreativer Ansätze und kann zu einem homogenen Projektteam führen, dass gemeinsam zielgerichtet an den Projektherausforderungen arbeitet. Insofern ist ein Projektteam aus Menschen jederzeit einem KI-Ansatz zu bevorzugen. Ein rein KI-gestütztes Projekt ist zum einen Bias-anfällig und die Ergebnisse sind bar neuer kreativer Ansätze. Die humane Diversität für die Projektarbeit ist jederzeit den KI-generierten Ergebnissen überlegen.

(21) **Behave as ethical as possible**
Der Projektmanager ist in Projekten das Aushängeschild und Vorbild für seine Mitarbeiter. Sein Verhalten und Benehmen sollten stets einwandfrei und ethisch über alle Zweifel erhaben sein. Eigenes unsoziales, respektloses Verhalten und Benehmen erzeugt nur ähnliche Reaktionen der Betroffenen.

(22) **Chaos creates chaos**
Unstrukturierte, miserabel organisierte Projekte erzeugen weitere chaotische Zustände. Manchmal ist ein Neuaufwurf durch neue Projektmitarbeiter und insbesondere durch einen neuen Projektleiter reinigend für ein Projekt und die Projektzielerreichung. Sobald persönliche Ziele und Machtspiele die Oberhand gewinnen, sollte auch die Projektorganisation radikal neu überdacht werden.

(23) **Artificial intelligence helps!**
Der Einsatz von KI kann die Projektarbeit erleichtern. KI als unterstützendes Tool für z. B. die automatische Protokollierung und Informationsbeschaffung und als Ideengeber für die Problemlösung kann den Projektfortschritt erleichtern und beschleunigen.

(24) **Pragmatism is better than dogmatism**
Ein dogmatisches Festhalten an Regeln, Richtlinien und Vorgaben reduziert die Kreativität und Spontanität, die in Projekten gewünscht sind. Pragmatisches Vorgehen führt zu besseren und schnelleren Projektergebnissen.

(25) **Don't talk too much, let the customer talk**
Berater neigen zur Selbstdarstellung und Profilierung. Das drückt sich auch häufig in den Redebeiträgen aus, in epischen Monologen und Vorträgen. Diese sollten besser kurz und prägnant sein und der Berater sollte den Kundenmitarbeitern den Freiraum zu ggf. auch längeren Erklärungen und Beiträgen lassen. Der Berater muss aber darauf achten, dass die Workshops zielorientiert bleiben und dass jeder Teilnehmer die Gelegenheit zur Partizipation erhält. Die Wertschätzung, die man dadurch den Kundenmitarbeitern entgegenbringt, führt zu kooperativen und harmonischen Projektarbeit.

(26) **Sometimes it is better to give up or even refuse**
Berater sollten zu ihren Prinzipien stehen. Opportunismus ist manchmal angebracht und zumeist eine positive Eigenschaft und hilft für die Zusammenarbeit im Kundenunternehmen. Die Zielsetzungen für das Projekt sollten im Fokus bleiben und durch den Berater auch durchgesetzt werden. Hier hilft Opportunität nicht. Das können zum einen die Zielsetzungen des Kunden sein, aber auch zum anderen die Zielsetzungen des Beratungsunternehmens und des Beraters. Falls in den Zielen keine Kongruenz besteht, sollten die Vorgaben des eigenen Beratungsunternehmens priorisiert werden. Manche Kundenwünsche, die den eigenen Prinzipien absolut konträr entgegenstehen, sollten konsequent abgelehnt werden, auch wenn die Gefahr besteht, dass das Projekt für einen persönlich oder auch für das eigene Beratungsunternehmen beendet ist.

Beispiel

In einem Projekt für einen internationalen Zigarettenhersteller forderte das Kundenunternehmen die Berater dazu auf, in Reisen per Bahn oder Flugzeug die Raucherabteile oder Raucherplätze zu buchen. Nichtraucher sollten dies konsequent ablehnen und falls diese Ablehnung nicht durchsetzbar ist, auch die Projektteilnahme ablehnen. In demselben Unternehmen war es auch üblich, dass die Kundenmitarbeiter in Sitzungen/Workshops rauchen durften, machen der Kundenmitarbeiter waren in sogenannten Test-Panels und testeten neue Zigaretten während dieser Sitzungen. Da wurde ohne Probleme eine Schachtel Zigaretten in einer Zweistundensitzung weggeraucht. Das Resultat waren verqualmte, neblige Sitzungsräume, einer Sitzung, die länger als zwei Stunden dauert, wäre auch kaum noch möglich gewesen. Junge Berater neigen dazu, diese Situation eher zu ertragen bzw. zu tolerieren.
Hier muss die Fürsorgepflicht des eigenen Beratungsunternehmens greifen, diese sollte nicht toleriert werden und die Bereichsleiter, Manager oder Partner müssen hier versuchen Kompromisse mit den Kundenverantwortlichen zu finden. Dies hat auch für Projekte in bestimmten Branchen Gültigkeit (z. B. Rüstungsindustrie). Der Berater muss von seinem (potenziellen) Kunden und dessen Produkten überzeugt sein. Für den Projekterfolg ist das nicht unbedingt erforderlich, es hilft aber ungemein. ◄

---

(27) **The 100 % solution is not always the best**
Die 100 % Lösung ist illusorisch, für die letzten 10 % wird ein immenser Aufwand an Zeit und Ressourcen benötigt. Meistens ist es optimaler mit der Nicht-100%-Lösung zufrieden zu sein. Insbesondere in der Beratung ist Zeit ein kostbares Gut, die 7 %-Lösung reicht in vielen Fällen aus und erfordert 30 % des Aufwandes und der Zeit. Für die 100 %-Lösung sind dann die restlichen 70 % an Aufwand und Zeit notwendig!

(28) **Abandon the sinking ship early or never**
Wichtiges Erfolgskriterium für Projekte ist die Kontinuität der Projektbesetzung und insbesondere des Projektmanagements. Werden in wichtigen oder
kritischen Phasen entscheidende Manager abberufen, kann das zum Kollaps
des Projekts führen. Das Steering Committee und der verantwortliche Gesamtprojektleiter sollten auf Kontinuität der Mitarbeit von wichtigen Projektexperten und Projektmanagern achten und diese auch einfordern. Der Projektleiter
sollte auch weniger erfolgreiche Projekte auf jeden Fall zu Ende führen.

(29) **Share fame, honor and bonuses**
Ruhm und Ehre eines erfolgreichen Projektes sollten von dem Projektleiter
mit seinen Mitarbeitern geteilt werden. Nur wer saturierend für seine Leistungen belobigt und belohnt wird, wird in den nächsten Projekten engagiert
und motiviert sein. Dies betrifft für das Beratungsteam auch die Aufteilung
von Boni (insbesondere monetäre).

(30) **Don't take yourself and the business too seriously, after all it's just a
game**
Zu guter Letzt noch folgender Rat. Nimm weder Dich als Berater noch das
Beratungs-Business zu ernst. Resilienz und Lockerheit helfen auch schwierige Situationen zu überstehen. Wer freundlich mit Antagonisten, Kontra-
henten und opponierenden Elementen umgeht, dem wird man zumindest
auch etwas freundlicher begegnen. In jeder Krise, die einhergeht mit Cost
Reduction, der Reduktion der Mitarbeiteranzahl und der nihilistischen Stim-
mungslage im Kundenunternehmen, gibt es auch Chancen und positive Effekte der Beratung. Nimm das Projekt als Wettkampf, als Spiel, oft gewinnt
man, manchmal verliert am, aber das nächste Spiel kommt.

Literatur

Balzert, H. (1999). *Lehrbuch der Softwaretechnik – Software-Management, Software-Qualitäts-
sicherung, Unternehmensmodellierung*. Spektrum Akademischer Verlag.

Christian Aichele lehrt Wirtschaftsinformatik an der Hochschule Kaiserslautern. Nach seinem Studium des Wirtschaftsingenieurswesens an der Universität Karlsruhe arbeitete er weltweit als Unternehmensberater in verschiedenen Positionen und
für unterschiedliche Branchen. Danach war er als Leiter Solution Center für Abrechnungslösungen für klein- und mittelständische Versorger bei RWE und als Manager bei Tieto Oyi für
die Konzeption von Service Offerings und für die Projektakquisition und -durchführung im Bereich Energy und Smart Meter
zuständig.

Insights

7

Christian Aichele, Daniel Wolf, Alpay Tsitak, Thorsten Rink, Viktor Abich und Cedric Rocker, M.Sc.

Was mach Projekte erfolgreich und was nicht?

Die folgenden Projektbeispiele zeigen die Erfolgs- und Nicht-Erfolgsfaktoren unterschiedlichster Projekte auf. Die Namen der Unternehmen und Personen wurden anonymisiert, alle Projekte haben in der Realität stattgefunden. ◄

7.1   Insights: Projekt Energy for you (E4U)

Christian Aichele

Ein internationales Unternehmen der Energiewirtschaft hat die Unternehmensstrategie in Bezug auf Kundenneugewinnung und Optimierung der Kundenbeziehung neu ausgerichtet. Den Geschäftskunden des Energieunternehmens, insbesondere regionale Energieversorgern und Stadtwerken sollen neben den originären Produkten wie Strom, Gas, Wasser, Entsorgung auch verstärkt Service- und IT-Dienstleistungen angeboten werden.

C. Aichele (✉)
Hochschule Kaiserslautern, Zweibrücken, Deutschland
E-Mail: christian.aichele@hs-kl.de;

D. Wolf
Kyndryl Deutschland GmbH, Stuttgart, Deutschland
E-Mail: wolfdaniel06@gmail.com

A. Tsitak
EY Consulting GmbH, Köln, Deutschland
E-Mail: alpay.tsitak@me.com

Durch die Fusion mit mehreren regionalen und überregionalen Energieversorgern stellt sich die IT-Infrastruktur als sehr heterogen dar. In einigen Unternehmensteilen werden Standardsoftwaresysteme von Drittanbietern eingesetzt, in anderen Unternehmensteilen für die gleichen Unternehmensprozesse und –funktionen eigenentwickelte IT-Systeme. Zu dem Konzern gehören mehrere IT und Beratungsunternehmen mit zum Teil gleichen Serviceangeboten.

In Bezug auf die IT ist die Zielsetzung des Konzerns zum einen die Harmonisierung der eingesetzten IT-Systeme insbesondere unter Berücksichtigung von Standardsoftwaresystemen und zum anderen die Integration der IT- und Beratungstöchtern mit den Konzern IT-Einheiten zu einem Serviceunternehmen, das den internen aber auch den externen Markt bedienen soll.

Unter diesen sehr volatilen Unternehmensstrukturen sollten zwei Projekte Lösungen für Versorger entwickeln. Zielsetzung des Projektes mit dem Fokus interner Markt war die Erstellung einer integrierten Lösung für die versorgerspezifischen Prozesse und Funktionen auf Basis einer Standardsoftware. Aufgrund des Kernprozesses „Abrechnung der Versorgerleistungen an den Kunden" wurde der Name der zukünftigen Lösung als „Unique Billing Solution (UBS)" bezeichnet. Zielsetzung des Projektes mit dem Fokus externer Markt (insbesondere regionale Versorger und Stadtwerke) war die Erstellung einer leicht adaptierbaren Lösung für die versorgerspezifischen Prozesse und Funktionen auf Basis einer Standardsoftware. Diese vorkonfigurierte Lösung sollte es potenziellen Kunden ermöglichen mit relativ geringem Aufwand die eigenen Daten in die Lösung zu migrieren und ggf. die Lösung schnell und einfach mit notwendigen weiteren spezifischen Funktionalitäten zu erweitern. Der Name der zu erarbeitenden Lösungen wurde mit „Energy for you (E4U)" bezeichnet. Aufgrund der zu erwartenden Redundanzen in den beiden Lösungen wurden ein projektübergreifender Lenkungsausschuss und ein Kernteam gegründet. Beide Projekte wurden aber relativ unabhängig voneinander administriert und geleitet (siehe Abb. 7.1).

Die zu realisierende Lösung sollte, die in den folgenden Abbildungen angeführten Funktionalitäten bereitstellen (siehe Abb. 7.2. und folgende Abbildungen: Abb. 7.3, 7.4, 7.5, 7.6, 7.7, 7.8, 7.9, 7.10, 7.11 und 7.12.

Diese Übersichtsdarstellung der erforderlichen Prozesse und Funktionalitäten stellte somit ein erstes (grobes) Pflichtenheft dar.

T. Rink
Nagarro ES GmbH, Pirmasens, Deutschland
E-Mail: rink-thorsten@gmx.de

V. Abich
Scheer GmbH, Saarbrücken, Deutschland
E-Mail: ViktorAbich@web.de

C. Rocker, M.Sc.
BEST e. V. c/o Arbeitskammer des Saarlandes, Saarbrücken, Deutschland
E-Mail: cedric.rocker@posteo.de

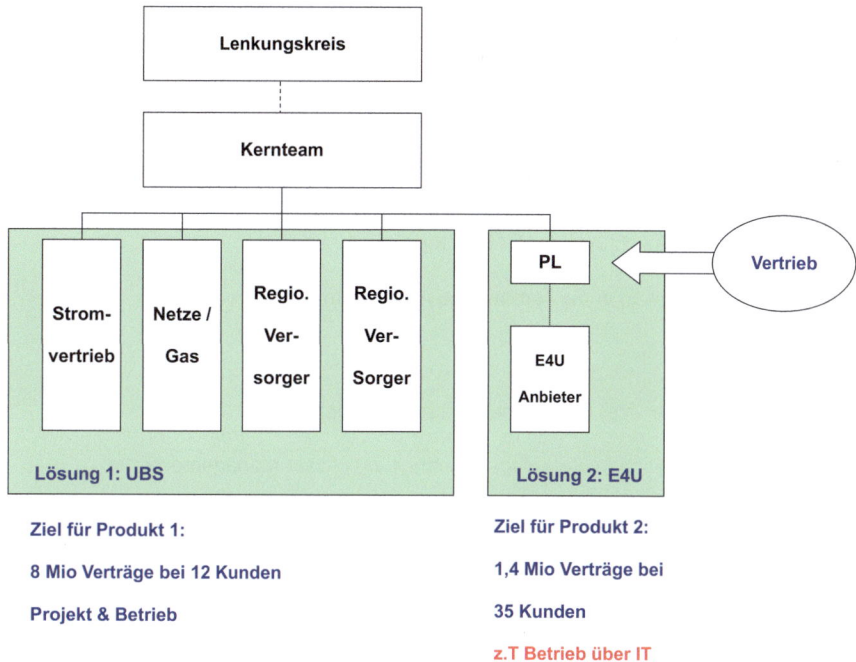

Abb. 7.1 Projektstruktur Abrechnungslösungen

Für das Projekt UBS war der Einsatz der Standardsoftware SAP IS-U (Indus-try Solution for Utilities, Industriespezifische Lösung für Versorger) durch die vorhandene Kundenstruktur und –quantität sowie durch die schon im Einsatz be-findlichen SAP-Abrechnungslösungen beschlossen. Für das Projekt E4U sollte ein Vorprojekt die einzusetzende Standardsoftwarelösung eruieren. Zielsetzungen des Vorprojekts waren:

- Erstellung einer Marktstudie zur Evaluierung der potenziellen Abnehmer
- Erstellung eines Business Cases zur Validierung des Projektes
- Planung und Strukturierung des Realisierungsprojektes
- Erstellung einer Entscheidungsgrundlage für den Vorstand
- Präsentation der Ergebnisse

Das Projektteam sollte aus erfahrenen Mitarbeitern aller betroffenen Konzern-unternehmen bestehen und in relativ kurzer Zeitdauer Ergebnisse abliefern. Als quantitative Größen wurden 6–7 Projektmitarbeiter und maximal 8 Wochen Pro-jektdauer vorgegeben. Aufgrund der undefinierten Struktur des Vorprojekts sollten agile Projektmanagementmethoden eingesetzt werden.

- ■ Hausanschluß

  - – Projektierung und Durchführung der Erstellung neuer Hausanschlüsse (z.B. Neubaugebiete)

  - – Integration in die vorhandene Anlagenstruktur

- ■ Netzservice

  - – Fieldservice, Servicemanagement, Zählerwechsel, ...

  - – Integration in die Anlagenbuchhaltung (Asset-Management)

Abb. 7.2 Prozesse Hausanschluss und Netzservice

- ■ Zählerbeschaffung, -anlieferung

- ■ Zählerlagerführung, Umlagerung

- ■ Zählereinbau, -ausbau

- ■ Stichprobe, Beglaubigung

- ■ Gerätetypendefinition, Zählwerksbeziehungen

- ■ Anlagenstruktur, Zählpunkt

Abb. 7.3 Prozess physisches Gerätemanagement/Energiedatenmanagement

Unter agilem Projektmanagement wird ein pragmatisch und situationsangemessen auf das Wesentliche konzentriertes Management von Projekten, bei dem die Kundenzufriedenheit (insbesondere auch die Zufriedenheit der Projekt-Stakeholder), motivierte Teams und effektives Risikomanagement im Mittelpunkt stehen.[1]

---

[1] Vgl. Seibert, S., 2007, S. 41–49.

■ Energy Data Management

  – Energiedatenmanagement

  – ermöglicht die Speicherung und den Austausch von
    Lastprofilen und Lastgängen

Abb. 7.4 Prozess Gerätemanagement logisch

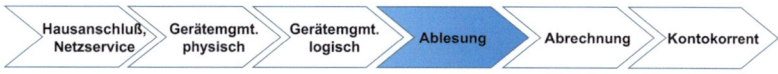

  • Organisation der Ablesung
  • Auftragserstellung und -ausgabe
  • Gewichtungsverfahren
  • Erfassung von Ableseergebnissen (MDE, bei
    Kundenselbstablesung: Einzelerfassung manuell,
    Massenerfassung extern → Übertragung per Batch-
    Input in das Abrechnungssystem)
  • Plausibilisierung
  • Schätzung fehlender Ableseergebnisse
  • Storno
  • Überwachung

Abb. 7.5 Prozess Ablesung

Unter den Stakeholdern eines Projektes werden die Sponsoren, der Lenkungsausschuss, die Projektmitarbeiter und die von den Ergebnissen des Projektes betroffenen Mitarbeiter subsumiert.[2]

Externe Faktoren, die das Projekt E4U berücksichtigen musste, waren insbesondere die Rahmenbedingungen der Energiewirtschaft.

---

[2]Vgl. Aichele, Christian, Intelligentes Projektmanagement, Vorwort und S. 26, Kohlhammer,
2006.

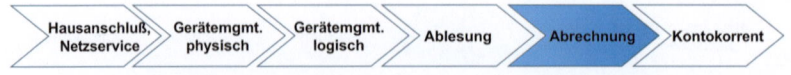

- Abrechnung Tarifkunden der Sparten Strom und Gas
- Abrechnung Sondervertragskunden der Sparten Strom und Gas
- Abrechnung Fernwärme
- Abrechnung Nahwärme
- Abrechnung Wasser (Frischwasser)
- Abrechnung Abwasser
- Abrechnung Strassenbeleuchtung
- Abrechnung der Werksangehörigen
- Abrechnung Betriebsverbrauch
- Abrechnung der Eigenerzeuger
- Abrechnung von vertragsübergreifenden Verträgen
- Abrechnung von Unterabnehmern

Abb. 7.6 Prozess Abrechnung, Teil 1

- Abrechnung von Netznutzungsverträgen
- Ermittlung der Konzessionsabgabe
- Fakturaerstellung
- Abschlagsermittlung und –steuerung
- Datenbereitstellung zum Rechnungsdruck
- Erstellung von Abrechnungsportionen und Parametersätzen (Terminsteuerung)
- Abrechnungssimulation (Einzel- und Massensimulation)
- Abrechnungsstorno, Fakturastorno
- Rechnungskorrektur

Abb. 7.7 Prozess Abrechnung, Teil 2

7.1.1   Die Rahmenbedingungen der Energiewirtschaft

Ursprünglich wurden die Strom- und Gasversorgung als natürliche Monopole angesehen, die auch in einer Marktwirtschaft als gerechtfertigt gelten. Die Basis für die Liberalisierung der Energiemärkte bietet dagegen die „essential facility"-Theorie. Sie besagt, dass natürliche Monopole nur auf den Teil der Wertschöpfungskette

- Zahlungseingangsverarbeitung (per Datenträgeraustausch)
- Erfassung von Zahlungseingangsbelegen
- Erstellung von Scheckstapeln
- Abwicklung von Bareinzahlungen
- Klärungsbearbeitung von Zahlungseingängen
- Zahlung suchen
- Rückzahlungsanforderungen
- Erstellung von Lastschriften
- Erstattung von Gutschriften
- Klärungsbearbeitung aus Zahllauf
- Rückläufer (Datenerfassung, Klärung)

Abb. 7.8 Prozess Kontokorrent, Teil 1

- Mahnverfahren
- Verrechnungssteuerung
- Sammelkonto
- Stundung und Ratenplan
- Ermittlungsdienst
- Gegenseitigkeitshilfe
- Inkassobearbeitung
- Darlehn
- Eigen-/Betriebsverbrauch
- Sicherheitsleistungen
- Kontenstandsanzeige

Abb. 7.9 Prozess Kontokorrent, Teil 2

beschränkt werden, für den unter Beachtung der volkswirtschaftlichen Kosten ein Wettbewerb nicht sinnvoll ist. Für diese „wesentlichen Einrichtungen", (engl. essential facility) gibt es eine Alleinstellung des Anbieters. Bei diesen „wesentlichen Einrichtungen" handelt es sich zum Beispiel um die Verteilnetze und die überregionalen Übertragungsnetze für Strom, Erdgas, Fernwärme und Wasser. Für diese

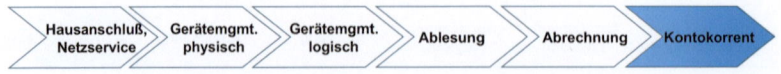

- Zahlungskonditionen
- Manuelle Buchungen
- Einbindung der Daten in die Kostenrechnung
- Überleitung der Daten in die Nebenbuchhaltung und Abstimmung der Nebenbuchhaltung gegen die Hauptbuchhaltung
- Versandsteuerung
- Zweifelhafte Forderungen / Wertberichtigungen
- Ausbuchung von Forderungen und Gutschriften
- Buchungen bei Durchleitungen, Einspeisern, Strassenbeleuchtung
- Provisionsabrechnung, Abbildung von Ergebnisbereichen

Abb. 7.10 Prozess Kontokorrent, Teil 3

- Finanzdisposition
- Kundenübersicht
- Vorauszahlung
- Kontenfindung
- Rückstellungen für Energielieferungen
- Jahresvorausleistung
- Übernahme der Service-Fakturen in die Nebenbuchhaltung
- Schnittstelle zum gerichtlichen Mahn- und Klagewesen)
- Berichte

Abb. 7.11 Prozess Kontokorrent, Teil 4

Netze ist ein alternatives Vorhalten bzw. ein Wettbewerb paralleler Netze in der Regel volks- und betriebswirtschaftlich nicht sinnvoll.

Der Besitz über die (Strom)Netze durch vertikal strukturierte Unternehmen (Energieerzeugung, Energieübertragung, Energieverteilung und Energieverkauf) soll aber nicht zu einer marktbeherrschenden Stellung auf den vor- und nachgelagerten Märkten führen. Daher sind die wesentlichen Einrichtungen Dritter gegen eine angemessene Vergütung, die gegebenenfalls von einem Regulator festgelegt wird, zur Mitbenutzung zu überlassen.

Das Gesetz zur Neuregelung des Energiewirtschaftsrechts vom 24.04.1998 hat die bisher in Deutschland monopolistisch geprägte Versorgungsstruktur grundlegend

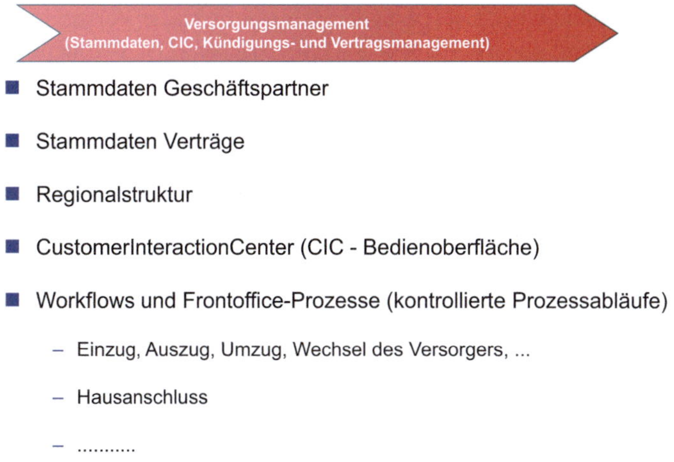

Versorgungsmanagement
(Stammdaten, CIC, Kündigungs- und Vertragsmanagement)

- Stammdaten Geschäftspartner

- Stammdaten Verträge

- Regionalstruktur

- CustomerInteractionCenter (CIC - Bedienoberfläche)

- Workflows und Frontoffice-Prozesse (kontrollierte Prozessabläufe)

  – Einzug, Auszug, Umzug, Wechsel des Versorgers, ...

  – Hausanschluss

  – ....

Abb. 7.12 Prozess Versorgungsmanagement

verändert.[3] Durch das Energiewirtschaftsgesetz von 1998 wurde das bis dahin geltende Energiewirtschaftsgesetz vom 13. Dezember 1935 abgelöst. Es setzte die 1. Elektrizitätsrichtlinie der EG um. Es existierte kein staatlich reguliertes System der Stromproduktion und Stromverteilung und kein Eigentum des Staates an dem Stromnetz, aber durch privatrechtlichen Energieversorger war ein flächendeckendes monopolistisches System aufgebaut worden, das über öffentliche Enteignungsbefugnisse zustande kam. Die klassische Versorgungsstruktur zeichnete sich dadurch aus, dass für ein bestimmtes Versorgungsgebiet der Netzbetreiber gleichzeitig der Stromlieferant war. Erst durch die sogenannte Liberalisierung des Energiemarkts hat der Abnehmer die Wahlfreiheit bezüglich des Lieferanten.

Der liberalisierte Energiemarkt beschreibt den Markt der leitungsgebundenen Energieversorgung durch die Energieversorgungsunternehmen mit Strom und Erdgas, bei dem möglichst viele Teile der Lieferkette dem freien Wettbewerb unterliegen. Über den Wettbewerb sollen die Verbraucher zu den günstigsten Konditionen marktgerecht versorgt werden. Die für die Versorgung benötigten Versorgungsnetze können nicht sinnvoll dem Wettbewerb unterzogen werden. Hier hat der jeweilige Netzbetreiber eine Monopolstellung. Damit der Netzbetreiber seine Monopolstellung nicht zu seinen Gunsten ausnutzt, werden die Entgelte für die Nutzung der Netze (Netznutzungsentgelte) staatlich reguliert.

Die Preise für die eigentliche Energielieferung unterliegen dem Wettbewerb. Die Preise für die Nutzung der Netze unterliegen der Regulierung durch die zuständige Regulierungsbehörde, der Bundesnetzagentur (BNetzA).

---

[3] Vgl. Maatz, S., 2001, S. 69.

Die Liberalisierung der Energiemärkte schließt nicht die Versorgung mit Fernwärme ein. Sie wird nur mit lokalen Netzen betrieben. Die Wärmepreise müssen jedoch den Anforderungen des § 24 AVBFernwämeV genügen und die jeweiligen Verhältnisse auf dem Wärmemarkt angemessen berücksichtigen.

Mit der Novellierung des Energiewirtschaftsgesetzes (EnWG) und den dazugehörenden Verordnungen erfolgte die Umsetzung der EU-Richtlinien in deutsches Recht. Damit verabschiedete sich Deutschland von seinem Sonderweg des verhandelten Netzzugangs und führte den regulierten Netzzugang ein, dessen Aufsicht der Regulierungsbehörde Bundesnetzagentur (BNetzA) unterliegt. Die Unabhängigkeit des Netzbetriebs soll eine diskriminierungsfreie Behandlung aller Netznutzer gewährleisten. Zweck des EnWG ist die sichere, preisgünstige, verbraucherfreundliche, effiziente und umweltverträgliche leitungsgebundene Versorgung der Allgemeinheit mit Elektrizität und Gas" (§ 1 Abs. 1 EnWG). Ferner dient die Regulierung der Elektrizitäts- und Gasversorgungsnetze den Zielen der Sicherstellung eines wirksamen und unverfälschten Wettbewerbs und der Sicherung eines langfristig angelegten leistungsfähigen und zuverlässigen Betriebs von Energieversorgungsnetzen. (§ 1 Abs. 2 EnWG).

Die von der EU geforderte Entflechtung der unterschiedlichen Tätigkeitsbereiche in der Energieversorgung (Erzeugung, Übertragungsnetz, Verteilnetz, dem so genannten Unbundling, bezweckt bei vertikal integrierten Energieversorgungsunternehmen eine größere Unabhängigkeit des Netzbetriebs gegenüber den sonstigen Tätigkeiten zu erreichen und dadurch eine diskriminierungsfreie Behandlung aller Netznutzer zu gewährleisten. Es werden vier Formen des Unbundling unterschieden:

(1) Buchhalterisches Unbundling
Das buchhalterische Unbundling erfordert die Trennung der Buchhaltung in die Energiebereiche Elektrizitätsübertragung, Elektrizitätsverteilung, Gasfernleitung, Gasverteilung, Gasspeicherung und Anlagen zum Reinigen, Komprimieren und Lagern von verflüssigtem Erdgas (so genannte LNG Anlagen, LNG = Liquid Natural Gas).

(2) Informatorisches Unbundling
Wirtschaftlich sensible Informationen der einzelnen Energiebereiche müssen stringent voneinander getrennt sein.

(3) Organisatorisches Unbundling
Die funktionale Abtrennung des Netzbetriebs durch organisatorische Maßnahmen von den Energiebereichen Gewinnung, Erzeugung oder Vertrieb von Energie muss gewährleistet sein.

(4) Gesellschaftsrechtliches Unbundling (Legal Unbundling).
Dies bedeutet, dass der Netzbereich in Bezug auf seine Rechtsform unabhängig von den anderen Energiebereichen sein muss. Für das Legal Unbundling sah die EnWG-Novelle eine Umsetzung bis Juli 2007 vor.

Das Energiewirtschaftsgesetz verpflichtete alle Netzbetreiber, ihre Netze (natürliche Monopole) diskriminierungsfrei allen Kunden gegen ein angemessenes Entgelt zur Verfügung zu stellen. Das System des regulierten Netzzugangs tritt an die Stelle des bisher geltenden Prinzips des verhandelten Netzzugangs (auf Basis der Verbändevereinbarungen). Der Netzbetreiber darf dem Kunden nur genehmigte Netzentgelte in Rechnung stellen. Die Regulierungsbehörden überwachen die Netzbetreiber. Alle Kunden haben die Möglichkeit, sich in Fragen, die das Netz betreffen, an die Regulierungsbehörden zu wenden, um Streitfälle des Netzzugangs oder der Netznutzung schnell zu klären. Größere Energieversorger (mit mehr als 100.000 angeschlossenen Kunden) müssen ihren Netzbereich von allen anderen wirtschaftlichen Aktivitäten innerhalb des Unternehmens trennen (Legal Unbundling). Das Gleiche gilt für Energieversorger, die im Sinne der EG-Fusionskontrollverordnung verbunden sind. Damit werden Kunden unterschiedliche Ansprechpartner für Lieferverträge bzw. für Netznutzungs-/Netzanschlussverträge im selben Versorgungsunternehmen haben. Völlig neu war der Zugang zu Gasversorgungsnetzen geregelt. Jetzt war nur noch ein Einspeisevertrag bzw. ein Ausspeisevertrag mit den Netzbetreibern notwendig. Damit wurde der Zugang zum gesamten deutschen Gasnetz ermöglicht.

Die Energieversorgung kann in folgende Teilbereiche differenziert werden:

- Energieerzeugung
- Übertragungsnetz
- Verteilnetz
- Energievertrieb
- Energiehandel

Der Begriff der **Energieerzeugung** wird mehr oder weniger fachlich korrekt meist für eine spezielle Form der Energieumwandlung verwendet, bei welcher eine für den Menschen nicht oder schlecht nutzbare Energieform in eine für ihn besser oder sogar universell einsetzbare Energieform umgewandelt wird. Bei letzterer handelt es sich in der Regel um Elektrizität; gewonnen wird sie meist aus thermischer (Kohlekraftwerke) oder mechanischer Energie (Windenergie, Wasserkraftwerke). Zur Stromerzeugung gibt es viele große Kraftwerke, die von der eingesetzten Primärenergie (Steinkohle, Braunkohle, Erdgas, Erdöl) im Schnitt nur 38 % in Strom umwandeln. 62 % der Ursprungsenergie fallen als Wärme an, die zumeist nicht genutzt wird. Um neben dem Strom auch die Wärme nutzen zu können, braucht man kleinere Kraftwerkseinheiten, die dezentral in der Nähe der Wärmeabnehmer arbeiten.

Typische Einsatzgebiete von Kraft-Wärme-Kopplung (KWK) sind: Krankenhäuser, Bürogebäude, Industrie- und Gewerbebetriebe sowie Wohnsiedlungen und Mehrfamilienhäuser. Die Wärme kann nicht nur zur Gebäudeversorgung mit Heizwärme und Warmwasser, sondern auch als Prozesswärme, zur technischen Kälteerzeugung sowie zur Druckluftversorgung eingesetzt werden.

Zuwachs in der Energieerzeugung gibt es den letzten Jahren vor allem bei den Einspeisungen aus erneuerbaren Energien und aus Energieerzeugungsüberschüssen der Industrie gegeben.

Erneuerbare Energie oder auch regenerative Energie, bezeichnet Energie, die aus nachhaltigen Quellen, d. h. aus den in der Umwelt laufend stattfindenden Prozessen Energie abgezweigt und der technischen Verwendung zuführt (Windenergie, Solarenergie, Wasserkraft, Erdwärme und Strom aus Biomasse). Nach dem Erneuerbare-Energien-Gesetz (EEG) müssen Netzbetreiber diesen Strom zu gesetzlich festgelegten Preisen kaufen. Die Industrie lieferte vor allem Überschussstrom aus industriell genutzten Kraft-Wärme-Kopplungsanlagen.

Übertragungsnetzbetreiber (ÜNB) sind Dienstleistungsunternehmen, die die Infrastruktur der überregionalen Stromnetze zur elektrischen Energieübertragung zur Verfügung stellen und für bedarfsgerechte Instandhaltung und Dimensionierung sorgen. Darüber hinaus haben sie die Aufgabe, bei Bedarf Regelenergie zu beschaffen, um Netzschwankungen, welche sich durch ein Missverhältnis zwischen erzeugter und verbrauchter Energie ergeben, möglichst gering zu halten.

Das Übertragungsnetz ist ein Höchst- und Hochspannungsnetz. Es dient dem Transport elektrischer Energie über große Entfernungen. In Deutschland sind die Hochspannungsleitungen Eigentum der vier Übertragungsnetzbetreiber Tennet TSO, 50Hertz Transmission, Amprion und TransnetBW.

Der **Verteilnetzbetreiber (VNB)** verantwortet das Management des regionalen Strom-Verteilnetzes. Unter Beachtung regulatorischer Vorgaben plant er den Bau und die Instandhaltung der Netze, stellt die Wirtschaftlichkeit und Versorgungsqualität sicher und organisiert die Zusammenarbeit mit den Netzkunden. Das Verteilnetz ist im Regelfall eine Kombination aus Höchst-, Hoch- und Mittelspannung.

Der **Vertrieb** von Strom und Gas wird zumeist durch kommunale Stadtwerke übernommen, wobei insbesondere in den Besitzverhältnissen der Stadtwerke der Trend zu einem Verkauf der kommunalen Anteile an regionale, überregionale oder internationale Energieunternehmen geht. Als Stadtwerke bezeichnet man Unternehmen, die die Grundversorgung der Bevölkerung mit Strom, Wasser und Gas und oft auch die Wärmeversorgung und die Abwasser-Entsorgung übernehmen. Die Stromversorgung erfolgt durch Mittel- und Niederspannungsnetze.

Die Energieversorgung mit Wechselspannung bzw. Wechselstrom wird über Hochspannungsleitungen von unterschiedlichen Spannungsebenen durchgeführt. Man unterscheidet das Transportnetz, das weiträumig überträgt, und das Verteilungsnetz. Zum Transportnetz gehört die Höchstspannung (220 kV und 380 kV Nennspannung in Europa, in Ländern mit sehr langen Übertragungswegen gibt es auch 550-kV- und 765-kV-Ebenen, zum Beispiel in Kanada und Russland). Beim Verteilungsnetz unterscheidet man Höchstspannung (220 kV bzw. 380 kV), Hochspannung (110 kV Nennspannung, 123 kV maximale Betriebsspannung) und Mittelspannung (1 kV bis 30 kV). Das Niederspannungsnetz ist die 0,4-kV-Ebene, die man allgemein als 400-V-Drehstrom bezeichnet.

Als wichtiges neues Geschäftsfeld entstand mit der Liberalisierung der **Stromhandel.** Alle größeren Unternehmen der Branche legten sich eigene Stromhandelsabteilungen zu, gründeten Stromhandelsgesellschaften oder stiegen mit Partnern in den Stromhandel ein. Daneben betätigten sich unabhängige Stromhändler, die weder über Kraftwerke noch über eigene Leitungen noch über eigenen Bedarf verfügen. So ist die European Energy Exchange (EEX) ein elektronischer Marktplatz für den Energiehandel. Sie unterliegt als öffentlich-rechtliche Institution dem deutschen Börsengesetz. Die EEX ist mit über 150 Börsenteilnehmern aus 19 Ländern die größte Energiebörse in Kontinentaleuropa. An der EEX werden Strom, CO_2-Zertifikate und Kraftwerks-Kohle gehandelt. Außerdem wird die Registrierung von OTC-Geschäften zum Clearing (OTC: Over-the-counter, außerbörsliche Handel zwischen Finanzmarktteilnehmern/Clearing: zentrale Verrechnung von gegenseitigen Verbindlichkeiten) angeboten. Betreibergesellschaft der Börse EEX ist die EEX AG mit Sitz in Leipzig.

Bis zu der Liberalisierung des Energiemarkts gab es in Deutschland keinen regulären Handel mit Strom. Es gab nur zweiseitige Verträge, die jeweils die Endkunden mit den Lieferanten oder diese mit den Vorlieferanten abschlossen. Soweit Regionalversorger oder Stadtwerke eigene Kraftwerke unterhielten, deckten sie damit den Eigenbedarf und kauften den Rest vom örtlich zuständigen Vorlieferanten. Die großen Verbundunternehmen halfen sich zwar gegenseitig mit Stromlieferungen aus, doch bezahlten sie diese in aller Regel nicht mit Geld, sondern mit entsprechenden Gegenlieferungen.

Der Wettbewerb im Strommarkt beschränkt sich auf die vom Kunden zu entrichtende Preise für die Energielieferung inklusive Händlermarge, da alle weiteren Bestandteile der Strompreise staatlich reguliert oder staatlich festgelegt sind. In Abhängigkeit von der Kundengröße ist der Wettbewerb im Strommarkt sehr unterschiedlich ausgeprägt.

Im Bereich der Großkunden, Industriekunden und den Gemeinden findet ein intensiver Wettbewerb im Strommarkt statt. Die Entscheidung für einen Energielieferanten findet im öffentlichen Bereich in Form von Öffentlichen Ausschreibungen statt, die in den Amtsblättern veröffentlicht werden. Im Bereich der Großkunden erfolgt die Vergabe aufgrund von Angebotsvergleichen oder Versteigerungen im Internet.

Im Bereich der Kleinverbraucher gibt es einen begrenzten Wettbewerb. Die Stromanbieter bieten in der Regel im Internet standardisierte Stromlieferverträge an. Aufgrund relativ geringer Preisunterschiede zu den Angeboten der örtlichen Netzbetreiber war die Wechselquote anfänglich gering. Sie lag laut dem Monitoringbericht 2006 der Bundesnetzagentur im Bereich der Haushalts- und Kleingewerbekunden bei 2,2 % pro Jahr, während sie für Großkunden zwischen 10 und 11 %betrug. 2023 lag die Quote bei Haushaltskunden bei 12 % und damit immer noch in einem geringen Bereich.[4]

---

[4] Vgl. https://www.bundesnetzagentur.de/SharedDocs/Pressemitteilungen/DE/2024/20240625_ smard.html#:~:text=Haushaltskunden%20den%20Stromlieferanten%2C%20was%20 einer,202%20Euro%20pro%20Jahr%20einsparen.

7.1.2 Das Vorprojekt

Unter den gegebenen Rahmenbedingungen wurde für das Vorprojekt E4U von dem temporär verantwortlichen Manager der Konzern-IT ein langjähriger IT-Leiter einer Konzerngesellschaft der Energieträgergewinnung und Energieerzeugung auf Basis von Braunkohle (Braunkohle AG) als Projektleiter ausgewählt. Gemeinsam mit einem Berater einer internationalen externen Beratungsgesellschaft wurden die Protagonisten des Projekts aus unterschiedlichen Konzerngesellschaften gewonnen. Zur besseren Verdeutlichung der einzelnen Organisationseinheiten dient die folgende Abbildung (Abb. 7.13).

Unterhalb der Konzernholding waren in einem Bereich Utility alle Unternehmen der Versorgungswirtschaft zugeordnet. Aufgaben der Vertriebs AG war die Versorgung von Kunden (insbesondere Stadtwerke, regionale Versorger, z. T. auch Endkunden bzw. Tarifkunden) mit allen Energiesparten und Servicedienstleistungen (Strom, Gas, Wasser, Abwasser, Entsorgung, Fernwärme, Service, IT-Service). Die Konzerngesellschaft Gas beschäftigte sich mit der Beschaffung und Durchleitung von Gas in konzerneigenen und –fremden Gasnetzen. Die Netz AG war für das physische Stromnetz zuständig. Die Entsorgungs AG hatte alle Funktionen der Entsorgungswirtschaft übernommen. Die Mineralöl AG belieferte im sogenannten Downstreambereich Tankstellen mit Mineralölen. Der Betrieb von Wasserwerken und Wassernetzen und die Versorgung von Kommunen oder Stadtwerken mit Wasser bzw. die Entsorgung und Reinigung von Abwasser war die Aufgabe der Wasser AG.

In dem Bereich Energy waren alle Unternehmen der Energieträgergewinnung und Energieerzeugung gebündelt. Die Trading AG übernahm Aktivitäten im Bereich Strom- und Gashandel. Die Kraftwerke AG war für den Betrieb konzernei-

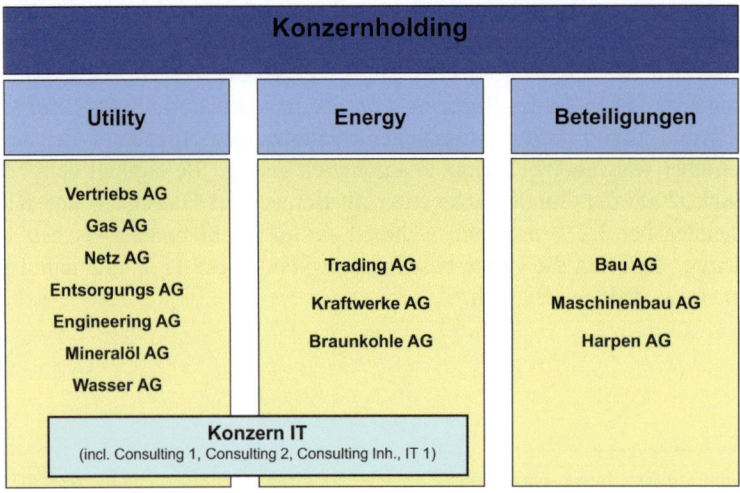

Abb. 7.13 Organisationsstruktur Konzern

gener Kraftwerke zuständig. Die Braunkohle AG für die Gewinnung von Braunkohle sowie für die Erzeugung von Energie (Strom und Wärme) in Braunkohlenkraftwerken.

Die den Konzerngesellschaften eigenen IT-Bereiche und alle existenten IT-Tochterunternehmen oder Beteiligungen sollten in der neu gegründeten Konzern-IT gebündelt werden. Aufgrund gerade erfolgter Fusionen auf verschiedenen Ebenen des Konzerns boten diese IT-Gesellschaften einen weiten Bereich von Services und Erfahrungen an. Die Unternehmen Consulting 1 und Consulting 2 boten Leistungen im Bereich SAP-Einführung an. Consulting 1 hatte eher das Kundensegment externer Markt und Consulting 2 eher interner Markt. Beide Gesellschaften hatten mit jeweils ungefähr 100 Mitarbeitern eine eher mittelständische Struktur und Dynamik. Consulting Inh (Inhouse) war die strategische Beratungsgesellschaft des Konzerns mit Kunden im externen und konzerneigenen Markt. Beratungsschwerpunkte waren strategische und betriebswirtschaftliche Projekte. Das Beziehungsmanagement dieser Gesellschaft in die Entscheiderebene des Konzerns war gut ausgebaut. Die Softwaregesellschaft IT-1 hatte vor der Fusion die Aufgabe eigene Softwaresysteme zur Abrechnung von Versorgungsleistungen zu erstellen und den Betrieb in Konzernunternehmen sowie bei einigen externen Unternehmen zu sichern. Mit der Vorstandsentscheidung zukünftig für alle Konzerngesellschaften die Abrechnungssoftware von SAP einzusetzen, war die Existenz der Gesellschaft infrage gestellt. Zielsetzung war eine Transformation der Mitarbeiter von Softwareentwicklern zu SAP-Experten und -Berater durch Mitarbeit in den beiden strategischen Konzernprojekten UBS und E4U.

Die reinen Finanzbeteiligungen spielten für die Projekte UBS und E4U keine Rolle. Aufgrund der vielfältigen organisatorischen und funktionalen Aufgaben wurde eine externe Beratungsgesellschaft in alle wichtigen Unternehmensprojekte mit eingebunden. Mögliches Ziel war auch eine Involvierung dieses externen Beratungshauses in die zukünftige Konzern-IT. Zum Zeitpunkt des Starts von E4U hatte das Beratungsunternehmen einen erheblichen Stellenwert bei dem Management des Konzerns.

▶   **Guideline**
Minimize the project risk through stable organizations

Projekte, die in volatilen Organisationsstrukturen mit Mitarbeitern unterschiedlichster Expertise durchgeführt werden, haben ein enormes Risiko zum Spielball individueller Ziele zu werden. Stabile Unternehmensorganisation und stabile Projektorganisationen und mit dem Projektziel verbundene Mitarbeiter haben eher die Grundvoraussetzung für den Projekterfolg. Insofern ist der Projekterfolg auch mit der adäquaten Reihenfolge der Ziele verbunden. Zuerst sollte die Organisation definiert und manifestiert werden und dann sollten funktionale Ziele in weiteren Projekten realisiert werden.

Nach einer kurzen Evaluierungsphase mit mehreren Iterationsschritten hatte sich das folgende Projektteam gefunden (siehe Abb. 7.14):

Abb. 7.14 Projektorganisation Vorprojekt Business Case

Manager Konzern IT
Der Manager der Konzern-IT war der ehemalige Leiter der Konzern-IT eines
der fusionierten Unternehmen und musste sich für die Leitung der neuen, erheb-
lich größeren Konzern-IT noch profilieren. Im Zuge der Migration der einzelnen
IT-Abteilungen zu der neuen Konzern-IT lernte er den ehemaligen Leiter der
IT-Abteilung der Braunkohle AG kennen.

Projektleiter (PL)
Der Projektleiter verfügte über langjährige Erfahrungen als IT-Leiter der Braun-
kohle AG mit ungefähr 100 Mitarbeitern und im Zuge einer Einführung von
SAP bei der Braunkohle AG auch mit den meisten Modulen der SAP-Standard-
software. Eine Ausnahme der Kenntnisse stellte die Abrechnungskomponente
SAP-Software IS-U dar. Seine Projektmanager-Erfahrung hatte er in zahlreichen
Softwareeinführungsprojekten gesammelt, wobei seine Rolle eher die des Steering
Committees als die des aktiven Projektmanagers war.

Berater (B)
Der Berater war ein hochrangiger Mitarbeiter des externen Beratungsunternehmens mit Branchenerfahrungen und Kenntnissen im Bereich betriebswirtschaft-
licher und strategischer Beratung. Er verfügte nur über rudimentäre Erfahrungen
mit der SAP-Software. Über die internen Kommunikationskanäle des Beratungsunternehmens war er über sämtliche Konzernprojekte und anstehende Entscheidungsfindungen des Konzerns sehr gut informiert.

Spezialist (S)
Der Spezialist war Mitarbeiter des Konzernunternehmens Consulting 2 und seine
Erfahrungen bestanden aus zahlreichen SAP-Einführungsprojekten in der Ver-
sorgungswirtschaft. Er verfügte über sehr gute Kenntnisse der spezifischen Ge-

schäftsprozesse und über die Strukturen von Stadtwerken. Er hatte keine Kenntnisse der SAP-Abrechnungssoftware IS-U.

Fachbereichsvertreter (FB)

Der Fachbereichsvertreter war Mitarbeiter der Vertriebs AG auf operativer Ebene. Er verfügte über sehr gute Kenntnisse der Konzernstrukturen und des potenziellen Kundenklientels. Er hatte wenig IT-Kenntnisse und nahezu keine SAP-Kenntnisse. Ggf. im Projekt notwendig werdende Entscheidungen musste er mit seinem Vorgesetzten abstimmen.

Generalist (G)

Der Generalist war Mitarbeiter des Konzernunternehmens Consulting 2 und seine Erfahrungen bestanden aus zahlreichen betriebswirtschaftlichen und SAP-Einführungsprojekten in verschiedensten Branchen. Er verfügte über Kenntnisse der Prozesse der SAP-Abrechnungslösung.

Vertriebsmitarbeiter (VM)

Der Vertriebsmitarbeiter hatte als Mitarbeiter der Vertriebs AG direkten Kontakt mit potenziellen Kunden für die zu erstellende Abrechnungssoftware E4U. Er hatte sehr gute Kenntnisse über die Anforderungen der potenziellen Kunden aber keine Detailkenntnisse der Geschäftsprozesse und keine Kenntnisse der Standardsoftware SAP.

Engineering Mitarbeiter (EM)

Der Engineering Mitarbeiter kam aus der Engineering AG und beschäftigte sich dort mit Engineering Dienstleistungen für Versorger. Er verfügte weder über Stadtwerke- noch über IT-Kenntnisse im Bereich SAP. Er wurde aus Proporzgründen für das Projekt E4U ausgewählt.

▶ **Guideline**
Select the project members with caution
   Die Mitarbeiter eines Projektes sollten unter funktionalen und sozialen Gesichtspunkten ausgewählt werden. Unerlässlich ist die Einsetzung eines erfahrenen und entscheidungsgewohnten Projektleiters mit den entsprechend notwendigen Befugnissen. Inhaltliche Detailkenntnisse sind für den Projektleiter nicht erheblich. Die Projektmitarbeiter sollten die inhaltlichen Anforderungen an ein Projekt in all seinen Aspekten abdecken können. Vorteilhaft sind Charaktere bzw. Persönlichkeiten die teamorientiert arbeiten, die empathisch aufeinander eingehen und die essenzielle und zielorientierte Information rechtzeitig und vollständig kommunizieren. Kommunikation um der Kommunikation willen ist zu vermeiden.

Eine Zuordnung der Projektmitarbeiter zu Aktivitäten oder Funktionen fand aufgrund des nicht vorhersehbaren und nicht in Detailschritten planbaren Vorhabens nicht statt. In der ersten Projektsitzung sollten die Aufgaben definiert und verteilt werden. Implizit wurde für das Projekt eine agile Projektmanagementmethode eingesetzt. Das Projektteam sollte sich einmal die Woche zur Abstimmung des Aktivitätenplans und zur Inkorporation der Ergebnisse treffen. Der Projektleiter stimmte sich täglich telefonisch mit seinen Projektmitarbeitern ab.

Für die erste Phase des Vorprojekts, die Erstellung des Business Case bzw. des Business Plans waren 6 Wochen angesetzt. In dem ersten Projektmeeting wurden die einzelnen Aktivitäten zur Erstellung des Business Plans abgestimmt und zeitlich eingeplant (siehe Abb. 7.15).

Die erste Projektsitzung lief überwiegend chaotisch ab. Nach einer Vorstellungsrunde der Projektmitarbeiter, die sich mit Ausnahme des Projektleiters, des Beraters und des Fachbereichsvertreters in dieser ersten Sitzung zum ersten Mal treffen, erfolgte eine Darstellung der Zielsetzung durch den Projektleiter und dem Fachbereichsvertreter u. a. anhand einer Darstellung der relevanten Geschäftsprozesse in SAP, die jedoch für die Problemstellen und Zielsetzung unpassend war (siehe Abb. 7.16).

Danach setzte eine unstrukturierte Diskussion ein, was für ein solches Projekt alles berücksichtigt und durchgeführt werden müsste. Als erstes ergriff der Spezialist das Wort und driftete in eine mehrstündige Erklärung (Monolog) der Geschäftsprozesse von Stadtwerken und insbesondere des Prozesses Hausanschlusswesen ab (Siehe Abb. 7.17, 7.18, 7.19, und 7.20). Diesen Details konnte zu diesem Zeitpunkt kein anderer der Projektmitarbeiter folgen.

Nach einer kurzen Phase der Verwirrung und Konsternation ergriff der Berater das Wort und erklärte die Details des zu berechneten Business Cases und fabu-

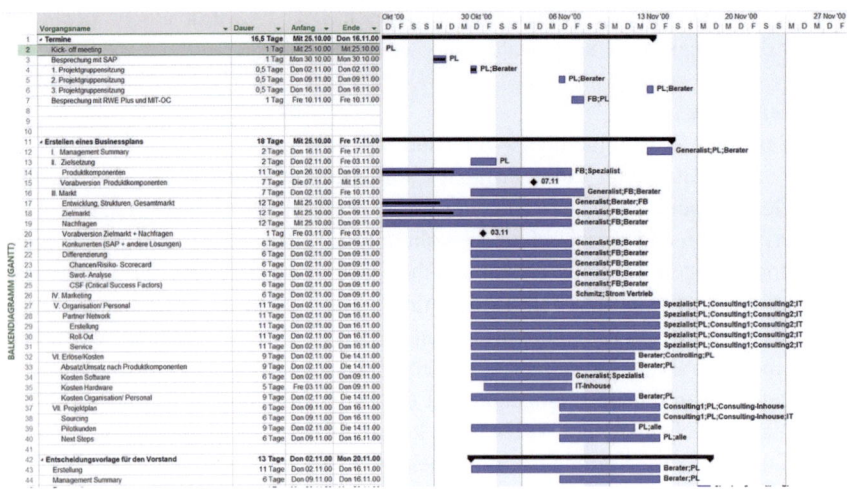

Abb. 7.15 Balkendiagramm des Vorprojekts, Phase Business Case

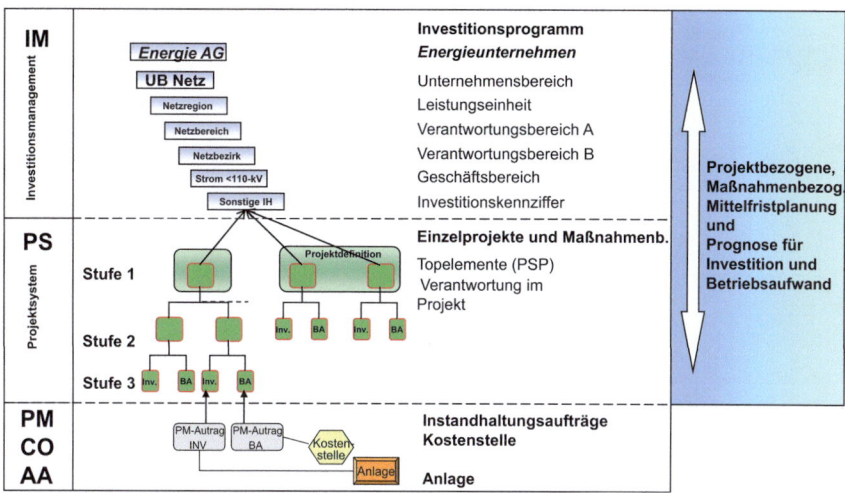

Abb. 7.16 Geschäftsprozesse von Energieversorgungsunternehmen in SAP

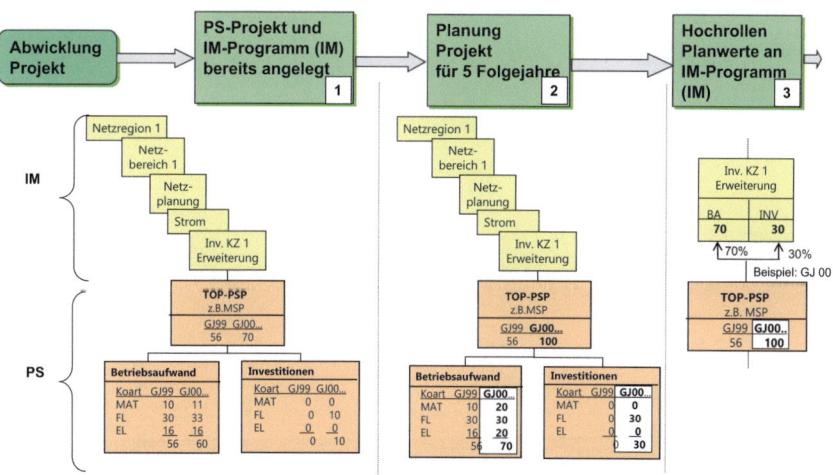

Abb. 7.17 Geschäftsprozess Hausanschluss, Teil 1

lierte über Portfoliotechniken, die die Angebotsakzeptanz der Stadtwerke in Bezug zu ihrer Größe (siehe Abb. 7.21) und den Lösungsbedarf der Kunden aufzeigen (siehe Abb. 7.22).

Anhand der nicht definierten Maßgröße lässt sich erkennen, dass der Berater nur über wenige Kenntnisse des potenziellen Kundenklientels Stadtwerke verfügte.

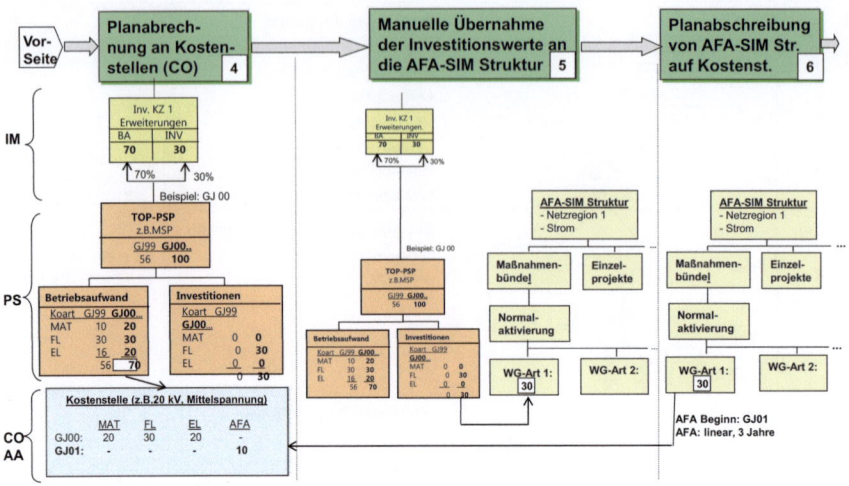

Abb. 7.18 Geschäftsprozess Hausanschluss, Teil 2

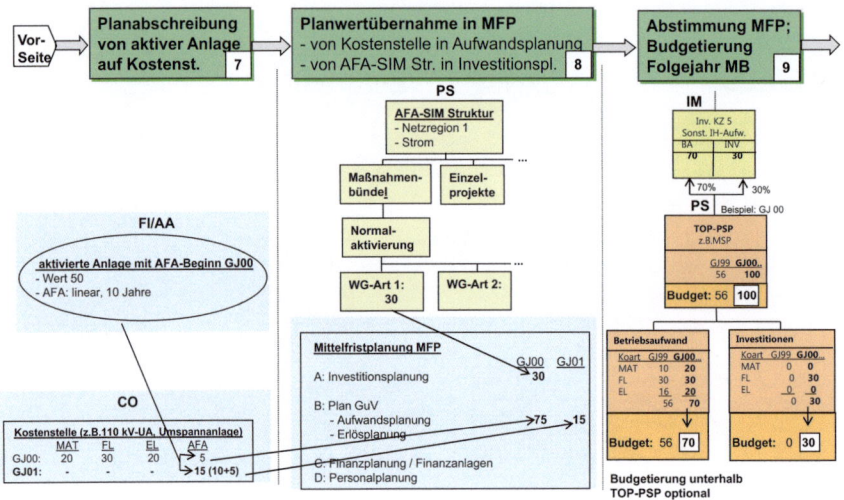

Abb. 7.19 Geschäftsprozess Hausanschluss, Teil 3

Unter ASP (Application Service Providing) wird die Bereitstellung sämtlicher IT-Hardware und Software einschließlich des Betriebs für die Kunden verstanden.[5] Ready-to-Use bedeutet ein Einsatz der E4U Lösung ohne zusätzliche Einstellungen

---

[5] Insofern entspricht der damalige Begriff ASP dem heutigen Cloud-Computing.

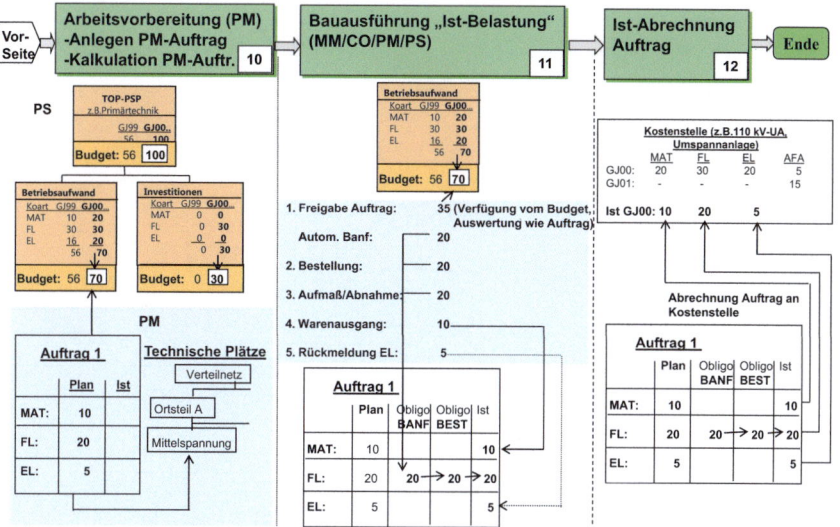

Abb. 7.20 Geschäftsprozess Hausanschluss, Teil 4

bzw. Parametrisierungen der SAP-Software. Customizing-Projekte erstellen in der E4U Lösung oder ggf. nur in der SAP-Lösung unternehmensspezifische Geschäftsprozesse und Funktionen für einen bestimmten Kunden durch Parametrisierungen der Software und/oder durch Zusatzprogrammierungen von Funktionalitäten.

Dann setzte der Berater mit epischen Erklärungen zu der Scorecard des Business Cases (siehe Abb. 7.23), den Einmalkosten und wiederkehrenden Kosten des Business Cases (siehe Abb. 7.24) und den Risiken des Business Cases E4U fort (Abb. 7.25).

Dieser zweite Monolog steigerte die Verwirrtheit der Projektmitarbeiter und wohl auch des Projektleiters nicht unwesentlich. Eine erste Struktur und Zielformulierung in das Meeting wurden durch den anschließenden Beitrag des Generalisten eingebracht.

▶ **Guideline**
Project Management means leading and controlling the project

Insbesondere Projektmeetings, -diskussion und Projektabstimmungen bedürfen einer strikten Steuerung durch den Projektleiter. Der Projektleiter muss beachten, dass die Diskussionsbeiträge auf einem für die momentane Projektphase relevanten Level bleiben und dass alle Projektmitarbeiter die Möglichkeit erhalten, ihren paritätischen Input zu geben. Vorteilhaft ist eine Vorstrukturierung des Meetings organisatorisch und auch inhaltlich durch den Projektleiter.

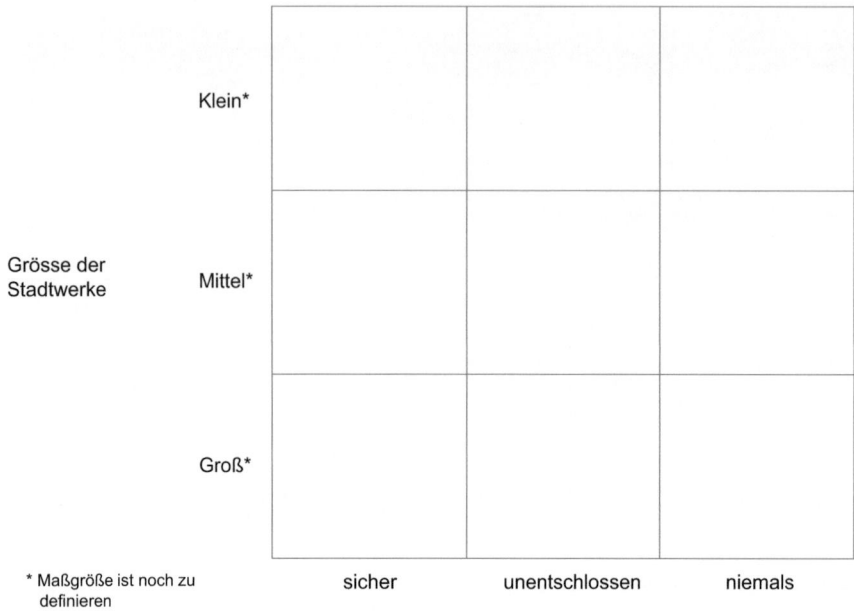

Abb. 7.21 Portfolio Größe des Stadtwerkes und Angebotsakzeptanz

Der Generalist zeigte auf einem, relativ hohen Level die Struktur eines Business Plans auf (siehe Abb. 7.26). Durch gemeinsame Diskussion wurden die einzelnen Bestandteile des Geschäftsplans weiter strukturiert und insbesondere wie der Business Case zu inkorporieren ist. Auf Basis dieser Struktur wurden dann gemeinsam die Aktivitäten mit Prioritäten für die folgende Woche definiert und wer welche der Aufgaben übernimmt. Dieser letzte Beitrag hatte zeitlich die gleiche Ausprägung wie die ersten beiden Monologe und hatte den wesentlichen Unterschied, dass zum einen alle Projektmitarbeiter den Inhalt verstanden haben und zum anderen alle Projektmitarbeiter an der Diskussion und der Generierung der Aktivitätenliste beteiligt wurden.

▶ **Guideline**
Structure the first meeting well

Das erste Aufeinandertreffen der Projektmitarbeiter sollte vom Projektleiter sehr gut strukturiert werden. In seiner Einleitung sollten die Projektteilnehmer auf eine Begrenzung der Redebeiträge aufmerksam gemacht werden. Die Reihenfolge der Vorstellungen und Beiträge werden durch den Projektleiter festgelegt. Insbesondere externe und interne Berater neigen zur

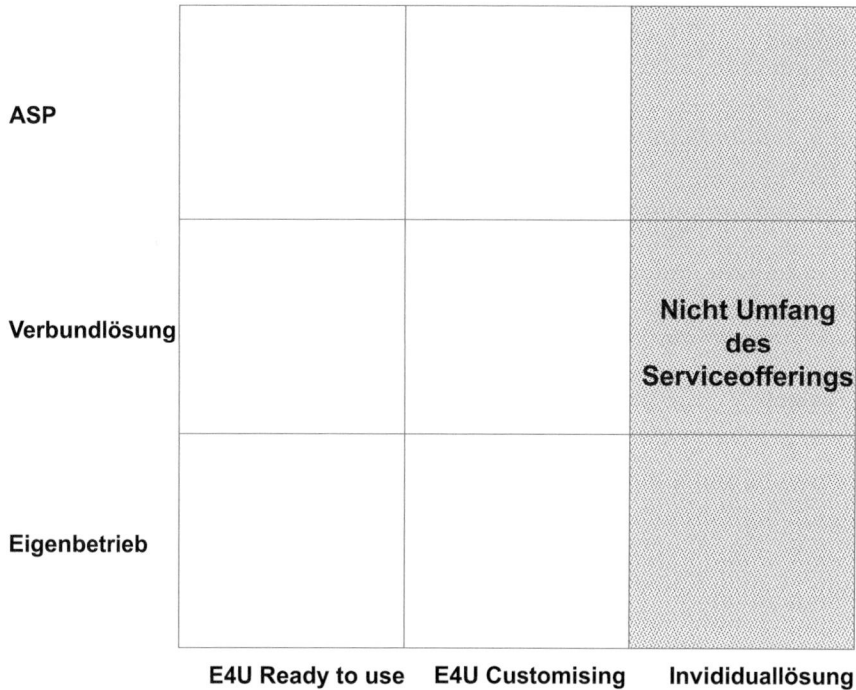

Abb. 7.22 Portfolio Lösungsbedarf der Kunden

Selbstdarstellung und haben einen starken Profilierungsdrang. Hier sollte der Projektleiter limitierend eingreifen.

In einem vierwöchigen, iterativen Prozess wurden der Geschäftsplan und eine den Geschäftsplan darstellende Präsentation für den Vorstand erarbeitet. Aufgrund der positiven Teamdynamik und der gemeinsamen Zielsetzung war die Erarbeitung der Inhalte, die Abstimmung der Ergebnisse stets unproblematisch und die gegenseitige Unterstützung stets gegeben. Das Projekt verfügte über mehrere Projekträume an einem zentralen Standort der Konzern-IT und über weitestgehende Unterstützung durch mehrere, administrative Mitarbeiter. Der Projektleiter legte für das wöchentliche Projektmeeting eine Agenda fest. Anhand dieser Agenda wurden die einzelnen Aktivitäten und Ergebnisse besprochen (siehe Abb. 7.27). Abgestimmte Ergebnisse gingen direkt in den Business Plan ein. Auf eine Protokollierung der Ergebnisse der Teambesprechung wurde bewusst verzichtet, da die abgestimmten Ergebnisse direkt in den Geschäftsplan eingearbeitet wurden. Die Dauer der Projektsitzungen reduzierte sich von fünf Stunden auf weniger als zwei Stunden in der letzten Sitzung, da der Status der Aktivitäten und der Inhalt der

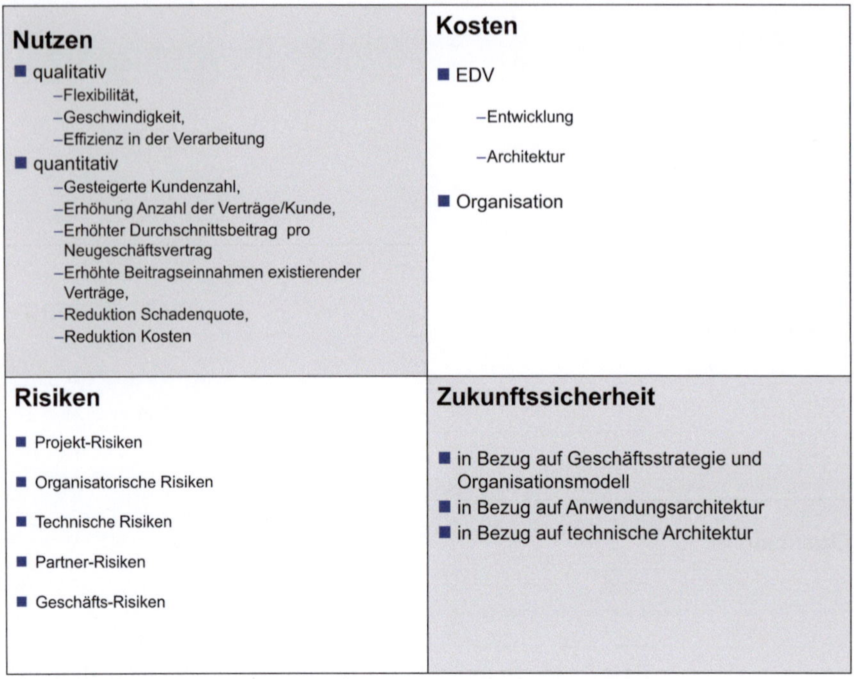

Nutzen	**Kosten**
■ qualitativ 　–Flexibilität, 　–Geschwindigkeit, 　–Effizienz in der Verarbeitung ■ quantitativ 　–Gesteigerte Kundenzahl, 　–Erhöhung Anzahl der Verträge/Kunde, 　–Erhöhter Durchschnittsbeitrag pro 　　Neugeschäftsvertrag 　–Erhöhte Beitragseinnahmen existierender 　　Verträge, 　–Reduktion Schadenquote, 　–Reduktion Kosten	■ EDV 　–Entwicklung 　–Architektur ■ Organisation
Risiken	**Zukunftssicherheit**
■ Projekt-Risiken ■ Organisatorische Risiken ■ Technische Risiken ■ Partner-Risiken ■ Geschäfts-Risiken	■ in Bezug auf Geschäftsstrategie und 　Organisationsmodell ■ in Bezug auf Anwendungsarchitektur ■ in Bezug auf technische Architektur

Abb. 7.23 Scorecard des Business Cases

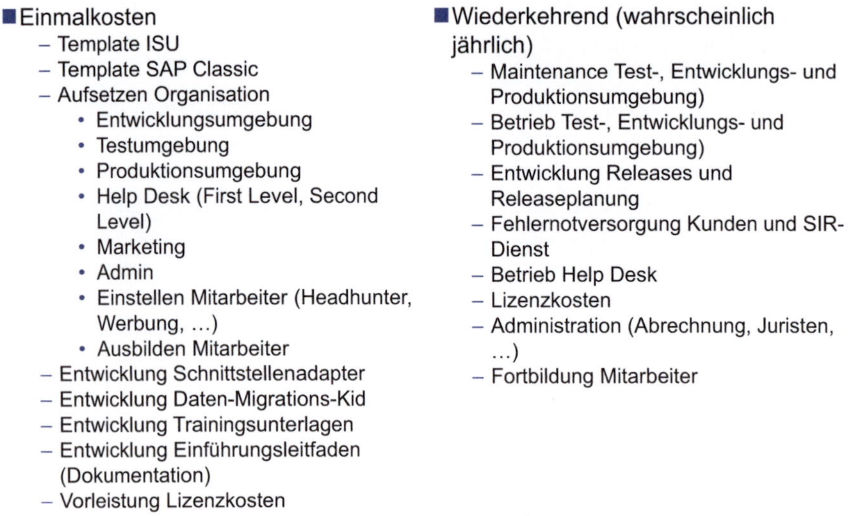

■ Einmalkosten
- Template ISU
- Template SAP Classic
- Aufsetzen Organisation
  • Entwicklungsumgebung
  • Testumgebung
  • Produktionsumgebung
  • Help Desk (First Level, Second Level)
  • Marketing
  • Admin
  • Einstellen Mitarbeiter (Headhunter, Werbung, …)
  • Ausbilden Mitarbeiter
- Entwicklung Schnittstellenadapter
- Entwicklung Daten-Migrations-Kid
- Entwicklung Trainingsunterlagen
- Entwicklung Einführungsleitfaden (Dokumentation)
- Vorleistung Lizenzkosten

■ Wiederkehrend (wahrscheinlich jährlich)
- Maintenance Test-, Entwicklungs- und Produktionsumgebung)
- Betrieb Test-, Entwicklungs- und Produktionsumgebung)
- Entwicklung Releases und Releaseplanung
- Fehlernotversorgung Kunden und SIR-Dienst
- Betrieb Help Desk
- Lizenzkosten
- Administration (Abrechnung, Juristen, …)
- Fortbildung Mitarbeiter

Abb. 7.24 Exemplarische Kosten des Business Cases E4U

■ Projektrisiken
  - Staffingsituation von ISU Ressourcen
  - Konkurrenz zum internen ISU Projekt
  - Time to Market und somit von 0 auf 100

■ Organisatorischen Risiken
  - Aufbau eines Organisation nötig, die ein Standartsoftwareprovider vorhalten sollte (Help Desk, User Kreis, Release- und Testmanagement, Beraterkapazität, ...)
  - Verantwortung für das Marketoffering
  - Entscheidungsgeschwindigkeit und Bereitschaft zur Freigabe Budget und Risiko

■ Technische Risiken
  - Customising ISU ist noch Neuland im Gegensatz zu SAP-Classic
  - ggf. Nutzen von Non-Standard Hardware

■ Partner Risiken
  - Abhängigkeit von Freelancern und anderen kleineren Unternehmen

■ Geschäftrisiken
  - Vielzahl von Stadtwerken muß nächstes Jahr die EURO-Umstellung durchführen
  - Verträge müssen juristisch wasserdicht aufgesetzt werden
  - Konkurrenz anderer Versorger und Berater
  - Pricingmodell

Abb. 7.25 Exemplarische Risiken des Business Cases E4U

■ **Management Summary**	(Kapitel 1)
■ **Zielsetzung und Produktkomponenten**	(Kapitel 2)
– Produktidee; Strategie; Mission Statement; Zusammenarbeit mit Vertriebs AG	
– Produktkomponenten	
■ **Marktanalyse**	(Kapitel 3)
– Gesamtmarkt; Zielmarkt: Kategorisierung, Segmentierung; Nachfragerstruktur und Prioritäten	
– Konkurrenten	
– Differenzierung: Chancen-Risiko Analyse; SWOT Analyse; Kritische Erfolgsfaktoren	
■ **Marketing**	(Kapitel 4)
– Strategie; Ziele; Plan; M-mix; Absatzförderung; Aktivitäten	
■ **Organisations- und Personalentwicklung**	(Kapitel 5)
– Projektorganisation in der Produktentwicklungsphase; Ressourcenplan	
– Partnernetzwerk: Entwicklungspartner; Roll-out Partner; Vertriebspartner; Servicepartner	
■ **Erlöse und Kosten (Business case)**	(Kapitel 6)
– Annahmen; Absatzplanung; Pricing; Umsatzplan; Kosten: einmalige, laufende	
– Ergebnisrechnung (GuV) für drei Szenarien; Start-up Budget	

Abb. 7.26 Struktur des Business Plans

Datum, Ort:	Donnerstag, 09.11.2000, 10:00 – 12:00Uhr Konzern IT AG, Ort XY
Teilnehmer:	Konzern IT AG: Herren PL, HW Spezialist Energie AG: Herren FB, VM, EM Consulting 2: Herr S Consulting 1: Herr G Berater: Herr B

Tagesordnungspunkte 3. Projektteammeeting

A.Organisatorisches •Projektlaufwerk •PSP Element und Kontierung •Geplante weitere Meetings	Hr. PL	5 Min
A.Bericht aktueller Ereignisse / Meetings	Hr. PL	5 Min
A.Vorstellung Struktur Business Plan	Herr G	5 Min
A.Vorstellung Status und Inhalt Einzelergebnisse •Managementsummary und Risikoanalyse •Marktanalyse •Produkte •Marketingansatz •Partnerkonzept •Struktur Business Case •Kosten Template ISU •Kosten Template SAP •Kosten HW •Kosten Orga	Hr. PL Hr. FB Hr. S Hr. EM Hr. S Hr. B Hr. G Hr. S Hr. HW Spezialist Hr. PL	Max je 10 Min
A.Diskussion weiteres Vorgehen Fertigstellung Business Plan und Festlegung Termine und Örtlichkeiten	alle	5 Min

Abb. 7.27 Tagesordnungspunkte des Projektmeetings

Ergebnisse schnell besprochen waren und sich daraus neue Prioritäten und neue Aktivitäten ergaben.

▶ **Guideline**
Project targets and individual targets must be (almost) congruent.

Eminent wichtig in einem Projekt ist die Verinnerlichung des Projektziels. Positive Zusammenarbeit kommt nur dann zustande, wenn alle gemeinsam an einem Strang ziehen und das Ergebnis erreichen wollen. Dabei können individuelle Ziele mit dem Projektziel kongruent sein, nämlich dann, wenn alle Projektmitarbeiter mit der Erreichung des Projektziels eigene Ziele verwirklichen können. Neben der extrinsischen Motivation sollte der Projektleiter auch die intrinsische Motivation der Mitarbeiter fördern (positiver Teamgeist).

Da die Entscheidung für die Abrechnungssoftware des Unternehmens SAP für die eigenen Kunden und für das Projekt UBS gefallen war und das Angebot unterschiedlicher Abrechnungssysteme für das Marktsegment der Kleinstadtwerke und für das Marktsegment der mittelständischen Stadtwerke und der regionalen Versorger in der Realisierung als zu komplex angesehen wurde, entschied sich das Projektteam in beiden Segmenten ein E4U Lösung basierend auf SAP anzubieten. Die Zielsetzung des Realisierungsprojektes wurde wie folgt abgestimmt:

1. Qualitative und quantitative Marktführerschaft im Bereich betriebs- und ener-
   giewirtschaftlicher, geschäftsprozessorientierter Produkt- und Serviceleistungen für Stadtwerke im Einzugsbereich der Energie AG bis Ende 2001 gemessen am Erfüllungsgrad und der Erwartungshaltung der Kunden. Ziel ist es,
   sämtliche Kunden des Geschäftsjahres 2001 als Referenzkunden zu gewinnen.
2. Entwicklung und Stabilisierung des Business bis Mitte 2001.
3. Der Zielumsatz für 2001 ist 4,1 Mio. EURO, der Zielumsatz für 2002 ist
   17,0 Mio. EURO, der Zielumsatz für 2003 ist 27,7 Mio. EURO.
4. Erreichen einer Umsatzrendite von 15 % ab 2003

Die zu generierende Produkte sind in der folgenden Abbildung Abb. 7.28 dargestellt.

Kleinen Stadtwerken sollte die E4U Lösung im ASP-Betrieb angeboten werden.

Die Erarbeitung der Marktanalyse mit den Inhalten Nachfragestruktur und
Mitbewerberanalyse wurde als Auftrag an ein Hochschulinstitut vergeben. Die
Ergebnisse sind exemplarisch in den folgenden Abbildungen dargestellt (siehe
Abb. 7.29, 7.30 und 7.31).

Schwerpunkt der Marketingaktivitäten sollte die Präsenz auf Foren der Stadt-
werke-Verbände sein. Ein weiterer Schwerpunkt wurde in der Veröffentlichung von Artikel in Fachzeitschriften der Versorgungswirtschaft gesehen. Das

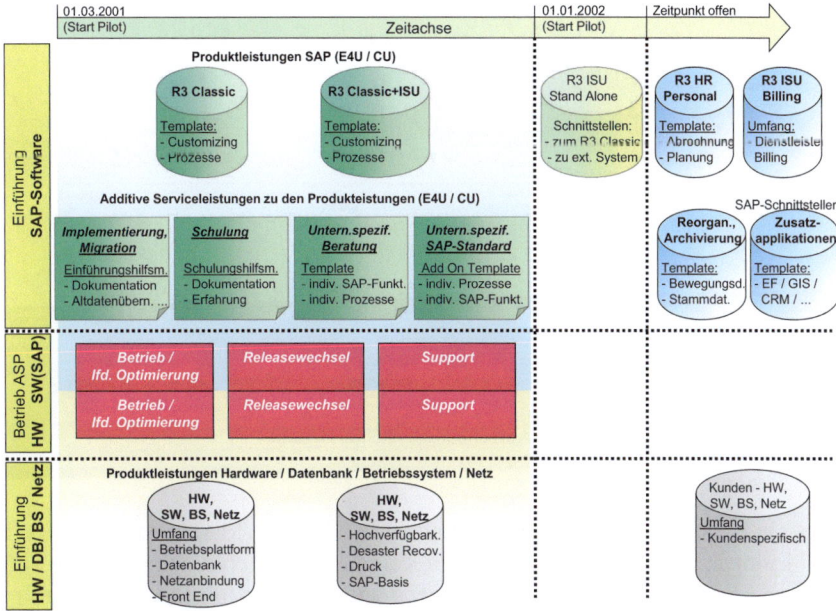

Abb. 7.28 Produktziel und –komponenten

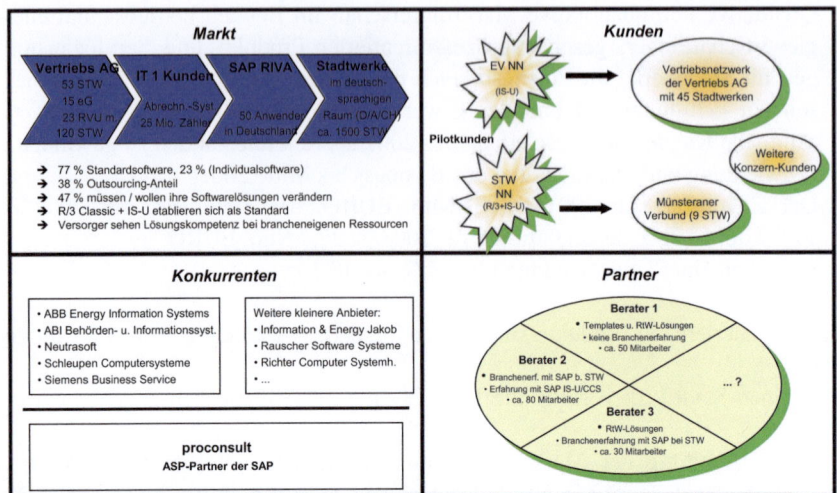

Abb. 7.29 Markt-, Kunden- und Konkurrentenanalyse, Übersicht

Marketing wurde aufgeteilt auf 40 % Direktmarketing (Kontaktieren von Kunden,

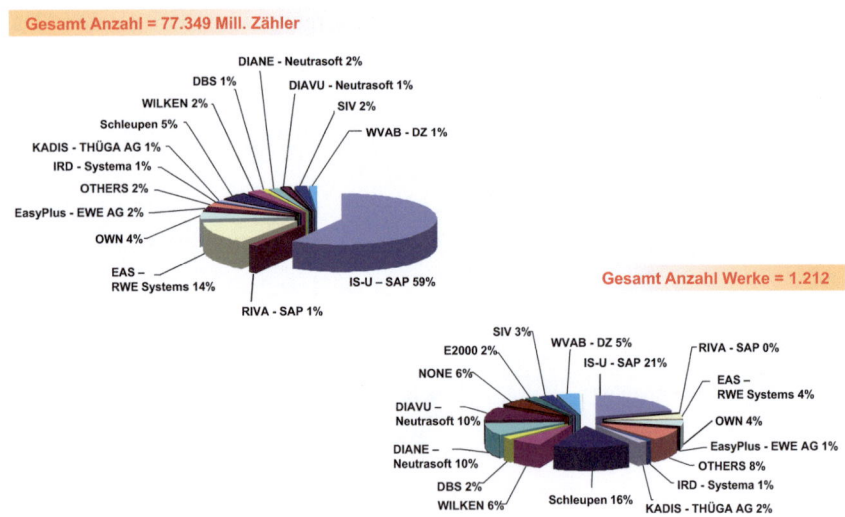

Abb. 7.30 Analyse der etablierten Abrechnungssysteme, Gesamt

Erfolg in Projekten, Referenzkunden) und 60 % Indirektes Marketing (Fachartikel, Publikationen, Vorträge u. Teilnahme an Konferenzen, Recruitment). Für die Vermarktung wurden drei Marktsegmente gebildet, die in der folgenden Reihenfolge vertrieblich generiert werden sollten:

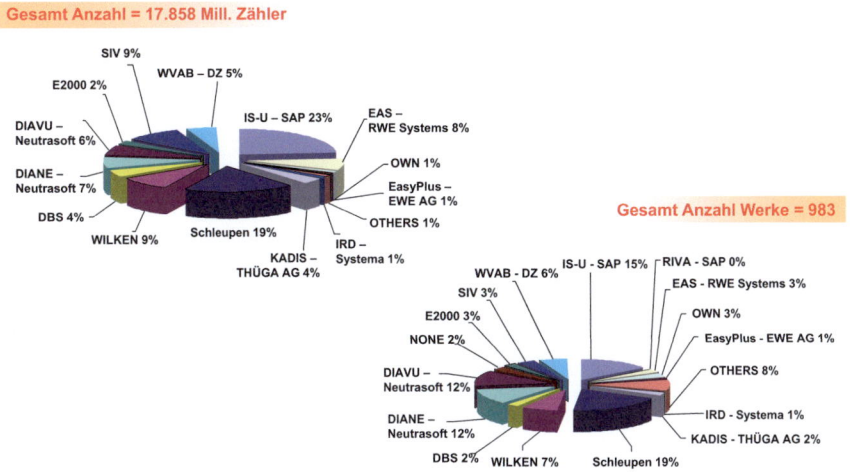

Abb. 7.31 Analyse der etablierten Abrechnungssysteme, Mittelstand

a) Stadtwerke, zu denen die Vertriebs AG Gesellschaftsanteile und/oder Geschäftsbeziehungen unterhält, vorrangig Kunden für die Energie
b) Versorgungsunternehmen in Deutschland, insbesondere Stadtwerke, die Abrechnungssoftware des Unternehmens IT-1 einsetzen.
c) Versorgungsunternehmen im deutschsprachigen und angrenzenden europäischen Raum (Schweiz, Österreich, Holland)

Die Segmentierung der Stadtwerke und Regionalversorger wurde anhand der Kundenanzahl und des Leistungsangebots an die Endkunden vorgenommen:

• Kleine Stadtwerke   weniger als 25.000 Kunden

• Mittlere Stadtwerke   25.000–100.000 Kunden

• Große Stadtwerke (GS)   mehr als 100.000 Kunden

Das Leistungsangebot stellt die angebotenen Produkte dar (Energie- oder Nutzungsarten: Strom, Gas, Wärme, Wasser, Entsorgung). Bei einem Leistungsangebot 1 wird nur ein Produkt angeboten (i. d. R. Strom), bei einem Leistungsangebot 5 alle Produkte.
   Der neue Geschäftsbereich der Konzern-IT sollte in der Phase der Produktentwicklung als Projektorganisation starten. Die Projektorganisation wurde wie folgt strukturiert:

• dem Gesamtprojektleiter
• dem Teilprojektleiter Produktentwicklung
• dem Teilprojektleiter Produktentwicklung SAP Classic
• dem Teilprojektleiter Produktentwicklung SAP IS-U

- den Teilprojektleitern Einführungsprojekte bei den Pilotkunden
- dem Beratungsteam (z. T. externe Berater)
- dem Entwicklungsteam (z. T. externe Entwickler)
- der Basis/ASP Team.

Daraus ergab sich für die Phase der Produktentwicklung und Pilotierung folgender Personalbedarf zum 01.01.2001 (siehe Tab. 7.1):

Der Ressourcenbedarf für den sich an die Entwicklung anschließenden Geschäftsbereich E4U wurde wie folgt geplant (siehe Abb. 7.32).

Der Business Case (siehe Abb. 7.37) basierte auf den Ressourcenbedarfen, dem Absatzplan (siehe Abb. 7.33), den Erlösannahmen (siehe Abb. 7.34) und den Kostenschätzungen (siehe Abb. 7.35 und Abb. 7.36).

In der Zwischenzeit hatte die Konzern-IT ein neues Management bekommen. Die Ergebnisse des Vorprojekts wurden „in time and in budget" den Vorständen der betroffenen Konzerngesellschaften präsentiert. Die Vorstände konnten sich nicht auf ein weiteres Vorgehen einigen und trotz der höchsten Priorität des Projekt E4U wurde der Start der nachfolgenden Realisierungsprojekte verschoben.

Das Projektteam wurde erst einmal aufgelöst und die einzelnen Mitarbeiter übernahmen wieder ihr Tagesgeschäft.

▶ **Guideline**
Keeping up team members dynamic and motivation requires success

Um die Motivation und Eigendynamik in Projekten aufrecht zu erhalten, benötigen das Projekt und die Projektmitarbeiter Anerkennung durch Projekterfolge. Werden Projekte gestoppt und wird der Grund für das Anhalten nicht transparent kommuniziert, ergibt sich zumeist ein kontraproduktiver Zustand,

Tab. 7.1 Personalbedarf Produktentwicklung E4U

Anzahl	Funktion	Ressourcenbereitsteller
1	Gesamtprojektleiter	Konzern-IT
4	Teilprojektleiter	Konzern-IT/Beteiligungen
12	Entwickler	Beteiligungen/Partner
5	Berater	Beteiligungen/Partner
22	**Gesamt**	

	GJ2001 Durchschnitt	Q1	Q2	Q3	Q4	GJ2002 Durchschnitt	Q1	Q2	Q3	Q4	GJ2003 Durchschnitt	Q1	Q2	Q3	Q4
Einführung	14	0	0	27	28	56	39	54	64	67	85	73	82	90	97
Wartung	1	0	0	2	2	10	5	8	11	15	25	19	23	27	32
ASP	0	0	0	0	0	0	0	0	0	0	0	0	0	0	0
Sonstige Mitarbeiter	5	5	5	5	5	13	13	13	13	13	19	19	19	19	19
Summe	20	5	5	34	35	79	58	75	89	95	130	111	124	136	148

Abb. 7.32 Personalbedarf Geschäftsbereich E4U

	GJ 2001			GJ 2002			GJ 2003		
	Worst	Ziel	Best	Worst	Ziel	Best	Worst	Ziel	Best
Einführung	**11**	**12**	**12**	**18**	**20**	**28**	**17**	**26**	**33**
SAP	0	0	0	0	0	0	0	0	0
IS-U	0	0	0	0	0	0	0	0	0
SAP+IS-U	11	12	12	18	20	28	17	26	33
E4U	7	7	7	6	6	8	4	7	9
Customizing	5	5	6	12	14	20	13	19	24
Wartung	**0**	**0**	**0**	**38**	**44**	**50**	**40**	**46**	**62**
SAP	0	0	0	19	22	25	20	23	31
E4U	0	0	0	10	10	10	6	7	9
Customising	0	0	0	9	12	15	14	16	23
ISU	0	0	0	19	22	25	20	23	31
E4U	0	0	0	10	10	10	6	7	9
Customising	0	0	0	9	12	15	14	16	23
ASP	**0**	**0**	**0**	**0**	**0**	**0**	**0**	**0**	**0**
SAP	0	0	0	0	0	0	0	0	0
ISU	0	0	0	0	0	0	0	0	0

Abb. 7.33 Absatzplanung für Lösung E4U

Endkundenpreise in Euro

Einführung (einmalig)	Einführung	Lizenzen	Hardware	Summe
SAP				
kleine Stadtwerk (Ready-to-Work)	25.000	50.000	tbd	75.000
mittlere Stadtwerke	240.000	200.000	tbd	440.000
große Stadtwerke	750.000	500.000	tbd	1.250.000
ISU				
kleine Stadtwerk (Ready-to-Work)	25.000	87.500	tbd	112.500
mittlere Stadtwerke	240.000	350.000	tbd	590.000
große Stadtwerke	750.000	875.000	tbd	1.625.000
SAP+ISU				
kleine Stadtwerk (Ready-to-Work)	50.000	137.500	tbd	187.500
mittlere Stadtwerke	480.000	550.000	tbd	1.030.000
große Stadtwerke	1.500.000	1.375.000	tbd	2.875.000

Wartung jährlich	Wartung	Lizenzen	Hardware	Summe
SAP				
kleine Stadtwerk (Ready-to-Work)	7.500	7.500		15.000
mittlere Stadtwerke	30.000	30.000		60.000
große Stadtwerke	75.000	75.000		150.000
ISU				
kleine Stadtwerk (Ready-to-Work)	13.125	13.125		26.250
mittlere Stadtwerke	52.500	52.500		105.000
große Stadtwerke	131.250	131.250		262.500

A SP jährlich				
SAP				
kl. Stadtwerk			8.400	8.400
mittlere Stadtw.			33.600	33.600
EVU			84.000	84.000
ISU				
kl. Stadtwerk			28.500	28.500
mittlere Stadtw.			114.000	114.000
EVU			285.000	285.000

Abb. 7.34 Erlösannahmen für Lösung E4U

der in der Demotivation der Projektmitarbeiter enden kann. Offenheit, Kommunikationswillen, Objektivität und Transparenz sind Eigenschaften eines Unternehmens, in der sich eine positive Projektkultur etablieren kann.

Komponente	Personalkosten	Sachkosten	Summen
Template SAP Classic	410.000	0	410.000
Lizenzen			0
Funktionlitäten für kleinere Stadtwerke	220.000		
			220.000
Funktionlitäten mittlere und große Stadtwerke	190.000		
			190.000
Schnittstellen	0		0
Reports/Dokumente	0		0
Schnittstellenadapter	0		0
Datenmigrationskits	0		0
Entwicklung Trainingunterlagen	20.000	10.000	30.000
Entwicklung Einführungsleitfaden	20.000	10.000	30.000
Marketingaufwand	50.000	10.000	60.000
Summe der einmaligen Kosten			2.360.000
Contingency			472.000
Summe der einmaligen Kosten			2.832.000
Aufwände für Leasing (je Jahr)			0
Summe der einmaligen Kosten (verzinst)			2.832.000

Abb. 7.35 Einmalige Kosten für die Lösung E4U

Komponente	Kosten 2001	Kosten 2002	Kosten 2003	Kosten 2004
Betrieb Organisation	3.790.963	13.426.838	24.572.731	31.103.100
Betrieb Entwicklungsumgebung + QS-System	62.500	62.500	62.500	62.500
Betrieb Test- und Einführungssystemumgebung	62.500	62.500	62.500	62.500
Betrieb Helpdesk (Ready to work)	112.500	225.000	337.500	450.000
Personalkosten Administration	903.875	1.892.800	2.607.800	2.991.725
Personalkosten Berater	2.137.588	8.980.138	17.000.488	20.586.738
Personalkosten Wartung	0	862.500	2.850.000	5.687.500
Kosten ASP (Personal + Hardware)	0	0	0	0
Mitarbeiterbeschaffung und Ausbildung	161.250	527.500	696.250	486.250
Provisionen an RWE PLUS	200.750	688.900	855.694	700.888
Marketingaufwände	150.000	125.000	100.000	75.000
Entwicklungskosten Produkte	190.000	250.000	190.000	250.000
Weiterentwicklung Template ISU	79.000	118.500	79.000	118.500
Weiterentwicklung Template SAP Classic	41.000	61.500	41.000	61.500
Weiterentwicklung Schnittstellenadapter	0	0	0	0
Weiterentwicklung Datenmigrationskids	0	0	0	0
Weiterentwicklung Trainingunterlagen	20.000	20.000	20.000	20.000
Weiterentwicklung Einführungsleitfaden	50.000	50.000	50.000	50.000
Summe der laufenden Kosten	3.980.963	13.676.838	24.762.731	31.353.100

Abb. 7.36 Laufende Kosten für die Lösung E4U

Nach einem achtwöchigen Zeitraum und zahlreichen bilateralen Treffen und bilateralen Entscheidungsfindungen kam die Freigabe der ersten Phase des Realisierungsprojekts durch die Vorstände der Konzern-IT und der Vertriebs AG

	2001	2002	2003	2004
Kosten in Euro	**6.812.963**	**13.676.838**	**24.762.731**	**31.353.100**
Einmalkosten	2.832.000			
Laufende Kosten	3.980.963	13.676.838	24.762.731	31.353.100
Nutzen in Euro	**4.015.000**	**17.222.500**	**28.523.125**	**35.044.375**
Umsatz Einführung	4.015.000	15.717.500	23.820.000	25.987.500
Umsatz Wartung	0	1.505.000	4.703.125	9.056.875
Umsatz ASP	0	0	0	0
Total je Jahr	**-2.797.963**	**3.545.663**	**3.760.394**	**3.691.275**
Total kumuliert	**-2.797.963**	**747.700**	**4.508.094**	**8.199.369**
Total verzinst	**-2.797.963**	**523.863**	**4.326.166**	**8.363.534**
Anzahl Mitarbeiter	**18**	**69**	**135**	**181**
Anzahl Berater	11	47	89	108
Anzahl Wartung + ASP	0	7	23	45
Anzahl sonstiger Mitarbeiter	7	15	23	28
Umsatz je Mitarbeiter	223.056	249.601	211.282	193.615
Beraterumsatz (Einführung)	365.000	334.415	267.640	240.625
Umsatz Wartung + ASP	0	215.000	204.484	201.264
Gewinn je Berater, Wartung und ASP	-254.360	65.660	33.575	24.126
Gewinn je Mitarbeiter	-155.442	51.386	27.855	20.394
Umsatzrendite	-70%	21%	13%	11%
ROI (bezogen auf das Investitionen)	-41%	26%	15%	12%
Economic Value Added		-1.301.280	-2.195.138	-2.923.294

Abb. 7.37 Business Case der Lösung E4U

7.1.3 Das Realisierungsprojekt: Phase Konzeption und Partnerfindung

Aufgabe des um den Engineering Mitarbeiter reduzierten Projektteams war die Vorbereitung der Entwicklung und Implementierung der E4U Lösung. Vorrangiges Ziel war die Durchführung von Workshops mit potenziellen Kunden zur Gewinnung von Entwicklungspartnern, d. h. Mitarbeiter und Experten von regionalen Versorgern bzw. Stadtwerken die regelmäßig, inhaltlichen Input während der Erstellung der Lösung von E4U geben. Des Weiteren sollten diese Stadtwerke und regionale Versorger die Möglichkeit erhalten als Pilotkunden eine kostengünstige Einführung von E4U zu erhalten. Bei den Partnern sollte ein möglichst breites Spektrum von kleinen Stadtwerken über mittlere Stadtwerke bis zu regionalen Versorgern abgedeckt werden.

Da für die Entwicklung nur ein kleiner Teil der notwendigen Experten bei den Konzerngesellschaften vorhanden war, war ein weiteres Ziel dieser Phase die Evaluierung von Beratungspartnern und die Auswahl konkreter externer Mitarbeiter. Die Projektplanung in Form von Projektorganisation und Projektphasen- bzw. Zeitplanung war ein weiterer Bestandteil dieser ersten Phase des Realisierungsprojekts.

In mehreren ein- bis zweitägigen Workshops mit Stadtwerken (siehe Abb. 7.38, 7.39, 7.40, 7.41 und 7.42) wurde das Produktziel diskutiert und abgestimmt,

Abb. 7.38 Stadtwerkeworkshop: Funktionen der Lösung E4U

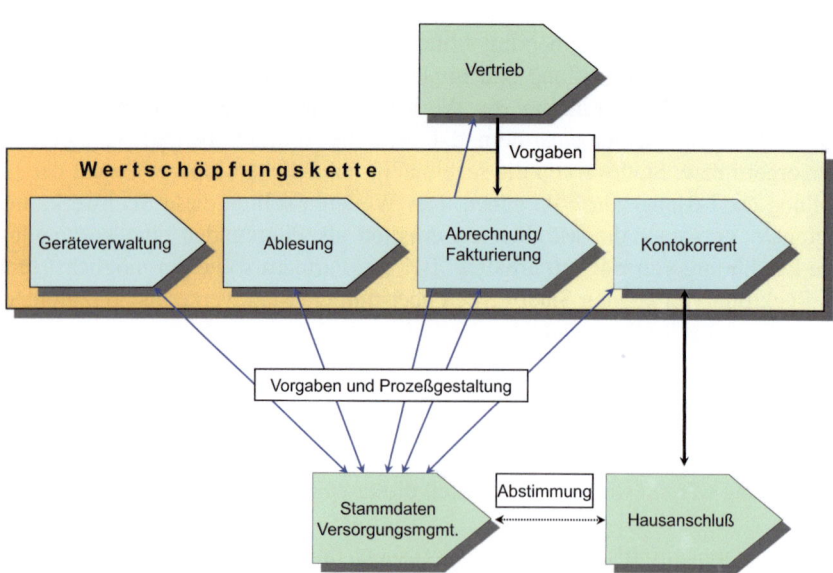

Abb. 7.39 Stadtwerkeworkshop: Wertschöpfungskette der Lösung E4U

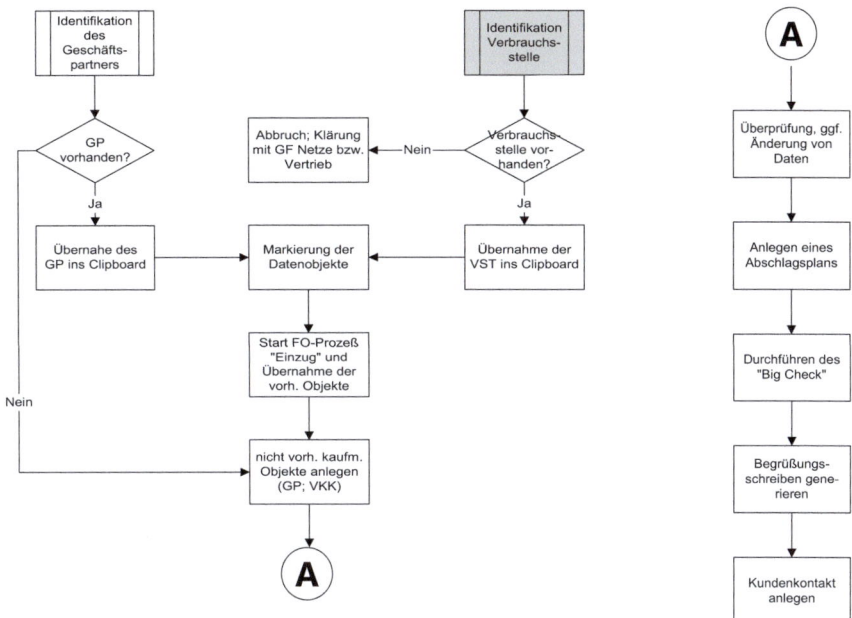

Abb. 7.40   Stadtwerkeworkshop: Geschäftsprozess „Einzug" der Lösung E4U

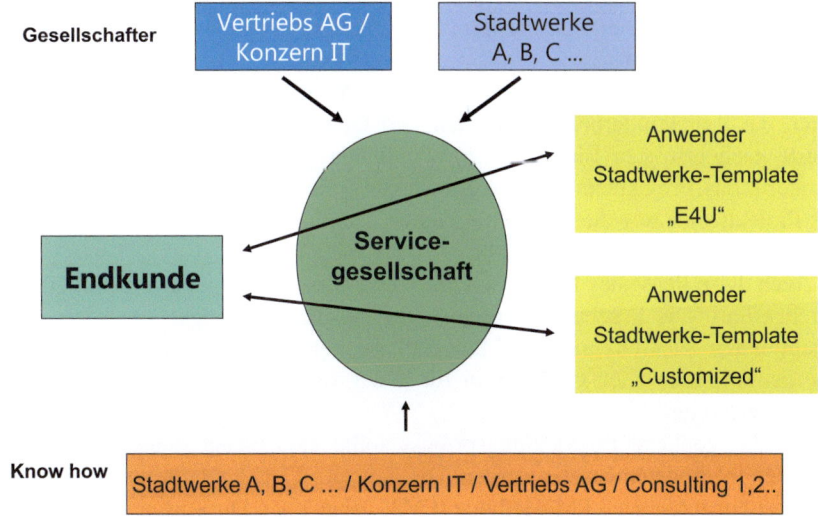

Abb. 7.41   Stadtwerkeworkshop: Vorstellung des Partnerkonzepts

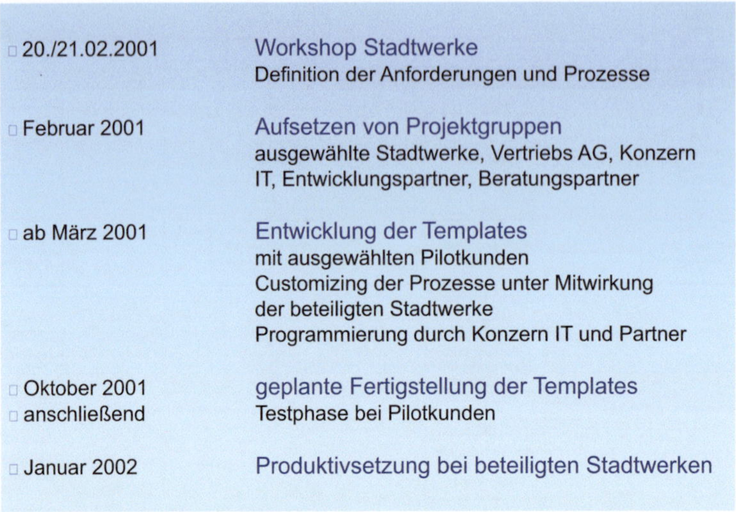

20./21.02.2001	Workshop Stadtwerke Definition der Anforderungen und Prozesse
Februar 2001	Aufsetzen von Projektgruppen ausgewählte Stadtwerke, Vertriebs AG, Konzern IT, Entwicklungspartner, Beratungspartner
ab März 2001	Entwicklung der Templates mit ausgewählten Pilotkunden Customizing der Prozesse unter Mitwirkung der beteiligten Stadtwerke Programmierung durch Konzern IT und Partner
Oktober 2001 anschließend	geplante Fertigstellung der Templates Testphase bei Pilotkunden
Januar 2002	Produktivsetzung bei beteiligten Stadtwerken

Abb. 7.42   Stadtwerkeworkshop: Vorstellung des weiteren Vorgehens

potenzielle Partner für die Entwicklung und die Pilotphasen gewonnen und das weitere Vorgehen aufgezeigt.

Parallel zu dem Prozess der Gewinnung von Entwicklungspartnern fanden die Projektkonzeption (insbesondere der Projektorganisation, siehe Abb. 7.43) und die Auswahl geeigneter externer Berater (Partner bzw. externer Ressourcenbedarf, siehe Abb. 7.44) statt.

Nach einem iterativen Evaluations- und Auswahlprozess, der insbesondere durch die Projektmitarbeiter *Spezialist* und *Generalist* durchgeführt worden ist, wurde nach erfolgten Einzelinterviews mit den in Frage kommenden externen Beratern, das Projektteam für die Entwicklung definiert. Die initialen Aufgaben des Projektteams war die Erarbeitung eines Zeitplans für das Realisierungsprojekt (siehe Abb. 7.45 und Abb. 7.46).

Auch diese Phase des Projektes wurde mit agilen Projektmanagementmethoden durchgeführt. Die Ergebnisse wurden „**in time und in budget**" realisiert. Nach einem ersten Kick-Off mit den Managern der beteiligten Beratungsunternehmen war der offizielle Kick-Off Termin für alle Projektmitarbeiter für die folgende Woche terminiert.

Für das geplante Entwicklungsprojekt sollte eine plangetriebene Projektmanagementmethode eingesetzt werden. Die Konzern-IT hatte dafür aus dem V-Modell eine konzerneigene PM-Methode (PMM) abgeleitet. Die Ausgangslage für die Entwicklung einer eigenen PM-Methode (PMM.IT^{PRO}) wurde durch die Notwendigkeit der Integration vorhandener quantitativer und qualitativer Tools und Vorgehensweisen begründet (siehe Abb. 7.47, 7.48 und 7.49).

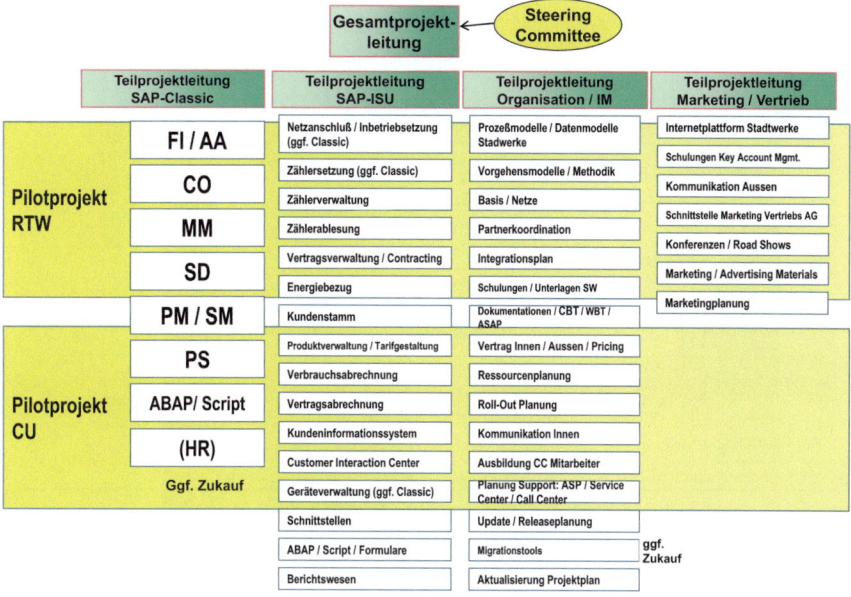

Abb. 7.43 Projektorganisation des Entwicklungsprojekts E4U

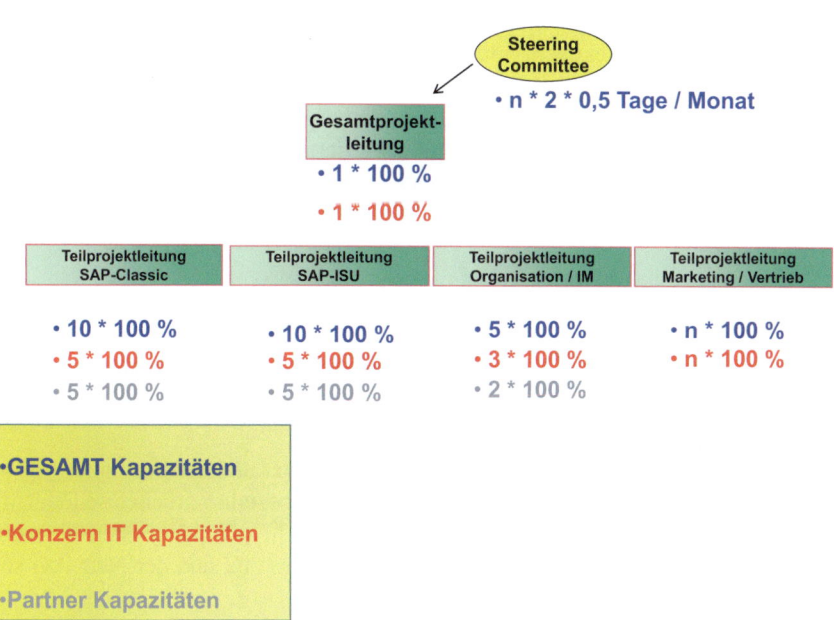

Abb. 7.44 Darstellung des externen Ressourcenbedarfes

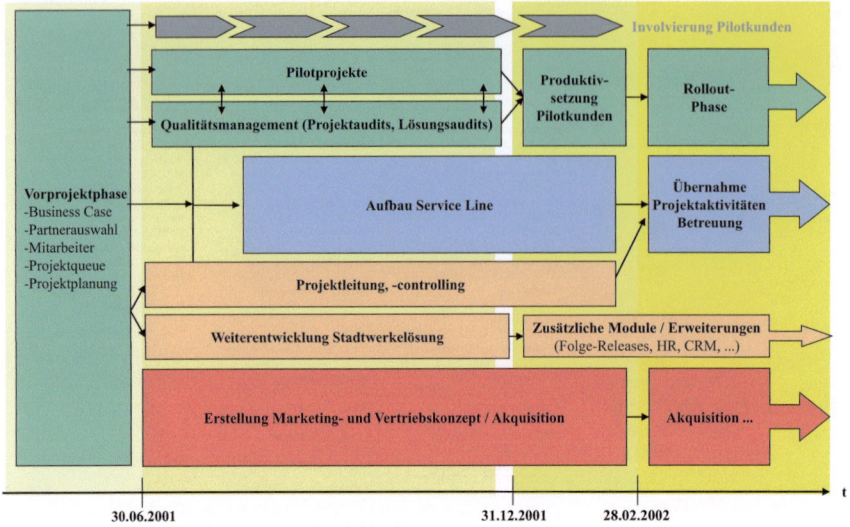

Abb. 7.45 Projektphasenplan des Realisierungsprojektes E4U

Zu diesem Zeitpunkt wurde von der Konzern-IT die Verschmelzung der Consulting 2, der Consulting-Inhouse und der IT-1 zur IT-Solutions beschlossen. Der erfahrene Spezialist nahm das zum Anlass selbstständig zu werden. Der Projektleiter und das Projektteam votierten für die Beauftragung des Spezialisten als externen Berater, damit der Projekterfolg gesichert werden könnte. Der Vorstand der Konzern-IT traf aber die Entscheidung dem Spezialisten auf keinem Fall eine weitere Beschäftigung in Konzernprojekten zu ermöglichen. Er hatte vorher persönlich vergeblich versucht den Spezialisten im Konzern zu halten.

▶ **Guideline**
   Keep personal resentments out of the project
   Subjektive Eindrücke, persönliche Animositäten, negative Emotionen und Ressentiments sollten von allen Projektteilnehmern inklusive der Stakeholder aus dem Projekt herausgehalten werden und vor allem nicht als Grundlage für Entscheidungen Einfluss haben.

Zähneknirschend wurde diese Entscheidung umgesetzt und der Spezialist war sofort von seinen Projektaufgaben entbunden. Der Spezialist arbeitet seitdem mit seiner vollständigen Kapazität als externer Berater in verschiedensten Konzernprojekten, da die Manager der Vertriebs AG, der Gas AG und der Netz AG sein Engagement weiterhin forderten und benötigten.

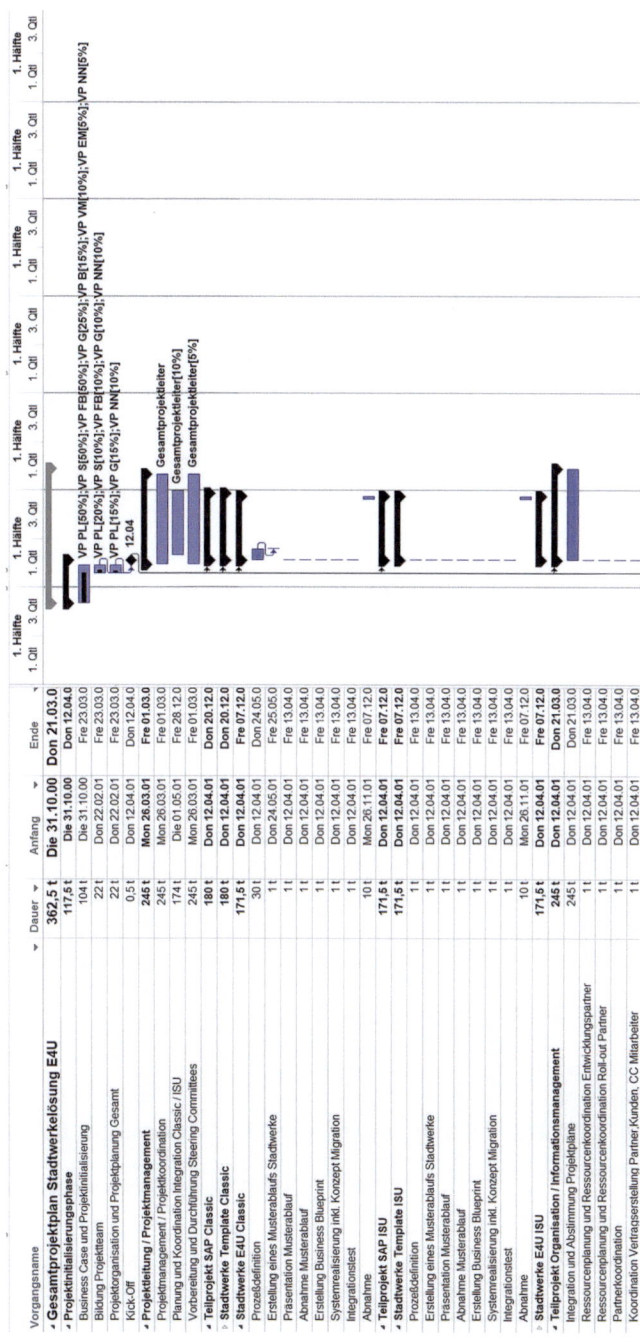

Abb. 7.46 Projektzeitplan des Realisierungsprojektes

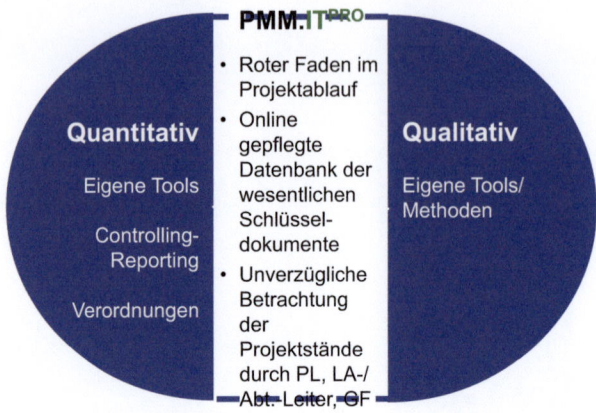

Abb. 7.47 Integration der quantitativen und qualitativen Tools durch PMM.ITPRO

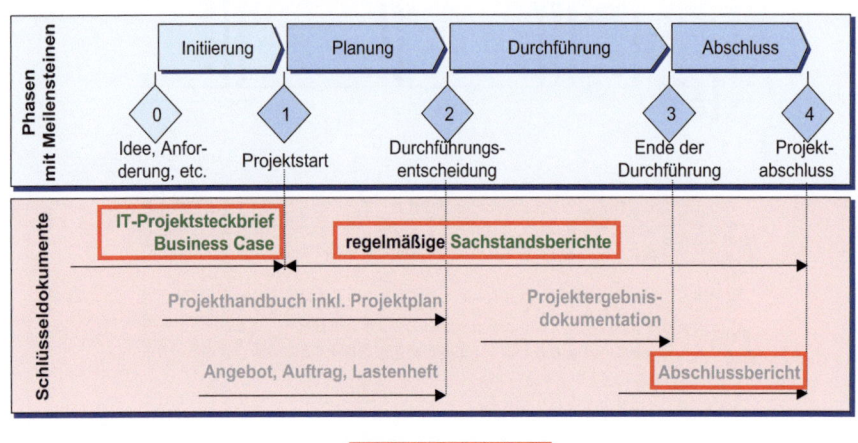

Abb. 7.48 Vorgehensmodell PMM.ITPRO

▶ **Guideline**
A project consists of humans and individuals are responsible for the project success

Projekte basieren auf Teamarbeit und das Team ist als Ganzes auch für den Projekterfolg verantwortlich. Aber für bestimmte Bereiche ist die Expertise und Qualifikation von Einzelnen gefragt. Und solange diese Personen auch durch ihre Charaktereigenschaften und emotionale Intelligenz für die Projektarbeit geeignet sind, ist das für den Projektfortschritt und –erfolg akkumulativ zuträglich.

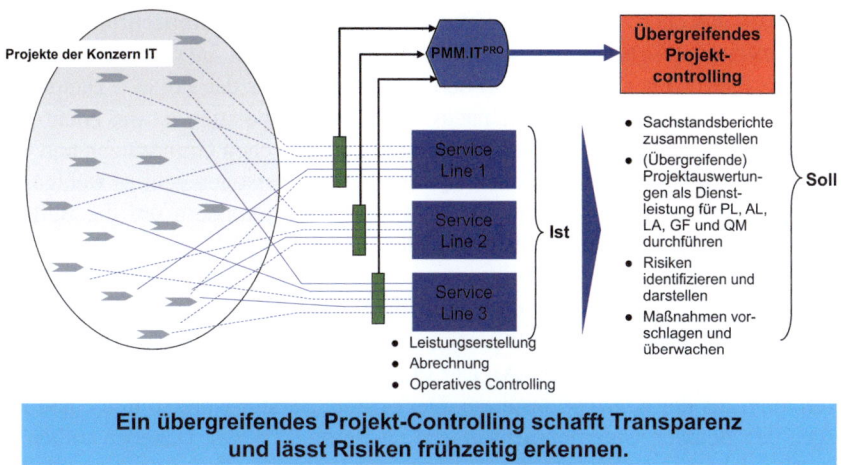

Ein übergreifendes Projekt-Controlling schafft Transparenz und lässt Risiken frühzeitig erkennen.

Abb. 7.49 Übergreifendes Projektcontrolling von PMM.ITPRO

Einen Tag vor dem Termin wurde der Kick-Off durch einen der Konzern-IT -Manager abgesagt. Was war passiert?

Der Vorstand der Vertriebs AG wurde in zahlreichen Projekten von einem erfahrenen Berater (Bereichsleiter) der internen Consulting-Inhouse beraten. Dieser setzte sich vehement für den Zukauf einer existenten SAP-basierten Abrechnungslösung für klein- und mittelständische Versorger ein. Auf der Grundlage von unvalidierten Make-or-Buy Analysen wurde recht erfolgreich die Behauptung vertreten, dass der Zukauf erheblich kostengünstiger werden würde als eine Eigenentwicklung. Da der realistisch prognostizierte Projektaufwand mit 2,8 Mio. € relativ hoch wirkte, war die Aussage den Zukauf mit 300 T€ realisieren zu können, für die Entscheidung des Vorstands bzw. für die Revision seiner vorherigen Entscheidung ausschlaggebend. Die Beweggründe für diese Empfehlung lagen in der Nichteinbeziehung der Consulting-Inhouse in das Vorprojekt und in die Konzeption des Realisierungsprojekts und damit in der negativen Emotion, dem Beleidigtsein des einzelnen Beraters. Durch die langjährige, positive Beziehung dieses Beraters zum Vorstand der Vertriebs AG und bedingt durch persönliche Animositäten gegenüber dem neuen Management der IT-Solutions wurden diese Ereignisse initiiert.

▶ **Guideline**
Involve everyone for achieving the project success

Entscheidend für die Akzeptanz eines Projektes ist zum einen die Unterstützung und Förderung des Projekts durch die Sponsoren (im Regelfall das Management) und zum anderen die Einbeziehung aller betroffenen Unternehmensteile, Abteilungen und Mitarbeiter in die operative Projekttätigkeit. Unterlässt man die Einbeziehung von wenigen, kann es durchaus passieren, dass aus eher emotionalen Gründen gegen den Projektfortschritt und den – erfolg opponiert wird. Je einflussreicher die nicht involvierten Personen sind, umso gefährlicher sind deren Aktivitäten für das Projekt. Hauptgrund für diese zum Teil schwer nachvollziehbare Opposition ist die Nicht-Kongruenz von Intelligenz und Qualifikation zu ethischen Grundsätzen und Charaktereigenschaften. Den sich so verhaltenden Personen geht es weniger um den Unternehmenserfolg und den Projekterfolg, sondern um die Befriedigung eigener Ziele und Machtgelüste.

Der Projektleiter wurde von dem Steering Committee abgesetzt und als neuer Projektleiter wurde der Berater/Bereichsleiter von Consulting-Inhouse eingesetzt (= Projektleiter Autokrat = PL-A). Der PL-A evaluierte zuerst das übriggebliebene Kernteam aus der Konzeptionsphase. Der externe Berater wurde durch einen Kollegen des gleichen Unternehmens ersetzt (= Berater 2 = B2). Daneben sollten nur der Vertriebsmitarbeiter und der Generalist weiterhin im Projektteam verbleiben. Der PL-A startete einen vollständigen Neuaufwurf des Projektes, das Evaluierungsprojekt.

7.1.4 Das Evaluierungsprojekt und der Neuaufwurf

Die erste Tätigkeit des PL-A war die Hinterfragung aller bisherigen Projektergebnisse und auch der bisherigen Projektmitarbeiter. Das Projekt E4U wurde als Teilprojekt in das interne Projekt UBS eingegliedert. Dadurch ergaben sich weder Änderungen in der Autarkie des Projektes noch in der internen Kommunikation zwischen den Projekten UBS and E4U (siehe Abb. 7.50).

Auffallend ist hier eine Neudefinition der Größenbegrenzung Stadtwerke/Versorger, z. B. werden mittlere Stadtwerke mit einer Kundenanzahl größer 25.000 und kleiner 75.000 definiert (davor bis zu 100.000).

Die gewünschten und erhofften Synergieeffekte blieben jedoch aus. Die externe Beratungsgesellschaft (Berater 1 und Berater 2) befand sich mit der Konzern-IT in einem Evaluierungsprozess zur legalen Integration der beiden Gesellschaften in die Team Gesellschaft. Von daher war die Vorstands-Vorgabe die externe Beratungsgesellschaft in allen strategisch wichtigen Projekten (wie UBS und E4U) zu beteiligen. Die Hauptaufgaben des Projekts E4U wurden wie folgt definiert:

- Erstellen Entscheidungsgrundlagen (Vorstandsvorlagen)
- Aufbau Service Line E4U (Organisation, Aufgabenbeschreibung, Ressourcenplanung)
- Definition der Aufgabenverteilung (Vertriebs AG/Konzern-IT/Partner bzw. Beratungsgesellschaft)
- Pricing Stadtwerkelösung, Provisionsregelungen (Team, Vertriebs AG)
- Erstellen gemeinsame Vertriebsplanung und -konzept mit Vertriebs AG
- Vorgaben fachliche Weiterentwicklung Stadtwerkelösung (Tarife, Formulare, Konzern Ausprägungen, Modul- und Releaseplanung)

E4U ist in UBS integriert

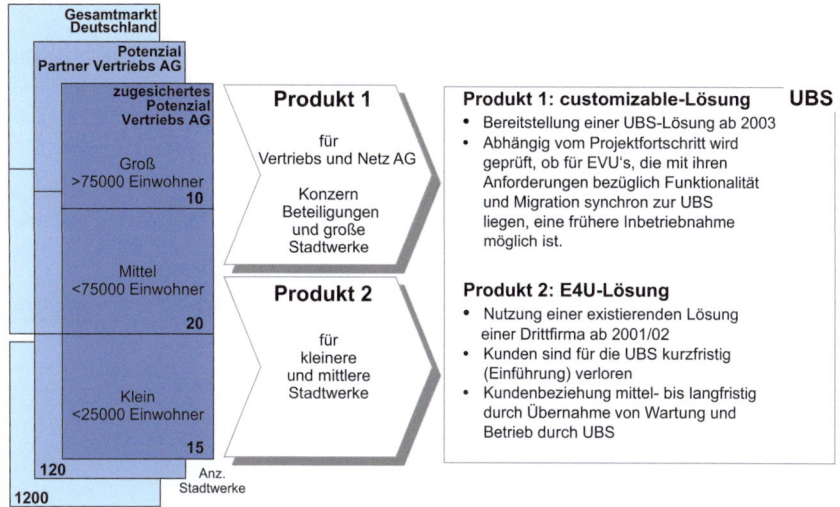

Abb. 7.50 Integration der strategischen Projekte UBS und E4U

- Auswahl Stadtwerke für Pilotprojekte
- Planung Projektqueue
- Projektkoordination
- Koordination Lösungspartner
- Qualitätsmanagement (Lösungsfreigabe, Projektcontrolling, Erfolgskontrolle)
- Planung Betrieb (Rechenzentrum (RZ), Application Service Providing (ASP): Extern/Intern)
- Erstellen Vertriebsargumentation mit Vertriebs AG (Vor- und Nachteile)

Der PL-A brachte einen weiteren Projektmitarbeiter von einer weiteren externen Beratungsgesellschaft 2 (=Berater 3:=B3) ein. Die Consulting-Inhouse und insbesondere der PL-A hatten in der Vergangenheit intensiv mit der externen Beratungsgesellschaft 2 zusammengearbeitet und der PL-A hatte persönlich mit dem Berater 3 in vielen Projekten gute Erfahrungen gesammelt. B3 war damit der verlängerte Arm des PL-A und eine Person des Vertrauens, während der Generalist die guten Beziehungen zu dem bisherigen Projektleiter PL und der Konzern-IT durch regelmäßige Berichterstattung aufrechterhalten sollte. Nach einigen internen Projektmeetings wurde die Projektstruktur (siehe Abb. 7.51) und der Terminplan (siehe Abb. 7.52) von dem PL-A wie folgt festgelegt:

Pro Arbeitspaket wurden die durchzuführenden Aufgaben und Aktivitäten mit Datum und Verantwortlicher definiert (siehe Abb. 7.53, 7.54 und 7.55).

E4U-Arbeitspakete (Initialisierungsphase)

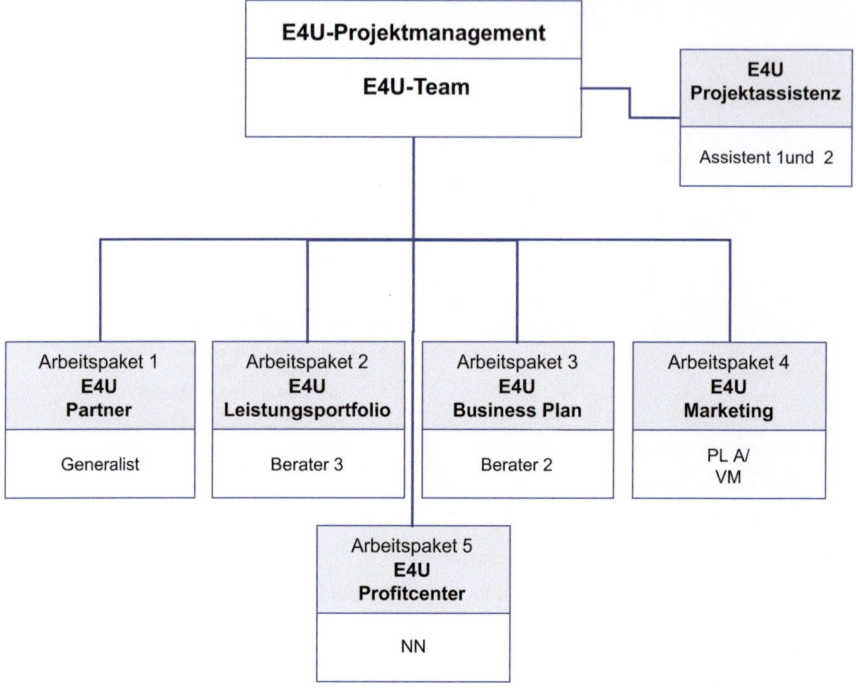

Abb. 7.51   Projektorganisation Teilprojekt E4U

▶ **Guideline**
Encourage project communication, but avoid informal channels

Projekte und Teamarbeit leben durch zielgerichtete Kommunikation. Nur nachhaltige Transparenz und Offenheit trägt zur Projektzielerreichung bei. In großen Konzernen sind bei strategisch bedeutenden Projekten viele Unternehmenseinheiten beteiligt, deren Zusammenarbeit oft durch historische Sympathien und Antipathien geprägt ist. Insofern ist neben der offiziellen und projektorientierten Kommunikation oft auch informelle Kommunikation und Gruppenbildung zu beobachten. Unter dieser „Politisierung", „Polarisierung" und „Cliquenbildung" leidet natürlich das Projekt. Es geht nicht mehr um den Projekterfolg, sondern um den Erfolg einzelner Gruppen. Das Projekt wird als Weg zur Macht degradiert

Damit die bisherigen Projektergebnisse der Vorprojekte in ihrer Wichtigkeit reduziert wurden, wurde der Status des Projekts durch den PL-A wie folgt präsentiert (siehe Abb. 7.56):

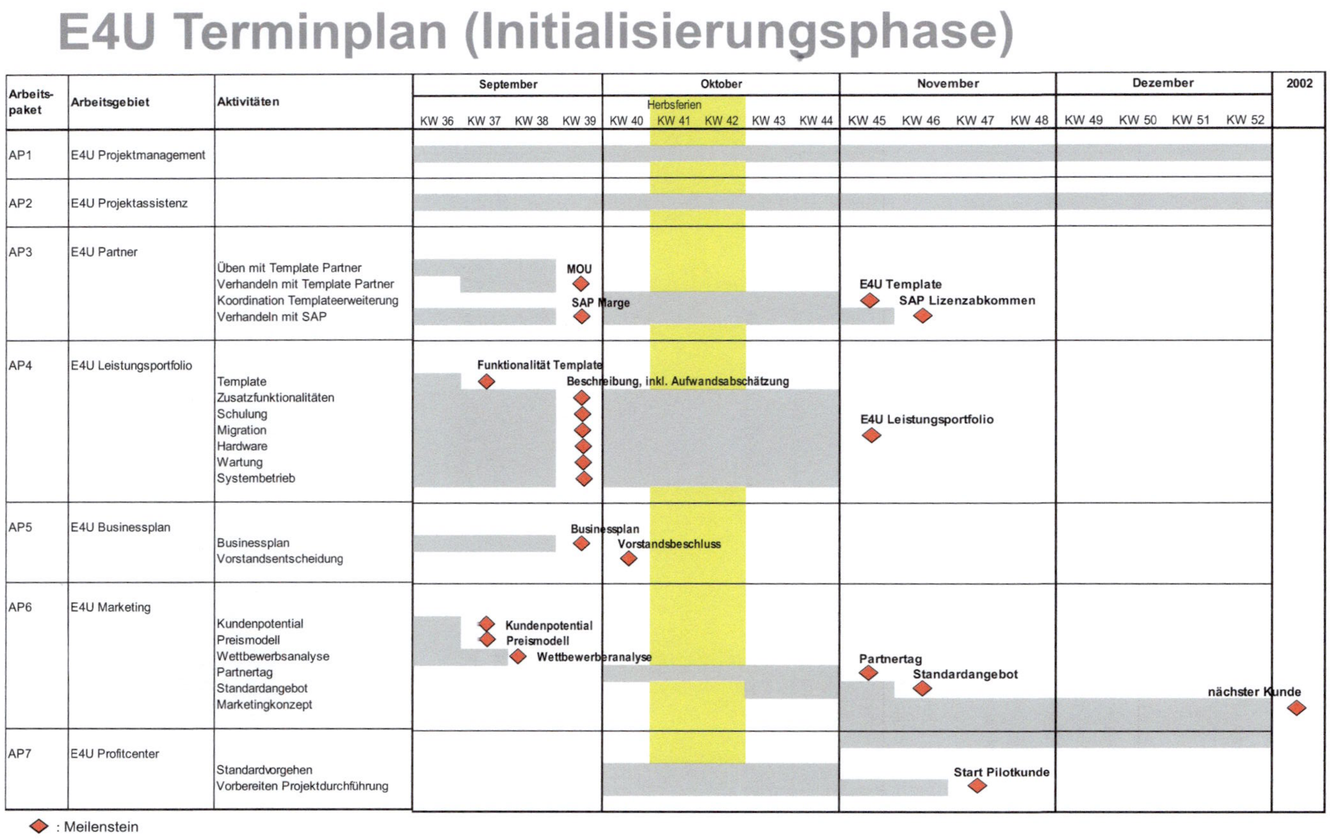

E4U Terminplan (Initialisierungsphase)

Arbeits-paket	Arbeitsgebiet	Aktivitäten	September				Oktober					November					Dezember				2002
			KW 36	KW 37	KW 38	KW 39	KW 40	KW 41	KW 42	KW 43	KW 44	KW 45	KW 46	KW 47	KW 48	KW 49	KW 50	KW 51	KW 52	
AP1	E4U Projektmanagement																			
AP2	E4U Projektassistenz																			
AP3	E4U Partner	Üben mit Template Partner / Verhandeln mit Template Partner / Koordination Templateerweiterung / Verhandeln mit SAP																		
AP4	E4U Leistungsportfolio	Template / Zusatzfunktionalitäten / Schulung / Migration / Hardware / Wartung / Systembetrieb																		
AP5	E4U Businessplan	Businessplan / Vorstandsentscheidung																		
AP6	E4U Marketing	Kundenpotential / Preismodell / Wettbewerbsanalyse / Partnertag / Standardangebot / Marketingkonzept																		
AP7	E4U Proficenter	Standardvorgehen / Vorbereiten Projektdurchführung																		

Herbstferien

MOU / SAP Marge / Funktionalität Template / Beschreibung, inkl. Aufwandsabschätzung / E4U Template / SAP Lizenzabkommen / E4U Leistungsportfolio / Businessplan / Vorstandsbeschluss / Kundenpotential / Preismodell / Wettbewerbsanalyse / Partnertag / Standardangebot / Start Pilotkunde / nächster Kunde

◆ : Meilenstein

Abb. 7.52 Projektplanung Teilprojekt E4U

Arbeitspaket (1)

Arbeitspaket 1: E4U Projektmanagement			
Verantwortlicher: Herr PL A		**Datum**	**Durchführender**
Aufgaben:			
❑ Definieren der Projektziele		...	Kernteam
❑ Festlegen der Projektorganisation			Kernteam
❑ Durchführen der Projektplanung			Kernteam
❑ Bereitstellen der Projektinfrastruktur/-ressourcen			PL A
❑ Durchführen des Projektcontrollings			Assistenz
❑ Durchführen der Qualitätssicherung			PL A
❑ Sicherstellen der Kommunikation zu den Entscheidungsträgern			PL A
– Vorstand			
– betroffene Führungskräfte			
– Team AG			
– UBS			
– Auftraggeber			

Abb. 7.53 Aufgaben Arbeitspaket 1: E4U Projektmanagement

Arbeitspaket (3/I)

Arbeitspaket 3: E4U Partner I			
Verantwortlicher: Herr Generalist		**Datum**	**Verantwortlich**
Aufgaben:			
❑ Evaluieren der potentiellen Template-Partnern		...	
– Ausrichten des Workshops Bad Krötzingen und auswerten der Ergebnisse			Generalist
– Erstellen eines Angebotes für Bad Krötzingen; Termin: 30.09			Generalist
– Aufforderung an Unternehmen 1 zur Angebotsabgabe für Stadtwerke Würden auf der Grundlage des Funktionsabgleiches E4U Leistungsbeschreibung <-> Unternehmen 2			Berater 3
– Integrieren der Angebote der Firmen Unternehmen 1und Unternehmen 2 in ein E4U-Angebot für Würden			Berater 3
– Vorstellen des Angebotes für Stadtwerke Würden beim Konzern IT Vorstand			PL A

Abb. 7.54 Aufgaben Arbeitspaket 3: E4U Partner

Arbeitspaket (4/IV)

Arbeitspaket 4: E4U Leistungsportfolio IV		
→ Verantwortlicher: Herr Berater 3	**Datum**	**Verantwortlich**
Aufgaben:		
☐ Spezifizieren des Portfolios als Komplettlösung für Stadtwerke	...	...

☐ Spezifizieren der Leistungen der Module
        - Templates (Basismodul)
        - Einführungsprojekt
        - SAP-Lizenzen
        - Hardware
        - Wartung
        - Datenmigration
        - Energiedatenmanagement
        - Individual
        - Schulung
        - Organisationsberatung
        - Businessmodule		

☐ Zusammenstellen, aufbereiten und erzielen der Beschlussfähigkeit des Leistungsportfolios unter Einbeziehung der benötigten Mengen (Aufwände etc.)		

Abb. 7.55   Aufgaben Arbeitspaket 4: E4U Leistungsportfolio

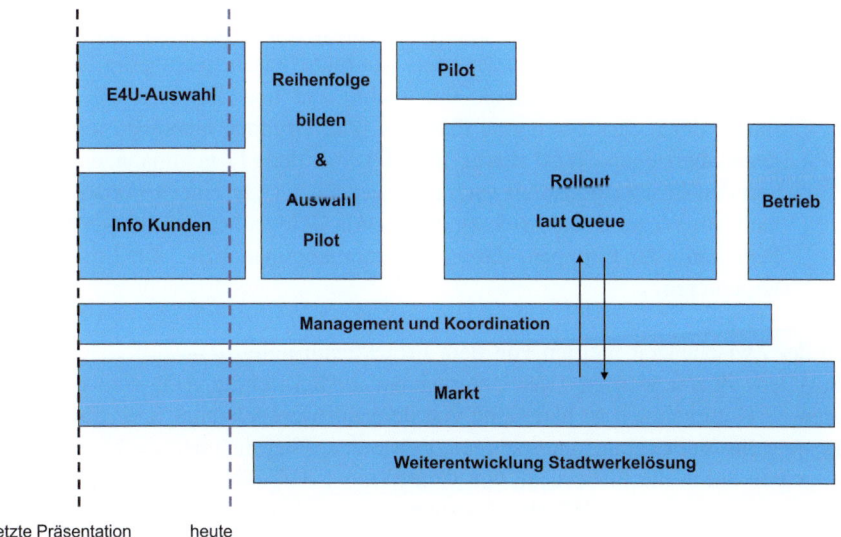

letzte Präsentation   heute

Abb. 7.56   Status Teilprojekt E4U

Die ersten beiden (repräsentierten) Projektaufgaben E4U Auswahl und Info der Kunden wurden als nicht finalisiert dargestellt. Die bisherig konträre Zielsetzung der Eigenentwicklung war nicht mehr berücksichtigt. Damit wurde die Vorgehensweise des bisherigen Projekts und des bisherigen Projektleiters implizit und explizit kritisiert. Der ehemalige Projektleiter war mittlerweile im Management der neu geformten Konzern-IT. Die Unternehmen Consulting 2 und IT-1 wurden zum integralen Bestandteil in dem Konzern. Consulting 1 und Consulting-Inhouse blieben legal selbstständige Tochterunternehmen der Konzern-IT. Der bisherige Manager Konzern-IT wurde durch einen neuen Manager ersetzt (= Manager 2 = M2). M2 kam eines Morgens in das Büro des bisherigen Managers Konzern-IT und verkündete diesem mit Rückendeckung durch die Vorstände, dass er ab sofort freigestellt ist und seine Sachen heute zusammenpacken sollte. Die Gründe für diese sofortige Absetzung lagen weniger in der Qualität als in der problematischen Zusammenarbeit des Managers Konzern-IT mit dem Vorstand der Konzern-IT. Durch die Einflussnahme des ehemaligen Projektleiters PL bei dem neuen Manager der Konzern-IT und dem Manager der bisherigen IT-1, die bisher nicht in dem Projekt E4U involviert waren, wurde im Hintergrund die Übernahme des Projekts E4U vorbereitet.

▶ **Guideline**
Enemies keep enemies and the empire strikes always back.

Eine der Hauptaufgaben des Projektmanagements und damit der Projektleitung ist die Kommunikation des Projekts zu den Stakeholdern. Die Darstellung des Projekts sollte durch den objektiven Informationsgehalt, Transparenz und Offenheit geprägt sein. Konflikte sollten rechtzeitig deeskaliert werden. Schuldzuweisungen, ungerechte und manchmal zu offene Kritik führen dazu, dass bestimmte Personen oder Gruppen einem Projekt negativ gegenüberstehen. Wird dieser Konflikt von dem Projektmanagement oder von den Projektsponsoren auch noch geschürt, steht einer Eskalation nichts mehr im Wege. Sobald sich eine passende Gelegenheit ergibt, werden diese Personen oder Gruppen, das Projektvorankommen bzw. den Projekterfolg torpedieren.

In der Zwischenzeit wurden von dem Projektteam potenzielle Softwarelösungen evaluiert. Zuerst wurden zwei Unternehmen berücksichtigt. Das eine Unternehmen (= Unternehmen 1) hatte eine von dem Softwarehersteller SAP qualifizierte Lösung für Versorgungsunternehmen, das andere Unternehmen (= Unternehmen 3) wurde durch die Fürsprache von Consulting 1 aufgenommen. Bei dem Unternehmen 3 handelte es sich um einen langjährigen Partner von Consulting 1, der als Subauftragnehmer auch in Projekten der Konzern-IT und der Vertriebs AG mit dem Konzern Erfahrung gesammelt hatte. Als drittes Unternehmen (= Unternehmen 2) wurde durch den neuen Manager der Konzern-IT, ein mit der ehemaligen IT-1 verbundenes Unternehmen eingebracht. Durch massive Einflussnahme des Managers der Konzern-IT auf den PL-A wurde dem Unternehmen 2 implizit eine Favoritenrolle zugeordnet. Der Generalist und der Berater 3 berücksichtigten diese implizite Favoritenrolle in der Priorisierung der zur Evaluierung verwendeten Kriterien entsprechend (siehe Abb. 7.57 und 7.58).

Durch die vordergründig objektivierte Präsentation der Ergebnisse durch den PL-A bei den Vorständen der Konzern-IT und der Vertriebs AG wurde die Präferenzrolle von Unternehmen 2 determiniert. Gleichzeitig versuchte der Projektleiter PL-A die Implementierung der Lösung in einem eigenständigen Projekt oder einer eigenständigen Unternehmenseinheit unter Federführung der Vertriebs AG zu realisieren. Aus diesem Grund wurde das Projekt E4U auch mit dem neuen Titel Profit Center Stadtwerke versehen. Dies war zu diesem Zeitpunkt ein reiner Arbeitstitel und hatte zu keiner Zeit die Ausprägung eines Profit Centers. Unter Nichtbeachtung der Konzern Projektmanagement-Methode PMM wurde von dem PL-A ein rein agiles Projektmanagement durchgeführt. Jede Woche gab es einen Jour fixe (fixierter Tag für ein Projektmeeting) an dem die bisherigen Aufgabendurchführung überprüft wurde und neue Aufgaben den Projektmitarbeitern zugeordnet wurden. Die meisten der Aufgaben waren auch so ausgelegt, dass sie innerhalb eine Woche ohne größere Probleme erledigt werden konnten.

▶ **Guideline**
Keep duties and responsibilities small and simple.

Je schneller einzelne Aufgaben erledigt werden können und je geringer die Komplexität einzelner Aufgaben gehalten wird, umso effektiver gestaltet sich der Projektfortschritt. Eine Kunst erfolgreicher Projekte und Projektmanager

Template Bewertung (1)

	Unternehmen 1	Unternehmen 2	Unternehmen 3
Systemhaus für IS-U	ja	ja	nein
Template • Lizenzkosten	385.000€ - 10,7 Mio€	0€-335.000€	750.000€
• Einführung Beratungskosten	200.000€	245.000€	200.000€
Laufzeit	200MT	120-180MT	200MT
Projekt/a	4-7	6-8	1)
• Zusatzleistungen • Nutzungsrechte	1.000€/Tag	1.000€/Tag	970€/Tag
• Weiterentwicklung	< 5 Jahre	unbefristet	1)
• Funktionalität	gemeinsam	gemeinsam	17% Wartungsgebühr
	gute Lösungsbasis	ausreichende Lösungsbasis	ausreichende Lösungsbasis
Referenzen	mehrere	mehrere	eine

1) nicht Bestandteil des Angebotes

Abb. 7.57 Auswahlkriterien für das Stadtwerke Template 1

Template Bewertung (2)

	Unternehmen 1	Unternehmen 2	Unternehmen 3
Systemhaus für IS-U	+	+	-
Template			
• Lizenzkosten	-	+	-
• Einführung			
Beratungskosten	+	-	+
Laufzeit	+	+	+
Projekt/a	-	+	1)
• Zusatzleistungen Kosten	+	+	+
• Nutzungsrechte	-	+	1)
• Weiterentwicklung	+	+	-
• Funktionalität	+	-	-
Referenzen	+	+	-

Legende: **+** im Vergleich der 3 Anbieter der beste oder gleichwertig   **−** im Vergleich der 3 Anbieter zum besten eindeutig schlechter

 Unternehmen 1 und 2 sind die geeignetsten Partner mit Kostenvorteilen bei Unternehmen 2

1) nicht Bestandteil des Angebotes

Abb. 7.58 Auswahlkriterien für das Stadtwerke Template 2

ist die Delegation einfacher und schnell durchzuführender Aufgaben und Aktivitäten. Der Erfolg in der Durchführung dieser Aufgaben motiviert die einzelnen Projektmitarbeiter und steigert insgesamt die Projektdynamik. Komplexe Aufgaben, die viele Probleme aufwerfen und die eine lange Zeit zur Realisierung benötigen, zermürben die Projektmitarbeiter und reduzieren die Motivation.

Beispielhaft gestalteten sich die Besprechungspunkte eines Jour fixe wie folgt:

E4U To do's: 6.11.2001

1. **Projektkommunikation**
   – Einhalten und Ausnutzen von Terminabsprachen, Projektkalender, Jour fix
   – Festlegen und ausüben von Verantwortlichkeiten
   – Umfang des Verhandlungs-/Entscheidungsspielraums definieren
   – Sekretariatsunterstützung nutzen/erweitern
   – Ablage/Dokumentation erstellen/nutzen/normieren
   – Aufgaben untereinander kommunizieren und austauschen

2. **Projektstruktur**
   - Überarbeitung der Arbeitspakete/Fortschreibung/weitere Projektphasen
   - Zuständigkeiten (einhalten/berichten)
   - Terminplan pflegen
3. **Leistungsportfolio**
   - Abgleich mit den Angeboten
   - Erweiterung/fachliche Vertiefung (z.B. Datenmigration)
   - Fachliche Verstärkung im Projektteam
4. **Leistungsbeschreibung**
   - Formulare/Berichte integrieren
   - Ausbau zum Pflichtenheft
5. **Business Case**
   - Update bzgl. der SAP-Lizenzen
   - Zeitschiene einbauen
   - Zuständigkeit festlegen
   - Priorität des Case festlegen
   - Abstimmungen mit Konzerncontrolling
   - Vorbereitung Vorstandspräsentation
6. **Akquisition, Marketing**
   - Präsentationen zusammenstellen/optimieren/aktuell halten
   - Status/Zuständigkeiten neue Stadtwerke *Toller/Würden*
   - Einbindung von Vertriebs AG (Vertriebsmitarbeiter VM)
   - Preismodell
   - Marketingaktivitäten/Vertriebskonzept
   - Einbindung in Konzern-IT/Service Line – Vorträge
   - Status Wettbewerberanalyse
7. **Partnertag**
   - Vortrag
8. **Angebote**
   - SW *Bad Kröllingen* (Datenmigration, Hardware, Kontakt halten)
   - SW *Sören* (Kontakt)
   - Energieversorgung *Offenhausen* (Studie anbieten, Kontakt mit VM)
   - Standardangebot erarbeiten
   - SW *Solm* (Angebot erstellen)
9. **SAP-Verhandlungen**
   - Status, Zuständigkeiten, Vertragsvorbereitung
10. **Unternehmen 1 Verhandlungen**

Das Protokoll eines Jour fixe führte zuerst die Teilnehmer mit Verfasser, Ort, Teilnehmer und Tagungsordnungspunkten auf und dann zu den einzelnen Tagungsordnungspunkten die erledigten und neue Aufgaben mit Kommentaren (siehe Abb. 7.59 und 7.60).

Die mit dem externen Beratungsunternehmen 1 geplante Fusion zu dem Unternehmen Team 1 AG hatte sich mittlerweile zerschlagen. Daraufhin wurden aus allen Projekten die externen Berater des Beratungsunternehmens 1 mit sofortiger

Protokoll Projektmeeting 06.11.2001

Teilnehmer:	Herr PL AR
	Prof. G
	Herr B2
	Herr B3
	Herr ITM
Datum:	06.11.2001, 09:00 – 12:00
Ort:	Consulting Inhouse, Ludwigsweg 11
Verfasser:	ITM
Tagesordnungspunkte:	1. Partnertag
	2. E4U To Do's zum Jour Fix 6.11.2001

Abb. 7.59 Protokoll Jour fixe Header

Wirkung freigesetzt (Berater 1). Der Manager der Konzern-IT brachte als Ersatz einen Mitarbeiter der ehemaligen IT-1 (= IT-Mitarbeiter=ITM). Dieser Mitarbeiter war in der IT-1 zuständig für Serviceaufgaben und verantwortete mehrere Jahre einen Bereich mit über 100 Mitarbeitern. In der neuen Konzern-IT war keine Aufgabe für Ihn zu finden. Damit die Konzern-IT zumindest einen Mitarbeiter in dem Projekt E4U hatte, wurde ITM in das Projekt weggelobt. Da dies sein erstes strategisches Projekt war, war der individuelle Beitrag zu der Projektzielerreichung minimal. Durch den notwendigen erhöhten Kommunikationsaufwand war eher das Gegenteil der Fall. Nach Abschluss des Evaluierungsprojektes stellte sich heraus, dass der ITM eine Kopie des Projektlaufwerkes vollständig an die Konzern-IT übergeben hatte.

▶ **Guideline**
Not everyone is adequate for project work
    Projektmitarbeiter sollten Projekterfahrung haben oder zumindest soweit lernfähig sein, dass sie ohne Probleme in Projekte integrierbar sind. Mitarbeiter aus dem Linienmanagement ohne Projekterfahrung, die ggf. durch Organisationsneuordnungen ihren bisherigen Verantwortungsbereich aufgeben mussten, sind für Projekte im Regelfall ungeeignet.

Protokoll Projektmeeting 06.11.2001

Top	Inhalt	Zust.	Termin
2.	• Überarbeiten der Projektstruktur	Alle	
	• Überarbeiten Terminplan / Ständiger Punkt bei Jour Fix	Alle	
	• Monatsabrechnung an PL AR	Alle	
	• Abrechnung der E4U-Aktivitäten	PL AR	
	• SO-Termin der E4U-Aktivitäten 15.11.01 um 9Uhr	PL AR	
3.	• Leistungsportfolio anpassen/erweitern vorhandenes Dokument	B1	
	• „Datenmigration vorbereiten" Fachliche Verstärkung		
4.	• Formulare / Berichte integrieren	Dritte	
	• Prozessabbildung im Leistungsbeschreibung	G	
	• Leistungsbeschreibung rechtlich schützen	B2	
5.	• Überarbeiten SAP-Lizenzen im BC	ITM	

Abb. 7.60 Protokoll Jour fixe

Nach mehreren funktionalen Evaluierungsrunden mit den Softwarelösungsanbietern Unternehmen 1, 2 und 3 und einigen gemeinsamen Workshops mit potenziellen Kunden (Stadtwerken) wurden von dem Manager der Konzern-IT beschlossen, finale Workshops durchzuführen. In diesen Workshops sollten die finanziellen und vertraglichen Parameter definiert und abgestimmt werde. Das Ergebnis dieser Workshops sollte die Festlegung auf einen Lösungsanbieter sein. Widerstrebend musste der PL-A diesem Vorgehen zustimmen. Seine bisherige Taktik die Auswahl soweit möglich zeitlich hinauszuzögern und in den Vorstandspräsentationen nur den Status des Projektes zu berichten, war damit hinfällig. Bis zu diesem Zeitpunkt wurden **13** Vorstandspräsentationen mit dem Tagungsordnungspunkt Projekt E4U durchgeführt.

Ohne große Überraschungen zeigte sich das Unternehmen 2 am besten für den Workshop vorbereitet. Alle finanziellen und vertraglichen Diskussionspunkte wurden zur Zufriedenheit der Konzern-IT gelöst. Damit ging als Sieger des halbjährigen Evaluierungsprojektes mit einem Aufwand von mindestens 500 Beratertagen (entspricht über 500 T€) das Unternehmen 2 hervor. Die SAP-basierte Abrechnungs-lösung von dem Unternehmen 2 wurde für 335 T€ durch die Konzern-IT erworben.

Die Präsentation für den Vorstand der Konzern-IT und den Vorstand der Vertriebs AG wurde entsprechend vorbereitet (siehe Stadtwerkepotenzial in Abb. 7.61. und davon abgeleitet die Vertriebsziele in Abb. 7.62).

Aus dem vorhandenen Stadtwerkepotenzial von 25 Stadtwerken mit hoher Auf-tragswahrscheinlichkeit wurden als Vertriebsziel 20 Stadtwerke mit E4U Imple-mentierungen in einem Zeitraum von fünf Jahren eingeplant und basierend darauf der Business Case generiert (siehe Abb. 7.63).

Das prognostizierte Ergebnis über die Laufzeit von 6 Jahren (Jahr 2001: Evalu-ierungsprojekt, Jahre 2002 bis 2006: Implementierungsprojekt) stellte sich äußerst positiv dar. Die bisherigen Kosten wurden geschönt dargestellt (435 T€). Das Eva-luierungsprojekt hatte mit einem realistischen Aufwand von 500 T€ das fünffa-che des im Business Case angegebenen Aufwands von 100 T€ benötigt (435 T€ minus den Templatekosten von 335 T€). Das Vorprojekt mit einem Aufwand von ca. 250 T€ wurde nicht berücksichtigt bzw. erwähnt.

Entsprechend der in Abbildung Abb. 7.64 dargestellten Beschlussvorlage wurde das Go für das Implementierungsprojekt von den Vorständen der Kon-zern-IT und der Vertriebs AG gegeben.

E4U Stadtwerkepotenzial[1]

E4U Stadtwerkepotenzial

- Ca. **120 Stadtwerke** aus Partner Vertriebs AG, Netznutzungsmanagement (Netz AG), gute IT-1 Kunden im E4U **Potenzial**

- **Potenzial abgestimmt** mit UBS, **diverse Stadtwerke** noch in **Potenzialerhebung** z. B. GAS AG

- Potenzial **bewertet** nach E4U Einführungswahrschein-lichkeiten **Hoch, Mittel, Niedrig**[2]

Wahrschein-lichkeit	Anzahl Stadtwerke			Anzahl Zähler		
	Gesamt	Mehrheits-beteiligung	Minder- u. Nicht-beteiligung	Gesamt	Mehrheits-beteiligung	Minder- u. Nicht-beteiligung
Hoch	25	6	19	1.136.519	402.907	733.613
Mittel	21	0	21	820.183	0	820.183
Niedrig	45	2	43	981.721	45.381	936.340
in Bearbeitung	33	0	33	686.067	0	686.067

[1] in Zusammenarbeit mit UBS-Projektteam

[2] Namensscharf bewertet von E4U-Projektteam und Mitarbeiterebene Vertriebs AG

Abb. 7.61 Kundenpotenzial für E4U

E4U Vertriebsziele

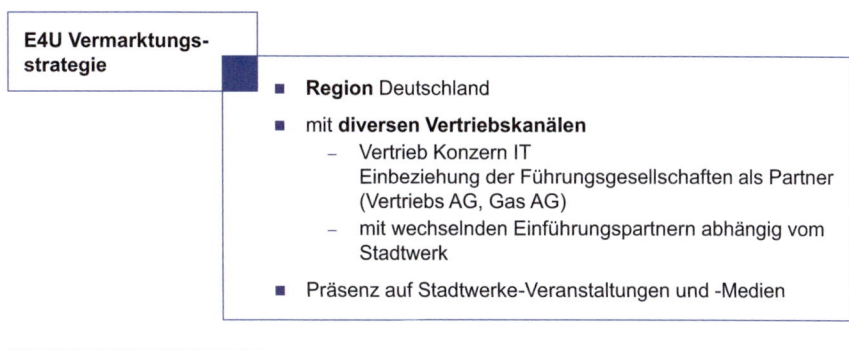

E4U Vermarktungs-strategie

- **Region** Deutschland
- mit **diversen Vertriebskanälen**
  - Vertrieb Konzern IT
    Einbeziehung der Führungsgesellschaften als Partner
    (Vertriebs AG, Gas AG)
  - mit wechselnden Einführungspartnern abhängig vom
    Stadtwerk
- Präsenz auf Stadtwerke-Veranstaltungen und -Medien

RtW Vertriebsziele

- **20 Stadtwerke** in **5 Jahren** mit ca. **1,1 Mio. Zählern**
- Stadtwerke **Sören** und EVO **Offenhausen** als Pilotkunden
  mit **hoher Auftragswahrscheinlichkeit**

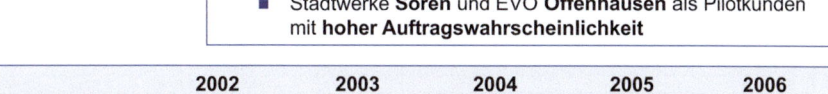

	2002	2003	2004	2005	2006
Stadtwerke	3	5	4	4	4

Abb. 7.62 Vertriebsziele für E4U

Der PL-A versuchte fieberhaft die Konstituierung eines Profit Centers für die Stadtwerkelösung unter Federführung der Vertriebs AG zu realisieren. Mit dem folgenden Implementierungsprojekt wäre ein nicht unerheblicher Umsatz für die Consulting-Inhouse möglich. Die weiteren Aufgaben des Teilprojekts E4U wurden von dem Projektteam wie üblich fortgeführt. Kurz vor Weihnachten sollte das gesamte Projektteam dem Manager der Konzern-IT und seinen Geschäftsbereichsmanagern Bericht erstatten. Einer dieser Geschäftsbereichsmanager war der ehemalige Projektleiter PL. An dem festgesetzten Präsentationstermin betrat das Projektteam in voller Besetzung (PL-A, G, B3, ITM, VM) den Besprechungsraum. Der Manager Konzern-IT nahm den PL-A beiseite, der Rest des Projektteams führte Small Talk mit den Geschäftsbereichsmanagern durch. Nach einigen Minuten kam der PL-A zähneknirschend zurück und zog sich dann mit dem Projektmitarbeiter B3 zurück. Der Manager der Konzern-IT hatte verlangt, dass an dieser Sitzung nur interne Mitarbeiter und keine Externe teilnehmen dürfen. Der Projektmitarbeiter B3 wurde damit auf sehr unfeine Art und Weise und mit vollem Bedacht hinauskomplimentiert. Dieses Meeting war der letzte Projekteinsatz des fachlich sehr guten und von dem Projektteam voll akzeptierten B3. Damit wurde gleich zu Beginn des Meetings gezeigt, wer das Sagen hat. Das Projektteam (mit Ausnahme des ITM) und auch der PL-A waren dadurch erst einmal geschockt. Der Manager der Konzern-IT verkündete, dass die Konzern-IT das Projekt E4U in

E4U Business Case (Variante 1)

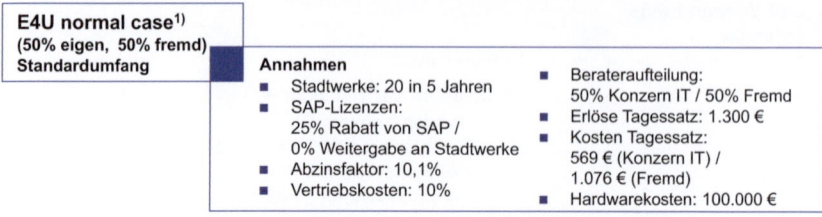

E4U normal case[1]
(50% eigen, 50% fremd)
Standardumfang

Annahmen
- Stadtwerke: 20 in 5 Jahren
- SAP-Lizenzen:
  25% Rabatt von SAP /
  0% Weitergabe an Stadtwerke
- Abzinsfaktor: 10,1%
- Vertriebskosten: 10%

- Berateraufteilung:
  50% Konzern IT / 50% Fremd
- Erlöse Tagessatz: 1.300 €
- Kosten Tagessatz:
  569 € (Konzern IT) /
  1.076 € (Fremd)
- Hardwarekosten: 100.000 €

Einführungsjahr	2001	2002	2003	2004	2005	2006
Anzahl Stadtwerke		3	5	4	4	4
Umsatz						
E4U Template (Lizenz und Wartung)		201	335	268	268	268
E4U Einführungsprojekt		2.035	3.391	2.713	2.713	2.713
E4U SAP Lizenzen und Wartung		747	1.245	996	996	996
Summe		**2.983**	**4.971**	**3.977**	**3.977**	**3.977**
Kosten						
E4U Template (Wartung)		68	113	90	90	90
E4U Einführungsprojekt						
Konzern IT Mitarbeiter		699	1165	932	932	932
Fremdmitarbeiter		576	960	768	768	768
E4U SAP Lizenzen und Wartung		560	934	747	747	747
Sonstiges		218	364	291	291	291
Summe		**2.121**	**3.535**	**2.828**	**2.828**	**2.828**
zzgl. Investitionen (Template und Hardware)	-435					
Ergebnis	**-435**	**862**	**1.436**	**1.149**	**1.149**	**1.149**
Barwert	3.885					
IRR	231%					

[1] Werte in T€/Jahr

Abb. 7.63 Business Case für E4U

E4U Beschlussvorlage

Investitionsvolumen	**Pilotkunden**	**Risiko**

• E4U Template
 	
  – max. **335 T€**
 	
  – Zahlungs-
    bedingungen:
    35 T€ **beim Kauf**
    und je 60 T€ von
    **September
    2002-2006**
 	
  – Template **sofort
    verfügbar**
 	
• Hardware für Template
  ca. 100 T€
	• **3** konkrete Angebote
	  mit positivem
	  Feedback
	
	• **Nachgewiesene**
	  Wettbewerbs- und
	  Marktfähigkeit
	
	• **Hohe Auftrags-
	  wahrscheinlichkeit**
	  bei Stadtwerke Sören
	  und EVO Offenhausen
	  auf der Basis des E4U-
	  Templates
		• **Geringes** wirtschaft-
		  liches Risiko -
		  versus aufwendiger
		  Eigenentwicklung
		  (335T€ <-> 3,15 Mio€)
		
		• **Amortisierung** der
		  Investitionen mit dem
		  2. Stadtwerk

 **Empfehlung: Kauf des Templates von dem Unternehmen 2
zu den ausgehandelten Vertragsbedingungen**

Abb. 7.64 Vorstandsbeschlussvorlage für E4U

die Implementierung übernimmt. Die Zusammensetzung des zukünftigen Service Centers Stadtwerke müsse erst noch überprüft werden. Der ansonsten nie auf den Mund gefallene Projektleiter PL-A verhielt sich sehr kleinlaut und zurückhaltend. Damit war das Evaluierungsprojekt beendet. Das Servicecenter Stadtwerke fiel in den Verantwortungsbereich des Geschäftsbereichsleiters PL.

Neben seiner strukturierten und zielgerichteten Vorgehensweise (wobei die eigenen Ziele im Vordergrund standen) fiel der PL-A durch einige ungehobelte Verhaltensweisen auf. In bilateralen Gesprächen mit seinen Projektmitarbeitern hatte er die Unart flatulente Luftentladungen seinen Lauf zu lassen und den verdutzten Projektmitarbeiter anschließend zu fragen, ob was wäre. Der Hintergrund dieser Verhaltensweise ist auch die Unsicherheit in Bezug auf seine eigene Position und Macht und durch diese profilierungsneurotische Ausdrucksweise die eigene Stellung durch die Nichtreaktion seiner Mitarbeiter zu manifestieren.

▶ **Guideline**
Behave as ethical as possible
Der Projektmanager ist in Projekten das Aushängeschild und Vorbild für seine Mitarbeiter. Sein Verhalten und Benehmen sollten stets einwandfrei und ethisch über alle Zweifel erhaben sein. Eigenes unsoziales, respektloses Verhalten und Benehmen erzeugt nur ähnliche Reaktionen der Betroffenen.

7.1.5 Das Implementierungsprojekt

Nach einigen Wochen Pause wurden von dem Geschäftsbereichsleiter PL der PL-A, der ITM und der Generalist G für das Implementierungsprojekt E4U berücksichtigt. Die Involvierung des PL-A war nur pro forma und außer der Teilnahme an zwei Projektmeetings wurde der PL-A nicht mehr in das Projekt integriert. Die Hauptgründe in der Einbeziehung des Generalisten G lagen in der guten Zusammenarbeit des PL mit dem Generalisten in dem Vorprojekt und dem Wissen über das Projekt E4U, das der Generalist in der gesamten Projektlaufzeit gewonnen hatte. Der ehemalige Projektleiter PL-A weigerte sich die Projektdokumentation des Evaluierungsprojektes herauszugeben. Seine Argumentation war die Geheimhaltungspflicht als eine der Unternehmensprämissen von Consulting-Inhouse. Aber auch diese Anfrage war nur pro forma, da sich ja die gesamten Projektunterlagen durch ITM bereits in der Konzern-IT befanden und dass nur ein weiterer Schritt in der Entmachtung und Bloßstellung von PL-A war. In der ersten Projektsitzung versuchte PL-A für sich und Consulting-Inhouse das Projekt E4U zumindest kurz- bis mittelfristig zu erhalten (siehe Abb. 7.65).

Die Ergebnisse des Evaluierungsprojektes (Initialisierungsphase) wurden als entsprechend wichtig dargestellt und es wurde argumentiert, dass für einige der Aufgaben der Pilotphase des Implementierungsprojektes die Erfahrungen des E4U Evaluierungsprojektes für einen noch zu benennenden E4U Manager benötigt werden (siehe Abb. 7.66). Der PL-A stellte sich für diesen Erfahrungstransfer zur Verfügung.

E4U-Übersicht

Initialisierungsphase	Pilotphase	Roll-Out-Phase
■ E4U-Templateauswahl	■ E4U-Weiterentwicklung - Template - CRM - BW - ...	■ E4U-Organisation
■ E4U-SAP Lizenzen		■ E4U-Akquisition
■ E4U-Business Plan		■ E4U-Einführungs-Roll-Out
■ E4U-Pflichtenheft	■ E4U-Qualitätsmanagement	■ E4U-Weiterentwicklungs- Roll-Out
■ E4U-Wettbewerberanalyse	■ E4U-Abwicklungsprozesse	
■ E4U-Workshops	■ E4U-Marketing	■ E4U-Kundenbindung - Beirat - Anwenderkreis
■ E4U-Leistungsportfolio	■ Einbindung der Führungsgesellschaften	
■ E4U-Pilotkunden		
■ Zusammenarbeit E4U und SAP-Beratungspartner	■ Pilotprojektunterstützung	
■ Zusammenarbeit mit E4U und Vertriebs AG	■ Aufbau und Umsetzung von E4U-Wartung, -Schulung, -Dokumentation, -Daten- migration und -Testsystem	

Abb. 7.65 Statusdarstellung Projekt E4U

In der von dem PL-A präferierten Projektorganisation zur Überleitung schlug sich PL-A selbst als kommissarischen E4U Manager vor (siehe Abb. 7.67).

▶ **Guideline**
Chaos creates chaos
      Unstrukturierte, miserabel organisierte Projekte erzeugen weitere chaotische Zustände. Manchmal ist ein Neuaufwurf durch neue Projektmitarbeiter und insbesondere durch einen neuen Projektleiter reinigend für ein Projekt und die Projektzielerreichung. Sobald persönliche Ziele und Machtspiele die Oberhand gewinnen, sollte auch die Projektorganisation radikal neu überdacht werden.

Die zukünftige Projektorganisation wurde ungeachtet der Vorschläge von den Geschäftsbereichsleitern GBL PL und GBL 1 wie in der folgenden Abbildung Abb. 7.68 dargestellt festgelegt:
      Als neuer mitverantwortlicher Mitarbeiter kam der Perfektionist (=P) für das Teilprojekt 3 Anforderungsmanagement hinzu. Das Anforderungsmanagement sollte sich mit der Abnahme und Weiterentwicklung des Templates beschäftigen. Der Perfektionist mit Hang zur Pedanterie war genauso wie die Geschäftsbereichsleiter 1 und 3 ehemaliger Mitarbeiter des Unternehmens IT-1. Pro forma war der

E4U-Grundsätze zur Überleitung

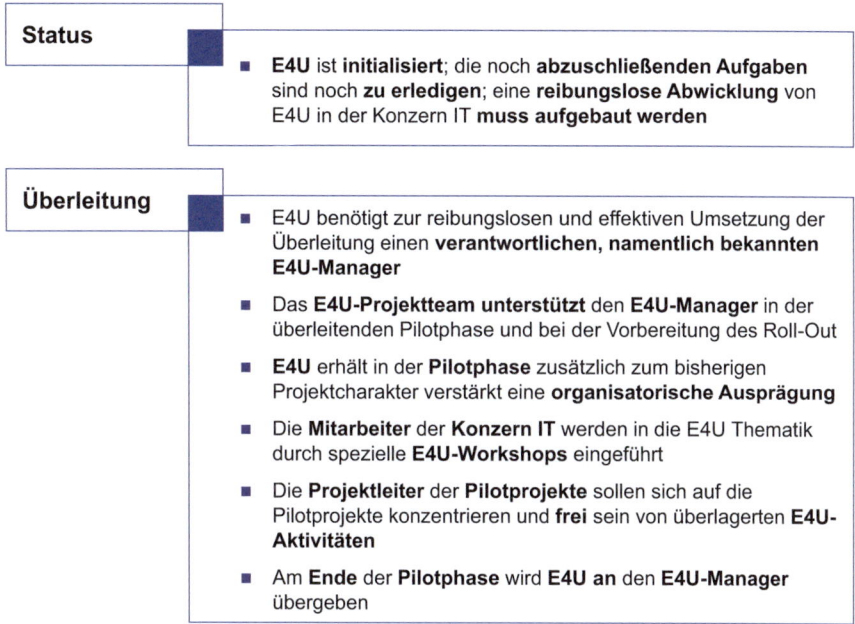

Status

- **E4U** ist **initialisiert**; die noch **abzuschließenden Aufgaben** sind noch **zu erledigen**; eine **reibungslose Abwicklung** von E4U in der Konzern IT **muss aufgebaut werden**

Überleitung

- **E4U** benötigt zur reibungslosen und effektiven Umsetzung der Überleitung einen **verantwortlichen, namentlich bekannten E4U-Manager**
- Das **E4U-Projektteam unterstützt** den **E4U-Manager** in der überleitenden Pilotphase und bei der Vorbereitung des Roll-Out
- **E4U** erhält in der **Pilotphase** zusätzlich zum bisherigen Projektcharakter verstärkt eine **organisatorische Ausprägung**
- Die **Mitarbeiter** der **Konzern IT** werden in die E4U Thematik durch spezielle **E4U-Workshops** eingeführt
- Die **Projektleiter** der **Pilotprojekte** sollen sich auf die Pilotprojekte konzentrieren und **frei** sein von überlagerten **E4U-Aktivitäten**
- Am **Ende** der **Pilotphase** wird E4U an den **E4U-Manager** übergeben

Abb. 7.66 Grundsätze zur Überleitung des Projekts E4U

ehemalige Projektleiter PL-A für das Teilprojekt 2 Verträge genannt, seine Mitarbeit lief jedoch nach zwei Projektmeetings stillschweigend aus. Er wurde zu den folgenden Projektmeetings nicht mehr eingeladen. Die Geschäftsbereichsleiter 1, 3 und PL übernahmen das Management der Teilprojekte bzw. das Projektmanagement neben ihren operativen Linientätigkeiten. Dementsprechend waren die Kapazitäten für das Implementierungsprojekt E4U limitiert. Der ITM war in den ersten Projektmeetings noch anwesend und glänzte nach seiner Wahl in den Betriebsrat durch tolerierte Nichtanwesenheit. Wobei auch eine Anwesenheit und Mitarbeit das Projekt kaum weiter vorangebracht hätte. Damit wurde das Projekt de facto durch den Generalisten und den Perfektionisten geleitet.

▶ **Guideline**
Project work requires dedication
　Projekte macht man ganz oder gar nicht. Reduziertes Engagement oder auch nur reduzierte, unpriorisierte Kapazitäten führen zu reduzierten, suboptimalen Ergebnissen. Insbesondere das Projektmanagement erfordert die volle Aufmerksamkeit und das volle Engagement der dedizierten Personen.

E4U-Organisation

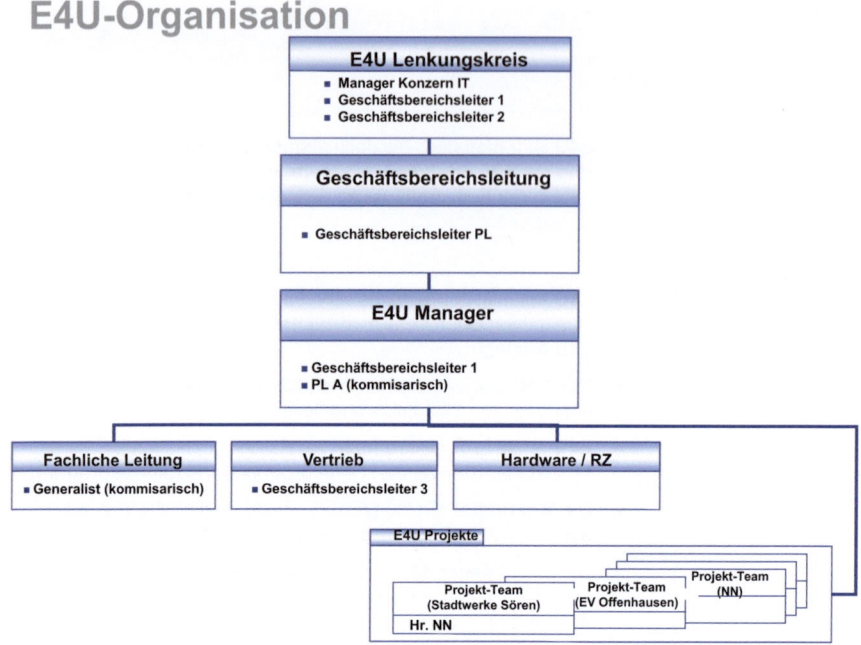

Abb. 7.67 Projektorganisation zur Überleitung des Projekts E4U

Je wichtiger und komplexer ein Projektvorhaben ist, umso wichtiger ist die Fokussierung des Projektmanagers und des Projektteams nur auf dieses eine Vorhaben. Je mehr das Projektteam von den normalen, operativen Tätigkeiten freigestellt ist, umso eher kann das Projekt in „**time and budget**" realisiert werden.

Ähnlich dem Evaluierungsprojekt wurden in den ersten Meetings die durchzuführenden Aufgaben mit Zuordnungen zu Verantwortlichen und Prioritäten in Form von Listen gesammelt und geordnet (siehe Abb. 7.69, 7.70, 7.71 und 7.72).

Die Hauptaufgaben des Implementierungsprojekts waren die Abnahme des Templates von Unternehmen 2 und daran anschließend die Weiterentwicklung des Templates auf Basis der Anforderungen aus den Pilotprojekten und von potenziellen Kunden. Dafür wurden dem E4U Implementierungsprojekt über 20 Berater und Entwickler des ehemaligen Konzernunternehmens IT-1 zur Verfügung gestellt. Daraus ergab sich die weitere Aufgabe, die Berater und Entwickler in SAP R/3 und SAP IS-U zu qualifizieren. Diese Aufgabe stellte sich im Nachhinein als nahezu unlösbar dar. All diese Berater und Entwickler hatte über Jahrzehnte im Non-SAP Umfeld eigene Abrechnungslösungen erstellt und bei Kunden der IT-1 eingeführt. Das Unternehmen IT-1 hatte zu diesem Zeitpunkt erst vor kurzer Zeit

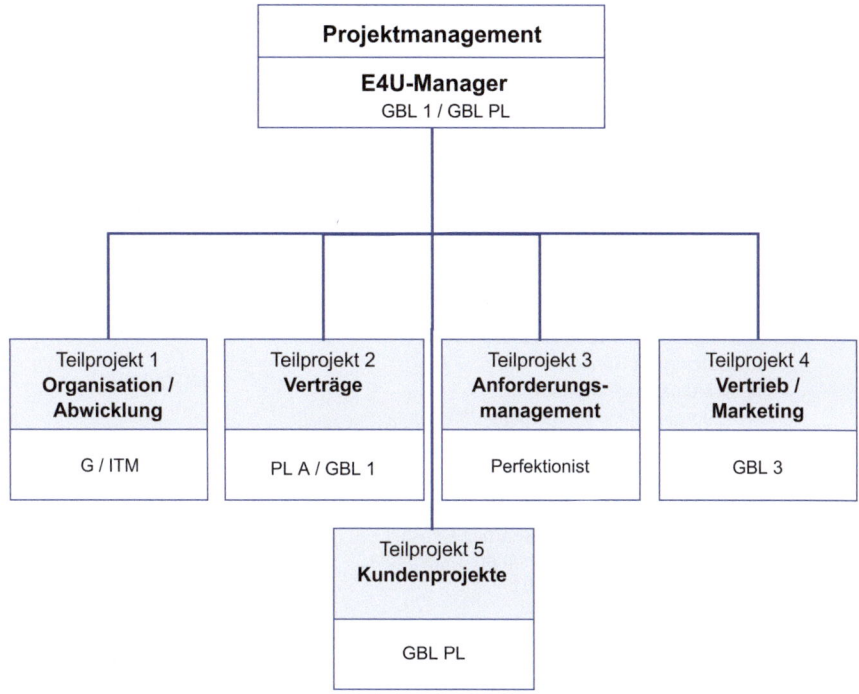

Abb. 7.68 Projektorganisation des Implementierungsprojekts E4U

die Fokussierung auf SAP strategisch beschlossen. Vorher war SAP als Konkurrent angesehen worden und eine entsprechende Affinität hatte sich bei den Mitarbeitern über die Jahre hinweg manifestiert. Weder die Motivation und Lernbereitschaft noch die Alters- und Gehaltsstruktur waren für den geplanten Know-how Aufbau optimal gegeben. Aufgrund der verzögerten Bereitstellung des Templates (Vertragsabstimmung bis 05/2002), des schwierigen Know-how Aufbaus und der zum Teil sehr pedantischen Abnahme des Templates auf Quellcode Ebene ergab sich eine zeitliche Verzögerung des Abnahmezeitraums von ursprünglich geplanten 4 Wochen auf 8 Monate. Hauptziel des Implementierungsprojekts war mit einem abgenommen und weiterentwickelten Stadtwerketemplate ein konkurrenzfähiges Abrechnungssystem für klein- und mittelständische Stadtwerke durch ein Service Center mit qualifizierten Mitarbeitern anbieten zu können. Die Migration des Implementierungsprojekts in das Service Center sollte innerhalb von zwei Jahren abgeschlossen sein. Offen war die Konstituierung des Service Centers als Profit oder Cost Center. Vertrieb und Marketing lagen außerhalb des Service Centers.

Da die ersten Schulungen der Projektmitarbeiter in der SAP-Thematik nicht den gewünschten Erfolg hatten, stellte sich die Notwendigkeit heraus ein umfassendes Schulungskonzept zu erstellen (siehe Abb. 7.73 und 7.74).

E4U-Aufgaben (Initialisierungsphase)

Noch abzuschliessende Aufgaben	Verantwortlich
■ Wettbewerberanalyse auswerten	E4U-Team
■ Durchführung von E4U-Workshops zum Status E4U – mit ausgewählten Mitarbeitern der Service Lines Billing und SAP – mit Marketing & Vertrieb Utilities mit dem Template Partner	E4U-Team

■ E4U-Leistungsportfolio vervollständigen
 – Outsourcing mit Konzern IT RZ
 – Hardwareleistungsangebot
 – E4U-Energiedatenmanagement
   – Netznutzungsmanagement
   –Gerätemanagement
 – E4U-Organisationsberatung
	E4U-Team

■ Sondierung zukünftige Zusammenarbeit E4U mit Partnern, z.B.: Beratungsunternehmen 3, gemäß Vorstandsbeschluss vom 24.09.01	E4U-Team

Abb. 7.69 E4U Aufgaben, Initialisierungsphase

Parallel zum Abnahmeprozess wurden die ersten beiden Pilotprojekte gestartet. Bei den Stadtwerken Sören (ca. 80.000 Zähler) und den Stadtwerken Lehr (ca. 120.000 Zähler) wurden E4U-Projekte gestartet. Das Projektteam der **Stadtwerke Sören** griff fallweise auf das Produkt E4U zu, entwickelte jedoch eine spezifische, kundenindividuelle Lösung neu. Das Projektteam der **Stadtwerke Lehr** bestand vollständig aus Beratern des Template-Anbieters Unternehmen 2 und entwickelte die kundenindividuelle Abrechnungslösung auf Basis des Ursprungstemplates auch neu.[6] Problematisch bei beiden Pilotprojekten war die nicht vorhandene Abstimmung mit dem Projektteam E4U. Dadurch wurden weder neue Inputs für die Weiterentwicklung von E4U eingebracht, noch konnten Rückschlüsse über die Qualität des sich noch in der Abnahme befindlichen Templates geschlossen werden. Obwohl der Geschäftsbereichsleiter PL stellvertretender E4U-Manager und Teilprojektleiter Kundenprojekte war, fand keine Information der Teilprojekte 1 Organisation/Abwicklung und Teilprojekt 3 Anforderungsmanagement statt. Das führte de facto zu zwei parallelen und unabhängig voneinander agierenden Teilprojekten. Die Implementierung der Abrechnungslösungen bei den Stadtwerken Sören und Lehr waren kundenindividuelle Projekte, eine Minimierung des

---

[6] Die Originalnamen der Stadtwerke wurden fiktive Namen substituiert.

E4U-Aufgaben (Pilotphase)

Aufgaben	Verantwortlich	Phase[1]	zu erledigen bis

■ E4U-Weiterentwicklungskonzept erarbeiten
  – Weiterentwicklung innerhalb des Templates
  – neue E4U-Module CRM, BW, HR
		TP 1	

		TP 1	

■ E4U-Abwicklungsprozesse aufbauen und umsetzen
  – innerhalb der Konzern IT
  – zu den Schnittstellen, z. B.
    Anforderungsmanagement, RZ, UBS,
    Unternehmen 2, weiteren Einführungspartnern
    usw.
  – Qualitätsmanagements
		TP 1	

– Verträge mit Subauftragnehmern			
– Ressourcenmanagement			

[1] TP 1: Teilprojekt 1   TP 2: Teilprojekt 2

Abb. 7.70 E4U Aufgaben, Pilotphase

Aufwands durch den Einsatz der Lösung E4U fand nicht statt. Durch den noch notwendigen Know-how Aufbau der eigenen (internen) Mitarbeiter in dem **Projekt Stadtwerke Sören** war im Vergleich zu dem **Projekt Stadtwerke Lehr**, dass durch erfahrene (externe) Mitarbeiter des Unternehmens 2 durchgeführt wurde, ein immenser Mehraufwand notwendig.

Beide Projekte wurden spätere als Referenzprojekte für E4U angeführt, durch adäquate Boni und Rabatte wurde der Projektleiter der **Stadtwerke Sören** sogar als Referenzansprechpartner gewonnen.

▶ **Guideline**
Success requires information and communication
   Nichts ist wichtiger für den Projekterfolg als Transparenz und Nachhaltigkeit in der Kommunikation und Information. Die zielgerichtete Weitergabe von Informationen und die Integration der einzelnen Teilprojekte bzw. –module eines Projekts durch adäquate Kommunikation sind existentiell für den Erfolg. Agieren Teilprojekte unabhängig und unintegriert, so kann man sie auch als voneinander separierte Projekte behandeln. Aber selbst unabhängige Projekte sollte durch Informationsweitergabe synergetische Effekte erzielen können.

E4U-Aufgaben (Pilotphase)

Aufgaben	Verantwortlich	Phase[1]	zu erledigen bis
■ E4U-Standardangebot und -Marketinggrundlagen erstellen	**Vertrieb**	TP 1	
■ Erstellen eines E4U-Marketing- und Vertriebs-konzeptes auf Basis des E4U-Business Cases	**Vertrieb**	TP 1	
■ E4U-Preismodell entwickeln	**Vertrieb**	TP 1	
■ Einbinden von E4U in das Energie-Partnerkonzept (Vertriebs AG) – 1. Termin: 11. Januar 2002	**Vertrieb**	TP 1	
■ Einbinden von E4U in das Gas-Partnerkonzept (Gas AG)	**Vertrieb**	TP 1	
■ Einbinden von E4U in das Partnerkonzept der Entsorgungs AG und der Engineering AG	**Vertrieb**	TP 1	

[1] TP 1: Teilprojekt 1   TP 2: Teilprojekt 2

Abb. 7.71   E4U Aufgaben, Pilotphase, Vertrieb & Marketing

▶ **Guideline**
Marketing keeps up appearances
   Ein Projekt muss neben allen inhaltlichen und technischen Ergebnis-sen und Fortschritten auch gegenüber den Projekt Stakeholdern dargestellt werde. Grundsätzlich ist eine positive, die Projektfortschritte und –erfolge darstellende Berichterstattung zu bevorzugen. Die positive Stimmung wirkt sich auch auf das Projektteam positiv aus. Bedenklich ist die Darstellung von nicht dem Projekt zuordenbaren Erfolgen als Projektergebnis. Entschei-dend ist das Finden der richtigen Balance zwischen positivem Marketing und nüchternen Fakten.

Für das Projektcontrolling wurde eine E4U Project-Scorecard eingeführt (siehe Abb. 7.75).[7]
   Die finanzielle Perspektive der originären Balanced Scorecard wurde mit einer vertrieblich orientierten Perspektive subsumiert (Sales Perspective). Die interne Perspektive wurde durch eine produkt- und serviceorientierte Perspektive ersetzt

---

[7] Vgl. Aichele, Christian, Intelligentes Projektmanagement, S. 201–215, Kohlhammer, 2006.

E4U-Aufgaben (Pilotphase)

Aufgaben	Verantwortlich	Phase[1]	zu erledigen bis
■ Abnahme des E4U-Templates		TP 2	
		TP 2	

■ E4U-Business Plan vertrieblich umsetzen
  – Kontakte vom Vertriebs AG Partnertag
  – zusätzliche Stadtwerke Kontakte
  – E4U-Akquisitionen			

■ E4U-Pilotprojekte operativ unterstützen		TP 2	

■ Aufbau und Umsetzung von
  – E4U-Wartung
  – E4U-Schulung
  – E4U-Dokumentation
  – E4U-Datenmigration
  – E4U-Testsystem
		TP 2	

		TP 2	
		TP 2	

[1] TP 1: Teilprojekt 1   TP 2: Teilprojekt 2

Abb. 7.72 E4U Aufgaben, Pilotphase, Abnahme, Produkt & Projekte

und die sogenannte Learning and Innovation Perspective durch die Perspektive Organisation (=Service Center Stadtwerke) (siehe Abb. 7.76).

Die Vertriebsziele und die damit verbundenen Aufgaben wurden in einer Sales Liste aufgeführt (siehe Abb. 7.77). Diese Liste wurde zu einem späteren Zeitpunkt in eine RACI-Matrix überführt. Mit RACI wird eine Technik zur Analyse und Darstellung von Verantwortlichkeiten bezeichnet. Der Name leitet sich aus den Anfangsbuchstaben der englischen Begriffe **R**esponsible, **A**ccountable, **C**onsulted, **I**nformed ab.[8]

Neben den organisatorischen und inhaltlichen Fragestellungen wurden von dem Projektteam auch technische Lösungen erarbeitet (Versionierung, Hardware, Netware) (siehe Abb. 7.78).

Mit der Abnahme des Templates von Unternehmen 2 konnte die Weiterentwicklung gestartet werden und die Releaseplanung für die Versionen 1.1, 2.0, 2.1, 2.2 und folgende geplant werden (siehe Abb. 7.79, 7.80, 7.81 und 7.82).

Die Parametrisierung der SAP-Software (=Customizing) wurde versionsbezogen in einer Übersicht dargestellt (siehe Abb. 7.83).

---

[8] Siehe https://de.wikipedia.org/wiki/RACI, Abruf am 24.03.2025.

Schulungen SAP-IS/U im E4U-Umfeld   **ENTWURF**

Grundschulungen

Nr.	Bezeichnung und Inhalt	Dauer Tage	Dozenten	Entw. Abr.	Entw. Kd.serv.	Entw. Deb.	Entw. GV	Ber. System	Ber. Abr.	Ber. Deb.	Ber. GV	QS Abr.	QS Kd.serv.	QS Deb.	QS GV	Vertrieb	Admin. Abr.	Admin. Kd.serv.	Admin. Deb.	Admin. GV	Admin. System	Anw. Abr.	Anw. Kd.serv.	Anw. Deb.	Anw. GV	Anw. Vertrieb	Voraussetzungen
				intern												extern										
E4U-G1	Grundlagen SAP Classic	3	SAP	x	x	x	x	x	x	x	x	x	x	x	x	x	x	x	x	x	x	x	x	x	x		Vorkenntnisse Versorgungsindustrie
E4U-G2	Grundlagen SAP-IS/U	5	intern	x	x	x	x	x	x	x	x	x	x	x	x	x	x	x	x	x	x	x	x	x	x		Vorkenntnisse Versorgungsindustrie
E4U-G3	Kurzüberblick SAP Classic	1	SAP													x										x	auch für Fachfremde geeignet
E4U-G4	Kurzüberblick SAP-IS/U	2	intern													x										x	auch für Fachfremde geeignet
E4U-G5	Kurzüberblick Templateinhalt	2	intern	x	x	x	x	x	x	x	x	x	x	x	x	x											Fremdschulungen SAP und IS-U

Fachschulungen IS/U

Nr.	Bezeichnung und Inhalt	Dauer Tage	Dozenten	Entw. Abr.	Entw. Kd.serv.	Entw. Deb.	Entw. GV	Ber. System	Ber. Abr.	Ber. Deb.	Ber. GV	QS Abr.	QS Kd.serv.	QS Deb.	QS GV	Vertrieb	Admin. Abr.	Admin. Kd.serv.	Admin. Deb.	Admin. GV	Admin. System	Anw. Abr.	Anw. Kd.serv.	Anw. Deb.	Anw. GV	Anw. Vertrieb	Voraussetzungen
				intern												extern										
E4U-F1	ABAP-Programmierung Überblick	5	intern	x	x	x	x	x													x						G1 u. (G2 o. G4)
E4U-F2	Geräteverwaltung Bedienung	3	intern			x		x		x	x	x		x	x	x	x								x		G2
E4U-F3	Ablesung Bedienung	2	intern	x	x		x		x	x		x	x	x		x	x	x	x			x	x		x		G2
E4U-F4	Kundenservice Bedienung	3	intern	x	x	x	x		x	x	x	x	x	x	x	x	x	x	x			x	x	x	x	x	G2 o. G4
E4U-F5	Abrechnung und Fakturierung Bedienung	5	intern	x	x	x			x	x	x		x	x	x		x	x	x			x	x	x			G2
E4U-F6	Vertragskontokorrent Bedienung	5	intern	x	x	x			x	x	x		x	x	x		x	x	x			x	x	x			G2
E4U-F7	Berichtswesen Bedienung	1	intern	x	x	x	x	x	x	x	x	x	x	x	x	x	x	x	x	x						x	G2 o. G4
E4U-F8	IS/U-EDM Bedienung	3	extern	x			x		x			x				x			x								G2
E4U-F9	Überblick CRM	1	extern	x	x	x	x		x	x	x	x	x	x	x	x	x	x	x			x	x	x	x	x	G2

Abb. 7.73 Schulungskonzept, Grund- und Fachschulungen

Spezialistenschulungen IS/U

Nr.	Bezeichnung und Inhalt	Dauer Tage	Dozenten	Entw. Abr.	Entw. Kd.serv.	Entw. Deb.	Entw. GV	Ber. System	Ber. Abr.	Ber. Deb.	Ber. GV	QS Abr.	QS Kd.serv.	QS Deb.	QS GV	Vertrieb	Admin. Abr.	Admin. Kd.serv.	Admin. Deb.	Admin. GV	Admin. System	Anw. Abr.	Anw. Kd.serv.	Anw. Deb.	Anw. GV	Anw. Vertrieb	Voraussetzungen
				intern												extern										
E4U-S1	ABAP-Programmierung	15	?	x	x	x	x	x																			F1
E4U-S2	Geräteverwaltung Customizing	15	?			x		x			x			x				x							x		F2
E4U-S3	Ablesung Customizing	5	?	x			x		x			x	x			x		x		x							F3
E4U-S4	Kundenservice Customizing	15	?	x				x				x				x											F4
E4U-S5	Abrechnung und Fakturierung Customizing	15	?	x				x			x			x			x										F5
E4U-S6	Vertragskontokorrent Customizing	15	?		x				x			x				x											F6
E4U-S7	Berichtswesen Customizing	2	?	x	x	x	x		x	x	x	x	x	x	x		x	x	x	x							F7
E4U-S8	IS/U-EDM Customizing	10	?	x			x		x			x				x											F8
E4U-S9	CRM Customizing	5	extern	x	x	x	x		x	x	x	x	x	x	x	x	x	x	x	x		x	x	x	x	x	F9
E4U-S10	Workflow Customizing	2	intern	x				x			x			x			x										S4 oder S9
E4U-S11	Formularwesen	5	intern	x	x	x		x	x	x			x	x	x		x	x	x								F1, besser S1
E4U-S12	Datenmigration IS/U	5	intern	x	x	x	x																				F1, besser S1
E4U-S13	Datenextraktion aus EAS für IS/U	5	intern	x	x	x	x																				S12
E4U-S14	Administration	5	SAP					x													x						F1

Ad-hoc Intensivschulungen

Nr.	Bezeichnung und Inhalt	Dauer Tage	Dozenten	Entw. Abr.	Entw. Kd.serv.	Entw. Deb.	Entw. GV	Ber. System	Ber. Abr.	Ber. Deb.	Ber. GV	QS Abr.	QS Kd.serv.	QS Deb.	QS GV	Vertrieb	Admin. Abr.	Admin. Kd.serv.	Admin. Deb.	Admin. GV	Admin. System	Anw. Abr.	Anw. Kd.serv.	Anw. Deb.	Anw. GV	Anw. Vertrieb	Voraussetzungen
				intern												extern										
E4U-A1	ABAP-Programmierung Grundlagen	3	Consulting 2	x	x	x	x																				Entwicklerkenntnisse, sehr gute Auffassungsgabe

Abb. 7.74 Schulungskonzept, Spezialisten- und Intensivschulungen

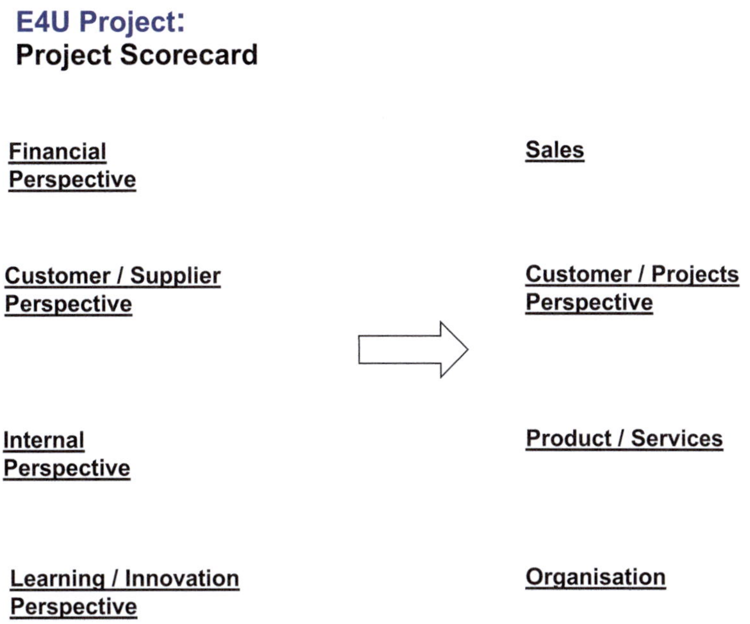

E4U Project:
Project Scorecard

Financial
Perspective

Sales

Customer / Supplier
Perspective

Customer / Projects
Perspective

Internal
Perspective

Product / Services

Learning / Innovation
Perspective

Organisation

Abb. 7.75   Die Perspektiven der E4U Project Scorecard

E4U Project:
Project Scorecard

Perspective	Objectives			Kennzahlen	Ziel	Aktivität
Sales	Sales Excel			Anzahl Akquisitionen	> 10 im Kontakt	Sales List
					> 3 Status ++	
	Conferences / Publikationen					
	Marketing / Broschüren					
	Structure and Branding					E4U Solutions
						E4U Crew
						E4U Icon
Customer / Projects	SW Lehr			Kundenzufriedenheit		
	SW Sören			Kundenzufriedenheit		
Product / Services	Template	Abnahme	Classic			
			ISU			
			Dokumentation			
	Weiterentwicklung					
	Presales Crew					
Organisation	Contracts	SAP		Abschluss	bis 10/2002	Treffen 15.07.2002
						Learning Solution Meeting
						I-Tutor Lizenzen
	Projektmanagement	Vertriebs AG Analyse				
		E4U Light				
	Betrieb- und Betreuung	Systemkonzept				
		Auslieferungs	110 Produktiv			
			210 Spiel / PreSales			
		Rechenzentrum, Outsourcing		Abstimmung	bis 08/2002	Termin
	Mitarbeiter / Knowledge					
	ToDo Liste					

Abb. 7.76   Die E4U Project Scorecard

E4U Project:
Sales List

Nr.	Kunde	Aktivität	Sales	RtW	Status	
1	OVA	Anfrage zur Ausschreibung	VM 2	G	teilgenommen, Feedback bis KW 30	
2	Wasser West AG	Vorstellungsgespräch	VM 3	PL	++	
		Angebot zur Ausschreibung	VM 3	G	Internes Abstimmen 3.07.2002	
3	EV Offenhausen	Auschreibung am 19.07.2002		G / Mitarbeiter Konzern IT	Vorabstimmung Kalkulation bis 19.07.2002	
4	Wasserverbund Hohenberg	PreSales Vorbereitung	Consulting 2	Perfektionist	1. Abstimmung erfolgt, PreSales Treffen	

Abb. 7.77 Die E4U Sales List

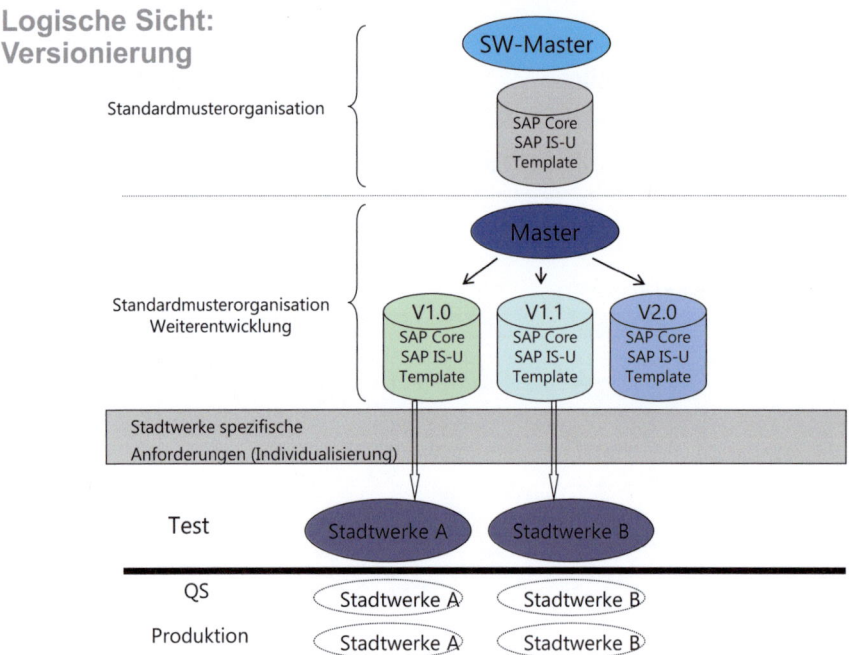

Abb. 7.78 Das Versionierungskonzept für E4U

Ausgehend von dieser Übersicht wurden die einzelnen Aktivitäten zeitlich ein-geplant und die dafür notwendigen Ressourcen zugeordnet (siehe Abb. 7.84).

Auf Basis von Akquisitionsverhandlungen mit potenziellen Anwendern und Marktbefragungen wurde festgestellt, dass die Abrechnungslösung E4U für

Abb. 7.79   Releaseplanung
E4U, Version 1.1

Releaseplanung E4U-Lösung
Version 1.1: Ende November 2002

- ■ Fertigstellung der Customizing-Dokumentation
- ■ Versionswechsel auf SAP 4.6.4
- ■ Customizing
  - – CIC-Ausprägung verschiedener Prozesse
  - – Verrechnungssteuerung: Kein Ausgleich vor Fälligkeit
  - – Beseitigung von Fehlern und Unzulänglichkeiten aus dem Unternehmen 2 -Template
    - • Verbesserungen bei diversen Druckprogrammen
    - • Verständliche Beschreibung der vorhandenen Tarifschemata
    - • Banktübliche Rücklastgründe einbauen
    - • Diverse Vorbelegungen bei Inbetriebnahme
    - • Überflüssige Sparten entfernen

Abb. 7.79   Releaseplanung E4U, Version 1.1

Releaseplanung E4U-Lösung
Version 2.0: Ende Januar 2003

- ■ Prozessdokumentation auf Basis SAP-Tutor
- ■ Customizing
  - – Beispielausprägung von Sammler
  - – Zähleraufträge in Service Management: Einbau, Ausbau, Wechsel, Prüfung
  - – Formular für Ratenplan
  - – Automatische Vergabe der Geschäftspartnernummer
- ■ Programmierung
  - – Umsetzung Mahnverfahren für endgerechnete Kunden sowie separate Formulare
  - – Maske für die Anzeige aller Operanden auf Anlagenebene
  - – Vorauszahlung gemäß AVB auch nach Abrechnung aktiv lassen
- ■ Aufnahme neuer Module
  - – Customer Self Service CSS / Internet Transaktion Server ITS

Abb. 7.80   Releaseplanung E4U, Version 2.0

Stadtwerke mit weniger als 25.000 Zählern im Stand-Alone Betrieb zu komplex wäre. Die beiden E4U Manager GBL 1 und GBL PL beauftragten ein Teilprojekt unter der Leitung des Generalisten mit der Prüfung, ob ggf. eine downgesizte Variante des eigenen Abrechnungssystems ASR (Abrechnungssystem

Releaseplanung E4U-Lösung
Version 2.1: Ende März 2003

- ■ Customizing
  - – Benutzerkonzept für Einführungsprojekte
- ■ Programmierung
  - – Belegstorno auf Ebene der Buchungsarten ausschalten
  - – Report über Zahlungen auf endgerechnete Kunden mit verbleibendem Guthaben
  - – Programm zur Umsetzung der Zahlart bei Rücklastschrift und Rücksetzung nach Ausgleich des Kontokorrents
- ■ Aufnahme neuer Module
  - – Basisausprägung Energie Daten Management EDM
  - – Business Configuration Set BCS

Abb. 7.81   Releaseplanung E4U, Version 2.1

Releaseplanung E4U-Lösung
Spätere Versionen

- ■ Version 2.2, Mitte 2003
  - – Versionswechsel auf SAP 4.7.x
  - – Customizing: Abrechnungsvarianten mit den Anforderungen aus dem neuen KWK-Gesetz
  - – Programmierung: Maschinelle Ausbuchung nur für Endgerechnete zulassen
- ■ Für später geplant
  - – Basisausprägung CRM
  - – Aufnahme weiterer Internetfunktionen
  - – Konzern-weit gemeinsame Ziehung der Turnus-Stichproben (Anbindung der E4U-Seite)

Abb. 7.82   Releaseplanung E4U, Version 2.2 und folgende

für Versorger) für dieses Marktsegment adaptiert werden könnte. Der GBL 1 als Hauptverantwortlicher und ehemaliger Mitarbeiter der IT-1 favorisierte eine Lösungsalternative ASR Light insbesondere um mit einer solchen Herangehensweise

Customizing

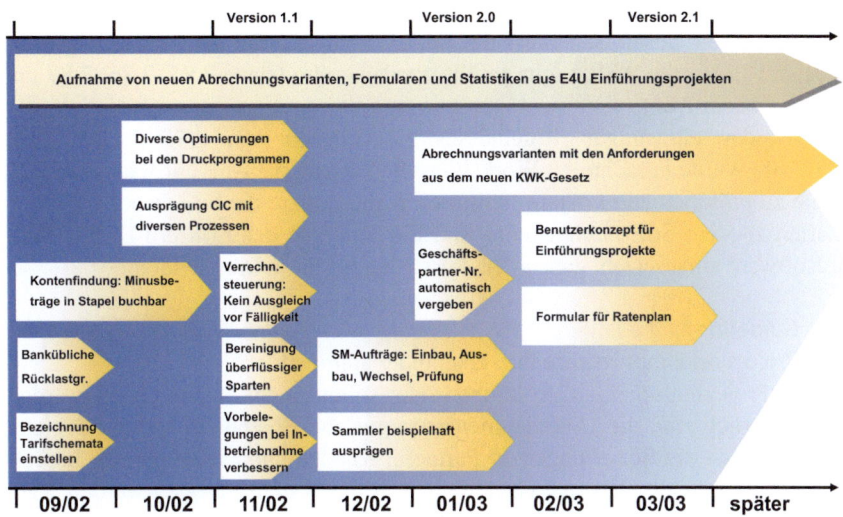

Abb. 7.83 Releaseplanung E4U, Übersicht

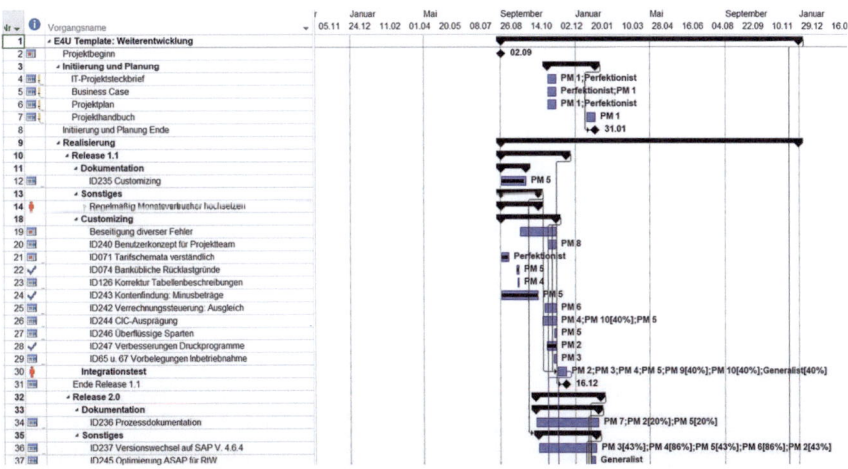

Abb. 7.84 Gantt Diagramm Weiterentwicklung E4U

die Motivation der bisherigen ASR-Berater und Entwickler aufrecht zu erhalten und wohl auch aus Reminiszenz Gründen. Der GBL PL war strikt gegen eine solche Lösung und präferierte die Alternative ASP-Angebot auf E4U Basis für dieses Kundensegment. Da auch der Generalist aus dem Unternehmen Consulting 2 stammte, die ausschließlich SAP-nahe Beratung durchführte, wurde das Teilprojekt mit ASR-Beratern ergänzt. Nach einem langwierigen Verlauf mit zahlreichen, sehr emotional geführten Diskussionen und Abstimmungen wurde ein Kriterienkatalog entwickelt, auf dessen Basis die Entscheidung für die Alternativen ASP auf Basis von E4U oder ASR Light gefällt werden sollte (siehe 7.85, 7.86, 7.87 und das Ergebnis in 7.88).

Trotz des eindeutigen Ergebnisses zu Gunsten von ASR Light (siehe Abb. 7.88) wurde in mehreren Workshops die Alternative ASP auf Basis von E4U als die zu präferierende Lösung bestimmt. Insbesondere die bestehenden Partnerschaften zu dem Softwarehersteller und die Strategie der Konzern-IT nur Standardsoftware einzusetzen, gaben den Ausschlag für diese Entscheidung.

▶ **Guideline**
Project decisions require the stakeholder approval
Projektentscheidungen können oder sollten nicht autark gefällt werden. Natürlich sind die Unternehmensstrategie, die Ergebnisse anderer Projekte und auch die Beziehungen zu Partnern, Kunden und Lieferanten zu berücksichtigen. Falls diese Umstände nicht in das Kalkül gezogen werden, kann es durchaus vorkommen, dass Projektentscheidungen revidiert werden müssen. Das könnte zu einer entsprechenden Unzufriedenheit bei den Protagonisten dieser Entscheidung führen. Insbesondere projektinterne Grabenkämpfe sind zu vermeiden und ggf. unter Hinzunahme eines Mediators rechtzeitig zu deeskalieren.

Letzen Endes wurde dieses (nachträglich beschlossene) Teilprojekt mit einem großen Aufwand und zum Teil sehr großer Motivation der Mitarbeiter kontraproduktiv abgeschlossen. Trotz positiver Entscheidung für eine Alternative wurde aufgrund der Argumentation eines Teils der Projektmitarbeiter (insbesondere PL und G) und der Intervention durch das Management der Konzern-IT die andere Alternative ausgewählt. Dieses nicht zum originären Auftrag des Projektes E4U zuordenbare Teilprojekt hatte dadurch einen nicht unerheblichen Störeinfluss auf die Projektmitarbeiter und deren Motivation.

▶ **Guideline**
Focus on the essentials
Insbesondere zu Beginn eines Projektes sollten weder das Projektziel infrage gestellt werden noch die Projektaufgaben durch Hinzunahme wesentlicher neuer Aktivitäten mit sekundärer Priorität bearbeitet werden. Ein ruhiges Fahrwasser unter möglichst wenigen externen Störungen und ein homogenes Projektteam, das das gleiche Projektziel verfolgt, sind für die Projektzielerreichung äußerst wichtig.

Parallel zur Weiterentwicklung von E4U und des Teilprojektes ASR wurden die Marketing- und Vertriebsaktivitäten für die Lösung E4U hochgefahren. Der Leiter des Teilprojekts 4 „*Vertrieb/Marketing*" **GBL 3** war gleichzeitig Leiter der

Sicht	Gewichtung	SAP - E4U Master			ASR Light			Andere Lösungen (SIV, Lima, DianePro etc)		
		Abs	Bewertung	Bew*Gew	Abs	Bewertung	Bew*Gew	Abs	Bewertung	Bew*Gew
1. Fachliche Anforderungen und System										
1.1 Funktionalität Betriebswirtschaft										
1.1.1 Hausanschluss	1	Modulübergreifende Lösung, in RtW definiert, aber komplexer und gewöhnungsbedürftiger Workflow, geeignet für den Power-User	3	3	vorhanden, nur für Strom	2	2			0
1.1.2 Dienstleistungsauftrag-Auftrag	1	Vorhanden, unfangreich ausprägbar	0	0		0	0			0
1.1.3 Dienstleistungsabwicklung (inkl. Aufmasserfassung)	1	Ausprägbar in RtW noch nicht vorhanden; ggf. für kleine Versorger nicht notwendig	0	0		0	0			0
1.1.4 Leistungsverzeichnis	1	Ausprägbar, in RtW noch nicht vorhanden, ggf. für kleine Versorger nicht notwendig	0	0		0	0			0
1.1.5 Rückmeldung Eigenleistungen	1	Vorhanden, unfangreich ausprägbar	0	0		0	0			0
1.1.6 Geschäftsbereiche	1	Vorhanden, unfangreich ausprägbar	0	0		0	0			0
1.1.7 Profit Center Accounting	0	Vorhanden, unfangreich ausprägbar	0	0	nicht Bestandteil von EAS Light	0	0			0
1.1.8 Project System	0	Vorhanden, unfangreich ausprägbar	0	0	nicht Bestandteil von EAS Light	0	0			0
1.1.9 Instandhaltung (insbesondere Geräteverwaltung)	7	Vorhanden, unfangreich ausprägbar	2	14	Zählerverwaltung	3	21			0
1.2 Personalwirtschaft (Verkehrs- und Versorgungsbetriebe)	0	Vorhanden, unfangreich ausprägbar bzw. Zukauf von ausgeprägter Lösung notwendig	0	0	nicht Bestandteil von EAS Light	0	0			0
1.3 Funktionalität Abrechnung										
1.3.1 Kundenbeziehungsmanagement	2	Ja, Customer Interaction Center (CIC), umfangreiches CRM Unterstützung über BW und CRM	0	0	kein Bedarf bei Klein-Versorger.	0	0			0
1.3.2 Anschlussobjekt / Versorgungsanlage / Geräteplatz / Gerät	8	Vorhanden, komplexer Prozess	1	8	vorhanden, einfacher Prozess	3	24			0
1.3.3 Einzug / Auszug / Umzug	8	komplexer Prozess über mehrere Bildschirme (Dynpros)	2	16	komplexer Prozess über mehrere Bildschirme aber systemgesteuert	2	16			
1.3.4 Ablesungsprozess	2	Ausgeprägt	3	6	ABL DOWNLOAD und UPLOAD; Schnittstelle zum MDE	3	6			0
1.3.5 Tarife	8	komplexe Anlage, Abbildung aller Tarife möglich, sinnvoll für kleine Stadtwerke nur über vorausgelegte Tarife	1	8	Abbildung aller Tarife möglich; relativ einfache Handhabung; Tarife können vorangelegt werden.	3	24			0
1.3.6 Zählermanagement, Zählerablesung	10	Unterstützung aller notwendigen Funktionen vorhanden (Kundenselbstablesung über Internet, Anbindung an MDE)	3	30	Unterstützung aller notwendigen Funktionen vorhanden (Kundenselbstablesung, Zählerstandseingabe auch über Internet möglich, Anbindung an MDE)	3	30			0

Abb. 7.85 Vergleich E4U mit ASR Light, Teil 1

Nr.	Kriterium	Gewicht	E4U			ASR Light			Diff.
1.3.7	Verbrauchsabrechnung	10	Ausgeprägt	3	30	in vollem Umfang vorhanden;Rechnungskorrekturen in einem Arbeitsgang ;Storno; Neuberechnung;Rechnungsanzeige und Zwischenrechnung über Internet möglich.	3	30	0
1.3.8	Vertragsabrechnung	10	Ausgeprägt	3	30	in vollem Umfang vorhanden.	3	30	0
1.3.9	Vertragsmanagement	2	Nicht in IS-U, nur über zusatzsysteme BW / CRM	1	2	vorhanden	3	6	0
1.3.10	Debitorenbuchhaltung, Vertragskontokorrent, Zahlungsverkehr	8	ja, umfangreiche Unterstützung vorhanden, Integration zu Debitoren Betriebswirtschaft	2	16	Debitoren-Buchhaltung ist Bestandteil von EAS Light mit Schnittstelle zum Rechnungswesen (Hauptbuch); umfangreiche Unterstützung incl. öffentlich-rechtliches Mahnwesen vorhanden Kontenauskunft über Internet möglich.	3	24	0
1.3.11	Mahnwesen	8	Keine gerichtliches Mahnverfahren, ansonsten umfangreich	2	16	in Debitoren-Buchhaltung vorhanden mit umfangreicher Mahnsteuerung; Schnittstelle zum externen gerichtlichen Mahnwesen.	3	24	0
1.3.12	Statistiken	5	Durch Vordefinition vorhanden, Erweiterung arbeits- und aufwandsintensiv	3	15	Durch Vordefinition vorhanden, Erweiterung arbeits- und aufwandsintensiv	3	15	0
1.3.13	Formulare	7	Durch Vordefinition vorhanden, Erweiterung arbeits- und aufwandsintensiv	2	14	Standard-Formulare vorhanden; Erweiterung kurzfristig möglich, Aufwand gering.	2	14	0
1.4	Anzahl Implementierungen	3	Keine in dem Segment kleine Stadtwerke	1	3	Über mehrere Rechenzentren bei vielen Klein-Versorgern	3	9	0
1.5	Referenzkunden	3	Keine in dem Segment kleine Stadtwerke	1	3	KIRU-Ulm; HWG Potsdam; KRZ Lemgo	3	9	0
1.6	Dokumentation (Lösung)	7	Umfangreiche Dokumentation vorhanden, noch nicht in einer stringenten Form	2	14	technische Dokumentation ist in stringenter Form vorhanden; Verfügbarkeit über CD und Internet. Hilfsfunktion im Dialog greift auf Texte der Dokumentation zu	3	21	0
1.7	Dokumentation Schulungsunterlagen	3	Umfangreiche Dokumentation vorhanden, noch nicht in einer stringenten Form	3	9	ist veraltet, muss überarbeitet werden.	2	6	0
1.8	Releasefähigkeit	3	Ja, inklusive Weiter- und Zusatzentwicklungen, aber Releasewechsel-Projekt notwendig (Aufwand bei grossen Releasewechsel ca. 30-50% von Einführungsaufwand)	1	3	Ja, inklusive Weiter- und Zusatzentwicklungen; Releasewechsel durch Kunden durchführbar (Aufwand bei grossen Releasewechsel ca. 2-3 MT)	3	9	0

Abb. 7.86 Vergleich E4U mit ASR Light, Teil 2

Nr	Sicht	Gewichtung	Abs	Bewertung	Bew*Gew	Abs	Bewertung	Bew*Gew	Abs	Bewertung	Bew*Gew
1.9	Berücksichtigung VV2+ (Deregulierung Strom, Gas)	5	Enthalten, aber Zusatzmodul EDM notwendig	2	10	In vollem Umfang enthalten, sowohl in Abrechnung als auch mit Zählpunktverwaltung; XML-Schnittstellen zu externen Netznutzungs-Systemen vorhanden.	3	15			0
1.10	Oberfläche	10	ja, sehr gut	3	30	ja, sehr gut.	3	30			0
1.11	Workflow	10	Workflow durch User erstellbar und anodifizierbar, Prozesshandling komplex und umständlich (Bsp Einzug, Auszug, HA)	1	10	Workflow vordefiniert, Prozesshandling verständlich und einfach	2	20			0
	Summe Nutzwerte Fachliche Anforderungen und System				273			362			0

2. Marktanforderungen

Nr	Sicht	Gewichtung	Abs	Bewertung	Bew*Gew	Abs	Bewertung	Bew*Gew	Abs	Bewertung	Bew*Gew
2.1	Zu erwartende Marktakzeptanz	20	Geringe Marktakzeptanz in dem Segment kleine Versorger	1	20	Hohe Marktakzeptanz im Segment Kleinversorger wegen kurzer Verfügbarkeit, schneller Einführung, Geringe Lizenz-, Wartungs- und Betriebskosten.	3	60			0
2.2	Zu erwartende Marktpenetration	2	Hoch durch Verbreitung bei grossen Versorgern, durch Marketing, durch Übernahme Wettbewerber	2	4	wurde nicht untersucht	2	4			0
2.3	Nachhaltigkeit Anbieter (Marktmacht Anbieter)	2	Gross, reines Softwareunternehmen	3	6	wurde nicht untersucht	2	4			0
2.4					0			0			0
2.5					0			0			0
2.6					0			0			0
	Summe Nutzwerte Marktanforderungen				30			68			0

3. Wirtschaftlichkeit

Sicht	Nr	Gewichtung	Abs	Bewertung	Bew*Gew	Abs	Bewertung	Bew*Gew	Abs	Bewertung	Bew*Gew
RtW	3.1 Erlösemöglichkeiten Segment Kleine Versorger	10	Lösung nur als ASP bzw. in organisatorischen Gemeinschaften einführbar	1	10	Lösung eigenständig einsetzbar, aber auch als ASP und in organisatorischen Gemeinschaften	3	30			0
RtW	3.2 Zu erwartender Zeitpunkt Verfügbarkeit	10	Falls Entwicklung budgetiert wird voraussichtlich Ende 2003	1	10	6 Monate nach Kick-off	3	30			0
RtW	3.3 Entwicklungsaufwand	10	ca. 350 - 500 Mitarbeitertage (Delta aus Schätzung Eigenentwicklung und ... Zukauf)	1	10	270 MT (installationsreifes System)	2	20			0

Abb. 7.87 Vergleich E4U mit ASR Light, Teil 3

Sicht		Kriterium	Gewichtung	Abs (System 1)	Bewertung	Bew	Gew	Abs (System 2)	Bewertung	Bew	Gew	Abs (System 3)	Bewertung	Bew	Gew
Kunde	3.4	Einführungskosten Versorger	8	Fallbeispiel SW Steinfurt 250 - 350 BT		1	8	35 MT (in Lizenzkosten enthalten)		3	24				0
Kunde	3.5	Betriebskosten Versorger	8	- 10 - 20% von Einführungsaufwand - 17% Wartungsgebühr auf Software		1	8	5 MT/Jahr		3	24				0
Kunde	3.6	Kosten Hardware (Aufwand und Komplexität HW)	8	Client-Server Architektur, SAP Strategie in Richtung CRM und BW; sehr hohe Kosten und hoher Administrationsaufwand.		1	8	Client-Server Architektur; UNIX / LINUX (Host-Plattformen sind auch möglich und haben keinen Einfluss auf die Software EAS Light)		3	24				0
		Summe Nutzwerte Wirtschaftlichkeit					54				152				0

4. Organisatorische Anforderungen

Sicht		Kriterium	Gewichtung	Abs	Bewertung	Bew	Gew	Abs	Bewertung	Bew	Gew	Abs	Bewertung	Bew	Gew
	4.1	Qualifikationen Mitarbeiter	8	Kenntnisse: EVU-Erfahrung, SAP-Erfahrung, ABAP, Betriebssystem und Basissystem		2	16	Kenntnisse: EVU-Erfahrung, Programmiersprachen, Betriebssystem und Basissystem		3	24				0
	4.2	Ressourcenverfügbarkeit	7	Ressourcen zum grossen Teil gebunden (EBL, grosse und mittlere Versorger, SÜWAG)		1	7	11 Mitarbeiter mit vorgenannten Kenntnissen vorhanden		3	21				0
	4.3						0				0				0
	4.4						0				0				0
	4.5						0				0				0
	4.6						0				0				0
	4.7						0				0				0
		Summe Nutzwerte Organisatorische Anforderungen					23				45				0

5. Strategische Kriterien

Sicht		Kriterium	Gewichtung	Abs	Bewertung	Bew	Gew	Abs	Bewertung	Bew	Gew	Abs	Bewertung	Bew	Gew
	5.1	Vertraulichkeit Partnerschaft mit SAP	4				0				0				0
	5.2	Unabhängigkeit Partnerschaft SAP	6				0				0				0
	5.3	Eigenes Produkt, Einflussnahme Produktgestaltung	6				0				0				0
	5.4	Differenzierendes Potential Produkt	6				0				0				0
	5.5						0				0				0
	5.6	Zufriedenheit der Mitarbeiter, Innenwirkung	10				0				0				0
	5.7						0				0				0
		Summe Nutzwerte Strategische Kriterien					0				0				0

	Vergleichsergebnis (Summe)	ungewichtet | gewichtet	15	777	30	1277	13	512

Abb. 7.88 Vergleich E4U mit ASR Light, Ergebnis

Konzern-IT Abteilung Vertrieb. Da die bisherigen eigenen Lösungen nicht mehr weiter vertrieben werden sollten und die Vertriebsziele nicht wesentlich an die neuen Umstände angepasst waren, blieb als einzige Alternative, die neue (aber noch nicht fertige) Lösung E4U zu vertreiben. Mit einem immensen Aufwand beteiligte das Projektteam sich an allen passenden oder unpassenden Ausschreibungen, beauftragte externe Vertriebsfirmen mit Kalt-Akquisen und nahm vielversprechende und auch unnötige Termine bei potenziellen Kunden wahr. Diese Aktivitäten wurden zu einem Zeitpunkt durchgeführt, zu dem es weder ein vorführbereites E4U noch Mitarbeiter gab, die E4U in seiner Vollständigkeit erklären oder gar einführen hätten können. Deswegen holte sich der GBL 3 für die Sales und Presales Aktivitäten insbesondere Unterstützung bei dem Generalisten und den Perfektionisten, die damit für andere Aufgaben nicht zur Verfügung standen. Bis einschließlich März 2004 wurden über 30 Akquisitionen mit Workshops, Angeboten und E4U Präsentationen durchgeführt. In diesem Zeitraum wurden nur zwei weitere Einführungsprojekte begonnen, die auch unter dem Label E4U liefen, aber eigentlich Neuentwicklungen auf Basis der Standardsoftware darstellten.

In dem Abnahmeprozess wurde festgestellt, dass das Basistemplate nur rudimentär dokumentiert war. Mit einigen (eher minimalen) Weiterentwicklungen und einer vollständigen Dokumentation wurde die Lösung E4U im Februar 2004 durch den Hersteller der Standardsoftware zertifiziert (ursprüngliche Planung des Realisierungsprojekts war Dezember 2001). Bereits einige Monate vorher hatte sich der Verantwortliche für das Teilprojekt 3 „*Anforderungsmanagement*", der Perfektionist auf eine intern ausgeschriebene Stelle beworben. Der für ihn zuständige Linienmanager GBL 1, der gleichzeitig E4U Manager war, stimmte der Bewerbung zu, so dass der Perfektionist bereits vor der Zertifizierung der Lösung E4U dem Projekt nicht mehr zur Verfügung stand.

▶ **Guideline**
Abandon the sinking ship early or never
   Wichtiges Erfolgskriterium für Projekte ist die Kontinuität der Projektbesetzung und insbesondere des Projektmanagements. Werden in wichtigen oder kritischen Phasen entscheidende Manager abberufen, kann das zum Kollaps des Projekts führen. Das Steering Committee und der verantwortliche Gesamtprojektleiter sollten auf Kontinuität der Mitarbeit von wichtigen Projektexperten und Projektmanagern achten und diese auch einfordern. Der Projektleiter sollte auch weniger erfolgreiche Projekte auf jeden Fall zu Ende führen.

Das Projektteam und die anderen Projektmitarbeiter waren durch diesen Abgang entsprechend demotiviert. Möglicherweise hat der Teilprojektleiter Perfektionist zu diesem Zeitpunkt das Ende des Projekts E4U schon absehen können. Wenige Wochen später wurde von dem Konzern entschieden, dass die Konzern-IT mit sämtlichen Lösungen und Services sich nur noch auf die Konzerngesellschaften zu konzentrieren hätte. Damit war für die Lösung E4U kein Markt mehr vorhanden. Das Projekt fiel in einen komatösen Zustand. Sämtliche aktive Entwicklungs-,

Marketing und Vertriebsaktivitäten wurden gestoppt. Damit war das Implementierungsprojekt E4U faktisch beendet.

7.1.6 Das Abwicklungsprojekt

Im April 2004 starteten der E4U Manager PL und der Teilprojektleiter G einen
letzten Versuch die Lösung E4U am Leben zu erhalten. In einem ersten Schritt
wurde der Projektstatus visualisiert (siehe Abb. 7.89).

Mögliche Alternativen für die weitere Existenz von E4U waren zum einen als
reines Marketinglabel für die Konzern-IT und zum anderen als Basis für eine Masterlösung bei einem Verbund von Stadtwerken oder der Verkauf an konzerneigene
Beratungsgesellschaften. Voraussetzung für die Masterlösung wäre das Finden
von Stadtwerken mit Bereitschaft sich eine Masterlösung auf ASP-Basis implementieren zu lassen. Dabei hätte unter Umständen auch die nahezu kostenlose
Einführung von E4U angeboten werden müssen (siehe Abb. 7.90).

Aufgrund des bisherigen, großen Investments und der sehr hohen emotionalen
Bindung an die Projekte E4U und damit an die Lösung E4U entschied sich das
Management der Konzern-IT für die Alternative Marketinglabel. E4U wurde wei-

Status

Ziel

- Der **E4U Renewing Prozess** hat das Ziel die weitere Nutzung des **Labels E4U** und des **Softwaresystems E4U** zu visualisieren.

Status

- Die **E4U Basisversion** wurde verifiziert, validiert und rudimentär weiterentwickelt (Januar 2002 – März 2003)
- Akquisitorische **E4U Projekte** (insbesondere SW Sören) haben E4U als reines Schulungssystem und partiell als Projekt-beschleuniger eingesetzt (Mai 2002 – Juni 2003).
- Synergisch zu dem E4U Projekt wurde die Konzern IT als **Systemhaus für die Energiewirtschaft** implementiert (seit Dezember 2002).
- Die Konzerngesellschaften **Consulting 3** und **Consulting 2** sind in dem **Systemhaus-Vertrag** mit eingetreten (2003).
- **E4U** erhielt als **All-in-One Lösung** die **Qualifikation** (Februar 2004).
- **E4U** wird in **keinem** Projekt als **Masterlösung** eingesetzt.
- **E4U** wird im Moment **nicht prioritär** weiter vermarktet.

Abb. 7.89 Status Projekt E4U

Alternativszenarien

Marketinglabel	Masterprojekt	Partner
• **E4U** als **Label** für eigenen Vertrieb und Marketing • **E4U** als **Imagefaktor** für Kompetenz und Systemhaus • **Weitere Nutzung** von E4U als Test-, Schulungs- und eventbezogenes Demosystem möglich • **Kein Invest** erforderlich	• **Masterprojekt** mit SW Hilden, Stromberg, Olten etc. ggf. mit Querfinanzierung • **Projektergebnis** als Master für weitere Akquisitionen und Projekte nutzbar • **Weiterentwicklung** validiert und **weitere Qualifizierung** gesichert.	• **Übergabe** (Sell off vs. Give Away) an SH-Partner Consulting 3 und/oder Consulting 2 • **Consulting 3**: Nutzung von E4U als Label für eigenes Template und Weiterentwicklung • **Consulting 2**: Nutzung von Label und System für Marketing, Vertrieb und Projekte • **Partielle Weiterentwicklung** und **weitere Qualifizierung** wahrscheinlich (Nachhaltigkeit gesichert)
– Keine aktiven E4U bezogenen Projektakquisitionen – Keine Weiterentwicklung von E4U – Weitere Qualifizierung unwahrscheinlich	– **Invest** für Querfinanzierung notwendig (für Festpreisprojekt mit **hohem Added Expense Risk**)	– Monetärer ROI für System nicht gegeben. – Nachvollziehbarkeit für Gesellschafter diffizil

Abb. 7.90   Alternativszenarien Projekt E4U

terhin als Erfolg propagiert und das Projekt lief stillschweigend aus. Den Projektmitarbeitern wurde zum Teil der Übergang in das Projekt UBS angeboten, einige nahmen diese Möglichkeit wahr.

7.1.7   Das Ergebnis

Was war nun das Ergebnis? Das Projektziel war erreicht, E4U als Lösung vorhanden mit vollständiger Dokumentation und der Zertifizierung. Die ersten Einführungsprojekte waren erfolgreich verlaufen, die Projektmitarbeiter waren als Entwickler und Berater für die Lösung qualifiziert.

Nach außen schien alles erfolgreich verlaufen zu sein. Aber wie in den Beschreibungen des Vorprojekts, des Realisierungsprojekts, des Evaluierungsprojekts und des Implementierungsprojekts nachzuvollziehen (siehe Guidelines) haben im Projektverlauf kleine und größere Fehlentscheidungen zu einem Nichterreichen der ursprünglichen Projektziele geführt. Dass das Projekt trotzdem als Erfolg deklariert wird, liegt eher an der Kritikunfähigkeit großer Unternehmen und der Manager dieser Unternehmen. Die Ergebnisse oder besser ausgedrückt die Resultate der Projekte waren:

- Monetäre Ausgaben im achtstelligen Bereich
- Fünf Jahre Projektarbeit mit teilweise mehr als 100 Projektmitarbeitern
- Eine nachhaltige Demotivierung und Desillusionierung der Projektmitarbeiter mit einer daraus resultierenden, nicht unwesentlichen Personalfluktuation
- Erlöse aus einer einstelligen Anzahl von Kundenprojekten im niedrigen siebenstelligen Bereich

Damit wurde natürlich auch die Möglichkeit vertan, aus diesen Fehlern zu lernen und das nächste Mal soweit möglich diese auch zu vermeiden.

▶ Wer keine Kritik erlaubt, ist nicht lernfähig. Wer nicht zum Lernen bereit ist, ist auch als (Projekt-) Manager ungeeignet.

7.2   IT-Outsourcing: IT-Projektmanagement für Transition- & Transformations-Projekte

Daniel Wolf

Herausforderungen im Rahmen von IT-Outsourcing-Projekten mit praktischen Erfahrungen, Empfehlungen und Notwendigkeiten für erfolgreiche Transition- & Transformationsprojekte mit einem Managed Service Provider *Der Artikel zeigt Herausforderungen aus der Praxis im Bereich des IT-Outsourcings und der Implementierung von Managed Services. IT-Outsourcing hat sich als zentrale Strategie zur Kostensenkung und Effizienzsteigerung etabliert, wobei Managed Services eine flexible Ressourcenallokation ermöglichen. Der IT-Outsourcing-Markt in Deutschland wächst stetig, angetrieben durch die digitale Transformation und den Mangel an qualifizierten IT-Spezialisten. IT-Transition- und Transformationsprojekte sind komplex und erfordern eine sorgfältige Planung und Koordination, um technologische Innovationen erfolgreich zu integrieren und die Wettbewerbsfähigkeit zu steigern. Dieser Beitrag dient zur Veranschaulichung und beinhaltet Erfahrungen und Handlungsempfehlungen aus der Projektpraxis von Transitionen und Transformationen bei einem Managed Service Provider.*

7.2.1   IT-Outsourcing & Managed Services

IT-Outsourcing hat sich in den letzten Jahrzehnten zu einer zentralen Strategie für Unternehmen entwickelt, um Kosten zu senken, Effizienz zu steigern und sich auf ihre Kernkompetenzen zu konzentrieren. IT-Outsourcing ermöglicht Unternehmen, spezialisierte Dienstleistungen von externen Anbietern in Anspruch zu nehmen, was zu einer flexibleren Ressourcenallokation führt. Der Begriff „Managed Service" bezieht sich auf die Auslagerung bestimmter IT-Funktionen an einen Dienstleister, der diese Dienstleistungen proaktiv verwaltet und überwacht. Managed Services bieten Unternehmen die Möglichkeit, IT-Ressourcen effizient zu nutzen, indem sie sich auf die Expertise des Dienstleisters verlassen, um die Systemverfügbarkeit und -sicherheit zu gewährleisten. Diese Form des Outsourcings ist besonders vorteilhaft für Unternehmen, die nicht über die internen Ressourcen oder das Fachwissen verfügen, um komplexe IT-Infrastrukturen selbst zu betreiben. Die zunehmende Digitalisierung und der Bedarf an flexiblen IT-Lösungen haben das Wachstum des Managed Service-Marktes weiter vorangetrieben. In diesem Kontext ist es wichtig, die Vor- und Nachteile des IT-Outsourcings sowie die Rolle von Managed Services zu verstehen, um fundierte Entscheidungen über die IT-Strategie eines Unternehmens zu treffen.

7.2.1.1 Historische Entwicklung

Die historische Entwicklung des IT-Outsourcings lässt sich bis in die 1960er Jahre zurückverfolgen, als Unternehmen begannen, externe Dienstleister für die Verwaltung ihrer IT-Infrastruktur zu engagieren. IBM spielte eine entscheidende Rolle in dieser Entwicklung, insbesondere mit der Einführung von Großrechnern, die es Unternehmen ermöglichten, ihre IT-Kapazitäten zu erweitern, ohne in eigene Hardware investieren zu müssen.

Mit Beginn der 1980er Jahre erlebte das Outsourcing einen Aufschwung, als Unternehmen erkannten, dass sie durch die Auslagerung von IT-Diensten Kosten sparen und sich auf ihre Kernkompetenzen konzentrieren konnten. IBM begann, seine Dienstleistungen zu diversifizieren und bot zunehmend Outsourcing-Lösungen an, um den wachsenden Bedarf zu decken.

In den 1990er Jahren führte die Globalisierung zu einem Anstieg des Offshore-Outsourcings, wobei Unternehmen wie IBM ihre Dienstleistungen in Länder mit niedrigeren Arbeitskosten verlagerten. Dies ermöglichte es Unternehmen, ihre IT-Kosten weiter zu senken und gleichzeitig Zugang zu einem breiteren Talentpool zu erhalten.

Seit dem 21. Jahrhundert hat sich das IT-Outsourcing weiterentwickelt, insbesondere mit dem Aufkommen von Cloud-Computing und agilen Entwicklungsmethoden. IBM hat sich an diese Veränderungen angepasst und bietet nun eine Vielzahl von Cloud-basierten Outsourcing-Diensten an, die es Unternehmen ermöglichen, flexibler und effizienter zu arbeiten.

7.2.1.2 Marktübersicht

Der IT-Outsourcing-Markt in Deutschland hat in den letzten Jahren ein signifikantes Wachstum erfahren, da Unternehmen zunehmend auf externe Dienstleister zurückgreifen, um ihre IT-Kapazitäten zu erweitern und Kosten zu optimieren. Der Markt für IT-Outsourcing in Deutschland wird auf mehrere Milliarden Euro geschätzt, wobei ein stetiger Anstieg der Nachfrage nach Cloud-Diensten und anderen Managed Services zu beobachten ist. Ein wesentlicher Treiber für das Wachstum im IT-Outsourcing-Markt ist die digitale Transformation, die Unternehmen dazu zwingt, ihre IT-Strategien zu überdenken und innovative Lösungen zu implementieren. Die COVID-19-Pandemie hat diesen Trend weiter beschleunigt. Beispielsweise durch den kurzfristigen Aufbau der IT Infrastruktur zur Ermöglichung von Remote-Arbeit.

Zusätzlich spielt die Verfügbarkeit von Fachkräften eine entscheidende Rolle. Viele Unternehmen sehen sich mit einem Mangel an qualifizierten IT-Spezialisten konfrontiert, was Outsourcing zu einer attraktiven Lösung macht. Insgesamt zeigt der IT-Outsourcing-Markt in Deutschland eine dynamische Entwicklung, die durch technologische Innovationen und sich verändernde Marktbedürfnisse geprägt ist. Die Lünendonk-Liste ist dabei ein wichtiges Instrument, um die Marktlandschaft und die führenden Anbieter im Auge zu behalten.

7.2.2 Transition- & Transformationsprojekte

Die IT-Transition- & Transformationsprojekte (T&T) zählen zu den komplexesten Projekten im Umfeld der Informationstechnologie. Die Komplexität resultiert hierbei nicht zwangsläufig aus den zu implementierenden Technologien. Vielmehr ist es ein sensibles, multifaktorielles Unterfangen mit Auswirkungen auf eine Vielzahl von Bereichen und Stakeholdern eines Unternehmens.

„Eine T&T ist eine Operation am offenen Herzen des IT-Betriebes"

T&T im Bereich Managed Services umfassen die systematische Planung und Umsetzung von Veränderungen in IT-Infrastrukturen und -Prozessen, um Effizienz, Flexibilität und Skalierbarkeit zu erhöhen. Dabei werden bestehende Systeme schrittweise migriert oder modernisiert, wobei der Fokus auf Minimierung von Ausfallzeiten und Risiken liegt. Projekte dieser Art erfordern eine enge Abstimmung zwischen verschiedenen Stakeholdern sowie ein sorgfältiges Change-Management-Strategie, um eine reibungslose Transition zu gewährleisten. Insgesamt tragen IT-Transition- und Transformationsprojekte dazu bei, die Wettbewerbsfähigkeit von Unternehmen durch technologische Innovationen nachhaltig zu stärken (siehe Abb. 7.91).

Die Engagement-Phase endet mit der Vertragsunterzeichnung, in der Praxis oft auch bekannt als „Signing". Mit dem Ende der Engagement Phase startet

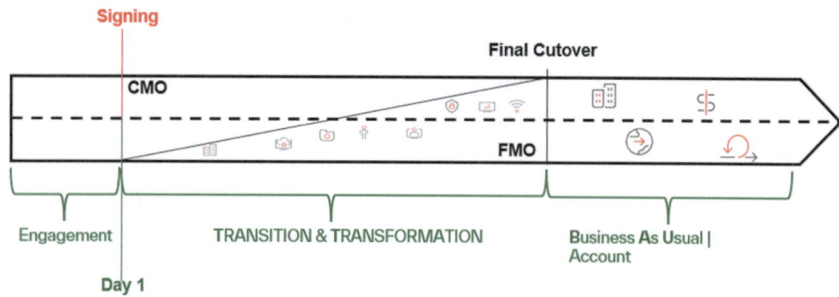

Abb. 7.91 Transition und Transformation

das T&T-Projekt („Day 1"). Ziel dieser Phase ist es, die grundlegenden Governance-Strukturen aufzubauen. Dazu gehört die klare Definition der Rollen und Verantwortlichkeiten aller Beteiligten sowie die Etablierung effizienter Kommunikationswege, um eine reibungslose Zusammenarbeit sicherzustellen. In diesem Stadium werden die Stakeholder identifiziert und der „Way of working" definiert. Ziel ist es, eine solide Grundlage für den weiteren Projektverlauf zu schaffen.

Die Transition- und Transformationsphase stellt einen entscheidenden Schritt im Veränderungsprozess dar. Sie beginnt mit der Überführung bestehender Services und Prozesse aus dem Current Mode of Operation (CMO) in eine vom Managed Service Provider kontrollierte Umgebung. Ziel ist es, die bisherigen Abläufe zu verstehen, übernehmen, stabilisieren, um anschließend die Transformation einzuleiten. Der Current Mode of Operation repräsentiert den Ist-Zustand der IT- und Geschäftsprozesse. Er ist häufig geprägt von Heterogenität, manuellen Abläufen und inkonsistenter Servicequalität.

Im Rahmen der Transformation werden die Prozesse anschließend optimiert, standardisiert und gegebenenfalls automatisiert. Ziel ist es, den Future Mode of Operation (FMO) zu erreichen. Dieser zukünftige Zustand zeichnet sich durch standardisierte, skalierbare und SLA-konforme Services aus, die durch moderne Technologien, Automatisierung sowie ITIL-basierte Prozesse unterstützt werden.

Das ITIL-Framework (Information Technology Infrastructure Library) ist eine Sammlung bewährter Praktiken und Prozesse für das IT-Service-Management. Es hilft Organisationen dabei, ihre IT-Services effizient und kundenorientiert zu gestalten, zu steuern und kontinuierlich zu verbessern. ITIL umfasst verschiedene Phasen und Prozesse, wie zum Beispiel das Incident Management, Change-Management und Service Level Management, um eine hohe Servicequalität und eine effektive Zusammenarbeit sicherzustellen.

Nach dem Abschluss der T&T kommt es zum „Final Cutover". Das Projekt befindet sich im stabilen Betriebszustand. In dieser Phase liegt der Fokus auf einem SLA-gesteuerten Betrieb, bei dem die Services kontinuierlich verbessert werden (Continual Service Improvement). Zudem werden regelmäßig Key Performance Indicators (KPIs) überwacht, um die Servicequalität sicherzustellen und Optimierungspotenziale zu identifizieren. Aus wissenschaftlicher Sicht entspricht diese Phase der Stabilisierungs- und Betriebsphase in gängigen IT-Service-Management-Modellen. Hier wird die nachhaltige Aufrechterhaltung und Weiterentwicklung der Services gewährleistet, um den laufenden Betrieb effizient und zuverlässig zu gestalten.

7.2.2.1 Abgrenzung Transition

Der Begriff "IT-Transition" im Kontext von Managed Services bezieht sich auf den strukturierten Prozess des Übergangs von einer bestehenden IT-Umgebung zu einer neuen oder verbesserten Infrastruktur, um Geschäftsprozesse effizienter zu gestalten. Dieser Prozess umfasst die Planung, Koordination und Durchführung von Migrationen, Upgrades oder Systemwechseln, wobei die Minimierung von Betriebsunterbrechungen im Vordergrund steht. IT-Transitionen sind essenziell, um technologische Innovationen zu implementieren und die Wettbewerbsfähigkeit eines Unternehmens zu sichern. Sie erfordern eine detaillierte Analyse der bestehenden Systeme sowie eine klare Definition der Zielarchitektur, um Risiken zu identifizieren und zu steuern. Während des Übergangsprozesses sind Change-Management-Maßnahmen notwendig, um die Akzeptanz bei den Mitarbeitenden zu fördern und Widerstände zu minimieren. Die Transition umfasst auch die Schulung der Nutzer sowie die Dokumentation der neuen Prozesse, um eine nachhaltige Nutzung sicherzustellen. Ein wichtiger Aspekt ist die Kommunikation zwischen allen Stakeholdern, um Transparenz zu gewährleisten und Missverständnisse zu vermeiden. Die Dauer und Komplexität einer IT-Transition hängen von der Größe und Vielfalt der bestehenden Systeme ab. Zudem ist die Risikoanalyse ein integraler Bestandteil, um potenzielle Probleme frühzeitig zu erkennen und Gegenmaßnahmen zu entwickeln. Die erfolgreiche Durchführung einer IT-Transition trägt dazu bei, die IT-Strategie eines Unternehmens an die sich wandelnden Marktanforderungen anzupassen. Sie ermöglicht eine bessere Nutzung neuer Technologien und optimiert die Geschäftsprozesse. Die Transition sollte stets im Einklang mit den übergeordneten Unternehmenszielen stehen, um Mehrwert zu schaffen. Insgesamt ist IT-Transition ein komplexer, aber notwendiger Prozess, um die digitale Transformation eines Unternehmens voranzutreiben. Die Planung und Steuerung der Transition erfordern interdisziplinäres Wissen sowie eine enge Zusammenarbeit zwischen IT-Abteilungen und Fachbereichen. Die kontinuierliche Evaluation nach Abschluss der Transition ist wichtig, um die Effektivität der Maßnahmen zu überprüfen und Verbesserungen vorzunehmen.

Zusammenfassend lässt sich sagen, dass IT-Transitionen eine kritische Rolle bei der nachhaltigen Entwicklung und Modernisierung von IT-Services in Unternehmen spielen.

7.2.2.2 Abgrenzung Transformation

Die IT-Transformation im Kontext von Managed Services bezeichnet den strategischen Wandel der IT-Infrastruktur und -Prozesse eines Unternehmens, um moderne Technologien effizient zu integrieren und die Geschäftsziele zu unterstützen. Dabei handelt es sich um einen umfassenden Veränderungsprozess, der sowohl technologische als auch organisatorische Aspekte umfasst. Ziel ist es, durch den Einsatz von Cloud-Computing, Automatisierung und digitalen Innovationen die Flexibilität, Skalierbarkeit und Effizienz der IT-Services zu erhöhen. Managed Service Provider (MSPs) übernehmen dabei die Verantwortung für den Betrieb und die Wartung der IT-Infrastruktur, was Unternehmen ermöglicht, sich auf ihre Kernkompetenzen zu konzentrieren. Die IT-Transformation im Managed Service-Umfeld ist häufig durch eine Migration in die Cloud gekennzeichnet, um die Agilität zu steigern und Kosten zu optimieren. Zudem beinhaltet sie die Einführung neuer Sicherheitsmaßnahmen, um den Schutz sensibler Daten zu gewährleisten. Die Transformation erfordert eine enge Zusammenarbeit zwischen Unternehmen und MSPs, um individuelle Anforderungen zu erfüllen und eine reibungslose Umstellung sicherzustellen. Ein weiterer Aspekt ist die Automatisierung von

Routineaufgaben, um Effizienzsteigerungen zu erzielen. Die IT-Transformation trägt dazu bei, Innovationen zu fördern und die Wettbewerbsfähigkeit zu erhöhen. Sie ist ein kontinuierlicher Prozess, der regelmäßige Anpassungen und Weiterentwicklungen erfordert. Die Nutzung moderner Technologien im Rahmen der IT-Transformation ermöglicht eine bessere Datenanalyse und Entscheidungsfindung. Insgesamt zielt die IT-Transformation im Managed Service darauf ab, die IT-Organisation agiler, kosteneffizienter und sicherer zu gestalten. Durch diese Veränderungen können Unternehmen schneller auf Marktveränderungen reagieren und ihre Geschäftsmodelle innovativ weiterentwickeln. Die Implementierung erfordert eine klare Strategie, Change-Management und die Schulung der Mitarbeitenden.

Zusammenfassend ist die IT-Transformation im Managed Service ein essenzieller Schritt zur digitalen Wettbewerbsfähigkeit.

7.2.3 Herausforderungen in der Projektarbeit einer T&T

Die Ausführungen von Abschn. 1.3.1 bis einschließlich Abschn. 1.3.3 beschreiben mögliche Herausforderungen die im Rahmen der Projektarbeit einer T&T mit einem oder mehreren MSPn entstehen können. Auch wenn die dargestellten Aspekte getrennt voneinander aufgeführt werden, so wird sich zeigen, dass die Herausforderungen häufig große Abhängigkeiten zueinander haben.

Jede Herausforderung, die nicht adäquat gemanagt wird, kann für signifikante Verzögerungen und damit Kosten einhergehen.

7.2.3.1 Organisation (extern)

Bei IT-Transition- und Transformationsprojekten im Bereich Managed Services ergeben sich für die externe Organisation spezifische Herausforderungen, insbesondere im Kontext von 1st Generation Outsourcing, fehlendem Provider Management und Multi-Provider-Umgebungen. Die Praxis zeigt, dass ein 1st Generation Outsourcing durch eine geringe Spezialisierung und standardisierte Verträge gekennzeichnet ist. Dies schränkt die Flexibilität und Anpassungsfähigkeit der externen Organisation ein. In solchen Szenarien besteht häufig ein Mangel an professionellem Provider Management, wodurch die Steuerung und Überwachung der Dienstleister erschwert wird. Das Fehlen eines dedizierten Provider Managements führt zu unzureichender Koordination, schlechter Servicequalität und erhöhten Risiken bei der Transformation.

Erfolgt ein Outsourcing an mehrere Provider, dann wird von einer Multi-Provider-Umgebung gesprochen. Die Koordination zwischen den verschiedenen Dienstleistern erhöht die Komplexität der Steuerung erheblich. Die externe Organisation steht vor der Herausforderung, die Verantwortlichkeiten klar zu definieren, um Konflikte zwischen den Anbietern zu vermeiden. Die Integration verschiedener Anbieter in eine kohärente Service-Landschaft erfordert umfangreiche Koordinations- und Steuerungsmechanismen, die in der Praxis oft unzureichend vorhanden sind. Zudem führt die Fragmentierung der Anbieterlandschaft zu erhöhten Kommunikationskosten und Verzögerungen bei der Problemlösung. Auch mangelnde Erfahrung im Management mehrerer Provider erschwert die Etablierung eines effektiven Monitoring-Systems, was Auswirkungen auf die Servicequalität hat. Weiterhin besteht die Gefahr, dass die externe Organisation bei der Steuerung der Anbieter den Überblick verliert, was die Risikoüberwachung erschwert. Die fehlende strategische Steuerung im Multi-Provider-Umfeld kann zudem zu Inkonsistenzen in den Serviceleistungen führen, was die Kundenzufriedenheit beeinträchtigt. Eine Herausforderung liegt auch darin, die Verträge so zu gestalten, dass sie Flexibilität für zukünftige Anpassungen bieten. Gerade bei einem 1st Generation Outsourcing wird dies oft vernachlässigt. So kann es vorkommen, dass mit dem Provider keine Exit-Vereinbarung verhandelt. Die Organisation muss zudem in der Lage sein, die Leistung der verschiedenen Provider kontinuierlich zu bewerten und zu steuern, was in einer Multi-Provider-Umgebung komplex ist. Mangelnde Erfahrung im Provider Management führt daher häufig zu einer unzureichenden Eskalations- und Konfliktlösung, was die Projektstabilität gefährdet.

diese Herausforderungen erfordern hochqualifizierte Mitarbeiter, die sowohl juristisches betriebswirtschaftliches und technisches Fachwissen haben. Daneben bedarf es eine strategische Ausrichtung des Provider Managements in enger Abstimmung mit dem CIO und eine starke Fokussierung auf Koordination und Steuerung des Multi-Provider-Settings. Ohne eine professionelle Steuerung besteht die Gefahr, dass die externen Dienstleister ihre Leistungen nicht optimal erbringen, was die gesamte Transformation gefährden kann. Daher ist es essenziell, in solchen Umgebungen klare Governance-Strukturen und effektive Steuerungsmechanismen zu etablieren. Insgesamt zeigt sich, dass die Herausforderungen in der externen Organisation bei 1st Generation Outsourcing und Multi-Provider-Umgebungen vor allem durch unzureichendes Provider Management und mangelnde Koordination geprägt sind.

7.2.3.2 Unternehmenskultur

Bei IT-Transition- und Transformationsprojekten im Bereich Managed Services stellen kulturelle Herausforderungen eine zentrale Problematik dar, insbesondere im Hinblick auf die Verwendung der englischen Sprache und das Change-Management. Oft zeigt sich, dass die Unternehmenskultur ein entscheidender Faktor für den Erfolg oder Misserfolg von Veränderungsprozessen ist. Die Einführung einer englischen Sprache als Unternehmenssprache kann kulturelle Barrieren verstärken, da sie bei Mitarbeitenden, die diese Sprache nicht fließend beherrschen, Unsicherheiten und Widerstand hervorrufen kann. Diese Sprachbarriere erschwert die Kommunikation, was die Akzeptanz neuer Prozesse und Technologien beeinträchtigt. Zudem besteht die Gefahr, dass die englische Sprache als Symbol für eine globale, westlich geprägte Unternehmenskultur wahrgenommen wird, was bei Mitarbeitenden in anderen kulturellen Kontexten zu Ablehnung oder Entfremdung führt. Das Change-Management spielt eine zentrale Rolle bei der Überwindung dieser kulturellen Barrieren, da es die Akzeptanz und das Engagement der Mitarbeitenden fördern soll. Eine unzureichende Change-Management-Strategie kann dazu führen, dass Widerstände nicht adressiert werden, was die Transformation verzögert oder gefährdet. Wie sich in der Praxis herausgestellt hat, ist die Kommunikation der Veränderungsnotwendigkeit sowie die Einbindung der Mitarbeitenden in den Veränderungsprozess essenziell für den Erfolg. Kulturelle Unterschiede in Bezug auf Hierarchien, Entscheidungsfindung und Risikobereitschaft beeinflussen ebenfalls die Reaktion auf Veränderungen. Die Einführung einer neuen Unternehmenskultur im Zuge der Transformation erfordert daher eine sorgfältige Abstimmung auf die bestehenden Werte und Normen. Zudem besteht die Herausforderung, die Unternehmenskultur so zu gestalten, dass sie die digitale Transformation unterstützt, ohne bestehende kulturelle Barrieren zu verstärken. Die Veränderung der Unternehmenskultur erfordert eine kontinuierliche Kommunikation, Schulungen und die Vorbildfunktion des Managements.

Ein weiterer Aspekt ist die potenzielle Konfliktentwicklung zwischen traditionellen kulturellen Werten und den Anforderungen der neuen, globalisierten Arbeitswelt. Die Akzeptanz der neuen Sprache und Kultur hängt hier stark von der Führungskompetenz ab, da das Management eine Vorbildfunktion einnimmt und den Umgang mit einem MSP. Insgesamt erfordert die kulturelle Dimension bei IT-Transformationsprojekten eine bewusste Steuerung, um kulturelle Barrieren abzubauen und eine offene, innovationsfördernde Unternehmenskultur zu etablieren. Ohne eine gezielte kulturelle Begleitung besteht die Gefahr, dass technologische und organisatorische Veränderungen auf Widerstand stoßen und somit die Projektziele gefährdet werden.

7.2.3.3 Technologien & Regulatorik

Managed Service Provider (MSPs) spielen eine zentrale Rolle, bei der Planung, Umsetzung und Wartung moderner IT-Lösungen unterstützen. Besonders wichtig ist die sogenannte Cloud Readiness – die Fähigkeit eines Unternehmens, nahtlos in die Cloud zu migrieren und dort effizient zu arbeiten.

Ein MSP bewertet zunächst die bestehende IT-Infrastruktur und identifiziert Potenziale für eine Cloud-Integration. Dabei werden Aspekte wie Sicherheit, Skalierbarkeit und Kostenoptimierung berücksichtigt. Ziel ist es, eine reibungslose Migration zu gewährleisten und die Organisation optimal auf die Cloud vorzubereiten. Durch bewährte Methoden und Tools sorgt der MSP dafür, dass die Cloud-Implementierung sicher, effizient und zukunftssicher erfolgt.

Viele Unternehmen, gerade im deutschen Mittelstand, sind derzeit nicht Cloud ready, weil sie mit verschiedenen Herausforderungen und Unsicherheiten konfrontiert sind. Ein Hauptgrund ist die bestehende oft historisch gewachsene IT-Infrastruktur, die oft noch stark auf lokale Server und veraltete Systeme setzt. Diese sind nicht für eine Cloud-Migration ausgelegt und erfordern umfangreiche IT-Transformationsprogramme. Zudem fehlt es häufig an Know-how und Erfahrung im Bereich Cloud-Technologien, sodass Unternehmen unsicher sind, wie sie den Übergang sicher und effizient gestalten können.

Ein weiteres Hindernis sind Sicherheits- und Datenschutzbedenken: Unternehmen befürchten, sensible Daten in die Cloud zu verlagern und dadurch Risiken für die Datensicherheit und Compliance zu erhöhen. Auch die Kosten spielen eine Rolle: Die Firmen sind unsicher, ob die Cloud-Migration langfristig wirtschaftlich sinnvoll ist, da die Investitionen in neue Technologien und Schulungen hoch sein können. Zudem besteht oft die Angst vor unerwarteten Ausfallzeiten oder Problemen während der Migration, was den Wandel zusätzlich erschwert.

Neben technischen Herausforderungen müssen Unternehmen auch regulatorische Vorgaben beachten. Zwei wichtige Regulierungen in diesem Zusammenhang sind DORA (Digital Operational Resilience Act) und NIIS2 (NIS2 Directive). DORA legt den Fokus auf die digitale operative Resilienz von Finanzunternehmen, fordert robuste IT-Sicherheitsmaßnahmen und kontinuierliches Monitoring. NIIS2 hingegen erweitert die Sicherheitsanforderungen für kritische Infrastrukturen in der EU, um die Cybersicherheit zu stärken.

Primär Finanzdienstleister sind derzeit häufig verunsichert im Umgang mit DORA (Digital Operational Resilience Act), da die neuen regulatorischen Anforderungen komplex und umfangreich sind. Viele Unternehmen stehen vor der Herausforderung, ihre bestehenden IT-Systeme und Prozesse an die strengen Vorgaben anzupassen, was mit erheblichen Investitionen und organisatorischem Aufwand verbunden ist. Zudem ist unklar, wie genau die Umsetzung in der Praxis aussehen soll, da die Richtlinien noch neu sind und die Anforderungen teilweise vage formuliert wurden.

Ein weiterer Grund für die Unsicherheit ist die Angst vor Strafen bei Nichteinhaltung sowie die Sorge, den eigenen Betrieb durch die notwendigen Änderungen zu stören. Viele Finanzdienstleister befürchten, den Überblick zu verlieren, weil sie mit einer Vielzahl an technischen und organisatorischen Maßnahmen konfrontiert sind, die sie umsetzen müssen. Zudem besteht Unsicherheit darüber, wie sie die kontinuierliche Überwachung und das Management der digitalen Resilienz effektiv gewährleisten können. Insgesamt führt die Komplexität und die Unsicherheit bezüglich der konkreten Umsetzung dazu, dass viele Finanzunternehmen DORA mit Unsicherheit begegnen und nach klaren Strategien suchen, um die Anforderungen zu erfüllen.

Ein erfahrener MSP hilft Unternehmen, diese regulatorischen Anforderungen zu erfüllen, indem er Sicherheitskonzepte, Compliance-Strategien und Monitoring-Tools implementiert. So wird sichergestellt, dass technologische Innovationen nicht nur effizient, sondern auch regelkonform umgesetzt werden.

7.2.3.4 Service Management & Prozesse

Mit dem Übergang der Verantwortlichkeit der Service-Erbringung im Rahmen einer T&T werden auch die optimierten Prozesse des MSP gemäß ITIL-Frameworks eingeführt. Für ein Unternehmen ist das ein bedeutender Schritt, der die Service-Management-Prozesse nachhaltig verbessern kann. Der MSP ist bei der Implementierung dabei vielfältigen Herausforderungen ausgesetzt.

1. Widerstand der Mitarbeitenden und kulturelle Veränderungen

Eine der größten Hürden ist der Widerstand innerhalb des Unternehmens. Mitarbeitende sind oft an bestehende Prozesse gewöhnt und zögern, neue Arbeitsweisen zu akzeptieren. Die Einführung eines neuen ITIL-Frameworks erfordert eine Veränderung der Unternehmenskultur, was Zeit und gezielte Change-Management-Maßnahmen erfordert. Ohne ausreichende Kommunikation und Schulung besteht die Gefahr, dass die Akzeptanz gering bleibt und die Implementierung ins Stocken gerät.

2. Komplexität der Prozesse und Anpassung an die Unternehmenssituation
ITIL ist ein umfangreiches Framework mit zahlreichen Prozessen und Best Practices. Die Herausforderung besteht darin, die passenden Prozesse für das jeweilige Unternehmen zu identifizieren und maßgeschneidert anzupassen. Oft sind bestehende Strukturen nicht kompatibel, was eine sorgfältige Analyse und individuelle Anpassung notwendig macht. Hierbei ist es wichtig, die Balance zwischen Standardisierung und Flexibilität zu finden.

3. Ressourcen- und Zeitaufwand
Die Implementierung erfordert erhebliche personelle und zeitliche Ressourcen. Insbesondere bei mittelständischen Unternehmen fehlt es häufig an internen Kapazitäten, um die komplexen Aufgaben eigenständig zu bewältigen. MSP unterstützen ihre Kunden durch externe Experten, doch auch hier ist eine klare Planung notwendig, um den Projektzeitplan einzuhalten und die Produktivität nicht zu beeinträchtigen.

4. Integration in bestehende Systeme und Tools
Die nahtlose Integration der neuen Prozesse in bestehende IT-Systeme ist eine technische Herausforderung. Oft sind alte Tools und Systeme im Einsatz, die nicht auf die neuen ITIL-Prozesse abgestimmt sind. Die Migration erfordert eine sorgfältige Planung, um Unterbrechungen im laufenden Betrieb zu minimieren.

7.2.4   T&T Projektmanagement Methoden

Wie bereits dargestellt handelt es sich bei T&Ts in Unternehmen um komplexe und oft umfangreiche Vorhaben, die eine strukturierte und planbare Herangehensweise erfordern. Grundsätzlich wird in solchen Projekten die Wasserfall-Methode angewendet, da sie eine klare Abfolge von Phasen bietet, die eine kontrollierte Umsetzung gewährleisten. Diese Methode ist besonders geeignet, wenn die Anforderungen im Vorfeld gut definiert sind und wenig Änderungen während des Projektverlaufs erwartet werden. Sie ermöglicht eine detaillierte Planung, eine klare Dokumentation und eine strukturierte Steuerung des gesamten Vorhabens, was bei großen, unternehmensweiten Veränderungen von Vorteil ist.

Die Wasserfall-Methode gliedert sich in aufeinanderfolgende Phasen: Anforderungsanalyse, Design, Umsetzung, Test, Deployment und Wartung. Jede Phase wird erst abgeschlossen, bevor die nächste beginnt. Dies sorgt für eine klare Übersicht und Kontrolle, da Fortschritte messbar sind und Risiken frühzeitig erkannt werden können. Bei Transitionen, bei denen es um die Umstellung auf neue Prozesse, Systeme oder Strukturen geht, bietet diese Vorgehensweise den Vorteil, dass alle Beteiligten einen festen Rahmen haben und die einzelnen Schritte transparent nachvollziehbar sind.

Dennoch ist es in der Praxis häufig notwendig, agile Elemente in das Projekt einzubinden, um auf unvorhergesehene Herausforderungen oder sich ändernde Anforderungen flexibel reagieren zu können. Besonders bei Migrationen, Roll-outs oder Pilotprojekten, die Teil einer größeren Transition sind, kommen agile Methoden zum Einsatz. Hierbei werden beispielsweise sogenannte „Waves" genutzt – also inhaltlich abgegrenzte, iterative Abschnitte, die schrittweise umgesetzt werden.

Diese Waves ermöglichen es, einzelne Teilprojekte oder Phasen innerhalb des Gesamtprojekts flexibel zu planen und durchzuführen. Sie sind vergleichbar mit kurzen, agilen Sprints, in denen bestimmte Aufgaben in einem festgelegten Zeitraum erledigt werden. Durch diese Herangehensweise können Teams schnell auf Feedback reagieren, Probleme frühzeitig erkennen und Anpassungen vornehmen, ohne das gesamte Projekt zu gefährden. Das erhöht die Flexibilität und sorgt dafür, dass die Umsetzung auch bei unerwarteten Herausforderungen reibungslos verläuft.

Ein Beispiel
Bei einem großen Roll-out eines neuen IT-Systems kann die Migration in mehreren Waves erfolgen. In jeder Wave werden bestimmte Nutzergruppen oder Standorte schrittweise umgestellt. Während die Wasserfall-Methodik die Gesamtplanung und Kontrolle sicherstellt, erlauben die Waves eine iterative Umsetzung, bei der Erfahrungen aus den ersten Phasen in die nachfolgenden einfließen. So kann beispielsweise die Schulung der Nutzer oder die technische Integration in den einzelnen Waves optimiert werden. Die Kombination aus einer grundsätzlich wasserfallbasierten Planung mit agilen Elementen bietet den Vorteil, dass die Projektsteuerung stabil bleibt, während gleichzeitig die Flexibilität und Anpassungsfähigkeit erhöht werden.

Dies ist eine bewährte Herangehensweise, um die Vorteile beider Methoden zu nutzen: die klare Struktur und Kontrolle des Wasserfalls sowie die schnelle Reaktionsfähigkeit der agilen Elemente.

7.2.5   T&T Projektmanagement Werkzeuge/Tools

In der Praxis werden bei Transitionen und Transformationen unterschiedliche Projektmanagement-Tools eingesetzt, um den jeweiligen Anforderungen gerecht zu werden. Für die primäre Planung und Steuerung des Gesamtprojekts wird häufig Microsoft Project verwendet, da es das Wasserfallmodell optimal unterstützt. Dieses Tool ermöglicht eine klare Visualisierung von Meilensteinen, Abhängigkeiten und Ressourcen, was bei linearen Projektphasen sehr hilfreich ist. Während der initialen Projektplanung sorgt Microsoft Project für eine strukturierte Übersicht und Nachverfolgung des Fortschritts.

Bei der Wissensübertragung (Knowledge Transfer) innerhalb des Teams oder gegenüber Stakeholdern ist jedoch eine agile Herangehensweise oft vorteilhaft.

Hier kommen Tools wie Jira oder Azure DevOps zum Einsatz, die speziell für agile Methoden wie Scrum oder Kanban entwickelt wurden. Diese Tools erlauben eine flexible und iterative Zusammenarbeit, bei der Aufgaben regelmäßig priorisiert und angepasst werden können. Besonders bei komplexen Transitionen ist der kontinuierliche Wissenstransfer entscheidend, um Missverständnisse zu vermeiden und die Akzeptanz zu erhöhen. Mit Jira oder Azure DevOps können Teams schnell auf Änderungen reagieren und den Fortschritt transparent dokumentieren. Die Kombination beider Werkzeuge – Microsoft Project für die Gesamtplanung und Jira oder Azure DevOps für den Wissensaustausch – schafft eine Balance zwischen Planungssicherheit und Flexibilität. So wird sichergestellt, dass Transitionen reibungslos verlaufen und Transformationen nachhaltig umgesetzt werden. In der Praxis zeigt sich, dass die gezielte Nutzung verschiedener Tools je nach Projektphase den Erfolg maßgeblich beeinflusst. Es ist wichtig, die jeweiligen Stärken der Werkzeuge zu kennen und die Teams entsprechend zu schulen. Insgesamt tragen diese Projektmanagement-Tools dazu bei, Risiken zu minimieren und die Transparenz im Projektverlauf zu erhöhen. Durch die Kombination aus klassischen und agilen Methoden können Organisationen ihre Transitionen effizient steuern und die gewünschten Transformationsergebnisse erreichen.

7.2.6   Fazit

Dieser Bericht aus der Praxis zeigt die Herausforderungen und Erfolgsfaktoren bei IT-Outsourcing- und Managed-Services-Projekten im Rahmen von Transitionen und Transformationen auf. Er zeigt auf, dass IT-Outsourcing eine zentrale Strategie für Unternehmen ist, um Kosten zu senken, Effizienz zu steigern und die Wettbewerbsfähigkeit zu verbessern. Die historische Entwicklung verdeutlicht, wie sich der Markt seit den 1960er Jahren gewandelt hat, insbesondere durch die zunehmende Bedeutung von Cloud-Computing und globalen Outsourcing-Strategien. Der deutsche Markt wächst stetig, getrieben durch die digitale Transformation, den Fachkräftemangel und regulatorische Anforderungen.

Die komplexe Natur von Transition- und Transformationsprojekten erfordert eine sorgfältige Planung, Koordination und das Management verschiedener Stakeholder. Dabei sind klare Phasen, wie die Engagement-Phase, die Stabilisierung und die eigentliche Transformation, entscheidend für den Erfolg. Die Nutzung bewährter Frameworks wie ITIL unterstützt die strukturierte Steuerung der Prozesse und sorgt für eine hohe Servicequalität. Besonders wichtig ist die enge Abstimmung zwischen Unternehmen und MSPs, um technologische Innovationen reibungslos zu integrieren und Risiken zu minimieren.

Herausforderungen in der externen Organisation, wie unzureichendes Provider Management, Multi-Provider-Komplexität und unklare Verantwortlichkeiten, können den Projektverlauf erheblich beeinträchtigen. Es ist essenziell, professionelle Steuerungsmechanismen und Governance-Strukturen zu etablieren, um die Koordination zu sichern. Kulturelle Herausforderungen, insbesondere die Unternehmenskultur und Sprachbarrieren, beeinflussen maßgeblich die Akzeptanz und den

Erfolg der Transformation. Ein gezieltes Change-Management, offene Kommunikation und die Einbindung der Mitarbeitenden sind hierbei unerlässlich.

Technologische Herausforderungen, wie die Cloud Readiness und regulatorische Vorgaben (z. B. DORA, NIS2), erfordern eine sorgfältige Bewertung der bestehenden Infrastruktur und eine strategische Planung. MSPs spielen eine zentrale Rolle bei der Bewertung, Planung und Umsetzung dieser technologischen Veränderungen, um Sicherheit, Compliance und Effizienz zu gewährleisten. Die Einhaltung regulatorischer Vorgaben ist für viele Unternehmen eine große Herausforderung, die durch die Expertise der MSPs erleichtert werden kann.

Im Bereich des Service Managements sind die Einführung und Anpassung der Prozesse nach ITIL-Standards eine bedeutende Aufgabe. Widerstände innerhalb des Unternehmens, die Komplexität der Prozesse und die technische Integration stellen hier große Herausforderungen dar. Eine klare Kommunikation, Schulung und die schrittweise Implementierung sind notwendig, um Akzeptanz zu schaffen und reibungslose Abläufe zu gewährleisten.

Das Projektmanagement bei Transitionen und Transformationen basiert auf einer Kombination aus Wasserfall- und agilen Methoden. Die Wasserfall-Methode bietet Kontrolle und klare Phasen, während agile Elemente Flexibilität und schnelle Reaktionsfähigkeit ermöglichen. Die Nutzung von Tools wie Microsoft Project für die Gesamtplanung sowie Jira oder Azure DevOps für den Wissensaustausch schafft eine Balance zwischen Planungssicherheit und Anpassungsfähigkeit. Die gezielte Schulung der Teams in der Anwendung dieser Werkzeuge ist entscheidend, um Risiken zu minimieren und den Erfolg der Projekte zu sichern.

Insgesamt zeigt die Analyse, dass der Erfolg bei Transition- und Transformationsprojekten maßgeblich von einer ganzheitlichen Herangehensweise abhängt. Dazu gehört eine strategische Planung, professionelles Provider Management, kulturelle Sensibilität, technologische Expertise und der Einsatz geeigneter Projektmanagement-Methoden und -Tools. Die enge Zusammenarbeit aller Beteiligten, eine offene Kommunikation sowie kontinuierliche Kontrolle und Anpassung sind Schlüssel für nachhaltige Ergebnisse. Unternehmen, die diese Faktoren berücksichtigen, können ihre IT-Transformationen effizient und risikoarm durchführen, um langfristig wettbewerbsfähig zu bleiben.

7.3 Projekt Grow

Alpay Tsitak

Zusammenfassung

In den 1990er Jahren implementierte ein internationaler Nahrungsmittelhersteller ein eigens entwickeltes ERP-System, um branchenspezifische Geschäftsprozesse effizient abzubilden. Diese Maßnahme ermöglichte die nahtlose Integration prozessualen Wissens in die Softwarearchitektur. Doch der rasante technologische Wandel stellte das Unternehmen vor Herausforderungen. Moderne Technologien wie Cloud-Lösungen und Echtzeitdatenverarbeitung ließen sich nur schwer integrieren. Dies führte dazu, dass das System technisch veraltet war und sich durch geringe Flexibilität und hohe Wartungskosten auszeichnete. Diese Faktoren beeinträchtigten die Anpassungsfähigkeit, Sicherheit und Wettbewerbsfähigkeit des ERP-Systems erheblich.

Ein international agierender Hersteller von Nahrungsmittel betrieb über mehrere Jahrzehnte ein unternehmenseigen entwickeltes ERP-System, das maßgeblich zur Abbildung und Steuerung zentraler Geschäftsprozesse diente. Die Entscheidung für eine Eigenentwicklung wurde im Jahr 1990 getroffen, mit dem Ziel, die softwaretechnische Unterstützung exakt an die branchenspezifischen Anforderungen und internen Abläufe des Unternehmens anzupassen. Die Implementierung erfolgte in enger Kooperation zwischen einem kleinen, spezialisierten Entwicklerteam und operativ tätigen Mitarbeitenden. Durch diesen integrativen Ansatz konnte prozessuales Wissen direkt in die Softwarearchitektur überführt und kontinuierlich weiterentwickelt werden.

Das Unternehmen betreibt mehrere Produktionsstandorte sowie Lagerstätten, in denen chargenpflichtige Rohstoffe und Fertigwaren mit Mindesthaltbarkeitsdaten verarbeitet und gelagert werden. Diese unterliegen strengen qualitätssichernden Maßnahmen und müssen vollständig rückverfolgbar sein. Die Abwicklung der logistischen Prozesse erfolgt sowohl werkübergreifend innerhalb des Unternehmensverbunds (Werk-zu-Werk-Lieferungen) als auch unter Einbindung externer Lieferanten. Das ERP-System unterstützte hierbei übergreifend die Planung, Steuerung und Kontrolle aller relevanten Material- und Informationsflüsse entlang der Wertschöpfungskette.

Der rasante technologische Fortschritt in der Informationstechnologie der vergangenen Jahre stellte das Unternehmen vor wachsende Schwierigkeiten, moderne Entwicklungen in das bestehende, eigens entwickelte ERP-System zu integrieren. Insbesondere neue Technologien wie Cloud-Lösungen, standardisierte Schnittstellen oder Echtzeitdatenverarbeitung ließen sich nur eingeschränkt oder mit erheblichem Aufwand in die bestehende Systemlandschaft einbinden. Die eingeschränkte Anpassungsfähigkeit lässt sich auf mehrere technischen und organisatorischen Gründe (Risiken) zurückführen, die im Folgenden dargestellt werden:

- **Veraltete Technologie:**
  Das selbstentwickelte ERP-Systeme, welches seit den 1990er Jahren in Betrieb ist, basierte auf Technologien, die nicht mehr zeitgemäß waren. Dies führte zu Problemen bei der Integration neuer Software, Hardware oder Cloud-Diensten. Das Unternehmen hatte Schwierigkeiten, aktuelle Funktionen wie Datenanalysen, mobile Zugriffe oder Echtzeit-Reporting zu implementieren, was ihre Wettbewerbsfähigkeit beeinträchtigte.

- **Mangelnde Flexibilität:**
  Selbstentwickelte Systeme sind häufig starr und nicht anpassungsfähig. Bei geänderten Geschäftsanforderungen war es immer schwieriger und kostspieliger, Anpassungen vorzunehmen. Dies führte dazu, dass das Unternehmen nicht in der Lage war, schnell auf Marktveränderungen oder neue Geschäftsmöglichkeiten zu reagieren, was ihre Agilität eingeschränkt hat.
- **Hohe Wartungskosten:**
  Die Wartung des selbstentwickelten ERP-Systems führte zu erheblichen Aufwänden. Hierbei waren spezialisierte Kenntnisse notwendig, um das System zu warten und zu aktualisieren.
- **Sicherheitsanfälligkeiten:**
  Das selbstentwickelte System wurde unregelmäßig aktualisiert, was sie anfällig für Sicherheitslücken machte. Sicherheitsstandards gegen Cyberangriffe konnten schwer adaptiert werden.
- **Abhängigkeit von Einzelpersonen:**
  Es waren nur wenige Mitarbeiter mit dem selbstentwickelten ERP-System vertraut. Dies schaffte eine kritische Abhängigkeit von diesen Einzelpersonen. Wenn sie das Unternehmen verlassen würden, würde dies unmittelbar zu einem Wissensverlust führen, der die Betriebsabläufe erheblich stört und die Effizienz beeinträchtigt.
- **Eingeschränkte Funktionalität:**
  Das selbstentwickelte ERP-Systeme bot nicht die umfassenden Funktionen, die moderne Lösungen bieten. Dies führte zur Einschränkung von Prozessautomatisierung, die Integration mit anderen Systemen (z. B. CRM, SCM) und die Nutzung von Datenanalysen, welche erheblich zu Prozessoptimierungen führen.

Der Vorstand des Unternehmens hat beschlossen, das selbstentwickelte ERP-System im Rahmen einer IT-Transformation durch SAP S/4HANA zu ersetzen. Der Wunsch war, sich an die aktuellen IT-Trends anpassen zu können, die Reduzierung der genannten Risiken und somit die Verbesserung der Wettbewerbsfähigkeit. SAP S/4HANA unterscheidet sich von klassischen ERP-Systemen insbesondere durch die zugrunde liegende In-Memory-Datenbank SAP HANA. Diese ermöglicht die Verarbeitung großer Datenmengen in Echtzeit und unterstützt fundierte Entscheidungen auf Basis aktueller Informationen. Im Gegensatz zu älteren Systemen entfallen viele Batch-Prozesse und Datenredundanzen. Zudem bietet SAP S/4HANA mit der Fiori-Oberfläche eine moderne, nutzerfreundliche Bedienung. Die Einführung erfordert jedoch eine stärkere Standardisierung und ein Umdenken in der Prozessgestaltung, um die technologischen Vorteile vollständig zu nutzen. SAP S/4HANA gilt weltweit als Standard für viele Branchen. SAP betrachtet Unternehmensbereiche (wie z. B.: Lager, Finanzen, Produktion) modular.
  Ziel des Vorstandes war es:

- Geschäftspartnern und IT-Dienstleistern standardisierte Schnittstellen anbieten zu können
- Cloudbasiert zu Arbeiten mit Echtzeitdaten und Prognosen

- Aktuelle Technologien adaptieren zu können
- IT-Sicherheit sowie regulatorische Konformität an SAP ausgliedern
- Nutzung einer Standardsoftware mit Innovationszyklen sowie zukunftssichere IT-Architektur
- sich am Markt bereits SAP-geschulter Arbeitnehmer zu bedienen.

7.3.1 Die Vorprojektphase

Bevor das Transformationsprojekt gestartet wurde, fand eine strukturierte Vorprojektphase statt. Ziel dieser Phase war es, die bestehenden Unternehmensbereiche sowie deren Prozesse und Aufgaben detailliert zu analysieren und eine erste Zuordnung zu den entsprechenden SAP-Modulen vorzunehmen. Diese Zuordnung bildet eine zentrale Grundlage für die spätere Systemarchitektur und Projektplanung.

Vorprojektphasen erfüllen eine wichtige strategische Funktion: Sie dienen Unternehmen als Orientierungshilfe, um die Zielsetzung und Erwartungshaltung an ein Transformationsprojekt zu schärfen. Darüber hinaus werden in dieser Phase wichtige Erkenntnisse und Abhängigkeiten identifiziert und dokumentiert – etwa zu bestehenden IT-Systemen, Prozessbrüchen oder organisatorischen Herausforderungen.

Ein weiterer zentraler Zweck der Vorprojektphase besteht darin, die gewonnenen Erkenntnisse für die Erstellung qualitativ hochwertiger Ausschreibungsunterlagen (sogenannte *Requests for Proposal*, kurz RfP) zu nutzen. Diese RfPs ermöglichen es, potenzielle Implementierungspartner gezielt und auf fundierter Basis anzusprechen und somit den weiteren Projektverlauf effizient und zielgerichtet zu gestalten.

Die Vorprojektphase stellte den ersten direkten Berührungspunkt zwischen den operativen Mitarbeitern des Kunden und dem IT-Beratungsteam dar. Bereits in dieser frühen Phase wurde deutlich, dass der Wechsel auf SAP S/4HANA nicht nur eine technische Transformation bedeutet, sondern auch ein emotional aufgeladenes Thema ist. Das bestehende ERP-System des Kunden war über viele Jahre organisch gewachsen und eng mit den individuellen Arbeitsweisen der Mitarbeitenden verwoben. Gleichzeitig war es zunehmend schwer zu warten und weiterzuentwickeln.

Die Einführung eines „Back-to-Standard"-Ansatzes – bei dem bestehende, hochgradig individualisierte Prozesse auf standardisierte SAP-Prozessstrukturen zurückgeführt werden – stieß daher nicht überall auf Zustimmung. Viele Mitarbeitende empfanden die damit einhergehenden Veränderungen als Eingriff in gewohnte Abläufe und etabliertes Prozesswissen. Diese Reaktionen unterstreichen, wie stark technologische Veränderungen auch kulturelle und organisatorische Herausforderungen mit sich bringen können.

Um die Barrieren aufzuweichen zwischen der „alten IT-Landschaft" und der SAP S/4HANA, wurde das Projekt mit einem Change Management Team erweitert. Change Management bezeichnet die strukturierte Planung und Steuerung von

Veränderungen innerhalb einer Organisation, wobei besonders die psychologischen Aspekte der betroffenen Personen, wie beispielsweise der Mitarbeiter, berücksichtigt werden. Im Mittelpunkt steht der Mensch, da die Erkenntnis besteht, dass Veränderungsprojekte nur dann langfristig erfolgreich umgesetzt werden können, wenn sie von den Betroffenen akzeptiert und aktiv gelebt werden. Daher ist es wichtig, die Mitarbeiter zu gewinnen und sie in den Veränderungsprozess einzubeziehen. Durch die Dokumentation und Nachverfolgbarkeit von Änderungen verbessert es die Qualität der IT-Transformationen (Bundesministerium des Innern, 2023). Das Change Management begann mit einer Stakeholder-Analyse um die betroffenen Gruppen identifizieren und die Sorgen analysieren zu können und erarbeitete ein Glossar, in welchem bis dato verwendete Begriffe mit SAP-typischen Begriffen zugeordnet wurden, z. B.:

„Abstellregal" (alt) – „Lagertyp" (neu).

In der Vorprojektphase wurden folgende Liefergegenstände (Deliverables) vereinbart und abgegeben:

Fit-to-Standard Workshops/Fit-Gap-Analyse
Die Fit-to-Standard Workshops wurden auf BPML-Level 3 Prozessebene besprochen und festgehalten. Fit-to-Standard Workshops sind ein wesentlicher Bestandteil der Implementierung von SAP S/4HANA. In diesen Workshops wurden die Prozesse und Abläufe des Unternehmens mit den Standardfunktionalitäten und -prozessen der SAP S/4HANA Software abgeglichen. Ziel war es, die Geschäftsprozesse des Unternehmens möglichst ohne kundenspezifische Anpassungen in die SAP-Standardprozesse zu integrieren. Dabei wurden die vorhandenen Prozesse analysiert und bewertet, wie gut sie zum SAP-Standard passen (Fit-Gap-Analyse).

Durch diese Workshops sollte sichergestellt werden, dass die Implementierung von SAP S/4HANA effizient und kosteneffektiv erfolgten sollte, indem die Anpassungen auf ein Minimum reduziert werden und gleichzeitig die Best Practices von SAP (vordefinierte und branchenspezifische Prozesse der SAP) genutzt werden. Die Ergebnisse der Workshops waren entscheidend für die weitere Planung und Umsetzung des Projekts und dienten als Grundlage für die Definition der Key Design Decisions (KDDs), die während der Vorprojektphase getroffen wurden.

Key Design Decisions
Key Design Decisions sind wesentliche Entscheidungen, die während eines Transformationsprojekts getroffen werden, um die Implementierung eines neuen Systems zu leiten. Diese Entscheidungen betrafen im Vorprojekt grundlegende Aspekte der Systemarchitektur und -gestaltung und hatten weitreichende Auswirkungen auf die gesamte Implementierung. Zu den KDDs gehörten beispielsweise die Auswahl geeigneter Lizenzen, die Definition von Prozessen und Schnittstellen sowie die Festlegung von Standards und Richtlinien.

7.3.2 Rollout-Strategie und Projektmethode für die Implementierung (Transformation)

Der Kunde hat europaweit mehrere, sich gegenseitig beliefernde Werke und Standorte mit einer hohen Prozesskomplexität. Die Prozesskomplexität führt auf die strengen Regularien und Vorschriften der Nahrungsmittelbranche zur Chargenverwaltung, gekühlte Waren und des Qualitätsmanagements- und Prüfprozessen sowie Produktion und Lagerung zurück.

Je nach Standort betrug der Grad der lokalen Prozessindividualisierungen, nach Einschätzung des Kunden, ca. 30 %. In der Projektplanung wurde früh erkannt, dass lokalen Individualisierungen zu Fehlkommunikation in der Transformation führen können, da kundenseitig die Prozesse und die damit verbuchten Belege, je nach Standort eigene Namen hatten (z. B.: Standort A: „Materialschein", Standort B: „Produktbeleg"). Das Change Management hat hierfür eine klare Basis geschaffen und ein gemeinsames Glossar entwickelt. In der Vorprojektphase wurde die Rollout-Strategie und die Projektimplementierungsmethodik (Projektmethode) festgelegt.

Rollout-Strategie
Eine Rollout-Strategie beschreibt den strukturierten Plan zur Einführung einer neuen Lösung, eines Systems oder Prozesses in einer Organisation. Ziel ist es, die Umstellung effizient, kontrolliert und möglichst störungsfrei umzusetzen. Es gibt zwei grundlegende Ansätze, wie ein Rollout ablaufen kann:

Big-Bang-Approach
Beim Big-Bang-Ansatz wird das neue System zu einem festgelegten Stichtag vollständig und in allen betroffenen Standorten gleichzeitig eingeführt. Das alte System wird dabei in der Regel abgeschaltet. Der Vorteil liegt in der schnellen Umstellung ohne parallele Systeme und klar planbarem Aufwand. Allerdings ist das Risiko hoch, da bei Problemen der gesamte Betrieb betroffen sein kann und keine Korrekturen im Vorfeld möglich sind.

Iterativer Ansatz
Die iterative Einführung verfolgt einen anderen Ansatz, bei dem das neue System schrittweise nach Standorten ausgerollt wird. Dies reduziert das Risiko, da Probleme in einer Rollout-Welle lokal begrenzt bleiben und ohne gravierende Auswirkungen auf das Gesamtunternehmen gelöst werden können. Zudem können aus den ersten Einführungen wertvolle Erkenntnisse gewonnen werden, die bei der weiteren Umsetzung berücksichtigt werden.

Aufgrund der lokalen Prozessindividualitäten hat sich da Projekt für einen iterativen Ansatz entschieden. Dadurch kann sich das Projekt besser auf lokale Begebenheiten anpassen. Hierbei wurde ein Pilot-Standort ausgewählt, bei welchem die Transformation als erstes stattfinden soll.

Projektmethode
Eine Projekt(management)methode in IT-Projekten ist ein strukturierter Ansatz, um ein Projekt geplant, kontrolliert und erfolgreich umzusetzen. Sie legt fest, wie

Aufgaben, Rollen, Prozesse und Zeitabläufe organisiert werden. Je nach Projekt eignen sich klassische Methoden wie Wasserfall oder agile Ansätze wie Scrum. Ziel ist es, Komplexität zu beherrschen und das Projekt effizient zum Erfolg zu führen.

Als Projektmethode für die S/4HANA Transformation wurde die von SAP bereitgestellte *SAP Activate Methode* gewählt.

SAP Activate ist ein hybrides Implementierungsframework, das auf der Kombination von Best Practices, agilen Methoden und einem phasenbasierten Ansatz basiert, um die Einführung von SAP-Lösungen zu optimieren. Es umfasst vorkonfigurierte Inhalte, die auf spezifische Branchen und Geschäftsprozesse zugeschnitten sind, um die Implementierungszeit zu verkürzen und die Effizienz zu steigern. Das Framework gliedert den Implementierungsprozess in sechs Hauptphasen:

- **Discover** (Aufdeckungsphase)
- **Prepare** (Vorbereitungsphase),
- **Explore** (Entdeckungsphase),
- **Realize** (Umsetzungsphase),
- **Deploy** (Bereitstellungsphase) und
- **Run** (Ausführungsphase), um eine strukturierte und nachvollziehbare Vorgehensweise zu gewährleisten.

SAP Activate fördert die Nutzung von Tools wie SAP Solution Manager und SAP Cloud Platform, um die Zusammenarbeit und das Projektmanagement zu unterstützen (LeanIX GmbH, 2025).

7.3.3 Discover und Prepare-Phase

Erkenntnisse aus dem Vorprojekt sind in eine Discover- und Preparephase geflossen, sodass diese kurz gehalten werden konnten. In diesen Phasen wurden Vorbereitende Maßnahmen für das Projekt getroffen. Sie beinhaltete die beschriebene Projektplanung und stellte sicher, dass zentrale Aktivitäten mit dem Projektzeitplan abgestimmt sind.

Sie markierte den offiziellen Projektstart und die finale Abstimmung der Planungen. Dabei wurden Rollen und Verantwortlichkeiten geklärt, Governance-Strukturen etabliert und die Projektziele in mehreren Iterationen gemeinsam validiert.

Innerhalb von sechs Wochen wurde das Beratungsteam vergrößert, die Key Design Decisions kundenseitig entschieden und die Projektmethode sowie die Rollout Strategie abgestimmt.

7.3.4 Explore-Phase

In der Explore-Phase wurden die bestehenden Geschäftsprozesse des Unternehmens im Nahrungsmittelsektor detailliert aufgenommen, strukturiert analysiert und systematisch mit den vordefinierten SAP Best Practices abgeglichen. Ziel dieser Phase war es, ein zukunftsfähiges Sollprozess-Design zu erarbeiten, das sich möglichst eng am SAP-Standard orientiert, gleichzeitig jedoch die spezifischen Anforderungen der Lebensmittelbranche berücksichtigt. Zu diesen branchentypischen Anforderungen zählten unter anderem die lückenlose Chargenrückverfolgbarkeit, das Management von Mindesthaltbarkeitsdaten, die Steuerung temperaturgeführter Lagerbereiche sowie die Abbildung effizienter Rückrufprozesse – alles zentrale Aspekte zur Sicherstellung von Qualität und Compliance im sensiblen Umfeld der Lebensmittelproduktion und -logistik.

Ein zentrales Element dieser Phase waren die Fit-to-Standard-Workshops, in denen die SAP-Prozesse live im System demonstriert und gemeinsam mit den Fachbereichen des Kunden diskutiert wurden. Dabei wurden die Standardprozesse hinsichtlich ihrer Passgenauigkeit geprüft und erforderliche Abweichungen identifiziert. Diese Abweichungen wurden als Gaps klassifiziert und dokumentiert – inklusive der notwendigen Erweiterungen oder alternativen organisatorischen Maßnahmen, mit denen die Lücken geschlossen werden sollten.

Zur Visualisierung und Strukturierung der Prozesse kamen Signavio-Prozessdiagramme zum Einsatz, welche die Transparenz und Verständlichkeit der Systemabläufe deutlich erhöhten. Parallel dazu wurde ein vorkonfiguriertes SAP-System (nicht Kundenseitig) sukzessive an die kundenspezifischen Anforderungen angepasst, inklusive relevanter Stammdaten. Dies ermöglichte eine praxisnahe Diskussion und eine realistische Bewertung der künftigen Prozessausgestaltung. Unterstützt wurde dieser Analyse- und Designprozess durch ein im Change Management erarbeitetes Glossar, das eine schnelle und einheitliche Übersetzung zwischen kundenspezifischer Terminologie und SAP-spezifischem Vokabular sicherstellte – ein entscheidender Faktor für die effektive Kommunikation im Projekt.

Die Explore-Phase diente somit nicht nur der Validierung der funktionalen und technischen Anforderungen, sondern auch der methodischen und inhaltlichen Grundlage für die Umsetzung in der Realisierungsphase. Als zentrale Ergebnisse dieser Projektphase gingen detaillierte Fit-to-Standard-Dokumentationen, vollständige Gap-Analysen sowie spezifizierte Anforderungen zu Entwicklungen, Formularen, Schnittstellen und Reports (RICEFW-Objekte) hervor. Diese Liefergegenstände (Deliverables) wurden von den jeweiligen Fachbereichen auf Kundenseite geprüft, abgestimmt und final freigegeben, wodurch eine klare Entscheidungsgrundlage für den weiteren Projektverlauf geschaffen wurde.

7.3.5 Realisierung (Realize)

Die Realize-Phase im SAP Activate-Framework stellte einen entscheidenden Meilenstein im Projektverlauf dar. Die unterteilt sich in zwei Hauptphasen:

- Systemaufbau
- Testing und Training

In der Realize-Phase wurde das zuvor im Fit-to-Standard-Workshop gemeinsam mit dem Kunden definierte Lösungsdesign konkret auf dem kundeneigenen Entwicklungssystem umgesetzt. Die Systemkonfiguration erfolgte schrittweise entlang der priorisierten Prozessanforderungen, wobei Standardprozesse durch gezielte Anpassungen und Erweiterungen ergänzt wurden, um den branchenspezifischen Bedürfnissen gerecht zu werden.

Während dieser Phase lag der Fokus verstärkt auf dem technischen Aufbau des Systems, wodurch dem Kundenteam bewusst Freiräume für das operative Tagesgeschäft eingeräumt wurden. Dies ermöglichte es, die Systemlandschaft effizient und weitgehend autark aufzusetzen, ohne das Kernteam des Kunden durch tägliche Rückfragen zu belasten.

Nach Abschluss der Basiskonfiguration und der Einrichtung des Entwicklungssystems erfolgte das strukturierte Onboarding der Entwickler in das Projekt. Ziel war es, die technischen Anforderungen, die im Vorfeld identifiziert wurden, zügig umzusetzen. Im Mittelpunkt standen dabei Erweiterungen und Schnittstellen, die in Form von RICEFW-Objekten dokumentiert worden waren. Diese RICEFW-Dokumentationen bildeten die Basis für eine Reihe von Abstimmungsgesprächen zwischen Fachbereich, Beratung und Entwicklungsteam. In diesen Gesprächen wurden nicht nur die fachlichen Anforderungen präzisiert, sondern auch technische Lösungsansätze und Umsetzungsvorgaben definiert.

Durch dieses strukturierte Vorgehen konnte sichergestellt werden, dass sämtliche Entwicklungen zielgerichtet, nach Best Practices und im Einklang mit den zuvor definierten Standards umgesetzt wurden. Die Realize-Phase diente somit nicht nur der technischen Umsetzung, sondern schuf auch die Voraussetzungen für einen stabilen und durchgängigen Integrationsprozess in den Folgephasen.

Im Rahmen des Testings führte das Projektteam mehrere Iterationen durch, in denen die Prozesse getestet, verfeinert und auf Realitätsnähe geprüft wurde. Dazu zählten etwa End-to-End-Szenarien vom Wareneingang über temperaturgesteuerte Einlagerung bis zur verbrauchsgerechten Kommissionierung und Auslieferung. Auch die Anbindung von Drittanbietern – wie Verpackungsdienstleistern und Transportunternehmen – wurde in dieser Phase realisiert und getestet, um reibungslose Abläufe entlang der gesamten Lieferkette sicherzustellen. Das Testing lief in mehreren strukturierten Stufen ab:

Unit Test (Einzeltests)
Zu Beginn testeten Berater und Entwickler einzelne Konfigurationsobjekte und Entwicklungen, wie z. B. Druckformulare, Schnittstellen oder kundenspezifische Reports. Diese Tests dienten der technischen Absicherung und fanden im Entwicklungssystem statt.

Functional Unit Test (FUT)
Im Anschluss erfolgte das **funktionale Testen (FUT)** der konfigurierten Prozesse. Hierbei lag der Fokus auf der korrekten Abbildung der Geschäftslogik innerhalb

eines Moduls, beispielsweise bei Prozessen wie Wareneingang, Einlagerung oder Kommissionierung im SAP EWM. Diese Tests wurden meist durch das Projektteam in enger Abstimmung mit dem Fachbereich durchgeführt.

System Integrationstest (SIT)

Ein bedeutender Schritt war der **Integrationstest (SIT)**, bei dem komplette End-to-End-Prozesse über System- und Modulgrenzen hinweg getestet wurden. Typische Szenarien reichten vom Bestelleingang über die Einlagerung und Qualitätssicherung bis hin zur Auslieferung und Fakturierung. Dabei wurden auch angebundene Systeme wie SAP TM, SAP QM oder externe Logistiklösungen einbezogen.

User Acceptance Test (UAT)

Im weiteren Verlauf wurden **User Acceptance Tests (UAT)** durchgeführt. Dabei prüften Key User des Kunden die konfigurierten Prozesse anhand realitätsnaher Geschäftsszenarien. Diese Tests hatten das Ziel, die fachliche Freigabe für das System zu erlangen und sicherzustellen, dass die Lösung im Alltag praktikabel war. Gerade im Nahrungsmittelsektor lag hier besonderes Augenmerk auf Sonderfällen wie Sperrchargen, MHD-gesteuerten Lagerbewegungen oder temperaturgeführten Transporten. Der User Acceptance Test (UAT) markierte zugleich einen Wendepunkt in der Projektwahrnehmung auf Kundenseite. In dieser Phase begannen die anfänglichen Bedenken gegenüber dem neuen System zu schwinden. Die Anwender erkannten zunehmend den Mehrwert von SAP S/4HANA im operativen Alltag. Besonders die vorkonfigurierten Reports, die integrierten Monitoring-Funktionen sowie die reibungslose modulübergreifende Prozessverknüpfung überzeugten die Fachbereiche. Der UAT wurde damit nicht nur als Testphase verstanden, sondern auch als praxisnaher Nachweis für die Leistungsfähigkeit der neuen Lösung. Die positiven Rückmeldungen aus den Fachbereichen stärkten das Vertrauen in das System und förderten die Akzeptanz im gesamten Unternehmen.

Regressionstest

Bei Bedarf wurden auch **Regressionstests** durchgeführt, insbesondere dann, wenn nachträgliche Änderungen oder Erweiterungen vorgenommen wurden. Damit wurde sichergestellt, dass bereits getestete Funktionen weiterhin fehlerfrei arbeiteten.

Alle Testergebnisse wurden dokumentiert, und identifizierte Fehler wurden systematisch über ein zentrales Defect-Tool erfasst, priorisiert und an das Entwicklungsteam weitergegeben. Die anschließende Fehlerkorrektur erfolgte in enger Abstimmung mit dem Testteam, sodass eine kontinuierliche Qualitätsverbesserung sichergestellt war. Durch dieses strukturierte Testvorgehen wurde die Lösung stabilisiert und auf den produktiven Einsatz vorbereitet.

Ein wesentlicher Bestandteil der Realize-Phase war zudem die Datenmigration. Hier lag der Fokus auf der Aufbereitung qualitativ hochwertiger Stammdaten, insbesondere im Bereich Material- und Chargenstammdaten, die für die Lebensmittelsicherheit und die Einhaltung gesetzlicher Vorschriften unverzichtbar sind.

Training

Die Schulung der Key User (Person, welche als Wissensmultiplikator in Richtung der Endanwender dienen soll) nahm gegen Ende der Realize-Phase einen wichtigen Stellenwert ein. Ziel war es, die fachlichen Prozessverantwortlichen gezielt auf den Umgang mit dem neuen System vorzubereiten – nicht nur hinsichtlich der Bedienung, sondern auch im Hinblick auf ein tieferes Prozessverständnis und die Fähigkeit, zukünftige Anwender im eigenen Bereich zu unterstützen. In praxisnahen Trainings wurden typische Geschäftsvorfälle durchgespielt, Fehlerfälle besprochen und Prozessvarianten erklärt. Besonderer Fokus lag auf kritischen Prozessen wie der chargengenauen Einlagerung, der Kommissionierung unter Berücksichtigung von Mindesthaltbarkeitsdaten sowie der Bearbeitung von Rückmeldungen im Warenausgang.

Die Schulungen wurden zum Teil systemgestützt dokumentiert, sodass später darauf zurückgegriffen werden konnte – etwa für interne Nachschulungen oder als Teil der späteren Hypercare-Unterstützung. Viele Key User übernahmen in der Folge aktiv Rollen bei den User Acceptance Tests sowie im Rahmen der Cutover-Vorbereitung.

Mit dem erfolgreichen Abschluss der Realize-Phase war nicht nur die Systemlösung technisch umgesetzt und getestet, sondern auch das Projektteam auf den nächsten Schritt vorbereitet. Die Voraussetzungen für eine stabile Cutover-Planung, inklusive Migrationsstrategie, Testabdeckung und Schulungskonzept, waren gegeben.

Kundenseitig wurde innerhalb der Key User Trainings beschlossen, dass nicht nur die Key User, sondern auch die Endanwender direkt durch das Beraterteam geschult werden sollten, um eine einheitliche Wissensbasis sicherzustellen. Zu diesem Zweck wurde eine fünftägige Trainingsphase vor Ort am Kundenstandort organisiert und im Vorfeld sorgfältig vorbereitet. Dabei wurde besonderes Augenmerk auf die Zielgruppenorientierung gelegt, da Endanwendertrainings einen anderen Charakter als die Schulungen für Key User aufweisen. Sie erforderten einen deutlich höheren Praxisbezug sowie eine klare Ausrichtung auf die jeweiligen operativen Rollen.

Die Trainings wurden daher gezielt rollenbasiert aufgebaut. Mitarbeitende aus der Kommissionierung wurden separat geschult, da ihre Prozesse größtenteils mobil mit Handscannern durchgeführt wurden. Der Fokus lag hier auf realen Lagerprozessen wie dem Pick & Pack, der Lagerplatzbestätigung und dem Scannen von Chargenetiketten. Im Gegensatz dazu wurden die Mitarbeitenden in den Wareneingangs- und Warenausgangsbüros auf stationären Arbeitsplätzen mit Desktop-PCs geschult. Für sie standen Themen wie die Prüfung von Lieferpapieren, Buchungen im SAP-System sowie Ausnahmen wie Sperrfälle oder Rückmeldungen im Vordergrund.

Die Schulungen wurden jeweils in Kleingruppen durchgeführt, um auf Fragen eingehen und individuelles Feedback geben zu können. Zusätzlich wurden einfache Handouts und visuelle Prozessanleitungen zur Verfügung gestellt, die den Mitarbeitenden als Nachschlagewerk im Tagesgeschäft dienten. Die praxisorientierte

Gestaltung der Trainings trug maßgeblich dazu bei, Akzeptanz für das neue System zu schaffen und die Benutzer von Anfang an sicher im Umgang mit SAP zu machen.

7.3.6 Go-Live (Deploy and Run) sowie Projektabschluss

Die Deploy-Phase stellte den Übergang vom Projekt in den operativen Betrieb dar. In dieser Phase wurden sämtliche Vorbereitungen für den Produktivstart abgeschlossen. Alle notwendigen Schritte, wie die finale Datenmigration, das Anlegen von Benutzerrollen, die Konfiguration der Produktionssysteme und die zeitliche Koordination der Umschaltung, wurden exakt geplant und durchgeführt.

Besonders kritisch war die Abstimmung mit den Fachbereichen und den IT-Abteilungen, um sicherzustellen, dass der Go-Live möglichst reibungslos erfolgte. Dazu gehörte auch, dass alle betroffenen Systeme stabil liefen, relevante Stammdaten korrekt übernommen wurden und keine offenen Buchungen oder inkonsistenten Lagerbestände mehr im Altsystem verblieben.

Im Vorfeld des Go-Live erfolgte eine finale Freigabe durch das Projekt- und Managementteam, basierend auf dem erfolgreichen Abschluss aller Tests, Schulungen und technischen Vorbereitungen. Nach der Umschaltung auf das produktive System begannen die operativen Prozesse wie geplant zu laufen.

Unmittelbar im Anschluss startete die Hypercare-Phase. Das Projektteam stand in erhöhter Einsatzbereitschaft am Kundenstandort zur Verfügung, um auftretende Probleme schnell zu lösen, Anwender zu unterstützen und die Systemstabilität zu überwachen. Die Deploy-Phase schuf damit die Grundlage für einen erfolgreichen Produktivstart und legte den Grundstein für die nachhaltige Nutzung des neuen Systems im Tagesgeschäft.

Die Hypercarephase betrug zwei Wochen, in denen die Berater vor Ort waren, um den Kunden bei den ersten Schritten zu unterstützen. Während dieser Zeit konnten bei Fehlermeldungen Defects eröffnet werden, die an das Beratungsteam weitergeleitet wurden. Diese Defects wurden sorgfältig analysiert und in die Kategorien „hoch", „mittel" und „niedrig" eingestuft, um eine effiziente Bearbeitung zu gewährleisten.

7.3.7 Fazit

Im Rahmen des Projekts zur IT-Transformation wurde bei dem Nahrungsmittelhersteller die Implementierung von SAP S/4HANA als strategisches Ziel verfolgt. Dabei ging es nicht nur um eine technologische Erneuerung, sondern auch um einen tiefgreifenden Wandel innerhalb der Unternehmenskultur. Die Entscheidung, ein veraltetes, eigens entwickeltes ERP-System durch eine moderne, cloudbasierte Lösung zu ersetzen, stellte einen notwendigen Schritt dar, um den Anforderungen des digitalen Zeitalters gerecht zu werden und die Wettbewerbsfähigkeit langfristig zu sichern.

Die Vorprojektphase spielte eine zentrale Rolle, um bestehende Prozesse detailliert zu analysieren und die Anforderungen an das neue System klar zu definieren. Schnell wurde deutlich, dass die Umstellung weit über technische Aspekte hinausging. Viele Mitarbeitende hatten über Jahre hinweg mit dem alten System gearbeitet, das eng mit den täglichen Abläufen verzahnt war. Die Einführung eines standardisierten Systems bedeutete daher nicht nur einen technologischen Umbruch, sondern auch einen emotionalen Einschnitt – verbunden mit der Notwendigkeit, gewohnte Arbeitsweisen zu hinterfragen und neue Ansätze zu akzeptieren.

Ein besonders wichtiger Erfolgsfaktor war das frühzeitig etablierte Change Management. Dieses sorgte dafür, dass Mitarbeitende aktiv in den Transformationsprozess eingebunden wurden. Über gezielte Workshops, Schulungen und Kommunikationsmaßnahmen wurde nicht nur technisches Know-how aufgebaut, sondern auch die Bereitschaft gefördert, sich auf die anstehenden Veränderungen einzulassen. Die positiven Rückmeldungen im Rahmen der User Acceptance Tests unterstrichen, dass die Mitarbeitenden zunehmend den Nutzen des neuen Systems erkannten und sich mit den neuen Prozessen identifizierten.

Während der Realisierungsphase wurde die Systemkonfiguration in einem strukturierten und zielgerichteten Vorgehen umgesetzt. Grundlage bildete ein klar definierter Projektplan, der technische Umsetzungsschritte mit fachlichen Anforderungen verknüpfte. Besondere Bedeutung kam der engen Zusammenarbeit zwischen den Fachabteilungen, der internen IT und dem externen Beratungsteam zu. In gemeinsamen Workshops und regelmäßigen Abstimmungsrunden konnten Anforderungen aus dem operativen Geschäft präzise erfasst und systematisch in die Konfiguration überführt werden.

Dabei wurde konsequent darauf geachtet, eine sinnvolle Balance zwischen der Nutzung von SAP-Standards und unternehmensspezifischen Anpassungen zu finden. Standardprozesse wurden dort übernommen, wo sie Effizienzvorteile und Zukunftssicherheit boten, während individuelle Anforderungen gezielt ergänzt wurden, um spezifische betriebliche Abläufe optimal zu unterstützen.

Die Umsetzung folgte einer iterativen Rollout-Strategie, bei der das System schrittweise in ausgewählten Bereichen eingeführt wurde. Diese Vorgehensweise ermöglichte es, frühzeitig Erfahrungen zu sammeln, Rückmeldungen der Anwenderinnen und Anwender aufzunehmen und die Lösung fortlaufend zu optimieren. So konnte der Gesamtprozess laufend verbessert und ein stabiler, praxisnaher Systembetrieb sichergestellt werden.

Mit dem erfolgreichen Go-Live und der anschließenden Hypercare-Phase wurde ein stabiler Betrieb der neuen Lösung sichergestellt. Die intensive Unterstützung durch das Projektteam in den ersten Wochen nach dem Produktivstart trug maßgeblich dazu bei, anfängliche Herausforderungen schnell zu lösen und eine hohe Systemverfügbarkeit zu gewährleisten. Die durchweg positiven Rückmeldungen der Anwenderinnen und Anwender nach Abschluss der Hypercare-Phase bestätigten sowohl die Qualität der Umsetzung als auch die Akzeptanz der Lösung im Tagesgeschäft.

Rückblickend zeigt das Projekt eindrucksvoll, dass eine IT-Transformation nicht nur technische Expertise erfordert, sondern auch ein tiefes Verständnis für die Unternehmenskultur und die Bedürfnisse der Mitarbeitenden. Die Einführung von SAP S/4HANA hat dem Unternehmen nicht nur moderne und zukunftssichere Prozesse ermöglicht, sondern auch die Basis für mehr Agilität und Anpassungsfähigkeit an dynamische Marktbedingungen geschaffen.

Dieses Projekt dient als Beispiel dafür, wie fundierte Planung, eine vertrauensvolle Zusammenarbeit aller Beteiligten und ein konsequent umgesetztes Change Management zu einem nachhaltigen Erfolg führen können. Der Weg der Transformation ist jedoch nicht mit dem Go-Live abgeschlossen. Die kontinuierliche Weiterentwicklung der Prozesse und die aktive Auseinandersetzung mit neuen Anforderungen werden entscheidend sein, um die Zukunftsfähigkeit des Unternehmens auch langfristig zu sichern.

7.4 Insights basierend auf Erfahrungen im Rahmen von S/4HANA Implementierungen anhand von SAP Standardmethodiken

Thorsten Rink

Dieses Kapitel beschäftigt sich mit Insights eines SAP-Beraters und stellt Erkenntnisse von mehreren Projekten in verschiedenen Beratungshäusern dar. Der Schwerpunkt der Sichtweise und Erkenntnisse sind „autorengeschuldet" aus dem Blickwinkel eines SAP-Modulberaters des Bereichs Finance und Controlling. Die Kerninhalte können auf Ebene einer SAP S/4-HANA Implementierung bezogen werden.

Im Allgemeinen gliedern sich die Struktur der Unterkapitel in allgemeine Erläuterungen zu Projektansätzen und Projektmethodik (inkl. deren inhaltlichen Phasen), sowie primär in gesonderten Kapitelabschnitten „Insights" bzgl. der operativen SAP-Berater **Tätigkeiten, Herausforderungen und möglichen Problemstellungen**, welchen in der Praxis vernommen werden konnten.

Begrifflichkeiten wie „In der Regel" – „In der Praxis" – „beobachtet werden kann", beziehen sich auf Erfahrungen des Autors, sogenannten **Insights** in verschiedenen Projekten. Da jegliches Projekt „unique" ist, können entsprechend andere Vorgehen bei nicht betrachteten Beratungsunternehmen vorliegen. Ebenso erhebt der Inhalt in den Bereichen der Definition und Methodik keinen Anspruch auf Vollständigkeit, so werden beispielsweise Schwerpunkte aus anderen Modulen und Bereichen, wie beispielsweise Development, untergeordnet abgehandelt oder nicht beäugt.

7.4.1 Implementierungsmodelle

Es wäre zu viel beworben, wenn man Aussagen wie „ein Unternehmen kommt langsam nicht mehr an SAP vorbei" oder „ohne SAP wird's schwer" auf Messen oder IT Veranstaltungen hört, jedoch konnte die SAP AG auch in den letzten

Jahren einen sehr hohen Zuwachs and Neuimplementierung erreichen.[9] Ebenso aufgrund des immer kürzer werdenden Bereitstellungs- und Wartungsfensters für die nun „alte" SAP Software SAP ERP Central Component kurz SAP ECC, wird „das neue" SAP S/4 HANA (folgend mit S/4 abgekürzt) immer bedeutender.[10] In diesem Kapitel werden dahingehend kurz verschiedene Implementierungsmodelle von SAP S/4 HANA (vorwiegend in der Private Cloud) erläutert und entsprechende Vorgehensweisen innerhalb des Projektes, sowie deren Vorteile, Nachteile, Fallstricke oder mögliche Hindernisse also klassische „Insights" in den fortfolgenden Kapiteln dargestellt.

Im Allgemeinen unterscheiden sich Implementierungsmodelle im SAP S/4 in den Brownfield Ansatz, den Greenfield Ansatz und den „Bluefield" (SDT) Ansatz.[11]

In der folgenden Abbildung Abb. 7.92 werden die verschiedenen Ansätze Greenfield, Brownfield und Bluefield in Kurzform dargestellt.

Obwohl die entsprechenden Implementierungsansätze ihrem Grunde nach, eine strikte Trennung aufweisen, zeigt sich in der Praxis, dass diese Trennung nicht immer eingehalten wird. So stellen Projekte, welche den Grundsatz des Implementierungsansatzes Greenfield entsprechen im Rahmen von verschiedenen Prozessen und Customizing oftmals eher einem Brownfield/Bluefield Charakter. Dies kann sich aufgrund diverser Gründe, wie Zeitmangel oder mangelndem Verständnis von Prozessen, sowie technischen Prozessen belaufen. Genauere Erläuterungen hierzu folgen im Abschn. 7.5.1

7.4.2 Implementierungsvorgehen

Für SAP-Projekte können sich Beratungshäuser (SAP-Implementierungspartner) an dem sogenannten „SAP Activate Ansatz" als Projektmethode bedienen. Der SAP Activate Ansatz als solcher stellt ein standardisiertes Framework dar, welches mit Best Practices, Guidance und methodischen Strukturen einen erheblichen Benefit verspricht.[12] Wie in der Abb. 7.93 dargestellt, zeigen sich zwar fixierte

---

[9] Vgl. SAP. SAP Investoren–Aktuelle Ergebnisse. [Online]. Verfügbar unter: https://www.sap.com/investors/de/why-invest/recent-results.html. [Zugriff am: 05.06.2025].

[10] Vgl. SAP. Maintenance timelines for SAP ERP 6.0. SAP Community Blog. [Online]. Verfügbar unter: https://community.sap.com/t5/enterprise-resource-planning-blogs-by-sap/maintenance-timelines-for-sap-erp-6-0/ba-p/13524564. [Zugriff am: 05.06.2025].

[11] Vgl. SAP Community. Choosing the right path for your S/4HANA transformation: Greenfield, Brownfield, or Bluefield? [Online]. Verfügbar unter: https://community.sap.com/t5/financial-management-blogs-by-members/choosing-the-right-path-for-your-s-4hana-transformation-greenfield/ba-p/13877169. [Zugriff am: 05.06.2025].

[12] Vgl. SAP: SAP Activate in under 9 min. SAP Community Blog. [Online]. Verfügbar unter: https://community.sap.com/t5/enterprise-resource-planning-blog-posts-by-sap/sap-activate-in-under-9-minutes/ba-p/13569476. [Zugriff am: 24.04.2025].

Abb. 7.92 Implementierungsansätze S. 4-HANA

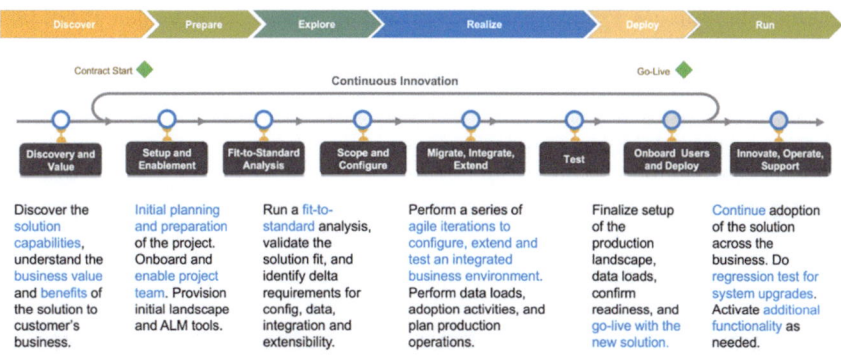

Abb. 7.93 SAP Activate Ansatz

Aktivitäten, welche in den entsprechenden Phasen durchzuführen sind, jedoch können diese ebenfalls in bestimmten Fällen und Situationen variieren. Genauer werden diese Fälle aber in den fortfolgenden Kapiteln beäugt.

7.4.2.1 Discover

Zielsetzung der Discover-Phase
Die erste Phase des SAP Activate Zyklus stellt die Discover-Phase dar. Allgemein ist das Ziel der Discover-Phase die Evaluierung, welche SAP-Lösung für den Kunden infrage kommt.

Hierbei wird primär die Bereitstellungsoption, also beispielsweise On-Premise/Private Cloud oder Public Cloud als auch der Projektansatz Green-/Blue-/Brownfield[13] Abschn. 3.1 unterschieden.

Ein bekanntes Vorgehen ist hierbei die Prozesse des Unternehmens, aber auch die IT-Struktur zu analysieren und zu bewerten. Hierzu kann gleich zu „Beginn" des Projektes eine hohe Zuarbeit der Fachbereiche, den Prozessverantwortlichen als auch der internen IT von Nöten sein. Zu dem Analyseprozess und der Prozessmodellierung können natürlich IT gestützte Tools, wie auch das SAP eigene Tool SAP Signavio Suite,[14] verwendet werden. Weiterhin werden in dieser Projektphase erste Zeitleisten (Projektplan), Roadmaps und der Projektumfang festgelegt.

Umsetzung der Discover-Phase
Diese Phase stellt mitunter die wichtigste Phase des Projektes dar, da in dieser die Klarheit und „Sauberkeit" der Prozesse und Prozessdokumentation stimmen muss. In der Praxis zeigt sich die Gefahr, dass zum einen dem Kunden (unterhalb der „Entscheiderebene") oftmals nicht bewusst ist, welche Auswirkungen diese Entscheidungen auf das Projekt haben, zum anderen an entscheidenden Positionen auch das Know-how über die Prozesse nicht vorliegt. So sind beispielsweise Prozesse dokumentiert, welche den Soll-Prozess darstellen, jedoch der IST-Prozess in einer anderen Art und Weise „gelebt" wird, welcher so im neu implementierten System nicht abgebildet werden kann.

7.4.2.2 Prepare

Zielsetzung der Prepare-Phase
Bereits in der zweiten Phase des SAP Activate Zyklus zeigen sich die verschwimmenden Grenzen der Phasen. Während in der Prepare-Phase zwar die organisatorischen und technischen Vorbereitungen für die SAP-Implementierung getroffen werden, gilt es auch die Unternehmensprozesse weiter zu analysieren. Dies geschieht hier jedoch im Vergleich zur Discover Phase (in welcher eine Highlevel

---

[13] Vgl. SAP: SAP Activate in under 9 min. SAP Community Blog. [Online]. Verfügbar unter: https://community.sap.com/t5/enterprise-resource-planning-blog-posts-by-sap/sap-activate-in-under-9-minutes/ba-p/13569476. [Zugriff am: 01.04.2025].

[14] Vgl. Signavio. Warum sich für Signavio entscheiden? [Online]. Verfügbar unter: https://www.signavio.com/de/warum-sich-fur-signavio-entscheiden/. [Zugriff am: 05.06.2025].

Betrachtung erfolgte) nun etwas granularer (bis sie final in der Explore-Phase gemeinsam abgeglichen werden Abschn. 3.2.3). Das Projektteam erstellt einen detaillierten Projektplan, in dem Ziele, Projektumfang, Rollen, Verantwortlichkeiten, Steuerungsverfahren und Eskalationswege festgelegt werden. Ebenso wird der Aspekt des Change-Managements und dessen Planung betrachtet und „in die Wege" geleitet.[15]

Umsetzungen der Prepare-Phase
In der Praxis bedeutet dies zum einen die Bereitstellung der Systemlandschaft mit Best Practice Content, welcher auf einer gesonderten Instanz betrieben werden oder aber auch auf einem separierten Mandanten (höchste Organisatorische Ebene des SAP-Systems) bereitgestellt werden kann. Dieser stellt somit die spätere Grundlage für die Durchführung der Workshops und Tätigkeiten der Explore-Phase dar. Unterstützende Software Tools wie die in Abschn. 7.5.2 erwähnte Software SAP-Signavio Suite oder auch das ALM Tool SAP CLOUD ALM[16] können Einbindung erhalten. Ebenso können bereits zu diesem Zeitpunkt bekannte Schnittstellenanbindungen analysiert werden. Während diese Tätigkeiten dem technischen Teil der Phase zugeordnet werden können, werden im organisatorischen Teil auf Seite des Beratungshauses die Modulberater für Implementierung bestimmt ugs. „gestafft", sowie der Gegenpart auf der Kundenseite (in Abhängigkeit der Organisationstruktur) in Form der Modulverantwortlichen, Workstreamlead's, Process Owner, Keyusern oder weiteren Mitgliedern der Fachbereiche. Bei der Auswahl der Projektmitglieder auf Kundenseite konnte in einigen Projekten festgestellt werden, dass diese Wahl sich entsprechend als diffizil darstellen kann. Zum einen müssen gerade bei „kleineren" Kunden, welche entsprechende Stellen in ihrer Organisation nicht besetzt haben, geeignete Mitarbeiter bereitstellen, zum anderen können eben genau diese zu einem „Bottle Neck" führen. Insbesondere stellt sich hierbei das Problem, einen Mitarbeiter zu finden, der sehr nahe am operativen Prozess beteiligt ist, sowohl um diesen beschreiben und vertreten zu können, welchem aber dennoch während der Projektphase genügend Kapazitäten freigestellt werden können für die Projekttätigkeiten. Handelt es sich jedoch um größere Kunden mit mehreren legalen Einheiten (im SAP meist in der Organisationseinheit des Buchungskreises umgesetzt), wächst dementsprechend auch die Anzahl an Stakeholdern am Prozess/SAP-Modul. Getreu einem viel genutzten Zitat von Publilius Syrus „Der Plan, den man nicht ändern kann, ist schlecht"[17] können, und wie es sich oft in der Praxis zeigt, werden sich auch Inhalte der Planungen in den Phasen ändern und auch reevaluiert werden.

---

[15] Neupane, G. (2020). A Project Plan for the Implementation of S/4HANA. Theseus. S. 17–19.

[16] Vgl. SAP. SAP Cloud ALM. [Online]. Verfügbar unter: https://support.sap.com/en/alm/sap-cloud-alm.html?anchorId=section_copy. [Zugriff am: 09.03.2025].

[17] Vgl. Bastian, S.: Projekte erfolgreich managen. Springer Gabler, Wiesbaden 2018, S. 112.

7.4.2.3 Explore

Zielsetzung der Explore-Phase
Das Kernziel der SAP Activate Explore-Phase stellt die Analyse und der Abgleich der Geschäftsprozesse des Unternehmens mit den systemischen Gegebenheiten dar. In dieser Phase arbeiten Kunden und das Implementierungshaus sehr eng zusammen, um anhand sogenannter Fit-to-Standard-Analysen zu überprüfen, inwieweit die SAP-Standardlösungen die Geschäftsanforderungen des Unternehmens abdecken. Bei diesen Analysen werden entsprechend die Standardfunktionalitäten, die die SAP-Lösung bereitstellt (die sogenannten SAP Best Practices), mit den in dem Unternehmen vorliegenden Prozessen verglichen, um mögliche Abweichungen zu identifizieren. Werden Abweichungen während dieser Analyse festgestellt, sind diese als sogenannte „Gaps" bezeichnet. Diese Gaps müssen entsprechend dokumentiert und bewertet werden.[18] In der Praxis werden diese Analysen anhand von sogenannten Fit-to-Standard-Workshops oder auch nur **Fit-Gap-Workshops** erstellt. Hierbei bietet die SAP in ihrem Ansatz nach sogenannte Scope-Items. Bei Scope Items handelt es sich um vorkonfigurierte SAP Best Practices Bausteine, die einen gewissen Geschäftsprozess oder eine Funktionalität in diesem abdecken und welche im System aktiviert werden können.[19]

Umsetzungen der Explore-Phase
In der Praxis kann es sich so darstellen, dass die entsprechenden Scope-Items (welche aus den ersten Analysen schon identifiziert wurden) von den Systemadministratoren bzw. der SAP in einem Best Practice Mandanten aktiviert und somit zur Verfügung gestellt werden. Der Logik nach kann dies so verbildlicht werden, dass auf dem „Highlevel" der Bedarf an einer Kostenstellenrechnung identifiziert wurde und somit kann dieses bereits initial aktiviert werden und muss lediglich in der Funktionalität erläutert werden.

Als Voraussetzung für den Workshop erstellt der Berater ein Dokument zur Dokumentation (insbesondere) um die Ergebnisse des Workshops zu dokumentieren. Wie eingangs beschrieben, kann dies ebenfalls zur Aufnahme von Gaps genutzt werden. Des Weiteren sollte der Berater (und zumindest in weiterem Verlauf auch die Prozess-/Modulverantwortlichen) Zugriff auf das **Best Practices** System haben, um entsprechende Demos zur Veranschaulichung nutzen zu können. Eine entsprechende Präsentation oder Dokumentation zum Scope-Item, zum weiteren

---

[18] Vgl. SAP SE: Explore Phase Overview. In: Discovering SAP Activate–Agile Project Delivery. SAP Learning, 2024. Online verfügbar unter: https://learning.sap.com/learning-journeys/discovering-sap-activate-agile-project-delivery/explore-phase-overview_f9f503a3-54e9-4868-855c-5b88f879c6ad [Zugriff am 02.03.2025].

[19] Vgl. LeanIX: SAP Activate Methodology. In: LeanIX Wiki–Tech Transformation. 2024. Online verfügbar unter: https://www.leanix.net/de/wiki/tech-transformation/sap-activate-methodology [Zugriff am 09.06.2025].

Veranschaulichen des Inhalts des entsprechend vorgestellten Lösungsteils (Scope-Items), ist ebenfalls von Vorteil.

Nachdem die obenstehenden Kriterien erfüllt sind, kann ein typisches Vorgehen eines Fit-to- Standard-Workshops wie folgt aussehen: (Organisatorische Themen wie Terminvereinbarungen, Fristsetzungen oder weitere Festlegungen von Rahmenbedingungen werden hier nur bedingt betrachtet):

Der erste Workshop weist (wie es verallgemeinert bei vielen Projekten die Regel darstellt) einen eher organisatorischen Charakter auf, in welchem die entsprechende Vorgehensweise der fortfolgenden besprochen wird. Dieser Workshop kann auch als „kleiner Kick Off" zum Projektstart verstanden werden, da die entsprechende „Runde" aus Beratern, Modulverantwortlichen, Fachbereich und/oder Prozessverantwortlichen gemeinsam die folgenden Fit-to-Standard Workshops durchführt. Auch bietet es sich in diesem ersten Workshop an, nochmal über die bereits festgelegten Scope-Items des Kunden zu sprechen und ggf. gleich zu Beginn bereits den Bedarf von Weiteren oder von obsoleten Scope-Items festzustellen.

In den folgenden bespricht der Berater mit den **Modul-/Prozessverantwortlichen** das entsprechende Scope-Item und zeigt ihm anhand seiner Präsentation/Dokumentation, welche Möglichkeiten das Scope-Item bietet. Anschließend kann der Berater entweder eine individuelle Demo der Apps (Transaktionen)/Prozessschrittes oder auch ein von der SAP im Scope-Item bereitgestelltes Muster zur Veranschaulichung im System nutzen. Wichtig ist hier bereits die richtige Stufe der Granularität der gezeigten Funktionalitäten zu wählen. Jegliche „unternehmensspezifische" **Ausprägungen** eines Prozesses (welche das entsprechende Scope-Item betreffen) würde in einem „Scoping Workshop" nicht in einen angemessenen Zeitrahmen passen. Um dies an einem simpleren praxisnahen Beispiel im FI/CO Bereich zu erörtern – Es muss gezeigt werden, dass sowohl eine -Verteilung- als auch eine -Umlage- von Kosten von/auf Kostenstellen möglich ist. Jedoch müssen diese nicht für bspw. 15 verschiedene Kostenstellenkombinationen im System gezeigt werden. Würde man das umfängliche Thema „Umlage" jedoch lediglich mit einem simplen Beispiel der Kostenstellen Umlage darlegen, kann der Kunde jedoch nicht erkennen, dass es sich bei anderen Kostenträgern wie bspw. Innenaufträgen oder PSP-Elementen um ein gänzlich anderes Systemverhalten oder anderen Funktionsumfang handeln kann. Was auch häufig (leider auch dem Grunde nach häufig zu spät) zu beobachten ist, sind Annahmen zu Funktionalitäten, welche in den genutzten Vorsystemen vorhanden waren. An einem simplen Beispiel erneut dargestellt: Der Kunde hinterfragt in dem Workshop die Funktionalität zu einer bestimmten „Listerfassung" nicht, weil er davon ausgeht diese wäre vorhanden, weil in ihrem Altsystem ebendiese vorhanden war. Der Berater hingegen kennt somit weder das Bedürfnis (Anforderung) zu einer solchen Listerfassung, noch war ihm unter Umständen ein funktionaler Mangel/fehlende Funktion dieser App/dieses Prozesses bewusst, auf welchen er hätte den Kunden aufmerksam machen können. In diesem Falle kann das GAP erst zu einem deutlich späteren Zeitpunkt auffallen, im ungünstigsten Falle sogar erst, wenn der Kunde schon live ist und ihm der Bedarf der Funktionalität erneut bewusstwird.

In einem regulären Fall wird das **Gap** während der Demonstration und Diskussion des entsprechenden Scope-Items erkannt und als Anforderung aufgenommen sowie ordnungsgemäß dokumentiert. Diese Anforderung muss sowohl auf Kunden als auch auf Beraterseite bewertet werden. Zum einen müssen hierbei Aufwandsschätzungen erfolgen (Umsetzungszeit und Fertigstellungstermin), welche auch dem Kunden als Anhaltspunkt zur Bewertung dienen, zum anderen muss aber auch der Kunde prüfen, ob diese Funktionen nicht mit geringerem Aufwand umgangen werden kann (Workaround) oder ob sie überhaupt zwingend erforderlich ist. An dieser Stelle zeigt sich oftmals auch, dass anfängliche „Prio 1" Gaps auch Anstöße auf Kundenseite zum Überdenken des eigenen Prozesses geben können. In Abb. 7.94 wird kurzgehalten ein Beispielprozess zu einem entstandenen Gap und daraus resultierenden Change beschrieben.

Jedoch werden in der Explore-Phase nicht nur entsprechende Gaps identifiziert, sondern auch notwendige **Definitionen** hinsichtlich der systemischen Stammdaten vorgenommen. Hierunter fallen z. B. Kostenstellenstrukturen, Sachkontenrahmen oder PSP-Elementstrukturen oder der Buchungskreis als Organisationseinheit selbst. Hier ist es in der Praxis wichtig, dass diese Überlegungen sehr sorgfältig vorgenommen werden. Entsprechend muss der Kunde hierfür sensibilisiert werden, insbesondere, dass das Thema ebenso als integrativer Punkt betrachtet wird. So können bestimmte Strukturen gleich bei der Nomenklatur des Buchungskreises (wie beispielsweise Unterscheidungen von Gesellschaften mit Produktion, Gesellschaften ohne Produktion oder Gesellschaften mit Sitz im Ausland) getroffen werden (siehe Abb. 7.95).

Da solche Thematiken der Definitionen ebenfalls einen hohen Bezug zu „zukünftigen" möglichen Gegebenheiten einnehmen, können diese Überlegungen sich als entsprechend diffizil darstellen. Weiterhin gilt es aber auch in einem gewissen Grad der Fertigstellung der Strukturen einzuhalten. So beobachtet man weiterhin des Öfteren, dass sich gegen Ende der Explore-Phase bzw. Anfang der Realize-Phase die Fachbereiche mit zu granularen Definitionen beschäftigen, welche für den Start der Realize-Phase bzw. das Customizing im System noch keinen weiteren Einfluss haben, da sie beispielsweise nur weitläufig organisatorische Strukturen betreffen und keine systemischen.

Beispielprozess eines GAP/Change Vorgehens

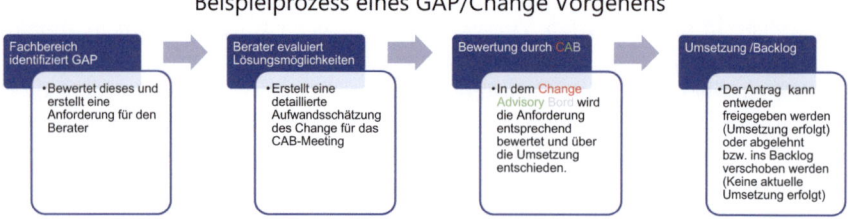

Abb. 7.94 Beispielprozess eines GAP Change Vorgehens

Buchungskreis „Präfix" (XX stellen Platzhalter dar)	Nutzung	Erläuterung
11XX	Die ersten beiden Stellen des Buchungskreises werden für Gesellschaften genutzt, welche eine eigene Produktion aufweisen (Inland).	
45XX	Die ersten beiden Stellen des Buchungskreises werden für Gesellschaften genutzt, welche keine eigene Produktion aufweisen (Inland).	Anhand dieser Nomenklatur, kann nun direkt erkannt werden, dass es sich bei dem Werk 8015 um einen Buchungskreis mit eigener Produktion im Ausland hat oder dass es sich beim Buchungskreis 4503 um einen inländischen Buchungskreis handelt, welcher keine eigene Produktion aufweist.
80XX	Die ersten beiden Stellen des Buchungskreises werden für Gesellschaften genutzt, welche eine eigene Produktion aufweisen (Ausland).	
90XX	Die ersten beiden Stellen des Buchungskreises werden für Gesellschaften genutzt, welche keine eigene Produktion aufweisen (Ausland).	

Abb. 7.95 Nomenklatur Buchungskreise

7.4.2.4 Realize

Zielsetzung der Realize-Phase

Das Ziel der SAP Realize-Phase ist korrekte Umsetzung der in der vorherigen Explore-Phase definierten Anforderungen. Das Beratungsteam konfiguriert (ugs. customized) das SAP-System nach den entsprechend definierten Anforderungen der Geschäftsprozesse. Ebenso erfolgen in dieser Phase Modultests, Integrationstests (I-Test), Funktionstests und der sogenannte User Acceptance Test (UAT). Weitere Bestandteile der Realize-Phase ist die Migration, welche sich wiederum in die Bereitstellung, Testing, Produktivmigration, gliedern kann.[20] Als allgemeines

---

[20] Vgl. Mittelstand Heute (2021). SAP Activate–Wie funktioniert die Methode? https://www.mittelstand-heute.com/sap-forward/artikel/sap-activate-wie-funktioniert-die-methode (Zugriff am: 11.05.2025).

Ziel der Realize-Phase lässt sich die Aufbereitung des Systems definieren, welches am Ende einen Go-Live (in Produktivnahme) fähigen Zustand aufweist.

Projektvorgehen in der Realize-Phase

In der Praxis zeigt sich, dass die Realize-Phase i. d. R. die zeitlich **längste Phase der Activate Methode** ist. Dies begründet sich zu Teilen dadurch, dass die weiteren Phasen (insbesondere die Vorhergehenden) eher administrative, organisatorische und planerische Zwecke erfüllen und keine tatsächliche Umsetzung erfolgt (Systemische Einstellungen werden in den vorherigen Phasen i. d. R. nur zu demonstrativen Gründen vorgenommen, damit der Counterpart auf Kundenseite das System bessere Systemkenntnis erlangt). Gemäß dem vorliegenden Grundsatz der „Agilität" der Methode wird auch in der praktischen Anwendung diese verfolgt. So erfolgt die Planung und Durchführung der Aktivitäten in User-Stories und Sprints. Während diese Methodik vermehrt in der reinen Softwareentwicklung zu beobachten ist, können hier praxisbezogen deutliche Diskrepanzen bei der Implementierung von Standardsoftware mit Konfigurationsaspekten vernommen werden (siehe Abb. 7.96).

So sind beispielsweise an einer User-Story, welche sich nicht weiterer inkrementell granularisieren lässt, mehrere Modulteams beteiligt. Gängige Themen sind hier beispielsweise „Aufwandsbezogene Fakturierung" oder der „Beschaffungsprozess von Anlagegütern". So kann veranschaulicht werden, dass hierbei das Modul SD (Sales and Distribution)/MM (Material Management), FI (Finance) und CO (Controlling) sowohl von Berater- als auch von Kunden Seite zur weiteren

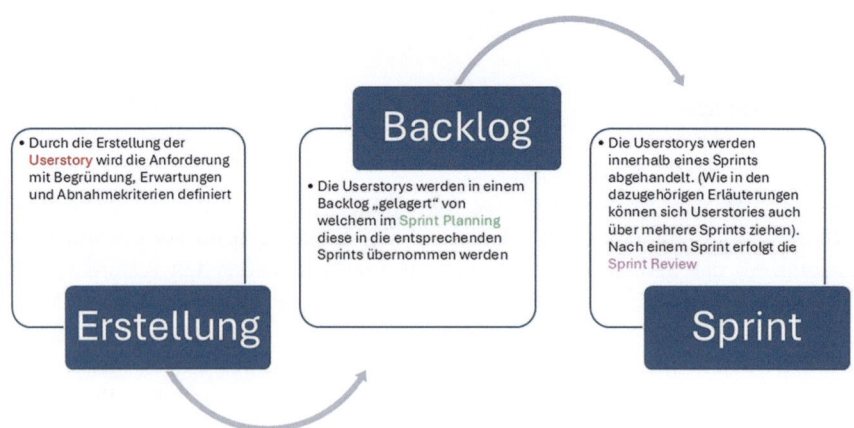

Userstory: Dokument, welches die genaue Anforderung enthält mit einem geschätzten zeitlichen Aufwand.
Sprint Planning: Meeting gegen Ende des Sprints, in welchem die Aufgaben für den nächsten Sprint geplant werden.
Sprint Review : Meeting, in welchem die bearbeiteten Aufgaben, Probleme und Hindernisse des vergangenen Sprints besprochen werden. (Ende des Sprints)

Abb. 7.96 Beispielprozess Sprint

Abstimmung zusammenfinden müssen. Dieses ugs. „alle an einen Tisch bringen"
zeigt sich scherzhaft ausgedrückt schon fast als eine eigene User-Story, wenn man
den zeitlichen Aufwand berücksichtigt. Selbst bereits für das gesamte Projektteam
geblockte Zeitslots können hier aufgrund paralleler Anfragen zu divergierenden
Themen nur bedingt zur Lösung beitragen. Dementsprechend zeigt sich vermehrt,
dass User-Storys, entgegengesetzt der eigentlichen Vorgabe, über mehrere Sprints
„in progress" sind. Eine weitere Feststellung ist hierbei ebenfalls, dass es seitens
des Kunden auch teilweise ein Unverständnis geben kann User-Storys in kleinere
„Sprintgerechte" Teile zu verkleinern.

Bei der allgemeinen Projektmethodik, welche ebenso auf Dailies, Weeklies,
Sprint Reviews, Sprint Plannings, Sprint Retrospective etc. zurückgreift, ist gleichermaßen zu vermerken, dass diese in der Planung und in besonderem Maße in der
zeitlichen Dauer ein besonderes Feingefühl erfordern und entsprechend angepasst
werden können. Ein beispielhaftes Zitat eines Modulverantwortlichen (der in diesem
Kapitel referenzierten Projekte) lautete: „Ich kann euch nichts anderes sagen als ges-
tern und vorgestern und in der Review am Montag". Weiterhin darf und muss ggf.
eine Berücksichtigung erfolgen, dass sowohl die Projektmitglieder aufseiten des Im-
plementierungshauses als auch auf Kundenseite nicht in der Ausschließlichkeit für
das entsprechende Projekt eingebunden sind – gerade, wenn es sich um ein kleineres
Implementierungsprojekt handelt. Somit können, dem Sinn nach, nützliche Meetings, auch rapide zu weniger nützlichen Aufwandstreibern werden.

Durchaus ist auch zu erwähnen, wie ebenfalls in den vorherigen Kapiteln bereits angemerkt, bestimmte Definitionen von Prozessen und Stammdaten (durchaus auch planmäßig) in der Realize-Phase aufgegriffen werden, gleiches gilt jedoch für erst in der Realize-Phase identifizierte GAPs. Diese werden i. d. R. als
sogenannte Changes, ebenfalls als User-Stories aufgenommen. Wenn an dieser
Stelle wieder die Integrativität des SAP-Systems (auch konfigurationsseitig) betrachtet wird, kann dies in einigen Sprints zu sogenannten „Bottle Necks" in gewissen Bereichen führen.

Datenmigration
Ein weiterer Teil dieses Activate-Zyklus ist die Datenmigration. Systemisch lässt
diese sich in Stammdaten und Bewegungsdaten unterteilen. In diesem Bereich
lässt sich in der Praxis (gerade bei Kunden, welche von Fremdsystemen (nicht
SAP ECC) ihre Migrationsdaten beziehen müssen, zum Teil enormer Aufwand
feststellen, da sowohl durch prozessuale Anpassungen als auch allgemein betrachtet z. T. größere Abweichungen gegenüber dem Vorsystem bestehen können. So
müssen beispielsweise Felder im Kundenstamm, der Kostenstellendefinition oder
des Materialstamms angereichert werden. Dies bezieht sich jedoch nicht nur auf
die Stammdaten, sondern ebenso auf Bewegungsdaten, welche im SAP beispielsweise mit Merkmalen oder Feldern angereichert werden können. Ebenso unterliegen die entsprechenden Migrationsobjekte einer definierten Reihenfolge, so
können beispielsweise keine „offenen Kreditorenposten" migriert werden, wenn

keine Kreditorenstammdaten vorhanden sind, oder auch keine Bestellungen, wenn entsprechende Kontierungsobjekte noch nicht im System migriert wurden. Gemäß der Funktion des Beraters, können in diesem Prozess Hilfestellungen unterbreitet werden (und die Migration systemisch durchgeführt werden), jedoch obliegt die Bereitstellung der Daten (zumindest Rohdaten), die Validierungen dieser und Abnahme auf Kundenseite. Zeigen sich hier Verspätungen der Bereitstellung von Objekten, welche eine frühe Terminierung im Migrationsplan haben, kann dies die ganzheitliche Planung – bis zum eigentlichen Go Live – gefährden. Ebenso ist es nicht selten aufzufinden, dass die Systemeinrichtung und die Datenmigration von verschiedenen Beratungshäusern durchgeführt wird und somit auch in dieser Phase ein erhöhter Bedarf an Abstimmungen und „Meetings" entstehen kann. Gleichgültig gilt dies sowohl für die „Testmigration" als auch die Produktivmigration, falls diese in die Deploy-Phase fällt.

Testing und Abnahme
Das Testing der Implementierung erfolgt gemäß der Projektmethodik nach Fertigstellung jeder User-Story (sowohl durch den Berater als auch den Kunden), sowie in diversen Testszenarien, wie beispielsweise der Integrationstest (I-Test) oder User Acceptance Test (UAT) in End-to-End-Prozessen. Mithilfe dieser Tests können sowohl ganzheitliche Prozesse getestet werden, um hierbei noch Gaps festzustellen, sowohl aber auch durch den Enduser/Keyuser die Bestätigung der Praktikabilität der implementierten Lösung zu erhalten. Hierzu werden Testszenarien aufgebaut, um möglichst realitätsnahe und ganzheitliche Tests durchzuführen. Der Aufbau dieser Szenarien kann und muss dementsprechend vollumfänglich seitens des Kunden definiert werden. Für gewisse Standardprozesse stellt die SAP im Rahmen ihrer Activate Methode Tests und Testskripte also sogenannte „Beschleuniger" bereit, jedoch stellen diese in der Praxis nur Anhaltspunkte für einzelne Testszenarios (insbesondere für standardisierte Prozesse) dar. Ebenso kann vermerkt werden, dass einer der kritischsten Punkte die mangelnden Tests der User sind. Zum einen kann dies „tatsächlich" auf mangelndes Engagement/Kenntnis der Testenden zurückgeführt werden, zum anderen auch auf das noch nicht vorhanden sein von diversen Prozessen im System (oder Änderungen von diesen). Ein mögliches Szenario kann beispielhaft skizziert werden, dass ein User (FI/CO) eine gewisse Funktionalität für eine App/Transaktion am 02.01.2020 getestet und diese abgenommen hat (in diesem Fall eine Funktionalität zur Analyse von abgerechneten PSP-Elementen). In einer prozessualen Änderung im Modul PM (Plant Maintainance) wurde am 03.02.2020 eine Änderung bzgl. der Kontierungseintragung in den Stammdaten der Aufträge vorgenommen (Kontierung ist nun im Feld „Kontierung -Standort" und nicht mehr im Feld „Kontierung"). Durch diese Änderung erfüllte der Report die initiale Anforderung des Controllings nicht mehr, welche jedoch ordnungsgemäß in dem ersten Funktionstest abgenommen wurde. Auch an dieser Stelle wird sowohl für den Berater als auch für den User/Keyuser und Modul/Prozessverantwortlichen die Bedeutung der integrativen Nutzung des Systems erneut vorgehoben. Sind im optimalen Fall alle Gaps und identifizierten Bugs behoben, kann planmäßig in die Deploy-Phase übergegangen werden.

7.4.2.5 Deploy

Zielsetzung der Deploy-Phase
Die SAP Activate Deploy-Phase verfolgt das Ziel das konfigurierte SAP-System in den produktiven Betrieb zu überführen. Dazu gehören abschließende Datenmigrationen, finale Tests und die Durchführung von Usertrainings, um die Anwender auf das neue System vorzubereiten. An alle Module und Komponenten wird die Anforderung gestellt, dass diese vollständig integriert und funktionsfähig sind. Das finale Ziel ist, einen „nahtlosen" Übergang zwischen Vorsystem und dem neuen SAP-System zu schaffen. Inhalte sind Cut-Over-Aktivitäten, produktive Datenmigration und/oder Emergency Changes (dringende notwendige Änderungen an der Konfiguration).[21]

Umsetzungen in der Deploy-Phase
Auch in der Deploy-Phase zeigt sich erneut die unklare Trennung bzw. Definition der SAP Activate Phasen. So werden die Endusertrainings teilweise schon während der Realize-Phase begonnen. In diesem Fall kann dies, zum einen auf die womöglich hohe Anzahl an Endusern zurückgeführt werden, zum anderen ist dies auch von der Konzeption des Trainings abhängig. Nach eigenen Beobachtungen werden die Trainings vermehrt nach dem „Train-the-Trainer-Konzept" durchgeführt. In diesen Projektstrukturen bedeutet dies, dass der Berater den Keyuser schult, welcher wiederum als Trainer fungiert und die Endanwender schult.

Generell stehen in dieser Phase des Projektes der Cut-Over an, also der operative Wechsel zwischen den Vorsystemen und des neuen Systems. Ein sehr verbreitetes Hilfsmittel hierzu stellt der sogenannte Cut-Over Plan dar. In einem Cut-Over (Plan) werden alle notwendigen Aktivitäten erfasst, welche zum Wechsel der Systeme notwendig sind, jedoch nicht vorher durchgeführt werden konnten. Dies umfasst jedoch nicht nur das neue System, sondern ebenso die Vorsysteme wie beispielsweise, der letzte Zahllauf im alten System (damit die zu migrierenden verbliebenen Kreditorenposten migriert/validiert werden können), oder auch die Umstellung von Schnittstellen vom Vorgänger- zum Neusystem. Hierzu ist nicht nur eine hohe Prozesskenntnis, sondern auch eine detaillierte und i. d. R. sehr enge Planung und Abstimmung von Nöten. Aus der Praxiserfahrung zeigt sich, dass hier Daily Meetings, bzw. in gewissen Phasen des Cut-Overs mehrmalige fixe Meetings am Tag, unerlässlich sein können, damit entsprechend schnell gehandelt werden kann. Sind in gewissen Go-Live Konstellationen Schließzeiten von Werken (für beispielsweise Inventuren für die spätere Bestandsaufnahme) ebenso mögliche Folgen zu beachten, wie beispielsweise Verzögerungen durch auftretende Defects. Wird beispielsweise eine Werksschließung von zwei Tagen

---

[21] Vgl. LeanIX: SAP Activate Methodology. In: LeanIX Wiki–Tech Transformation. 2024. Online verfügbar unter: https://www.leanix.net/de/wiki/tech-transformation/sap-activate-methodology [Zugriff am 01.06.2025].

vorgenommen, kann nicht am dritten Tag damit kalkuliert werden, dass die Produktion nach diesen Schließtagen am dritten Tag (zumindest systemisch) wieder 100 % erreichen kann. Ebenso wurde beobachtet, dass trotz guter und ausreichender Schulung der Anwender, die erste „Phase" des Live-Betriebes nicht die gleiche Produktivität aufweist und Verzögerungen in den Prozessen vorherrschen können (beispielsweise erhöhtes Backlog von Eingangsrechnungen, Verzögerungen bei Warenein- und -ausgängen etc.). Weitere Beobachtungen, welche gemacht wurden, sind entsprechend Verzögerungen bei Monatsabschlüssen bzw. Quartalsabschlüssen.

7.4.2.6 Run

Zielsetzung der Run-Phase

In der letzten Phase des SAP Activate Modells, der Run-Phase liegt der Fokus auf dem laufenden Betrieb und der kontinuierlichen Verbesserung des SAP-Systems. In dieser Phase werden Systemwartungen durchgeführt, Optimierungen erschlossen und weiterhin die Prozesse analysiert. Ein weiterer wichtiger Bestandteil ist außerdem das Managen von Updates und Upgrades, um das das SAP-System immer auf einem aktuellen Stand betreiben zu können. Generell werden für den operativen Betrieb Supportleistungen bereitgestellt, damit entsprechende Probleme schnellstmöglich behoben werden können. Als allgemeines Ziel der SAP-Run-Phase kann die Sicherstellung der Leistungsfähigkeit, der Qualität und der Zuverlässigkeit nach dem Produktivstart benannt werden.[22]

Umsetzungen der Run-Phase

Die Run-Phase beginnt aus Sicht eines Implementierungsprojektes (hier vordergründig betrachtet) in der Praxis mit der sogenannten Hypercare, welche eine sehr schnelle Verfügbarkeit von Beratern und Ansprechpartnern sicherstellt. In der Praxis zeigt sich, dass je nach Lokalisierung der User, eine vor Ort Präsenz der Berater einen erheblichen Vorteil bieten kann. Sind die Enduser verteilt an mehreren Standorten, kann dieser Vorteil sich sinngemäß natürlich nicht vollends erstrecken. Gerade im Bereich von Anwendungsfehlern der User zeigt sich der Vorteil der direkten Verfügbarkeit als praktikabel, wenn der Ansprechpartner in unmittelbarer Nähe sitzt, ebenso sollte aber auch der Aspekt der schnellen Verfügbarkeit bei auch bei Integrativen Themen nicht vernachlässigt werden, da hierdurch sehr zeitnah mehrere Projektbeteiligte physisch „an einen Tisch" gebracht werden können.

Ebenso kann in dieser Phase die Problemstellung der Akzeptanz der User hervorgebracht werden. Während in der Methodik des SAP Activate das Changemanagement fest verankert ist (in dieser Ausarbeitung aufgrund der Sicht des

---

[22] Vgl. Innovabee GmbH: SAP Activate–Wie funktioniert die Projekt-Methodik von SAP? https://innovabee.de/sap-activate-wie-funktioniert-die-projekt-methodik-von-sap/ (Zugriff am 12.06.2025).

Modulberaters untergeordnet behandelt), zeigen sich diese Aspekte auch hier sehr stark. Insbesondere ist dies festzustellen, wenn User von mehreren Systemen in ein integratives ERP-System wechseln. Die Opportunität der Nachverfolgbarkeit von Prozessen in einem integrativen System kann hier bei vielen Usern, durch die Einschränkungen des einzelnen nicht nachvollzogen werden. So hatten die User vor der Systemeinführung eigene „Blasen", in welchen sie sich befunden haben und bei Fehlern oder Eigenheiten keine Auswirkungen auf andere Module und Fachbereiche bestanden. Wenn diese User jetzt damit konfrontiert werden, dass beispielsweise die Warenauslieferung an den Kunden gleichermaßen eine Faktura auslösen kann (welche wiederum einen FI- und CO-Buchhaltungsbeleg erzeugt), und nicht die „Excelliste", die er zum Ende des Arbeitstages abgibt, hierfür genutzt wird, einen Unmut auslösen kann. Ein weiteres Beispiel ist ebenso die Trennung von der Materialwirtschaft und der Finanzbuchhaltung, während mit zwei verschiedenen Systemen Buchungen „frei" ohne das andere Modul möglich waren, muss in dem neuen System nun eine Abstimmung erfolgen.

7.4.2.7 Out of the box und Fazit

In diesem Abschnitt erfolgen weitere Insights und Fazits, welche nicht primär in eine der Phasen eingeordnet werden können, jedoch ebenfalls einen erheblichen Einfluss auf die Projektdurchführung und deren Erfolg aufweisen können.

Einer der am häufigsten auftretenden Diskrepanzen ist die Nutzung der verschiedenen Projekttools. Während Berater i. d. R. an die Auswahl der Projekttools des Kunden gebunden sind, stellen auch diese bei den weiteren Projektmitgliedern einen kritischen Punkt dar. In manchen Projekten ist erkennbar, dass die Landschaft der Projekttools der Kunden einen enormen Aufwand darstellt. Werden beispielsweise Urlaubslisten und Cut-Over-Tasks in MS Excel erfasst, User-Storys in der Cloud ALM, IT-Tickets in JIRA-Aufgaben in MS-Tasks und Dokumentationen als Text-Dokument im „SharePoint" kann dies ebenso als Berater nachvollzogen werden. Aufgrund des hohen Dokumentations- und Administrationsdrangs ist hierbei zu vermerken, dass hierbei oft „am Prozess vorbei" gearbeitet wird. So ist die Nachvollziehbarkeit für den User nur eingeschränkt vorhanden, wenn er eine Problemstellung bereits in mehreren Mails dargelegt hat und dies in einem ihm nicht vertrauten Tool aus Dokumentationsgründen eintragen muss. Auch kann dementsprechend vermerkt werden, dass ein Vorfall, welcher in einem zwei Minuten Telefonat und einer weniger zeitintensiven Einstellung durch den Berater von 15 min Aufwand zu 4–6 h Aufwand werden kann. Gleichermaßen sollte aber auch auf Beraterebene diese Prozesstreue eingehalten werden, welche auch an dieser Stelle eine Herausforderung darstellen kann, da gerade in intensiven Phasen eine „Jede Minute zählt" Atmosphäre herrschen kann.

Ein weiterer interessanter Insight, welcher sehr häufig bemerkt werden kann bei Umstiegen von SAP ECC auf S/4HANA, ist das scheinbar durchgeführte „Greenfield" Projekt. Während wie in Abschn. 3.1 der Greenfield Ansatz zur Bereinigung und der „lastenfreien" Implementierung genutzt werden kann, zeigt sich dies jedoch in der Praxis nicht. So werden Einstellungen, welche im ECC-System historisch gewachsen sind, dennoch übernommen. Als repräsentative Beispiele sind beispielsweise Definitionen zum elektronischen Kontoauszug oder auch der Sachkontenrahmen zu benennen, welche dann nahezu identisch übernommen und keine Optimierungen vorgenommen werden. Dieses Vorgehen wird auch als eine Art „Lift and Shift" bezeichnet.

Ein weiterer kritischer Punkt stellt die Arbeit mit Integrationen von einzelnen Gesellschaften in ein bestehendes System dar. Fungiert einer der bereits integrierten „Buchungskreise" als Template für die Weiteren, stellt sich diese Adaption in den meisten Fällen als komplexer, im Vergleich zum „Fit-to-Standard" dar. Einer der Hauptgründe, auf welche dies zurückzuführen ist, kann darin liegen, dass die Prozessklarheit mit entsprechendem Know-how, nahezu ausschließlich beim Kunden/Prozessverantwortlichen/Fachbereich des Vorlagebuchungskreises liegen kann. Während der Berater, das Hauptaugenmerk auf den Fit-to-Standard aufweist. So könnte für eine Gesellschaft der Prozess im Standard durchgeführt werden, welcher aber aufgrund der Vereinheitlichung dennoch systemisch modifiziert wird.

In einer ganzheitlichen Betrachtung lässt sich vermerken, dass sämtliche Projekt Methodiken (in dieser Betrachtung SAP Activate) von ihren Grundzügen abweichen können. Die Herausforderungen, welche für die Projektmitglieder entstehen, können auf verschiedenste Arten und Weisen, sowie zu verschiedensten Zeiten entstehen und es Bedarf an individuellen Lösungen. Sowohl Berater als auch Kunden müssen sich in gewisser Weise zur Einhaltung von Prozessen zwingen. Die Sensibilisierung für das neue System sowie die Planung von Meetings und deren Häufigkeit, stellen ebenso kritische Kernpunkte dar, als die Auswahl des Projektteams und des Prozess Know Hows.

7.5   Insights: Projektbasiertes Business Consulting im Großhandel: Strategien, Methoden und Best Practices mit SAP

Viktor Abich

Erfolgreiche Umsetzung von Großhandelsprojekten im ERP-Umfeld mit praktischen Handlungsempfehlungen aus bereits durchgeführten Implementierungsprojekten

Die vorliegende wissenschaftliche Abhandlung befasst sich mit der Vorgehensweise und Implementierung von SAP-Systemen im Großhandelssektor. Ziel dieses Kapitels ist es, Insights zu bestehenden Herausforderungen im Großhandel wiederzugeben, die bei der Berücksichtigung von anstehenden Implementierungsprojekten innerhalb der ERP-Software SAP bedacht werden sollten. Aufgrund der Empfehlungen aus der Praxis verzichtet dieses Kapitel auf theoretische Herleitungen und Belege aus der Literatur und widmet sich stattdessen gezielt praktischen

Erfahrungen und Erkenntnissen aus der Softwareimplementierung im ERP-Umfeld. Die vorliegende Abhandlung verfolgt nicht das Ziel einer vollumfänglichen und detaillierten Auflistung aller Besonderheiten einer Softwareimplementierung, sondern vielmehr die Intention, einen Überblick über die maßgeblichen Faktoren für den Projekterfolg, sowie wertvolle Tipps aus bereits abgeschlossenen Projekten zu geben.

7.5.1 Projektumfeld Großhandel

Die Gründung des Großhandels erfolgte vor dem Hintergrund der Globalisierung und der massenhaften Verfügbarkeit von Gütern und Lieferfähigkeit und dessen Rolle ist bis heute von signifikanter Relevanz, insbesondere in Bezug auf die Funktion als Distributor und Kundenkontaktstelle im Rahmen von B2B-Geschäften. Der Großhandel nimmt eine zentrale Rolle im Versorgungswesen einer Volkswirtschaft ein und stabilisiert die Versorgung in den unterschiedlichen marktspezifischen Bestandteilen. Er fungiert als intermediärer Knotenpunkt zwischen den Herstellern und den Einzelhändlern und gewährleistet eine effiziente Bereitstellung von Waren in großen Mengen zu niedrigen Kosten in einem bestimmten Zeitrahmen. Darüber hinaus erbringen Großhändler jegliche Serviceleistungen, zu denen unter anderem die allgemeine Kundenbetreuung, die Bereitstellung von kundenspezifischen Lösungen, sowie die Abwicklung von Retouren für Hersteller und Lieferanten zählt. Diese lassen sich wie folgt gliedern:

• Die allgemeine Kundenbetreuung umfasst die Betreuung von Herstellern (als Lieferanten), Einzelhändlern und Institutionen (als Kunden) und kann, abhängig von den jeweiligen gesetzlichen Vorschriften, auch staatliche Instanzen einbeziehen
• Kundenspezifische Lösungen umfassen individuelle Wünsche und regulatorische Anforderungen bei der Abwicklung von Geschäftstransaktionen, sowie der Bereitstellung von Informationen, die mittlerweile eine gleichrangige Bedeutung mit den finanziellen Aspekten erreicht haben
• Die Abwicklung von Retouren wird als qualitativer Schlüssel der Kunden- und Lieferantenzufriedenheit gesehen und ermöglicht den Aufbau langfristiger und erfolgreichen Geschäftsbeziehungen

Ein besonderes Augenmerk gilt den Großhändlern auf der kritischen Infrastruktur, da diese einer besonderen Komplexität unterliegt, die das Wohl des Landes, der Gesellschaft und der einzelnen Bürger beeinflusst. Eine vereinfachte Übersicht der Großhandelsintegration in einer Lieferkette kann folgender Abbildung Abb. 7.97 entnommen werden:
Eine klassische Lieferkette setzt sich aus mehreren Elementen zusammen, die in der Regel wie folgt aufeinander folgen: Zunächst erfolgt die Anlieferung vom

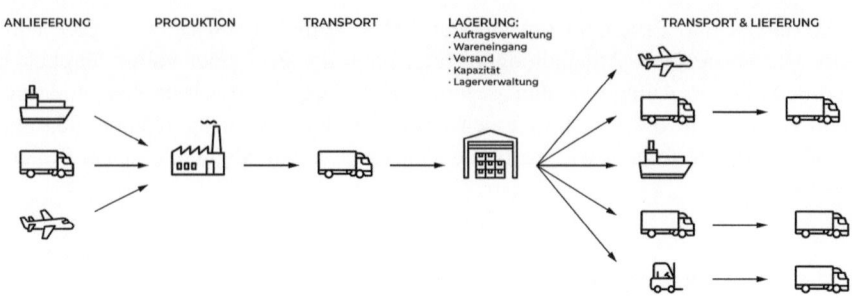

Abb. 7.97 Großhandelsintegration Lieferkette

Hersteller bzw. Veredler, der die Ware in seinem Haus produziert. Anschließend findet die Prüfung der Anlieferung und die Bereitstellung der Lagerung und/oder der eigenen Produktion statt. Großhändler besitzen dabei keine klassische Produktion, sondern nutzen vielmehr ein „Bündelung"-Prinzip, welche die Erschaffung neuer verkaufsfähiger Artikel im Bündel bereitstellt und sich aus diversen Einzelprodukten speist. Klassisch wird das Endprodukt als Bündel oder Kit bezeichnet. Anschließend werden die Waren klassifiziert, gelagert oder in ein Distributionswerk weiter transportiert. Danach erfolgt die Aktualisierung der Bestandssituation, sowie die Freigabe an den Vertrieb. Nun kann der Verkauf der Ware erfolgen. Sobald der Verkaufsauftrag erstellt ist, wird die Bereitstellung durch Kommissionierung, Verpackung, Auslieferung und Überleitung an das Finanz- und Rechnungswesen durchgeführt. Schließlich werden die Waren an den Kunden ausgeliefert und der Nachbetreuungsprozess wird gestartet. Die Nachbetreuung umfasst die direkte und indirekte Pflege der transaktionellen Prozesse. In jedem dieser übergeordneten Prozesse sind zum Teil kundenspezifische Prozessschritte inkludiert. Bei näherer Betrachtung der Aspekte Transport und Lagerung wird evident, dass die Steuerung dieser Prozesse bei großen Mengen und komplexen Anforderungen an die Lieferkette als äußerst aufwendig und zum Teil kostspielig erachtet werden kann. Darüber hinaus resultieren aus landesspezifischen Regularien weitere Komplexitätsfaktoren, die bei jeder Abwicklung zu berücksichtigen sind. Als Beispiel können das Lieferkettensorgfaltspflichtengesetz, welches die gesamte Lieferkette transparent und im System beweisbar bereitgestellt werden muss, sowie das Plastikabgabengesetz genannt werden, welche den nicht recycelbaren Plastikanteil pro Kilogramm festlegen. Zudem kommt eine Vielzahl von komplexen kundenspezifischen und regulatorischen Anforderungen, die den Großhandel stark von externen Einflüssen abhängig macht. Dazu gehören saisonale Fluktuationen, globale Unterbrechungen in den Lieferketten, wirtschaftliche Unsicherheiten und sich verändernde Verbraucherpräferenzen. Diese externen Faktoren führen häufig zu Engpässen, Preisschwankungen und erhöhter Komplexität, was die Implementierung effizienter Anpassungsstrategien und technologischer Lösungen zur Optimierung der Lieferkette und zur Risikominderung erfordert.

7.5.2   Funktionen eines Großhandels

Der Großhandel stellt eine intermediäre Instanz zwischen Verbrauchern und Herstellern dar und verfügt über eine breite Kundenbasis im Rahmen der B2B (Business to Business) und B2C (Business to Consumer) Geschäftswelt. Diese umfasst Weiterverarbeiter/Veredler wie Handwerksbetriebe und Industrieunternehmen, Einzelhandelsgeschäfte und Gastronomiebetriebe sowie gewerbliche Abnehmer wie Bildungseinrichtungen und Behörden. Darüber hinaus zählen jedoch auch weitere Großhändler zu den Kunden des Großhandels und können eine mehrfachte Verschachtelung bilden. Besonders bei sehr komplexen Prozessen mit Voraussetzung von Spezialwissen und qualitativen Standards sind solche Konstellationen üblich. Als Beispiel kann der Pharmagroßhandel angesprochen werden, der nicht nur eine kritische Infrastruktur darstellt, sondern besonderes Augenmerk auf rasche und vollständige Lieferungen wert legt. Darunter fallen mehrfach tägliche Auslieferungen an Apotheken/Institutionen mit einer breiten Produktpalette von freien, apothekenpflichten und rezeptpflichtigen Gütern. Diese Güter sind zum Teil essenziell und kritisch anzusehen und können in bestimmten Fällen Menschenleben betreffen. Im Folgenden wird der Großhandel im Pharmaumfeld als Referenz genommen, um Funktionen und Besonderheiten darzustellen.

Der Großhandel erwirbt Produkte von Herstellern, um diese in der Originalmenge und Verpackung, aber auch in größeren und kleineren Mengen und Verpackungen zu verkaufen. Der zweite Vorgang wird hierbei Vereinzelung oder Umetikettierung genannt. Folgende Funktionen[23] sind besonders wichtig:

Funktion 1: Die Gestaltung des Sortiments
Die Hersteller produzieren in der Regel ein enges Sortiment an Produkten. Die Großhändler hingegen erwerben diese Produkte und stellen ihr eigenes Produktsortiment nach Kundenbedarf zusammen. Dadurch ist es möglich, eine große Auswahl an Gütern anzubieten und die Kundschaft besser zu bedienen. Streng nach dem Leitspruch: „Alles aus einer Hand". Diese Sortimente sollen einerseits eine Diversität der Preisspanne ermögliche, sowie jede Gruppe von Käufern erreichen.

Funktion 2: Schnelle und effektive Lagerung
Die Lagerhaltung überbrückt die Zeit zwischen Produktion und Verbrauch der Produkte. Großhandlungen lagern einen bestimmten Vorrat und verkaufen ihn, wenn die Nachfrage von Interessenten vorhanden ist. Dabei kann der Großhandel Handelswaren direkt an Einzelhändler und Institutionen verkaufen, während Produktionsstraßen direkt mit Rohstoffen und/oder Halbfabrikaten beliefert werden.

Funktion 3: Veredelung
Es ist festzustellen, dass bestimmte Waren einer Nachbehandlung bedürfen, um den Anforderungen des Weiterverkaufs zu entsprechen. Bananen beispielsweise

---

[23] Vgl. Großhandelsfunktionen: Die Merkmale im Überblick!

erfordern eine spezifische Nachreifezeit, um verkaufsbereit zu sein. Diese Praxis repräsentiert eine zusätzliche Dienstleistung der Großhändler, da sie das Produkt nicht wesentlich verändert. Ein weiteres Beispiel für eine solche zusätzliche Dienstleistung ist die Aussortierung und Entfernung von verdorbenem Gemüse oder Früchten.

Funktion 4: Umverteilung der Mengen
Großhändler spielen eine entscheidende Rolle bei der Umverteilung industriell hergestellter Warenmengen, indem sie große Mengen in kleinere Kontingente aufteilen. Ein weiterer wichtiger Aspekt dieser Umverteilungsfunktion besteht darin, dass kleinere Warenmengen von zahlreichen Herstellern beschafft und anschließend zu größeren Gesamtmengen aggregiert werden, die dann an andere Unternehmen weitergeliefert werden. Diese Konsolidierungsfunktion ermöglicht es Großhändlern, die Effizienz der Lieferkette zu steigern und die Anforderungen der Nachfrager besser zu erfüllen.

Funktion 5: Finanzierung
Großhändler verkaufen ihre Waren häufig auf Rechnung, was bedeutet, dass der Gegenwert der Produkte nicht unmittelbar nach der Annahme beglichen werden muss. Dadurch erhalten die Kunden einen Kredit für den Zeitraum zwischen der Warenübergabe und der auf der Rechnung angegebenen Zahlungsfrist. Viele Großhändler bieten darüber hinaus langfristige Finanzierungsmöglichkeiten an. Zur Realisierung dieser Finanzierungen werden oft auch Banken in den Prozess einbezogen.

Funktion 6: Nachbetreuung
Im Rahmen der Servicefunktionen des Großhandels werden sowohl technische als auch kaufmännische Dienstleistungen erbracht. Zu den kaufmännischen Diensten gehören beispielsweise das Bereitstellen von Informationen über Wareneigenschaften, die Anbietung verlängerter Garantieleistungen, Online-Dienste sowie Zahlungsvereinfachungen. Darüber hinaus bietet der Großhandel oft spezielle Lieferantendienste an, wie die erleichterte Warenannahme oder Transportunterstützung. Technische Dienstleistungen umfassen beispielsweise Installationen, Wartungsarbeiten und Reparaturen.

Alle Funktionen zusammen bilden nahezu den kompletten Handlungsspielraum des Großhandels aus. Besondere Formen von finanztechnischen Transaktionen bleiben hierbei unberührt und werden nicht in dieser Abhandlung spezifiziert. Darunter fallen Zinserträge, Darlehenskredite und Bürgschaften.

7.5.3 Pharmazeutischer Großhandel

Im Kontext diese Insights wird der Fokus verstärkt auf den pharmazeutischen Großhandel gelegt, um im weiteren Verlauf die spezifischen Herausforderungen und Anforderungen im Rahmen einer SAP-Implementierung zu beleuchten.

Der pharmazeutische Großhandel zeichnet sich durch eine erhöhte Komplexität, ausgehend aus den regulatorischen Anforderungen eines Staates, Landes oder des Herstellers der Produkte aus. Um ein klares Bild zu erhalten, gehen wir die oberen 6 Funktionen spezifisch für den pharmazeutischen Bereich durch.

Zu 1. Gestaltung des Sortiments
Das Sortiment spiegelt die Produktpalette des Großhandels wider. Dabei können Bereiche der Generika, Veterinärartikel, homöopathischen Artikel, Nahrungsergänzungsmittel, Arzneimittel, kühle Artikel, kalte Artikel, Betäubungsmittel uvm. aufgelistet werden. Zudem können diese in Aktionsartikel, hochpreisige Artikel, geregelte Handelsspannenartikel und frei definierbare Artikel klassifiziert werden. Insbesondere bei den frei definierbaren Artikeln und den Betäubungsmitteln sind meist komplexe Hintergrundprozesse etabliert. Diese Prozesse sind vor allem durch staatliche Auflagen bzw. kundenspezifische Handhabung geprägt.

7.5.4 Projektansatz mit der Implementierungsmethodik für Softwareimplementierung im Rahmen von SAP

Bei der steigenden Komplexität von SAP-Projekten werden diverse Werkzeuge und Rahmenbedingungen benötigt, um qualitative SAP-Implementierungsprojekte in einem vorgegeben Zeitrahmen budgetkonform durchzuführen. Vor allem der Kostenfaktor ist erfahrungsgemäß der größte Faktor, welcher die SAP-Implementierung in der vergangenen Zeit begleitet hat. Die Messbarkeit der Projekte, sowie die Zielerreichung einzelner Meilensteine bestimmt Projektstruktur, -aufbau und -alltag bei einer Vielzahl von SAP-Projekten. Damit diese Projekte termingerechter, qualitativer und vor allem kosteneffizienter durchgeführt werden können, stellte SAP 2015 die neue Projektmethodik „SAP Activate" vor. Sie verfolgt den Ansatz einer schnellen und effizienten Einführung von SAP-Lösungen jeglicher Art. SAP Activate wurde entwickelt, um die Implementierung von SAP-Software zu beschleunigen und gleichzeitig bewährte Praktiken, agile Methoden und Cloud-Technologien zu integrieren. Folgende Schlüsselparameter sind besonders hervorzuheben.

1. **Phasen der Implementierung**
   SAP Activate unterteilt den Implementierungsprozess in klare Phasen wie Vorbereitung, Konzeption, Durchführung, Produktivsetzung und Nachbetreuung. Jede Phase hat spezifische Aktivitäten und Ziele, die dazu beitragen, die Umsetzung in einem strukturierten Rahmen zu führen.
2. **Best Practices und Anleitungen**
   Die Methodik umfasst bewährte Praktiken und Anleitungen, die auf jahrelanger generischer und branchenspezifischer Erfahrung basieren. Dies ermöglicht es Unternehmen, von bewährten Lösungen zu profitieren und Risiken zu minimieren.

3. **Agile Methoden**

SAP Activate integriert agile Methoden in den Implementierungsprozess, welche Flexibilität und Anpassungsfähigkeit während des Projekts ermöglichen. Dies ist besonders wichtig, um auf sich verändernde Anforderungen und Geschäftsumgebungen reagieren zu können. Dabei wird nach der bekannten SCRUM Methodik gearbeitet und das operative Projekt aufgesetzt.

4. **Werkzeuge und Vorlagen**

SAP Activate bietet eine Reihe von Werkzeugen und Vorlagen, die die Implementierung erleichtern. Diese unterstützen die Dokumentation, das Projektmanagement und die Zusammenarbeit zwischen den Teammitgliedern. Insbesondere in den Phasen Konzeption und Durchführung werden verschiedenste Vorlagen bereitgestellt, welche die Workshopplanung und Durchführung sowie die Erstellung der fachspezifischen und technischen Dokumentationen betreffen.

5. **Technologiefokus Cloud**

Die Methodik ist besonders auf die Implementierung von SAP-Lösungen in der Cloud ausgerichtet. Dies spiegelt die zunehmende Bedeutung von Cloud-Technologien in der heutigen Geschäftswelt wider.

6. **Geschäftswert Vorteilsanalyse**

Ein Schwerpunkt von SAP Activate liegt auf der kontinuierlichen Messung und Realisierung des geschäftlichen Nutzens. Dies hilft sicherzustellen, dass die Implementierung nicht nur technisch erfolgreich ist, sondern auch die angestrebten geschäftlichen Ziele erreicht.

SAP Activate bietet Unternehmen einen strukturierten und flexiblen Ansatz für die Implementierung von SAP-Lösungen und trägt dazu bei, die Time-to-Value Kennzahl zu verkürzen und die Gesamtkosten der Implementierung zu optimieren. Diese Sicherheit ist gefragt und wird mittlerweile von einer Vielzahl von Kunden erwartet bzw. vorausgesetzt. Somit ist die Wahl der Implementierungspartner mit Sorgfalt zu treffen, da die Erfahrungen des Unternehmens und der einzelnen Berater, Entwickler und Projektmanager ausschlaggebend für den Erfolg und die Nachbetreuung der Softwarelösung sind.

Das Fundament zu ändern, wenn bereits das Haus errichtet wurde, ist zum Teil ein unmögliches Unterfangen. – Viktor Abich.

7.5.5 Herausforderungen des Großhandels an Softwareimplementierungsprojekte

Nun werden wir beide Welten vereinen, indem die Vorgehensweise einer Softwareimplementierung unter SAP und die branchenspezifischen Herausforderungen des Pharmagroßhandels zusammengeführt werden. Im Kontext des Großhandels, welcher hauptsächlich durch geringe Margen, Wettbewerbsdruck und Rabattschlachten bekannt ist, werden zahlreiche SAP-Projekte zur Optimierung der eigenen Prozesse, der Zulieferer (Hersteller), sowie den Ausbau von Dienstleistung durchgeführt. Dabei stets mit dem Ziel vor Augen, der Konkurrenz einen oder besser zwei Schritten voraus zu sein. Folgende Punkte können erfahrungsgemäß als besonders wichtig herausgestellt werden:

1. **Wettbewerb und Marktdruck im Preiskampf**
   Der Großhandelsmarkt ist wettbewerbsintensiv. Unternehmen stehen unter Druck, wettbewerbsfähige Preise anzubieten und gleichzeitig qualitativ hochwertige Produkte und Dienstleistungen zu liefern. Insbesondere um Kunden zu gewinnen, werden oft hohe Rabatte gewährt, die den Deckungsbeitrag auf ein Minimum senken. Das kalkulatorische Geschick zwischen Einkaufspreisen, gleitenden Durchschnittspreisen, Verkaufspreisen und internen Kosten in Hinsicht auf Deckungsbeitrag und Marge erfordern ein hohes Augenmerk.

2. **Logistik und Lagerverwaltung**
   Effiziente Logistik und Lagerverwaltung sind entscheidend im Großhandel. Die richtige Balance zwischen der Lagerung großer Mengen an Produkten und der Minimierung von Lagerbeständen zu finden, ist eine ständige Herausforderung.

3. **Komplexität des Produktsortiments**
   Großhändler haben oft eine breite Produktpalette. Die Verwaltung und die Nachverfolgung verschiedener Produkte mit unterschiedlichen Eigenschaften, Anforderungen und Lebenszyklen können komplex sein. Zusätzlich mit gesetzlichen Regularien wie dem Lieferkettensorgfaltspflichtengesetzt und Chargenrückverfolgbarkeit bei Rückrufen sind ständige Wegbegleiter, die eine nachträgliche Kostenkalkulation und somit ein Risiko darstellen.

4. **Technologische Herausforderungen**
   Die Einführung und Integration von Technologien wie Enterprise Resource Planning (ERP), Customer Relationship Management (CRM) und E-Commerce-Plattformen erfordern erhebliche Investitionen und können Herausforderungen bei der Implementierung mit sich bringen. Einerseits werden diese Umstellungen dringend benötigt, um konkurrenzfähig zu bleiben, andererseits sind die internen Kapazitäten bei einer Umstellung meist sehr restriktiv und durch das schnelllebige Tagesgeschäft kaum verfügbar.

5. **Nachfrageunsicherheit**
   Die Vorhersage der Kundennachfrage kann schwierig sein, insbesondere in sich schnell verändernden Märkten. Unsicherheiten in Bezug auf saisonale Schwankungen oder unvorhergesehene Ereignisse können zu Lagerüberbeständen oder -unterbeständen führen, die einerseits den Verlust von Kunden und somit Umsatz und andererseits zu erhöhten Kosten und Margenreduktion führen.

6. **Kundenbeziehungsmanagement**
   Die Pflege von Kundenbeziehungen ist entscheidend für den Erfolg im Großhandel. Die Anforderungen und Erwartungen der Kunden können variieren, und es ist wichtig, flexibel auf deren Bedürfnisse einzugehen.

7. **Finanzmanagement**
   Großhändler müssen oft mit engen Margen arbeiten. Effektives Finanzmanagement, einschließlich Liquiditätsmanagement und Kreditkontrolle, ist entscheidend, um finanzielle Stabilität zu gewährleisten.

8. **Regulatorische Anforderungen**

   Der Großhandel unterliegt verschiedenen gesetzlichen und regulatorischen Bestimmungen, insbesondere im Bereich der Zoll- und Handelsvorschriften. Die Einhaltung dieser Vorschriften erfordert eine genaue Überwachung und Verwaltung.

9. **Globalisierung**

   Unternehmen im Großhandel, die international tätig sind, sehen sich mit Herausforderungen wie unterschiedlichen Währungen, Zollbestimmungen und kulturellen Unterschieden konfrontiert.

10. **Risikomanagement**

    Das Risikomanagement ist im Großhandel wichtig, insbesondere in Bezug auf Währungsrisiken, Handelsrisiken und Marktschwankungen. Eine angemessene Risikobewertung und -bewältigung sind entscheidend für langfristigen Erfolg.

Unter Berücksichtigung der oben genannten Faktoren steht und fällt der Markterfolg an der Verfügbarkeit und dem Preis. Das folgende Schaubild Abb. 7.98 stellt den Kreislauf visuell dar:

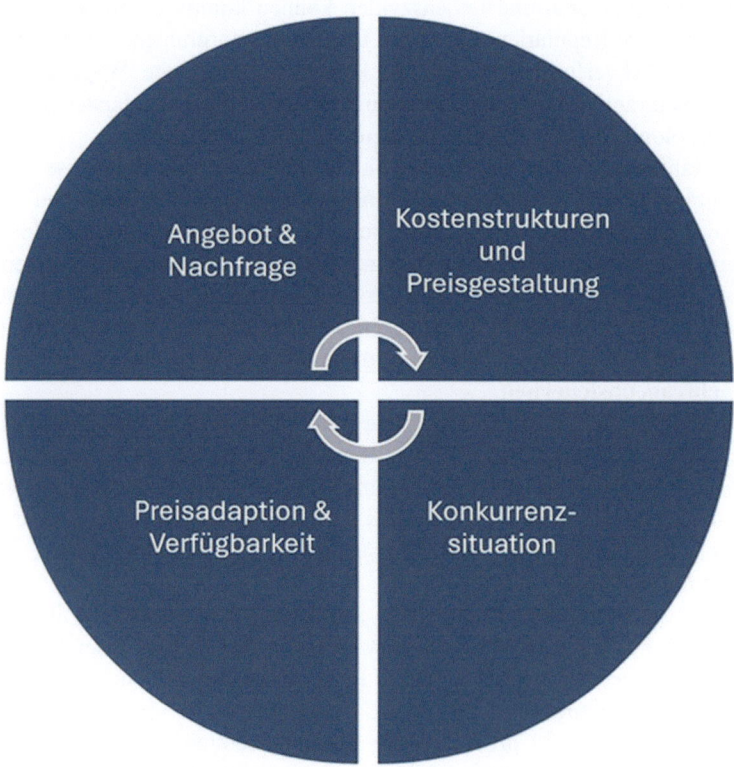

Abb. 7.98 Kreislauf der Preisabstimmung

Durch diese starke Einflussnahme des Marktes sind Großhändler im ständigen Wettbewerbsdruck mit anderen und zum Teil mit sich selbst, je nach Größe und Umfang des Sortiments. Zum Teil werden spezielle Produktsparten deutlich vergünstigt und zum Teil mit Verlust angeboten, um wiederum mit anderen Produkten die Gewinne zu erwirtschaften. Dies wird auch Mischkalkulation genannt. Diese Fälle müssen die Softwaresysteme abdecken, unterstützen und zukunftssicher gestalten, um den Herausforderungen der Zukunft gewappnet zu sein.

7.5.6 Durchführung eines Softwareimplementierungsprojektes im Pharmagroßhandel

Um einen klaren Ablauf eines Softwareimplementierungsprojektes mit SAP im Pharmagroßhandel zu erhalten, werden wir uns stark an der von SAP empfohlenen SAP Activate Methodik halten. Diese umfasst die Phasen Initialisierung, Vorbereitung, Konzeption, Realisierung/Durchführung, Inbetriebnahme/Produktivsetzung und Nachbetreuung. Anhand dieser Phasen werden praktische Erfahrungen, sowie Hinweise bei der Einführung eines SAP-System gezeigt (siehe Abb. 7.99).

7.5.7 Initialisierung (Discover)

In der Initialisierungsphase identifizieren Unternehmen den Bedarf einer neuen SAP-Lösung und evaluieren verschiedene Optionen im Hinblick auf die individuellen Geschäftsanforderungen. Ziel ist die Auswahl einer Lösung, die den strategischen und operativen Anforderungen entspricht. Dabei ist insbesondere ein Blick auf die Systemarchitektur, Schnittstellentechnologie, regulatorische Einflüsse, sowie die Wartbarkeit des Systems essenziell. Da SAP ein standardisiertes, validiertes und wartbares System darstellt, welches weltweit Verwendung findet, wäre dieses System bevorzugt zu bewerten. Sobald die Lösungen der SAP-Landschaft und derer Zusatzkomponenten (bspw. Middleware oder Kundenbeziehungsmanagement, kurz CRM) gewählt ist, werden als Vorbereitung für das anstehende Projekt die Unterlagen des Altsystem, sowie die ersten Kommunikationen Richtung Projektteam und Umstellung der Softwarelösung getätigt. Insbesondere

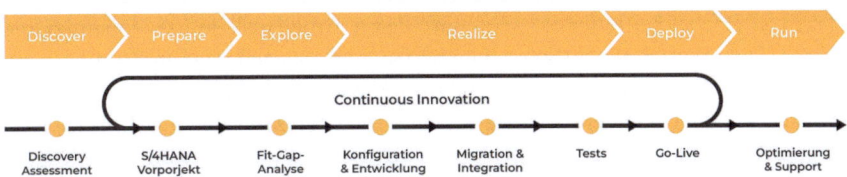

Abb. 7.99 SAP Activate Methodik

die Anteilnahme der betroffenen Personen wird meist unterschätzt und sollte schon zu Beginn des Projektes einen hohen Stellenwert erhalten.

Besonderheiten im Pharmagroßhandel
Großhandelsunternehmen zeichnen sich durch komplexe, mehrstufige Warenströme, vielfältige Partnerbeziehungen und ein hohes Transaktionsvolumen aus. Bereits in der Initialisierungsphase ist daher eine detaillierte Analyse der branchenspezifischen Prozesse, etwa Preisfindung, Kommissionsgeschäfte und Retourenmanagement und Lagerwirtschaft und technischer Schnittstellensysteme erforderlich.

7.5.8 Vorbereitung (Prepare)

Die Vorbereitungsphase umfasst die initiale Projektplanung, die Definition von Rollen und Verantwortlichkeiten sowie die Etablierung von Governance-Strukturen und Kommunikationskanälen. Ziel ist die Schaffung einer tragfähigen Grundlage für die nachfolgenden Projektphasen. Die Erstellung eines S/4HANA Transformation Projektes gibt klare strukturelle Anforderungen an das Steering Board, Sponsoren und des operativen Projektteams. Bei der Vorbereitung werden zudem Engpässe identifiziert, die sich in Ressourcen, Budget, Zeit und Partnervereinbarungen kenntlich machen.

Besonderheiten im Pharmagroßhandel
Die hohe Anzahl an Geschäftspartnern und die Integration externer Systeme erfordern in dieser Phase eine besonders sorgfältige Planung der Schnittstellen und Datenflüsse. Zudem müssen die wichtigen Personen ordentlich und über die gesamte Projekt Laufzeit sinnvoll eingeplant werden, sodass keine Engpässe im späteren Verlauf entstehen.

7.5.9 Konzeption (Explore)

Im Mittelpunkt der Konzeptionsphase steht die Definition und Validierung der zukünftigen Geschäftsprozesse mittels Fit-to-Standard-Analysen und Workshops. Anforderungen an zusätzliche Objekte und Konfigurationen werden im Backlog dokumentiert. Die Workshops werden nach A und B Workshops unterteilt, welche sich bei dem ersteren in sogenannten „End-to-End" Workshops und beim zweiteren in „Deep-Dive" Workshops gliedern lassen. Die A-Workshops sollen die integrativen Bestandteile der Prozesse und deren Arbeitspakete klar identifizieren, während bei den B-Workshops Funktionen und Besonderheiten innerhalb der Teilprozesse identifiziert und konzipiert werden müssen. Beispielsweise besteht der Prozess einer Kundenauftragserfassung aus über zehn kleinen Teilprozessen angefangen von Identifizierung der Geschäftspartner, Identifizierung des verkaufsfähigen Materials, aktuelle Verfügbarkeitssituation, alternative Beschaffung, kundenspezifische Preisermittlung und viele mehr. Diese Teilprozesse haben unter sich weitere Abhängigkeiten zu anderen Modulen, die sich bspw. in Ermittlung der korrekten Sachkonten (Finanzwesen), aktuelle Verfügbarkeitssituation des Materials (Materialwirtschaft), anstehende Lieferungsbearbeitung (Transportwesen), Kommissionierung (Lager) und weitere.

Klassisch gesehen bildet die Konzeptionsphase den Blueprint ab, welcher als Konzeptvorlage für die Implementierung der Software zugrunde liegt. Dieser Blueprint wird mit der SAP Activate Methodik in eine FDS (Functional Design Specification) und eine TDS (Technical Design Specification) aufgegliedert. Während die FDS in der Konzeptionsphase verbleibt, wandert die TDS in die Durchführungsphase. Während der Konzeptionsphase werden die Workshops durch die IT, sowie durch den Fachbereich kundenseitig vertreten. Dies erfordert ein besonderes Augenmerk auf die Abstraktion gewisser Sachverhalte sowie deren Informationsübertragung, damit jeder Teilnehmer bestmöglich in diese Workshops eingebunden wird. Dies erfordert vor allem erfahrene Beratung.

Besonderheiten im Pharmagroßhandel
Die branchenspezifischen SAP Best Practices für den Großhandel sollten gezielt geprüft und adaptiert werden, um eine effiziente Abbildung von Prozessen wie Lagerverwaltung, Disposition und Kundenauftragsabwicklung zu gewährleisten. Innerhalb des Pharmagroßhandels sind diverse Kernfunktionen essenziell und erfordern ein tiefgehendes logistisches, sowie finanztechnisches Verständnis. Darunter fallen folgende Funktionen:

Preisfindung
Komplexe Preisfindung mit Rabattstrukturen, nachträglichen Vergütungen, Werbekostenzuschüssen, Warenkonten/Punktekonten, Bonusvereinbarungen mit Kunden und Lieferanten, mengenmäßige Abnahmekriterien in Kombination mit Konsignation, Sortimentsbegrenzungen und Kontingentsbegrenzungen. Zudem kommen weitere Komplexitäten mit Währungseinheiten und Zinserträgen hinzu, die verrechnet werden müssen.

Materialverfügbarkeit
Materialverfügbarkeit ist der wichtigste Faktor im Pharmagroßhandel. Deshalb muss die Ware in kürzester Zeit geliefert bzw. „besorgt", also eingekauft werden. Hinzu kommen diverse Restriktionen bei Verkäufen über Landesgrenzen hinaus, da die Akzeptanz medizinischer Produkte nicht einheitlich, sondern vielmehr länderspezifisch ist.

Transportwesen
Bei der Transportterminierung wird die optimale Route bereits beim Kundenauftrag ermittelt und in Aussicht gestellt, sodass der Kunde weiß, wann er seine Ware voraussichtlich bekommt. Durch die Vielzahl an Bestellungen und der mehrfachen, täglichen Auslieferungen müssen besondere Konsolidierungsverfahren durchgeführt werden, um die Kosten gering zu halten. Das Transportwesen ist eines der führenden Kostenfaktoren und sollte bei der Konzeption gesondert getrachtet werden.

Lagerhaltung
Bei der Lagerhaltung zählt jede Sekunde. Da die Läger im Pharmagroßhandel
sehr effizient aufgebaut sind wird die Lagerdurchlaufzeit sehr genau geprüft und
kontrolliert. Mehrfache Auslieferungen am Tag machen das Lager meistens zum
schwächsten Glied der Kette und Bestellspitzen zu sogenannten „Cutt-Off" Zeiten (spätmöglichster Auftrag, bevor dieser zur Weiterverarbeitung ins Lager übermittelt wird). Diese Spitzen führen zu einer Extremsituation im Lager. Dies sollte
vermieden werden, indem die Freigabe ins Lager nicht blockweise, sondern ver-
einzelt stattfindet.

7.5.10 Durchführung (Realize)

Die Realisierungsphase umfasst die Konfiguration des SAP-Systems auf Basis des
abgestimmten Backlogs, welcher mit Arbeitspaketen aus der Vorphase (Konzeption) befüllt wird. Die Umsetzung erfolgt iterativ in Sprints, wobei die Ergebnisse
kontinuierlich von den Geschäftsprozessverantwortlichen abgenommen werden.
Bei der Durchführung der konzeptionellen Arbeitspakete ist es sinnvoll, genügend Puffer für weitere Konzeptionsarbeit sowie diverser Nacharbeiten zu schaffen. Da durch die zahlreichen integrativen Arbeitspakete nicht alles im Detail von
der Konzeptionsphase abgefangen werden kann, muss in der Durchführungsphase
Zeit, Budget und gesonderte Expertise durch ausgewählte Fachberater eingeplant
werden. Während der Realisierung müssen alle erforderlichen Partner bei der Umsetzung informiert werden, sodass die notwendigen Einstellungen sowie Tests
frühzeitig durchgeführt werden können.

Besonderheiten im Pharmagroßhandel
Die hohe Dynamik und das große Datenvolumen im Großhandel erfordern eine
besonders sorgfältige Datenmigration und Qualitätssicherung. Da das Pharmaumfeld im GxP Bereich liegt, müssen die Tests besondere Auflagen hinsichtlich
Durchführung und Dokumentation erfüllen. Dies sollte explizit kommuniziert, geschult und vor allem kontrolliert werden. Im schlimmsten Fall müssen Dokumentationen mehrfach angelegt werden, da die auferlegten Qualitätsstandards nicht erfüllt wurden.

7.5.11 Produktivsetzung (Deploy)

Die Bereitstellung des neuen SAP-Systems erfolgt in der Regel außerhalb der Ge-
schäftszeiten. Nach der erfolgreichen Implementierung steht die Unterstützung
der Anwender im Vordergrund. Systemkritische Fehler können die Produktivsetzung verzögern. Kleinere Fehler können in der Nachbetreuung, der sogenannten
Hypercare, gelöst werden. Bei der Produktivsetzung muss das gesamte Team vor
Ort sein, um die Kommunikationswege gering zu halten und aufkommende Probleme schnellstmöglich lösen zu können. Grundsätzlich wird das Altsystem parallel

betrieben, sodass eine schnelle Wideraufnahme möglich ist, falls das neue System wiedererwarten nicht den Anforderungen genügt. Während der Hypercare darf das tägliche Geschäft nicht vernachlässigt werden.

Besonderheiten im Pharmagroßhandel
Die Vielzahl an angebundenen Partnern und Systemen macht eine präzise Koordination und Kommunikation während der Umstellung unabdingbar. Der Integrationsmanager muss dahingehend betriebswirtschaftlich sowie technisch erfahren sein, um die Fehler schnell bewerten zu können und Lösungen mit den ansässigen Fach Experten zu erarbeiten. Da dies die kritische Infrastruktur betrifft, muss das System bei den kritischen Prozessen einen Erfüllungsgrad von 100 % aufweisen. Das bedeutet, dass keine Abweichung des Ist-Prozesses im System vorliegen darf. Die Lieferfähigkeit, wie bereits mehrfach erwähnt, ist essenziell.

7.5.12 Nachbetreuung (Run)

In der abschließenden Phase liegt der Fokus auf dem Betrieb, der kontinuierlichen Verbesserung und dem Risikomanagement der SAP-Lösung. Innerhalb der Nachbetreuung können weitere Optimierungen vorgenommen werden, sowie zusätzliche Funktionen freigeschaltet bzw. implementiert werden. Den Support übernimmt meist die interne IT im Zusammenspiel mit einem Beratungshaus, welches für die neuen Themen einen gesonderten Auftrag erhält. Ebenfalls gehört die Ticketbearbeitung zu den Tätigkeitsfeldern der internen IT sowie des Beratungshauses, um die aufkommenden Fehler zu lösen bzw. Optimierungen durchzuführen.

Besonderheiten im Pharmagroßhandel
Die kontinuierliche Anpassung an Marktveränderungen, regulatorische Anforderungen und neue Geschäftsmodelle sind für Großhandelsunternehmen essenziell. Die SAP-Lösung muss daher flexibel und skalierbar gestaltet sein. Insbesondere bei regulatorischen Anpassungen müssen Sachverhalte in kürzester Zeit in der benötigten Qualität durchgeführt werden. Hier sollten vor allem erfahrene Berater bei der Konzeption und Implementierung beteiligt sein.

Diese strukturierte Vorgehensweise gewährleistet, dass die spezifischen Anforderungen des Großhandels, insbesondere hinsichtlich Prozesskomplexität, Datenmanagement und Integration, während des gesamten Transformationsprozesses systematisch adressiert werden.

7.5.13 Fazit

Die SAP Activate Methodologie etabliert sich als strukturierter Rahmen für die Implementierung von SAP S/4HANA im pharmazeutischen Großhandel, wobei sie die spezifischen regulatorischen und prozessualen Anforderungen dieser Branche systematisch adressiert. Die sechs Phasen aufgeteilt in Discover, Prepare,

Explore, Realize, Deploy und Run bilden eine zyklische Projektmethodik, die durch die Integration von SAP-Komponenten die erforderlichen Prozesse umsetzt.

Kernbefunde zeigen, dass die regulatorische Compliance, insbesondere in der Explore- und Realize-Phase, entscheidend ist. Die Fit-to-Standard-Analysen müssen pharmaspezifische Prozesse wie Chargenrückverfolgung, Serialisierung und Dokumentationspflichten nicht nur abbilden, sondern durch validierte Entwicklungsobjekte technisch absichern. Die Auswahl von Beratungshäusern erweist sich hier als kritischer Erfolgsfaktor, da diese sowohl SAP-spezifische Methodenkompetenz (SAP Activate Roadmaps, Konfiguration und branchenspezifische Systemeinstellungen) als auch regulatorisches Tiefenwissen (GxP, CSV) vereinen müssen.

Die Analyse offenbart zudem branchenspezifische Herausforderungen:

- Preisfindungsmechanismen erfordern komplexe SAP-Konfigurationen, die Rabattstrukturen und Bonusvereinbarungen abbilden und diese in die bestehenden Prozesse etablieren.
- Materialverfügbarkeitsprüfungen müssen Echtzeitintegrationen zwischen SAP-Lagerhaltung und externen Lieferantensystemen gewährleisten.
- Transportlogistik-Optimierungen zur Routenplanung unter Berücksichtigung temperaturgeführter Lieferketten bedürfen einer ganzheitlichen Wertschöpfungskettenintegration.

Wirtschaftlich betrachtet zeigt die Projekterfahrung, dass die Agilität der SAP Activate Methodologie mit den starren regulatorischen Anforderungen des Pharmasektors in Einklang gebracht werden muss, um bestehende und neue technische Anforderungen in SAP umzusetzen. Iterative Sprints in der Realize-Phase erfordern parallel verlaufende Validierungsdokumentationen, während integrativ diverse Lösungen innerhalb der Fachbereiche und schlussendlich „End-to-End" abgestimmt und getestet werden müssen.

Abschließend lässt sich zusammenfassen, dass der nachhaltige Erfolg eines SAP-Projekts im regulierten Umfeld auf einem stabilen und sicheren Fundament aus methodischer Stringenz, technischer Exzellenz und konsequenter Einhaltung aller regulatorischen Anforderungen beruht.

7.6   Digitalisierung und Künstliche Intelligenz im Beratungsumfeld: Grundlagen, Trends und soziale Implikationen

Cedric Rocker

Meine wohl prägendste Erkenntnis zu Künstlicher Intelligenz (KI) stammt aus meiner Bachelorarbeit, die ich im Rahmen eines Forschungsprojekts in einem Beratungsunternehmen verfasste. Das Ziel: die Produktionsplanung

> *eines mittelständischen Industrieunternehmens musste mithilfe von KI op-*
> *timiert werden. Schon in den ersten Wochen zeigte sich die Kluft zwischen*
> *Ambition und Realität. Essenzielle Abläufe waren nicht digitalisiert, Daten*
> *lagen verteilt in Excel-Tabellen oder gar auf Papier, den Mitarbeitenden*
> *fehlte grundlegendes digitales Wissen und es existierten keinerlei Schnitt-*
> *stellen, um Prozessdaten systematisch zu erfassen. Einen Großteil der Zeit*
> *verbrachten wir damit, Datensätze zusammenzusuchen, Formate zu verein-*
> *heitlichen und fehlende Werte zu rekonstruieren. Die erhoffte KI-Lösung*
> *blieb so ein theoretischer Entwurf. Das ernüchternde Fazit meiner Arbeit*
> *lautete: Ohne digitales Fundament und verlässliche Datenbasis ist und*
> *bleibt KI in weiter Ferne.*[24]

Dieser Insight nimmt dieses Fazit als Leitmotiv. Er eröffnet mit einer Abgrenzung von Digitalisierung und Künstlicher Intelligenz und beleuchtet ihr Wechselspiel: Was unterscheidet beide Konzepte, und warum kann KI ihr Potenzial
erst auf einer soliden digitalen Infrastruktur entfalten? Ein komprimierter Überblick über das Reifegradmodell der digitalen Transformation verdeutlicht, welche
Aufgaben Unternehmen erledigt haben müssen, bevor KI sinnvoll zum Einsatz
kommen kann. Darauf aufbauend liefert eine Trend- und Marktanalyse der Jahre
2022 bis 2025 Einblicke in die jüngste KI-Adoption: von Generative AI über Retrieval-Augmented Generation (RAG) bis hin zu Edge-Computing gestützter KI.
Branchenspezifika werden ebenso herausgearbeitet wie zentrale Kennzahlen, die
den technologischen Fortschritt quantifizieren. Im Anschluss richtet der Beitrag
den Fokus auf die Praxis: Welche Wissens- und Kompetenzlücken begegnen Be-
ratenden im Kundendialog? Welche Rolle spielen „Data Readiness" und veraltete
IT-Landschaften als Bremsklötze? Ein weiterer Schwerpunkt liegt auf der sozialen
Dimension der KI Einführung. Psychologische Hürden wie Anthropomorphismus
und Kontrollverlustängste werden thematisiert, ebenso die Sorge vor Arbeits-
platzverlust und wachsendem Effizienzdruck. Good-Practice-Ansätze, wie etwa
Co-Design-Workshops oder strukturierte Upskilling-Programme zeigen, wie Mitarbeitende frühzeitig eingebunden und qualifiziert werden können. Den Abschluss
bilden konkrete Handlungsempfehlungen: ein vierstufiges Vorgehensmodell vom
Digitalisierungsaufbau bis zum skalierbaren KI-Roll-out sowie eine praxiserprobte Checkliste für die Technologiefolgenabschätzung. Eine persönliche Reflexion schließt den Beitrag und wirft einen Blick nach vorn: Was muss sich in den
kommenden Jahren ändern, damit KI-Projekte nicht an menschlichen Faktoren
scheitern?

---

[24] Rocker, 2023.

7.6.1 Grundlagen: Digitalisierung vs. KI

Digitalisierung und KI werden umgangssprachlich oft in einem Atemzug genannt, beschreiben jedoch unterschiedliche Phänomene. Digitalisierung bezeichnet zunächst den Prozess, analoge Informationen und Prozesse in digitale Form zu überführen und dadurch weitreichende Veränderungen in Organisation und Gesellschaft zu bewirken.[25] Im Unternehmenskontext bedeutet das beispielsweise: Papierbasierte Abläufe werden durch IT-Systeme ersetzt, Daten werden in Datenbanken statt in Aktenordnern geführt und Abläufe werden mithilfe von Software vernetzt und automatisiert. Digitalisierung schafft die Datengrundlage und Infrastruktur, auf der fortgeschrittene Technologien aufbauen können. Sie ist Voraussetzung für den effektiven Einsatz von KI. Man könnte also sagen, dass große Mengen verlässlicher und gut strukturierter Daten der „Treibstoff" für lernende Algorithmen sind. KI hingegen ist ein Teilgebiet der Informatik. Der Begriff beschreibt die Fähigkeit von Maschinen oder Software-Systemen Aufgaben auszuführen, die gewöhnlich menschliche Intelligenz erfordern, wie etwa visuelle Wahrnehmung, Sprachverstehen, logisches schlussfolgern, Lernen oder Problemlösen.[26] Eine oft zitierte Definition stammt von der EU High Level Expert Group on AI (HLEG): KI-Systeme sind demnach vom Menschen entwickelte Software, die auf ein komplexes Ziel hinarbeiten, ihre Umgebung durch Datenerfassung wahrnehmen, die gewonnenen Daten interpretieren, Schlussfolgerungen ziehen und anhand dieser letztlich entscheiden, welche Aktionen zur Zielerreichung am besten sind und die aus den Auswirkungen ihrer Handlungen lernen können.[27] In einfachen Worten: KI-Systeme nehmen Daten aus der Umwelt auf,„denken" darüber nach und handeln dann autonom und verbessern sich idealerweise kontinuierlich durch ihre Erfahrungen.

Die Wechselwirkung zwischen Digitalisierung und KI lässt sich folgendermaßen zusammenfassen: Digitalisierung ermöglicht erst die KI. Durch die digitale Transformation fallen umfangreiche Daten an, Prozesse werden softwaregestützt und beobachtbar und damit entsteht erst die Grundlage, auf der KI-Modelle Muster erkennen und Einsichten gewinnen können. Umgekehrt kann KI die Digitalisierung weiter vorantreiben: KI-Methoden helfen aus digitalen Daten neue Erkenntnisse zu gewinnen, Entscheidungen zu automatisieren und weitere Effizienzpotenziale zu heben. Damit erweitert KI wiederum die Möglichkeiten der digitalen Prozesse. Digitalisierung ist somit das Fundament, KI der nächste Baustein und beide zusammengenommen treiben die digitale Transformation in die Tiefe.

---

[25] Müller-Brehm, 2020.

[26] (*Artificial Intelligence | Stanford Emerging Technology Review*, 2025.

[27] HLEG, 2018.

7.6.1.1 Reifegradmodell der digitalen Transformation

Nicht jedes Unternehmen, das erste Schritte in Richtung Digitalisierung unternommen hat, ist schon „KI-Ready". In der Forschung und Beratung werden sogenannte Reifegradmodelle der digitalen Transformation verwendet, um den Fortschritt von Unternehmen auf einer Skala einzuordnen. Eines der bekannten Modelle ist der acatech Industrie 4.0 Maturity Index, der sechs Stufen unterscheidet (acatech, 2020). Die Stufen reichen von Computerisierung (Level 1: einzelne Prozesse werden IT-gestützt, z. B. Einführung von PCs, ERP-Systemen) über die Vernetzung (Level 2: Systeme werden verbunden, Daten fließen zwischen Prozessen) und Transparenz (Level 3: es entsteht ein digitales Abbild des Unternehmens – z. B. durch Echtzeit-Datenvisualisierung, Dashboards) bis hin zu Vorhersagefähigkeit (Level 4: Datenanalyse und erste KI-Algorithmen ermöglichen Prognosen, z. B. Predictive Analytics) und Adaptivität (Level 5: Prozesse passen sich auf Basis von KI-Erkenntnissen selbstständig an, self-optimizing systems). Die höchste Stufe wird erreicht, wenn das Unternehmen als lernendes, agiles System fungiert (Level 6: Autonomisierung). Dieses und ähnliche Modelle verdeutlichen, dass KI-Einführung einen gewissen digitalen Reifegrad voraussetzen. Unternehmen, die noch auf Stufe 1 oder 2 verharren, wo etwa wesentliche Daten nicht digital vorliegen oder Systeme nicht integriert sind, werden mit anspruchsvollen KI-Projekten überfordert sein. Tatsächlich gehört ein fehlendes digitales Fundament zu den häufigsten Gründen, warum KI-Pilotprojekte scheitern. Gartner schätzt, dass rund 85 % der KI-Projekte ihre Ziele verfehlen, oft bedingt durch mangelhafte Datenqualität oder unzureichende Dateninfrastruktur.[28] Ebenso berichtet McKinsey (2023), dass etwa 70 % der KI-Use-Cases in Unternehmen an Datenproblemen scheitern, da die Daten unvollständig, inkonsistent oder in Silos gefangen sind, sodass die Algorithmen kein zuverlässiges Lernmaterial haben.[29]

▶ *Tipp: Bevor ein Unternehmen KI-Tools einführt, sollte es gründlich prüfen, ob die nötigen digitalen Prozesse und Datenbestände vorhanden sind. Wenn nicht, heißt es zunächst: Grundlagen in Sachen IT-Infrastruktur, Datenerfassung und -pflege aufbauen. Ein schrittweises Vorgehen steigert hier den Projekterfolg (mehr dazu in den Handlungsempfehlungen).*

7.6.1.2 Trendanalyse 2022–2025: KI-Adoption im Aufwind?

Die Jahre 2022 bis 2025 waren im Technologiebereich von einer regelrechten KI-Welle geprägt – zumindest in Bezug auf öffentliche Aufmerksamkeit und

---

[28] Gartner, 2024.

[29] McKinsey (2023).

Entwicklungssprünge. Doch spiegelt sich dieser Hype auch in der Breite der Unternehmensrealität wider? Ein Blick auf Marktzahlen und Trends zeigt ein widersprüchliches Bild: Während einzelne KI-Technologien rasant voranschreiten und Leuchtturmprojekte Schlagzeilen machen, bleibt die tatsächliche Verbreitung von KI in Unternehmen stellenweise hinter den Erwartungen zurück. Zudem gibt es branchen- und größenabhängige Unterschiede in der Adoption.

7.6.1.3 Marktzahlen: Stagnation und Dynamik zugleich

Auf makroökonomischer Ebene ist ein moderates Wachstum der KI-Nutzung erkennbar. In Deutschland etwa nutzten laut einer ZEW-Studie 2023 rund 12 % der Unternehmen KI-Anwendungen – kaum mehr als die 11 % im Jahr 2021.[30] Diese Stagnation überraschte selbst die Wissenschaft, hatten doch Themen wie ChatGPT 2023 enorme mediale Präsenz. Im europäischen Vergleich steht Deutschland mit ~ 12 % KI-Nutzungsquote zwar besser da als der EU-Durchschnitt (ca. 8 % in 2023), aber von einer flächendeckenden Durchdringung kann keine Rede sein. Interessanterweise scheint es vor allem in bestimmten Sektoren Zuwächse gegeben zu haben. Die ZEW-Studie nennt IT/Kommunikation und den Handel als Bereiche, die den leichten Anstieg trugen. In den übrigen Branchen blieb der KI-Einsatz konstant niedrig. Insgesamt zeigen die Zahlen: Viele Firmen experimentieren allenfalls zaghaft mit KI, anstatt sie umfassend zu integrieren. Allerdings können offizielle Statistiken das Bild unterschätzen. Ein Teil der Unternehmen hat KI inoffiziell in Gebrauch, ohne es klar zu deklarieren, weil manche KI-Funktionen in Standardsoftware eingebettet sind und nicht bewusst als „KI-Einsatz" wahrgenommen werden oder sie werden als Teil einer Schatten-IT betrieben, fernab offizieller IT-Governance.[31] Andere haben Pilotprojekte gestartet und wieder pausiert. Schaut man auf eine Umfrage unter Führungskräften, so erkennen zwar die meisten das Potenzial von KI, doch nur 11 % geben an, dass KI schon produktiv genutzt wird (Bitkom, 2024). Die Diskrepanz zwischen Hype und Umsetzung bleibt also bestehen.

Globale Marktprognosen attestieren dem KI-Sektor dennoch ein enormes Wachstum: Schätzungen zufolge wächst der weltweite KI-Umsatz mit über 20 % jährlich und könnte bis 2030 die Marke von 800 Mrd. USD erreichen.[32] Besonders amerikanische Tech-Konzerne und Start-ups ziehen massive Investitionen an. Allein 2023 flossen rund 25 % des US-Start-up-Kapitals in KI-Firmen.[33] Diese Zahlen zeigen: Der Glaube an KI als Game-Changer ist ungebrochen, auch wenn die breite betriebliche Praxis zeitverzögert folgt.

---

[30] Rammer, 2024.

[31] Rammer, 2024.

[32] Statista, 2023.

[33] Fortune Business Insights, 2023.

7.6.1.4 Technologietrends: GenAI, RAG und Edge-KI

Technologisch waren 2022 bis 2025 von Durchbrüchen in der KI-Forschung geprägt, allen voran im Bereich Generative KI (GenAI). Im November 2022 veränderte ChatGPT schlagartig die öffentliche Wahrnehmung von KI. Sprachmodelle konnten auf einmal überzeugende Texte, Code oder Bilder generieren, also Fähigkeiten übernehmen, die vormals eher wie Science-Fiction erschienen. 2023 war das Jahr, in dem generative KI in vielen Unternehmen zumindest ausprobiert wurde: Marketingteams ließen Texte von KI vorschreiben, Entwickler nutzten Code-Assistenten (z. B. GitHub Copilot) und kreative Abteilungen experimentierten mit Bildgeneratoren.[34] Gleichzeitig reifte die Erkenntnis, dass große KI-Modelle allein oft nicht genügen. Ein wichtiger Trend in Unternehmen ist daher RAG (Retrieval-Augmented Generation). Darunter versteht man Architekturen, die große Sprachmodelle mit unternehmensspezifischen Wissensdatenbanken verbinden. Anstatt ein großes Sprachmodell (Large Language Model) isoliert agieren zu lassen (mit all seinen Halluzinationen), wird es mit RAG gezielt mit den relevanten Firmendaten „gefüttert" und kann fehlendes Wissen in Echtzeit nachschlagen. Dieses Prinzip setzte sich rasant durch: Die Mehrheit der KI-Pilotprojekte in 2024 folgte bereits dem RAG-Ansatz und über 50 % der Unternehmen implementierten RAG-Systeme, gegenüber 31 % im Vorjahr.[35] RAG verlangt allerdings ebenfalls eine gute Datenaufbereitung, was technisch anspruchsvoll ist. Dennoch gilt es aktuell als einer der besten Wege, um generative KI praktisch nutzbar und verlässlicher zu machen.[36]

Ein weiterer Trend ist Edge KI, also KI-Modelle, die dezentral auf Geräten am Netzwerkrand laufen. Statt alle Daten in eine Cloud zu schicken, werden Berechnungen direkt auf Maschinen, Smartphones oder Sensoren ausgeführt. In der Produktion etwa kommen KI-fähige Kameras und Steuerungen zum Einsatz, die autonom vor Ort Qualitätsprüfungen durchführen oder Anomalien erkennen (Schubert, 2023). Der Vorteil davon ist eine geringe Latenz, weniger Abhängigkeit von Internetverbindungen und bessere Datenhoheit. Edge-KI knüpft damit an Internet of Things (IoT) an und gewinnt vor allem in Industrie und Mobilität an Bedeutung. Zwischen 2022 und 2025 entstanden zahlreiche Start-ups und Lösungen, die kompakte KI-Modelle für Edge-Geräte anbieten, optimiert auf Effizienz. Das zeigt: KI-Anwendungen werden nicht nur in der Cloud größer, sondern auch an der Edge smarter.

7.6.1.5 Branchendifferenzen: Produktion, Pflege, Verwaltung

Die Ausprägung der KI-Adaption variiert stark nach Branche. Die Industrie gehört traditionell zu den Vorreitern. Hier gibt es seit Jahren Projekte rund um Industrie 4.0, Robotik und maschinelles Lernen. Allerdings profitieren vor allem größere

---

[34] *The state of AI in 2023: Generative AI's breakout year | McKinsey* (2023).

[35] Menlo Ventures, 2024.

[36] Squirro, 2025.

Unternehmen davon. Eine Studie des ifaa (2023) ergab, dass 50 % der Industrieunternehmen >1000 MA bereits KI einsetzen, während 65 % der Kleinstunternehmen (<50 MA) keinerlei KI-Pläne haben. In Fabriken findet KI vor allem in den Bereichen Fertigung, Logistik und Qualitätskontrolle Anwendung: 56 % der KI-Pilotfälle betreffen die Produktion selbst (z. B. visuelle Endkontrolle via Bildverarbeitung), 34 % die Logistik/Lager und 26 % die Montage.[37] Das Potenzial von KI in der Industrie sehen viele Führungskräfte insbesondere in Effizienzsteigerung und Fachkräftesicherung: Über 70 % der befragten Produktionsleiter erwarten Produktivitätszuwächse und zwei Drittel glauben, KI könne helfen, dem Fachkräftemangel zu begegnen. Gleichzeitig bleibt die Umsetzung komplex: Hürden sind neben den Datenproblemen oft alte Maschinenparks und proprietäre Systeme, die nicht ohne weiteres KI-Ready sind (ältere, sogenannte Legacy Systeme). Zudem sind Industrieunternehmen stark auf verlässliche, erklärbare KI angewiesen, da Fehlentscheidungen z. B. in Fertigungsprozessen große Kosten verursachen können. Hier wird bevorzugt auf erprobte Lösungen statt auf experimentelle Ansätze zurückgegriffen.

Im Pflege- und Gesundheitssektor ist die KI-Adaption noch zaghafter, obgleich das Interesse groß ist. Pflegeeinrichtungen und Krankenhäuser digitalisieren zwar nach und nach ihre Dokumentation und Abläufe, stehen aber vor strengen Datenschutzauflagen und begrenzten Budgets.[38] Potenzielle KI-Anwendungen in der Pflege reichen von intelligenten Assistenzsystemen (Pflegeroboter, die körperlich entlasten) über Spracherkennung bei der Dokumentation (um Pflegekräfte administrativ zu entlasten) bis zu predictive Analytics zur Früherkennung von Gesundheitsrisiken bei Patient*innen. Beispiele wie der „Pflegebot" Pepper in Modellversuchen zeigen, dass Akzeptanz und Nutzen solcher Systeme noch erforscht werden müssen. Viele Pflegekräfte stehen Technik offen gegenüber, solange sie entlastet und nicht ersetzt werden. Laut einer Befragung sehen über 60 % digitale Tools als Chance auf Entlastung.[39] Gleichzeitig ist die Skepsis gegenüber KI, die menschliche Zuwendung ersetzen könnte, sehr hoch. Insgesamt dominieren in der Pflege aktuell Pilotprojekte und Forschungsvorhaben (z. B. zu sensorgestütztem Monitoring oder KI-gestützter Einsatzplanung), eine breite praktische Einführung steht eher am Anfang. Hier spielt auch die Ethik eine große Rolle: Die Grenze dessen, was als sozial vertretbar empfunden wird, ist schnell erreicht, wenn es um automatische Entscheidungen in der Fürsorge geht. Daher gilt im Gesundheitswesen: langsam herantasten, Mitarbeitende intensiv schulen und Angehörige mit ins Boot holen.

Die öffentliche Verwaltung schließlich hinkt in Sachen Digitalisierung oft hinterher.[40] Entsprechend vorsichtig tastet man sich an KI heran. Einige Verwaltungsbehörden setzen bereits Chatbots für Bürgeranfragen ein (z. B. digitale Assistenten

---

[37] ifaa-Institut, 2023.

[38] OECD, 2024.

[39] BMG, 2023.

[40] Informatik (GI), 2023.

auf kommunalen Websites) oder nutzen Sprachsoftware zur Auswertung von Bürgerfeedback. 2023 veröffentlichte die Bundesregierung Leitlinien für den KI-Einsatz in der Bundesverwaltung, um verantwortungsvolle und menschenzentrierte Anwendungen zu fördern.[41] Anwendungsfelder liegen etwa in der Dokumentenklassifizierung, in der Entscheidungsvorbereitung oder im Risikomanagement. Doch die Verwaltung sieht sich zugleich mit hohen Ansprüchen an Transparenz, Datenschutz und Rechtskonformität konfrontiert. Die Sorge, Algorithmen könnten diskriminierend wirken oder Bürgerrechte verletzen, bremst einen offensiven KI-Einsatz. Studien betonen Erfolgsfaktoren wie Pilotprojekte mit begleitender Evaluation, frühe Bürgerbeteiligung bei sensiblen KI-Systemen und die Schulung der Verwaltungsmitarbeitenden.[42] In Summe steht die Verwaltung noch am Anfang der KI-Reise, getrieben vom Versuch, dem Personalmangel und Bürgererwartungen gerecht zu werden, aber gebremst durch Regulierungs- und Akzeptanzfragen.

7.6.2 Herausforderungen in der Beratungspraxis

Aus der Sicht eines Digitalisierungs- und KI-Beraters zeigen sich in der Praxis immer wieder wiederkehrende Herausforderungen, die KI-Projekte erschweren. Zwei Hauptprobleme ragen hierbei heraus: Wissens- und Verständnislücken auf Kundenseite, sowie unzureichende Daten- und IT-Basis in den Unternehmen. Hinzu kommen organisatorische und kulturelle Aspekte, die nicht unterschätzt werden sollten.

7.6.2.1 Wissenslücken bei Kund*innen

Viele Beratungsprojekte starten mit zu hohen Erwartungen oder falschen Vorstellungen seitens der Auftraggeber. KI wird bisweilen als magische Lösung für verschiedenste Anwendungsbereiche gesehen, ohne dass ein solides Verständnis der Grundlagen vorhanden ist. Oft fehlt es bereits am Begriffsverständnis: Was ist der Unterschied zwischen Automatisierung durch klassische Software und echtem Machine Learning? Was kann ein KI-System (noch) nicht leisten? Wer hier falsche Annahmen hat, läuft Gefahr, ungeeignete Projektziele zu setzen. Laut McKinsey (2025) erkennen zwar fast alle Manager das Potenzial von KI, aber 79 % geben an, dass ihren Mitarbeitenden grundlegende KI-Kompetenzen fehlen. Diese Kompetenzlücke betrifft nicht nur die Belegschaft, häufig müssen auch Entscheider erst ein Gefühl dafür entwickeln, was in einem KI-Projekt auf sie zukommt.[43]

Neben fehlendem Know-how wirkt in manchen Unternehmen auch eine Mentalitätsbarriere: Die Generation 50+ in Führungsriegen tut sich mitunter schwer, Digitalisierung und KI aktiv voranzutreiben.[44] Eine Studie der Deutschen Akademie

---

[41] BMI, 2023.

[42] Möller et al., 2022.

[43] McKinsey, 2025.

[44] Heijenga, 2022.

der Technikwissenschaften spricht hier von „blinden Flecken" in der Industrie 4.0 Umsetzung.[45] Vielen Unternehmen fehlt hier der strategische Impuls von oben, weil die Leitung den Markt und die technologischen Trends nicht ausreichend kennt. Ohne diesen Rückenwind ist es für interne Innovationsteams oder Beratende sehr mühsam, KI-Projekte zu verankern. Manchmal liegt es auch schlicht an fehlender Zeit und Überlastung. Führungskräfte und Mitarbeitende sind im Tagesgeschäft gebunden und haben keine Kapazität, sich in neue Technologien einzuarbeiten. Hier helfen gezielte Change-Management-Workshops und das Aufzeigen von Quick-Wins, um Begeisterung zu wecken. Wichtig ist, Berührungsängste abzubauen. Wenn Mitarbeitende KI nur als abstraktes Buzzword kennen, entstehen Ängste oder Gleichgültigkeit. Persönliche Aha-Erlebnisse wie etwa selbst mit einem einfachen Machine-Learning-Tool einen Trend vorhersagen können Akzeptanz, Neugier und Lernbereitschaft fördern.

7.6.2.2 „Data Readiness" und Legacy-Systeme

Der zweite große Stolperstein lässt sich unter dem Stichwort Daten- und Systemlandschaft fassen. Zahlreiche KI-Vorhaben scheitern an der einfachen Erkenntnis: Ohne belastbare Daten, keine KI. Und nicht nur das: Die Daten müssen auch in guter Qualität, ausreichender Menge und zugänglicher Form vorliegen. In Beratungsprojekten zeigt sich häufig, dass Unternehmen ihre eigene Datenlage überschätzen. So kann ein Fertigungsunternehmen zwar theoretisch Tausende Sensordaten pro Tag erzeugen, aber praktisch sind diese nicht zentral gespeichert oder historisch archiviert, sodass man also keine Basis hat, um beispielsweise ein Predictive-Maintenance-Modell zu trainieren. Oder es liegen zwar Kundendaten vor, jedoch verteilt über viele verschiedene Excel-Dateien in unterschiedlichen Abteilungen mit uneinheitlichen Formaten und voller Lücken. Die Aufbereitung solcher Daten kostet dann Unmengen an Zeit und Geld, was oft nicht eingeplant war. Nicht umsonst heißt es, dass ein großer Teil der Arbeit in KI-Projekten Data Cleaning ist.

Hinzu kommt: In älteren IT-Umgebungen (Legacy-Systemen) lassen sich KI-Lösungen nicht immer nahtlos integrieren. Wenn ein zentrales ERP von 2005 stammt, fehlen oft Schnittstellen (APIs), um moderne KI-Services einzubinden. Wir erleben in Beratungsprojekten dann Situationen, in denen die KI technisch funktioniert (z. B. als Prototyp in der Cloud) aber der Praxis-Impact ausbleibt, weil die KI nicht mit den bestehenden Prozessen gekoppelt wird.

▶   *Tipp: Vor dem Start eines KI-Projekts sollte eine gründliche Bestandsaufnahme der Dateninfrastruktur stehen. Empfehlenswert ist ein Data Audit, bei dem grundlegendes geklärt wird: Welche Datenquellen gibt es? In welchen Formaten? Wer besitzt die Datensilos? Wie vollständig und aktuell sind*

---

[45] Acatech, 2022.

die Daten? Dürfen wir sie datenschutzkonform für KI nutzen? Gerade letzteres, wenn es um rechtliche Aspekte und Datenschutz geht, wird gerne vernachlässigt. Persönliche oder sensible Daten erfordern früh die Einbindung des Datenschutzbeauftragten, sonst droht später eine Verzögerung. Zudem ist zu prüfen, ob zusätzliche Datenquellen nötig sind (z. B. externe Daten zukaufen, Sensoren nachrüsten) und ob eventuelle Altlasten modernisiert werden müssen (etwa ein Upgrade des ERP oder die Einführung eines Data Lakes). Dieses Thema muss im Beratungsgespräch offen adressiert werden, auch auf die Gefahr hin zu bremsen. Eine ehrliche Einschätzung der „Data Readiness" bewahrt vor Fehlinvestitionen. Im Zweifel ist der bessere Rat: Erst die Datenplattform aufbauen, dann mit KI starten und nicht umgekehrt.

7.6.3 Soziale Dimension & Akzeptanz von KI

Technische Machbarkeit allein garantiert noch keinen Projekterfolg, besonders bei KI die tief in Arbeitsabläufe und Entscheidungen eingreift. Hier kommt die „menschliche Seite" ins Spiel: Wie empfinden Beschäftigte den Einsatz von KI? Welche Ängste oder Widerstände gibt es? Und wie kann man KI so einführen, dass sie akzeptiert und vielleicht sogar begrüßt wird? Dieser Abschnitt beleuchtet psychologische und soziale Aspekte: von der Tendenz, KI zu vermenschlichen (Anthropomorphismus) über die Sorge vor Kontrollverlust und Arbeitsplatzabbau bis hin zu Methoden, die Belegschaft aktiv einzubinden, um den Projekterfolg zu steigern.

7.6.3.1 Psychologische Barrieren: Anthropomorphismus & Kontrollverlust

Menschen neigen dazu, technischen Systemen mit einer gewissen Skepsis zu begegnen, vor allem wenn die Systeme eigenständig agieren.[46] Ein bekanntes Phänomen ist der Anthropomorphismus, der Maschinen oder Software menschliche Eigenschaften zuschreiben lässt. Ein KI-Chatbot, der flüssige Sätze formuliert, kann auf Anwender unheimlich wirken und zu Überschätzung führen („Die KI versteht mich bestimmt genau wie ein Mensch") oder zu diffuser Angst („Die Maschine denkt wie wir, vielleicht übernimmt sie irgendwann komplett"). Insbesondere generative KI hat diese Grenze verschwimmen lassen. Man weiß zwar intellektuell, dass ChatGPT, Alexa, Gemini und co. kein Bewusstsein besitzen, aber die Interaktion fühlt sich oft anders an. Dieses emotionale Bauchgefühl darf man nicht ignorieren. Mitarbeitende berichten in Workshops bisweilen, sie hätten das Gefühl, dass die KI „ein Eigenleben führt". Hier ist es wichtig, transparent zu erklären, wie die KI funktioniert (soweit möglich) und klarzustellen, wo die Grenzen von

---

[46] Tyson, 2023.

KI liegen. Erklärbarkeit schafft hier ein Vertrauen bei den Mitarbeitenden. Wenn z. B. ein Algorithmus zur Personalauswahl eingesetzt wird, sollte man den Betroffenen offenlegen können, welche Kriterien er einbezieht (Stichwort Explainable AI). Sonst entsteht leicht ein Eindruck „da entscheidet eine Black Box über mich" was wiederum die Akzeptanz für neue Technologien untergräbt.

Hand in Hand damit, geht die Angst vor Kontrollverlust einher. In einer Umfrage der bidt-Denkfabrik (2024) gaben 58 % derjenigen, die bereits mit generativer KI arbeiten an, dass sie erwarten würden, dass dadurch einige ihrer Aufgaben wegfallen werden. Interessanterweise ist diese Erwartung bei Nicht-Nutzern geringer (39 %). Offenbar erkennen diejenigen, die KI erleben und mit ihr arbeiten eher das Rationalisierungspotenzial. Gleichzeitig ist die Panik vor totalem Jobverlust in Deutschland zuletzt sogar gesunken. Nur noch 4 % der Erwerbstätigen befürchten, dass KI ihren Job in den nächsten 10 Jahren vollständig ersetzt, verglichen mit 11 % im Jahr davor.[47] Das zeigt, dass die Angst vielleicht einem nüchterneren Realismus weicht.

Als Berater*in spürt man die Vorbehalte insbesondere, wenn KI-Systeme eingeführt werden, die Entscheidungen beeinflussen (z. B. ein KI-Tool zur Schichtplanung oder zur Leistungs- und Verhaltensbewertung). Hier entstehen schnell Sorgen: „Verliere ich die Kontrolle über meine Arbeit?" oder „Werden wir bald von der KI gesteuert?" Wichtig ist, diese Ängste ernst zu nehmen und anzusprechen. Ein oft genannter Fehler ist es KI über die Köpfe der Mitarbeitenden hinweg einzuführen, in der Annahme, man könne Widerstand später mit Schulungen abbauen. Besser ist das genaue Gegenteil: Frühzeitige Kommunikation und Partizipation. Dazu gehört den Zweck der KI klar zu benennen („Die KI soll euch Routineaufgaben abnehmen, nicht euch ersetzen.") und Feedback einzuholen. Auch sollte es immer einen „Notfallknopf", geben das Vertrauen steigt, wenn Mitarbeitende wissen, dass im Zweifel ein Mensch eingreifen wird. In sicherheitskritischen Bereichen (z. B. Medizin oder Verkehr) wird ohnehin auf Mensch-in-der-Schleife gesetzt. Die KI schlägt vor, der Mensch entscheidet final.

7.6.3.2 Arbeitsplatzsorgen und Rationalisierungsdruck

Kaum ein Thema wird im Kontext KI so heiß diskutiert wie die Zukunft der Arbeit. Die einen erwarten Massenarbeitslosigkeit durch Automatisierung, andere betonen, KI werde mehr Jobs schaffen als vernichten. Für die individuelle Belegschaft zählt jedoch vor allem, was die KI für den eigenen Job bedeutet. Historisch betrachtet hat technische Rationalisierung zwar oft Tätigkeiten verändert, aber selten sofort Netto-Arbeitslosigkeit erzeugt. Meist entstanden parallel neue Aufgaben (Brynjolfsson & Mitchell, 2017). Doch diese Makroperspektive tröstet den Einzelnen wenig der befürchtet, dass seine Stelle wegrationalisiert werden könnte. In vielen Unternehmen führt bereits die Ankündigung eines KI-Projekts intern zu Unruhe. Die Mitarbeitenden fragen sich, ob sie künftig weniger gebraucht werden.

---

[47] Bidt, 2024.

Gerade wenn KI als Effizienzbooster verkauft wird, steht auch schnell die Frage im Raum, ob Effizienzgewinne in Personalabbau umschlagen werden.

Diese Ängste sind verständlich und dürfen nicht abgetan werden. Denn Akzeptanz entsteht nur, wenn die Beschäftigten eine positive Rolle für sich selbst sehen in einer neuen und KI-gestützten Arbeitswelt. Hier sind Unternehmen gut beraten, präventiv gegenzusteuern. Das Konzept der Technikfolgenabschätzung und einer sozialverträglichen Einführung von KI fordert, die Auswirkungen auf Arbeitsplätze systematisch zu prüfen. Im Idealfall identifiziert man früh, welche Tätigkeiten sich durch KI verändern werden und entwickelt Weiterbildungsmöglichkeiten, damit Mitarbeitende sich auf anspruchsvollere Aufgaben verlagern können, anstatt obsolet zu werden. In Betrieben mit starkem Arbeitnehmervertretungsnetz ist es zudem üblich in Betriebsvereinbarungen festzuschreiben, dass keine betriebsbedingten Kündigungen aufgrund von KI erfolgen oder dass freiwerdende Kapazitäten anderweitig genutzt werden (z. B. für Qualitätsverbesserung statt Personaleinsparung). Solche Regelungen wirken vertrauensbildend und tragen zur Entschärfung potenzieller Konflikte bei.

7.6.4 Good Practice: Personaleinbindung und Qualifizierung

Wie kann man also KI so einführen, dass die Menschen kooperieren, statt zu resignieren? Hier einige Good-Practice-Ansätze aus dem Beratungsalltag:

1. **Co-Design-Workshops:** Statt KI-Lösungen im stillen Kämmerchen zu entwickeln und dann auszurollen, bezieht man am besten frühzeitig Vertreter*innen der späteren Nutzenden ein. In sogenannten Co-Design-Workshops arbeiten Entwickler*innen, Fachexperten und Endanwender zusammen an der Gestaltung der KI-Anwendung. Zum Beispiel könnte ein Workshop zur Einführung eines KI Assistenzsystems in der Pflege Pflegekräfte, IT-Fachleute und vielleicht sogar Patientenvertreter an einen Tisch bringen. Man diskutiert Anwendungsfälle, mögliche Befürchtungen, aber auch Wünsche der Mitarbeitenden. Solch ein Workshop signalisiert Wertschätzung („Eure Expertise ist wichtig, damit die KI euch wirklich hilft") und liefert zugleich wertvolle Erkenntnisse, was die KI können und wie die Benutzeroberfläche aussehen muss. Oft identifizieren die Mitarbeitenden selbst Stolpersteine, an die das Entwicklungsteam nicht gedacht hätte. *Tipp: Moderation ist hier entscheidend und idealerweise moderiert jemand, der sowohl KI-Technik erklären kann als auch Empathie für die Arbeitsrealität der Mitarbeitenden hat.*
2. **Pilotprojekte mit Freiwilligen:** Ein bewährtes Vorgehen ist, zunächst einen KI-Piloten im kleinen Maßstab zu fahren mit beispielsweise einer Abteilung oder mit einer Gruppe technikaffiner Mitarbeiter*innen, bevor man die Lösung breiter einsetzt. Diese „Early Adopters" können die KI ausprobieren, Feedback geben und später als Multiplikatoren dienen. Wichtig ist, die Teilnahme freiwillig zu gestalten. Wer von Anfang an mitmacht, ist meist neugierig und offen, wodurch die Erfolgsaussicht steigt. Die Pilotgruppe kann Erfolge feiern

(z. B. „Durch KI 30 % weniger Tipparbeit in unserem Team") und diese Geschichten verbreiten. Gleichzeitig lassen sich im Pilotversuch Anlaufschwierigkeiten beheben, ohne gleich die ganze Organisation zu betreffen. Transparente Öffentlichkeitsarbeit über die Ziele und Ergebnisse des Piloten, etwa in Form eines internen Newsletters, hält auch die Nicht-Beteiligten informiert und baut Neugierde und Akzeptanz auf.

3. **Upskilling-Programme:** Ein zentraler Baustein für Akzeptanz ist die Qualifizierung der Beschäftigten. Es reicht nicht, eine neue KI-Software auszurollen und eine Kurzanleitung zu mailen. Die Belegschaft muss befähigt werden, mit der KI souverän umzugehen. Das umfasst zum einen technische Schulungen (Wie benutze ich das Tool? Was bedeuten die Ergebnisse? Wo sind die Grenzen?), aber auch kompetenzorientierte Entwicklung. Beispiel: Wenn KI einer/m Sachbearbeiter*in Routineentscheidungen abnimmt, sollte man diesen vielleicht in Kommunikation oder Spezialwissen weiterbilden, damit er in zukünftigen Aufgabenfeldern seine Kompetenzen wirkungsvoll entfalten kann, anstatt sich unterfordert zu fühlen. In einigen Unternehmen werden „KI-Führerscheine" oder ähnlich benannte Kurse eingeführt, damit lernen Mitarbeitende grundlegend, was KI ist, wo sie im Unternehmen eingesetzt wird und wie sie mitgestalten können. Weiterhin sinnvoll sind Peer-Learning-Gruppen: Mitarbeitende, die im Umgang mit der KI geübt sind, teilen ihr Wissen mit Kolleg*innen (dies fördert zugleich den Austausch und nimmt Ängste, weil man von Kolleg*innen lernt, statt von außenstehenden „Experten"). Laut Stifterverband/McKinsey wünschen sich über 86 % der befragten Führungskräfte stärkere Kooperation mit Hochschulen, um KI-Kompetenzen ins Unternehmen zu holen.[48] Dies zeigt, wie essenziell das Thema Qualifizierung eingeschätzt wird.

4. **Mitbestimmung und Transparenz:** In Deutschland haben Betriebsräte bei Einführung von neuen Technologien ein Mitspracherecht (Mitbestimmung nach § 87 BetrVG). Eine Studie des Weizenbaum-Instituts betont, dass kooperative Zusammenarbeit zwischen Management und Betriebsrat die KI-Einführung erheblich erleichtert.[49] In etwa der Hälfte der untersuchten Betriebe funktionierte diese Kooperation gut, da dort Betriebsräte früh informiert wurden, ihre Bedenken einbringen konnten und Lösungen mitgestalten durften. Ergebnis: höhere Akzeptanz in der Belegschaft und weniger Konflikte. In der anderen Hälfte jedoch gab es Konflikte und Verzögerungen, weil Betriebsräte erst spät eingebunden oder übergangen wurden. Good Practice heißt daher: Interessensvertretungen von Anfang an einbeziehen. Gemeinsame Projektgruppen „Zukunft der Arbeit mit KI" können geschaffen werden, in denen Arbeitgeber- und Arbeitnehmerseite gemeinsam Kriterien für den KI-Einsatz entwickeln (z. B. kein Monitoring zur Leistungskontrolle, Klärung von

---

[48] Rampelt, 2025.

[49] Krzywdzinski, 2024.

Abb. 7.100 Stufenmodell für die Einführung von KI

Qualifizierungsschritten, etc.). Außerdem sollte es transparente Richtlinien geben: Was darf die KI, was nicht? Eine interne KI-Policy kann festlegen, wofür die KI genutzt werden soll und wofür aus ethischen oder rechtlichen Gründen nicht. Die bidt-Studie (2024) zeigte, dass bislang nur gut 20 % der Arbeitnehmer angeben, dass ihr Arbeitgeber klare Vorgaben zum Umgang mit generativer KI aufgestellt habe.[50]

Zusammengefasst Mensch und Maschine müssen im Einklang betrachtet werden. Eine technisch perfekte KI nützt nichts, wenn die Menschen sie nicht akzeptieren oder falsch anwenden. Sozial gut eingebettete KI hingegen kann erstaunlich reibungslos in den Arbeitsalltag übergehen – dann nämlich, wenn die Beschäftigten von Objekten der Digitalisierung zu Subjekten der Gestaltung werden.

7.6.5   Handlungsempfehlungen für die KI-Einführung

Abschließend werden konkrete Handlungsempfehlungen für Beratende und Unternehmen formuliert, die KI-Projekte angehen möchten. Sie basieren auf den vorangegangenen Analysen und Erfahrungen.

Eine KI-Einführung lässt sich vereinfacht in vier aufeinander aufbauende Phasen gliedern (siehe Abb. 7.100):

---

[50] bidt-Studie, 2024.

Phase 1 Digitalisierung. Erst digitalisieren, dann optimieren. Unternehmen sollten zunächst sicherstellen, dass Kernprozesse mit geeigneter Software unterstützt werden und relevante Daten digital anfallen. Beispiele: Einführung eines ERP- oder CRM-Systems, Umstellung auf elektronische Dokumente, Vernetzung von Maschinen via IoT. Ziel ist es, Daten und Schnittstellen zu haben, auf denen man später KI aufsetzen kann. Zudem schafft Digitalisierung Transparenz, indem Abläufe besser verstanden werden und Engpässe erkannt werden. Diese Phase beinhaltet auch Grundlagen wie die Schulung der Mitarbeitenden in digitalen Tools (Digitalkompetenz). Ohne dieses Fundament sollte kein KI-Projekt gestartet werden.

Phase 2 Daten vorbereiten. In dieser Phase geht es um Datenmanagement und -qualität. Die IT richtet eventuell Data Lakes oder Warehouses ein, bereinigt Daten und es werden Verantwortlichkeiten (Data Governance) etabliert.

▶ *Tipp: Definieren Sie früh einen „Single Point of Truth" für Daten. Alle KI-relevanten Daten sollten möglichst zentral verfügbar und konsistent sein. Datenschutz und Sicherheitsaspekte sind hier ebenfalls zu adressieren. Ein guter Ansatz ist die Erstellung eines kleinen Datenkatalogs. Parallel können bereits kleine Analysen gefahren werden, um die Daten besser kennenzulernen (z. B. mit Business Intelligence-Tools) das schafft Vertrauen in die Datenbasis und deckt früh Probleme auf.*

Phase 3 KI-Pilot. Nun wird ein konkreter KI-Anwendungsfall identifiziert, der einen echten Mehrwert bieten soll, aber begrenzt genug ist um als Pilotprojekt zu dienen. Kriterien zur Auswahl: Machbarkeit (gibt es genug Daten, ist das Problem KI geeignet?), Nutzen (löst es einen schmerzhaften Pain Point?) und Akzeptanz (ist es in einem Bereich, wo Offenheit herrscht?). Mit einem interdisziplinären Team (IT+Fachbereich+ggf. Berater*in) wird ein Prototyp entwickelt. Wichtig: Agile und iterative Vorgehensweise, sowie ständiges Einbinden der Endnutzer für Feedback. In dieser Phase sollte man Metriken festlegen, um Erfolg zu messen (z. B. Genauigkeit des Modells, Zeiteinsparung, User-Zufriedenheit).

▶ *Tipp: Planen Sie genügend Zeit für Training und Daten-Iteration ein. Fast kein KI-Modell funktioniert auf Anhieb perfekt – Schleifen sind normal. Kommunizieren Sie das auch an die Stakeholder, um überzogene Erwartungen zu managen.*

Phase 4 Roll-out & Skalierung. Hat der Pilot seinen Mehrwert gezeigt (ggf. nachjustiert nach Feedback), geht es an die Produktivsetzung und Skalierung. Das heißt konkret: Integration der KI in die regulären Systeme und Prozesse, Schulung aller betroffenen Mitarbeitenden Aufsetzen von Monitoring für die KI-Lösung. Man sollte Erfolge des Piloten intern publik machen, um Pull-Effekte zu erzeugen („Wir wollen das in unserer Abteilung auch!"). Gleichzeitig gilt es Lessons Learned aus dem Piloten zu dokumentieren, bevor man skaliert. Jede weitere Abteilung hat vielleicht Eigenheiten und hier hilft es, von Anfang an in jeder Skalierungsstufe wieder das Personal einzubeziehen. Wenn die Phase 4 erfolgreich verläuft, ist der Weg offen neue KI-Anwendungsfälle (wieder zurück zu Phase 3 für ein anderes Thema) anzugehen und so das KI-Portfolio schrittweise zu erweitern.

▶ *Tipp: Behalten Sie die Kontrolle über die KI-Landschaft. Verhindern Sie Wildwuchs, indem Sie z. B. ein zentrales KI-Komitee etablieren, das den Überblick hat, wo KI eingesetzt wird, und für Standards sorgt (analog zu IT-Governance).*

Leitfaden Technologiefolgenabschätzung (TFA) Neben dem technischen Vorgehen sollte parallel immer eine Art Begleit-Check laufen, der die sozialen, ethischen und organisatorischen Folgen im Blick hat. Angelehnt an etablierte TFA-Methoden lassen sich folgende Fragen als Leitfragen stellen, bevor eine KI-Lösung voll eingeführt wird:

1. **Arbeitsplatzeffekte**
   - Aufgabenanalyse: Welche Tätigkeiten verändert oder automatisiert die KI?
   - Wegfallende Aufgaben: Entfallen bestimmte Tätigkeiten komplett?
   - Weiterbeschäftigung: Können betroffene Mitarbeitende umgeschult oder anderweitig eingesetzt werden?
   - Beschäftigungssicherung: Gibt es verbindliche Zusagen oder Vereinbarungen?
2. **Arbeitsorganisation**
   - Prozessanpassungen: Ändern sich Abläufe, Verantwortlichkeiten oder Teamstrukturen?
   - Entscheidungskompetenzen: Trifft die KI-Entscheidungen, die bisher ein Teamleiter getroffen hat?
   - Mitbestimmung: Sind Betriebsrat/Personalrat und andere Vertretungen einbezogen und einverstanden?
3. **Gesundheit & Belastung**
   - Belastungsanalyse: Führt die KI zu höherem Arbeitstempo, Stress oder Arbeitsdichte?
   - Pausen & Ergonomie: Müssen Pausenregelungen oder ergonomische Maßnahmen angepasst werden?
   - Überlastungsschutz: Gibt es Monitoring- oder Frühwarnsysteme für Überbelastung?
4. **Qualifikation**
   - Kompetenzbedarf: Welche neuen Skills benötigen die Mitarbeitenden?
   - Schulungsplan: Sind Trainings geplant, zeitlich eingeordnet und finanziert?
   - Förderprogramme: Gibt es spezielle Angebote für „digitale Nachzügler"?
5. **Akzeptanz & Beteiligung**
   - Information: Wurden alle Mitarbeitenden frühzeitig und verständlich informiert?
   - Feedback-Runden: Gab es Workshops, Pilotphasen oder Tests mit Nutzerfeedback?

- Kommunikation: Existiert ein Plan, um Fortschritte und Änderungen transparent zu machen?

6. **Datenschutz & Ethik**
   - Datenkategorien: Verarbeitet die KI personenbezogene Daten von Mitarbeitenden oder Kunden?
   - Rechtskonformität: Sind Datenschutzbeauftragte, Betriebsrat und ggf. Betroffene einbezogen, Einwilligungen eingeholt?
   - Bias-Prüfung: Werden Diskriminierungsrisiken und Fairness regelmäßig geprüft?
   - Erklärbarkeit: Kann das System seine Entscheidungen nachvollziehbar begründen?

7. **Notfallplan**
   - Fehlermanagement: Gibt es definierte Abläufe bei Fehlentscheidungen oder Systemausfällen?
   - Human Oversight: Ist eine menschliche Überprüfung („Human-in-the-Loop") vorgesehen?
   - Verantwortlichkeiten: Wer trägt die Verantwortung im Fehlerfall?
   - Fallback-Lösungen: Gibt es manuelle oder alternative Prozesse als Backup?

8. **Externe Auswirkungen**
   - Kundenperspektive: Wie verändert sich die Interaktion mit Kunden/Bürgern?
   - Akzeptanz extern: Wurden externe Stakeholder befragt oder informiert?
   - Außenkommunikation: Gibt es Strategien, um Vertrauen in KI-gestützte Services aufzubauen?

Persönliche Reflexion & Ausblick

Zweitens sollten Unternehmen und Beratende verstärkt integrierte Teams aus Technik- und Sozialexpert*innen bilden, wenn die Umsetzung mit KI-Lösungen erfolgen soll. So lässt sich die Technikfolgenabschätzung von Beginn an verankern. Die EU wird mit dem bereits angelaufenen AI Act regulatorische Anforderungen an risikoreiche KI stellen und Unternehmen tun gut daran, proaktiv solche multidisziplinären Checks einzuführen, bevor es der Gesetzgeber vorschreibt. Die Erfahrung zeigt: Vielfältige Teams machen bessere KI-Lösungen, weil sie mehr Perspektiven berücksichtigen.

Drittens und hierbei handelt es sich eher um einen gesellschaftlichen Wunsch, hoffe ich, dass sich die Erzählung von KI wandelt. Weg von Sensationslust („KI nimmt uns alle Jobs" oder „KI löst alle Probleme") hin zu einer pragmatischeren, menschorientierten Haltung. KI ist weder Heilbringer noch Teufelszeug, sondern ein Werkzeug, das wir gestalten können. Dafür muss aber der Diskurs versachlicht werden. In den nächsten Jahren sollten wir weniger fragen „Was kann die neueste KI?", sondern mehr „Wie setzen wir KI sinnvoll und fair ein?". Diese Reife in der Debatte würde den Boden bereiten, dass Unternehmen ohne Angst und ohne Übermut an KI herangehen, sondern solide, datengetrieben und sozialverträglich.

Für mich persönlich bleibt die Arbeit als Berater in diesem Feld faszinierend. Ich sehe, wie aus anfangs skeptischen Teams begeisterte Mitgestalter werden,

Jahr	x	x+1	x+2	x+3	x+4
Mitarbeiter:	5.890	5.725	5.200	4.520	3.800
Umsatz in T€:	478.500	472.400	423.740	387.910	360.000
Jahresüberschuss/	4.650	4.730	4.285	-7.530	-12.000
-fehlbetrag in T€					
Investitionen in T€:	29.300	28.800	19.000	19.600	20.000
Produktionsorte:	7 an 6 Standorten in der gleichen Region				
	2 Rohstoffbetriebe				

Abb. 7.101 Kennzahlen Unternehmen Porcelain

wenn man den richtigen Zugang findet. KI wird unsere Arbeitswelt weiter verändern, aber die Veränderung selbst liegt in unserer Hand. Wenn wir eines aus den bisherigen Projekten gelernt haben, dann das: Technologiegestaltung ist auch Sozialgestaltung.

7.7   Insights: Das Projekt „TAM-Porzellanhersteller"[51]

Christian Aichele

Nicht immer ist der Einsatz von Beratern von Erfolg gekrönt. Das folgende Projektbeispiel zeigt auf, wie fehlende Erfolgsfaktoren auch den qualifizierten Einsatz von Beratern in hoher Quantität ein Unternehmen nicht in die Erfolgsspur zurückführen.

7.7.1   Die Ausgangssituation

Das Unternehmen Porcelain ist ein traditionsreicher Porzellanhersteller, der Porzellan für die Sparten Wohnen und Gastronomie produziert. Kunden der Sparte Wohnen sind der Handel, Einrichtungshäuser und Kaufhäuser, Kunden der Sparte Gastronomie sind Restaurants, Gaststätten, Hotels und Hotelketten, Fluggesellschaften, Kantinen und Catering-Betriebe. Zu dem Zeitpunkt der Ausgangssituation bestand kein Onlineshop oder -handel.

Die Branchensituation war von zahlreichen Problemen gekennzeichnet (siehe Abb. 7.101):

---

[51] TAM = Turnaround Management–Unternehmenssanierung: Rettung in Schieflage geratener Unternehmen durch eine Vielzahl von adäquaten Maßnahmen.

- **Stagnierende bzw. sinkende Umsätze**

  Die Nachkriegsgeneration und die Generation der Baby Boomer hatte sich bereits mit Porzellan und Services eingedeckt. Bei den folgenden Generationen (X u. a.) war der Bedarf für hochwertiges Porzellan gering, vorkonfigurierte Küchensets (bestehend aus Geschirr und Besteck) aus dem Möbelhaus waren saturierend. Das führte bei allen Herstellern von hochwertigem Porzellan insbesondere im Bereich Wohnen zu sinkenden Absätzen und Umsätzen. Aktionen, Rabatte und Preissenkungen führten zu weiteren Umsatzminderungen.

- **Wachsende Konkurrenz aus Osteuropa, Ostasien und der europäischen Union**

  Billiglohnländer aus aufstrebenden Ländern Osteuropas und Ostasiens sowie aus der EU konnten Porzellan kostengünstiger produzieren und auch trotz teilweise geringerer Qualität gut absetzen. Die Markennamen der hochwertigen, inländischen Porzellanhersteller hatten ihre Zugkraft verloren.

- **Zu realisierende Verkaufspreise decken kaum Herstellkosten**

  Aus den oben angeführten Gründen wurden, um den Absatz nicht weiter zu reduzieren, die Verkaufspreise massiv reduziert, teilweise unter die Herstellkosten (siehe Gewinnentwicklung Abb. 7.101)

- **Überangebot vorhanden und der Markt war übersättigt**

  All diese Entwicklungen führten zu einem Überangebot von preiswertem, teilweise auch hochwertigem Porzellan. In einer solchen Marktsituation war es schwierig die Preise zu halten und nicht in eine weitere Preissenkungsspirale zu landen.

Auffällig sind die Rückgänge der Mitarbeiteranzahl und des Umsatzes, was zu den entsprechenden Jahresfehlbeträgen in den Jahren $x+3$ und $x+4$ führte. Auch die Investitionen sind deutlich verringert worden (ca. 30 %). Inhaltlich war die Investition in dem Jahr $x+4$ der Einführung einer neuen Standardsoftware geschuldet.

Die Produktionsstandorte von Porcelain (in der Folge mit PC abgekürzt) waren historisch bedingt auf 6 Standorte verteilt. In der Vergangenheit wurden mehrere Porzellanunternehmen akquiriert und suboptimal in PC integriert, die Gemeinkostenbereich wurden zum Teil zusammengeführt, die logistischen Bereiche blieben getrennt. Was dazu führte, dass jede Marke hatte ihre eigene Produktionseinheit behielt (7 Produktionseinheiten mit eigenen Lokationen). Darüber hinaus gab es noch 2 Rohstoffstandorte, in denen das Grundmaterial (Kaolin) für die Porzellanherstellung abgebaut und aufbereitet wurde. Diese Aufbereitung fand parallel auch in einigen Produktionsstandort. Die Gebäude und die Technik waren überaltert, grundlegende Erneuerungen in Produktionsgebäude und Produktionstechnik hatten seit Jahrzehnten nicht mehr stattgefunden. Der Vorstand jedoch (insgesamt vier Vorstände: Vorsitzender, Marketing, Produktion und Vertrieb) residierte in einer großbürgerlichen Villa, mit jeweils einem Vorzimmer von 40 m^2 und einem eigenen Büro von 80 m^2.

Auch im Bereich IT wurden unterschiedlichste ERP-Systeme, Logistiksysteme und Auswertungssysteme eingesetzt. Um zumindest die ERP- und Logistiksysteme zu vereinheitlichen, wurde im Jahr $x+4$ entschieden die Standardsoftware SAP einzuführen. Beauftragt wurde ein regionales IT-Beratungsunternehmen (Beratungsunternehmen 1 = BU1), das gemeinsam mit der internen IT (PC-IT, zum damaligen Zeitpunkt 35 Mitarbeiter) die Standardsoftware produktiv setzen sollten. Am Ende der Einführung wurde entschieden, das System mit dem neuen Jahr zu starten. Am 19.12. wurden die Fachbereiche informiert und die letzten Funktions- und Integrationstest sollte durch die Mitarbeiter der Fachbereiche (Technik, Materialwirtschaft/Einkauf, Produktion, Vertrieb, Versand sowie Finanzbuchhaltung und Kostenrechnung) durchgeführt werden. Aufgrund des noch laufenden Weihnachtsgeschäfts und einer guten Auslastungslage durch noch zahlreiche abzuarbeitende Aufträge wurden vor Weihnachten so gut wie keine Tests durchgeführt. Zwischen Weihnachten und Neujahr hatten die Fachbereiche Urlaub. In dieser Urlaubsperiode wurde das Neusystem produktiv gesetzt und das Altsystem angeschaltet. Im neuen Jahr waren im Neusystem keine aktuellen Bewegungsdaten vorhanden, es konnten weder Produktionsmaterialien noch Fertigprodukte gefunden werden, bestehende Kundenaufträge waren nur in Papierform vorhanden, Produktionsaufträge ebenso. Die logistischen Bereiche behalfen sich mit einer analogen Abarbeitung der Produktionsaufträge und der Kundenaufträge. Fertiggestellte Kundenaufträge wurden verpackt und versendet, ohne dass eine systemseitige Eingabe erfolgte. Die Debitorenbuchhaltung wurde informiert, aber eine Rechnungsstellung fand nur teilweise statt, da weder die korrelierenden Kundenaufträge noch die dazugehörigen Produktionsaufträge im System geführt wurden. Es stellt sich auch heraus, dass die Mitarbeiter nur unzureichend in dem neuen System geschult waren und es erhebliche Defizite im Umgang mit der Software gab. Vorstand und Aufsichtsrat von PC eskalierten die Probleme u. a. auch mit dem Softwarehersteller, der versuchte mit einem Expertenteam die softwareseitigen Probleme zu minimieren. Der Berater B1 wurde vor die Tür gesetzt. Nachträgliche Regressforderungen verliefen im Sande. Von den im ersten Quartal der Neueinführung versendeten Produkte wurden weniger als 50 % akkurat fakturiert. Infolgedessen waren die Verluste erheblich.

Der Aufsichtsratsvorsitzende (ARV) war gleichzeitig Geschäftsführer eines Herstellers von Haushalts-, Gastronomie- und Hotelleriewaren (Unternehmen HGH). HGH war Hauptanteilseigner von PC. Der AVR beauftragen ein auf die Standardsoftware und auf Geschäftsprozessanalysen und -optimierungen spezialisiertes Beratungsunternehmen mit der Analyse der IST-Situation und der Erstellung eines Gutachtens zur erfolgten Softwareeinführung (Beratungsunternehmen 2 = BU2). Über das Gutachten waren nur der AVR und der Vorstandsvorsitzende informiert, dem Rest des Vorstandes und allen Mitarbeitern wurde das Projekt als Optimierung der Geschäftsprozesse und Optimierung des Softwareeinsatzes verkauft.

7.7.2 Das Gutachtenprojekt

Das Gutachtenprojekt wurde von 2 Unternehmensberatern des BU2 durchgeführt (B21 und B22). Die Projektleitung lag bei B21, die Aufgabe von B22 war die Darstellung der Ist- und Soll-Geschäftsprozesse und die Validierung der aufgenommenen Geschäftsprozesse mit den Mitarbeitern der Fachbereiche. Schwerpunkt der Prozessanalyse lag auf den logistischen Prozessen. Daneben wurde für das Gutachten die Problembereiche der erfolgten Standardsoftwareeinführung analysiert und die Mängelberichte und Beschwerden der Fachbereiche aufgenommen. Zusammenfassend wurde folgende Unzulänglichkeiten des Einführungsprojektes festgestellt:

- Keine Migration der Bewegungsdaten, insbesondere noch nicht fertiggemeldete Auftragsdaten wurden nicht aus dem Altsystem übernommen (Kundenaufträge, Produktionsaufträge, Fakturadaten, offene Bestellungen, Materialbestände
- Unzureichende Migration der Stammdaten (Materialstämme, Lagerorte, Produktionskapazitäten)
- Unzureichende Schulung der Standardsoftware für die Fachbereichsmitarbeiter
- Zu kurze Testphase der Funktionen (Transaktionen) und der Integration und fehlende Überprüfung der Testergebnisse
- Keine Einplanung einer Parallelbetriebsphase für das Altsystem und das Neusystem
- Chaotische manuelle und analoge Abwicklung der Geschäftsprozesse im ersten Quartal der Neueinführung
- Kein oder unzureichender digitaler Nachvollzug der abgewickelten Geschäftsprozesse
- Mangelnde Kommunikation der PC-IT mit den Fachbereichen, unzureichender Informationsfluss
- Keine Reaktion der PC-IT auf Beschwerden der PC-Fachbereiche
- Das Unternehmen BU1 hatte die Prozesse der Standardsoftware zum großen Teil richtig eingestellt, jedoch nahezu alle Ausnahmeprozesse nicht berücksichtigt. Die Datenmigration war ungenügend, die Systemtests unzureichend. Die Kommunikation mit BU1 fand ausschließlich durch die PC-IT statt. Die Fachbereiche waren in keiner Phase ausreichend eingebunden.

Das Gutachten und die Ergebnisse der Prozessanalyse sollten durch den Projektleiter B21 und den Geschäftsführer des Beratungsunternehmen BU2 dem gesamten PC-Vorstand und den PC-Fachbereichsleitern in einem abschließenden Meeting vorgestellt werden. Vorab ging das Gutachten an den Vorstand Produktion und den Fachbereichsleiter IT. Parallel erhielt der AVR, wie zuvor abgestimmt, das Gutachten.

Das Projekt hatte eine Dauer von 10 Wochen, der Beratungsaufwand lag bei 60 Beratertagen, paritätisch verteilt auf den B21 und B22.

An dem Tag des Meetings wurden der GF von BU2 und die Berater B21 und B22 erst einmal in ein Besprechungszimmer geparkt. Nach einer längeren Wartezeit wurden sie in das Vorstandsbüro des Vorstands Produktion gebracht. Dort warteten der Vorstand Produktion und der Leiter der PC-IT mit bitterbösen Mienen. Nach einer eher unfreundlichen Begrüßung begann der Vorstand Produktion mit einem langandauernden Monolog. Der Präsentationstermin sei abgesagt, der Inhalt des Gutachtens und der Prozessanalyse sei despektierlich und unverschämt und würde absolut nicht der Wahrheit entsprechen. Das Gutachten mit einer

Seitenstärke von 50 Seiten war zu über 90 % geschwärzt. Das Beratungsunternehmen BU2 sei seiner Aufgaben enthoben und das Beratungsprojekt sei beendet. Nach ca. 1 h des gründlichen Kopfwaschens wurden die Mitarbeiter des BU2 entlassen. Eine Möglichkeit des Dialogs und eventueller Begründungen wurde nicht gegeben. Die Verabschiedung war sehr frostig.

Eine Woche später meldete sich der AVR bei dem GF BU1. Die Vorstände Produktion, Vertrieb und Marketing sowie der Leiter PC-IT sind freigestellt und das Projekt Prozessoptimierung könne sofort weitergehen. Außerdem sollte der B21 die IT-Leitung übernehmen und entscheiden, ob weitere Beratungskapazitäten notwendig seien.

7.7.3 Das Projekt Prozessoptimierung und die Beraterflut

Die Berater B21 und B22 setzten das Projekt Prozessoptimierung fort und erstellten mit den Mitarbeitern der Fachbereiche die Soll-Geschäftsprozesse. Zur organisatorischen und systemseitigen Optimierung der Prozesse wurde weitere Berater notwendig (B23 – B26). Der Berater B21 sagte die langfristige Übernahme der IT-Leitung ab, Interim-Management sei nicht im Angebotsspektrum von BU2.

Der AVR suchte in der Zwischenzeit Ersatz für den geschassten Vorstand. Aufsichtsratsvorsitzender von HGH und gleichzeitig war der Vorstand einer renommierten, internationalen Großbank (VGB), die gleichzeitig neben HGH einer der Großaktionäre von PV war. Parallel war VGB im Aufsichtsrat eines großen, internationalen Automobilunternehmens. Einer der dortigen Vorstände hatte einen Bruder, der in einer bekannten Strategieberatung seit mehreren Jahren tätig war. Durch diesen Konnex wurde der neue Vorstand für Logistik, Vertrieb und Marketing bestimmt (LVM). LVM war insbesondere im Bereich Mergers & Acquisitions und Unternehmenssanierung erfahren. Seine Kenntnisse im Bereich Logistik waren limitiert. So musste z. B. der Berater B21 dem LVM das Prinzip der belastungsorientierten Auftragsfreigabe erklären. Im Zuge der Unerfahrenheit gelang es dem Beratungsunternehmen BU2 weitere Projekte zu positionieren (Vertriebsoptimierung, Marketingkonzept mit den Beratern BU27 – BU210). Für die strategische Neuorientierung von PC engagierte LVM eine Strategieberatung BU3. Diese erarbeitete u. a. eine Produktsegmentkonzept. Die Produktion wurde z. T. in das osteuropäische Ausland und nach Südasien verlagert. Der Vorstand LVM und sein neuer Fachbereichsleiter Vertrieb inspizierten u. a. Hersteller in Sri Lanka für die Produktion von Oster- und Weihnachtsaktionen. Flüge 1. Klasse und Unterbringung in Top-Hotels waren dafür natürlich erforderlich.

Der AVR bestimmte für die langfristige Übernahme der IT-Leitung einen Unternehmensberatung BU4. Die Berater BU41 und BU42 übernahmen die IT-Leitung und die IT für den Bereich Finanzen. B21 sollte weiterhin für die Produktion zuständig sein, ein PC-Mitarbeiter wurde für den IT-Bereich Vertrieb eingesetzt. Aufgrund des despotischen und rüden Leitungsstil von BU41 und der offensiven Abwerbungen durch den ehemaligen IT-Leiter, der mittlerweile Mitarbeiter eines mittelständigen, regionalen IT-Dienstleisters war, schmolz die Mitarbeiteranzahl

von 35 auf ca. 20 herunter. Fehlende Kapazitäten wurden durch den BU41 insbesondere durch Freelancer aufgestockt. Die gesamte Berateranzahl der Unternehmen BU2, BU3, BU4 inklusive zahlreicher Freelancer betrug zu Höchstzeiten
ca. 30 (Fulltime), die Kosten für Beratung betrugen im ersten Jahr 20 Mio. Währungseinheiten, diese Kosten entsprachen nahezu dem Jahresfehlbetrag von PC.

Die Berater von BU3 wurden übrigens von den anderen Beratern nie gesichtet,
nur die leeren Pizzatüten zeugten von der physischen Anwesenheit. Die Berater
von BU3 kamen immer frühmorgens vor allen anderen und waren bis Spätabends
in ihrem Büro. Ggf. haben sie auch dort übernachtet.

Klausurtagungen des Vorstands und größere Meetings wurde außerhalb des
Unternehmenshauptsitzes in einem eigenen Jagdschloss durchgeführt. Dort trafen
sich mehrfach die Vorstände, die Fachbereichsleiter und die Verantwortlichen der
Beratungsunternehmen. Auch bei diesen Meetings und Klausurtagungen wurden
die Berater von BU3 nie gesichtet. Scheinbar hatte nur der Vorstand LVM physisch mit den Beratern in Kontakt. Kolportiert wurde eine Anzahl von mindestens
5 Beratern (korrelierend zu den leeren Pizzakartons, die morgens herumlagen).

7.7.4 Ausgangssituation und Ergebnisse der TAM-Projekte

Der Gemeinkostenanteil von PC war mit 80 % extrem hoch. Damit war PC äußerst anfällig für Konjunkturschwankungen. Die Geschäftsprozesse waren stark
strukturiert und wenig flexibel. Alle Geschäftsprozesse wurden durch PC selbst
durchgeführt (siehe Abb. 7.102).

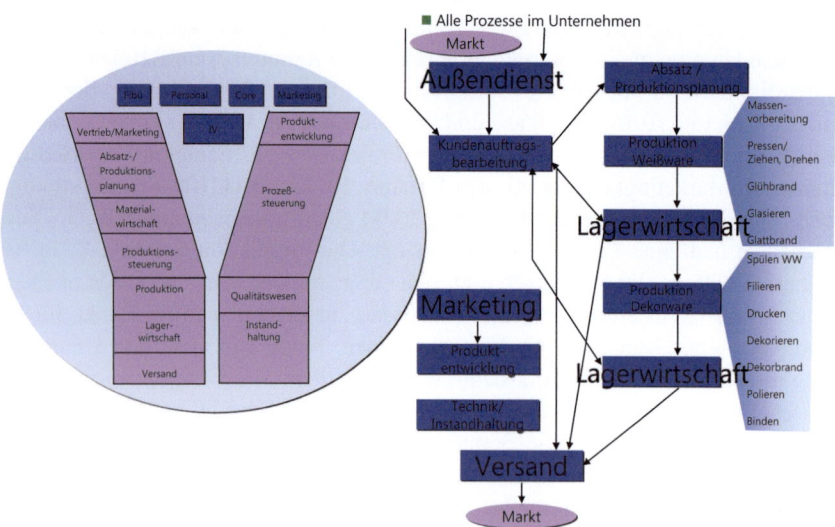

Abb. 7.102 Turnaround Management Ausgangssituation

Die Produktion von Porzellan besteht aus zwei wesentlichen Schritten, zuerst die Produktion der Form, bzw. der Weißware, dann die Dekorierung. Diese Schritte können zeitversetzt erfolgen, mit der Notwendigkeit, dass die Weißware vor dem zweiten Schritt gereinigt werden muss. Aus einer Form können mehrere Dekore erstellt werden. Die Anzahl der Formen ist vordefiniert und limitiert, kundenspezifische Formen sind selten, kundenspezifische Dekore die Regel (z. B. der Hotelname). Die Produktion der Weißware erfolgt in den folgenden Schritten:

1. Massenvorbereitung (Kaolin)
2. Pressen, Ziehen, Drehen der Masse und Einbringen in die Form
3. Glühbrand
4. Glasieren
5. Glattbrand

Die Produktion der Dekorware erfolgt in den folgenden Schritten:

1. Spülen der Weißware
2. Filieren, Entfernen der Grate
3. Drucken des Dekors
4. Dekorieren: Aufbringen des Dekors auf die Weißware, ggf. manuelles Dekorieren/Bemalen
5. Dekorbrand
6. Polieren
7. Binden

Alternativ zur Weißware ist zum kleinen Produktionsanteil auch die Erstellung von farbigem Porzellan möglich.

Der Außendienst (Vertrieb) meldet die Kundenaufträge an die Kundenauftragsbearbeitung. Durch die Kundenauftragsbearbeitung und die Absatzplanung für die kundenauftragsneutrale Bedarfe werden die Produktionsaufträge determiniert. Dann erfolgt die Produktion der Weißware und die Einlagerung durch die Lagerwirtschaft. Zum definierten Zeitpunkt erfolgt die Produktion der Dekorware und danach wieder die Einlagerung. Zum definierten Zeitpunkt erfolgt der Versand der Produkte an die Kunden. Die Prozesse Marketing und Produktentwicklung erfolgen relativ unabhängig von den logistischen Prozessen. Marketing war für die Positionierung der Marke und des die Etablierung des Renommees zuständig und gab der Produktentwicklung Hinweise für potenziell nachgefragte Formen und Dekors. Die Produktentwicklung entwarf die Formen und Dekore aus künstlerischen Inspirationen, weniger aus Indizien der Markt- und Konkurrenten-Beobachtung und noch weniger aus den Informationen von Kundenanfragen und -bedarfen. Forme und Dekore waren klassisch, kolportierend ausgesagt sehr antiquiert.

Die Ist-Situation war gekennzeichnet durch die Aufteilung in die beiden Sparten Wohnen und Gastronomie sowie der hohen Anzahl an Produktionslokationen und Produktionseinheiten (siehe Abb. 7.103).

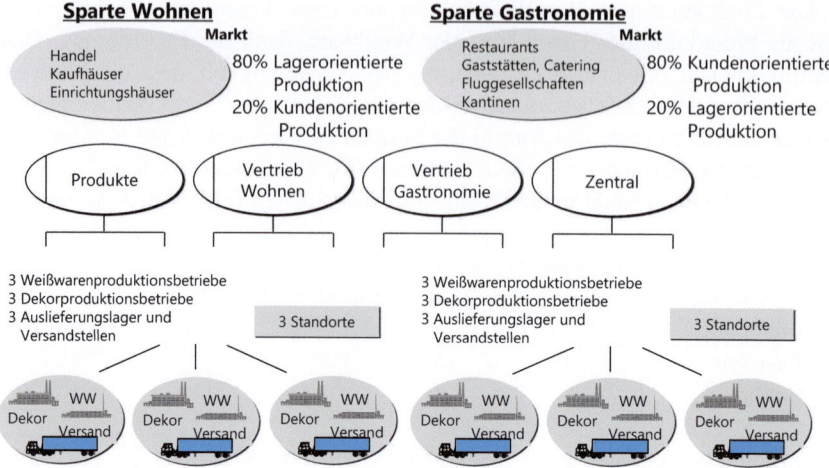

Abb. 7.103 Turnaround Management Ausgangssituation Organisationsstruktur

Das Ergebnis der Projekte war eine Reduktion des Gemeinkostenanteils auf unter 20 %, eine Reduzierung der Herstellkosten durch Outsourcing der Herstellung von definierten Produktsegmenten und flexiblere, dynamischere Geschäftsprozesse (siehe Abb. 7.104).

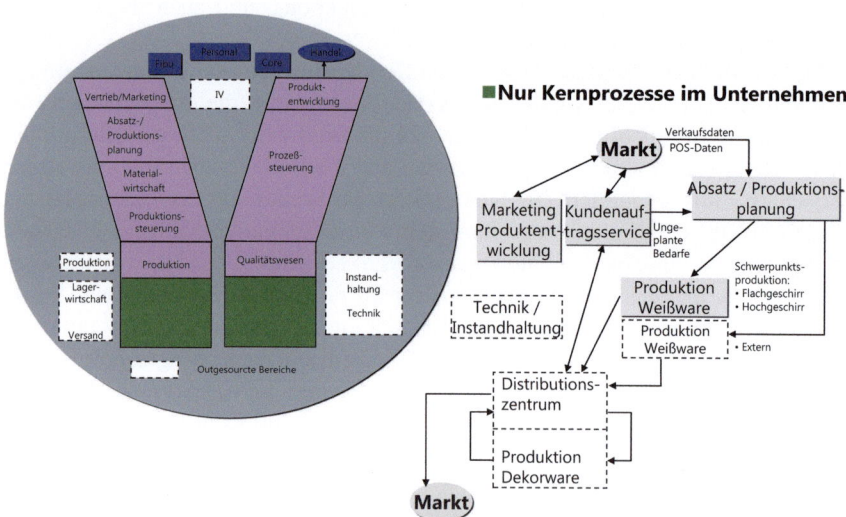

Abb. 7.104 Turnaround Management Projekte Ergebnisse

Der Fachbereich Technik und Instandhaltung wurde durch ein Management Buy-Out outgesourct (Verantwortlich BU3). Nur noch bezogene Leistungen wurden durch PC bezahlt. Das outgesourcte Unternehmen sollte auch für den externen Markt Leistungen erbringen. Die Produktion von bestimmten Produktsegmenten insbesondere von Sonderaktionen wurden nach Sri Lanka und Tschechien outgesourct (Verantwortlich BU3). Größtes und teuerstes Projekt war der Bau eines Distributionszentrums, in dem die Lagerwirtschaft und der Produktionsschritt Dekoration zentral für alle Produktionseinheiten durchgeführt werden sollte. Die vorgesehene, staubfreie Lagerung der Weißwaren war nicht möglich, eine Spülung und Reinigung der Weißware vor der Dekoration war weiterhin notwendig. Die Konzeption der Lagerverwaltungssystems erwies sich als komplexer und langwieriger Prozess, in dem das Generalunternehmen Bau, das Softwareunternehmen, weitere externe Spezialisten (BU5, mit B51 und B52), Berater von BU2 und Mitarbeiter von PC eingebunden waren. Dieser Konzeptionsprozess dauerte nahezu ein Jahr und erforderte zahlreiche Abstimmsitzungen (Verantwortlich BU5, Mitarbeit von BU2). Nur die Kernprozesse verblieben in einer optimierten Form bei PC. Die Marktdaten steuerten Marketing und Produktentwicklung. Kundenaufträge und Point-of-Sales (POS) Daten gingen direkt in die Absatz- und Produktionsplanung ein. In den bisherigen Produktionseinheiten verblieb nur eine Schwerpunktproduktion für Weißwaren (Flach- und Hochgeschirr). Aufträge zur Dekoration gingen an das Distributionszentrum, das als eigenständige Tochterfirma agierte (Verantwortlich für die Prozessoptimierung BU2).

Auch für die Organisationsstruktur wurden Optimierungen durchgeführt (siehe Abb. 7.105).

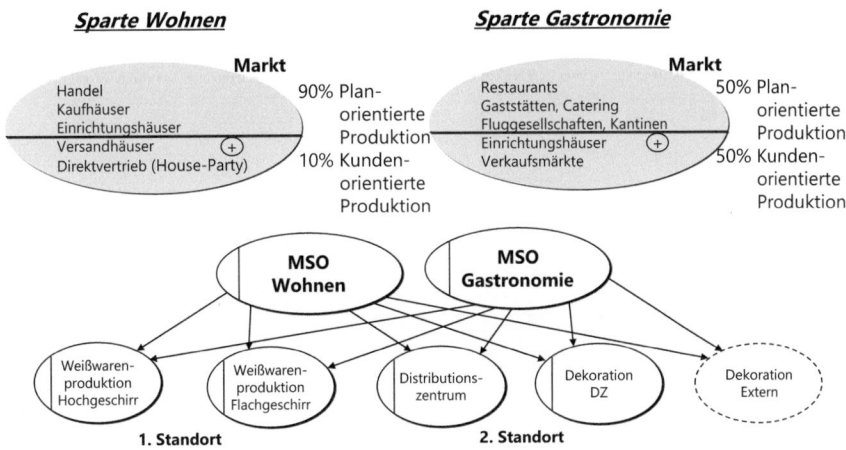

Abb. 7.105 Turnaround Management Ergebnis

Für die Sparten Wohnen und Gastronomie wurden neue Kundensegment definiert. In der Sparte Wohnen waren dies:

- Versandhäuser
- Direktverkauf (durch Direktvertrieb von selbstständigen Zwischenhändlern,
  House-Partys)

In der Sparte Gastronomie kamen hinzu:

- Einrichtungshäuser
- Verkaufsmärkte

Die Geschäftsprozesse in den Sparten wurden von den neuen Fachbereichen
Marketing-Sales-Operations (MSO) Wohnen und Gastronomie verantwortet und
waren dadurch organisatorisch, kundensegmentspezifisch und informatorisch getrennt. Die Weißwarenproduktion sollte nur noch an einem Produktionsstandort
durchgeführt werden, die Lagerwirtschaft und die Dekoration nur noch im Distributionszentrum (Verantwortlich für die Prozessneugestaltung BU2).

Die bisherige IT-Organisation war gekennzeichnet durch eine Zuordnung von
IT-Systeme zu Abteilungen (siehe Abb. 7.106).

So gab es zum Beispiel Abteilungen für die PC-Administration, für das
ERP-System SAP, für das Netzwerk (NW), für die Programmierung, für Manage-
mentinformationssysteme (MIS) und für die Softwaresysteme der Fachbereiche
Lager, Technik und Instandhaltung, Produktion und Vertrieb. Auffallend ist das

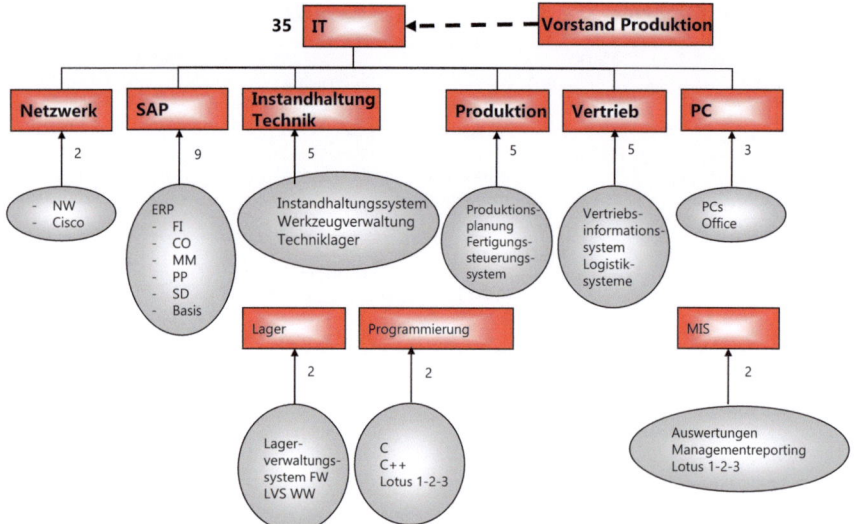

Abb. 7.106 Bisherige IT-Aufbauorganisation

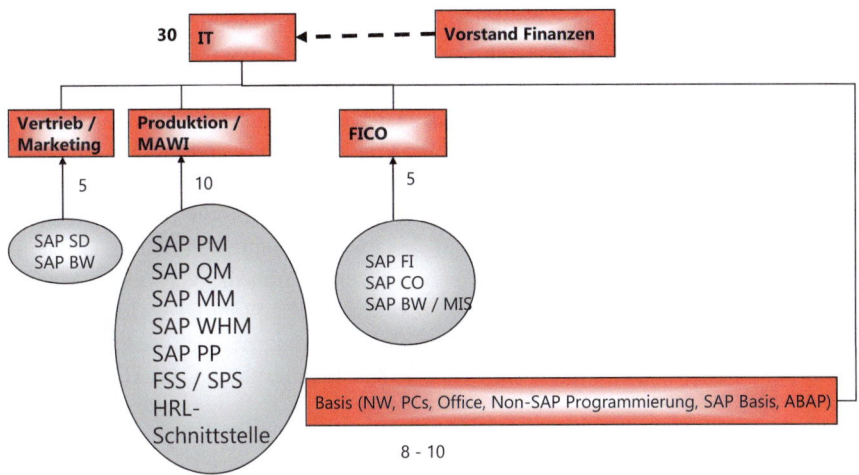

Abb. 7.107 Neue IT-Aufbauorganisation

Fehlen der Fachbereiche Finanzbuchhaltung und Kostenrechnung. Unterstellt war die IT dem Vorstand Produktion.

Die neue IT-Organisation war dem Verantwortungsbereich des Vorstand Finanzen zugeordnet (siehe Abb. 7.107).

Es gab nur noch 4 Abteilungen, die jeweils die inhaltliche Verantwortung für die Systeme der Fachbereiche Vertrieb und Marketing, Produktion und Materialwirtschaft (MAWI), Finanzbuchhaltung und Kostenrechnung/Controlling/FICO) sowie für die Basissysteme wie Netzwerke, PCs, SAP-Basis und Programmierung hatten. Die Anzahl der Softwaresysteme wurde stark reduziert (nahezu nur SAP für die betrieblich Prozesse und Microsoft Office für die PCs), die Expertise für die Programmierung auf die SAP-Programmiersprache ABAP reduziert. Die Mitarbeiteranzahl wurde von 35 auf 30 gesenkt (Verantwortlich für die IT-Optimierung BU2 und BU4).

7.7.5   Kein Plan überlebt die Realität[52]

Für die IT-Organisation fanden sich keine qualifizierten Mitarbeiter. Der Ersatz durch Beraterkapazitäten war langfristig zu teuer. Nach der intensiven Projektphase durch die Berater (Dauer 2 Jahre) entschied sich der Aufsichtsrat und der Restvorstand die IT an einen regionalen IT-Dienstleister outzusourcen. Die verbliebenen 10 PC-IT Mitarbeiter würden durch den Dienstleister übernommen.

---

[52] In Anlehnung an das Zitat des preußischen Generalmajors Helmuth Karl Bernhard Graf von Moltke (1800–1891: „Kein Plan überlebt die erste Feindberührung").

Auch die Aufteilung der Produktion Weißware an einen Produktionsstandort und die ausschließliche Produktion der Dekorware im Distributionszentrum konnte nicht realisiert werden. Für die Gastronomiewaren fand die Weißwarenproduktion und Dekoration weiterhin an den bisherigen Standorten satt. Aufsichtsrat und Vorstand entschieden eine Aufsplittung von PC in die Unternehmen PC-Wohnen und PC-Gastronomie. Aufgrund von Liquiditätsproblemen wurde PC-Gastronomie an einen Finanzinvestor veräußert und damit 5 der Produktionseinheiten an 5 Lokationen. Jahresfehlbetrag folgte auf den nächsten Jahresfehlbetrag. Letztendlich übernahm ein Porzellanunternehmen aus der Region die verblieben Marken des Wohnbereichs und PC wurde abgewickelt. Die Hauptmarke wurde bis heute mehrfach an Finanzinvestoren und weitere Porzellanunternehmen verkauft und ist neben den Gastronomiemarken die verbleibende Erinnerung an das Unternehmen PC.

Literatur

acatech. (2020). Industrie 4.0 Maturity Index.
acatech. (2022). Blinde Flecken in der Umsetzung von Industrie 4.0 – identifizieren und verstehen.
Aichele, Christian (2206), Intelligentes Projektmanagement, Kohlhammer, 2006.
Artificial Intelligence | Stanford Emerging Technology Review. (o. J.). https://setr.stanford.edu/technology/artificial-intelligence/2025. Zugegriffen: 13. Juli 2025
Bastian, S. (2018). *Projekte erfolgreich managen* (S. 112). Wiesbaden: Springer Gabler.
bidt. (2024). Verbreitung generativer KI im privaten und beruflichen Alltag 2024 | bidt. bidt. https://www.bidt.digital/publikation/verbreitung-generativer-ki-im-privaten-und-beruflichen-alltag-2024/
Bitkom. (2024, Oktober 16). Erstmals beschäftigt sich mehr als die Hälfte der Unternehmen mit KI | Presseinformation | Bitkom e. V. https://www.bitkom.org/Presse/Presseinformation/Erstmals-beschaeftigt-Haelfte-Unternehmen-KI
BMG. (2023). *Pflegekräfte: Studie zur Zufriedenheit im Job*. BMG. https://www.bundesgesundheitsministerium.de/presse/pressemitteilungen/tag-der-pflegenden.htm
BMI. (2023). Leitlinien für den Einsatz von KI in der Bundesverwaltung. https://www.ki-strategie-deutschland.de/
Brynjolfsson & Mitchell. (2017). What can machine learning do? Workforce implications. ResearchGate. https://doi.org/10.1126/science.aap8062
Bundesministerium des Innern. (2023, Dezember 12). 7.3 Change Management (Veränderungsmanagement). Bundesministerium des Innern. https://www.orghandbuch.de/Webs/OHB/DE/Organisationshandbuch/7_Management/73_Change_Management/change_management-node.html. Zugegriffen: am 08. Juni 2025
Fortune Business Insights. (2023). Artificial Intelligence [AI] Market Size, Growth & Trends. https://www.fortunebusinessinsights.com/industry-reports/artificial-intelligence-market-100114
HLEG. (2018). A definition of AI.
https://de.wikipedia.org/wiki/RACI. Zugegriffen: 24. März 2025
https://startupdock.de/grosshandelsfunktionen-merkmale/. Zugegriffen: 25. Juni 2025
https://www.bundesnetzagentur.de/SharedDocs/Pressemitteilungen/DE/2024/20240625_smard.html#:~:text=Haushaltskunden%20den%20Stromlieferanten%2C%20was%20einer,202%20Euro%20pro%20Jahr%20einsparen.
https://www.ndr.de/geschichte/koepfe/Generaloberst-von-Moltke-Kein-klassischer-Haudegen,-moltke114.html. Zugegriffen: 25. Juni 2025

ifaa-Institut. (2023). ifaa-Studie 2023: KI in produzierenden Unternehmen. Arbeitswissenschaft. net. https://www.arbeitswissenschaft.net/angebote-produkte/studien/ki-in-produzierenden-unternehmen-ergebnisse

Informatik (GI), G. für. (2023, September 22). Die öffentlichen Chatbots kommen. https://gi.de/themen/beitrag/die-oeffentlichen-chatbots-kommen

Innovabee GmbH: SAP Activate – Wie funktioniert die Projekt-Methodik von SAP? https://innovabee.de/sap-activate-wie-funktioniert-die-projekt-methodik-von-sap/. Zugegriffen: 12. Juni 2025

Krzywdzinski, M. (2024). Zwei Welten der KI in der Arbeitswelt.

LeanIX GmbH. (2025). *SAP activate methodology*. Leanix.net. https://www.leanix.net/de/wiki/tech-transformation/sap-activate-methodology. Zugegriffen: 24. Mai 2025

LeanIX: SAP Activate Methodology. In: LeanIX Wiki – Tech Transformation. 2024. Online verfügbar unter: https://www.leanix.net/de/wiki/tech-transformation/sap-activate-methodology. Zugegriffen: 24. Juni 2025

LeanIX: SAP Activate Methodology. In: LeanIX Wiki – Tech Transformation. 2024. Online verfügbar unter: https://www.leanix.net/de/wiki/tech-transformation/sap-activate-methodology. Zugegriffen: 24. June 2025

Maatz, S. (2001). Netznutzung und Netznutzungsentgelte für Strom nach dem EnWG sowie GWB/EGV. In P. Becker, C. Held, M. Riedel, und C. Theobaldf (Hrsg.), *Energiewirtschaft im Aufbruch*. Fachverlag Deutscher Wirtschaftsdienst, 2001

Mittelstand Heute (2021). SAP Activate – Wie funktioniert die Methode? https://www.mittelstand-heute.com/sap-forward/artikel/sap-activate-wie-funktioniert-die-methode. Zugegriffen: 24. Mai 2025

Müller-Brehm. (2020). Kommunikation, Medien und die öffentliche Debatte.

Neupane, G. (2020). A Project Plan for the Implementation of S/4HANA. Theseus. S. 17–19.

OECD. (2024). OECD Artificial intelligence review of Germany. *OECD*. https://doi.org/10.1787/609808d6-en. 10.1787/609808d6-en.

Rammer, C. (2024). KI-Einsatz in Unternehmen in Deutschland.

Rampelt, F. (2025). KI-Kompetenzen in deutschen Unternehmen.

Rocker, C. (2023, Januar). Analyse und Implementierung einer erklärbaren künstlichen Intelligenz innerhalb einer kollaborativen Entwicklungsumgebung zur Unterstützung von Planungsprozessen.

SAP Community. Choosing the right path for your S/4HANA transformation: Greenfield, Brownfield, or Bluefield? [Online]. Verfügbar unter: https://community.sap.com/t5/financial-management-blogs-by-members/choosing-the-right-path-for-your-s-4hana-transformation-greenfield/ba-p/13877169. Zugegriffen: 24. Juni 2025.

SAP SE: Explore Phase Overview. In: Discovering SAP Activate – Agile Project Delivery. SAP Learning, 2024. Online verfügbar unter: https://learning.sap.com/learning-journeys/discovering-sap-activate-agile-project-delivery/explore-phase-overview_f9f503a3-54e9-4868-855c-5b88f879c6ad. Zugegriffen: 02. März 2025

SAP. Maintenance timelines for SAP ERP 6.0. SAP Community Blog. [Online]. https://community.sap.com/t5/enterprise-resource-planning-blogs-by-sap/maintenance-timelines-for-sap-erp-6-0/ba-p/13524564. Zugegriffen: 05. Juni 2025

SAP. SAP Cloud ALM. https://support.sap.com/en/alm/sap-cloud-alm.html?anchorId=section_copy. Zugegriffen: 09. März 2025

SAP. SAP Investoren – Aktuelle Ergebnisse. [Online]. Verfügbar unter: https://www.sap.com/investors/de/why-invest/recent-results.html. Zugegriffen: 24. June 2025

SAP: SAP Activate in under 9 minutes. SAP Community Blog. Verfügbar unter: https://community.sap.com/t5/enterprise-resource-planning-blog-posts-by-sap/sap-activate-in-under-9-minutes/ba-p/13569476. Zugegriffen: 24. Apr. 2025

Seibert, Siegfried: Agiles Projektmanagement (2007), in projektManagement aktuell, 1/2007, (S. 41–49)

Signavio. Warum sich für Signavio entscheiden? https://www.signavio.com/de/warum-sich-fur-signavio-entscheiden/. Zugegriffen: 05. Juni 2025

Squirro. (2025). The State of RAG in 2025: Bridging Knowledge and Generative AI. https://
    squirro.com/squirro-blog/state-of-rag-genai
The state of AI in 2023: Generative AI's breakout year | McKinsey. (2023). https://www.mckin-
    sey.com/capabilities/quantumblack/our-insights/the-state-of-ai-in-2023-generative-ais-brea-
    kout-year/
Tyson, M. F. and A. (2023, November 21). *What the data says about Americans' views of artifi-
    cial intelligence.* Pew Research Center. https://www.pewresearch.org/short-reads/2023/11/21/
    what-the-data-says-about-americans-views-of-artificial-intelligence/

Prof. Dr. Christian Aichele lehrt Wirtschaftsinformatik an der Hochschule Kaiserslautern. Nach seinem Studium des Wirtschaftsingenieurswesens an der Universität Karlsruhe arbeitete er weltweit als Unternehmensberater in verschiedenen Positionen und für unterschiedliche Branchen. Danach war er als Leiter Solution Center für Abrechnungslösungen für klein- und mittelständische Versorger bei RWE und als Manager bei Tieto Oyi für die Konzeption von Service Offerings und für die Projektakquisition und -durchführung im Bereich Energy und Smart Meter zuständig.

Daniel Wolf, M.Sc studierte im Masterstudiengang Information Management M.Sc. an der Hochschule Kaiserslautern. Tätig ist er bei Kyndryl, einem weltweit agierenden Managed Service Provider. Im Zuge dessen war Herr Wolf 2 Jahre als Projekt Manager in verschiedenen IT-Transition- und Transformations-Projekten tätig. Neben dem IT-Outsourcing-Projektes eines Industriekunden, arbeitete Herr Wolf in einer IT-Transformation für eine europäische Großbank. Dabei konnte er weitreichende Erfahrungen im Bereich kritischer IT-Infrastruktur, Regulatorik und Projektmanagement sammeln. Der Fokus lag dabei auf der Service Integration und der Schnittstellenentwicklung zwischen zwei Service Management Tools. Mittlerweile arbeitet er als Project Specialist für den deutschen Delivery Integration Leader von Kyndryl.

Alpay Tsitak, M.Sc., EY Consulting GmbH hat sich innerhalb der SAP-Beratung bei der EY Consulting GmbH auf den Bereich Extended Warehouse Management techno-funktional spezialisiert. Als SAP-zertifizierter Berater bediente er im Rahmen von SAP S/4HANA full cycle Transformationen Kunden in Europa, Asien und Lateinamerika. Er hat Wirtschaftsinformatik (B.Sc.) und Information Management (M.Sc.) an der Hochschule Kaiserslautern studiert.

Thorsten Rink, M.Sc. ist aktuell als SAP-Berater für den Bereich Finance und Controlling bei der Nagarro ES GmbH tätig. Während seinem Bachelorstudium im Bereich Finanzdienstleistungen sowie seinem Master in Information Management war er als wissenschaftlicher Mitarbeiter an der Hochschule Kaiserslautern tätig. Weitere berufliche Stationen in der Assistenz und dem Consulting lagen unteranderem im Facilitymanagement und bei der msg global solutions im Bereich der App Konzeption.

Viktor Abich, M.Sc. Als Business Consultant für Sales & Distribution begann er seine berufliche Laufbahn im Jahre 2018. Dabei galt der Schwerpunkt nicht klassischerweise dem SD Bereich, sondern vielmehr den modularen Schnittstellen und Technologien außerhalb. Schon früh wurde der Bereich der Künstlichen Intelligenz ernst genommen und als ein Meilenstein zukünftiger Errungenschaft angesehen. Dahingehend waren alle Bemühungen dem Verständnis und der Konnektivität dieser Technologie gewidmet. Im Rahmen seiner Tätigkeiten bei der Scheer GmbH wurden zahlreiche Kundenprojekte, angefangen bei der Konzeption, Realisierung bis hin zur Nachbetreuung, realisiert und erste Vorbereitungen für den produktiven Einsatz der KI im ERP. Umfeld eingesetzt. Doch heutzutage lässt sich sagen, dass vor allem mit der KI neue Wege bestritten werden können, die bis dahin undenkbar gewesen wären. Genau diese Wege müssen weiterverfolgt und sinnvoll eingesetzt werden, um zukünftig den Anforderungen gerecht zu werden. Dabei soll es als Möglichkeit für den Menschen und seine Entwicklung angesehen werden. Dies ist auch das Ziel seiner Unternehmungen.

Cedric Rocker ist Berater für Digitalisierung und Künstliche Intelligenz bei der Beratungsstelle für sozialverträgliche Technologiegestaltung (BEST e. V.) der Arbeitskammer des Saarlandes und wissenschaftlicher Mitarbeiter im Regionalen Zukunftszentrum für Künstliche Intelligenz und Digitale Transformation (RZzKI). Er verfügt über mehrjährige Erfahrung in der IT-Beratung und Softwareentwicklung und arbeitete sowohl mit internationalen Konzernen als auch mit kleinen und mittelständigen Unternehmen zusammen. Darüber hinaus lehrt er als Honorardozent an der Hochschule Kaiserslautern im Studiengang „Wirtschaftsinformatik" und „Information Management".

Kompendium der Methoden und Techniken

8

Marius Schönberger

Übersicht der Methoden und Techniken im Business Consulting.

8.1 Einführung und Hinweise zum Kompendium

In einer zunehmend komplexen, volatilen und technologiegetriebenen Geschäftswelt stehen Unternehmen vor der Herausforderung, fundierte Entscheidungen
unter Unsicherheit zu treffen, Veränderungen aktiv zu gestalten und nachhaltige
Wettbewerbsfähigkeit zu sichern. Vor diesem Hintergrund gewinnt die Unternehmensberatung als professionelles Unterstützungsinstrument für Organisationen
aller Branchen und Größenordnungen stetig an Bedeutung. Sie bringt methodisches Know-how, externe Perspektiven sowie strukturierte Lösungsansätze in
betriebswirtschaftliche Entscheidungsprozesse ein – sei es im strategischen Management, in der Prozessoptimierung, in der digitalen Transformation oder in der
Organisationsentwicklung.

Dieses Kompendium verfolgt das Ziel, ein systematisch aufbereitetes, wissenschaftlich fundiertes Nachschlagewerk zentraler Methoden und Techniken des
Business Consulting bereitzustellen. Es richtet sich gleichermaßen an Studierende,
die einen fundierten Einstieg in die methodische Praxis der Beratung suchen, an
Praktiker:innen, die ihr methodisches Repertoire erweitern oder auffrischen möchten, sowie an Führungskräfte, die Beratungsprojekte kompetent begleiten und
steuern wollen.

M. Schönberger (✉)
IU Internationale Hochschule, Erfurt, Deutschland
E-Mail: marius.schoenberger@iu.org

Jeder Beitrag in diesem Kompendium folgt einer einheitlichen Struktur, um eine konsistente Darstellung, gute Lesbarkeit und eine einfache Vergleichbarkeit der Methoden und Techniken sicherzustellen. Zu Beginn jedes Kapitels werden die Bezeichnung der Methode, eine prägnante Kurzbeschreibung sowie das Ziel und der Nutzen der jeweiligen Technik dargestellt. Darauf aufbauend folgt eine Beschreibung typischer Anwendungsgebiete in der betrieblichen Praxis. Die methodische Vorgehensweise wird strukturiert und nachvollziehbar erläutert, ergänzt durch ein konkretes Beispiel aus der Praxis, das den Einsatz der Methode in einem realitätsnahen Kontext veranschaulicht. Ein weiterer itt widmet sich den Voraussetzungen und Rahmenbedingungen, die für eine erfolgreiche Anwendung erforderlich sind, einschließlich organisatorischer, personeller und kultureller Aspekte. Die kritische Auseinandersetzung mit den Stärken und Schwächen der jeweiligen Methode ermöglicht eine reflektierte Bewertung ihres Einsatzpotenzials. Zudem werden verwandte Methoden und Kombinationsmöglichkeiten aufgezeigt, um eine Integration in umfassendere Beratungskonzepte zu erleichtern. Hinweise zu unterstützenden Werkzeugen und digitalen Tools runden den Beitrag ab. Den Abschluss bildet ein wissenschaftlich fundiertes Literaturverzeichnis mit allen verwendeten Quellen zur weiterführenden Vertiefung und Nachverfolgung.

Das Kompendium ist entlang praxisrelevanter Kategorien gegliedert, die zentrale Themenfelder der Unternehmensberatung abbilden. Diese umfassen unter anderem:

- **Strategische Analyse und Planung**
- **Prozess- und Projektmanagement**
- **Technologie und IT-Management**
- **Finanzielle Steuerung und Bewertung**
- **Human Resources und Organisationsentwicklung**
- **Marketing und Vertrieb**
- **Innovations- und Kreativitätstechniken**
- **Kommunikation, Moderation und Coaching**

Die Auswahl der Methoden und Techniken basiert auf wissenschaftlicher Relevanz, praktischer Anwendbarkeit und didaktischer Klarheit. Das Kompendium versteht sich nicht als statisches Nachschlagewerk, sondern als Impulsgeber für reflektierte Anwendung und Weiterentwicklung methodischer Beratungspraxis.

8.2   Strategieentwicklung und -beratung

8.2.1   SWOT-Analyse

Kurzbeschreibung
Die **SWOT-Analyse** (engl. Akronym für *Strengths, Weaknesses, Opportunities, Threats*) ist ein strategisches Planungsinstrument zur strukturierten Identifikation und Klassifikation interner Stärken und Schwächen sowie externer Chancen und

Risiken (Dalton, 2019). Ziel ist die fundierte Positionierung im Wettbewerbs- und Umfeldkontext. Sie bietet eine strukturierte Entscheidungsgrundlage für strategische Maßnahmen (Fiet, 2025).

Anwendungsgebiete

Wird eingesetzt in Strategieentwicklung, Marketing, Innovation, Change-Management und Projektvorbereitung – insbesondere bei agilen Prozessen (Dalton, 2019; Gürel & Tat, 2017).

Vorgehensweise

1. Interne Analyse: Stärken/Schwächen identifizieren
2. Externe Analyse: Chancen/Risiken erfassen
3. Zusammenführung in Matrix
4. Ableitung strategischer Optionen (S-O, W-O, S-T, W-T)
5. (Optional) Quantitative Gewichtung via AHP (Kurttila et al., 2000; Fiet, 2025)

Beispiel aus der Praxis

Ein mittelständisches Softwareunternehmen erkennt in der SWOT interne Stärke durch agile Entwicklung, Schwäche in mangelhafter Markenpräsenz, externe Chance im Cloud-Trend und Risiko im Fachkräftemangel. Es leitet daraus gezielte Branding- und Recruiting-Initiativen ab.

Voraussetzungen und Rahmenbedingungen

- Moderierter Workshop mit relevanten Stakeholdern
- Zugang zu validen internen und externen Daten
- Klare Fokussierung und moderate Anzahl an Faktoren (Gürel & Tat, 2017)

Stärken und Schwächen

Stärken: Hohe Verständlichkeit und Anpassbarkeit; fördert kollektive Sichtweisen (Dalton, 2019).
Schwächen: Subjektivitätsrisiko; ohne Gewichtung oberflächlich (Hill & Westbrook, 1997; Kurttila et al., 2000).

Verwandte Methoden/Kombinationen

Empfohlen wird die Kombination mit PESTEL zur Umfeldanalyse, Porter's Five Forces zur Branchenbewertung, TOWS-Matrix für strategische Ableitungen sowie AHP für Priorisierung (Kurttila et al., 2000; Fiet, 2025).

Werkzeuge und Tools

- Digitale SWOT-Templates (z. B. in Miro, Mural, PowerPoint)
- AHP-Erweiterung zur systematischen Gewichtung

8.2.2 PESTEL-Analyse

Kurzbeschreibung
Die **PESTEL-Analyse** (Politisch, Wirtschaftlich, Sozial, Technologisch, Ökologisch, Rechtlich) ist ein externes Umweltanalyse-Instrument. Sie identifiziert systematisch externe Einflussfaktoren, die auf ein Unternehmen wirken, und legt die Basis für strategische Entscheidungsfindung, Risikoerkennung und Chancenwahrnehmung (Çitilci & Akbalık, 2020; Bou Hatoum et al., 2023)

Anwendungsgebiete
Wird eingesetzt zur Makroumfeldanalyse in Strategieentwicklung, Marktanalysen, HR-Planung, ökologischer Nachhaltigkeit und Change-Projekten (Bou Hatoum et al., 2023; Vojinović & Stević, 2022).

Vorgehensweise
1. Systematische Erfassung externer Faktoren in den sechs Dimensionen
2. Priorisierung der bedeutsamen Faktoren (z. B. via SWOT-Integration)
3. Validierung durch Expert:innen (Survey oder Workshop)
4. Periodische Aktualisierung basierend auf Marktentwicklungen (Bou Hatoum et al., 2023)

Beispiel aus der Praxis
In Bauprojekten wurden 22 relevante PESTEL-Faktoren mittels Expertensurvey identifiziert. Es zeigte sich, dass politische, technologische und ökologische Faktoren maßgeblich organisationalen Wandel antreiben (Bou Hatoum et al., 2023).

Voraussetzungen und Rahmenbedingungen
- Zugriff auf Sekundärdaten (Marktberichte, rechtliche Dokumente)
- Interdisziplinäres Team für umfassende Betrachtung
- Expertise zur Priorisierung relevanter Makro-Faktoren (Bou Hatoum et al., 2023)

Stärken und Schwächen

Stärken: Umfassender Blick auf Makro-Umfeld; Grundlage für umfassende Risiko- und Chancenanalyse (Çitilci & Akbalık, 2020).
Schwächen: Qualitative Natur; geringe Quantifizierbarkeit; Priorisierung notwendig; mögliche Faktoren-Verdrängung (Vojinović & Stević, 2022).

Verwandte Methoden/Kombinationen
Optimal in Verbindung mit SWOT zur Ableitung spezifischer Chancen/Risiken, Porter's Five Forces für Branchenanalyse sowie AHP für Gewichtung (Çitilci & Akbalık, 2020).

Werkzeuge und Tools
- Digitale Vorlagen (Excel, PowerPoint, Miro)
- Methoden zur Gewichtung wie Fuzzy SWARA oder AHP

8.2.3 Porter's Five Forces

Kurzbeschreibung
Die **Porter's Five Forces- Analyse** ist ein strategisches Rahmenwerk zur Bewertung der Wettbewerbsintensität und Branchenattraktivität anhand von fünf zentralen Kräften (Baburaj & Narayanan, 2018). Ziel ist es, Einflussfaktoren frühzeitig zu erkennen, strategische Eckpunkte abzuleiten und langfristige Wettbewerbsfähigkeit zu sichern.

Anwendungsgebiete
Porter's Framework wird vor allem in der Strategieentwicklung, Branchenanalyse, Unternehmenspositionierung und bei Markteintritten eingesetzt (Baburaj & Narayanan, 2018).

Vorgehensweise
1. Analyse der fünf Kräfte: Wettbewerber, potenzielle Neueinsteiger, substitutive Produkte, Verhandlungsmacht von Lieferanten und Abnehmern
2. Bewertung der jeweiligen Einflussstärke
3. Ableitung strategischer Handlungsfelder zur Absicherung von Profitabilität

Beispiel aus der Praxis
Ein produzierendes Unternehmen identifiziert geringe Eintrittsbarrieren und starke Käufermacht. Daraus leitet es eine Strategie zur Differenzierung und Entwicklung exklusiver Alleinstellungsmerkmale ab.

Voraussetzungen und Rahmenbedingungen
Voraussetzung sind valide Branchen- und Marktdaten, kompetente Analyse durch Expert:innen und eine klar definierte Marktsegmentgrenze (Baburaj & Narayanan, 2018).

Chancen und Risiken

Stärken: Ganzheitliche Branchenanalyse, verständlich und verbreitet.
Schwächen: Tendenz zu statischen Momentanalysen, weniger dynamisch bei disruptiven Märkten (Goyal, 2020; Vojinović & Stević, 2022).

Verwandte Methoden/Kombinationen
Kann gut ergänzt werden durch PESTEL für externes Umfeld, SWOT für interne Faktoren und AHP für quantitative Gewichtung (Baburaj & Narayanan, 2018; Kurttila et al., 2000).

Werkzeuge und Tools
- Templates in Excel oder PowerPoint zur strukturierten Analyse
- Softwareunterstützung wie Branchenanalyse-Tools und Business Intelligence

8.2.4 Balanced Scorecard

Kurzbeschreibung
Die **Balanced Scorecard** ist ein strategisches Management- und Steuerungssystem zur Übersetzung von Strategie in operative Kennzahlen, das finanzielle und nicht-finanzielle Perspektiven integriert, um eine ganzheitliche Leistungsmessung sicherzustellen (Mora, 2016; Ramanan, 2024). Ihr Nutzen liegt darin, die Umsetzung der Unternehmensstrategie zu fördern und die Organisationsleistung kontinuierlich zu überprüfen (Kaplan & Norton, 1996, zitiert in Mora, 2016).

Anwendungsgebiete
Sie findet breite Anwendung in Strategieumsetzung, Performance-Management, Unternehmenssteuerung sowie sektorübergreifend in Industrie, Dienstleistung und Gesundheitswesen (Ramanan, 2024; Teichgräber et al., 2021).

Vorgehensweise
1. Definition strategischer Perspektiven (klassisch: Finanzen, Kunden, interne Prozesse, Lernen & Entwicklung)
2. Ableitung strategischer Ziele und Key Performance Indicators (KPIs)
3. Aufbau von Ursache-Wirkungs-Beziehungen mittels Strategy Maps
4. Implementierung eines Reporting- und Review-Prozesses zur kontinuierlichen Messung und Anpassung (Mora, 2016; Ramanan, 2024)

Beispiel aus der Praxis
Im Krankenhausbereich, etwa in der Radiologie, führte der Einsatz der Balanced Scorecard zu einem robusteren Monitoring, das über rein budgetorientierte Systeme hinausging und Performance in Prozessen, Patientenorientierung und Finanzen gleichermaßen abbildete.

Voraussetzungen und Rahmenbedingungen
Erfolgreiche Implementierung erfordert strategische Klarheit, interdisziplinäre Einbindung, IT-Unterstützung für Dashboard-Darstellung sowie eine Ursachen-Wirkungs-Logik in den Strategy Maps (Ramanan, 2024; Mora, 2016).

Stärken und Schwächen

Stärken: Unterstützt Strategieimplementierung, verbindet verschiedene Leistungsperspektiven und fördert strategische Transparenz (Mora, 2016; Teichgräber et al., 2021).

Schwächen: Komplexität in Implementierung, statische Schwäche bei dynamischen Märkten, potenzielle Mängel bei Annahme linearer Ursache-Wirkungs-Beziehungen (Madsen & Stenheim, 2015; Mora, 2016).

Verwandte Methoden/Kombinationen
Ergänzt sich ideal mit SWOT (Strategieklärung), PESTEL (Umfeldanalyse) und Fuzzy/AHP-Methoden zur KPI-Gewichtung. Nachhaltigkeitsaspekte lassen sich durch die Sustainability Balanced Scorecard integrieren (Mora, 2016; Ramanan, 2024).

Werkzeuge und Tools
Digitale BSC-Plattformen (z. B. ScorePrise, Tableau, Power BI), Strategy Map-Software, KPI-Dashboards; empfehlenswert sind heterogene IT-Werkzeuge entsprechend Unternehmensgröße (Ramanan, 2024).

8.2.5 BCG-Matrix

Kurzbeschreibung
Die **BCG-Matrix,** entwickelt von Bruce Henderson (Boston Consulting Group, 1970), ist ein Portfolio-Analyse-Instrument zur Kategorisierung von strategischen Geschäftseinheiten oder Produkten anhand des relativen Marktanteils und der Marktwachstumsrate. Ziel ist es, Ressourcen effizient zu steuern – durch Investitionen in „Stars", Abschöpfung von „Cash Cows", Interpretation von „Question Marks" und Desinvestition von „Dogs" (Mohajan, 2018; Reeves et al., 2014).

Anwendungsgebiete
Die Methode wird zur strategischen Portfolioplanung verwendet, insbesondere in diversen Konzernen, zur Steuerung von Produktlinien, R&D-Projekten, aber auch in regionaler Entwicklung (Mohajan, 2018).

Vorgehensweise
1. Erhebung relativer Marktanteile und Wachstumsmargen aller Geschäftsbereiche
2. Plotten dieser Einheiten in die vier Quadranten („Stars", „Cash Cows", „Question Marks", „Dogs")
3. Ableitung strategischer Normstrategien gemäß Quadrantenlage

Beispiel aus der Praxis
Ein multinationales Konsumgüterunternehmen erkennt, dass eine Produktlinie (Star) hohe Marktwachstumsraten und Marktanteile aufweist – Folge: gezielte Investitionen geplant. Gleichzeitig werden rückläufige Produkte (Dogs) eingestellt, während profitable Cash Cows als Gewinnquelle genutzt werden.

Voraussetzungen und Rahmenbedingungen
Notwendig sind valide Markt- und Wettbewerbsdaten sowie konsistente Definition
von Marktgrenzen. Beratung durch Expert:innen hilft, Schwankungen zu validieren (Mohajan, 2018; Reeves et al., 2014).

Stärken und Schwächen

Stärken: Visuell eingängiges, handhab- und kommunizierbares Instrument zur
Ressourcenallokation (Reeves et al., 2014).
Schwächen: Vereinfachung zwischen Marktanteil und Rentabilität, statischer
Charakter, unzureichend bei disruptiven Trends (Gorb et al., 2022; Madsen, 2017).

Verwandte Methoden/Kombinationen
Ergänzbar durch SWOT (interne/externe Faktoren), PESTEL (Umweltanalyse),
McKinsey-Portfolio für differenziertere Plots, Delphi-Verfahren zur Validierung
(Gorb et al., 2022).

Werkzeuge und Tools
- Standard-Templates (Excel, PowerPoint)
- Softwaregestützte Analysen (z. B. Business-Intelligence-Tools)
- Delphi-basierte Erhebungsdaten für robustere Positionierung.

8.2.6   McKinsey 7S-Modell

Kurzbeschreibung
Das **McKinsey 7S-Modell,** erstmals entwickelt von Peters, Waterman und Phillips in den späten 1970er Jahren, bietet ein integratives Rahmenwerk zur Analyse
der Alignment-Qualität innerhalb von Organisationen anhand der sieben interdependenten Dimensionen: Strategy, Structure, Systems, Shared Values, Style, Staff
und Skills. Ziel ist es, die Kohärenz dieser Elemente zu prüfen und Veränderungs-
oder Reorganisationsmaßnahmen strategisch eingebettet umzusetzen (Chmielewska et al., 2022).

Anwendungsgebiete
Es wird angewandt in der Organisationsdiagnose, Change-Management, Strategieimplementierung, digitalen Reorganisation und Performance-Messung (Chmielewska et al., 2022).

Vorgehensweise
1. Datengewinnung zu allen sieben Dimensionen intern (Interviews, Dokumentenanalyse, Umfragen)
2. Bewertung der Kohärenz zwischen „harten" (Strategy, Structure, Systems) und
   „weichen" Elementen (Shared Values, Style, Staff, Skills)

3. Identifikation von Misalignments und Dependenzen
4. Entwicklung von Maßnahmen zur Anpassung und stufenweise Implementierung (Chmielewska et al., 2022; Demir & Kocaoglu, 2019)

Beispiel aus der Praxis
Eine Krankenhausstudie zeigte Diskrepanzen in Kommunikation (Systems) und Schulungsniveau (Skills), was sich negativ auf Mitarbeiterzufriedenheit und Patientenservice auswirkte. Daraufhin wurden gezielte Trainingsprogramme sowie Prozessoptimierungen in der internen Kommunikation implementiert.

Voraussetzungen und Rahmenbedingungen
Effektiv ist das Modell bei kompletter Datenerhebung zu allen sieben Dimensionen, partizipativem Management-Einbezug, offener Feedbackkultur und der Bereitschaft zur kulturellen Veränderung.

Stärken und Schwächen

Stärken: Ermöglicht eine ganzheitliche, systemische Analyse und fördert Abstimmung zwischen Struktur, Prozessen und Kultur.
Schwächen: Keine direkte Betrachtung externer Einflussfaktoren; potenziell aufwendig in Datenerhebung und Interpretation bei großer Komplexität (Chmielewska et al., 2022).

Verwandte Methoden/Kombinationen
Effektiv kombinierbar mit PESTEL (für exogene Rahmenbedingungen), SWOT (interner/externer Abgleich), AHP/Fuzzy-Methoden zur Priorisierung von Alignment-Themen (Demir & Kocaoglu, 2019).

Werkzeuge und Tools
- Qualitative Tools: Interviews, Fokusgruppen, Dokumentenanalysen
- Qualitative Software: NVivo, MAXQDA
- Optionale Gewichtung mittels AHP zur Reifegradbewertung.

8.2.7 Szenariotechnik

Kurzbeschreibung
Die **Szenariotechnik** ist ein methodisch systematisches Vorgehen zur Entwicklung plausibler Zukunftsbilder, die Entscheidungsträger:innen bei der strategischen Planung und Vorbereitung auf unsichere Entwicklungen unterstützen. Sie erweitert das Denken über lineare Prognosen hinaus, indem sie alternative Zukunftsverläufe als Grundlage für robuste Strategien bildet (Ködding & Dumitrescu, 2022; Schoemaker, 1995).

Anwendungsgebiete
Breit eingesetzt in Unternehmensstrategie, Risikomanagement, Politikberatung, Innovationsprozessen, Krisenmanagement und Geschäftsmodell-Scenarios (Ködding & Dumitrescu, 2022; Schoemaker, 1995).

Vorgehensweise
1. Festlegung Untersuchungsfeld und Schlüsselfaktoren
2. Analyse von Einflussbeziehungen und Reduktion auf zentrale Treiber mittels Vernetzung oder Einflussmatrix
3. Entwicklung von 4–6 Szenarien (z. B. Best-, Worst-, Trend-Szenario)
4. Ausgestaltung als narrative Erzählungen oder Storylines zur besseren Verständlichkeit
5. Bewertung der Szenarien hinsichtlich Eintrittswahrscheinlichkeit, Chancen und Risiken
6. Ableitung strategischer Optionen und Indikatoren-Monitoring (Ködding & Dumitrescu, 2022)

Beispiel aus der Praxis
Ein multinationales Energieunternehmen erstellte vier Szenarien zur globalen Energiewende. Ein als „Restrukturierter Wandel" bezeichnetes Szenario führte zur frühzeitigen Entwicklung eines modularen Energiebereichs, der sich als langfristig tragfähig erwies.

Voraussetzungen und Rahmenbedingungen
Erfolgreich sind Szenarioprozesse mit interdisziplinärer Expertengruppe, systematischer Datenbasis sowie methodischem Vorgehen zur Faktorenanalyse und narrativer Verdichtung (Ködding & Dumitrescu, 2022).

Stärken und Schwächen

Stärken: fördern strategische Resilienz, erweitern Denkspielräume, schärfen das Bewusstsein für Unwägbarkeiten (Schoemaker, 1995).
Schwächen: intensiver Zeit- und Ressourcenbedarf, mögliche Subjektivität, abhängig von Qualität der Treiberanalyse (Schoemaker, 1995; Ködding & Dumitrescu, 2022).

Verwandte Methoden/Kombinationen
Häufig kombiniert mit Delphi-Befragung zur Validierung von Annahmen, PESTEL und Trendanalyse zur Umfeldanalyse, AHP zur Priorisierung von Szenarien (Ködding & Dumitrescu, 2022).

Werkzeuge und Tools
- Einflussmatrix-Software (z. B. „consistent"-Matrix)
- Workshop-Tools für Szenariogrids (z. B. Miro, Mural)
- Narrative Prototyping mittels Storyboards oder Reporting-Dashboards

8.2.8 Business Model Canvas

Kurzbeschreibung
Das **Business Model Canvas (BMC)** ist ein strategisches Planungsinstrument zur Visualisierung und Analyse von Geschäftsmodellen, bestehend aus neun Bausteinen (z. B. Value Proposition, Customer Segments, Revenue Streams). Ziel ist es, komplexe Geschäftsmodelle strukturiert zu gestalten, Verständigung im Team zu fördern und die Entwicklung sowie Iteration von Geschäftsmodellen zu unterstützen (Osterwalder & Pigneur, 2010; Athanasopoulou & De Reuver, 2020).

Anwendungsgebiete
Das BMC wird breit eingesetzt in Start-ups, Unternehmensentwicklung, Innovationsprojekten, digitalen Transformationsprozessen sowie zum Design werteorientierter und nachhaltiger Geschäftsmodelle (Murray & Scuotto, 2015; Kupczyk et al., 2024; Athanasopoulou & De Reuver, 2020).

Vorgehensweise
1. Ausfüllen der neun Bausteine basierend auf Daten und Annahmen zur Zielorganisation
2. Iterative Überarbeitung in Workshops oder in Kombination mit Experimenten
3. Vergleich und Bewertung von Alternativen bei hoher Unsicherheit
4. Ergänzung durch Tools wie Value Proposition Canvas oder Digitalisierungsversionen (Athanasopoulou & De Reuver, 2020; Kupczyk et al., 2024)

Beispiel aus der Praxis
Eine Studie an polnischen Start-ups zeigte, dass das BMC Teams half, Klarheit zu schaffen und strategische Abstimmung zu erzielen. Gleichzeitig wurde jedoch festgestellt, dass starre Vorlagen bei komplexen oder dynamischen Geschäftsmodellen hinderlich sein können (Kupczyk et al., 2024).

Voraussetzungen und Rahmenbedingungen
Effektive Nutzung erfordert Daten zu Markt, Kundensegmenten, Ressourcen sowie Moderationserfahrung. Besonders in frühen Phasen ist eine flexible Iteration wichtig, um dem dynamischen Umfeld gerecht zu werden (Kupczyk et al., 2024; Athanasopoulou & De Reuver, 2020).

Stärken und Schwächen

Stärken: Visuelle Klarheit; unterstützt Teamkommunikation; fördert schnelle Hypothesenbildung (Athanasopoulou & De Reuver, 2020).
Schwächen: Vernachlässigt externe Umfeldfaktoren; zu starr bei hochkomplexen Modellen; mögliche Überbewertung interner Komponenten (Kemell et al., 2021; Kupczyk et al., 2024).

Verwandte Methoden/Kombinationen

Oft verwendet mit Lean Startup, Value Proposition Canvas, PESTEL, Business Model Innovation-Methoden (z. B. Triple-Layered BMC), AHP zur Priorisierung und Methoden für Nachhaltigkeit (Athanasopoulou & De Reuver, 2020; Kupczyk et al., 2024; Athanasopoulou & De Reuver, 2020).

Werkzeuge und Tools

- Standard-Templates (z. B. PowerPoint, Miro, Mural)
- Erweiterte Varianten: Social Enterprise, Sustainable oder Digital BMCs
- Tools zur Modellierung und Vergleich mehrerer Geschäftsmodell-Designs (Osterwalder & Pigneur, 2010)

8.2.9   Blue Ocean Strategy

Kurzbeschreibung

Die **Blue Ocean Strategy** zielt darauf ab, unbestrittener Marktraum – „blaue Ozeane" – zu schaffen, indem gleichzeitig Differenzierung und Kostenreduktion verfolgt werden. Der Nutzen besteht darin, Wettbewerbsdruck zu umgehen, neue Nachfrage zu erschließen und nachhaltige Differenzierung zu etablieren (Kim & Mauborgne, 2015; Madsen & Slåtten, 2019).

Anwendungsgebiete

Eingesetzt in der strategischen Innovation, Geschäftsmodellgestaltung und Marktneueinführung; branchenübergreifend relevant, von Konsumgütern bis Technologie und Dienstleistung (Kim & Mauborgne, 2015; Madsen & Slåtten, 2019).

Vorgehensweise

1. Untersuchung bestehender Märkte („rote Ozeane") vs. potenzieller blauer Ozeane
2. Anwendung des Vier-Aktionen-Rahmens (Eliminate, Reduce, Raise, Create) zur Werteinnovation
3. Rekonstruktion von Marktgrenzen anhand der sechs Wege
4. Entwicklung und Bewertung strategischer Sequenzen (Nutzen, Preis, Kosten, Adoption)
5. Umsetzung über Tipping-Point-Leadership und faire Prozesse (Kim & Mauborgne, 2015)

Beispiel aus der Praxis

Beispiele wie Nintendo Wii oder Cirque du Soleil demonstrieren, wie durch Kombination aus Differenzierung und Effizienz neuartige Märkte geschaffen wurden, die weitgehend frei von Konkurrenz sind.

Voraussetzungen und Rahmenbedingungen

Es bedarf empirischer Analysen zu Kundenpräferenzen und nicht-Kunden, sowie tiefgreifender Unternehmens- und Marktkenntnis. Zudem notwendig sind Führungskompetenz zur Umsetzbarkeit und Akzeptanz im Team (Kim & Mauborgne, 2015; Madsen & Slåtten, 2019).

Stärken und Schwächen

Stärken: Förderung innovativer Wachstumsstrategien, klare Struktur zur Reduktion des Preis-Nutzen-Zwischenzugs (Kim & Mauborgne, 2015).
Schwächen: Umfangreich in Analyse und Umsetzung, Gefahr der Modeerscheinung ohne empirische Untermauerung (Madsen & Slåtten, 2019).

Verwandte Methoden/Kombinationen
Gut kombinierbar mit PESTEL/PEST-Analyse und Szenariotechnik zur Umfeldstrukturierung, SWOT für interne Bewertung, AHP zur Priorisierung von Strategien (Madsen & Slåtten, 2019).

Werkzeuge und Tools
- Tools wie Strategy Canvas, Buyer Utility Map und Eliminate–Reduce–Raise–Create (ERRC) Grid
- Digitale Plattformen (z. B. Miro, Mural) zur Visualisierung strategischer Optionen

8.2.10 Strategische Frühaufklärung/Frühwarnsysteme

Kurzbeschreibung
Strategic Early Warning System (SEWS) ist ein Instrument zur systematischen **Früherkennung von Trends und „Weak Signals",** um auf potenzielle Umweltveränderungen strategisch vorbereitet zu sein (Schwarz, 2005; Zuzák, 2017). Es unterstützt die Identifikation strategischer Überraschungen und fördert das proaktive Reagieren auf disruptive Entwicklungen.

Anwendungsgebiete
SEWS wird genutzt im strategischen Management, Krisenvorsorge, Innovationsscouting, Technologievorausschau und zur Wettbewerbsanalyse (Zuzák, 2017).

Vorgehensweise
1. Scannen des Umfelds auf Frühindikatoren („Weak Signals") via Medien, Fachforen, technische Systeme
2. Analyse und Klassifikation dieser Signale hinsichtlich Relevanz und Eintrittswahrscheinlichkeit
3. strukturierte Interpretation und Validierung im Expert:innenkreis
4. Einbettung in strategische Planungszyklen und kontinuierliches Monitoring
5. Feedback und Anpassung der Frühwarnindikatoren (Schwarz, 2005; Zuzák, 2017)

Beispiel aus der Praxis
Ein Technologieunternehmen implementierte SEWS zur Identifikation disruptiver Technologien. Durch Integration von Expert:innen-Workshops und automatisierter Datenanalyse erkannte es frühzeitig aufkommende Trends.

Voraussetzungen und Rahmenbedingungen
Erfolgreich ist SEWS bei interdisziplinärer Beteiligung, klar definierten Verantwortlichkeiten, datenbasierter Signalverarbeitung sowie einer Verbindung zur strategischen Planung (Schwarz, 2005).

Stärken und Schwächen

Stärken: Ermöglicht proaktive Reaktionen, erweitert strategisches Bewusstsein, stärkt Organisationsresilienz (Zuzák, 2017).
Schwächen: Subjektivität bei Signalerfassung, hoher Aufwand bei Implementierung, Mangel an Nutzerakzeptanz ohne Governance-Verankerung (Schwarz, 2005).

Verwandte Methoden/Kombinationen
SEWS ergänzt Szenariotechnik (für Kontextbildung), PESTEL (Umweltfaktoren), SWOT (Interne/Externe Abgleichung) und AHP (für Signalgütekriterien) (Zuzák, 2017; Ködding & Dumitrescu, 2022).

Werkzeuge und Tools
- Monitoring-Software für Medien und Patente
- Workshop-Tools zur Signalklassifikation (z. B. Miro, NVivo)
- Automatisierte Frühindikatoren-Systeme (KI-basierte Datenanalyse)

8.2.11 Benchmarking

Kurzbeschreibung
Benchmarking bezeichnet das systematische Vergleichen eigener Prozesse, Leistungen oder Strukturen mit Best-Practices-Standards – meist von Branchenführern –, um **Leistungslücken zu identifizieren** und kontinuierlich zu verbessern (Camp, 1989; Dattakumar & Jagadeesh, 2003). Ziel ist es, durch das Übernehmen von Best Practices die Effizienz und Wettbewerbsfähigkeit nachhaltig zu steigern (Bruno, 2012; Ebner et al., 2016).

Anwendungsgebiete
Breit einsetzbar in Qualitätsmanagement, Prozessoptimierung, IT-Strategie, operativer Excellence, öffentlichen Verwaltungen und Gesundheitswesen (Schaad & Hofer, 2020; Ebner et al., 2016; Chmielewska et al., 2022).

Vorgehensweise
1. Definition des Benchmark-Objekts und Zielsetzung
2. Auswahl geeigneter Partner (intern, funktional, wettbewerbsorientiert oder generisch) (Bruno, 2012)
3. Datenerhebung mittels Kennzahlen, Zeitstudien, Umfragen
4. Analyse mit dem Ziel, Leistungslücken zu quantifizieren
5. Ableitung von Verbesserungsmaßnahmen und Implementierung
6. Monitoring und kontinuierlicher Zyklus (Camp, 1989; Dattakumar & Jagadeesh, 2003; Schaad & Ebner et al 2016; Hofer, 2020)

Beispiel aus der Praxis
Im Facility-Management wurden Kosten- und Prozessbenchmarking zwischen Schweizer Spitälern verwendet. Dadurch konnten ineffiziente Abläufe identifiziert und Best Practices eingeführt werden (Schaad & Hofer, 2020).

Voraussetzungen und Rahmenbedingungen
Erfolg setzt klare Zieldefinition, valide Datenquellen, passende Partnerauswahl und Management-Commitment voraus (Bruno, 2012; Ebner et al., 2016). Die Durchführung erfordert zudem Methodik- und Datenkompetenz sowie eine Kultur der Offenheit.

Stärken und Schwächen

Stärken: Intensive Analyse ermöglicht gezielte Verbesserungen, fördert Learning from the Best und kontinuierliche Optimierung (Camp, 1989; Dattakumar & Jagadeesh, 2003).
Schwächen: Hoher Ressourcenbedarf, Datenverfügbarkeit oft problematisch, Gefahr von Blindkopien ohne Anpassung (Bruno, 2012; Ebner et al., 2016).

Verwandte Methoden/Kombinationen
Kombination mit Six Sigma oder Lean für Prozesssteuerung, AHP/DEA für quantitative Analyse, PESTEL/PEST zur Kontextbetrachtung sowie SWOT für Ableitung interner Faktoren (Ebner et al., 2016; Bruno, 2012).

Werkzeuge und Tools
- Excel/Vergleichsboards für Kennzahlenanalysen
- DEA-Modelle (Data Envelopment Analysis) zur Effizienzbewertung
- Performance-Monitoring-Software für kontinuierliches Benchmarking (Schaad & Hofer, 2020)

8.2.12 Wettbewerbsanalyse/Wettbewerbsprofile

Kurzbeschreibung
Die **Wettbewerbsanalyse** dient der systematischen Erfassung, Bewertung und dem Vergleich von Wettbewerbern in einem spezifischen Marktumfeld. Ziel ist

es, **Wettbewerbsprofile** zu erstellen, um strategische Positionierungen zu ermöglichen, Differenzierungspotenziale zu identifizieren und proaktive Maßnahmen im Wettbewerb zu gestalten (Porter, 1980; Bingham & Eisenhardt, 2008).

Anwendungsgebiete
Einsatz in der strategischen Unternehmensplanung, Marktanalytik, M&A-Vorbereitung, Innovationsplanung und bei der Entwicklung von Positionierungsstrategien (Schuhmacher & Kuester, 2012).

Vorgehensweise
1. Definition relevanter Wettbewerber (direkt, indirekt, potenziell)
2. Sammlung strukturierter Daten: Marktanteil, Preisstruktur, Differenzierungsmerkmale, F&E-Aktivität, Distributionskanäle
3. Erstellung von Wettbewerbsprofilen (z. B. mit Scorecards, Radar-Visualisierungen)
4. Anwendung von Vergleichsinstrumenten (z. B. strategische Gruppenanalyse, Competitive Benchmarking)
5. Ableitung strategischer Implikationen: Chancen, Risiken, Positionierung (Porter, 1980; Schuhmacher & Kuester, 2012)

Beispiel aus der Praxis
Ein Maschinenbauunternehmen analysiert sechs Hauptkonkurrenten hinsichtlich Preis, Technologiekompetenz und Markenbekanntheit. Die Profile zeigen eine Nische in der Mittelklasse-Segmentierung – das Unternehmen schärft daraufhin seine Marktposition und investiert in technologieunterstützten Service.

Voraussetzungen und Rahmenbedingungen
Erforderlich sind verlässliche Datenquellen (Marktforschung, Kundenfeedback, Datenbanken), analytische Kompetenz, Datenschutzbeachtung sowie strategische Zielorientierung (Schuhmacher & Kuester, 2012).

Stärken und Schwächen

Stärken: Transparente Sicht auf Wettbewerbslandschaft, fördert differenzierte Strategiebildung, ermöglicht Frühindikatorenanalyse (Bingham & Eisenhardt, 2008).
Schwächen: Datenlücken bei nicht gelisteten Unternehmen, Gefahr der Nachahmung ohne Innovation, hoher Aufwand bei dynamischen Märkten (Porter, 1980; Schuhmacher & Kuester, 2012).

Verwandte Methoden/Kombinationen
Kombinierbar mit Porter's Five Forces (Branchenattraktivität), SWOT (Wettbewerbsposition), Benchmarking (Leistungsvergleich), PESTEL (Marktumfeld) und Scenario Planning (Zukunftsoptionen) (Ködding & Dumitrescu, 2022).

Werkzeuge und Tools
- Wettbewerbsanalyse-Tools (z. B. Crunchbase, Statista, CB Insights)
- Visualisierungen: Wettbewerbsradar, Matrix-Diagramme, Spider Charts
- Softwareunterstützung für Datenaggregation und -bewertung

8.2.13 Marktsegmentierungsmodelle

Kurzbeschreibung
Marktsegmentierung bezeichnet die Aufteilung heterogener Märkte in homogene Teilmärkte anhand relevanter Kriterien – demografisch, psychografisch, geografisch oder verhaltensorientiert. Ziel ist es, Zielgruppen präzise zu definieren, Marketingmaßnahmen effektiver zu gestalten und Wettbewerbsvorteile zu sichern (Dolnicar et al., 2017; Fuchs & Golenhofen, 2024).

Anwendungsgebiete
Segmentierung findet Anwendung in Marketingstrategieentwicklung, Positionierung, Produktentwicklung, Preisgestaltung, Markteintrittsstrategien und Customer Relations Management – sowohl in B2C- als auch B2B-Märkten (Fuchs & Golenhofen, 2024; Dolnicar et al., 2017).

Vorgehensweise
1. Festlegung segmentierungsrelevanter Dimensionen (z. B. Demografie, Verhalten, Psychografie)
2. Datenerhebung mittels Befragungen, Transaktionsdaten oder Verhaltensdaten
3. Anwendung statistischer Verfahren zur Segmentidentifikation (Clusteranalyse, Latent-Class-Modelle, Mixture Models)
4. Profilierung und Bewertung von Segmentattraktivität (Größe, Erreichbarkeit, Rentabilität)
5. Auswahl und Definition der Zielsegmente (Targeting)
6. Anpassung des Marketing-Mix auf die Zielsegmente

Beispiel aus der Praxis
In der Konsumgüterbranche ergänzten Hersteller demografische Kriterien (Alter, Einkommen) um Verhaltensdaten (Nutzungshäufigkeit) und geodemografische Muster. Die resultierenden Cluster ermöglichten gezielte Produktanpassungen und differenzierte Werbekampagnen.

Voraussetzungen und Rahmenbedingungen
Erforderlich sind ausreichend große und valide Datenbestände, methodisches Know-how in quantitativer Analyse, Budget für Forschung sowie klare Zieldefinition (Dolnicar et al., 2017).

Stärken und Schwächen

Stärken: Segmentierung ermöglicht zielgerichtete Maßnahmen, höhere Kundenzufriedenheit und effizienteren Ressourceneinsatz (Wind, 1978).
Schwächen: Hoher Aufwand in Datenerhebung und -analyse; Stabilität und Validität der Segmente oftmals zeitlich begrenzt; Gefahr der Übersegmentierung (Dolnicar et al., 2017).

Verwandte Methoden/Kombinationen
Segmentierung ergänzt Targeting und Positioning (STP), Conjoint-Analyse für Produktattributbewertung, PESTEL zur Umfeldanalyse sowie AHP, um Segmentpräferenzen zu gewichten (Dolnicar et al., 2017; Fuchs & Golenhofen, 2024).

Werkzeuge und Tools
- Statistiksoftware (SPSS, R, Python) für Cluster- und Latent-Class-Analyse
- Geodemografische Tools (z. B. GIS-Systeme für Standortanalyse)
- CRM-Systeme und Data-Mining-Plattformen zur Segmentüberwachung

8.2.14 Strategische Optionenentwicklung

Kurzbeschreibung
Die **TOWS-Matrix** erweitert die SWOT-Analyse, indem sie aus den vier SWOT-Felder Kombinationen für strategische Optionen ableitet: SO (Stärken-Chancen), WO (Schwächen-Chancen), ST (Stärken-Risiken) und WT (Schwächen-Risiken) (Weihrich, 1982; Helms & Nixon, 2010). Ziel ist es, fundierte Strategien abzuleiten, die interne Kompetenzen mit externen Rahmenbedingungen verknüpfen.

Anwendungsgebiete
Die Methode wird verwendet in strategischer Planung, Innovationsmanagement, Reorganisation, Markteinführung sowie Risk Management – um praxisnah handlungsfähige Optionen abzuleiten (Helms & Nixon, 2010).

Vorgehensweise
1. Durchführung einer SWOT-Analyse zur Identifikation interner und externer Faktoren
2. Konstruktion der TOWS-Matrix mit vier Quadranten
3. Entwicklung spezifischer Strategien für jede Kombination
4. Priorisierung mittels Gewichtungsmodellen (z. B. AHP)
5. Umsetzung und Monitoring ausgewählter Optionen

Beispiel aus der Praxis
Ein mittelständisches Dienstleistungsunternehmen stellt fest, dass seine Flexibilität (Stärke) und der Trend zur Digitalisierung (Chance) beste Voraussetzungen für

eine SO-Strategie bieten. Daraus resultierte die Entwicklung digitaler Servicepakete zur Markterweiterung.

Voraussetzungen und Rahmenbedingungen
Erfolgreich ist die Methode bei nachvollziehbarer SWOT-Analyse, interdisziplinärer Teamarbeit und klaren Bewertungsprozessen (Helms & Nixon, 2010).

Stärken und Schwächen

Stärken: Strukturierte Verknüpfung externer und interner Daten, praxisorientierte Strategieableitung.
Schwächen: Qualität hängt von der SWOT-Analyse ab; ohne Gewichtung teilweise unscharfe Optionen (Helms & Nixon, 2010).

Verwandte Methoden/Kombinationen
Eng verwandt mit SWOT und geeignet zur Kombination mit PESTEL, Szenariotechnik, Balanced Scorecard und AHP zur strategischen Priorisierung (Helms & Nixon, 2010).

Werkzeuge und Tools
- Matrix-Templates (Excel, PowerPoint, Miro)
- Gewichtungstools mittels AHP oder Scoringmatrix

8.2.15 OKR (Objectives and Key Results)

Kurzbeschreibung
Objectives and Key Results (OKR) ist ein **ergänzendes Zielsetzungssystem,** das qualitative *Objectives* mit messbaren *Key Results* kombiniert. Es fördert die strategische Ausrichtung, Transparenz und Team-Performance, indem es objektiv messbare Resultate definiert und in regelmäßigen Zyklen überprüft (Sörgens, 2024; Stray et al., 2022).

Anwendungsgebiete
OKR ist weit verbreitet in der agilen Strategieumsetzung, Produktentwicklung, Unternehmensführung und Teamsteuerung, insbesondere in technologiegetriebenen oder wachstumsorientierten Organisationen (Sörgens, 2024; Stray et al., 2022).

Vorgehensweise
1. Formulierung einiger weniger, ambitionierter Objectives
2. Definition quantifizierbarer Key Results (meist 3–5 pro Objective)
3. Zyklen von meist drei Monaten inklusive Planungs-, Review- und Retrospektive-Meetings
4. Transparenz durch regelmäßiges Scoring und Anpassung (Sörgens, 2024; Stray et al., 2022)

Beispiel aus der Praxis
Ein Technologie-Start-up implementierte OKR zur Fokussierung auf Produkt-
wachstum: Objective war die Benutzerfreundlichkeit zu steigern, Key Results
waren definierte Metriken zur Nutzeraktivität und Conversion im Umlaufzyklus.

Voraussetzungen und Rahmenbedingungen
Erforderlich sind eine agile Unternehmenskultur, Commitment der Führungsebene, klare Kommunikation, geeignete Tools und disziplinierte Durchführung regelmäßiger Review-Zyklen (Sörgens, 2024; Stray et al., 2022).

Stärken und Schwächen

Stärken: Fördert strategische Klarheit, Engagement und teamübergreifende Ausrichtung; flexibel einsetzbar (Sörgens, 2024).
Schwächen: Einführung erfordert Zeit und Kulturwandel; Gefahr von unpassenden oder zu vielen Objectives ohne stringentes Follow-up (Stray et al., 2022).

Verwandte Methoden/Kombinationen
Kann gut verknüpft werden mit Balanced Scorecard, SMART-Zielsetzungen,
OKR-Tools und AHP zur Priorisierung. In agilen Kontexten ergänzt es Scrum und
Kanban (Sörgens, 2024; Stray et al., 2022).

Werkzeuge und Tools
- Digitale OKR-Plattformen (z. B. Workboard, Gtmhub, Power BI Integration)
- Klassische Tools wie Excel oder PowerPoint
- Agile Tools mit OKR-Integration (Jira, Azure DevOps)

8.3   Organisationsentwicklung

8.3.1   Organisationsdiagnose

Kurzbeschreibung
Die **Organisationsdiagnose** ist ein systematisches Verfahren zur **Erfassung,
Analyse und** Interpretation organisatorischer Strukturen, Prozesse und Kulturen.
Sie liefert die Basis für gezielte Interventionen in der Organisationsentwicklung
(Büssing, 2007; Kauffeld, 2019). Ziel ist es, ein tiefgehendes Verständnis der
Ist-Situation zu gewinnen sowie Handlungsbedarfe und Potenziale zur Effizienz-
und Kulturentwicklung abzuleiten (Büssing, 2007; Kauffeld, 2019).

Anwendungsgebiete
Eingesetzt in Change-Management, Organisationsentwicklung, Führungsdiagnose,
Kulturanalysen und in der strategischen Neuausrichtung (Kauffeld, 2019; Büssing,
2007).

Vorgehensweise
1. Auswahl eines Diagnosemodells (z. B. Prozess-, Kultur- oder Strukturdiagnose)
2. Datenerhebung mittels Mitarbeiterbefragungen, Interviews, Dokumentenanalyse und Beobachtung
3. Auswertung quantitativer und qualitativer Daten zur Identifikation struktureller oder kultureller Defizite
4. Feedback an Stakeholder und Ableitung konkreter Entwicklungsmaßnahmen
5. Nachdiagnose zur Evaluation der Effektivität (Borg, 2003; Kauffeld, 2019; Büssing, 2007)

Beispiel aus der Praxis
In einem öffentlichen Krankenhaus wurde durch eine Organisationsdiagnose erheblicher Mangel an interdisziplinärer Kommunikation und unklaren Rollenstrukturen offenbart. Daraufhin wurden interaktive Workshops sowie Kommunikationsworkshops initiiert – begleitet von einer Folgeevaluation nach sechs Monaten.

Voraussetzungen und Rahmenbedingungen
Erfolgreiche Diagnose benötigt methodische Kompetenz, Zugang zu Daten, Transparenz und Offenheit in der Organisation sowie eine professionell moderierte Feedbackkultur (Kauffeld, 2019; Borg, 2003).

Stärken und Schwächen

Stärken: Umfassende Diagnose intern und extern, valides Verständnis organisationaler Schwachstellen, Grundlage effektiver Intervention (Bütting, 2007).
Schwächen: Hoher Ressourcen- und Zeitaufwand, Gefahr der „Diagnoseparalyse" ohne gezielten Folgeprozess, mögliche Widerstände bei Mitarbeitenden (Büssing, 2007; Borg, 2003).

Verwandte Methoden/Kombinationen
Ergänzt durch Kulturdiagnose (z. B. OCAI), McKinsey 7S zur Alignment-Analyse und Balanced Scorecard zur Steuerung nach Interventionen. Für nachhaltige Fortführung empfiehlt sich ein iteratives Diagnose-Feedback-Modell (Kauffeld, 2019; Büssing, 2007).

Werkzeuge und Tools
- Mitarbeiterbefragungstools (z. B. Borg, 2003)
- Qualitative Analyse-Software (NVivo, MAXQDA)
- Prozessanalyse- und Visualisierungstools (z. B. Camunda, Visio)

8.3.2 Reifegradmodelle (Maturity Models)

Kurzbeschreibung
Reifegradmodelle (engl. Maturity Models) dienen der systematischen Bewertung des Entwicklungsstands von Prozessen, Systemen oder Organisationen anhand vordefinierter Stufen. Ziel ist es, Stärken und Schwächen strukturiert zu identifizieren, Vergleichbarkeit herzustellen und fundierte Entwicklungspfade abzuleiten (Becker et al., 2009; Paulk et al., 1993).

Anwendungsgebiete
Eingesetzt in IT-Management (z. B. CMMI, ITIL), Prozessmanagement, Digitalisierung (z. B. Digital Maturity Model), Personalentwicklung, Innovationsmanagement und Qualitätsmanagement (Becker et al., 2009; Tarhan et al., 2016).

Vorgehensweise
1. Auswahl eines geeigneten Reifegradmodells (generisch oder domänenspezifisch)
2. Festlegung von Bewertungskriterien entlang mehrerer Dimensionen (z. B. Technologie, Organisation, Kultur)
3. Durchführung von Self-Assessments, Interviews oder Audits
4. Zuordnung zu Reifegradstufen (typisch: 1–5)
5. Ableitung von Maßnahmen zur Erreichung der nächsten Reifestufe
6. Wiederholung im Sinne kontinuierlicher Verbesserung (Becker et al., 2009; Tarhan et al., 2016)

Beispiel aus der Praxis
Ein Unternehmen nutzte das „Digital Maturity Model" zur Analyse seiner digitalen Transformation. Die Ergebnisse zeigten hohe Werte in „digitaler Kompetenz", aber Defizite in der „digitalen Führungsbereitschaft", woraufhin gezielte Leadership-Initiativen gestartet.

Voraussetzungen und Rahmenbedingungen
Notwendig sind konsistente Datengrundlagen, interne Akzeptanz für Bewertungen, Kenntnis des jeweiligen Modells sowie Ressourcen für die Durchführung und Ableitung konkreter Maßnahmen (Becker et al., 2009).

Stärken und Schwächen

Stärken: Strukturiertes Bewertungsinstrument, fördert systematische Weiterentwicklung, ermöglicht Vergleichbarkeit (Tarhan et al., 2016).
Schwächen: Gefahr der Übervereinfachung komplexer Zusammenhänge, starrer Modellcharakter, Validitätsrisiken bei subjektiven Einschätzungen (Mettler, 2011).

Verwandte Methoden/Kombinationen
Gut kombinierbar mit Benchmarking, Prozessanalysen, Balanced Scorecard (zur Umsetzung) und Change-Modellen (für begleitende Maßnahmen; Mettler, 2011; Becker et al., 2009).

Werkzeuge und Tools
- Digitale Assessment-Tools (z. B. Maturity Scan, ITIL Self-Assessments)
- Excel-Vorlagen für Score-Zuweisungen
- Software für kontinuierliches Reifegradmonitoring

8.3.3   Change Management Modelle

Kurzbeschreibung
Change-Management-Modelle strukturieren den Prozess organisatorischer Veränderung und bieten klare Handlungsempfehlungen für erfolgreiche Umsetzung und nachhaltige Akzeptanz (Kotter, 1995; Hiatt, 2006).

Anwendungsgebiete
Diese Modelle kommen bei Transformationsprojekten in Unternehmen, Fusionen, Strategiewechseln, Digitalisierung, Kulturveränderungen und bei systematischer Organisationsentwicklung zum Einsatz (Kotter, 1995; Hiatt, 2006).

Vorgehensweise
- **Kotter-Modell**: Acht Phasen von der Dringlichkeitskommunikation über Visionserstellung, Empowerment, kurzfristige Erfolge bis zur Verankerung im Alltag (Kotter, 1995).
- **ADKAR-Modell**: Fokussiert auf individuelle Veränderung mittels Awareness, Desire, Knowledge, Ability und Reinforcement (Hiatt, 2006).

Beispiel aus der Praxis
Ein globales Industrieunternehmen nutzte das Kotter-Modell zur Einführung agiler Arbeitsweisen: Nach dem Schaffen eines Dringlichkeitsbewusstseins wurden Pilotteams etabliert, sichtbare Erfolge gefeiert und die neuen Strukturen schrittweise in die Unternehmenskultur überführt (Kotter, 1995).

Voraussetzungen und Rahmenbedingungen
Erfolgreich sind solche Modelle bei festem Leadership-Commitment, effektiver Kommunikation, Beteiligung von Mitarbeitenden, Ressourcenzuweisung und der Fähigkeit, Erfolge früh sichtbar zu machen (Kotter, 1995; Hiatt, 2006).

Stärken und Schwächen

Stärken: Bieten strukturierte, nachvollziehbare Vorgehensweisen für organisatorische Veränderung und fördern Akzeptanz und Nachhaltigkeit (Kotter, 1995).

Schwächen: Starrer Phasenstruktur bei dynamischen Rahmenbedingungen; ADKAR fokussiert stark auf individuelles Verhalten, weniger auf strukturelle Aspekte (Hiatt, 2006).

Verwandte Methoden/Kombinationen
Kombinierbar mit Organisationsdiagnose, Kommunikationsplänen und KPI-Dashboards (z. B. Balanced Scorecard) sowie agilen Praktiken wie Scrum oder Design Thinking zur begleitenden Umsetzung (Nerdinger, 2018; Sörgens, 2024).

Werkzeuge und Tools
- Projektpläne und Kommunikationsvorlagen für Veränderungsphasen
- Digitale Tools zur Erfolgsmessung (z. B. Power BI, OKR-Tracker)
- Workshop-Formate zur Visualisierung des Change-Prozesses

8.3.4   Kulturdiagnosen

Kurzbeschreibung
Das **Organizational Culture Assessment Instrument (OCAI)** ist ein diagnostisches Werkzeug zur Bestimmung der beschreibenden Kulturtypen in Unternehmen und Organisationen. Ziel ist es, ein differenziertes Verständnis der aktuellen und gewünschten Unternehmenskultur zu erlangen, um kulturbasierte Veränderungsprozesse gezielt zu steuern (Maher, 2000)

Anwendungsgebiete
Eingesetzt in Veränderungsprozessen, Transformation, Fusionen, Strategieimplementierung, Führungskräfteentwicklung und zur Verbesserung der Mitarbeiterbindung (Maher, 2000; Denison & Mishra, 1995).

Vorgehensweise
1. Erhebung mittels OCAI-Fragebogen, der sechs Dimensionen der Unternehmenskultur erfasst
2. Auswertung der Ist- und Soll-Kulturprofile anhand der vier Kulturtypen (Clan, Adhocracy, Market, Hierarchy)
3. Visualisierung der Ergebnisse in Kulturprofilgrafiken
4. Diskussion und Priorisierung gewünschter Kulturveränderungen
5. Ableitung gezielter Maßnahmen zur Kulturentwicklung (Maher, 2000)

Beispiel aus der Praxis
In einem Fertigungsunternehmen zeigte die OCAI-Erhebung eine stark hierarchische Ist-Kultur bei niedrig ausgeprägter Innovationskultur. Basierend darauf wurden Initiativen zur Förderung von Zusammenarbeit und Initiativkultur initiiert, z. B. Innovationsworkshops und bereichsübergreifende Projektteams.

Voraussetzungen und Rahmenbedingungen
Erforderlich sind offene Befragungsbereitschaft, Unterstützung durch das Top-Management, methodische Begleitung durch Expert:innen sowie eine transparente Kommunikation über den Umgang mit Ergebnissen (Maher, 2000).

Stärken und Schwächen

Stärken: Evidenzbasierte Einschätzung der Organisationskultur, motivierende Visualisierung, klare Handlungsfelder (Maher, 2000; Denison & Mishra, 1995).
Schwächen: Selbstberichtsbias in Fragebögen, kulturelle Komplexität nur in Basisdimensionen abgebildet, Veränderung kann zeitaufwendig sein (Denison & Mishra, 1995).

Verwandte Methoden/Kombinationen
Gut kombinierbar mit Change-Management-Modellen (Kotter, ADKAR), 360°-Feedback zur Führungskultur, Mitarbeiterbefragungen und Kulturworkshops (Nerdinger, 2018; Harrison, 2005).

Werkzeuge und Tools
- OCAI-Online-Tools zur automatisierten Auswertung und Visualisierung
- Workshopsets zur gemeinsamen Interpretation (Flipchart, Miro)
- Begleitende Feedback- und Coachinginstrumente

8.3.5 Stakeholderanalyse

Kurzbeschreibung
Die **Stakeholderanalyse** dient der Identifikation, Priorisierung und strategischen Einbindung von internen und externen Interessensgruppen, um ihre Erwartungen und Einflussgrade in Projekten oder organisationalen Veränderungen gezielt zu managen. Ziel ist es, Unterstützung zu sichern, Risiken zu minimieren und Kommunikationsstrategien passgenau zu gestalten (Freeman, 2010; Mitchell et al., 1997).

Anwendungsgebiete
Weit verbreitet in Projektmanagement, Change Management, Unternehmenskommunikation, Krisenvorsorge, Umwelt- und CSR-Initiativen sowie Strategieentwicklung (Bourne, 2016).

Vorgehensweise
1. Systematische Identifikation der Stakeholder
2. Bewertung nach Einfluss, Interesse und Legitimität (z. B. Salience-Model)
3. Bestimmung von Handlungsstrategien (manage closely, monitor, keep informed, minimal effort)

4. Entwicklung differenzierter Kommunikationspläne
5. Kontinuierliches Monitoring und Anpassung während des Projekt- oder Veränderungsprozesses (Bourne, 2016)

Beispiel aus der Praxis
In einem Infrastrukturprojekt wurde durch frühzeitige Identifikation und Einbindung lokaler Behörden und Bürgerinitiativen deren Unterstützung gesichert, was zu einer signifikanten Reduktion von Widerständen im Bauablauf führte.

Voraussetzungen und Rahmenbedingungen
Wesentlich sind klare Projektgrenzen, Zugang zu Informationen über Stakeholder, Kapazitäten zur Datenaktualisierung und methodische Kenntnisse für Bewertung und Strategieentwicklung (Bourne, 2016).

Stärken und Schwächen

Stärken: Gezielte Einflusssteuerung durch strukturierte Analyse, frühzeitige Risiko- und Supportaufdeckung, Basis für wirksame Kommunikation (Freeman, 2010; Mitchell et al., 1997).
Schwächen: Subjektive Einschätzung potenzieller Stakeholder, zeitintensiv, bei hoher Stakeholderzahl komplex in Steuerung und Dokumentation (Bourne, 2016).

Verwandte Methoden/Kombinationen
Kann mit Machtfeldanalyse (Netzwerk- und Einflussstrukturen), Kommunikationsplan-Modellen, Change-Management-Frameworks wie Kotter/ADKAR, Risikoanalyse und Projektcontrolling verknüpft werden (Freeman, 2010; Bourne, 2016).

Werkzeuge und Tools
• Stakeholder-Mapping-Tools (z. B. Mendelow-Matrix)
• Softwarelösungen wie Stakeholder Circle oder PowerBI-Visual dashboards
• Excel-Vorlagen für Einfluss/Interesse-Analysen und Kommunikationspläne

8.3.6 Rollen- und Verantwortlichkeitsmatrix (RACI)

Kurzbeschreibung
Die **RACI-Matrix** ist ein Instrument zur **Strukturierung von Rollen und Verantwortlichkeiten in** Projekten **oder Prozessen,** wobei jede Aufgabe einer oder mehreren Personen zugeordnet wird, die Responsible, Accountable, Consulted oder Informed sind. Ziel ist es, Klarheit, Verantwortungsbewusstsein und effiziente Kommunikation im Team zu fördern (Kantor, 2018; Witte, 2020).

Anwendungsgebiete
Eingesetzt in Projektmanagement, Prozessoptimierung, Organisationsentwicklung, IT-Einführungen und Compliance-Projekten – überall dort, wo klare Rollenzuordnung entscheidend ist (Kantor, 2018; Witte, 2020).

Vorgehensweise

1. Definition relevanter Aufgaben oder Prozessschritte
2. Identifikation aller beteiligten Personen oder Rollen
3. Zuordnung der RACI-Kategorien pro Aufgabe:
   - Responsible: Führt aus
   - Accountable: Endverantwortung
   - Consulted: Berät
   - Informed: Wird informiert
4. Visualisierung mittels Matrixdarstellung
5. Abstimmung im Team und regelmäßige Aktualisierung bei Änderungen (Kantor, 2018)

Beispiel aus der Praxis

Bei der ERP-Einführung wurde durch Anwendung der RACI-Matrix sichergestellt, dass der IT-Leiter für das Customizing verantwortlich war (R), die Geschäftsführung rechtlich verantwortlich (A), der Datenschutzbeauftragte konsultiert (C) und alle Fachbereiche informiert (I). Dadurch wurden Kompetenzüberschneidungen vermieden und Eskalationskanäle klar definiert.

Voraussetzungen und Rahmenbedingungen

Erfolgreich ist der Einsatz bei klar definierten Prozessen, frühzeitiger Einbindung aller Beteiligten und regelmäßiger Abstimmung – idealerweise als integraler Bestandteil des Projektmanagements (Kantor, 2018; Witte, 2020).

Stärken und Schwächen

Stärken: Reduziert Rollendopplungen, schafft Verantwortlichkeit, verbessert Transparenz und Kommunikation (Witte, 2020).
Schwächen: Kann bei komplexen großen Projekten unüberschaubar werden; Gefahr der Überlastung einzelner Rollen (Kantor, 2018).

Verwandte Methoden/Kombinationen

Gut kombinierbar mit Projektmethoden wie PRINCE2 oder PMI, mit Prozessmodellierung (z. B. BPMN) zur Aufgabenstruktur, sowie mit Stakeholderanalyse und Kommunikationsplänen.

Werkzeuge und Tools

- Excel-Vorlagen und PowerPoint-Matrizen
- Projektmanagement-Software mit RACI-Unterstützung (z. B. Microsoft Project, Jira-Plugins)
- Workflow-Tools mit Rollen- und Berechtigungsmanagement

8.3.7 Prozesslandkarten

Kurzbeschreibung
Prozesslandkarten visualisieren die Gesamtheit der Geschäftsprozesse eines Unternehmens und zeigen deren Zusammenhänge und Hierarchieebenen. Ziel ist es, Transparenz über Abläufe zu schaffen, Verantwortungen zu klären und Prozesse systematisch zu optimieren (Jeston & Nelis, 2014; vom Brocke & Rosemann, 2015).

Anwendungsgebiete
Verbreitet eingesetzt in Prozessmanagement, Lean- und Qualitätsinitiativen, Digitalisierungsvorhaben, Compliance und Organisationsentwicklung (Jeston & Nelis, 2014; vom Brocke & Rosemann, 2015).

Vorgehensweise
1. Identifikation aller Kern-, Steuer- und Unterstützungsprozesse
2. Hierarchische Gliederung in Ebenen (z. B. Ebene 1 bis 3)
3. Erstellung grafischer Landkarten (z. B. BPMN oder Flussdiagramme)
4. Validierung durch Stakeholder-Workshops
5. Nutzung zur Analyse von Wirkungspfade, Schnittstellen und Optimierungspotenzialen (Jeston & Nelis, 2014)

Beispiel aus der Praxis
In einem Fertigungsunternehmen bildete eine detaillierte Prozesslandkarte den Startpunkt für Lean-Projekte. Prozessredundanzen wurden identifiziert und das Order-to-Cash-Verfahren nachhaltig verschlankt.

Voraussetzungen und Rahmenbedingungen
Erfolg erfordert bereichsübergreifende Datenerhebung, Moderationserfahrung, geeignete Modellierungsmethodik und IT-Unterstützung für Aktualisierung und Nutzung (Jeston & Nelis, 2014; vom Brocke & Rosemann, 2015).

Stärken und Schwächen

Stärken: Fördert Verständnis von Zusammenhängen, Grundlage für Prozessverbesserung, unterstützt Kommunikation (vom Brocke & Rosemann, 2015).
Schwächen: Hoher Detaillierungsaufwand, Gefahr veralteter Landkarten ohne Pflege, möglicherweise schwer verständlich ohne Schulung (Jeston & Nelis, 2014).

Verwandte Methoden/Kombinationen
Kombiniert mit BPMN-Notation, Wertstromanalyse, Six Sigma, Lean, Prozesskennzahlen und RACI zur Verantwortungszuordnung (vom Brocke & Rosemann, 2015; Jeston & Nelis, 2014).

Werkzeuge und Tools
- Modellierungssoftware (ARIS, Signavio, Visio)
- Prozessportale oder Dashboard-Systeme zur Landkartenverwaltung
- BPM-Tools mit Simulationsfunktionen

8.3.8 Zielsystemanalyse

Kurzbeschreibung
Die **Zielsystemanalyse** untersucht die Struktur, Beziehung und Widersprüche zwischen organisationalen Zielen, um Zielkonflikte zu identifizieren und ein abgestimmtes, konsistentes Zielsystem zu entwickeln. Ziel ist es, Rationalität, Machbarkeit und Kohärenz bei der Zielsetzung sicherzustellen (Heinrich et al., 2011; Drews et al., 2015).

Anwendungsgebiete
Angeregt in der strategischen Planung, Führung, Controlling, Projektsteuerung, Performance Management sowie im Qualitäts- und Risikomanagement (Heinrich et al., 2011; Drews et al., 2015).

Vorgehensweise
1. Erfassung aller relevanten Ziele auf verschiedenen Ebenen (Strategie, Funktion, Projekt)
2. Strukturierung nach Hierarchieebenen und zeitlichem Horizont
3. Bewertung auf Konflikte, Synergien und Zielgewichtung
4. Visualisierung z. B. in Zielhierarchien oder Zielnetzwerken
5. Ableitung von Evaluations- und Steuerungsmechanismen zur laufenden Kontrolle (Drews et al., 2015; Heinrich et al., 2011)

Beispiel aus der Praxis
In einer mittelständischen Unternehmensgruppe wurden Zielkonflikte zwischen kurzfristiger Gewinnmaximierung und langfristigem Investitionsbedarf identifiziert. Durch Gewichtungsentscheidungen wurden Prioritäten gesetzt und Controlling-Instrumente angepasst.

Voraussetzungen und Rahmenbedingungen
Voraussetzung ist Transparenz über bestehende Ziele, organisatorische Offenheit, methodische Moderation sowie Bereitschaft zur Aushandlung und Kompromissbildung (Heinrich et al., 2011).

Stärken und Schwächen

Stärken: Transparente Darstellung von Zielabhängigkeiten, verhindert Widersprüche, fördert kohärente Steuerung (Drews et al., 2015).

Schwächen: Hoher Aufwand bei umfassenden Zielsystemen, subjektive Gewichtung, mögliche starre Zielstrukturen, die Anpassung erschweren (Heinrich et al., 2011).

Verwandte Methoden/Kombinationen
Verknüpfung mit Balanced Scorecard (Zielsteuerung), KPI-Entwicklung, OKR, Projektmanagementmethoden und Risikoanalysen zur operativen Umsetzung.

Werkzeuge und Tools
- Zielhierarchie-Tools in Office-Software (Excel, PowerPoint)
- Spezielle Zielmanagement-Software (z. B. Enterprise-Performance-Management-Tools)
- Visualisierungsplattformen für Zielnetzwerke

8.4 Prozessberatung/Business Process Management

8.4.1 IST-/SOLL-Prozessanalyse

Kurzbeschreibung
Die **IST-/SOLL-Prozessanalyse** ist eine bewährte Methode im Business Process Management, bei der ein bestehender Ist-Prozess aufgenommen und einem definierten Soll-Zustand gegenübergestellt wird, um Lücken und Optimierungspotenziale systematisch aufzudecken. Ziel ist es, Effizienzsteigerungen, Qualitätssicherung und Prozessoptimierungen zu ermöglichen (Dumas et al., 2018; Gadatsch, 2025).

Anwendungsgebiete
Eingesetzt wird die Methode in Geschäftsprozessoptimierungen, digitaler Transformation, Qualitätsmanagement, Compliance-Implementierungen und Change-Projekten (Dumas et al., 2018; Gadatsch, 2025).

Vorgehensweise
1. Aufnahme und Dokumentation des Ist-Prozesses mittels Interviews, Workshops oder Prozessmodellierung
2. Entwicklung eines Soll-Modells auf Basis von Anforderungen, Best Practices oder strategischen Zielen
3. Gegenüberstellung beider Modelle zur Identifikation von Lücken, Redundanzen und Risiken
4. Bewertung anhand von Kriterien wie Durchlaufzeit, Kosten, Qualität und Compliance
5. Ableitung und Umsetzung zielgerichteter Optimierungsmaßnahmen

Beispiel aus der Praxis
Ein Versicherungsunternehmen erkannte mittels Soll-Ist-Analyse im Schadenprozess eine unnötige manuelle Überprüfung. Durch Automatisierung dieser Teilschritte konnte die Auszahlungszeit halbiert und die Fehlerquote signifikant reduziert werden.

Voraussetzungen und Rahmenbedingungen
Erfolg hängt ab von vollständiger Datenerhebung, der Unterstützung durch Prozessverantwortliche, methodischer Moderation und IT-Unterstützung für Modellierung und Analyse (Dumas et al., 2018; Gadatsch, 2025).

Stärken und Schwächen

Stärken: Klarer Ist-/Soll-Vergleich fördert gezielte Verbesserungen, Datenbasis für Entscheidungen, geeignet für Automatisierung (Dumas et al., 2018).
Schwächen: Aufwand in Datenerhebung und Dokumentation hoch, Gefahr von Detailverlust ohne angemessenes Abstraktionsniveau (Gadatsch, 2025).

Verwandte Methoden/Kombinationen
Kombinierbar mit BPMN-Notation, Six Sigma (zur Qualitätsoptimierung), Lean Thinking, Kaizen/KVP, Wertstromanalyse und RACI zur Rollenzuweisung (vom Brocke & Rosemann, 2015; Dumas et al., 2018).

Werkzeuge und Tools
- Modellierungssoftware wie Signavio, ARIS, Visio
- BPM-Analyse-Funktionen (Simulations- und Optimierungswerkzeuge)
- Automatisierungsplattformen (z. B. RPA-Tools)

8.4.2   Wertstromanalyse/Value Stream Mapping

Kurzbeschreibung
Die **Wertstromanalyse,** auf dem Toyota Production System aufbauend, kartiert sowohl wertschöpfende als auch nicht-wertschöpfende Aktivitäten entlang eines Produkt- oder Dienstleistungsflusses. Ziel ist es, Verschwendung zu identifizieren und Prozesse zu schlanken, effizienten und qualitativ hochwertigen Abläufen zu entwickeln (Rother & Shook, 2003; Hines & Rich, 1997).

Anwendungsgebiete
Eingesetzt in Lean-Management-Initiativen, Produktionsoptimierungen, Supply-Chain-Analysen, Serviceprozessen und im Gesundheitswesen (Rother & Shook, 2003; Hines & Rich, 1997).

Vorgehensweise
1. Auswahl eines Produkt- oder Dienstflusses

2. Datenerfassung zu Zeiten, Beständen, Transporten und Durchläufen
3. Erstellung der Ist-Wertstromkarte inklusive Material- und Informationsflusses
4. Identifikation von Verschwendungsarten (Muda)
5. Entwicklung einer Soll-Wertstromkarte mit Verbesserungsmaßnahmen
6. Umsetzung und kontinuierliches Monitoring (Rother & Shook, 2003)

Beispiel aus der Praxis
In einem Krankenhaus wertete ein Lean-Team den Patientenaufnahmeprozess aus. Durch das Re-Design des Informationsflusses konnte die Wartezeit um 30 % reduziert und Doppelarbeiten eliminiert werden.

Voraussetzungen und Rahmenbedingungen
Erfolg braucht interdisziplinäre Teams, Zugang zu Prozessdaten, Verständnis für Lean-Prinzipien und engagierte Moderation (Hines & Rich, 1997; Rother & Shook, 2003).

Stärken und Schwächen

Stärken: Reduziert Verschwendung, visualisiert komplexe Abläufe, fördert kontinuierliche Verbesserung (Hines & Rich, 1997).
Schwächen: Fokus auf Ist-Zustände, begrenzte Flexibilität bei variablen Prozessen, hoher initialer Datenerfassungsaufwand (Rother & Shook, 2003).

Verwandte Methoden/Kombinationen
Empfehlung zur Kombination mit einer RACI-Matrix zur Klarheit der Verantwortungen, BPMN zur Detaillierung und Six Sigma zur Qualitätsoptimierung (Dumas et al., 2018; Rother & Shook, 2003).

Werkzeuge und Tools
• Wertstrom-Mapping-Templates (Excel, PowerPoint)
• Lean-Software (z. B. iGrafx Lean Six Sigma)
• Simulationstools für Prozessoptimierung

8.4.3 BPMN (Business Process Model and Notation)

Kurzbeschreibung
BPMN (Business Process Model and Notation) ist ein standardisiertes Notationssystem für Geschäftsprozesse, entwickelt vom Object Management Group (OMG). Ziel ist es, Geschäftsprozesse in grafisch klarer, semantisch konsistenter und systematisch ausführbarer Form abzubilden und damit Kommunikation, Analyse und Automatisierung zu erleichtern (Allweyer, 2020; Dumas et al., 2018).

Anwendungsgebiete
Eingesetzt in Geschäftsprozessmanagement, Systemanalyse, IT-Integration, Workflow-Design, Compliance-Dokumentation und Automatisierungsvorhaben (Silver, 2009; Dumas et al., 2018).

Vorgehensweise
1. Modellierung der Prozesselemente: Pools, Lanes, Ereignisse, Aktivitäten und Gateways
2. Anwendung der BPMN-Regeln zur Konsistenzsicherung
3. Validierung durch Stakeholder im Review-Prozess
4. Nutzung der Modelle zur Ausführung (z. B. in BPM-Systemen) oder Simulation und Optimierung
5. Kontinuierliche Aktualisierung bei Prozessveränderungen

Beispiel aus der Praxis
Ein Finanzinstitut modellierte seine Kreditvergabeprozesse mit BPMN, um Automatisierungspotenziale zu identifizieren. Das Modell wurde in ein BPMS übertragen, wodurch die Antragsbearbeitung um 40 % beschleunigt wurde.

Voraussetzungen und Rahmenbedingungen
Erforderlich sind modellierungserfahrene Fachkräfte, BPMN-Schulungen, geeignete Modellierungswerkzeuge und Konsens aller beteiligten Stakeholder zur Modellakzeptanz (Dumas et al., 2018).

Stärken und Schwächen

Stärken: Hohe Semantik und Standardisierung, geeignet für technische Ausführung, klare Diagramme für Stakeholder-Kommunikation (Allweyer, 2020).
Schwächen: Einarbeitungsaufwand hoch, komplexe Diagramme schwer lesbar, Übermodellierung möglich ohne pragmatische Zweckbindung (Silver, 2009).

Verwandte Methoden/Kombinationen
Optimal kombiniert mit Prozesslandkarten, RACI-Matrix, Six Sigma, Wertstromanalyse, IST/SOLL-Prozessen und Simulationstools (vom Brocke & Rosemann, 2015; Dumas et al., 2018).

Werkzeuge und Tools
- BPMN-Modellierungssoftware wie Signavio, Camunda Modeler, Bizagi
- BPM-Systeme zur Prozessautomatisierung, Simulation und Monitoring
- Diagrammtools wie Visio oder bpmn.io zur Erstellung von Prozesslandkarten

8.4.4   Six Sigma (DMAIC)

Kurzbeschreibung
Six Sigma ist eine methodische Strategie zur Reduzierung von Prozessvariationen und Fehlern, ursprünglich von Motorola in den 1980er Jahren entwickelt. Das Kernprinzip ist der **DMAIC**-Zyklus (Define, Measure, Analyze, Improve, Control), welcher bestehende Prozesse systematisch analysiert, optimiert und kontrolliert (Arcidiacono et al., 2012; Tokgoz, 2024).

Anwendungsgebiete

Six Sigma wird klassisch im Qualitätsmanagement eingesetzt, findet aber zunehmend Anwendung in Dienstleistungsbereichen wie Gesundheitswesen, IT, Verwaltung und Supply Chain Management (Subagyo et al., 2020; Arcidiacono et al., 2012).

Vorgehensweise

- **Define:** Prozessabgrenzung und Problemdefinition mittels Projektcharta und SIPOC
- **Measure:** Datenerhebung und Prozessfähigkeitsanalyse zur Ermittlung des Ist-Zustands
- **Analyze:** Identifikation von Ursachen mit statistischen Methoden wie Ishikawa, Paretodiagramm, Hypothesentests
- **Improve:** Entwicklung und Test von Lösungsideen (z. B. mittels FMEA, Brainstorming, Poka-Yoke)
- **Control:** Implementierung von Regelkarten und Monitoring-Systemen zur Prozesssicherung (Subagyo et al., 2020; Tokgoz, 2024).

Beispiel aus der Praxis

In einem Krankenhaus verringerte ein Six-Sigma-Projekt im Discharge-Prozess die Wartezeit signifikant. Mittels detaillierter Analyse und Simulation (Lean-Integration) wurde der Ablauf optimiert und nachhaltig gesteuert.

Voraussetzungen und Rahmenbedingungen

Erforderlich sind statistisches Know-how, engagierte „Belt"-Rollen (z. B. Black Belts), Management-Commitment, geeignete Projektinfrastruktur und klare Zielvorgaben (Arcidiacono et al., 2012; Subagyo et al., 2020; Tokgoz, 2024).

Stärken und Schwächen

Stärken: Ansatz mit hoher Wirkung bei geringer Fehlerquote, Datenorientiertheit, mathematisch fundierter Nachweis von Verbesserungen (Arcidiacono et al., 2012; Subagyo et al., 2020).

Schwächen: Hoher Schulungs- und Implementierungsaufwand, Kulturbarrieren, starke Formalisierung möglicher innovationshemmend (Tokgoz, 2024).

Verwandte Methoden/Kombinationen

Oft integriert in Lean Six Sigma („Lean" zur Verschwendungsreduktion), verknüpft mit Wertstromanalyse, BPMN und RPA zur Automatisierung (Tokgoz, 2024; Rodriguez Delgadillo et al., 2022).

Werkzeuge und Tools

- Statistische Software (Minitab, R, JMP)
- Regelkarten und SPC-Tools
- Simulationstools und FMEA-Tools
- Lean-Integration (Value Stream Mapping) und BI-Dashboards

8.4.5 Lean Management/Lean Thinking

Kurzbeschreibung
Lean Management, auch bekannt als **Lean Thinking,** ist ein umfassender Managementansatz zur systematischen Eliminierung von Verschwendung und zur Maximierung des Kundennutzens. Ziel ist es, schlanke, effiziente und flussorientierte Prozesse zu gestalten, die flexibel auf Veränderungen reagieren können (Womack & Jones, 2003; Liker, 2020).

Anwendungsgebiete
Eingesetzt in Produktion, Dienstleistungen, Logistik, Gesundheitswesen, IT, Verwaltung und Produktentwicklung – sowohl in industriellen als auch in wissensbasierten Kontexten (Hines et al., 2004).

Vorgehensweise
1. Orientierung an den fünf Lean-Prinzipien: Wert definieren, Wertstrom identifizieren, Fluss erzeugen, Pull etablieren, Perfektion anstreben (Womack & Jones, 2003)
2. Analyse und Reduktion von Verschwendung („Muda") in Prozessen
3. Anwendung von Methoden wie 5S, Kanban, Wertstromanalyse, Andon, Standardisierung und kontinuierlicher Verbesserung
4. Entwicklung einer Lean-Kultur mit Mitarbeiterfokus, Problemlösungskompetenz und dezentraler Verantwortung (Liker, 2020)

Beispiel aus der Praxis
Ein mittelständisches Maschinenbauunternehmen implementierte Lean Thinking im Montagebereich. Durch Umstellung auf ein Kanban-gesteuertes System und 5S-Arbeitsplätze reduzierte sich die Rüstzeit um 60 %, die Durchlaufzeit sank von 14 auf 5 Tage.

Voraussetzungen und Rahmenbedingungen
Erfolg erfordert eine klare Vision, Schulung der Mitarbeitenden, kulturelle Veränderungsbereitschaft, strukturierte Umsetzungsplanung und Führungskräfte-Commitment (Liker, 2020; Womack & Jones, 2003).

Stärken und Schwächen
Stärken: Schlanke Prozesse, hohe Kundenzentrierung, Transparenz, Mitarbeiterbeteiligung, lernende Organisation (Womack & Jones, 2003).
Schwächen: Fehlanwendung bei zu starrer Umsetzung, Missverständnisse durch verkürzte Methodenfokussierung, kulturelle Barrieren (Liker, 2020).

Verwandte Methoden/Kombinationen
Häufig verbunden mit Six Sigma (Lean Six Sigma), KVP/Kaizen, Wertstromanalyse, TPM, Agilität und digitalen Prozesslösungen (Hines et al., 2004; Womack & Jones, 2003).

Werkzeuge und Tools
- Visual Management (z. B. Boards, Andon-Systeme)
- Lean-Toolbox (5S, Kanban, Gemba Walks, SMED)
- Lean-Assessment-Tools zur Reifegradanalyse

8.4.6 Kaizen/Kontinuierlicher Verbesserungsprozess (KVP)

Kurzbeschreibung
Kaizen, ursprünglich aus Japan, steht für „ständige Verbesserung" und bezeichnet eine kollaborative, schrittweise Methode zur Steigerung von Qualität, Effizienz und Mitarbeiterengagement. Das Ziel ist es, durch kontinuierliche, kleinschrittige Anpassungen Abläufe zu optimieren und nachhaltige Verbesserungsimpulse im Alltag zu verankern (Imai, 1986; Masaaki, 2015).

Anwendungsgebiete
Kaizen bzw. KVP wird vor allem in der Produktion, im Qualitätsmanagement, in Serviceprozessen, der Verwaltung und zunehmend auch in wissensbasierten Organisationen eingesetzt – überall dort, wo kontinuierliche Verbesserung Teil der Unternehmenskultur sein soll (Liker, 2020).

Vorgehensweise
1. Initiierung durch Workshops oder Gemba-Walks (vor Ort)
2. Identifikation kleiner Verbesserungsmöglichkeiten durch Mitarbeitende
3. Umsetzung in PDCA-Zyklen (Plan–Do–Check–Act)
4. Dokumentation der Fortschritte und Reflexion im Team
5. Standardisierung erfolgreicher Änderungen, um sie nachhaltig zu integrieren (Imai, 1986; Masaaki, 2015)

Beispiel aus der Praxis
In einer Automobilzulieferfabrik wurden täglich KVP-Karten eingesetzt. Ein Teammitglied schlug eine kleine Anpassung an der Verpackungsstation vor, die zu 15 % weniger Ausschuss führte – die Lösung wurde ins Standardverfahren überführt.

Voraussetzungen und Rahmenbedingungen
Erforderlich sind eine gelebte Verbesserungskultur, Schulung der Mitarbeitenden, Zeit für Reflexion im Alltag und Unterstützung durch Führungskräfte (Liker, 2020).

Stärken und Schwächen

Stärken: Fördert Mitarbeiterbeteiligung, schnell umsetzbar, nachhaltige Kulturentwicklung, geringe Kosten (Imai, 1986; Liker, 2020).
Schwächen: Nicht geeignet für radikale Innovationen, in hierarchisch geprägten Organisationen schwer verankert, benötigt lange Implementierungsphase (Masaaki, 2015).

Verwandte Methoden/Kombinationen
Ideal ergänzt durch Wertstromanalyse, Six Sigma (Lean Six Sigma), RACI zur
Verantwortungszuordnung und agile Techniken wie Scrum für Teamkoordination
(Womack & Jones, 2003; Tokgoz, 2023).

Werkzeuge und Tools
- KVP-Karten und A3-Reporting
- PDCA-Templates (Excel, PowerPoint)
- Digitale KVP-Plattformen wie KaiNexus oder IdeaScale

8.4.7   Time-Driven Activity-Based Costing (TDABC)

Kurzbeschreibung
Time-Driven Activity-Based Costing (TDABC) ist eine Weiterentwicklung des
klassischen Activity-Based Costing, bei der Kosten auf Basis von Zeitparametern
pro Prozess oder Ressource berechnet werden. Ziel ist es, die Kostenerfassung zu
vereinfachen, Verursachungstreue zu erhöhen und Kostenstellen transparenter zu
machen (Kaplan & Anderson, 2007).

Anwendungsgebiete
TDABC wird eingesetzt in Finanz- und Controlling-Systemen, Prozesskostenrechnung, Lean-Projekten, Service-Organisationen und dem Gesundheitswesen zur
präzisen Kostenzuordnung und für strategische Entscheidungen (Kaplan & Porter,
2011; Kaplan & Anderson, 2007).

Vorgehensweise
1. Identifikation relevanter Ressourcen und Tätigkeiten
2. Schätzung der Kapazitätskosten pro Zeiteinheit (z. B. Kosten pro Stundenmi-
   nute)
3. Ermittlung typischer Zeitaufwände je Aktivität
4. Berechnung der Kosten pro Aktivität (Kapazitätskosten × Zeitbedarf)
5. Aggregation zur Kostenzuordnung auf Projekte, Produkte oder Kunden (Kaplan & Anderson, 2007)

Beispiel aus der Praxis
In einer Universitätsklinik wurde TDABC eingeführt, um tatsächliche Behand-
lungskosten zu ermitteln. Die Analyse zeigte hohe indirekte Kosten für administrative Tätigkeiten. Auf dieser Basis wurden Prozesse optimiert und spezifische
Ressourcen gezielt zugewiesen.

Voraussetzungen und Rahmenbedingungen
Voraussetzung sind verlässliche Daten zur Zeitverwendung, standardisierte Tätig-
keitsdefinitionen, IT-Unterstützung für Zeit-Tracking und Controlling-Kompetenz
(Kaplan & Anderson, 2007).

Stärken und Schwächen

Stärken: Präzise, verursachungsgerechte Kostenzuordnung, weniger komplex als klassisches ABC, verbessert Transparenz und Entscheidungsklarheit (Kaplan & Anderson, 2007).
Schwächen: Zeitintensive Implementierung, Abhängigkeit von genauen Zeitdaten, Modelle können ohne laufende Pflege schnell veralten (Kaplan & Porter, 2011).

Verwandte Methoden/Kombinationen
Verknüpfung mit Lean Management, Prozesskostenanalyse, Controlling-Dashboards und Balanced Scorecard zur Kostensteuerung (Kaplan & Porter, 2011).

Werkzeuge und Tools
- TDABC-Softwarelösungen (z. B. Acorn, Time-Driven ABC Tools)
- Zeit-Tracking-Systeme (z. B. Zeiterfassungssoftware, Klok)
- BI-Tools zur Visualisierung der Kostenstrukturen

8.4.8 Prozessreifegradanalysen

Kurzbeschreibung
Prozessreifegradanalysen dienen der systematischen Bewertung der Entwicklungsstufe von Geschäftsprozessen hinsichtlich Standardisierung, Steuerbarkeit, Leistungsfähigkeit und kontinuierlicher Verbesserung. Ziel ist es, den aktuellen Stand der Prozessorganisation zu ermitteln und zielgerichtete Entwicklungspfade abzuleiten (Hammer, 2007; Becker et al., 2012).

Anwendungsgebiete
Eingesetzt in der Prozessoptimierung, im Qualitätsmanagement, im IT-Service-Management, in Reorganisationsprojekten und zur Vorbereitung von Zertifizierungen oder digitalen Transformationen (Becker et al., 2012; Hammer, 2007).

Vorgehensweise
1. Auswahl eines geeigneten Reifegradmodells (z. B. Capability Maturity Model (CMM), BPMM, PCF, Hammer-Maturity-Model)
2. Definition der Bewertungskriterien (z. B. Zielorientierung, Rollen, IT-Unterstützung, KPIs, Kundenintegration)
3. Durchführung strukturierter Assessments (Fragebögen, Interviews, Dokumentenanalyse)
4. Zuordnung der Prozesse zu Reifegradstufen (typischerweise 1–5)
5. Ableitung von Maßnahmen zur Weiterentwicklung (Becker et al., 2012)

Beispiel aus der Praxis
Ein Energieversorger bewertete seine Prozesse mit dem BPMM-Modell. Die Ergebnisse zeigten große Unterschiede zwischen Fachbereichen. Auf dieser Basis

wurden standardisierte Prozessmanagement-Rollen eingeführt und ein Schulungs-programm aufgebaut.

Voraussetzungen und Rahmenbedingungen
Benötigt werden eine valide Datenbasis, einheitliches Bewertungsverfahren, Akzeptanz durch Stakeholder und methodische Kompetenz zur Interpretation der Ergebnisse (Becker et al., 2012).

Stärken und Schwächen

Stärken: Liefert fundierte Entwicklungsbasis, identifiziert Schwächen, fördert Prozessbewusstsein, unterstützt Benchmarking (Hammer, 2007).
Schwächen: Subjektive Bewertung möglich, hoher Analyseaufwand, Gefahr der Überformalisierung (Becker et al., 2012).

Verwandte Methoden/Kombinationen
Empfehlenswert in Kombination mit Prozesslandkarten, Balanced Scorecard, Six Sigma, Lean und Digital Readiness Assessments (Hammer, 2007; Becker et al., 2012).

Werkzeuge und Tools
- Reifegradmodelle (z. B. BPMM, PCF, CMMI)
- Self-Assessment-Fragebögen (z. B. in Excel, Survey-Tools)
- Softwaretools wie ARIS Process Performance Manager, Signavio oder eigene Dashboards

8.4.9 Service Blueprinting

Kurzbeschreibung
Service Blueprinting ist eine visuelle Methode zur systematischen Darstellung und Analyse von Dienstleistungsprozessen. Ziel ist es, alle sichtbaren und unsichtbaren Interaktionen zwischen Kunden, Mitarbeitenden und Systemen entlang der „Customer Journey" transparent zu machen, um Prozesse zu verbessern und das Serviceerlebnis zu optimieren (Bitner et al., 2008).

Anwendungsgebiete
Eingesetzt in der Dienstleistungsentwicklung, im Customer Experience Management, UX-Design, Service Design, Prozessoptimierung sowie in der digitalen Transformation von Services (Ostrom et al., 2015).

Vorgehensweise
1. Definition des betrachteten Serviceprozesses aus Kundensicht
2. Identifikation der Kontaktpunkte (Touchpoints) und Prozessschritte
3. Visualisierung über mehrere Ebenen:

- Kundenaktionen
- Sichtbare Mitarbeiteraktionen (Frontstage)
- Unsichtbare Mitarbeiteraktionen (Backstage)
- Unterstützende Prozesse und Systeme
4. Ergänzung durch physische Beweise (Physical Evidence), Zeitdimensionen, Schwachstellen und Verbesserungspotenziale (Bitner et al., 2008)

Beispiel aus der Praxis
Ein Reiseanbieter nutzte Service Blueprinting zur Optimierung des Buchungsprozesses. Dabei wurde ein kritischer Medienbruch zwischen Online-Buchung und persönlichem Kundenkontakt identifiziert, der anschließend durch automatisierte Informationsweitergabe gelöst wurde.

Voraussetzungen und Rahmenbedingungen
Voraussetzung ist ein multidisziplinäres Team, das Wissen über Prozesse, Kundeninteraktionen und interne Abläufe einbringt. Erfolgsentscheidend sind Visualisierungskompetenz, kundenorientiertes Denken und iterative Validierung (Bitner et al., 2008).

Stärken und Schwächen

Stärken: Kundenzentrierte Darstellung, Sichtbarmachung von Bruchstellen und Abhängigkeiten, einfache Kommunikation zwischen Abteilungen (Ostrom et al., 2015).
Schwächen: Hoher Aufwand bei komplexen Services, Gefahr der Überdetaillierung, nicht ohne methodische Schulung einsetzbar (Bitner et al., 2008).

Verwandte Methoden/Kombinationen
Kombinierbar mit Customer Journey Mapping, Persona-Entwicklung, Prozesslandkarten, UX-Research, RACI und IT-Service-Modellierung (Ostrom et al., 2015).

Werkzeuge und Tools
- Blueprinting-Vorlagen (PowerPoint, Miro, Mural)
- Digitale Tools zur kollaborativen Visualisierung (Lucidchart, Smaply, Service-DesignTools.org)
- UX-/CX-Plattformen mit Journey- und Blueprint-Funktionen

8.5   Projektmanagement und Umsetzung

8.5.1   Klassisches Projektmanagement

Kurzbeschreibung
Klassisches Projektmanagement bezeichnet einen strukturierten und phasenorientierten Ansatz zur Planung, Steuerung und Kontrolle von Projekten. Ziel ist es,

Projekte effizient und zielgerichtet unter Einhaltung von Zeit, Kosten und Qualität umzusetzen, typischerweise entlang eines linearen Vorgehensmodells wie dem Wasserfallmodell (PMI, 2021; Aichele & Schönberger, 2015).

Anwendungsgebiete
Eingesetzt in Infrastrukturprojekten, Produktentwicklung, Bauwesen, öffentlicher Verwaltung, IT-Systemeinführungen und allen Bereichen mit klar definierbarem Anfang, Ende und Leistungsumfang (DIN, 2009; Aichele & Schönberger, 2015).

Vorgehensweise
1. Projektinitiierung: Zieldefinition, Stakeholderanalyse, Projektauftrag
2. Projektplanung: Strukturplanung (z. B. PSP), Zeit- und Ressourcenplanung, Risikomanagement
3. Projektdurchführung: Koordination, Controlling, Kommunikation
4. Projektabschluss: Abnahme, Dokumentation, Nachbereitung (PMI, 2021)

Beispiel aus der Praxis
Ein städtisches Verkehrsamt implementierte ein neues Leitsystem nach klassischem Projektmanagement. Durch eine detaillierte Projektstruktur- und Meilensteinplanung wurden Budget und Zeitrahmen eingehalten und Stakeholder systematisch einbezogen.

Voraussetzungen und Rahmenbedingungen
Erfolgreich umsetzbar bei stabilen Rahmenbedingungen, klaren Anforderungen, hierarchischen Entscheidungsstrukturen und standardisierbaren Abläufen (Aichele & Schönberger, 2015).

Stärken und Schwächen

Stärken: Planbarkeit, Transparenz, Dokumentation, bewährte Standards, hohes Maß an Kontrolle (PMI, 2021).
Schwächen: Geringe Flexibilität bei Änderungen, oft überreguliert, ungeeignet für agile Kontexte oder hohe Unsicherheit (Aichele & Schönberger, 2015).

Verwandte Methoden/Kombinationen
Ergänzbar durch Risikoanalyse, Earned Value Management, RACI, Meilensteintrendanalyse und hybride Projektansätze (DIN, 2009; PMI, 2021).

Werkzeuge und Tools
- Projektplanungssoftware (MS Project, GanttProject, Planisware)
- PM-Handbücher nach IPMA, PMI oder PRINCE2
- Templates für PSP, Risikoanalysen, Kommunikationspläne

8.5.2   Agile Projektmanagement

Kurzbeschreibung
Agiles Projektmanagement ist ein iterativer, inkrementeller Ansatz, der durch Flexibilität und Kundennähe geprägt ist. Ziel ist es, Veränderungen frühzeitig zu integrieren, Teamautonomie zu fördern und Produkte in kurzen Zyklen bereitzustellen (Beck et al., 2001; Serrador & Pinto, 2015).

Anwendungsgebiete
Eingesetzt in Softwareentwicklung, Produktentwicklung, Innovationsprojekten, Marketingkampagnen, digitalen Transformationsvorhaben und wachsenden Unternehmensumgebungen (Beck et al., 2001; Serrador & Pinto, 2015).

Vorgehensweise
- Nutzung agiler Methoden wie Scrum, Kanban, Extreme Programming (XP)
- Arbeit in Zeitrahmen („Sprints"), mit regelmäßigen Reviews und Retrospektiven
- Rollen: Product Owner, Scrum Master, Entwicklerteam
- Fokus auf backlog-gesteuerten Arbeitsfluss, Transparenz und kontinuierlicher Verbesserung (Beck et al., 2001; Serrador & Pinto, 2015)

Beispiel aus der Praxis
Ein E-Commerce-Unternehmen führte Scrum für ein Redesign der Website ein. Innerhalb mehrerer zweiwöchiger Sprints wurden Kundenfeedbackzyklen integriert – die Nutzerzufriedenheit stieg um 25 %.

Voraussetzungen und Rahmenbedingungen
Erforderlich sind eine agile Unternehmenskultur, Teamautonomie, Stakeholder-Engagement sowie geeignete Infrastruktur für Kollaboration und Feedback-Management (Beck et al., 2001; Serrador & Pinto, 2015).

Stärken und Schwächen

Stärken: Hohe Flexibilität, Kundenzentrierung, schnelle Reaktionsfähigkeit und kontinuierliche Verbesserung (Beck et al., 2001).
Schwächen: Skalierungsprobleme in großen Organisationen ohne passende Rahmenwerke (z. B. SAFe), erfordert Disziplin und klare Rollenverständnisse (Serrador & Pinto, 2015).

Verwandte Methoden/Kombinationen
Kombinierbar mit OKR (Zielsetzung), Kanban (Prozessvisualisierung), Lean (Effizienzsteigerung), DevOps und Continuous Integration/Delivery für softwarenahe Projekte (Beck et al., 2001).

Werkzeuge und Tools
- Kollaborationstools (Jira, Trello, Azure DevOps)
- Sprint-Boards, Burndown-Charts, Taskboards
- CI/CD-Plattformen (GitLab, Jenkins)

8.5.3 Design Thinking

Kurzbeschreibung
Design Thinking ist ein nutzerzentrierter Innovationsansatz, der kreative Problemlösung fördert, indem Erfolg durch Empathie, interdisziplinäre Teams und iteratives Prototyping erzielt wird. Ziel ist es, effektive, praxisnahe und emotional ansprechende Lösungen für komplexe Anforderungen zu entwickeln (Brown, 2008; Liedtka, 2015).

Anwendungsgebiete
Eingesetzt in Produktentwicklung, Service Design, Geschäftsmodellinnovation, Change Management und digitalen Transformationsprozessen (Brown, 2008; Liedtka, 2015).

Vorgehensweise
- **Empathize**: Nutzerbedürfnisse und Kontext durch Beobachtung und Interviews verstehen
- **Define**: Problemdefinition und Reframing
- **Ideate**: Generierung vielfältiger Lösungsideen
- **Prototype**: Visualisierung und greifbare Darstellung von Ideen (z. B. Modelle, Storyboards)
- **Test**: Iterative Nutzer-Feedback-Zyklen und Anpassungen (Brown, 2008; Liedtka, 2015)

Beispiel aus der Praxis
Ein Mobilitätsdienstleister nutzte Design Thinking, um ein neues Carsharing-Erlebnis zu entwickeln. Durch Feldbeobachtungen und Prototypentests mit Zielkunden wurde ein intuitives Buchungssystem entworfen, das die Akzeptanz deutlich steigerte.

Voraussetzungen und Rahmenbedingungen
Erforderlich sind offenes Mindset, diverse Teams, ausreichende Ressourcen für Prototyping, Zeit für iterative Schleifen sowie validierendes Nutzerfeedback (Brown, 2008; Liedtka, 2015).

Stärken und Schwächen

Stärken: Nutzerzentriert, fördert kreative Ideen, schnelle Validierung durch Testing, erhöht Akzeptanz (Brown, 2008).

Schwächen: Zeitaufwendig, potenziell teuer im Prototyping, erfordert kulturspezifische Offenheit und methodische Expertise (Liedtka, 2015).

Verwandte Methoden/Kombinationen
Gut kombinierbar mit Business Model Canvas, Service Blueprinting, Szenariotechnik, Agile und Lean Startup für ganzheitliche Innovationen (Brown, 2008; Liedtka, 2015).

Werkzeuge und Tools
- Kreativtechniken (Brainstorming, Crazy Eights, Personas)
- Prototyping-Materialien (Papier, digitale Tools wie Figma)
- Moderationstools (Miro, Mural, Whiteboards)

8.5.4 Rapid Prototyping

Kurzbeschreibung
Rapid Prototyping beschreibt die schnelle und iterative Erstellung von physischen oder digitalen Prototypen, um Ideen frühzeitig zu visualisieren, zu testen und zu iterieren. Ziel ist es, Feedback frühzeitig einzubeziehen, Risiko zu minimieren und Entwicklungszyklen zu beschleunigen (Ulrich & Eppinger, 2016; Thomke, 1998).

Anwendungsgebiete
Eingesetzt in Produkt- und Serviceentwicklung, UX/UI-Design, digitalen Innovationen, Maschinenbau und Forschungsprojekten (Thomke, 1998; Ulrich & Eppinger, 2016).

Vorgehensweise
1. Auswahl geeigneter Prototypenarten (z. B. Low-Fidelity-Wireframes, 3D-gedruckte Modelle, clickable Apps)
2. Erstellung und Präsentation beim Nutzer oder Stakeholder
3. Feedback-Erfassung und Analyse anhand definierter Kriterien (Usability, Funktionalität, Akzeptanz)
4. Iterative Überarbeitung und erneuter Test zirkulierend im Entwicklungsprozess (Thomke, 1998)

Beispiel aus der Praxis
Ein Medizintechnik-Startup entwickelte einen funktionalen Prototypen eines Geräts mittels 3D-Druck. Nach ersten Feldtests mit Ärzten wurden Bedienungen optimiert und das Design angepasst, bevor eine teure Serienproduktion begann.

Voraussetzungen und Rahmenbedingungen
Erforderlich sind Ressourcen wie Materialien, Low-/High-Fidelity-Tools, beteiligungsfähige Nutzer sowie ein kollaboratives Umfeld für iterative Schleifen (Thomke, 1998; Ulrich & Eppinger, 2016).

Stärken und Schwächen

Stärken: Schnelle Validierung, Fehlerminimierung, Nutzerfokus, kosteneffizient in frühen Phasen (Thomke, 1998).
Schwächen: Kann irreführend sein bei unrealistischen Prototypen; hohe Material- oder Softwarekosten bei High-Fidelity; Fokus auf Testbarkeit statt Langzeitnutzen (Ulrich & Eppinger, 2016).

Verwandte Methoden/Kombinationen
Optimal kombinierbar mit Design Thinking, Agile, Service Blueprinting, User Testing, Business Model Canvas und Scrum.

Werkzeuge und Tools
- Digitale Tools: Figma, Sketch, Adobe XD
- Physische Tools: 3D-Drucker, Arduino-Boards
- Collaborative Tools: InVision, Marvel

8.5.5 User Story Mapping

Kurzbeschreibung
User Story Mapping ist eine agile Technik zur strukturierten Erfassung und Priorisierung von Nutzeranforderungen. Ziel ist es, eine gemeinsame Sicht auf das Nutzerverhalten und die Systemanforderungen zu schaffen, um iterativ Produkte entlang der tatsächlichen Nutzung zu entwickeln (Patton, 2014).

Anwendungsgebiete
Eingesetzt in agiler Softwareentwicklung, Produktmanagement, UX-Design und bei digitalen Innovationsprojekten – vor allem zur Anforderungsdefinition, MVP-Planung und Release-Strategie (Patton, 2014; Lucassen et al., 2016).

Vorgehensweise
1. Definition von „User Activities" (z. B. Aufgaben, Ziele der Nutzer) entlang der Customer Journey
2. Detaillierung in „User Tasks" und darunterliegende „User Stories"
3. Visualisierung der Stories als horizontale „Story Map" (Zeitverlauf) und vertikale Priorisierung (Must-Have bis Nice-to-Have)
4. Iterative Diskussion und Verfeinerung im Team (Patton, 2014)

Beispiel aus der Praxis
Ein Softwareunternehmen nutzte User Story Mapping zur Neuentwicklung seiner Kundenplattform. Die Methode half, Redundanzen zu vermeiden, echte Nutzerbedarfe zu adressieren und ein marktfähiges MVP zu definieren.

Voraussetzungen und Rahmenbedingungen
Erfordert interdisziplinäre Teams, klare Zielgruppenanalyse, kollaborative Arbeitsweise und iterative Feedbackprozesse. Voraussetzung ist auch ein agiler Entwicklungsrahmen (Patton, 2014).

Stärken und Schwächen

Stärken: Hohe Nutzerzentrierung, gute Visualisierbarkeit, fördert Teamverständnis, effiziente Priorisierung (Patton, 2014).
Schwächen: Bei sehr komplexen Produkten unübersichtlich, benötigt Moderationserfahrung, Gefahr von inkonsistenten Story-Schnitten (Lucassen et al., 2016).

Verwandte Methoden/Kombinationen
Ergänzend einsetzbar zu Product Backlog Management, Persona-Entwicklung, Design Thinking, Impact Mapping, Scrum und User Journey Mapping (Patton, 2014).

Werkzeuge und Tools
- Digitale Tools: Miro, Mural, Jira, StoriesOnBoard
- Physische Tools: Whiteboards, Post-its
- Templates für Story Maps in Agile-Wikis

8.5.6 Business Case Kalkulation

Kurzbeschreibung
Die **Business Case Kalkulation** ist eine strukturierte Methode zur wirtschaftlichen Bewertung und Entscheidungsunterstützung von Projekten, Investitionen oder strategischen Vorhaben. Ziel ist es, die finanziellen, strategischen und operativen Auswirkungen systematisch zu analysieren und eine fundierte Entscheidungsgrundlage zu liefern (Ward et al., 2012).

Anwendungsgebiete
Eingesetzt in Investitionsvorhaben, Projektportfoliomanagement, Innovationsmanagement, IT-Projektentscheidungen, strategischen Geschäftsentscheidungen und öffentlichen Ausschreibungen (Remenyi et al., 2007; Ward et al., 2012).

Vorgehensweise
1. Beschreibung des Vorhabens (Ziel, Scope, Alternativen)

2. Erfassung und Bewertung der Nutzenpotenziale (quantitativ und qualitativ)
3. Analyse der Investitions-, Betriebs- und Folgekosten (TCO)
4. Kalkulation relevanter Finanzkennzahlen wie Kapitalwert (NPV), Amortisationszeit (Payback), ROI, IRR
5. Berücksichtigung von Risiken und Sensitivitäten
6. Entscheidungsvorlage in strukturierter Form (Ward et al., 2012)

Beispiel aus der Praxis
Ein Unternehmen kalkulierte den Business Case für die Einführung eines CRM-Systems. Der erwartete ROI lag bei 35 % über fünf Jahre. Die Business Case Analyse ermöglichte die Priorisierung gegenüber konkurrierenden IT-Projekten.

Voraussetzungen und Rahmenbedingungen
Erforderlich sind fundierte Daten zu Kosten, Nutzen und Risiken, finanzielle Modellierungskompetenz sowie die Bereitschaft zur regelmäßigen Fortschreibung bei Projektfortschritt (Ward et al., 2012).

Stärken und Schwächen

Stärken: Fundierte Entscheidungsbasis, Transparenz über Annahmen, Vergleichbarkeit von Alternativen, Integration strategischer und finanzieller Perspektiven (Ward et al., 2012).
Schwächen: Unsicherheit bei Prognosen, hoher Aufwand in der Erstellung, Gefahr der Manipulation durch selektive Annahmen (Remenyi et al., 2007).

Verwandte Methoden/Kombinationen
Kombinierbar mit Risikoanalyse, Szenariotechnik, Projektportfoliomanagement, Balanced Scorecard und Investitionsrechnungsverfahren (Remenyi et al., 2007).

Werkzeuge und Tools
- Excel-basierte Business Case Templates
- Tools wie BizCase, SAP Business Case Builder
- Simulationstools für Szenarien (Monte-Carlo, Sensitivitätsanalyse)

8.5.7 Projektcontrolling (Earned Value Management)

Kurzbeschreibung
Earned Value Management (EVM) ist eine integrierte Methode des Projektcontrollings, mit der Termin-, Kosten- und Leistungsfortschritt systematisch überwacht und gesteuert werden. Ziel ist es, den tatsächlichen Projektstatus objektiv zu erfassen, Prognosen zu ermöglichen und fundierte Steuerungsentscheidungen zu treffen (PMI, 2021; Fleming & Koppelman, 2016).

Anwendungsgebiete
Eingesetzt im klassischen und hybriden Projektmanagement – insbesondere bei kostenintensiven, zeitkritischen Projekten in Bau, IT, Infrastruktur, Verteidigung und Großprojekten mit klaren Liefergegenständen (Fleming & Koppelman, 2016).

Vorgehensweise
1. Festlegung von Projektstrukturplan und Zeitplan (Baseline)
2. Messung des Earned Value (EV) als monetär bewertete, geleistete Arbeit
3. Vergleich mit Planned Value (PV) und Actual Cost (AC)
4. Berechnung von Kennzahlen:
   - Cost Performance Index (CPI) = EV/AC
   - Schedule Performance Index (SPI) = EV/PV
   - Estimate at Completion (EAC) = Prognose der Endkosten
5. Identifikation von Abweichungen und Ableitung von Steuerungsmaßnahmen (PMI, 2021)

Beispiel aus der Praxis
In einem Großbauprojekt der öffentlichen Hand ermöglichte EVM die frühzeitige Identifikation einer Kostenabweichung von 18 % gegenüber der Planlinie. Durch Anpassung von Arbeitspaketen und Ressourcen konnte das Projekt innerhalb der Gesamtkosten abgeschlossen werden.

Voraussetzungen und Rahmenbedingungen
Benötigt werden ein strukturierter Projektplan mit definierten Arbeitspaketen, regelmäßige Leistungsmessung, Kostenbewertung sowie Integration in das Projektinformationssystem (PMI, 2021).

Stärken und Schwächen

Stärken: Frühwarnsystem für Projektabweichungen, fundierte Prognosebasis, Integration von Zeit, Kosten und Leistung (Fleming & Koppelman, 2016).
Schwächen: Hoher Implementierungsaufwand, erfordert disziplinierte Datenerhebung, teilweise unflexibel bei agilen Methoden (Vanhoucke, 2014).

Verwandte Methoden/Kombinationen
Kombinierbar mit Meilensteintrendanalyse, Risikomanagement, Projektportfoliomanagement, Multiprojektcontrolling und klassischem Reporting (PMI, 2021).

Werkzeuge und Tools
- EVM-Funktionalitäten in MS Project, Primavera P6, Jira Advanced Roadmaps
- BI-Tools zur KPI-Visualisierung (Power BI, Tableau)
- Controlling-Templates und Dashboards

8.5.8 Risikoanalyse

Kurzbeschreibung
Risikoanalyse umfasst systematische Verfahren zur Identifikation, Bewertung und Steuerung potenzieller Risiken in Projekten, Prozessen und strategischen Entscheidungen. Ziel ist es, Unsicherheiten zu quantifizieren, Eintrittswahrscheinlichkeiten und Auswirkungen zu bewerten sowie präventive Maßnahmen abzuleiten. Zwei verbreitete Methoden sind die **Fehlermöglichkeits- und Einflussanalyse (FMEA)** sowie die **Monte-Carlo-Simulation** (IEC 60812, 2018; Vose, 2008).

Anwendungsgebiete
Eingesetzt im Projektmanagement, Qualitätsmanagement, Produktentwicklung, Engineering, Finanzplanung und in regulierten Branchen (Medizintechnik, Luftfahrt, Automotive) (Stamatis, 2003; Vose, 2008).

Vorgehensweise
FMEA:
1. Identifikation möglicher Fehlerquellen (Fehlermodi)
2. Bewertung nach Auftretenswahrscheinlichkeit (O), Bedeutung (B) und Entdeckungswahrscheinlichkeit (E)
3. Berechnung des Risikoprioritätswertes (RPZ = O × B × E)
4. Ableitung von Maßnahmen zur Risikominderung (IEC 60812, 2018)

Monte-Carlo-Simulation:
1. Definition von Eingangsgrößen mit Unsicherheiten (z. B. Projektkosten, Dauer)
2. Modellierung von Wahrscheinlichkeitsverteilungen (z. B. Normal-, Dreiecksverteilung)
3. Durchführung von tausenden Simulationsläufen
4. Ableitung von Wahrscheinlichkeiten für Projektergebnisse (Vose, 2008)

Beispiel aus der Praxis
Ein Automobilzulieferer identifizierte mit FMEA Schwächen in der Lieferkette. Die RPZ-Analyse führte zur Umstellung kritischer Bauteile auf Dual-Sourcing. In einem Infrastrukturprojekt zeigte eine Monte-Carlo-Simulation, dass das Budget mit 85 % Wahrscheinlichkeit eingehalten werden kann, wenn Pufferstrategien angewendet werden.

Voraussetzungen und Rahmenbedingungen
Erforderlich sind methodische Kenntnisse, ausreichende Datenbasis, interdisziplinäre Teams (bei FMEA) sowie Modellierungs- und Simulationssoftware (für Monte-Carlo) (IEC 60812, 2018).

Stärken und Schwächen

Stärken: Strukturierte Erfassung von Risiken, Entscheidungshilfe unter Unsicherheit, quantitative und qualitative Ansätze möglich (Stamatis, 2003).
Schwächen: Subjektivität (bei FMEA), hoher Modellierungsaufwand (bei Monte-Carlo), eingeschränkte Prognosefähigkeit bei unvollständiger Datenlage (Vose, 2008).

Verwandte Methoden/Kombinationen
Ergänzbar durch SWOT-Analyse, Szenariotechnik, Sensitivitätsanalyse, Business Case Kalkulation, Projektportfoliomanagement und Controlling-Instrumente (IEC 60812, 2018).

Werkzeuge und Tools
- FMEA-Tools: APIS IQ-FMEA, Excel-Vorlagen nach VDA/AIAG
- Simulationssoftware: @RISK, Crystal Ball, Simul8
- Visualisierung: Risiko-Matrix, Heatmaps, Tornado-Diagramme

8.5.9 Projektportfoliomanagement

Kurzbeschreibung
Projektportfoliomanagement (PPM) ist ein strategisches Steuerungsinstrument zur Auswahl, Priorisierung, Überwachung und Koordination von Projekten innerhalb eines Unternehmens. Ziel ist es, sicherzustellen, dass alle laufenden und geplanten Projekte in ihrer Gesamtheit den Unternehmenszielen dienen und die vorhandenen Ressourcen optimal genutzt werden (Martinsuo, 2013; PMI, 2017).

Anwendungsgebiete
Eingesetzt in Großunternehmen, Konzernen, öffentlichen Institutionen und zunehmend auch in mittelständischen Unternehmen – insbesondere bei hoher Projektanzahl, Ressourcenknappheit oder strategischer Neuausrichtung (Hirzel et al., 2019).

Vorgehensweise
1. Definition von strategischen Zielen und Bewertungskriterien
2. Identifikation und Priorisierung projektbezogener Vorhaben (Top-down oder Bottom-up)
3. Ressourcenzuweisung und Abgleich von Kapazitäten
4. Laufendes Monitoring von Nutzen, Risiken, Status und Abhängigkeiten
5. Portfolioanpassung bei geänderten Rahmenbedingungen (PMI, 2017)

Beispiel aus der Praxis
Ein global agierendes Pharmaunternehmen etablierte ein PPM-System zur Steuerung von mehr als 150 parallel laufenden Projekten. Die Einführung einer einheit-

lichen Bewertungssystematik führte zur besseren Allokation von F&E-Budgets und zur Stilllegung von 12 nicht mehr strategiekonformen Projekten.

Voraussetzungen und Rahmenbedingungen
Erforderlich sind transparente Entscheidungsprozesse, geeignete Tools, belastbare Projektdaten, Multiprojektkompetenz sowie eine klare Governance-Struktur (Hirzel et al., 2019).

Stärken und Schwächen

Stärken: Strategische Steuerung, transparente Projektlandschaft, klare Priorisierung, Synergiepotenziale, Frühwarnsystem für Ressourcenengpässe (PMI, 2017).
Schwächen: Hoher initialer Implementierungsaufwand, politisierte Entscheidungsprozesse, Gefahr der Überbürokratisierung (Martinsuo, 2013).

Verwandte Methoden/Kombinationen
Ergänzbar durch Business Case Kalkulation, Risikoanalyse, Earned Value Management, Balanced Scorecard, OKR und strategische Frühaufklärung (Hirzel et al., 2019).

Werkzeuge und Tools
- PPM-Plattformen: Planview, Clarity, MS Project Online, Jira Align
- Dashboards und Multiprojekt-Cockpits
- Excel- oder BI-basierte Portfolio-Templates mit Scorecards

8.6 IT- und Technologieberatung

8.6.1 IT-Strategieentwicklung

Kurzbeschreibung
IT-Strategieentwicklung ist ein strukturierter Prozess zur Formulierung, Bewertung und Umsetzung langfristiger Ziele und Maßnahmen der Informationstechnologie im Einklang mit der Unternehmensstrategie. Ziel ist es, die IT als Enabler für Wertschöpfung, Innovation und Wettbewerbsfähigkeit zu positionieren und IT-Investitionen gezielt auszurichten (Weill & Ross, 2004; Peppard & Ward, 2016).

Anwendungsgebiete
Eingesetzt in Unternehmen jeder Größe – insbesondere in Phasen des digitalen Wandels, bei Reorganisationen, Fusionen, neuen Geschäftsmodellen oder Technologiemigrationen (Luftman et al., 1993).

Vorgehensweise
1. Analyse der Geschäftsstrategie, Marktanforderungen und des digitalen Reifegrads

2. Bewertung des bestehenden IT-Betriebs, der Architektur und Infrastruktur
3. Definition strategischer Handlungsfelder (z. B. IT-Governance, Sourcing, Sicherheit, Innovationsmanagement)
4. Entwicklung von Zielbildern und Roadmaps
5. Ableitung konkreter Projekte, KPIs und Investitionsplanungen (Peppard & Ward, 2016)

Beispiel aus der Praxis
Ein mittelständisches Industrieunternehmen entwickelte im Zuge der Digitalisierung eine neue IT-Strategie, bei der Legacy-Systeme sukzessive abgelöst, ein Cloud-First-Ansatz eingeführt und ein zentrales Datenmanagement etabliert wurde. Die Strategie wurde jährlich überprüft und an Marktveränderungen angepasst.

Voraussetzungen und Rahmenbedingungen
Erforderlich sind ein hohes Maß an unternehmensstrategischer Einbindung, IT-Führungskompetenz, interdisziplinäre Zusammenarbeit, ausreichende Datenbasis und Umsetzungsressourcen (Peppard & Ward, 2016).

Stärken und Schwächen

Stärken: Langfristige Ausrichtung, IT-Business-Alignment, effiziente Ressourcenverwendung, Risikoreduktion (Luftman et al., 1993).
Schwächen: Langwieriger Abstimmungsprozess, Umsetzungsrisiken, mögliche Technologiebindung („Lock-in") bei strategischer Fehlentscheidung (Weill & Ross, 2004).

Verwandte Methoden/Kombinationen
Kombinierbar mit IT-Governance-Frameworks (COBIT, TOGAF), Business-IT-Alignment-Modellen, Balanced Scorecard, SWOT-Analyse und Technologieradar (Peppard & Ward, 2016).

Werkzeuge und Tools
- Strategy Maps, Roadmap-Tools, Enterprise Architecture Tools (z. B. LeanIX, Ardoq)
- IT-Portfoliomanagement-Software
- Maturity Models zur Standortbestimmung (z. B. Capability Maturity Model Integration, CMMI)

8.6.2   IT-Assessment/IT-Audit

Kurzbeschreibung
IT-Assessment bzw. IT-Audit ist ein systematischer, meist standardbasierter Bewertungsprozess zur Analyse der Leistungsfähigkeit, Sicherheit, Compliance und

Effizienz von IT-Systemen, -Prozessen und -Organisationen. Ziel ist es, Risiken aufzudecken, Verbesserungspotenziale zu identifizieren und die Konformität mit gesetzlichen, regulatorischen oder internen Vorgaben zu überprüfen (ISACA, 2019; Niemann, 2005).

Anwendungsgebiete
Eingesetzt in der internen Revision, externen Prüfung (z. B. durch Wirtschafts-prüfer), IT-Governance, Compliance-Management, M&A Due Diligence, Pro-jektbewertung und zur Vorbereitung strategischer IT-Entscheidungen (Niemann, 2005; ISACA, 2019).

Vorgehensweise
1. Definition von Prüfobjekt, -ziel und -umfang
2. Anwendung von Standards und Frameworks wie COBIT, ISO/IEC 27001, ITIL oder BSI-Grundschutz
3. Erhebung der Ist-Situation durch Interviews, Dokumentenanalysen und Sys-temprüfungen
4. Bewertung anhand definierter Kontrollziele oder Reifegradmodelle
5. Dokumentation von Befunden, Maßnahmenempfehlungen und ggf. Follow-up (Niemann, 2005)

Beispiel aus der Praxis
Ein IT-Audit nach ISO/IEC 27001 in einem Finanzdienstleistungsunternehmen zeigte Schwächen bei der Zugriffskontrolle und im Backup-Management. Die da-raus resultierenden Maßnahmen führten zur erfolgreichen Zertifizierung und ver-besserten Auditfähigkeit im Rahmen der BaFin-Anforderungen.

Voraussetzungen und Rahmenbedingungen
Benötigt werden Auditoren mit methodischer, technischer und rechtlicher Kompe-tenz, ein definiertes Referenzmodell, Zugang zu Systemen und Dokumenten sowie ein internes Kontrollsystem (Niemann, 2005).

Stärken und Schwächen

Stärken: Erhöht Transparenz und IT-Governance, stärkt Risikomanagement und Compliance, liefert konkrete Handlungsempfehlungen (ISACA, 2019).
Schwächen: Erhebungsaufwand, Abhängigkeit von Prüfscope, Gefahr formaler Überbetonung statt strategischer Wirksamkeit (Niemann, 2005).

Verwandte Methoden/Kombinationen
Kombinierbar mit Reifegradmodellen (CMMI, COBIT PAM), Risikoanalyse, IT-Strategieentwicklung, Prozessmodellierung und Business Continuity Manage-ment.

Werkzeuge und Tools
- IT-Audit-Plattformen (ACL, Teammate, Galvanize)
- Governance-Dashboards und Audit-Trail-Systeme
- Checklisten und Reifegrad-Templates nach COBIT oder ISO-Normen

8.6.3 IT-Architekturmodellierung

Kurzbeschreibung
IT-Architekturmodellierung ist ein strukturierter Ansatz zur ganzheitlichen Beschreibung, Analyse und Gestaltung von IT-Architekturen über verschiedene Unternehmensebenen hinweg. Ziel ist es, die Komplexität von IT-Landschaften beherrschbar zu machen, Transparenz zu schaffen, strategische Ausrichtungen zu unterstützen und die Kommunikation zwischen Fach- und IT-Seite zu verbessern (Josey & Hornford, 2022; Lankhorst, 2017).

Anwendungsgebiete
Eingesetzt in Enterprise Architecture Management (EAM), IT-Strategie, IT-Governance, Digitalisierungsprogrammen, Transformationsprojekten und bei M&A-Vorhaben (Lankhorst, 2017).

Vorgehensweise
1. Anwendung eines Architekturframeworks (z. B. TOGAF) zur Strukturierung von Geschäfts-, Daten-, Applikations- und Technologiearchitektur
2. Nutzung standardisierter Modellierungssprachen wie ArchiMate zur visuellen Darstellung von Architekturelementen und deren Beziehungen
3. Analyse von Ist-Architekturen, Entwicklung von Zielarchitekturen (Target Architecture), Planung von Transformationspfaden
4. Dokumentation in Architektur-Repositories und kontinuierliche Pflege (Josey & Hornford, 2022)

Beispiel aus der Praxis
Ein Energieversorger nutzte TOGAF (Josey & Hornford, 2022) zur Planung seiner Cloud-Migrationsstrategie. Die Architekturmodelle halfen, Schnittstellen, Abhängigkeiten und Sicherheitsaspekte zu identifizieren. Dadurch wurde die Umsetzung effizienter und risikoärmer.

Voraussetzungen und Rahmenbedingungen
Erforderlich sind geschulte EA-Teams, methodisches Know-how, geeignete Werkzeuge, Governance-Strukturen, Modellierungsrichtlinien und organisatorische Akzeptanz (Josey & Hornford, 2022).

Stärken und Schwächen

Stärken: Erhöht Transparenz, unterstützt strategische IT-Steuerung, fördert Standardisierung und Kommunikation zwischen Stakeholdern (Lankhorst, 2017).
Schwächen: Komplexität der Frameworks, hoher Initialaufwand, Gefahr überdokumentierter „Shelfware"-Modelle (Josey & Hornford, 2022).

Verwandte Methoden/Kombinationen
Kombinierbar mit IT-Strategieentwicklung, IT-Governance, Business Capability Mapping, Projektportfoliomanagement, Reifegradmodellen und BPMN (Lankhorst, 2017).

Werkzeuge und Tools
- Modellierungswerkzeuge: Archi, Bizzdesign, Sparx Enterprise Architect
- Repositories und EA-Plattformen: LeanIX, ADOIT, Alfabet
- TOGAF ADM (Architecture Development Method) und ArchiMate-Standards (Josey & Hornford, 2022)

8.6.4   IT-Governance-Modelle

Kurzbeschreibung
IT-Governance-Modelle- dienen der strukturierten Steuerung und Überwachung der IT im Einklang mit den Zielen, Strategien und Risiken einer Organisation. Ziel ist es, sicherzustellen, dass IT-Investitionen einen Geschäftsnutzen generieren, Risiken beherrscht werden und regulatorische Anforderungen eingehalten werden.
COBIT (Control Objectives for Information and Related Technology) ist eines der international etabliertesten Frameworks in diesem Bereich (Weill & Ross, 2004; ISACA, 2019).

Anwendungsgebiete
Eingesetzt im Rahmen der IT-Strategie, Compliance, IT-Risikomanagement, Revisionssicherheit, IT-Audits und bei der Ausgestaltung von Digitalisierungsinitiativen (De Haes & Van Grembergen, 2009).

Vorgehensweise
1. Definition der Governance-Ziele im Einklang mit der Unternehmensstrategie
2. Auswahl und Anwendung eines Frameworks wie COBIT 2019
3. Zuordnung von Rollen, Verantwortlichkeiten (z. B. RACI) und Steuerungsmechanismen
4. Etablierung von Prozessen zur Leistungs- und Risikomessung
5. Dokumentation, Auditierung und kontinuierliche Weiterentwicklung (ISACA, 2019)

Beispiel aus der Praxis
Ein international tätiger Finanzdienstleister nutzte COBIT zur Verbesserung seiner IT-Governance. Nach der Implementierung sank die Anzahl sicherheitsrelevanter Auditfeststellungen um 40 % innerhalb eines Jahres. Zugleich konnte das IT-Risikomanagement stärker an Geschäftsprozesse gekoppelt werden.

Voraussetzungen und Rahmenbedingungen
Erforderlich sind Management-Commitment, klare Governance-Strukturen, Verantwortungszuweisung, Schulungen, sowie ein angemessenes Reifegradniveau der IT-Prozesse (Weill & Ross, 2004).

Stärken und Schwächen

Stärken: Erhöht Transparenz und Kontrollfähigkeit, verbessert IT-Risikomanagement, fördert Business-IT-Alignment, international anerkannt.
Schwächen: Implementierungskomplexität, potenzielle Überbürokratisierung, erfordert Anpassung an Unternehmenskontext (De Haes & Van Grembergen, 2009).

Verwandte Methoden/Kombinationen
Kombinierbar mit IT-Strategieentwicklung, IT-Assessment, ISO/IEC 38500, TOGAF, Balanced Scorecard und Projektportfoliomanagement.

Werkzeuge und Tools
- COBIT Performance Management Tools
- Reifegradanalysen und Control Objectives Templates
- GRC-Plattformen (Governance, Risk & Compliance)

8.6.5 Enterprise Architecture Management (EAM)

Kurzbeschreibung
Enterprise Architecture Management (EAM) ist ein strategischer Managementansatz zur ganzheitlichen Beschreibung, Analyse, Steuerung und Weiterentwicklung von Geschäftsprozessen, Informationssystemen und IT-Infrastrukturen in Organisationen. Ziel ist es, die IT- und Geschäftsarchitektur in Einklang zu bringen, Komplexität zu reduzieren und Transformationen effektiv zu steuern (Aier et al., 2011; Winter & Fischer, 2006).

Anwendungsgebiete
EAM wird in mittleren und großen Unternehmen eingesetzt – insbesondere bei digitalen Transformationsprogrammen, IT-Strategieprojekten, M&A-Integration, Compliance-Initiativen sowie zur Steuerung von IT-Landschaften (Lankhorst, 2017).

Vorgehensweise
1. Aufbau eines Zielmodells für Geschäfts-, Informations-, Applikations- und Technologiearchitektur

2. Erhebung der Ist-Architektur in standardisierter Modellierungssprache (z. B. ArchiMate)
3. Ableitung von Transformationspfaden zwischen Ist und Soll
4. Definition von Architekturprinzipien, Governance-Strukturen und Rollen
5. Nutzung von Architektur-Repository und regelmäßige Review-Zyklen (Aier et al., 2011)

Beispiel aus der Praxis
Ein europäischer Versicherungskonzern etablierte EAM zur Steuerung eines unternehmensweiten SAP-Migrationsprogramms. Durch konsistente Architekturmodelle konnten Redundanzen in der Anwendungslandschaft beseitigt, Datenflüsse harmonisiert und die Transformation kosteneffizienter umgesetzt werden.

Voraussetzungen und Rahmenbedingungen
Voraussetzung sind klare Mandate, methodisches Know-how, geeignete Tools, organisatorische Verankerung (z. B. Architekturboard), Governance-Strukturen und Top-Management-Support (Lankhorst, 2017).

Stärken und Schwächen

Stärken: Erhöht Transparenz, erleichtert strategische Entscheidungen, reduziert IT-Komplexität, unterstützt Standardisierung und Compliance (Aier et al., 2011).
Schwächen: Hoher Implementierungsaufwand, Gefahr mangelnder Akzeptanz, Pflegeaufwand bei dynamischer Systemlandschaft (Winter & Fischer, 2006).

Verwandte Methoden/Kombinationen
Kombinierbar mit IT-Strategieentwicklung, IT-Governance (z. B. COBIT), TOGAF (Josey & Hornford, 2022), Business Capability Mapping, Prozessmanagement und Projektportfoliomanagement (Lankhorst, 2017).

Werkzeuge und Tools
- EAM-Tools: LeanIX, Alfabet, Bizzdesign, ADOIT
- Modellierungssprachen: ArchiMate, UML, BPMN
- Frameworks: TOGAF ADM, Zachman Framework, Federal EA Framework

8.6.6   Technologie-Roadmapping

Kurzbeschreibung
Technologie-Roadmapping ist eine strategische Planungsmethode zur systematischen Darstellung der zeitlichen Entwicklung, Integration und Nutzung von Technologien in Unternehmen oder Branchen. Ziel ist es, technologiebezogene Entscheidungen frühzeitig zu treffen, Innovationsprozesse zu steuern und technologische Wettbewerbsfähigkeit langfristig zu sichern (Phaal et al., 2004; Lee et al., 2011).

Anwendungsgebiete
Eingesetzt in forschungs- und technologieintensiven Branchen wie Maschinenbau, Automobilindustrie, Luft- und Raumfahrt, IT sowie in staatlichen Innovationsprogrammen und strategischen Geschäftseinheiten (Phaal et al., 2004).

Vorgehensweise
1, Definition des strategischen Fokus (z. B. Produkt, Prozess, Geschäftsbereich)
2. Strukturierung der Roadmap in Zeithorizonte (kurz-, mittel-, langfristig) und Ebenen (z. B. Markt, Produkt, Technologie)
3. Identifikation relevanter Technologien, Entwicklungen, Abhängigkeiten und Meilensteine
4. Ableitung von Handlungsbedarfen, Entwicklungsprioritäten und Investitionsentscheidungen
5. Iterative Validierung und Aktualisierung im strategischen Steuerungskreis (Lee et al., 2011)

Beispiel aus der Praxis
Ein Halbleiterunternehmen erstellte ein Technologie-Roadmap zur Einführung der 3-nm-Fertigung. Die Roadmap integrierte Marktanforderungen, Entwicklungsschritte, Partnerstrategien und Investitionsbedarfe bis 2030. Sie diente als Grundlage für strategische Technologieentscheidungen und Stakeholderkommunikation.

Voraussetzungen und Rahmenbedingungen
Benötigt werden strategische Klarheit, technologische Marktkenntnis, interdisziplinäre Teams, unterstützende Datenanalyse sowie eine enge Verzahnung mit Innovations- und Projektmanagement (Lee et al., 2011).

Stärken und Schwächen

Stärken: Fördert technologiebezogene Transparenz, systematisiert Innovationsprozesse, unterstützt Abstimmung von F&E-, Produktions- und Geschäftsstrategie (Phaal et al., 2004).
Schwächen: Hoher Erstellungs- und Pflegeaufwand, Unsicherheit bei langfristiger Planung, Gefahr statischer Modellierung in dynamischen Märkten (Lee et al., 2011).

Verwandte Methoden/Kombinationen
Kombinierbar mit Szenariotechnik, Technologieradar, Foresight-Methoden, Produkt-Roadmaps, Business Model Canvas und Open Innovation (Phaal et al., 2004).

Werkzeuge und Tools
- Visualisierungstools: Roadmunk, Aha!, SharpCloud
- Excel- oder PowerPoint-basierte Roadmap-Vorlagen
- Integrationen in PPM- und Innovationsplattformen

8.6.7 ITIL/Service Management Frameworks

Kurzbeschreibung
ITIL (Information Technology Infrastructure Library) ist das weltweit verbreitetste Framework für das IT-Service-Management (ITSM). Es stellt einen Best-Practice-Leitfaden für die Planung, Bereitstellung, den Betrieb und die kontinuierliche Verbesserung von IT-Services bereit. Ziel ist es, IT-Dienstleistungen systematisch an den Bedürfnissen von Kunden und Geschäftsprozessen auszurichten (Ebel, 2021; Marrone & Kolbe, 2011).

Anwendungsgebiete
Eingesetzt in Unternehmen jeder Größe und Branche, insbesondere in Organisationen mit hoher IT-Serviceabhängigkeit wie Banken, Versicherungen, öffentliche Verwaltung und IT-Dienstleister (Marrone & Kolbe, 2011).

Vorgehensweise
1. Orientierung an den fünf Kernkomponenten von ITIL v4: Service Value System (SVS), Practices, Guiding Principles, Governance und Continual Improvement
2. Etablierung von Prozessen wie Incident Management, Change Enablement, Service Request Management, Problem Management
3. Messung von Servicequalität mittels KPIs und SLAs
4. Integration in IT-Betriebsmodelle und unterstützende Tools (Ebel, 2021)

Beispiel aus der Praxis
Ein internationales Logistikunternehmen implementierte ITIL-basiertes Incident und Change Management, wodurch die mittlere Zeit zur Störungsbehebung (MTTR) um 35 % reduziert und die Kundenzufriedenheit messbar gesteigert wurde.

Voraussetzungen und Rahmenbedingungen
Erforderlich sind ein zentralisiertes ITSM-Team, standardisierte Prozesse, ein Change Management zur kulturellen Verankerung sowie unterstützende Tools und Schulungen (Ebel, 2021).

Stärken und Schwächen

Stärken: Standardisierung und Qualitätssicherung von IT-Services, Skalierbarkeit, kontinuierliche Verbesserung, hohe Akzeptanz (Marrone & Kolbe, 2011).
Schwächen: Implementierungsaufwand, Risiko formalisierter Bürokratie, Anpassungsbedarf an agile und DevOps-orientierte Organisationen (Ebel, 2021).

Verwandte Methoden/Kombinationen
Kombinierbar mit COBIT, ISO/IEC 20000, DevOps, Agile Service Management, Enterprise Service Management und Lean IT (Ebel, 2021).

Werkzeuge und Tools
- ITSM-Tools: ServiceNow, BMC Remedy, Ivanti, Freshservice
- Self-Service-Portale, CMDBs, Automatisierungsplattformen
- Dashboards zur SLA-/KPI-Überwachung

8.6.8 Cybersecurity Assessment

Kurzbeschreibung
Cybersecurity Assessments sind strukturierte Verfahren zur Bewertung der Sicherheitslage von IT-Systemen, Netzwerken und Datenverarbeitungsprozessen. Ziel ist es, Schwachstellen und Bedrohungen zu identifizieren, Risiken zu bewerten und geeignete Schutzmaßnahmen zu priorisieren, um die Informationssicherheit in Organisationen systematisch zu verbessern (Ralston et al., 2007; ENISA, 2022).

Anwendungsgebiete
Eingesetzt in allen sicherheitskritischen IT-Umgebungen: Behörden, kritische Infrastrukturen, Unternehmen mit sensiblen Kundendaten, KRITIS-Betreiber und im Rahmen von Compliance-Anforderungen (z. B. NIS2, ISO/IEC 27001, DSGVO) (ENISA, 2022).

Vorgehensweise
1. Definition des Assessment-Scopes (z. B. Systeme, Anwendungen, Standorte)
2. Erhebung technischer und organisatorischer Sicherheitsmaßnahmen
3. Anwendung von Frameworks wie NIST CSF, ISO/IEC 27005 oder CIS Controls
4. Durchführung technischer Prüfungen (z. B. Penetrationstests, Schwachstellenscans) und Interviews
5. Risikoanalyse, Berichterstellung und Ableitung von Maßnahmen (Ralston et al., 2007)

Beispiel aus der Praxis
Ein europäischer Energieversorger führte ein unternehmensweites Cybersecurity Assessment auf Basis von NIST CSF und ISO/IEC 27001 durch. Das Assessment deckte unverschlüsselte Schnittstellen im SCADA-System auf, woraufhin gezielte Maßnahmen zur Segmentierung und Verschlüsselung umgesetzt wurden.

Voraussetzungen und Rahmenbedingungen
Erforderlich sind aktuelles Bedrohungswissen, methodisch geschulte Sicherheitsexperten, geeignete Tools, Managementsupport sowie klare Prozesse zur Risikobehandlung (Ralston et al., 2007).

Stärken und Schwächen

Stärken: Frühzeitige Erkennung von Schwachstellen, systematische Priorisierung von Sicherheitsmaßnahmen, Compliance-Nachweis, objektive Standortbestimmung (ENISA, 2022).
Schwächen: Ressourcenintensiv, hoher Aufwand für Datenerhebung und -auswertung, Risiko der kurzfristigen Fixierung ohne strategische Sicherheitsarchitektur (Ralston et al., 2007).

Verwandte Methoden/Kombinationen
Kombinierbar mit IT-Risikoanalyse (FMEA, Monte-Carlo), Business Continuity Management, IT-Assessment, Pentesting, SIEM-Lösungen und Security Governance Frameworks (ENISA, 2022).

Werkzeuge und Tools
- Assessment-Frameworks: NIST Cybersecurity Framework, ISO/IEC 27001/27005, BSI IT-Grundschutz
- Tools: Nessus, OpenVAS, Qualys, Microsoft Security Score
- Visualisierung: Risikomatrizen, Heatmaps, Scorecards

8.6.9 Softwareauswahlverfahren

Kurzbeschreibung
Softwareauswahlverfahren sind systematische Methoden zur Bewertung, Priorisierung und Auswahl geeigneter Softwaresysteme auf Grundlage definierter funktionaler und nicht-funktionaler Anforderungen. Ziel ist es, die Softwarelösung zu identifizieren, die den spezifischen Bedürfnissen einer Organisation hinsichtlich Qualität, Wirtschaftlichkeit, Integration und Zukunftsfähigkeit am besten entspricht (Teich et al., 2008; Şen et al., 2009).

Anwendungsgebiete
Eingesetzt bei der Auswahl von ERP-, CRM-, HR- oder DMS-Systemen sowie Spezialanwendungen in IT, Produktion, Marketing oder Controlling – insbesondere bei strategischer Tragweite oder Investitionen mit langer Lebensdauer (Şen et al., 2009).

Vorgehensweise
1. Anforderungsanalyse (z. B. Stakeholder-Workshops, Lastenheft)
2. Marktrecherche und Long-List-Erstellung potenzieller Anbieter
3. Durchführung von Softwarevergleichen (z. B. Feature-Matrix, Demo-Scoring)
4. Einsatz von Entscheidungsverfahren wie Nutzwertanalyse oder AHP zur Bewertung
5. Referenzgespräche, Teststellungen und finale Vertragsverhandlungen (Teich et al., 2008)

Beispiel aus der Praxis
Ein mittelständisches Maschinenbauunternehmen führte ein strukturiertes Aus-
wahlverfahren für ein neues ERP-System durch. Mithilfe einer Nutzwertanalyse
unter Einbezug von 12 Kriterien konnte ein Anbieter identifiziert werden, dessen
Lösung eine besonders gute Integration der Produktion ermöglichte. Die methodisch dokumentierte Entscheidung erwies sich auch später im Implementierungs-
verlauf als belastbar.

Voraussetzungen und Rahmenbedingungen
Benötigt werden interdisziplinäre Projektteams, transparente Bewertungskriterien,
strukturierte Anforderungsdokumente, geeignete Bewertungsmethoden sowie eine
Entscheidungs- und Umsetzungskompetenz im Unternehmen (Teich et al., 2008).

Stärken und Schwächen

Stärken: Objektivierung der Entscheidungsfindung, Nachvollziehbarkeit, Risiko-
und Komplexitätsreduktion, transparente Kommunikation mit Anbietern (Şen
et al., 2009).
Schwächen: Zeit- und ressourcenintensiv, Gefahr der Überspezifikation, potenziell beeinflussbar durch Anbieterinteressen oder politische Entscheidungen
(Teich et al., 2008).

Verwandte Methoden/Kombinationen
Kombinierbar mit Total Cost of Ownership (TCO), Business Case Kalkulation,
Nutzwertanalyse, Requirements Engineering, Szenarienbewertung und Architek-
turprüfungen (Şen et al., 2009).

Werkzeuge und Tools
- Bewertungstools (z. B. Excel-Templates, AHP-Software, Scoring-Modelle)
- Tool-Datenbanken (z. B. Capterra, G2)
- RFI-/RFP-Vorlagen, Kriterienkataloge, Vergleichsdiagramme

8.6.10 Digitalisierungsscouting/Tech Radar

Kurzbeschreibung
Digitalisierungsscouting bezeichnet einen strukturierten Such- und Bewertungsprozess zur frühzeitigen Identifikation, Beobachtung und Bewertung neuer digitaler Technologien, Tools und Trends mit Relevanz für Geschäftsprozesse, Produkte
oder Geschäftsmodelle. Ziel ist es, technologische Chancen und Risiken systematisch zu erkennen, Innovationspotenziale zu heben und strategische Technologieentscheidungen datenbasiert zu unterstützen. Ein bewährtes Visualisierungsinstru-
ment ist hierbei der sogenannte **Tech Radar** (Nguyen et al., 2021; Stroh & Benning, 2019).

Anwendungsgebiete
Eingesetzt in der strategischen Technologieplanung, im Innovationsmanagement, bei IT-Architekturentscheidungen sowie zur Unterstützung der digitalen Transformation in Unternehmen und Organisationen (Stroh & Benning, 2019).

Vorgehensweise
1. Einrichtung eines kontinuierlichen Scouting-Prozesses (z. B. durch Technologiebeauftragte, externe Trendanalysen, Start-up-Monitoring)
2. Definition von Scouting-Kategorien (z. B. Technologie, Anwendungsfeld, Reifegrad, Risiko)
3. Bewertung identifizierter Technologien hinsichtlich Relevanz, Machbarkeit und Impact
4. Visualisierung im Tech Radar mit Zonen (Adopt, Trial, Assess, Hold)
5. Regelmäßige Überprüfung und Integration in strategische Entscheidungsprozesse (Nguyen et al., 2021)

Beispiel aus der Praxis
Ein IT-Dienstleister etablierte einen internen Tech Radar zur Bewertung von Technologien wie Low-Code-Plattformen, generativer KI und Edge Computing. Dadurch konnten gezielte Pilotprojekte angestoßen und überhypte Trends rechtzeitig kritisch eingeordnet werden.

Voraussetzungen und Rahmenbedingungen
Benötigt werden ein technologieoffenes Innovationsklima, multidisziplinäre Teams, definierte Scoutingprozesse, Bewertungskriterien, Transparenz in der Entscheidungsfindung und gegebenenfalls externe Partnerschaften (Nguyen et al., 2021).

Stärken und Schwächen

Stärken: Frühzeitiges Erkennen disruptiver Technologien, strukturierte Innovationssteuerung, klare Kommunikation strategischer Technologieentscheidungen (Stroh & Benning, 2019).
Schwächen: Hoher Abstimmungsbedarf, potenzielle Reaktanz in Linienorganisation, Gefahr der Fehleinschätzung bei „Hype-Themen" (Nguyen et al., 2021).

Verwandte Methoden/Kombinationen
Kombinierbar mit Technologieroadmapping, Szenariotechnik, Trendradar, Open Innovation, Business Model Innovation, Strategieentwicklung und Business Intelligence (Stroh & Benning, 2019).

Werkzeuge und Tools
- Tech Radar Tools: Thoughtworks Tech Radar, Radar.studio, Excel-Templates
- Trenddatenbanken (z. B. TrendOne, Gartner Hype Cycle, CB Insights)
- Interaktive Visualisierungen (Kreisdiagramme, Scorecards, Heatmaps)

8.7   Finanz- und Controllingberatung

8.7.1   Deckungsbeitragsrechnung

Kurzbeschreibung

Die **Deckungsbeitragsrechnung** ist ein zentrales Instrument der kurzfristigen Erfolgsrechnung in der Kosten- und Leistungsrechnung. Sie dient dazu, die Rentabilität einzelner Produkte, Dienstleistungen, Geschäftsbereiche oder Kunden durch Gegenüberstellung von erzielten Umsätzen und variablen Kosten zu ermitteln. Ziel ist es, fundierte Entscheidungen hinsichtlich Sortimentsgestaltung, Preissetzung, Produktionssteuerung oder Marktbearbeitung zu ermöglichen (Coenenberg et al., 2024).

Anwendungsgebiete

Eingesetzt im Controlling, Marketing, Vertrieb, Produktionsplanung sowie in der strategischen Unternehmensberatung – insbesondere bei Make-or-Buy-Entscheidungen, Preisuntergrenzenanalysen und Deckungsbeitragsoptimierung (Weber & Schäffer, 2022).

Vorgehensweise

1. Ermittlung der Umsatzerlöse pro Einheit oder Produktgruppe
2. Abzug der variablen Kosten (Einzel- und ggf. unechte Gemeinkosten)
3. Ergebnis ist der Deckungsbeitrag I (direkt produktbezogen)
4. Durch sukzessiven Abzug von Bereichs- oder Fixkosten ergeben sich Deckungsbeiträge II, III etc.
5. Entscheidungsvorbereitung auf Basis relativer Deckungsbeiträge, Engpassanalyse oder Break-Even-Berechnung (Coenenberg et al., 2024)

Beispiel aus der Praxis

Ein Maschinenbauunternehmen analysierte seine Produktpalette mittels Deckungsbeitragsrechnung. Dabei wurde festgestellt, dass ein umsatzstarkes Produkt einen sehr geringen Beitrag zur Fixkostendeckung leistet. Durch gezielte Preisanpassung und Fertigungsoptimierung konnte der Deckungsbeitrag um 20 % gesteigert werden.

Voraussetzungen und Rahmenbedingungen

Vorausgesetzt werden eine verursachungsgerechte Kostenrechnung, konsistente Datenbasis, Trennung von fixen und variablen Kosten sowie ein klares Verständnis der Kalkulationsstruktur (Coenenberg et al., 2024).

Stärken und Schwächen

Stärken: Hohe Transparenz, einfache Umsetzbarkeit, direkte Entscheidungsunterstützung bei kurzfristigen betriebswirtschaftlichen Fragestellungen (Weber & Schäffer, 2022).

Schwächen: Keine Berücksichtigung langfristiger Wirkungen, Gefahr von Fehlanreizen bei isolierter Betrachtung, begrenzte Aussagekraft bei nicht-linearen Kostenverläufen (Coenenberg et al., 2024).

Verwandte Methoden/Kombinationen
Kombinierbar mit Break-Even-Analyse, Prozesskostenrechnung, Target Costing, Preismodellen, ABC-Analyse und Business Case Kalkulation.

Werkzeuge und Tools
- Tabellenkalkulationsmodelle (Excel) mit DB-Stufen
- BI-Tools mit Deckungsbeitragsreporting (z. B. Power BI, QlikView)
- ERP-Systeme mit integrierter Kostenrechnung (z. B. SAP CO)

8.7.2   Break-Even-Analyse

Kurzbeschreibung
Die **Break-Even-Analyse** (Gewinnschwellenanalyse) untersucht den Punkt, an dem Erlöse und Kosten eines Produktes oder Projektes exakt übereinstimmen – den **Break-Even-Point (BEP)**. Ziel ist es, Absatz- und Preisentscheidungen, Kostenstrukturen und Risikoabschätzungen zu unterstützen, indem die Verlust-, Gewinn- und Sicherheitszone quantifiziert werden (Coenenberg et al., 2024; Horngren et al., 2020).

Anwendungsgebiete
Eingesetzt in Preis- und Sortimentspolitik, Investitionsbeurteilung, Produktionsplanung, Marketingkampagnen, Start-up-Businessplänen sowie bei Make-or-Buy- und Kapazitätsentscheidungen (Horngren et al., 2020).

Vorgehensweise
1. Trennung von fixen und variablen Kosten
2. Berechnung der Deckungsbeitragsspanne pro Einheit
3. Bestimmung des Break-Even-Absatzes:
4. BEPMenge=FixkostenPreis−variable Kosten je Einheit
5. Darstellung als Break-Even-Diagramm oder Kosten-Erlös-Geraden
6. Erweiterung um Sicherheitskoeffizient (Margin of Safety) und Szenario-Berechnungen (Coenenberg et al., 2024)

Beispiel aus der Praxis
Ein Food-Start-up kalkulierte einen Verkaufspreis von 4 € pro Snack bei variablen Kosten von 1,60 € und Fixkosten von 48.000 € pro Jahr. Der Break-Even-Point liegt bei 18.462 Einheiten. Durch Optimierung der Verpackung sanken die variablen Kosten auf 1,40 €, wodurch der BEP auf 17.143 Einheiten fiel.

Voraussetzungen und Rahmenbedingungen
Erforderlich sind verursachungsgerechte Kosten- und Erlösdaten, ein stabiler Preis- und Kostenverlauf sowie ein linearer Beziehungskontext zwischen Output und Kosten/Erlösen in der relevanten Analyseperiode (Coenenberg et al., 2024).

Stärken und Schwächen

Stärken: Einfache Handhabung, schnelle Visualisierung, klare Gewinn-/Verlust-Grenzen, Sensitivitätstests möglich (Horngren et al., 2020).
Schwächen: Lineare Annahmen, vernachlässigt Kapazitätsgrenzen, Mix-Effekte, Steuern und Finanzierungskosten; nur kurzfristige Betrachtung (Coenenberg et al., 2024).

Verwandte Methoden/Kombinationen
Kombinierbar mit Deckungsbeitragsrechnung, Investitionsrechnung (NPV, IRR), Szenariotechnik, Sensitivitäts- und Risikoanalyse sowie Target Costing.

Werkzeuge und Tools
- Tabellenkalkulationsmodelle (Excel, Google Sheets) mit What-If-Funktionen
- BI-Tools (Power BI, Tableau) zur Visualisierung von BEP-Szenarien
- Kalkulationsmodule in ERP-/Controlling-Systemen

8.7.3 Investitionsrechnung

Kurzbeschreibung
Die **Investitionsrechnung** ist ein zentrales betriebswirtschaftliches Verfahren zur Beurteilung der Vorteilhaftigkeit von Investitionen. Ziel ist es, die Rentabilität, Wirtschaftlichkeit und Kapitalbindungsdauer geplanter Projekte fundiert zu bewerten. Typische Verfahren sind der **Net Present Value (NPV)**, die **Interne Zinsfußmethode (IRR)** und die **Amortisationsrechnung** (Brealey et al., 2022; Perridon et al., 2022).

Anwendungsgebiete
Eingesetzt bei der Bewertung von Maschinen, IT-Systemen, Infrastrukturprojekten, Softwarelösungen, Innovationsvorhaben, Standortentscheidungen sowie in M&A-Prozessen (Perridon et al., 2022).

Vorgehensweise
- **NPV (Kapitalwertmethode):** Abzinsung aller zukünftigen Cashflows mit einem Kalkulationszinssatz, um den Barwert der Investition zu bestimmen.
- **IRR (Interner Zinsfuß):** Bestimmung des Zinssatzes, bei dem der NPV genau null ist.

- **Amortisationsrechnung:** Ermittlung der Zeitspanne, bis die Investitionsauszahlung durch Rückflüsse gedeckt ist. Erweiterbar um Sensitivitätsanalysen, Risikoabschläge oder Szenariobetrachtungen (Brealey et al., 2022).

Beispiel aus der Praxis

Ein Industrieunternehmen bewertete eine Automatisierungsanlage mit einem Investitionsvolumen von 2,2 Mio. €. Die Barwertanalyse über 8 Jahre ergab einen NPV von 375.000 €, eine IRR von 9,4 % und eine Amortisationszeit von 4,6 Jahren. Auf Basis dieser Kennzahlen wurde die Investition freigegeben.

Voraussetzungen und Rahmenbedingungen

Erforderlich sind realistische Cashflow-Prognosen, ein adäquater Kalkulationszins, Kenntnisse über Kapitalkosten und gegebenenfalls Berücksichtigung steuerlicher oder regulatorischer Einflüsse (Brealey et al., 2022).

Stärken und Schwächen

Stärken: Monetär quantifizierbar, objektiv, vergleichbar, finanzmathematisch fundiert, berücksichtigt Zeitwert des Geldes (Perridon et al., 2022).
Schwächen: Sensitiv gegenüber Eingabedaten, komplex bei unsicheren Cashflows, IRR kann bei nicht-konventionellen Projekten mehrdeutig sein (Brealey et al., 2022).

Verwandte Methoden/Kombinationen

Kombinierbar mit Business Case Kalkulation, Break-Even-Analyse, Szenariotechnik, Realoptionen, Nutzwertanalyse und Risikoanalyse (Monte Carlo).

Werkzeuge und Tools

- Investitionsrechner, Controllingsoftware, BI-Tools
- ERP-Systeme mit Investitionscontrolling-Modulen

8.7.4 Budgetierung/Forecasting

Kurzbeschreibung

Budgetierung und **Forecasting** sind zentrale Instrumente der Unternehmensplanung und -steuerung. Während die Budgetierung der formalen Festlegung von Zielgrößen für eine kommende Periode dient, basiert Forecasting auf der dynamischen Fortschreibung aktueller Entwicklungen. Ziel beider Verfahren ist es, finanzielle Steuerungsgrößen wie Umsatz, Kosten, Gewinn, Investitionen oder Cashflow realitätsnah zu planen und aktiv zu steuern (Becker et al., 2014; Weber & Schäffer, 2022).

Anwendungsgebiete
Eingesetzt in Finanzplanung, Controlling, strategischer Unternehmenssteuerung, Projekt- und Investitionsmanagement sowie zur Vorbereitung operativer Geschäftsentscheidungen (Becker et al., 2014).

Vorgehensweise
1. Budgetierung erfolgt typischerweise einmal jährlich top-down oder bottom-up, basiert auf Zielvereinbarungen und ist meist starr über die Periode hinweg.
2. Forecasts werden regelmäßig (z. B. monatlich oder rollierend) erstellt, berücksichtigen Ist-Zahlen, Trends und Veränderungen im Marktumfeld.
3. Instrumente sind z. B. Zero-Based Budgeting, Beyond Budgeting, Rolling Forecasts, Szenario- oder Treibermodellierung (Weber & Schäffer, 2022).

Beispiel aus der Praxis
Ein Handelsunternehmen führte einen Rolling Forecast im Drei-Monats-Rhythmus ein, ergänzt um Szenarioanalysen für Umsatz und Rohstoffkosten. Dadurch konnten Budgetabweichungen frühzeitig erkannt und operative Maßnahmen wie Preisanpassungen oder Bestandsoptimierungen rechtzeitig umgesetzt werden.

Voraussetzungen und Rahmenbedingungen
Vorausgesetzt werden eine integrierte Finanzplanung, konsistente Datenmodelle, definierte Prozesse und Verantwortlichkeiten sowie ein systemgestütztes Planungs- und Reporting-Tool (Weber & Schäffer, 2022).

Stärken und Schwächen

Stärken: Erhöhte Planungsgenauigkeit, höhere Flexibilität, verbesserte Reaktionsgeschwindigkeit, transparente Steuerung (Becker et al., 2014).
Schwächen: Hoher Aufwand bei manueller Pflege, kulturelle Herausforderungen (z. B. Planungsillusion), potenziell kontraproduktive Zielsysteme bei rigider Budgetierung (Weber & Schäffer, 2022).

Verwandte Methoden/Kombinationen
Kombinierbar mit Szenariotechnik, KPIs, Business Intelligence, Investitionsrechnung, Total Cost of Ownership, OKR, Agiles Controlling.

Werkzeuge und Tools
- Planungstools: Anaplan, Jedox, SAP Analytics Cloud, IBM Planning Analytics
- BI-Plattformen: Power BI, Tableau, Qlik Sense
- Tabellenbasierte Tools mit Makros und Templates (Excel, Google Sheets)

8.7.5 Kosten-Nutzen-Analyse

Kurzbeschreibung
Die **Kosten-Nutzen-Analyse (KNA)** ist ein ökonomisches Bewertungsverfahren zur systematischen Gegenüberstellung sämtlicher erwarteter Kosten und Nutzen eines Projekts, Programms oder Vorhabens. Ziel ist es, die wirtschaftliche Vorteilhaftigkeit von Maßnahmen zu beurteilen und damit eine transparente Entscheidungsgrundlage für Investitionen oder politische bzw. betriebliche Interventionen zu schaffen (Westermann, 2021; Mishan & Quah, 2020).

Anwendungsgebiete
Eingesetzt in Politikberatung, Projektmanagement, Infrastrukturplanung, IT-Bewertungen, Umweltökonomie, Public Health sowie zunehmend in unternehmerischen Investitionsentscheidungen mit gesellschaftlicher Tragweite (Mishan & Quah, 2020).

Vorgehensweise
1. Ermittlung und Monetarisierung aller direkten und indirekten Kosten und Nutzen über den Lebenszyklus des Projekts
2. Abzinsung zukünftiger Zahlungsströme auf den Entscheidungszeitpunkt (Barwertmethode)
3. Berechnung der Nettonutzen:
4. KNA-Ergebnis=∑Barwert aller Nutzen−∑Barwert aller Kosten
5. Sensitivitätsanalysen zur Robustheitsprüfung der Ergebnisse
6. Ergebnisinterpretation ggf. ergänzt um qualitative Nutzenkategorien (Westermann, 2021)

Beispiel aus der Praxis
Eine öffentliche Verwaltung bewertete die Einführung eines E-Government-Portals. Dabei wurden IT-Entwicklungskosten, Schulungen und Betriebskosten monetarisiert und mit Effizienzgewinnen, Zeitersparnissen bei Bürger:innen und reduzierten Verwaltungskosten verrechnet. Die Analyse ergab einen positiven Nettonutzen über 10 Jahre.

Voraussetzungen und Rahmenbedingungen
Erforderlich sind klare Zieldefinitionen, verlässliche Daten zu Wirkungen und Kosten, realistische Diskontierungsannahmen und gegebenenfalls Bewertungsrichtlinien (z. B. WIK/KfW, EU-Vorgaben) (Westermann, 2021).

Stärken und Schwächen

Stärken: Vollständige Betrachtung aller monetären Effekte, hohe Entscheidungsunterstützung, Transparenz, objektivierte Vergleichbarkeit (Mishan & Quah, 2020).

Schwächen: Schwierigkeit der Monetarisierung immaterieller Effekte, hohe Datenanforderungen, Gefahr der Scheingenauigkeit (Westermann, 2021).

Verwandte Methoden/Kombinationen
Kombinierbar mit Investitionsrechnung (NPV, IRR), Nutzwertanalyse, Lebenszykluskostenanalyse, Ökobilanzierung, Realoptionen, Multi-Criteria-Decision-Analysis (MCDA).

Werkzeuge und Tools
- Excel-basierte KNA-Modelle mit Sensitivitätsfunktionen
- Simulationssoftware (z. B. @RISK, Crystal Ball)
- KNA-Leitfäden und Rechentools öffentlicher Stellen (z. B. EU-Kommission, BMU)

8.7.6   Business Valuation

Kurzbeschreibung
Business Valuation bezeichnet die systematische Bewertung des wirtschaftlichen Wertes eines Unternehmens oder Unternehmensanteils. Ziel ist es, auf fundierter Grundlage Unternehmenswerte zu ermitteln – z. B. für Transaktionen, Nachfolgeregelungen, Finanzierungsrunden oder Bilanzierung. Das verbreitetste Verfahren ist das **Discounted Cash Flow (DCF)-Verfahren**, das künftige freie Zahlungsströme kapitalisiert (Koller et al., 2020).

Anwendungsgebiete
Eingesetzt bei Mergers & Acquisitions (M&A), Buy-outs, Start-up-Finanzierungen, Unternehmensnachfolgen, IPOs, Beteiligungsentscheidungen und Fairness Opinions (Koller et al., 2020).

Vorgehensweise
1. Prognose zukünftiger Free Cashflows (FCF) über eine Planungsperiode
2. Abzinsung der FCF mit einem gewichteten Kapitalkostensatz (WACC)
3. Ermittlung des Terminal Value (TV) zur Abbildung der ewigen Rente
4. Berücksichtigung von Szenarien, Sensitivitäten und Kapitalstruktur
5. Alternativmethoden: Multiplikatorverfahren, Substanzwertverfahren, Ertragswertverfahren (Koller et al., 2020)

Beispiel aus der Praxis
Ein Private-Equity-Investor bewertete ein SaaS-Unternehmen mittels DCF-Verfahren mit einer fünfjährigen Cashflow-Prognose. Der ermittelte Unternehmenswert betrug 28 Mio. €, wobei 55 % des Werts auf den Terminal Value entfielen. Parallel wurde ein Markt-Multiplikatorvergleich durchgeführt, um den DCF-Wert zu plausibilisieren.

Voraussetzungen und Rahmenbedingungen
Benötigt werden konsistente Businesspläne, realistische Annahmen zur Marktentwicklung, detaillierte Kenntnisse der Kapitalkostenstruktur und eine fundierte Unternehmensanalyse (Koller et al., 2020).

Stärken und Schwächen

Stärken: Zukunftsorientierung, theoretisch fundiert, flexibel anpassbar, differenzierte Werttreiberanalyse (Koller et al., 2020).
Schwächen: Hohe Prognoseunsicherheit, starke Sensitivität gegenüber Kapitalkosten und TV-Annahmen, aufwendig in der Erstellung (Koller et al., 2020).

Verwandte Methoden/Kombinationen
Kombinierbar mit Szenariotechnik, Monte-Carlo-Simulation, Multiplikatorverfahren, Substanzwertanalyse, Risikoanalyse, Unternehmensplanung, Due Diligence.

Werkzeuge und Tools
- Excel-Modelle mit DCF-Kalkulationen, Sensitivitätsanalysen
- Bewertungssoftware (z. B. Value Navigator, BCG Valuation Tool)
- Unternehmensdatenbanken (z. B. PitchBook, CapitalIQ, Preqin) für Marktvergleiche

8.7.7 Financial Risk Assessment

Kurzbeschreibung
Financial Risk Assessment ist ein strukturierter Analyseprozess zur Identifikation, Quantifizierung und Bewertung finanzieller Risiken eines Unternehmens oder Projekts. Ziel ist es, die Risikolage in Bezug auf Liquidität, Verschuldung, Marktvolatilität, Währungsrisiken, Zinsänderungen und Kreditwürdigkeit zu bewerten und geeignete Maßnahmen zur Risikominderung zu entwickeln (Jorion, 2021; Hull, 2023).

Anwendungsgebiete
Eingesetzt in der Finanzplanung, im Treasury, Risikomanagement, Projektbewertung, bei M&A-Transaktionen, im Asset Management sowie im Rahmen regulatorischer Anforderungen (z. B. Basel III, Solvency II) (Hull, 2023).

Vorgehensweise
1. Klassifikation von Risikoarten: Marktrisiken, Kreditrisiken, Liquiditätsrisiken, operationale und systemische Risiken
2. Erhebung und Modellierung finanzieller Risikotreiber
3. Quantitative Bewertung mittels Value at Risk (VaR), Szenarioanalysen, Stresstests oder Sensitivitätsanalysen
4. Integration in ein Financial Risk Framework mit Reporting, Limits und Eskalationsmechanismen (Jorion, 2021)

Beispiel aus der Praxis
Ein international tätiges Produktionsunternehmen bewertete seine finanziellen Risiken im Zuge der Einführung eines Hedging-Programms gegen Wechselkursrisiken. Mittels Value-at-Risk-Modellierung wurde ermittelt, dass ein 10 %-Wechselkursverlust zu einem EBIT-Rückgang von 1,2 Mio. € führen könnte. Infolgedessen wurde ein Währungsabsicherungsinstrument implementiert.

Voraussetzungen und Rahmenbedingungen
Vorausgesetzt werden valide historische Daten, Zugang zu Marktdaten, ein leistungsfähiges Controlling- bzw. Risikomanagementsystem sowie ein kompetentes Team mit finanzmathematischem Know-how (Jorion, 2021).

Stärken und Schwächen

Stärken: Systematische Risikotransparenz, quantitativ fundierte Steuerung, regulatorische Konformität, Unterstützung bei Kapitalstruktur- und Investitionsentscheidungen (Hull, 2023).
Schwächen: Datenintensität, Modellunsicherheiten, Gefahr der Scheingenauigkeit, teilweise retrospektive Orientierung (Jorion, 2021).

Verwandte Methoden/Kombinationen
Kombinierbar mit Monte-Carlo-Simulation, Szenariotechnik, Investitionsrechnung, Frühwarnsystemen, Risikoportfoliomodellen und Risikobudgets.

Werkzeuge und Tools
- Risikomanagementsoftware (z. B. SAP Risk Management, RiskWatch, MetricStream)
- Excel-Tools mit VaR- und Szenariofunktionen
- Business Intelligence- und Dashboard-Lösungen für Echtzeitreporting (z. B. Power BI)

8.7.8 Liquiditätsplanung

Kurzbeschreibung
Die **Liquiditätsplanung** ist ein zentrales Instrument der kurzfristigen Finanzsteuerung mit dem Ziel, jederzeit die Zahlungsfähigkeit eines Unternehmens sicherzustellen. Dabei werden Einzahlungen und Auszahlungen über definierte Zeiträume systematisch erfasst, um Zahlungsengpässe frühzeitig zu erkennen und Gegenmaßnahmen zu ermöglichen (Schmidt, 2023; Denk et al., 2016).

Anwendungsgebiete
Eingesetzt in Finanzabteilungen, im Treasury, im Projektmanagement, bei Start-ups und in Krisensituationen – z. B. zur Sicherstellung der Überlebensfähigkeit, in Sanierungsfällen oder zur Steuerung von Working Capital (Denk et al., 2016).

Vorgehensweise

1. Aufstellung eines rollierenden Zahlungsplans (täglich, wöchentlich, monatlich)
2. Erfassung sicherer und erwarteter Einzahlungen (z. B. Umsätze, Kredite, Zuschüsse)
3. Gegenüberstellung zu fälligen Auszahlungen (z. B. Gehälter, Lieferantenrechnungen, Steuern)
4. Ermittlung des Netto-Cashflows pro Periode
5. Szenarioanalysen, Stress-Tests, Liquiditätskennzahlen und -puffer (Schmidt, 2023)

Beispiel aus der Praxis

Ein mittelständisches Handelsunternehmen implementierte im Zuge der COVID-19-Krise eine wöchentliche Liquiditätsvorschau. Durch transparente Planwerte konnte ein drohender Zahlungsengpass frühzeitig erkannt und durch Kreditverhandlungen sowie Stundungen abgefangen werden.

Voraussetzungen und Rahmenbedingungen

Benötigt werden aktuelle Daten aus Finanzbuchhaltung, Auftrags- und Forderungsmanagement, verlässliche Planungsvorgaben, einheitliche Kalender und Verantwortlichkeiten (Schmidt, 2023).

Stärken und Schwächen

Stärken: Frühwarnsystem für Zahlungsengpässe, zentrale Grundlage für Finanzdisposition, einfache Visualisierbarkeit, hohes Managementinteresse (Denk et al., 2016).

Schwächen: Planungsaufwand bei hoher Transaktionszahl, Unsicherheit bei Schätzungen, kurzfristige Relevanz, fehlende Integration in strategische Modelle (Schmidt, 2023).

Verwandte Methoden/Kombinationen

Kombinierbar mit Budgetierung, Working Capital Management, Cashflow-Planung, Finanzierungsplanung, Frühwarnsystemen, Business Continuity Planning.

Werkzeuge und Tools

- Tabellenkalkulationen mit Liquiditätsplanungsmodellen (Excel, Google Sheets)
- ERP-Module (z. B. SAP Liquidity Planner, DATEV Cash Manager)
- Finanzplanungstools (z. B. LucaNet, CoPlanner, Anaplan)

8.7.9   Working Capital Management

Kurzbeschreibung

Working Capital Management (WCM) bezeichnet die zielgerichtete Steuerung des kurzfristigen Vermögens und der kurzfristigen Verbindlichkeiten eines Unternehmens mit dem Ziel, die Liquidität zu sichern, das gebundene Kapital zu reduzieren und die Rentabilität zu erhöhen. Im Zentrum stehen die drei Kernkomponenten: Forderungsmanagement, Vorratsmanagement und Verbindlichkeitsmanagement (Heesen & Moser, 2017; Preve & Sarria-Allende, 2010).

Anwendungsgebiete
Eingesetzt im Finanz- und Liquiditätsmanagement, bei Unternehmenssanierungen, in der Private Equity-Praxis, im Supply Chain Management sowie in der Steuerung von operativen Geschäftsprozessen mit Kapitalbindung (Heesen & Moser, 2017).

Vorgehensweise
1. Analyse und Optimierung des **Cash Conversion Cycle** (CCC) (Days Sales Outstanding, Days Inventory Outstanding, Days Payables Outstanding)
2. Einführung von Maßnahmen zur Verkürzung der Kapitalbindungsdauer (z. B. Factoring, Lagerabbau, Zahlungszielverlängerung)
3. Entwicklung von KPIs wie Working Capital Ratio, Net Working Capital (NWC) oder Working Capital Requirement (WCR)
4. Integration in Liquiditätsplanung und strategisches Controlling (Preve & Sarria-Allende, 2010)

Beispiel aus der Praxis
Ein Unternehmen der Konsumgüterbranche optimierte seine Vorratsplanung mithilfe eines rollierenden Forecast-Modells und konnte dadurch das gebundene Kapital um 15 % reduzieren. Parallel wurden Zahlungsziele bei Lieferanten neu verhandelt, wodurch sich die durchschnittliche Kapitalbindungsdauer (CCC) um 12 Tage verkürzte.

Voraussetzungen und Rahmenbedingungen
Erforderlich sind eine transparente Datenbasis, integrierte Planungsprozesse, bereichsübergreifende Zusammenarbeit (Finanzen, Einkauf, Vertrieb, Logistik) sowie Anreizsysteme, die die Liquiditätswirkung berücksichtigen (Preve & Sarria-Allende, 2010).

Stärken und Schwächen
Stärken: Verbesserte Kapitalrendite, höhere Liquidität, Stärkung der operativen Effizienz, direkt messbarer Effekt (Heesen & Moser, 2017).
Schwächen: Risiko von Lieferengpässen bei zu aggressivem Vorratsabbau, Zielkonflikte zwischen Abteilungen, hoher Koordinationsbedarf (Preve & Sarria-Allende, 2010).

Verwandte Methoden/Kombinationen
Kombinierbar mit Liquiditätsplanung, Cashflow-Analyse, SCOR-Modell, Factoring, KPI-Systemen, Lean Inventory Management, Kreditwürdigkeitsanalyse.

Werkzeuge und Tools
- ERP-Module (z. B. SAP FI/MM/SD, Oracle Financials)
- Excel-Modelle zur Kennzahlenberechnung und Simulation
- BI-Tools (z. B. Tableau, Power BI) mit Working-Capital-Dashboards

8.8 Personal- und HR-Beratung

8.8.1 Kompetenzanalyse/Skill Matrix

Kurzbeschreibung
Die **Kompetenzanalyse** – oft operationalisiert durch eine **Skill Matrix** – dient der systematischen Erfassung, Bewertung und Visualisierung individueller oder team-bezogener Fähigkeiten und Qualifikationen. Ziel ist es, die vorhandenen Kompetenzen transparent zu machen, Qualifikationslücken zu identifizieren und gezielte Entwicklungsmaßnahmen einzuleiten (Schiersmann & Thiel, 2018; Rothwell & Graber, 2010).

Anwendungsgebiete
Eingesetzt im Human Resource Management, Talent Management, Projektstaffing, Change Management, Nachfolgeplanung, Kompetenzentwicklung sowie in der strategischen Personal- und Organisationsberatung (Schiersmann & Thiel, 2018).

Vorgehensweise
1. Identifikation relevanter Kompetenzen (fachlich, methodisch, sozial, digital)
2. Erhebung des Ist-Stands je Person/Team über Selbst- und Fremdeinschätzung, Assessment oder 360°-Feedback
3. Bewertung anhand von Skalen (z. B. 1–5, Einsteiger bis Experte)
4. Visualisierung in einer Skill Matrix (Kompetenzen × Personen mit Bewertungsfeldern)
5. Ableitung von Entwicklungsmaßnahmen, Trainingsplänen oder Job-Rotationen (Rothwell & Graber, 2010)

Beispiel aus der Praxis
Ein IT-Dienstleister führte zur Vorbereitung eines Kompetenzmodells eine Skill-Matrix für Entwickler:innen und Projektmanager:innen ein. Dabei wurden 15 Kernkompetenzen erhoben und bewertet. Die Analyse zeigte einen Qualifizierungsbedarf im Bereich Cloud-Technologien. Daraufhin wurden gezielte Trainingsmaßnahmen und ein internes Mentoring-Programm initiiert.

Voraussetzungen und Rahmenbedingungen
Benötigt werden ein abgestimmtes Kompetenzmodell, objektive und transparente Bewertungsstandards, klare Zuständigkeiten für die Datenerhebung und Akzeptanz bei den Beteiligten (Rothwell & Graber, 2010).

Stärken und Schwächen

Stärken: Transparente Kompetenzverteilung, gezielte Personalentwicklung, objektivierbare Teambesetzung, Basis für Skill-basierte Organisation (Schiersmann & Thiel, 2018).
Schwächen: Subjektivität bei Bewertungen, hoher Pflegeaufwand, Gefahr der Reduktion komplexer Fähigkeiten auf numerische Werte (Rothwell & Graber, 2010).

Verwandte Methoden/Kombinationen
Kombinierbar mit Kompetenzmanagement, 360°-Feedback, Mitarbeiterbefragungen, Kompetenzprofilen, agiler Rollenentwicklung, Nachfolgeplanung, Qualifikationsmatrizen im Lean-Umfeld.

Werkzeuge und Tools
- Tabellenbasierte Skill Matrices (Excel, Google Sheets)
- HR-Software (z. B. Personio, Haufe Talent Management, SAP SuccessFactors)
- Kompetenzanalyse-Tools (z. B. Skilltree, SkillMatrix, Avado)

8.8.2 Personalbedarfsplanung

Kurzbeschreibung
Die **Personalbedarfsplanung** ist ein zentrales Teilinstrument der strategischen und operativen Personalplanung. Ziel ist es, den qualitativen, quantitativen, zeitlichen und örtlichen Personalbedarf eines Unternehmens systematisch zu ermitteln und mit dem verfügbaren Personalbestand abzugleichen, um Unter- oder Überdeckungen frühzeitig zu erkennen und geeignete Maßnahmen einzuleiten (Becker & Ulrich, 2015; Scholz, 2014).

Anwendungsgebiete
Eingesetzt in HR-Abteilungen, in der strategischen Unternehmensplanung, im Workforce Management, im Projektmanagement, bei Expansionen, Restrukturierungen oder bei Digitalisierungsvorhaben (Scholz, 2014).

Vorgehensweise
1. Unterscheidung in **quantitativen Bedarf** (Anzahl Stellen/Vollzeitäquivalente) und **qualitativen Bedarf** (Anforderungsprofile, Kompetenzen)
2. Methoden: Schätzverfahren, Kennzahlenanalyse, Stellenbemessung, Simulations- und Szenariotechniken
3. Abgleich von Bruttopersonalbedarf und Personalbestand unter Berücksichtigung von Fluktuation, Ruhestand, Austritten
4. Ableitung von Nettopersonalbedarf und daraus resultierenden Maßnahmen (Recruiting, Qualifizierung, Outsourcing etc.) (Becker & Ulrich, 2015)

Beispiel aus der Praxis
Ein produzierendes Unternehmen erstellte im Zuge der Umstellung auf eine digitalisierte Fertigungsstraße eine Personalbedarfsplanung für zwei Jahre. Auf Basis von Maschinenlaufzeiten, Auftragsvolumen und Qualifikationsprofilen wurde ein Qualifizierungsprogramm für 23 Mitarbeitende und die Einstellung von fünf neuen Robotik-Fachkräften initiiert.

Voraussetzungen und Rahmenbedingungen
Benötigt werden ein aktueller Personalbestand, Stellenbeschreibungen, strategische Zielvorgaben, Unternehmensplanungen sowie ein einheitliches Begriffsverständnis von Bedarfsarten (Becker & Ulrich, 2015).

Stärken und Schwächen

Stärken: Früherkennung von Engpässen, strategische Steuerung der Personalkapazität, höhere Planungssicherheit, gezielte Personalentwicklung (Scholz, 2014).
Schwächen: Unsicherheiten durch externe Faktoren (Konjunktur, Fachkräftemangel), Planungsaufwand bei dynamischen Strukturen, fehlende Datenbasis (Becker & Ulrich, 2015).

Verwandte Methoden/Kombinationen
Kombinierbar mit Kompetenzanalyse, Szenariotechnik, strategischer Personalentwicklung, Workforce Analytics, Nachfolgeplanung, Personalkostenplanung.

Werkzeuge und Tools
- Tabellenbasierte Planungstools (Excel, Google Sheets)
- HR-Software mit Planungsmodulen (z. B. SAP SuccessFactors, Persis, rexx systems)
- Workforce Management Tools (z. B. ATOSS, Quinyx)

8.8.3 Talentmanagementmodelle

Kurzbeschreibung
Talentmanagementmodelle dienen der systematischen Identifikation, Entwicklung, Bindung und Allokation von Mitarbeitenden mit hohem Potenzial oder erfolgskritischen Kompetenzen. Ziel ist es, durch eine strategisch fundierte Talentförderung die langfristige Wettbewerbsfähigkeit und Innovationskraft von Organisationen sicherzustellen (Silzer & Dowell, 2010; Cappelli, 2009).

Anwendungsgebiete
Eingesetzt in Großunternehmen, Konzernen, wachsenden KMU, bei Nachfolgeplanungen, Führungskräfteentwicklung, Employer Branding, Wissensmanagement sowie in global agierenden Organisationen (Silzer & Dowell, 2010).

Vorgehensweise

1. Entwicklung eines organisationsspezifischen Talentbegriffs (z. B. High Potentials, Schlüsselpositionen, Nachwuchsführungskräfte)
2. Etablierung eines Talentmanagementprozesses (Identifikation – Entwicklung – Bindung – Mobilisierung)
3. Auswahl geeigneter Modelle:
   - **9-Box-Grid** zur Potenzial-Leistungs-Klassifikation
   - **Make-or-Buy-Modelle** zur Entscheidung über interne vs. externe Besetzung
   - **Pipeline-Modelle** zur Nachfolgeplanung
   - **Kompetenzbasierte Modelle** (z. B. Lominger, TMA Framework)
4. Integration in strategische Personalplanung und Geschäftsstrategie (Cappelli, 2009)

Beispiel aus der Praxis

Ein international tätiges Technologieunternehmen führte ein globales Talentmanagementsystem auf Basis des 9-Box-Grids ein. High Potenzials wurden in individuelle Entwicklungsprogramme überführt, inklusive Mentoring, Auslandseinsatz und Projektverantwortung. Die Fluktuation in Schlüsselpositionen sank in drei Jahren um 18 %.

Voraussetzungen und Rahmenbedingungen

Erforderlich sind eine strategische HR-Architektur, valide Leistungs- und Potenzialbewertungssysteme, Akzeptanz in Führungsebene und Belegschaft, sowie systemgestützte Datenerfassung (Cappelli, 2009).

Stärken und Schwächen

Stärken: Zukunftssicherung durch rechtzeitige Nachfolgeplanung, Mitarbeiterbindung, Förderung interner Karrieren, Erhöhung der organisationalen Resilienz (Silzer & Dowell, 2010).

Schwächen: Subjektivität in der Bewertung, Risiko von Stigmatisierung („A- vs. B-Mitarbeitende"), hoher Pflege- und Kommunikationsaufwand, kulturelle Spannungen (Cappelli, 2009).

Verwandte Methoden/Kombinationen

Kombinierbar mit Kompetenzanalyse, Personalentwicklungsplänen, Führungskräfteentwicklung, Nachfolgeplanung, Mitarbeiterbindung, Employer Branding.

Werkzeuge und Tools

- Talentmanagementsysteme (z. B. Cornerstone, SuccessFactors, Talentsoft)
- 9-Box-Grid-Tools (z. B. HR-Analytics, People Analytics)
- Plattformen für Kompetenzentwicklung und Learning Journeys (z. B. Degreed, EdCast)

8.8.4 Mitarbeiterzufriedenheitsanalyse

Kurzbeschreibung
Die **Mitarbeiterzufriedenheitsanalyse** dient der systematischen Erhebung und Auswertung der Einstellung von Mitarbeitenden zu ihrer Arbeitssituation, Führung, Teamkultur und Entwicklungsperspektiven. Ziel ist es, die emotionale Bindung zu fördern, Leistungspotenziale zu erkennen und organisationale Verbesserungen anzustoßen. Der **Gallup Q12**-Fragebogen gilt als international etabliertes Instrument zur Messung von Mitarbeiterengagement und -zufriedenheit (Harter et al., 2002; Gallup, 2023).

Anwendungsgebiete
Eingesetzt in Personalentwicklung, Change Management, Organisationsdiagnostik, Führungskräftefeedback, Betriebsklimaanalysen und Employer Branding (Harter et al., 2002).

Vorgehensweise
1. Auswahl und Anpassung eines standardisierten Fragebogens (z. B. Gallup Q12, IWP, COPSOQ, ISO 10075-basierte Modelle)
2. Durchführung über Online- oder Papier-Umfragen, häufig anonymisiert
3. Auswertung auf Individual-, Team- oder Organisationsebene mit Benchmarking
4. Ableitung gezielter Maßnahmen (z. B. Führungskräftecoaching, Kommunikationsverbesserung, Arbeitsgestaltung)
5. Wiederholungsmessungen zur Erfolgskontrolle (Gallup, 2023)

Beispiel aus der Praxis
Ein Dienstleistungsunternehmen führte jährlich eine Zufriedenheitsbefragung mit dem Gallup Q12 durch. Die Ergebnisse zeigten einen kontinuierlichen Anstieg des Mitarbeiterengagements, insbesondere in Teams mit klarem Aufgabenverständnis und regelmäßiger Anerkennung. Es wurden daraus abgeleitete Workshops für Führungskräfte zur dialogorientierten Kommunikation durchgeführt.

Voraussetzungen und Rahmenbedingungen
Erforderlich sind methodische Kompetenz, Datenschutzkonformität, interne Akzeptanz der Maßnahme, Bereitschaft zur Ergebnisumsetzung und klare Verantwortlichkeiten im Follow-up (Gallup, 2023).

Stärken und Schwächen

Stärken: Frühindikator für Fluktuation und Leistungsbereitschaft, Stärkung der Organisationskultur, Grundlage für strategische Personalarbeit (Harter et al., 2002).
Schwächen: Risiko fehlender Umsetzung der Maßnahmen, Antwortverzerrungen, Aufwand für Aufbereitung und Kommunikation der Ergebnisse (Gallup, 2023).

Verwandte Methoden/Kombinationen
Kombinierbar mit 360°-Feedback, organisationalem Gesundheitsmanagement,
Pulse Surveys, OKR, Führungskräfteentwicklung, Mitarbeiterbindungskonzepten.

Werkzeuge und Tools
• Gallup Access Plattform (für Q12)
• HR-Analytics-Tools (z. B. Qualtrics, Peakon, Culture Amp)
• Eigenentwickelte Tools via SurveyMonkey, LimeSurvey oder MS Forms

8.8.5 HR Analytics

Kurzbeschreibung
HR Analytics (auch: People Analytics oder Workforce Analytics) bezeichnet
die datenbasierte Analyse von personalbezogenen Informationen mit dem Ziel,
fundierte Entscheidungen im Personalmanagement zu treffen und den Beitrag
von HR-Maßnahmen zur Unternehmensleistung messbar zu machen. Durch die
Verknüpfung von Daten aus unterschiedlichen Quellen können Ursachen-Wir-
kungs-Zusammenhänge aufgedeckt, Trends prognostiziert und strategische Empfehlungen abgeleitet werden (Angrave et al., 2016; Minbaeva, 2018).

Anwendungsgebiete
Eingesetzt in der Personalgewinnung, Mitarbeiterbindung, Fluktuationsanalyse,
Kompetenzmanagement, Diversity-Monitoring, Leistungsbeurteilung, Nachfolge-
planung sowie im Rahmen strategischer HR-Transformationen (Minbaeva, 2018).

Vorgehensweise
1. Datenintegration aus operativen HR-Systemen (z. B. SAP HCM, Workday),
   Bewerbermanagement, Lernplattformen, Leistungsbeurteilungssystemen etc.
2. Durchführung beschreibender (Descriptive), diagnostischer (Diagnostic), prä-
   diktiver (Predictive) und präskriptiver (Prescriptive) Analysen
3. Anwendung statistischer Verfahren, Machine Learning und Datenvisualisierung
4. Entwicklung von Dashboards und KPI-Systemen zur Entscheidungsunterstützung (Angrave et al., 2016)

Beispiel aus der Praxis
Ein multinationales Unternehmen analysierte mithilfe von HR Analytics die Fluk-
tuationswahrscheinlichkeit in kritischen Bereichen. Die Modelle identifizierten
mangelnde Entwicklungsmöglichkeiten als Haupttreiber. Daraufhin wurden gezielte Weiterbildungs- und Mentoringprogramme eingeführt, wodurch die Abwan-
derungsrate um 12 % sank.

Voraussetzungen und Rahmenbedingungen
Erforderlich sind eine hohe Datenqualität, datenschutzkonforme Prozesse, analytische Kompetenzen im HR-Team, interdisziplinäre Zusammenarbeit (z. B. mit Controlling und IT) sowie eine HR-Datenstrategie (Angrave et al., 2016).

Stärken und Schwächen

Stärken: Objektivierung von Personalentscheidungen, vorausschauende Planung, höhere Effektivität von HR-Maßnahmen, Stärkung der strategischen HR-Rolle (Minbaeva, 2018).
Schwächen: Datenschutz- und Ethikfragen, hoher technischer Aufwand, mögliche Fehlinterpretationen ohne Kontextkenntnis, kulturelle Akzeptanzbarrieren (Angrave et al., 2016).

Verwandte Methoden/Kombinationen
Kombinierbar mit Performance Management, Predictive Analytics, Skill-Management, OKR-Systemen, BI-Systemen, Talentmanagement und Workforce Planning.

Werkzeuge und Tools
- BI- und Analyseplattformen (z. B. Power BI, Tableau, Qlik Sense)
- Spezialisierte HR Analytics Tools (z. B. Visier, Crunchr, OneModel)
- Integrierte Funktionen in HRIS (z. B. SAP SuccessFactors, Workday)

8.8.6   Nachfolgeplanung

Kurzbeschreibung
Nachfolgeplanung (Succession Planning) umfasst die systematische Identifikation, Entwicklung und Bereitstellung geeigneter interner oder externer Kandidat:innen für Schlüsselpositionen in der Organisation. Ziel ist es, die Kontinuität der Führungs- und Fachkompetenz zu sichern, Risiken durch personelle Vakanzen zu minimieren und die strategische Handlungsfähigkeit aufrechtzuerhalten (Rothwell, 2023; Hamm et al., 2021).

Anwendungsgebiete
Eingesetzt in Großunternehmen, Familienunternehmen, öffentlichen Verwaltungen, Non-Profit-Organisationen und wachstumsorientierten Start-ups – insbesondere im Hinblick auf demografische Entwicklungen, Fachkräftemangel und langfristige Führungsentwicklung (Hamm et al., 2021).

Vorgehensweise
1. Identifikation von Schlüsselpositionen (strategisch, operativ, institutionell relevant)

2. Bewertung aktueller Leistungsträger:innen und potenzieller Nachfolger:innen anhand definierter Kriterien (Kompetenzen, Potenzial, Mobilität)
3. Erstellung von Nachfolgepools und Entwicklungspfaden
4. Einsatz diagnostischer Instrumente (z. B. Potenzialanalysen, 9-Box Grid, Kompetenzmodelle)
5. Dokumentation in Nachfolgematrizen mit zeitlicher Priorisierung und Maßnahmenplanung (Rothwell, 2023)

Beispiel aus der Praxis
Ein mittelständisches Industrieunternehmen etablierte im Rahmen seiner Wachstumsstrategie eine systematische Nachfolgeplanung für technische Leitungsfunktionen. Mithilfe von Entwicklungsplänen und Mentoring wurde ein interner Kandidatenpool aufgebaut, wodurch externe Rekrutierungen um 30 % gesenkt werden konnten.

Voraussetzungen und Rahmenbedingungen
Voraussetzung ist eine langfristig orientierte Personalstrategie, Transparenz in der Führungsstruktur, Akzeptanz bei Führungskräften, strukturierte Bewertungsverfahren sowie die Integration in das Talentmanagement (Rothwell, 2023).

Stärken und Schwächen

Stärken: Strategische Absicherung kritischer Rollen, Förderung interner Karrieren, geringere Rekrutierungsrisiken, Verbesserung der Mitarbeiterbindung (Hamm et al., 2021).
Schwächen: Aufwand für kontinuierliche Pflege, potenzielle Demotivation bei nicht berücksichtigten Mitarbeitenden, Unsicherheiten bei langfristigen Planungen (Rothwell, 2023).

Verwandte Methoden/Kombinationen
Kombinierbar mit Talentmanagement, Kompetenzanalyse, Leadership Development, HR Analytics, Personalbedarfsplanung, Change Impact Analyse.

Werkzeuge und Tools
- HRIS mit Nachfolgeplanungsmodulen (z. B. SAP SuccessFactors Succession, Cornerstone, Workday)
- Nachfolgematrix-Templates (z. B. Excel, Smartsheet, Lucidchart)
- Tools zur Potenzialbewertung (z. B. Hogan Assessments, INSIGHTS MDI)

8.8.7 Führungskräfteentwicklung

Kurzbeschreibung
Führungskräfteentwicklung umfasst alle systematischen Maßnahmen zur Identifikation, Qualifizierung und Begleitung von Führungskräften mit dem Ziel, deren

Effektivität, strategische Handlungsfähigkeit und kulturelle Passung zu stärken. Modelle wie die Leadership Pipeline strukturieren diesen Prozess entlang definierter Führungsstufen und damit verbundener Rollen- und Kompetenzanforderungen (Charan et al., 2011; Doerfler, 2014).

Anwendungsgebiete
Eingesetzt in mittleren und großen Unternehmen, in Konzernen, bei Nachfolgeplanung, Unternehmenswachstum, Kulturwandel sowie zur Sicherung der Führungsqualität über alle Hierarchieebenen hinweg (Doerfler, 2014).

Vorgehensweise
1. Definition von Führungsrollen und -stufen (z. B. Mitarbeiterführung, Bereichsleitung, Unternehmensleitung)
2. Auswahl geeigneter Entwicklungsmodelle:
   - **Leadership Pipeline** (Charan et al.): Differenzierte Anforderungen je Führungsebene
   - **Kompetenzorientierte Modelle**: z. B. Leadership Frameworks, 360°-Feedback
   - **Potenzialbasierte Ansätze**: Fokus auf High Potentials und Future Leaders
3. Gestaltung von Lernpfaden (Trainings, Coaching, Mentoring, Job Rotation)
4. Implementierung begleitender HR-Instrumente (z. B. Zielvereinbarungen, Entwicklungsdialoge)

Beispiel aus der Praxis
Ein globales Logistikunternehmen strukturierte sein Entwicklungsprogramm auf Basis der Leadership Pipeline. Für jede Führungsebene wurden Kernkompetenzen, Lernziele und spezifische Trainingsformate definiert. Die Fluktuation in Managementpositionen sank innerhalb von drei Jahren um 21 %.

Voraussetzungen und Rahmenbedingungen
Benötigt werden eine klare Führungsstrategie, transparente Kompetenzmodelle, ein verankertes Lernverständnis, systematische Erfolgskontrolle sowie die Unterstützung durch Top-Management und HR (Doerfler, 2014).

Stärken und Schwächen

Stärken: Standardisierte Führungskräfteentwicklung über Hierarchieebenen, gezielte Potenzialentfaltung, langfristige Sicherung der Führungsqualität, strategische Personalbindung (Charan et al., 2011).
Schwächen: Gefahr von Formalismus, Vernachlässigung individueller Entwicklungspfade, aufwendige Implementierung, mangelnde Wirkung ohne Führungskulturwandel (Doerfler, 2014).

Verwandte Methoden/Kombinationen
Kombinierbar mit Nachfolgeplanung, Talentmanagement, 360°-Feedback, Coaching, Blended Learning, Performance Management.

Werkzeuge und Tools
- Leadership Development Platforms (z. B. LEADx, Skillsoft, DDI)
- HR-Systeme mit Entwicklungsmodulen (z. B. Cornerstone, SuccessFactors Learning)
- Kompetenzdiagnostik (z. B. Hogan, INSIGHTS MDI, MBTI)

8.8.8 Organisationales Lernen

Kurzbeschreibung
Organisationales Lernen beschreibt die Fähigkeit einer Organisation, Wissen kollektiv zu erwerben, zu teilen, zu verarbeiten und im Sinne kontinuierlicher Weiterentwicklung in Handlungen umzusetzen. Ziel ist es, durch Reflexion und Wissensakkumulation die Anpassungs- und Innovationsfähigkeit zu stärken. Konzepte wie die **Lernende Organisation** (Senge, 1990) bieten systemische Rahmenwerke für diesen Prozess (Probst et al., 2013).

Anwendungsgebiete
Eingesetzt in Transformationsprojekten, Innovationsmanagement, Qualitätsmanagement, Wissensmanagement, Unternehmenskulturentwicklung, Agilisierung und im Kontext digitaler Transformationen (Probst et al., 2013).

Vorgehensweise
1. Etablierung gemeinsamer Lernprozesse über Team-, Projekt- und Organisationsebene
2. Förderung von Feedback-, Fehler- und Dialogkultur
3. Nutzung von Wissensmanagementsystemen, Lessons Learned, Communities of Practice
4. Implementierung struktureller Prinzipien der Lernenden Organisation (nach Senge):
   - Systemisches Denken
   - Personal Mastery
   - Mentale Modelle
   - Gemeinsame Vision
   - Teamlernen (Senge, 1990)

Beispiel aus der Praxis
Ein Maschinenbauunternehmen führte eine interne „Learning Journey"-Initiative ein, bei der Teams aus unterschiedlichen Abteilungen regelmäßig Lessons Le-

arned-Dokumentationen erstellten und gemeinsam reflektierten. Die Identifikation wiederkehrender Fehler führte zur Verbesserung der Prozessstandards und senkte die Ausschussquote um 9 %.

Voraussetzungen und Rahmenbedingungen
Voraussetzung ist eine offene Unternehmenskultur, Unterstützung durch die Führungsebene, partizipative Lernformate, digital gestützte Wissensarchitekturen und Zeitressourcen für Reflexion und Austausch (Senge, 1990).

Stärken und Schwächen

Stärken: Höhere Anpassungsfähigkeit, Innovationsförderung, Stärkung kollektiver Intelligenz, Verbesserung der Fehlerkultur, langfristige Resilienz (Probst et al., 2013).
Schwächen: Langsamer Effekt, Kulturveränderung erforderlich, Gefahr der Symbolpolitik ohne echte Lernprozesse, Messprobleme (Senge, 1990).

Verwandte Methoden/Kombinationen
Kombinierbar mit Wissensmanagement, Change Management, Lernkulturentwicklung, Design Thinking, Scrum-Retrospektiven, Learning Analytics.

Werkzeuge und Tools
- Knowledge-Sharing-Plattformen (z. B. Confluence, MS Viva, Miro)
- Feedbacksysteme und Retrospektiven
- Learning Management Systeme (z. B. Moodle, TalentLMS)
- Digitale Whiteboards, Wissenslandkarten, Wikis

8.9   Marketing- und Vertriebsberatung

8.9.1   Customer Journey Mapping

Kurzbeschreibung
Customer Journey Mapping ist eine visuelle Methode zur Darstellung und Analyse der Interaktionen und Erfahrungen eines Kunden mit einem Unternehmen über verschiedene Berührungspunkte hinweg. Ziel ist es, die Perspektive des Kunden systematisch zu verstehen, Pain Points zu identifizieren und Optimierungspotenziale entlang der gesamten Kundenreise abzuleiten (Richardson, 2010; Halvorsrud et al., 2016).

Anwendungsgebiete
Eingesetzt in Marketing, Vertrieb, Service Design, User Experience (UX), Customer Experience Management (CEM), CRM-Systementwicklung und Innovationsmanagement (Halvorsrud et al., 2016).

Vorgehensweise
1. Definition von Zielgruppe und Persona
2. Identifikation aller Kontaktpunkte entlang der Customer Journey (z. B. Awareness, Consideration, Purchase, Use, Loyalty)
3. Sammlung qualitativer und quantitativer Kundendaten (z. B. Interviews, Analytics, CRM-Daten)
4. Visualisierung der Reise in Form einer Journey Map: Touchpoints, Emotionen, Erwartungen, Kanäle, Brüche
5. Ableitung von Maßnahmen zur Optimierung von Nutzererlebnis und Konversion (Richardson, 2010)

Beispiel aus der Praxis
Ein Telekommunikationsanbieter analysierte die Customer Journey im Kontext von Vertragsabschlüssen. Die Journey Map zeigte Frustration im Self-Service-Bereich. Nach einer Neugestaltung des Webportals und proaktiver Chat-Begleitung stieg die Abschlussrate um 17 %.

Voraussetzungen und Rahmenbedingungen
Erforderlich sind kundenorientiertes Denken, abteilungsübergreifende Zusammenarbeit (z. B. Marketing, IT, Service), Verfügbarkeit valider Kundendaten und Offenheit für iterative Verbesserungsprozesse (Richardson, 2010).

Stärken und Schwächen

Stärken: Ganzheitliches Verständnis der Kundenerfahrung, Aufdeckung von Schwachstellen, Grundlage für Service-Innovation, Förderung der Kundenzentrierung (Halvorsrud et al., 2016).
Schwächen: Hoher Aufwand bei komplexen Journeys, Interpretationsspielräume, Gefahr der Vernachlässigung interner Prozessrealitäten (Richardson, 2010).

Verwandte Methoden/Kombinationen
Kombinierbar mit Service Blueprinting, Empathy Maps, Design Thinking, Personas, Touchpoint-Analysen, Net Promoter Score (NPS).

Werkzeuge und Tools
- Digitale Mapping-Tools (z. B. Smaply, UXPressia, Miro, Lucidchart)
- Customer Experience Plattformen (z. B. Qualtrics, Medallia, Salesforce Experience Cloud)
- Templates und Whiteboards für kollaborative Workshops

8.9.2 Zielgruppenanalyse/Persona-Entwicklung

Kurzbeschreibung

Die **Zielgruppenanalyse** und die daran anschließende **Persona-Entwicklung** dienen der systematischen Erfassung, Beschreibung und Visualisierung von Kundengruppen, um Produkte, Dienstleistungen und Kommunikation gezielt auf deren Bedürfnisse, Motive und Erwartungen auszurichten. Ziel ist eine nutzerzentrierte Entwicklung, die Differenzierung im Markt und eine präzisere Ansprache relevanter Segmente (Pruitt & Adlin, 2006; Cooper et al., 2014).

Anwendungsgebiete

Eingesetzt im Marketing, Produktdesign, Service Design, UX-Design, Content-Strategie, Innovationsmanagement, Geschäftsmodellentwicklung und Customer Experience Management (Cooper et al., 2014).

Vorgehensweise

1. Erhebung von Kundendaten: Primär (z. B. Interviews, Umfragen, Fokusgruppen) und sekundär (z. B. Marktstudien, CRM-Daten)
2. Segmentierung nach soziodemografischen, psychografischen, verhaltensbezogenen und situativen Kriterien
3. Entwicklung typischer Repräsentanten der Segmente in Form von **Personas**:
   - Name, Bild, Demografie
   - Ziele, Bedürfnisse, Herausforderungen
   - Verhaltensmuster, Kanäle, Touchpoints
4. Einsatz der Personas in Entscheidungsprozessen zur Entwicklung, Gestaltung und Kommunikation

Beispiel aus der Praxis

Ein E-Commerce-Unternehmen entwickelte anhand qualitativer Interviews fünf Personas, darunter z. B. „Lisa, 34, mobile Power-Shopperin". Diese diente als Grundlage für das mobile App-Redesign, das zur Steigerung der Konversionsrate um 12 % führte.

Voraussetzungen und Rahmenbedingungen

Erforderlich sind ausreichend valide Datenquellen, analytische und kreative Methodenkompetenz, crossfunktionale Zusammenarbeit (z. B. UX, Marketing, IT) sowie kontinuierliche Aktualisierung und Pflege der Personas (Cooper et al., 2014).

Stärken und Schwächen

Stärken: Starke Kundenzentrierung, konkrete Zielgruppenansprache, bessere interne Kommunikation über Nutzerbedürfnisse, Entscheidungsvereinfachung (Pruitt & Adlin, 2006).

Schwächen: Gefahr der Überzeichnung oder Stereotypisierung, eingeschränkte Generalisierbarkeit, mangelnde Repräsentativität ohne fundierte Datenbasis (Cooper et al., 2014).

Verwandte Methoden/Kombinationen
Kombinierbar mit Customer Journey Mapping, Empathy Maps, Value Proposition Design, Design Thinking, Marktsegmentierung, UX-Research.

Werkzeuge und Tools
- Persona-Builder (z. B. UXPressia, HubSpot Persona Generator, Smaply)
- Templates in Miro, Figma oder PowerPoint
- Datenanalysetools (z. B. Google Analytics, Hotjar, Tableau)

8.9.3   4P/7P-Marketing-Mix

Kurzbeschreibung
Der **Marketing-Mix** bezeichnet die strategische und operative Kombination verschiedener Marketinginstrumente, um ein Produkt oder eine Dienstleistung am Markt erfolgreich zu positionieren. Klassisch umfasst das Modell vier Instrumente (4P): **Product, Price, Place, Promotion.** Im Dienstleistungsmarketing wurde das Modell auf sieben Elemente erweitert (7P) durch **People, Process und Physical Evidence.** Ziel ist eine konsistente und markenadäquate Marktbearbeitung auf allen Ebenen (Kotler et al., 2017; Wirtz & Lovelock, 2021).

Anwendungsgebiete
Eingesetzt in strategischer Marketingplanung, Markteintrittsstrategien, Produkt- und Markenmanagement, Preisstrategie, Kommunikationsplanung sowie im Dienstleistungssektor zur Differenzierung immaterieller Angebote (Kotler et al., 2017).

Vorgehensweise
1. Analyse der Markt- und Wettbewerbssituation
2. Definition der Zielgruppe und Positionierungsstrategie
3. Ausgestaltung der 4P bzw. 7P auf Basis strategischer Zielsetzung:
   - **Product**: Produktgestaltung, Qualität, Design, Markenstrategie
   - **Price**: Preissetzung, Rabatte, Preispsychologie, Preisdifferenzierung
   - **Place**: Vertriebskanäle, Logistik, Verfügbarkeit
   - **Promotion**: Kommunikationspolitik, Werbung, PR, Social Media
   - **People** (nur 7P): Mitarbeiterkompetenz, Kundenkontakt
   - **Process** (nur 7P): Dienstleistungsprozesse, Standardisierung
   - **Physical Evidence** (nur 7P): sichtbare Elemente wie Einrichtung, Branding, digitale Schnittstellen (Wirtz & Lovelock, 2021)

Beispiel aus der Praxis
Ein FinTech-Start-up im Versicherungsbereich definierte auf Basis der 7P sein Serviceangebot: einfache App-Nutzung (Process), vertrauenswürdiger Kundensupport (People), transparente Gestaltung des digitalen Interfaces (Physical Evidence). Dies führte zu einer signifikanten Steigerung des NPS-Werts um 15 Punkte.

Voraussetzungen und Rahmenbedingungen
Erforderlich sind eine fundierte Marktanalyse, Segmentierungsstrategie, klare Markenpositionierung sowie interne Abstimmung der Maßnahmen über alle Unternehmensbereiche hinweg (Wirtz & Lovelock, 2021).

Stärken und Schwächen

Stärken: Strukturierter Rahmen für Marketingentscheidungen, Konsistenz im Marketing-Mix, ganzheitliche Marktorientierung, Anwendbarkeit auf Produkte und Dienstleistungen (Kotler et al., 2017).
Schwächen: Gefahr der Operationalisierung ohne strategische Fundierung, Vernachlässigung digitaler Touchpoints bei klassischer Auslegung, eingeschränkte Dynamik im Modell (Wirtz & Lovelock, 2021).

Verwandte Methoden/Kombinationen
Kombinierbar mit Zielgruppenanalyse, Positionierungskarte, Value Proposition Design, Customer Journey Mapping, Business Model Canvas.

Werkzeuge und Tools
- Marketing-Mix-Simulationen (z. B. SimBrand, Markstrat)
- Strategiewerkzeuge (z. B. SWOT, Portfolioanalyse)
- Visualisierung in Canvas-Form (z. B. 7P Canvas, Miro Templates)

8.9.4 Customer Lifetime Value (CLV)

Kurzbeschreibung
Der **Customer Lifetime Value (CLV)** bezeichnet den über die gesamte Kundenbeziehung hinweg erwarteten ökonomischen Wert eines Kunden für ein Unternehmen. Ziel ist es, Kunden hinsichtlich ihres langfristigen Deckungsbeitrags zu bewerten und Marketing-, Vertriebs- und Serviceaktivitäten auf besonders werthaltige Kunden auszurichten (Gupta et al., 2006; Günter & Helm, 2007).

Anwendungsgebiete
Eingesetzt in CRM, Kundenwertmanagement, Segmentierung, Performance Marketing, Churn Prevention, Customer Experience Management, Kampagnensteuerung und strategischer Budgetallokation (Günter & Helm, 2007).

Vorgehensweise
1. Ermittlung vergangenheits- und zukunftsorientierter Kundenerträge (z. B. Käufe, Vertragslaufzeiten, Zusatzverkäufe)
2. Berücksichtigung kundenindividueller Kosten (z. B. Betreuung, Akquisition, Rabatte, Retouren)
3. Diskontierung zukünftiger Zahlungsflüsse zur Bestimmung des Nettowerts der Kundenbeziehung
4. Dynamische CLV-Modelle berücksichtigen Verhaltensveränderungen, Abwanderungswahrscheinlichkeiten, Kundenloyalität und Marketingreaktionsfunktionen (Gupta et al., 2006)

Formel (vereinfacht): $CLV = \sum (Ertrag_t - Kosten_t)/(1 + r)^t$
mit $t = Zeitperiode$, $r = Diskontierungszinssatz$

Beispiel aus der Praxis
Ein E-Commerce-Anbieter identifizierte mithilfe des CLV-Modells Premiumkunden mit hohem Wiederkaufpotenzial. Durch gezielte Reaktivierungsmaßnahmen bei CLV-relevanten Inaktiven konnte die Marge in diesem Segment um 18 % gesteigert werden.

Voraussetzungen und Rahmenbedingungen
Erforderlich sind eine valide Datenbasis, geeignete Prognosemodelle, segmentbezogene Marketingstrategien, interne Abstimmung zwischen Vertrieb, Marketing und Controlling sowie technologische Infrastrukturen (Gupta et al., 2006).

Stärken und Schwächen

Stärken: Fokus auf wertorientiertes Kundenmanagement, präzise Marketingsteuerung, Integration in Business Cases, Quantifizierung von Loyalität und Serviceeffizienz (Günter & Helm, 2007).
Schwächen: Datenintensiv, modellabhängig, unsicher bei instabilen Kundenverhalten, ethische Fragestellungen bei Segmentierung (Gupta et al., 2006).

Verwandte Methoden/Kombinationen
Kombinierbar mit Churn-Analyse, Segmentierung, Kundenbindung, Predictive Analytics, Net Promoter Score, Kampagnen-Attribution.

Werkzeuge und Tools
- CRM-Systeme mit CLV-Modulen (z. B. Salesforce, HubSpot, SAP C4C)
- Analytics-Plattformen (z. B. SAS, Python, R, Tableau)
- Data-Driven Marketing Tools (z. B. Google Analytics 4, Adobe Analytics)

8.9.5   Vertriebsprozessoptimierung

Kurzbeschreibung
Vertriebsprozessoptimierung bezeichnet die systematische Analyse, Gestaltung und Verbesserung der Abläufe im Vertrieb mit dem Ziel, Effizienz, Kundenzufriedenheit und Umsatzpotenziale nachhaltig zu steigern. Dabei werden sowohl operative als auch strategische Elemente des Vertriebsmanagements betrachtet, inklusive Technologieeinsatz, Rollenverteilung und Prozessschnittstellen (Homburg et al., 2016; Backhaus & Voeth, 2015).

Anwendungsgebiete
Eingesetzt in B2B- und B2C-Vertriebseinheiten, bei Restrukturierungsprozessen, CRM-Implementierungen, Digitalisierungsvorhaben, Lead-Management-Initiativen, Pricing-Exzellenzprogrammen und Außendienststeuerung (Homburg et al., 2016).

Vorgehensweise
1. Aufnahme und Visualisierung der bestehenden Vertriebsprozesse (z. B. Lead-to-Order, Opportunity-to-Close)
2. Identifikation von Schwachstellen (z. B. Medienbrüche, Prozessverzögerungen, hohe Durchlaufzeiten)
3. Ableitung von Optimierungspotenzialen mittels Prozessanalysen, Benchmarking, Value Stream Mapping
4. Umsetzung von Maßnahmen: z. B. Automatisierung, Standardisierung, CRM-Nutzung, Rollenklärung
5. Monitoring durch Key Performance Indicators (KPIs) wie Conversion Rate, Sales Cycle Time, Cost per Lead (Backhaus & Voeth, 2015)

Beispiel aus der Praxis
Ein Industrieunternehmen identifizierte durch eine Vertriebsprozessanalyse erhebliche Medienbrüche zwischen Marketing, Inside Sales und Außendienst. Die Einführung eines durchgängigen CRM-gestützten Lead-Management-Prozesses führte zu einer Verkürzung der Vertriebszyklen um 22 %.

Voraussetzungen und Rahmenbedingungen
Erforderlich sind Prozessverständnis, interdisziplinäre Zusammenarbeit (Vertrieb, Marketing, IT), klare Verantwortlichkeiten, KPI-Systeme sowie die Bereitschaft zur organisatorischen Veränderung (Backhaus & Voeth, 2015).

Stärken und Schwächen

Stärken: Effizienzsteigerung, bessere Steuerbarkeit, verbesserte Kundenerfahrung, datenbasierte Vertriebssteuerung, mehr Transparenz (Homburg et al., 2016).

Schwächen: Veränderungsresistenz im Vertrieb, technologische Komplexität, Risiko der Überautomatisierung, Initialaufwand (Backhaus & Voeth, 2015).

Verwandte Methoden/Kombinationen
Kombinierbar mit Business Process Reengineering, CRM-Einführung, Sales Funnel Management, Lean Sales, Change Management, KPI-Dashboards.

Werkzeuge und Tools
- CRM-Systeme (z. B. Salesforce, Microsoft Dynamics 365, HubSpot)
- Prozessmodellierungs-Tools (z. B. ARIS, Signavio, Bizagi)
- Vertriebsanalyse-Tools (z. B. Power BI, Tableau, Zoho Analytics)

8.9.6   Pricing-Strategien

Kurzbeschreibung
Pricing-Strategien beschreiben systematische Ansätze zur Preisgestaltung von Produkten oder Dienstleistungen im Spannungsfeld von Kosten, Wettbewerb und wahrgenommenem Kundennutzen. Ziel ist es, durch eine strategisch fundierte Preisbildung Wertabschöpfung zu maximieren und Marktpotenziale effektiv zu adressieren. Besonders relevant ist das **Value-Based Pricing**, dass den Preis an der Zahlungsbereitschaft und dem wahrgenommenen Nutzen des Kunden ausrichtet (Simon & Fassnacht, 2025; Pascoe, 2014).

Anwendungsgebiete
Eingesetzt in der Produktentwicklung, Markteinführung, strategischen Positionierung, Revenue-Optimierung, B2B-Vertrieb, Plattformökonomie und im SaaS-Geschäftsmodell (Simon & Fassnacht, 2025).

Vorgehensweise
1. Wahl eines Preisbildungsprinzips:

- **Kostenorientiert**: Preis = Kosten + Marge
- **Wettbewerbsorientiert**: Preis im Vergleich zum Marktumfeld
- **Wertorientiert (Value-Based Pricing)**: Preis gemäß Kundennutzen

2. Analyse von Zahlungsbereitschaft und Nutzenwahrnehmung mittels Conjoint-Analyse, Value Maps, Preiselastizität
3. Festlegung von Preisniveaus und -modellen: Skimming, Penetration, Freemium, Pay-per-Use etc.
4. Monitoring und Anpassung anhand von KPIs (z. B. Umsatz, Absatz, Marge, Churn Rate)

Beispiel aus der Praxis
Ein Softwareunternehmen nutzte Value-Based Pricing, indem es den quantifizierten Mehrwert seiner Automatisierungslösung mit potenziellen Kunden analysierte. Das führte zu einem 23 % höheren durchschnittlichen Verkaufspreis im Vergleich zu einem kostenbasierten Modell.

Voraussetzungen und Rahmenbedingungen
Erforderlich sind fundierte Markt- und Kundenkenntnisse, analytische Methodenkompetenz, Preiscontrolling, interne Akzeptanz bei Vertrieb und Management sowie agile Preisanpassungsprozesse (Simon & Fassnacht, 2025).

Stärken und Schwächen

Stärken: Maximierung der Zahlungsbereitschaft, Differenzierung durch Preisstrategie, flexible Gestaltungsmöglichkeiten, gezielte Kundensegmentierung (Pascoe, 2014).
Schwächen: Hoher Analyseaufwand, schwierige Nutzenquantifizierung, Risiko von Fehlannahmen, Akzeptanzprobleme bei variabler Preisgestaltung (Simon & Fassnacht, 2025).

Verwandte Methoden/Kombinationen
Kombinierbar mit Marktsegmentierung, Business Model Design, Value Proposition Design, Customer Lifetime Value, Preiselastizitätsanalysen.

Werkzeuge und Tools
- Pricing Analytics Tools (z. B. Pricefx, PROS, Vendavo)
- Conjoint-Analyse-Software (z. B. Sawtooth, Qualtrics, IBM SPSS)
- Simulationstools und Preis-ROI-Rechner

8.9.7 Positionierungsanalyse

Kurzbeschreibung
Die **Positionierungsanalyse** ist ein systematisches Verfahren zur Erforschung und Darstellung der Stellung eines Produkts, einer Marke oder eines Unternehmens im Wettbewerbsumfeld aus der Perspektive relevanter Zielgruppen. Ziel ist es, Unterschiede und Wahrnehmungslücken zu identifizieren und strategische Positionierungsoptionen abzuleiten (Richardson, 2010; Pruitt & Adlin, 2006).

Anwendungsgebiete
Eingesetzt in der Markenführung, Markt- und Wettbewerbsanalyse, Strategieentwicklung, Produkt- und Dienstleistungsinnovation sowie in Repositionierungsprozessen (Kallweit, 2020).

Vorgehensweise

1. **Kunden analysieren:** Erhebung von Zielgruppen und deren Präferenzdimensionen (z. B. über Umfragen, Interviews oder Beobachtungen)
2. **Wettbewerber erfassen:** Definition relevanter Wettbewerber am Markt
3. **Bewertungsdimensionen identifizieren:** Auswahl von Differenzierungsaspekten wie Qualität, Preis, Innovation oder Markenimage
4. **Wahrnehmung erfassen:** Mittels Ratingskalen oder Multidimensional Scaling (MDS) zur Darstellung in einem Wahrnehmungsraum
5. **Positionierungsraum erstellen:** grafische Darstellung mit Ist-Positionen, Idealvorstellungen und Differenz zu Ideality
6. **Strategien ableiten:** Finden von Lücken, Clustern oder Idealpositionen und Entwicklung von Positionierungsanpassungen (z. B. USP-Schärfung, Nischenbesetzung)

Beispiel aus der Praxis

Eine Bekleidungsmarke analysierte ihre Position im Markenwahrnehmungsraum anhand von Preis und Innovationsgrad. Die Analyse zeigte, dass sie sich in der Mitte zwischen Billiganbietern („low-price") und Designermarken positionierte – ohne klare Nische. Daraus wurden Maßnahmen zur Schärfung der UVP (Unique Value Proposition) abgeleitet.

Voraussetzungen und Rahmenbedingungen

Erforderlich sind belastbare Kundendaten, neutrale Einschätzungen, methodische Kompetenz in Skalierungstechniken und die Fähigkeit zur strategischen Ableitung aus den Ergebnissen (Kallweit, 2020).

Stärken und Schwächen

Stärken: Klare Visualisierung des Wettbewerbsumfelds, fundierte Insights aus Kundensicht, direkte Grundlage für Positionierungsstrategien und Marketing-Mix-Maßnahmen (Richardson, 2010).
Schwächen: Aufwand bei komplexen Märkten, Datenanforderungen, mögliche Verzerrungen durch Selbstreporting, Risiko der Überinterpretation weniger signifikanter Differenzen.

Verwandte Methoden/Kombinationen

Kombinierbar mit Markenpositionierung (Essentials-Ansatz), Value Proposition Design, 4P-/7P-Marketing-Mix, Customer Journey Mapping, Persona-Entwicklung.

Werkzeuge und Tools

- Wahrnehmungslandkarten (z. B. Excel, MDS-Tools)
- Marktanalysen mit Software für Skalierung (z. B. IBM SPSS, R)
- Visualisierungstools und Positionierungs-Canvas (z. B. PowerPoint, Miro)

8.9.8 CRM-Strategien und -Systeme

Kurzbeschreibung
CRM-Strategien und -Systeme verbinden strategische Konzepte zur Kundenbindung und -profitabilität mit technologischer Unterstützung. Ziel ist es, durch systematische Steuerung aller Kundeninteraktionen langfristig profitable Beziehungen aufzubauen, zu erhalten und auszubauen (Kumar & Reinartz, 2018).

Anwendungsgebiete
Im Einsatz in Marketing, Vertrieb, Kundenservice sowie in digital getriebenen Unternehmen. Durchgängiges CRM unterstützt Kampagnenmanagement, Lead-Management, Kundenbindung und Service-Exzellenz (Kumar & Reinartz, 2018).

Vorgehensweise
- **Strategisches CRM:** Definition von Kundensegmenten, Ausrichtung auf Customer Lifetime Value (CLV), Entwicklung von Customer Equity als zentrale Steuergröße (Kumar & Reinartz, 2018)
- **Analytisches CRM:** Nutzung von Data Mining, RFM-Analysen, Customer Scoring und Prognosemodellen zur Identifikation wertvoller Kundengruppen (Kumar & Reinartz, 2018)
- **Operatives CRM:** Implementierung in Frontoffice-Prozessen (Sales, Service, Marketing-Automatisierung), meist unterstützt durch CRM-Systeme (z. B. Salesforce, SAP C4C)
- **Implementierungsschritte:** Vorbereitung (CRM-Vision), Auswahl von Systemen, Datenmigration, Prozessintegration und Change-Management (Kumar & Reinartz, 2018)

Beispiel aus der Praxis
Ein mittelständisches Handelsunternehmen führte ein CRM-System ein, das Online-Käuferdaten mit Service-Interaktionen verknüpfte. Marktanalysen zeigten, dass High-Value-Kunden durch personalisierte Empfehlungen eine 25 % höhere Wiederkaufrate hatten.

Voraussetzungen und Rahmenbedingungen
Eine erfolgreiche CRM-Implementierung erfordert das Commitment des Top-Managements sowie eine klare CRM-Vision. Zentral sind zudem eine hohe Datenqualität, reife Vertriebs- und Serviceprozesse sowie qualifiziertes Fachpersonal. Steuerungsmodelle sollten auf Customer Equity ausgerichtet sein (Kumar & Reinartz, 2018).

Stärken und Schwächen

Stärken: Ganzheitliche Kundensicht, datengetriebene Segmentierung, gesteigerte Kundenbindung, Effizienzgewinne über Prozessintegration.
Schwächen: Hoher Implementierungsaufwand, Gefahr technokratischer „Tool-Fokussierung", Datenschutzrisiken, ROI erst langfristig messbar (Kumar & Reinartz, 2018)

Verwandte Methoden/Kombinationen
Eng verzahnt mit CLV-Analyse, Customer Analytics, Marketing-Automatisierung, Sales Process Optimization, Big Data-Technologien und omnichannel Customer Experience.

Werkzeuge und Tools
- **Analytisch:** Tools mit RFM, Churn-Modellen, Predictive Analytics (z. B. SAS, R, Python)
- **Operativ:** CRM-Systeme (Salesforce, SAP C4C, Microsoft Dynamics) mit Marketing-, Vertriebs- und Service-Modulen
- **Integration:** Customer Data Platforms (CDPs), Cloud-basierte Analytics-Lösungen

8.10 Innovations- und Kreativitätstechniken

8.10.1 Brainstorming/Brainwriting

Kurzbeschreibung
Brainstorming ist eine intuitive Kreativitätstechnik zur Generierung einer Vielzahl von Ideen in Gruppen. Entwickelt von Osborn in den 1940er Jahren, basiert sie auf klaren Regeln: spontane, kritikfreie Kreativität, Fokussierung auf Quantität vor Qualität und Kombination von Ideen (Paulus & Nijstad, 2003).
Brainwriting bietet eine weiterentwickelte Variante: Teilnehmende schreiben ihre Ideen still auf, geben die Unterlagen weiter und entwickeln Ideen der anderen weiter. Studien belegen, dass Brainwriting im Vergleich zur klassischen Brainstorming deutlich mehr Ideen produziert und kreative Vielfalt steigert (Voß et al., 2022)

Anwendungsgebiete
Geeignet zur Ideengenerierung bei Produkt- und Serviceentwicklung, Prozessoptimierung, Innovationsworkshops, Strategieentwicklung und Design Thinking.

Vorgehensweise
- **Brainstorming**: Moderator führt in Problemstellung ein, Regeln kommunizieren, Zeitfenster gestalten, Ideen sammeln, anschließend sortieren und bewerten.
- **Brainwriting**: Teilnehmende schreiben still Ideen auf einen Zettel, verteilen Zettel, und bauen auf früheren Ideen der anderen Teilnehmenden auf. Mehrere Runden, anschließend Auswahl und Diskussion.

Beispiel aus der Praxis
Ein Ingenieurunternehmen kombinierte Brainwriting und konventionelles Brainstorming. Ergebnisse zeigten quantitativ und qualitativ bessere Ideenausbeute als bei Brainstorming allein – Brainwriting reduzierte Gruppendynamik-Effekte und förderte systematischere Kreativität.

Voraussetzungen und Rahmenbedingungen
Effektives Brainstorming erfordert klare Problemstellung, Moderation, akzeptierende Atmosphäre und dokumentierte Regeln. Brainwriting benötigt zusätzlich strukturierte Arbeitsblätter und Zeitmanagement (Voß et al., 2022).

Stärken und Schwächen

Stärken: fördert Gruppendynamik, ermöglicht spontane Ideenbildung, höhere Ideendichte, weniger Barrieren für introvertierte Teilnehmende, gute Grundlage für objektive Bewertung.
Schwächen: Risiko von Dominanz einzelner, Produktionsblockaden, erfordert Disziplin und Moderation

Verwandte Methoden/Kombinationen
Mit Ideation-Techniken wie SCAMPER, Morphologischer Kasten, Design Thinking, Visual Brainstorming, 6-3-5-Methode, Online-Kreativplattformen.

Werkzeuge und Tools
- Analoge Tools: Moderationskarten, Zeitstopp-Uhren, Templates für Brainwriting (6-3-5)
- Digitale Tools: Miro, Mural, Conceptboard, Tools für elektronisches Brainstorming und Brainwriting.

8.10.2 Morphologischer Kasten

Kurzbeschreibung
Der **Morphologische Kasten** (auch Morphologische Analyse) ist eine systematisch-analytische Kreativitätstechnik, entwickelt von Fritz Zwicky, zur Lösungsfindung komplexer, mehrdimensionaler Problemstellungen. Dabei wird ein Problem in seine elementaren Parameter zerlegt. Für jeden Parameter werden mögliche Ausprägungen identifiziert und anschließend in einer multidimensionalen Matrix (Kasten) strukturiert kombiniert (Zwicky & Wilson, 1967; Ritchey, 2011).

Anwendungsgebiete
Eingesetzt zur Produkt- und Dienstleistungsinnovation, Strategieentwicklung, Komplexitätsreduktion in Designprozessen, Technologieprognosen, Controlling-Aufgaben und Business-Model-Engineering.

Vorgehensweise
1. **Problemdefinition** und Zerlegung in unabhängige Dimensionen (Attribute)
2. **Ausprägungen sammeln:** Für jedes Attribut werden mögliche Lösungen oder Varianten systematisch erfasst
3. **Matrixbildung:** Die Attribute und ihre Ausprägungen werden in einem Kasten dargestellt

4. **Kombinationsanalyse:** Verbindliche Kombinationen ausgewählter Ausprägungen werden identifiziert

5. **Evaluierung & Auswahl:** Kandidaten bilden den Ausgangspunkt für Weiterentwicklungen, die auf Machbarkeit und Innovationspotenzial geprüft werden

6. **Umsetzung:** Ausgewählte Kombinationen werden in Prototypen, Konzepte oder Maßnahmen überführt

Beispiel aus der Praxis

Ein Ingenieurteam nutzte den Kasten, um ein modulare Produktstruktur zu entwickeln. Sie identifizierten fünf Parameter mit jeweils vier Ausprägungen und filterten daraus Kombinationen für Prototypen mit hohem Innovationsgrad.

Voraussetzungen und Rahmenbedingungen

Für eine erfolgreiche Anwendung ist eine klar definierte Problemstellung erforderlich, wobei die Attribute deutlich voneinander abgegrenzt und unabhängig sein müssen. Eine strukturierte Sammlung umfassender Ausprägungen bildet die Grundlage für die weitere Analyse. Anschließend werden die Kombinationen der Merkmalsausprägungen systematisch hinsichtlich ihrer Machbarkeit und ihres Innovationspotenzials bewertet. Eine qualifizierte Moderation unterstützt dabei, Konsens zu fördern und bestehende Denkmuster kritisch zu hinterfragen (Ritchey, 2011).

Stärken und Schwächen

Stärken: Kombinatorisch-explorativer Ansatz mit hohem Innovationspotenzial, Strukturierte Komplexitätsreduktion und breites Lösungsspektrum.
Schwächen: Kann schnell unübersichtlich werden (viele Kombinationen), Gefahr, innovative Lösungen außerhalb der definierten Ausprägungen zu übersehen.

Verwandte Methoden/Kombinationen

Kombinierbar mit Relevanzbaumanalyse, Design-Thinking, SCAMPER, Brainstorming und Szenariotechnik.

Werkzeuge und Tools

- Analoge Darstellung auf Whiteboard oder Papier
- Digitale Tools wie Miro, Excel oder spezialisierte Kreativ-Software
- Kombinatorische Planung in ERP oder Innovationsplattformen

8.10.3 TRIZ (Theorie des erfinderischen Problemlösens)

Kurzbeschreibung

TRIZ (russisch „Teorija rešenija izobretatěl'skich zadatsch", übersetzt: Theorie des erfinderischen Problemlösens) ist ein systematischer, auf Patent- und Innovationsmuster-Analysen basierender Ansatz zur kreativen Problemlösung und Ideengenerierung. Ziel ist es, wiederkehrende technische Widersprüche zu erkennen und mithilfe definierter Prinzipien und Evolutionstrends ideale, innovative Lösungen zu entwickeln (Petrov, 2019; Chechurin, 2016).

Anwendungsgebiete
TRIZ eignet sich besonders zur Entwicklung technischer Produkte und Systeme, aber auch für Geschäftsprozess- und Innovationsmanagement, z. B. in den Bereichen Maschinenbau, Produktentwicklung, Technologieberatung und strategische Innovationsworkshops (Petrov, 2019; Chechurin, 2016).

Vorgehensweise
1. Analyse der Problematik auf technischer Ebene, Identifikation von Widersprüchen („Wenn X steigt, sinkt Y")
2. Nutzung einer Widerspruchsmatrix und Anwendung eines Katalogs (40 Prinzipien), um passende abstrakte Lösungsmuster zu finden
3. Ergänzung durch Ressourcenanalyse, Idealitätskonzept, Funktionale Analyse und Trends der Systementwicklung
4. Übertragung der Abstrakta auf konkrete technische Lösungen
5. Einsatz von Tools wie ARIZ-Algorithmus, Stoff-Feld-Analyse und Evolutionstrend-Modellen (Petrov, 2019; Chechurin, 2016)

Beispiel aus der Praxis
Ingenieure einer Forschungseinrichtung setzten TRIZ zur Entwicklung eines neuen Sensorgehäuses ein: Mittels Widerspruchsmatrix wurde ein Kompromiss zwischen Stabilität und Leichtbau erfolgreich gelöst. Die Lösung basiert auf dem Prinzip der Nutzung von Struktur-Resonanz und Zusatzstrukturen aus einem oberen Teil der TRIZ-Matrix.

Voraussetzungen und Rahmenbedingungen
TRIZ erfordert tiefes technisches Verständnis, Zugriff auf strukturierte Analysen patentbasierter Abstraktmodelle, methodische Schulung in den TRIZ-Werkzeugen und interdisziplinäre Teams, um Abstrakta auf reale Anwendungen zu übertragen. Es ist zudem hilfreich, Evolutionsmuster gegenüber bisherigen Lösungen reflektiert zu nutzen und passende Analyse-Algorithmen wie ARIZ einzuüben.

Stärken und Schwächen

Stärken: TRIZ ist hoch strukturiert, ideenreich und erlaubt die Lösung scheinbarer Ziel-Konflikte durch eine fundierte Analyse. Die Nutzung evolutionärer Entwicklungsmuster macht Innovationsprozesse weitgehend planbar (Chechurin, 2016).
Schwächen: Der methodische Aufwand, die Komplexität der Instrumente und der Bedarf an technischem Know-how erschweren die breite Anwendung außerhalb technischer Fachbereiche (Petrov, 2019).

Verwandte Methoden/Kombinationen
TRIZ ergänzt Kreativitätstechniken wie Brainstorming, Morphologischer Kasten, Design Thinking, Systematische Heuristik und evolutionsbasierte Innovationsstrategien (Chechurin, 2016).

Werkzeuge und Tools
- TRIZ-Software: Ideation TRIZ Tools, CREAX Innovation Suite
- Papierbasierte Widerspruchsmatrix und Prinzip-Kataloge
- TRIZ-Datenbanken und Trainingsmaterialien (z. B. ETRIA, TRIZ Future Konferenzen)

8.10.4 SCAMPER-Methode

Kurzbeschreibung
Die **SCAMPER-Methode** ist eine strukturierte Kreativitätstechnik, bei der bestehende Ideen oder Produkte durch sieben gezielte Perspektiven transformiert werden: *Substitute, Combine, Adapt, Magnify/Modify, Put to another use, Eliminate*und *Rearrange/Reverse* (Serrat, 2017; Lopes et al., 2020). Sie wurde von Bob Eberle auf Basis von Osborn konzipiert und systematisiert (Serrat, 2017)

Anwendungsgebiete
Eingesetzt in Innovationsworkshops, Produkt- und Serviceentwicklung, Design-Thinking-Prozessen und Methodentrainings zur Ideenfindung.

Vorgehensweise
1. Identifikation eines bestehenden Produkts, Prozesses oder Serviceangebots
2. Durchgang der SCAMPER-Schrittfolgen:
   - *S*: Ersetzen von Komponenten oder Materialien
   - *C*: Kombination mit ergänzenden Elementen
   - *A*: Adaptierung und Funktionstransfer
   - *M*: Modifikation in Skalierung oder Ausprägung
   - *P*: Nutzung für alternative Einsatzbereiche
   - *E*: Eliminierung überflüssiger Teile
   - *R*: Umkehrung oder Neuordnung von Bestandteilen
3. Bei jedem Schritt werden Fragen gestellt, um neue Lösungen zu generieren (Serrat, 2017)

Beispiel aus der Praxis
Eine Studie mit 58 Studierenden zeigte, dass SCAMPER unterstützte Brainstorming-Sessions zu qualitativ und quantitativ besseren Business-Ideen führten als herkömmliche Brainstorming-Runden – mit höherer Originalität und Konkretheit.

Voraussetzungen und Rahmenbedingungen
Für den Erfolg ist ein kreatives Mindset sowie ein Umfeld förderlich, in dem Fehler erlaubt sind und Ideen ohne Kritik geäußert werden dürfen. Ein strukturierter Ablauf, klare Moderation und ausreichend Zeit für jede SCAMPER-Fragestellung sind entscheidend.

Stärken und Schwächen

Stärken: Fördert divergent-assoziatives Denken, führt systematisch zu vielfältigen Lösungsideen, reduziert Inkubationshemmnisse (Lopes et al., 2020).
Schwächen: Kann oberflächlich bleiben, wenn die Schritte nicht tief durchdacht werden; fordert Disziplin und Moderationskompetenz; Gefahr, bei komplexen Themen hinter bestehende Denkmuster zurückzufallen.

Verwandte Methoden/Kombinationen
Gut kombinierbar mit Brainstorming, Brainwriting, Morphologischem Kasten, Design Thinking und TRIZ.

Werkzeuge und Tools
- SCAMPER-Checklisten und strukturierte Templates (z. B. Excel-Tabellen)
- Moderationsmaterialien: Karten, Flipcharts, digitale Whiteboards (z. B. Miro, Mural)
- SCAMPER-Plugins in Ideation-Software (z. B. Ideanote, IA-gestützte Kreativtools)

8.10.5 6-3-5 Methode

Kurzbeschreibung
Die **6-3-5-Methode,** eine der bekanntesten Brainwriting-Techniken, erlaubt es sechs Teilnehmern, innerhalb von fünf Runden jeweils drei Ideen schriftlich und anonym weiterzuentwickeln. Das Ziel ist es, in kurzer Zeit viele Ideen zu erzeugen und kreative Blockaden zu überwinden (Schawel & Billing, 2014; Paulus & Nijstad, 2003).

Anwendungsgebiete
Geeignet für Produkt- und Serviceinnovationen, Prozessverbesserungen, Strategieentwicklung und Design-Thinking-Workshops.

Vorgehensweise
1. Sechs Personen erhalten ein Blatt mit drei Spalten und sechs Zeilen.
2. In Runde 1 schreibt jede:r in fünf Minuten drei Ideen in Zeile 1.
3. Der Zettel wandert im Uhrzeigersinn weiter.

3. In den folgenden vier Runden entwickeln die Teilnehmenden in weiteren fünf Minuten bestehende Ideen weiter oder ergänzen neue.
4. Ziel sind maximal 108 Ideen ($6 \times 3 \times 6$).
5. Abschließend erfolgt Gemeinsame Auswertung und Bewertung (Schawel & Billing, 2014; Linsey & Becker, 2011).

Beispiel aus der Praxis
Forschungsarbeiten zeigen, dass die 6-3-5-Methode im Vergleich zu klassischem Brainstorming deutlich höhere Ideenanzahl bei mindestens vergleichbarer Qualität liefert.

Voraussetzungen und Rahmenbedingungen
Ein strukturiertes Format ist entscheidend: klare Aufgabenstellung, Zeiteinteilung, standardisierte Formulare sowie Moderation zur Einhaltung der Regeln. Die Methode entfaltet ihre Wirkung besonders in Gruppen mit diskret geäußerter Kreativität, da dito Gruppendynamik reduziert wird (Schawel & Billing, 2014).

Stärken und Schwächen

Stärken: Hohe Ideendichte, Gleichberechtigung aller Teilnehmenden, strukturierte Kreativität; reduziert Dominanzverhalten und Bewertungsängste.
Schwächen: Zeitintensiver als mündliches Brainstorming, weniger spontane Verknüpfungen, geringer Raum für mündliche Diskussionen (Schawel & Billing, 2014; Linsey & Becker, 2011).

Verwandte Methoden/Kombinationen
Passt gut zu Brainstorming, Morphologischem Kasten, SCAMPER, Design Thinking und anderen Kreativitätstechniken.

Werkzeuge und Tools
- Analoge Vorlagen: 6×3-Tabellen auf Papier oder Whiteboard
- Digitale Tools: Miro, Mural, Conceptboard, Collaboard

8.10.6 Innovation Canvas

Kurzbeschreibung
Der **Innovation Canvas** ist ein praxisorientiertes Werkzeug, das Design Thinking, Lean Startup und Customer Development kombiniert. Sein Ziel ist es, systematisch Chancen zu identifizieren, Ideen zu strukturieren und frühzeitig zu validieren, um schnell marktfähige Innovationen zu entwickeln (Sánchez-López, 2018).

Anwendungsgebiete
Eingesetzt in Innovations- und Gründungsprozessen, Produktentwicklung, Unternehmertumstrainings und in strategischen Workshops zur Fokussierung auf Kundenbedürfnisse und Machbarkeit (Sánchez-López, 2018).

Vorgehensweise
- **Discover:** Kundenerkenntnis durch Interviews, Beobachtung und Datenanalysen
- **Ideate:** Systematische Ideenfindung, z. B. mit Brainstorming und SCAMPER
- **Design:** Prototyping zur Visualisierung und Machbarkeitsprüfung
- **Reframe:** Hinterfragen von Annahmen und Perspektivwechsel zur Verbesserung
- **Build:** Entwicklung erster funktionsfähiger Produkte oder Services
- **Test:** Validierung mit echten Nutzern, Feedback einholen und iterieren (Sánchez-López, 2018)

Beispiel aus der Praxis
In Workshops mit Studierenden im Bereich Entrepreneurship führte der Innovation Canvas zu klaren, testbaren Prototypen bereits in der ersten Woche. Teilnehmer berichteten von verbesserter Fokussierung auf Nutzerprobleme und beschleunigter Umsetzung (Sánchez López, 2018).

Voraussetzungen und Rahmenbedingungen
Für den effektiven Einsatz ist ein multidisziplinäres Team erforderlich, das technisches Fachwissen, Marktkenntnis und methodische Erfahrung vereint. Es braucht Zugang zu aktuellen Kundendaten, sowie Freiraum für Experimente und iterative Validierungsschleifen. Zudem sind moderierte Workshops mit klar strukturierten Canvas-Templates notwendig, um den Prozess zielführend und transparent zu gestalten.

Stärken und Schwächen

Stärken: Kombination bewährter Methoden, strukturierte Vorgehensweise, frühzeitige Nutzerorientierung, klare Iterationen und schnelle Prototypen.
Schwächen: Methodische Komplexität, Ressourcenbedarf für prototypische Umsetzung, ggf. geringe Tiefe bei komplexen Fragestellungen.

Verwandte Methoden/Kombinationen
Kann nahtlos mit Design Thinking, Lean Startup, Business Model Canvas, Persona-Entwicklung, Customer Journey Mapping und Prototyping kombiniert werden.

Werkzeuge und Tools
- **Canvas-Templates:** Posterformat oder digitale Varianten (z. B. Miro, Mural)
- **Prototyping-Tools:** Papierprototypen, Low-Fidelity-UIs, Mockups
- **Testtools:** Feedbackmethoden wie Usability-Tests, Click-Dummies, A/B-Tests

8.10.7 Open Innovation

Kurzbeschreibung
Das Konzept der **Open Innovation,** geprägt durch Henry Chesbrough, beschreibt
einen systematischen Ansatz, bei dem Unternehmen explizit Wissen, Technolo-
gien und Ideen entlang ihrer organisatorischen Grenzen teilen oder beziehen, um
Innovationen effizienter zu entwickeln und wirtschaftlich zu nutzen (Chesbrough
& Bogers, 2014; Chesbrough, 2003). Ziel ist es, externe Potenziale (z. B. Partner,
Start-ups, Nutzer) mit internen Fähigkeiten zu verknüpfen und so Time-to-Market
zu verkürzen, Kosten zu sparen und innovative Geschäftsmodelle zu ermöglichen
(Chesbrough & Bogers, 2014).

Anwendungsgebiete
Open Innovation wird breit angewendet – in hybriden Forschungsnetzwerken, In-
dustriekooperationen, Inhouse-Inkubationsprogrammen sowie Innovationslabors.
Relevante Felder sind Produkt- und Serviceentwicklung, Plattforminitiativen,
wissensbasierte Netzwerke und Ecosystem Engineering (Schiuma & Santarsiero,
2024).

Vorgehensweise
- **Outside-In**: Aus externem Wissen, z. B. via Crowdsourcing, Kooperationen
  mit Start-ups oder Universitäten, werden Ideen und Technologien importiert.
- **Inside-Out**: Intern entwickelte, aber extern nicht genutzte Innovationen werden
  durch Lizenzen, Spin-Offs oder Open-Source-Plattformen ausgegeben (Chesb-
  rough & Bogers, 2014).
- **Coupled Model**: Kombination beider Richtungen, häufig in Co-Creation-Eco-
  systemen mit gemeinsamen Plattformen und bilateralem Wissensaustausch
  (Enkel et al., 2020).
- Strategisch unterfüttert durch Governance-Mechanismen (z. B. IP-Regeln),
  Absorptionskapazität sowie organisatorische Reife (Enkel et al., 2020).

Beispiel aus der Praxis
Ein Technologieunternehmen nutzte ein Open-Innovation-Lab, um mit externen
Start-ups gemeinsam an KI-basierten Servicelösungen zu entwickeln. Durch Kom-
bination interner Ressourcen und externem Know-how konnten drei innovative
Services in sechs Monaten zur Marktreife gebracht werden.

Voraussetzungen und Rahmenbedingungen
Organisationale Offenheit, klare IP-Strategien, kulturelle Akzeptanz externen
Wissensaustauschs, passende Kooperationsformate sowie Ressourcen zur Integra-
tion externer Beiträge sind entscheidend für Open Innovation. Zudem benötigt das
Unternehmen Fähigkeiten zur Evaluierung von Chancen und zur Integration neuer
Partner und Technologien in bestehende Prozesse (Schiuma & Santarsiero, 2024;
Enkel et al., 2020).

Stärken und Schwächen

Stärken: Erhöhte Innovationsgeschwindigkeit, Zugang zu externem Know-how, Risiko- und Kostenreduktion, Förderung von Plattformökosystemen.
Schwächen: Komplexes Rechtemanagement, erforderliche neue Steuerungs- und Kooperationsfähigkeiten, potenzieller Kontrollverlust über wertschöpfende Assets.

Verwandte Methoden/Kombinationen
Kombiniert mit Crowdsourcing, Co-Creation, User Innovation, Innovations-Ökosystem-Design, Balanced IP-Strategien und Innovationsmanagement.

Werkzeuge und Tools
- Plattformen für Markt- und Technologie-Scouting
- Kooperationslabore (z. B. Open Innovation Labs)
- Wissensnetzwerk-Methoden (z. B. Communities of Practice, Hackathons, Innovationswettbewerbe)

8.10.8 Lead User Ansatz

Kurzbeschreibung
Der **Lead User Ansatz,** geprägt von Eric von Hippel (1986) und weiterentwickelt in der Innovationsforschung, identifiziert besonders innovationsfreudige Nutzer („Lead User"), deren Bedürfnisse dem Massengeschäft vorauslaufen. Diese Nutzer entwickeln häufig eigenständig Lösungen, die später kommerzielles Potenzial entfalten (von Hippel, 1986; Lehnen, 2017).

Anwendungsgebiete
Genutzt im Innovationsmanagement, Produktentwicklung, Co-Creation, Technologiefrüherkennung und Nuter-basierten Innovationsprojekten – insbesondere dort, wo rasche Markttrends oder technologische Fortschritte erwartet werden (Lehnen, 2017; Brem et al., 2018).

Vorgehensweise
1. **Trend- und Bedarfsermittlung:** Analyse von Nutzerbedürfnissen, die zukünftige Marktanforderungen spiegeln.
2. **Lead User Identifikation:** Zielgerichtete Suche nach Vorreiter:innen mit Abweichungscharakteristika, z. B. über Pyramiding oder Crowdsourcing.
3. **Lead User Workshops:** Gemeinsame Ideengenerierung und Konzeptentwicklung mit innovativen Nutzern.
4. **Marktprojektion:** Validierung der entwickelten Lösung im weiteren Markt, um das kommerzielle Potenzial zu prüfen (; Lehnen, 2017; Brem et al., 2018).

Beispiel aus der Praxis
Solche Ansätze führten in der Mountainbikeindustrie zur Entwicklung der ersten Geländefahrräder, ursprünglich von Nutzern gestaltet und später kommerzialisierte Innovation. Studien zeigen, dass bis zu 82 % der Lead User innovative Konzepte einbrachten, während nur rund 1 % der übrigen Nutzer dies tun.

Voraussetzungen und Rahmenbedingungen
Der Erfolg hängt ab von gutem Verständnis zukünftiger Trends, systematischen Identifikationsmethoden, Ressourcen für Workshops und standardisierten Prozessen zur Integration ideenreicher Nutzer. Unternehmen benötigen zudem Strategien für IP-Management und Know-how-Transfer (Lehnen, 2017; Brem et al., 2018).

Stärken und Schwächen

Stärken: Generierung radikaler Innovationskonzepte, direkte Nutzerorientierung, erste Prototypen oft marktrelevant (von Hippel, 1986).
Schwächen: Zeit- und ressourcenintensiv, oft begrenzte Skalierbarkeit der Nutzerideen, IP- und Umsetzungsrisiken (Brem et al., 2018).

Verwandte Methoden/Kombinationen
Kombinierbar mit Open Innovation, Co-Creation, Crowdsourcing, Design Thinking, Kundenintegration, Prototyping und Innovation Canvas.

Werkzeuge und Tools
- **Identifikation:** Workshop-Methoden, Pyramiding, Netzwerkanalyse, Online-Communities
- **Ideation:** Lead User Workshops, ideation Tools, strukturierte Moderation
- **Validierung:** Prototypentest, Nutzertests, Marktlaunch-Tests, Feedback-Plattformen

8.11 Diagnose-, Analyse- und Visualisierungstools

8.11.1 GAP-Analyse

Kurzbeschreibung
Die **GAP-Analyse** ist ein strategisches Planungs- und Kontrollinstrument, das Abweichungen zwischen dem aktuellen Zustand *(Ist)* und dem angestrebten Zustand *(Soll)* eines Unternehmens oder Prozesses systematisch ermittelt. Ziel ist es, Handlungsfelder aufzudecken, Lücken quantifizierbar zu machen und Maßnahmen zur Schließung dieser Diskrepanzen abzuleiten (Bergmann & Bungert, 2022; Paul & Wollny, 2020; Palloks-Kahlen, 2007).

Anwendungsgebiete
Eingesetzt in der strategischen Unternehmenssteuerung, Prozessoptimierung, im Controlling, in IT-Strategieprojekten, im Supply Chain Management und bei Personal- bzw. Kompetenzentwicklung (Bergmann & Bungert, 2022; Paul & Wollny, 2020).

Vorgehensweise
1. **Festlegung relevanter Zielgrößen** (z. B. Umsatz, Marktanteil, Kapazität, Kompetenzlevel, IT-Reife).
2. **Erfassung des Ist-Zustands**: z. B. durch Trendanalyse, Benchmarking oder Reifegradmodelle.
3. **Definition des Soll-Zustands:** basierend auf Unternehmenszielen, Marktpotenzialen oder Best-Practices.
4. **Identifikation von Lücken**: Differenz zwischen Ist- und Soll-Kurve; Unterscheidung zwischen operativen (kurzfristig beeinflussbar) und strategischen Lücken.
5. **Ableitung von Maßnahmen**: Operative Lücken durch Effizienzsteigerung, strategische Lücken durch Neuausrichtung, Innovation oder Ressourcenaufstockung (Bergmann & Bungert, 2022; Paul & Wollny, 2020; Palloks-Kahlen, 2007).

Beispiel aus der Praxis
Im Controlling einer Schweizer KMU wurde die GAP-Analyse zur Umsatzplanung genutzt. Die Differenz zwischen geplanten und trendbasierten Umsatzprognosen (Ist) zeigte eine strategische Lücke, die durch Markteintritt in neue Regionen adressiert wurde.

Voraussetzungen und Rahmenbedingungen
Für eine erfolgreiche Gap Analyse sind belastbare Daten, klar definierte Ziele, methodische Kompetenz in Trendfortschreibung und Reifegradbewertung nötig. Der Prozess erfordert interdisziplinäre Zusammenarbeit (z. B. Controlling, Strategie, IT) und die Fähigkeit, Lücken analytisch in konkrete Umsetzungsoptionen zu übersetzen. Nur mit implementierten Maßnahmen wird die Analyse zur effektiven Steuerungsgrundlage (Paul & Wollny, 2020; Bergmann & Bungert, 2022).

Stärken und Schwächen

Stärken: Schnelle Visualisierung von Handlungsbedarf, Fokusierung auf definierte Zielgrößen, Grundlage für operative und strategische Planung (Paul & Wollny, 2020).
Schwächen: Vernachlässigung qualitativer Einflussfaktoren und externer Entwicklungen, Gefahr der linearen Trendauswertung ohne Kontextanpassung, Analyse allein liefert keine Umsetzung – Maßnahmenplanung ist erforderlich (Palloks-Kahlen, 2007).

Verwandte Methoden/Kombinationen
Gut kombinierbar mit Strategieformulierungen (z. B. Ansoff-Matrix), Szenario-
und Sensitivitätsanalysen, Reifegradmodellen, Benchmarking, Business Process
Reengineering und IT-Gap-Analyse.

Werkzeuge und Tools
- Excel/BI: Trend- und Gap-Diagramme mit Zeit-Ist/Soll-Kurven
- Controlling-Software: integrierte Gap-Analyse-Funktionen
- Prozess- und IT-Architektursoftware zur Reifegradanalyse und Lückenidentifi-
  kation

8.11.2 Ursache-Wirkungs-Diagramme (Ishikawa)

Kurzbeschreibung
Das Ishikawa-Diagramm, auch Fischgräten- oder Ursache-Wirkungs-Diagramm
genannt, ist ein qualitatives Analysewerkzeug des Qualitätsmanagements, entwickelt von Kaoru Ishikawa. Es strukturiert, welche potenziellen Ursachen (z. B.
Mensch, Maschine, Material, Methode) zu einem identifizierten Problem führen,
um gezielte Verbesserungsmaßnahmen einzuleiten (Kern, 2006; Hofmann, 2020).

Anwendungsgebiete
Eingesetzt bei Qualitätsproblemen, Fehleranalyse, Prozessoptimierung, Fehler-
suche in Produktions- und Dienstleistungsprozessen sowie in Lean- und Six-Sig-
ma-Projekten (Hofmann, 2020).

Vorgehensweise
1. Problem präzise als „Wirkung" an den Fischkopf schreiben.
2. Hauptkategorien (häufig nach 4M/6M-Modell) als Gräten festlegen.
3. Ursachen sammeln und den Hauptkategorien zuordnen, ggf. weiter verzweigen
   (z. B. mit 5-Why).
4. Vollständigkeitscheck – alle relevanten Kategorien durchgehen.
5. Bewertung der gefundenen Ursachen nach Einflussstärke und Eintrittswahrscheinlichkeit.
6. Ableitung von Maßnahmen zur Ursachenbeseitigung und Festlegung von Verantwortlichkeiten.

Beispiel aus der Praxis
Ein Technologiekonzern verwendete das Ishikawa-Diagramm, um hohe Fehler-
quoten in der Produktion zu analysieren. Dabei wurde klar, dass unzureichende
Mitarbeiterschulung („Mensch") und veraltete Maschinen („Maschine") die Haup-
tursachen waren. Daraufhin wurden Trainingsprogramme eingeführt und Ersatzin-
vestitionen getätigt, was die Fehlerquote um 40 % senkte.

Voraussetzungen und Rahmenbedingungen
Für eine wirksame Anwendung sind qualitativ hochwertige Prozesskenntnisse, methodisch versierte Moderation, interdisziplinäre Teilnehmergruppen und eine offene Fehlerkultur unerlässlich. Die Auswahl nachvollziehbarer Kategorien sowie ein strukturierter Ablauf mit Visualisierungsunterstützung ermöglichen eine systematische Ursachenermittlung. Anschließend muss die Analyse in gezielte Umsetzungsmaßnahmen münden, um nachhaltige Wirkung zu erzielen.

Stärken und Schwächen

Stärken: Visuelle Struktur, fördert Teamarbeit, unterscheidet Haupt- und Nebenursachen, einfacher Einstieg in Problemanalyse (Kern, 2006).
Schwächen: Subjektive Einflussgewichtung, keine Analyse von Ursache-Ursache-Netzwerken oder zeitlichen Abhängigkeiten, bei komplexen Fällen unübersichtlich.

Verwandte Methoden/Kombinationen
Nutzen der 5-Why-Methode, Pareto-Analyse, Fault Tree (Fehlerbaum), 8D-Report, FMEA zur Ursachenquantifizierung und Risikobewertung.

Werkzeuge und Tools
- Analoge Templates mit Grätenstruktur (Whiteboards, Flipcharts)
- Digitale Tools: Miro, Lucidchart, Signavio, Bizagi
- Kombination mit Analytics: Gewichtung in BI-Systemen, Integration in Qualitätsmanagement-Software

8.11.3 Entscheidungsbaum/Entscheidungsmatrix

Kurzbeschreibung
Entscheidungsbäume und **Entscheidungsmatrizen** sind strukturierte, mehrkriterielle Entscheidungstechniken zur systematischen Analyse komplexer Problemlagen. Sie dienen dazu, Entscheidungsalternativen transparent zu bewerten und fundierte Entscheidungen unter Sicherheit, Unsicherheit oder Risiko zu treffen (Link, 2018).

Anwendungsgebiete
Eingesetzt in strategischer Planung, Investitionsentscheidung, Qualitätsmanagement, Lieferantenauswahl, Projektportfoliosteuerung sowie im IT- und Prozessmanagement (Schawel und Billing, 2018).

Vorgehensweise
Entscheidungsbaum:
1. Darstellung als baumartige Struktur mit Entscheidungsknoten, Bedingungspfaden und Ergebnisblättern.

2. Modellierung von Entscheidungsalternativen inklusive Wahrscheinlichkeiten und erwarteten Ergebnissen, anschließend Rückwärtsanalyse („Rollback") zur optimalen Entscheidung (Schawel und Billing, 2018).

Entscheidungsmatrix:
1. Identifikation von Alternativen und Bewertungs- bzw. Erfolgskriterien.
2. Gewichtung der Kriterien (z. B. mittels paarweiser Vergleiche oder analytischem Hierarchieprozess).
3. Scoring der Alternativen, Multiplikation mit Gewichten und Gesamtauswertung zur Rangreihenbildung (Schawel und Billing, 2018; Geldermann & Lerche, 2014).

Beispiel aus der Praxis

Ein Unternehmen erstellte einen Entscheidungsbaum zur Bewertung eines Investitionsprojekts. Zwei Pfade – Neubeschaffung vs. Weiterbetrieb – wurden modelliert. Wahrscheinlichkeiten und Zahlungsflüsse wurden abgewogen, und mittels Rückrechnung zeigte sich klar der Wert einer Investition.

Zeitgleich implementierte ein Projektportfolio-Review eine gewichtete Entscheidungsmatrix mit Kriterien wie strategische Passung, Aufwand und Risiko. Die Alternative mit dem höchsten Gesamtwert wurde priorisiert, wodurch Ressourcen effizienter eingesetzt wurden.

Voraussetzungen und Rahmenbedingungen

Für den Einsatz ist ein klar definiertes Problemfeld erforderlich. Der Entscheidungsbaum benötigt valide Wahrscheinlichkeits- und Nutzendefinitionen sowie ein Verständnis stochastischer Bewertungsregeln. Die Entscheidungsmatrix erfordert eine belastbare Kriterienstruktur sowie transparente Gewichtungsmechanismen – idealerweise mit Sensitivitätsanalysen zur Ergebnisstabilität.

Stärken und Schwächen

Stärken

- Entscheidungsbaum: sehr gute Eignung für stochastische Entscheidungen mit mehreren Entscheidungsstufen und Unsicherheiten.
- Entscheidungsmatrix: unterstützt rationale, nachvollziehbare Entscheidungen bei mehreren Kriterien und Alternativen.

Schwächen

- Entscheidungsbaum: bei hoher Komplexität umfangreich und anfällig für Annahmefehler.
- Entscheidungsmatrix: Qualität stark abhängig von Gewichtung und subjektiver Bewertung der Kriterien.

Verwandte Methoden/Kombinationen
Analytic Hierarchy Process (AHP) als Erweiterung der gewichteten Matrix, Risikoanalyse mit Monte-Carlo-Simulationen, Nutzwertanalyse (NWA), Szenario- und Sensitivitätsanalyse.

Werkzeuge und Tools
- **Entscheidungsbaum:** Diagrammtools (Miro, Lucidchart), spezialisierte Software (TreeAge, PrecisionTree)
- **Entscheidungsmatrix:** Excel-Modelle, BI-Tools, MCDA-Software, AHP-Programme

8.11.4 Heatmaps

Kurzbeschreibung
Heatmaps sind visuelle Darstellungen, die zweidimensionale Datenräume mithilfe von Farbskalen abbilden. Die Farbe signalisiert hierbei Intensität oder Dichte eines Wertes – z. B. Klickhäufigkeit auf Websites, Cluster-Analysen oder Performance-Metriken in Tabellen (Gehlenborg & Wong, 2012; Starbuck, 2023). Ziel ist es, Muster, Ausreißer oder Konzentrationen schnell erfassbar zu machen.

Anwendungsgebiete
Heatmaps finden Anwendung in verschiedensten Disziplinen: in Web- und UX-Analysen zur Nutzerverhaltensforschung, in GIS zur räumlichen Datenvisualisierung, in Bioinformatik zur Darstellung von Genexpressionsdaten, in Software-Testing zur Fehleranalyse, sowie in Business-Intelligence und Dashboards für Management-Reports (Starbuck, 2023; Gehlenborg & Wong, 2012).

Vorgehensweise
1. Auswahl einer geeigneten Datenmatrix oder eines Koordinatensystems (z. B. Klicks × Seitenbereich, Prozessschritt × KPIs).
2. Aggregation und Transformation quantitativer Werte in Farbskalen (z. B. „cold-to-hot").
3. Auswahl der Achsen und Binning der Daten.
4. Anwendung barrierefreier und intuitiver Farbskalen (z. B. Viridis).
5. Optional: Einbindung von Clustern oder Annotationen zur Verstärkung strukturierter Erkenntnisse (Gehlenborg & Wong, 2012; Starbuck, 2023).

Beispiel aus der Praxis
Ein User-Experience-Team nutzte Heatmaps zur Analyse von Web-Navigation. Mausbewegungs- und Klickdaten visualisierten, welche Bereiche stark frequentiert wurden und welche Elemente ignoriert blieben. So konnten CTAs strategisch neu positioniert werden – mit einer anschließenden Conversion-Steigerung um 18 %.

Voraussetzungen und Rahmenbedingungen
Heatmaps benötigen strukturierte, ausreichend feinkörnige Daten und eine klare Zielsetzung, da die Intuition von Farben je nach Skala variiert. Barrierefreiheit, z. B. für Farbenblinde, muss gewährleistet sein (Starbuck, 2023). Die Visualisierung sollte daten- und fachkontextorientiert erfolgen und Interpretationsspielräume für Betreuer und User minimieren.

Stärken und Schwächen

Stärken: Sofortiges Erkennen von Mustern, Clustern, Hotspots oder Lücken. Sehr hohe Effizienz bei explorativer, datengetriebener Analyse.
Schwächen: Abhängig von Datenaggregation und Farbwahl; kann bei schlechter Gestaltung missinterpretiert werden. Nicht geeignet für detailreiche Analysen ohne ergänzende Diagramme oder statistische Verfahren.

Verwandte Methoden/Kombinationen
Oft kombiniert mit Clusteranalysen, Korrelationsmatrizen, Zeitreihendiagrammen, GIS-Karten, Eye-Tracking-Heatmaps im UX und hierarchischen Heatmaps mit Dendrogrammen (Gehlenborg & Wong, 2012).

Werkzeuge und Tools
- BI- und Analyseplattformen (z. B. Tableau, Power BI, Python-Seaborn, R-Heatmap).
- GIS-Tools für geografische Heatmaps (z. B. QGIS).
- UX-Tools zur Nutzerinteraktion (z. B. Hotjar, Crazy Egg).

8.11.5 Mindmaps

Kurzbeschreibung
Mindmaps sind visuelle Werkzeuge zur Darstellung und Organisation von Ideen, Konzepten oder Prozessen in hierarchisch-radialer Struktur. Typischerweise stehen zentrale Themen im Zentrum, von denen Äste zu Unterthemen ausstrahlen. Ziel ist es, komplexe Inhalte anschaulich zu strukturieren, kreative und assoziative Gedankenprozesse zu fördern sowie Wissen nachhaltig zu speichern (Crowe & Sheppard, 2011; Elshenawy, 2024..

Anwendungsgebiete

Mindmaps finden Anwendung in der Forschung (z. B. Literaturrecherche, Forschungsdesign), im Wissensmanagement, in der Strategieentwicklung, in Workshops, beim Projekt- und Lernmanagement sowie in der Planung und Dokumentation (Crowe & Sheppard, 2011; Elshenawy, 2024).

Vorgehensweise

1. Zentrales Thema in die Mitte schreiben oder zeichnen.
2. Hauptäste für Kernaspekte hinzufügen (z. B. Methoden, Datenanalyse, Ethik bei Forschung).
3. Unteräste für Details ergänzen, mit Farben und Symbolen versehen.
4. Assoziationen zwischen Ästen durch Linien einfügen, Struktur stetig verfeinern.
5. Regelmäßig überprüfen und überarbeiten – Mindmaps sind dynamisch und wachsen mit dem Verständnis (Crowe & Sheppard, 2011; Elshenawy, 2024).

Beispiel aus der Praxis

In der Forschung verwendeten Studierende Mindmaps zur Strukturierung methodischer Konzepte – mit positiven Ergebnissen: Sie steigerten ihren akademischen Output und erleichterten das Verständnis komplexer Forschungsdesigns (Crowe & Sheppard, 2011). In klinischen Studien verbesserte sich die Zusammenarbeit im Team durch gemeinsam entwickelte Mindmaps zur Studienplanung und -analyse (Elshenawy, 2024).

Voraussetzungen und Rahmenbedingungen

Es ist notwendig, ein zentrales Thema klar zu formulieren, ein Minimum an Visualisierungskompetenz (Farbwahl, Symbolik) zu besitzen und ausreichend Zeit für die iterative Pflege einzuplanen. Der Einsatz erfordert zudem Zugang zu digitalen oder analogen Tools und eine Bereitschaft zur Reflexion und laufenden Strukturierung des Wissensraums (Crowe & Sheppard, 2011; Elshenawy, 2024).

Stärken und Schwächen

Stäken: Visuell einprägsames, strukturiertes Format. Fördert assoziatives Denken und Kreativität. Gut kombinierbar mit Brainstorming und Workshops.
Schwächen: Überladen bei zu vielen Informationen; verliert Übersichtlichkeit. Interpretation kann subjektiv sein; Mindmap gilt oft nur für Ersteller. Keine standardisierte Lesbarkeit; bedarf Vorwissen zur Strukturierung.

Verwandte Methoden/Kombinationen

Kombinierbar mit Concept Maps (für semantische Beziehungen), Mindmapping-basierten Literaturreviews, Brainstorming, Storymapping, Wissenslandkarten und System Mapping.

Werkzeuge und Tools
- **Analoge Varianten:** Papier, Whiteboard, bunte Stifte
- **Digitale Tools:** Freeplane (Open-Source), MindManager, Miro, XMind, Mind-Meister

8.11.6 Affinitätsdiagramme

Kurzbeschreibung
Affinitätsdiagramme, auch bekannt als **KJ-Methode** nach Jiro Kawakita, sind Kreativitäts- und Analyseinstrumente zur Strukturierung großer Mengen unstrukturierter Informationen durch Gruppierung nach thematischer Nähe. Ziel ist es, durch visuelles Clustern von Ideen, Daten oder Beobachtungen Muster und Zusammenhänge aufzudecken und somit Entscheidungs- oder Innovationsprozesse zu unterstützen (Lucero, 2015; Widjaja et al., 2014).

Anwendungsgebiete
Eingesetzt in Nutzerforschung und UX-Design, bei der Analyse qualitativer Daten aus Interviews oder Workshops, im Innovationsmanagement, in Projektarbeiten, in Strategie- und Problemanalyse-Sessions (Lucero, 2015).

Vorgehensweise
1. **Ideen sammeln:** Jede beobachtete Erkenntnis wird als eigenständige Notiz (z. B. Sticky Note) festgehalten.
2. **Clustern:** Die Notizen werden still gruppiert – thematisch verwandte Informationen werden zusammengelegt.
3. **Walking the Wall:** Alle Beteiligten prüfen die Cluster, verschieben und benennen sie.
4. **Dokumentation:** Struktur und clusterübergreifende Erkenntnisse werden visualisiert und schriftlich dokumentiert (Lucero, 2015).

Beispiel aus der Praxis
Lucero und Kollegen analysierten Nutzerfeedback zu interaktiven Prototypen über mehrere Jahre hinweg. Dabei wurden über 500–2500 Notizen pro Projekt erzeugt und systematisch in Cluster strukturiert. Die Methode förderte konsistente Erkenntnisse und validierte Designentscheidungen (Lucero, 2015).

Voraussetzungen und Rahmenbedingungen
Für eine effektive Anwendung sind folgende Rahmenbedingungen wichtig: klare Instruktionen, ausreichend große thematisch heterogene Datenmenge, Raum für nonverbale Arbeit und Reflexionsphasen. Ein Moderator führt durch den Prozess, sorgt für visuelle Dokumentation und fördert Offenheit und Neutralität in der Gruppierung. Ohne strukturierten Ablauf und gemeinsame Reflexion droht Inkonsistenz und Überladung (Lucero, 2015; Widjaja et al., 2014).

Stärken und Schwächen

Stärken: fördert Teamverständnis durch visuelles Clustern, reduziert Komplexität, kompatibel mit qualitativen Daten.
Schwächen: subjektiv abhängig von Gruppeninterpretation, zeitintensiv bei sehr großen Datenmengen, erfordert Moderatoren-Erfahrung.

Verwandte Methoden/Kombinationen
Gut kombinierbar mit Customer Journey Mapping, Storytelling, Persona-Entwicklung, Design Thinking, Usability-Tests, und qualitativen Analyseverfahren wie Grounded Theory.

Werkzeuge und Tools
- Analog: Sticky Notes, Whiteboards, Metaplan-Wände
- Digital: Tools wie Miro, Mural, Lucidspark, sowie spezialisierte DADS-Systeme zur real-time Kollaboration (Widjaja et al., 2014)

8.11.7 Balanced Scorecard-Dashboards

Kurzbeschreibung
Balanced Scorecard-Dashboards kombinieren das strategische Steuerungsinstrument der Balanced Scorecard (BSC) mit Visualisierungs- und Monitoring-Dashboards. Sie unterstützen das Management durch übersichtliche Darstellung von KPIs und ermöglichen Steuerung über alle vier BSC-Perspektiven – finanzielle, Kunden-, interne Prozess- und Lern- & Entwicklungsperspektive. Ziel ist die kontinuierliche Performance-Messung und -Steuerung in Echtzeit (Kaplan & Norton, 1996; Velcu-Laitinen & Yigitbasioglu, 2012).

Anwendungsgebiete
Die Nutzung erfolgt vor allem im Performance Management, Controlling, Strategieumsetzung, Executive Reporting sowie in Managementinformationssystemen (MIS). Balanced Scorecard-Dashboards unterstützen Entscheidungsträger bei strategischen, taktischen und operativen Entscheidungen durch konsolenartige KPI-Darstellungen, Alerts und Drill-Down-Funktionalitäten (Wiersma, 2009; Velcu-Laitinen & Yigitbasioglu, 2012).

Vorgehensweise
1. Ableitung strategischer Ziele aus der BSC
2. Auswahl relevanter KPIs und Definition von Zielwerten
3. Implementierung in Dashboard-Design mit klaren Visualisierungsprinzipien (z. B. Ampeln, Trend-Charts)
4. Einrichtung von Alerts für Abweichungen oder Zielniveaus

5. Regelmäßige Nutzung durch Management, ergänzt durch Drill-Down auf taktischer Ebene
5. Iteration und Anpassung der KPIs und Visualisierungen anhand von strategi-
   schem Feedback

Beispiel aus der Praxis
Ein produzierendes Unternehmen integrierte seine BSC-Kennzahlen in ein inter-
aktives Dashboard. Führungskräfte verfolgten tägliche Abweichungen in der Kun-
den- und Prozessperspektive. Durch Echtzeit-Alerts und Farbkennzeichnungen
konnten Maßnahmen frühzeitig eingeleitet und die Strategieumsetzung dynamisch
gesteuert werden. Studien belegen, dass solche Dashboards nicht nur operative,
sondern auch taktische und strategische Entscheidungen nachhaltig unterstützen.

Voraussetzungen und Rahmenbedingungen
Ein effektives Balanced Scorecard-Dashboard erfordert eine etablierte BSC mit
strategischer Zielstruktur. Hohe Datenqualität, automatisierte Datenintegrationen
(z. B. ERP, CRM, BI-System), durchdachtes Dashboard-Design und Usabili-
ty-Fokus (z. B. nach Nielsen) sind Voraussetzung. Weiterhin braucht es klare Governance für Verantwortlichkeiten, sowie ein Management-Commitment zur Nutzung und regelmäßigen Anpassung der Dashboards. Die Schnittstelle zwischen
BSC und Dashboard muss fachlich wie technisch robust gestaltet werden.

Stärken und Schwächen

Stärken: Strategische Transparenz und integrierte Steuerung. Echtzeit-Reaktions-
fähigkeit dank Visual Alerts. Unterstützung aller Entscheidungslevel (operativ,
taktisch, strategisch) durch Drill-Down.
Schwächen: Hoher Aufwand bei Pflege & Datenintegration. Gefahr von
„KPI-Überfrachtung" ohne strategischen Fokus. Effektivität abhängig von Usability und systematischer Nutzung.

Verwandte Methoden/Kombinationen
Performance-Dashboards (Eckerson), Executive Information Systems
(EIS), KPI-Controlling, Strategy Maps, Drill-Down-Analysen, BI- und Da-
ta-Warehouse-Systeme

Werkzeuge und Tools
- BI-Plattformen mit integriertem Dashboarding: Tableau, Power BI, Qlik Sense
- Speziallösungen für BSC-Dashboards (z. B. SAP Analytics Cloud, IBM Cog-
  nos Analytics)
- Usability-Tools zur Evaluierung (Lea & Nah, 2013).

8.11.8 KPI-Cockpits/Management Dashboards

Kurzbeschreibung
KPI-Cockpits und **Management Dashboards** sind interaktive Visualisierungsplattformen, die wesentliche Leistungskennzahlen (KPIs) auf einen Bildschirm nebeneinander stellen. Ziel ist es, betriebliche und strategische Entwicklungen übersichtlich zu überwachen und datengetriebene Entscheidungen effizient zu unterstützen (Few, 2013; Eckerson, 2017).

Anwendungsgebiete
Eingesetzt in Finance, HR, Vertrieb, IT sowie im Produktions- und Projektmanagement, besonders dort, wo schnelle Informationsgewinnung, Abweichungserkennung und Reporting gefragt sind (Eckerson, 2017).

Vorgehensweise
1. Identifikation relevanter KPIs je Fachbereich
2. Festlegung von Zielwerten, Toleranzgrenzen und Datenquellen
3. Design eines visuellen Layouts mit Charts, Ampeln, Trends, Gauges
4. Technische Umsetzung in BI-Tools (z. B. Power BI, Qlik Sense, Tableau)
5. Integration mit Echtzeit-Datenquellen und Setzen von Alarmschwellen
6. Regelmäßige Nutzung, Monitoring und kontinuierliche Anpassung der KPIs

Beispiel aus der Praxis
Ein international agierender Dienstleister implementierte ein Management Dashboard für Vertrieb und Kundenservice. KPIs wie Erstreaktionszeit und Churn-Rate wurden in Echtzeit visualisiert. Abweichungen führten zu schnelleren Eskalationsprozeduren im Support und verbesserter Kundenzufriedenheit.

Voraussetzungen und Rahmenbedingungen
Ein KPI-Cockpit erfordert klar definierte KPIs, saubere Datenintegration (ERP, CRM, etc.) und ein nutzerfreundliches Layout nach Visualisierungsprinzipien (z. B. minimale Verzerrung, Farbpsychologie). Hohe Nutzerakzeptanz entsteht durch Schulungen und regelmäßige Reviews. Nur mit einer klaren Governance wird ein Cockpit zum wirksamen Steuerungsinstrument.

Stärken und Schwächen

Stärken: Transparente Echtzeit-Steuerung. Frühwarnsystem bei Abweichungen. Nutzerorientiertes Reporting mit Drill-Down-Möglichkeiten.
Schwächen: Gefahr der KPI-Überfrachtung ohne Fokus. Hohes Maß an Datenaufbereitung erforderlich. Risiko, Dashboard „nur anzusehen" ohne Konsequenzen zu ziehen.

Verwandte Methoden/Kombinationen
Performance/Dashboard-Bibliotheken, BSC-Dashboards, Management-Reporting-Tools, Echtzeit-Steuerung und KPI-Prozesse

Werkzeuge und Tools
- BI-Plattformen wie Tableau, Power BI, Qlik Sense
- Spezialisierte Cockpit-Add-ons (z. B. SAP Analytics Cloud)
- Prinzipien aus Data- und Visualisierungsethik (Few, 2013)

8.12 Kommunikation, Moderation und Coaching

8.12.1 Moderationstechniken

Kurzbeschreibung
Moderationstechniken bieten strukturierte Werkzeuge für die Planung, Durchführung und Nachbereitung von Gruppenprozessen wie Workshops, Meetings oder Fokusgruppen, um effizient Problemlösungen zu erarbeiten, Beteiligung zu fördern und Ergebnisse systematisch zu dokumentieren (Wehner et al., 2010; Schenk & Schwabe, 2001).

Anwendungsgebiete
Moderation findet Verwendung in Teammeetings, Strategieworkshops, Qualitätszirkeln, Konfliktgesprächen, Fokusgruppen oder bei Projekt-Kick-offs zur Förderung von Kreativität, Entscheidungsfindung und Prozessgestaltung (Wehner et al., 2010; Benighaus & Benighaus, 2020).

Vorgehensweise
1. **Vorbereitung**: Moderationsplan mit Zielsetzung, Ablauf, Zeitrahmen, Methoden, Material und Raumgestaltung erstellen.
2. **Durchführung**: Strukturierter Ablauf aus Einstieg, Themenfindung, Bearbeitung, Maßnahmenplanung und Abschluss (Seifert-Orientierung) mit gezielten Leitfragen und Visualisierungsmedien gestalten.
3. **Technikeneinsatz**: Methoden wie Brainstorming, Kartenabfrage, Karten-Punktbewertung, 6-Hüte-Technik, Fishbowl, Pinnwandmoderation und Storytelling situationsgerecht auswählen und steuern.
4. **Nachbereitung**: Ergebnisse dokumentieren und verteilen, Feedback einholen und Folgeaktivitäten planen (Wehner et al., 2010; Malorny & Langner, 2007).

Beispiel aus der Praxis
In einem fasilitierten Workshop zur Prozessoptimierung wurden durch gezielte Einsatzsequenzen („Einstieg – Q&A – Kartenabfrage – Clustering – Maßnahmenplan") innerhalb von zwei Stunden klar strukturierte Ergebnisse erzielt und nachhaltige nächste Schritte identifiziert.

Voraussetzungen und Rahmenbedingungen

Für einen effektiven Moderationsprozess ist es wichtig, die Rolle eines methodisch neutralen Prozessleiters einzunehmen, der sich nicht inhaltlich positioniert. Zu Beginn müssen Ziele, Erwartungen und Spielregeln geklärt werden. Methodenkompetenz, visuelle Aufbereitung (z. B. Karten, Flipcharts) und Gestaltung einer offenen, wertschätzenden Atmosphäre sind entscheidend. Technische und räumliche Ausstattung sowie klare Follow-up-Muster (z. B. Protokoll, Verantwortlichkeiten, Deadlines) sichern die Wirkung (Wehner et al., 2010; Schenk & Schwabe, 2001).

Stärken und Schwächen

Stärken: Fördern Struktur und Transparenz, binden alle Teilnehmer:innen ein, reduzieren Dominanz und Konflikte, ermöglichen kreative Prozesse.
Schwächen: Erfordern hohe Moderator:innenkompetenz, Zeit- und Organisationsaufwand steigen mit Komplexität, Wirkung abhängig von Planung und Nachbereitung.

Verwandte Methoden/Kombinationen

Eng verbunden mit Kreativitätstechniken (Brainstorming, Affinitätsdiagramm), Entscheidungswerkzeugen (Punktbewertung, Konsent), Gruppenprozessen (Konfliktmoderation, Fokusgruppen) und visualisierter Ergebnisdokumentation (Storyboard, Journey Map).

Werkzeuge und Tools

- **Analog:** Moderationskarten, Pinnwände, Metaplan-Wände, Flipcharts
- **Digital:** Tools wie Miro, Mural oder Conceptboard für Online-Workshops; Moderationssoftware für Fokusgruppen und digitale Bewertungsverfahren

8.12.2 Konfliktmoderation/Mediation

Kurzbeschreibung

Konfliktmoderation bezeichnet strukturierte Verfahren zur außergerichtlichen Lösung von Konflikten zwischen Individuen oder Gruppen durch neutrale Dritte (Mediatoren), mit dem Ziel, nachhaltige, von den Beteiligten gemeinsam akzeptierte Lösungen zu entwickeln. Ziel ist die Wiederherstellung von Arbeitsbeziehungen, Förderung von Teamkultur und Vermeidung eskalierender Konflikte (Boulle et al., 2008; Proksch, 2014).

Anwendungsgebiete

Eingesetzt bei Konflikten im Team, zwischen Abteilungen, in Change-Prozessen, bei schwierigen Managemententscheidungen, im Projektkonflikt sowie bei Personal- und Nachfolgefragen (Proksch, 2014).

Vorgehensweise

1. **Vorbereitung**: Klärung der Mediationsbedingungen, Rahmenvereinbarung, Rollenklärung mit Mediator.
2. **Kommunikationsphase**: Alle Konfliktparteien schildern ihre Sichtweise – Mediator strukturiert Gesprächsverlauf und schafft Verständnis.
3. **Themen- und Interessenklärung**: Identifikation von Interessen hinter Positionen, neutrale Analyse von Motiven und Bedürfnissen.
4. **Lösungsphase**: Entwicklung möglicher Lösungen, Bewertung nach Machbarkeit und Akzeptanz, gemeinsames Aushandeln.
5. **Vereinbarungsphase**: Erarbeitung eines verbindlichen Umsetzungsplans, ggf. mit Follow-up-Prozess (Boulle et al., 2008; Proksch, 2014).

Beispiel aus der Praxis

In einem mittelständischen IT-Unternehmen moderierte ein interner Mediator wiederholt Konflikte zwischen Softwareentwicklung und Vertrieb. Durch strukturierte Dialogführung und gemeinsame Lösungsentwicklung wurden wiederkehrende Abstimmungsprobleme gelöst, was interne Spannungen deutlich reduzierte und Teamproduktivität steigerte.

Voraussetzungen und Rahmenbedingungen

Konfliktmoderation benötigt neutrale und methodisch geschulte Mediatoren, Akzeptanz seitens der Konfliktparteien sowie ein Arbeitsrahmen, der Offenheit und Vertraulichkeit sichert. Dazu gehört auch, dass Konfliktkosten, Eskalationsrisiken und Folgewirkungen transparent thematisiert werden. Organisationskultur, Vertrauen und klare Spielregeln bilden die Voraussetzung für einen realistischen und nachhaltigen Mediationsprozess.

Stärken und Schwächen

Stärken: Ermöglicht nachhaltige Konfliktlösung durch gemeinsame Lösungsentwicklung. Stärkt Beziehungsebene und Selbstverantwortung. Kosteneffizient im Vergleich zu juristischen Verfahren.
Schwächen: Abhängigkeit vom Vertrauen in die Neutralität des Mediators. Zeitaufwendig bei tiefen Konfliktstrukturen. Wirksamkeit variiert mit Konfliktbereitschaft und Organisationskultur.

Verwandte Methoden/Kombinationen

Konfliktgesprächstechniken, Peer Mediation, Systemische Beratung, Teamdiagnose, Change Management, Teamentwicklung.

Werkzeuge und Tools

- Moderationstechniken und strukturierte Gesprächsleitfäden
- Visualisierungsmedien (Flipcharts, Moderationskarten)
- Dokumentation: Mediationsprotokolle, Vereinbarungsdokumente

8.12.3 Systemisches Coaching

Kurzbeschreibung
Beim **systemischen Coaching** handelt es sich um einen ressourcenorientierten Beratungsansatz, der sowohl Einzelpersonen als auch Teams in komplexen organisationalen Kontexten unterstützt. Durch Fragen, Perspektivwechsel und Reflexion fördert das Coaching Selbstorganisation, Verantwortungsübernahme und nachhaltige Lösungen im beruflichen Umfeld (König & Volmer, 2019; Webers, 2020).

Anwendungsgebiete
Einsatz in Führungskräfteentwicklung, Teamentwicklung, Transition Management, Change-Prozessen, Konflikt- sowie Krisensituationen, Organisationsentwicklung und im Talentmanagement (König & Volmer, 2019; Webers, 2020).

Vorgehensweise
1. **Systemanalyse:** Erfassen von Beziehungs- und Kommunikationsmustern im Coachingkontext
2. **Zielklärung & Auftragsklärung:** Definition realistischer Coachingziele
3. **Hypothesenbildung & Interventionen:** Einsatz zirkulärer Fragen („Was passiert, wenn...?")
4. **Ressourcenaktivierung:** Fokus auf Stärken, Fähigkeiten und Lösungserfahrungen
5. **Reflexion & Transfer:** Integration von Erkenntnissen in den Alltag durch Hausaufgaben, Feedback und Transfergespräche (Webers, 2020)

Beispiel aus der Praxis
In einem Team mit hoher Fluktuation führte systemisches Coaching zu neuem Verständnis der Teamdynamik. Unter Einbezug verschiedener Perspektiven konnte die Teamführung Rollen klarer verteilen und Verantwortungsdiffusion reduzieren, wodurch die Teamstabilität und Arbeitszufriedenheit nach drei Monaten signifikant zunahmen.

Voraussetzungen und Rahmenbedingungen
Für wirksames systemisches Coaching ist neben methodischer Kompetenz und eigener Reflexionsfähigkeit des Coaches notwendig: ein vertrauensvoller Rahmen, klare Auftragsklärung, psychologische Sicherheit, Bereitschaft zur Selbstreflexion und Follow-up durch Organisationseinbettung. Coaching bleibt wirkungslos, wenn die Führungskultur keine Veränderungen zulässt und die Episoden isoliert bleiben – integrierte Organisationsentwicklung ist entscheidend (König & Volmer, 2019; Webers, 2020).

Stärken und Schwächen

Stärken: Individuelle und teamfördernde Wirkung. Nachhaltige Veränderung durch systemisches Verstehen. Flexibles, kontextsensitives Vorgehen.

Schwächen: Wirkungsgrad abhängig von Coach-Qualität und Auftragsklarheit. Gefahr von Einzelinterventionen ohne systemische Verankerung. Hoher Zeit- und Ressourcenaufwand.

Verwandte Methoden/Kombinationen
Verknüpft mit Supervision, Coaching im Change Management, Teamcoaching, Führungskräfteentwicklung, systemischer Organisationsberatung, Mental Coaching und 360°-Feedback.

Werkzeuge und Tools
- Methoden wie zirkuläre Fragen, Genogramme, Reflecting Teams
- Visualisierungsarbeit: Aufstellungsmodelle, Metaplan-Karten
- Dokumentation via Coaching-Logs, Transfer-Checklisten

8.12.4 Fragetechniken

Kurzbeschreibung
Fragetechniken im Coaching und Consulting sind gezielte, methodisch fundierte Gesprächsstrategien, um Denkprozesse, Selbstreflexion und Lösungsorientierung beim Coachee bzw. Klienten zu fördern. Ziel ist es, durch passende Fragen Erkenntnisse zu vertiefen, Handlungsspielräume zu erweitern und Engagement anzustoßen (Patrzek, 2021; Fleischhacker et al., 2024).

Anwendungsgebiete
Eingesetzt im Business Coaching, Führungskräfte- und Konfliktcoaching, teamentwickelnden Workshops, in Beratungsgesprächen sowie in Fokusgruppen und systemischen Interventionen (Fleischhacker et al., 2024).

Vorgehensweise
- **Offene W-Fragen** („Was…? Wie…?") fördern Reflexion und Exploration.
- **Zirkuläre Fragen** („Was würde X sagen?") regen zur Perspektivübernahme an.
- **Hypothetische Fragen** („Wenn…, was wäre …?") stimulieren das Denken jenseits bestehender Realität.
- **Wunderfragen** („Angenommen es geschieht über Nacht ein Wunder…") ermöglichen Vorstellung idealer Zustände.
- **V1-Fragen** mit positiver Formulierung fokussieren Stärken und Handlungsschritte.
- Zusätzlich finden **skallierende, Paradoxe** und **reflektierende Fragen** Anwendung (Fleischhacker et al., 2024).

Beispiel aus der Praxis
Ein Coach stellte einem Manager in einer Teamsitzung die offene W-Frage: „Was ist der kleinste erste Schritt?" (Solution-Focused). Damit initiierte er den soforti-

gen Transfer in den Arbeitsalltag, verstärkt durch anschließende V1-Formulierung („Wie genau beginnen Sie morgen…?"), was zu greifbaren Maßnahmen führte.

Voraussetzungen und Rahmenbedingungen
Erfolgreiche Fragetechnik setzt professionelle Moderation, empathische Gesprächsatmosphäre, klare Ziel- und Auftragsklärung voraus. Fragen müssen offen, wertschätzend und didaktisch sinnvoll gewählt sein, damit sie Reflexion ermöglichen. Coaches und Berater benötigen methodische Schulung und situative Sensitivität, um Fragetyp und Timing dem Prozess angemessen zu steuern.

Stärken und Schwächen

Stärken: Aktivierung eigenständiger Lösungen. Förderung von Selbstwirksamkeit und Perspektivenvielfalt. Strukturierung von Coaching-Prozessen.
Schwächen: Wirkung abhängig von Professionalität und Befähigung der Fragenden. Bei unpassender Frageform drohen Missverständnisse oder Blockadereaktionen.

Verwandte Methoden/Kombinationen
Verknüpfbar mit Systemischem Coaching, Moderationstechniken, Konfliktmoderation, Zürcher Ressourcenmodell, Solution-Focused Brief Coaching und Reflexionsinstrumenten.

Werkzeuge und Tools
- Fragen-Wandkarten (analog oder digital)
- Gesprächsleitfäden für zahlreiche Fragetypen
- Supervising-Formate und Coaching-Reflexionsbögen

8.12.5 Storytelling

Kurzbeschreibung
Storytelling ist eine wirkungsvolle Methode, um mit narrativen Elementen Unternehmenswerte, Strategien und Wissen emotional und einprägsam zu vermitteln. Die Technik nutzt strukturell aufgebaute Geschichten zur Sinnstiftung, Identitätsbildung und Verstärkung organisationaler Reflexion (Fog et al., 2010; Rasmussen, 2019).

Anwendungsgebiete
Eingesetzt in Change-Prozessen, Kulturentwicklung, Markenkommunikation, Wissensmanagement ("Learning Histories"), Führungskommunikation und Projektabschluss-Debriefings. Es unterstützt strategische und operative Kommunikation gleichermaßen (Fog et al., 2010; Rasmussen, 2019).

Vorgehensweise

1. **Kontext festlegen:** Definition von Zielgruppe und Storyzweck (z. B. Veränderungsimpulse, Wissen teilen).
2. **Struktur entwickeln:** Aufbau mit Einleitung (Setting), Konflikt/Krise, Wendepunkt/Reflexion und Lösung/Handlungsimpuls.
3. **Charaktere und Perspektiven einbinden:** Personen + Stakeholder geben Narrative Vielschichtigkeit.
4. **Emotional komponieren:** Authentizität, Metaphern, sensorische Details fördern Einfühlung und Erinnerung.
5. **Kommunikationsmedien wählen:** Face-to-face, digitale Beiträge, Videos, interne Kanäle (Intranet, Storyboards) je nach Zielgruppe und Kanalstrategie (Fog et al., 2010; Rasmussen, 2019).

Beispiel aus der Praxis

Ein Tech-Unternehmen nutzte Storytelling in der Change-Kommunikation. Führungskräfte teilten Transformationserfahrungen als „Learning Histories" – mit persönlichen Anekdoten, Fehlern und Erfolgsschritten. Dies erhöhte das Vertrauen der Mitarbeitenden und steigerte die Change-Akzeptanz signifikant.

Voraussetzungen und Rahmenbedingungen

Für wirkungsvolles Storytelling bedarf es authentischer Inhalte, narrativer Strukturkompetenz, erzählerischer Integrität und einem passenden Rahmen (z. B. Gespräche im kleinen Kreis, Kampagnen über interne Kanäle). Moderation und redaktionelle Begleitung stellen sicher, dass Inhalte reflektiert und nicht nur emotional transportiert werden. Zusätzlich sollten ethisch sensible Aspekte (z. B. Datenschutz, persönliche Grenzen) beachtet werden (Fog et al., 2010; Rasmussen, 2019).

Stärken und Schwächen

Stärken: Hohe Erinnerungswirkung durch emotional aufgeladene Narrative. Sinnstiftung und Förderung von Identität und Kultur. Vermittlung komplexer Inhalte durch vereinfachende Struktur.
Schwächen: Gefahr der Retrospektive oder Überdramatisierung. Wirkung abhängig von Erzählkompetenz und Kontextverständnis. Erfordert vertrauenswürdige Quellen und Inhalte.

Verwandte Methoden/Kombinationen

Kombinierbar mit Learning Histories, Narrative Organisationsentwicklung, Design Thinking, Visual Storytelling, Data Storytelling, Change-Kommunikation und Co-Creation-Prozessen.

Werkzeuge und Tools

• Format: Storyboards, Video-Interviews, Audio-Podcasts, interne Blogformate

- Technik: Aufnahme-Equipment, Editing-Software, Präsentationsdesign (Prezi, Canva)
- Methoden: Story-Coaching, Peer-Review, Storylabs, Storylisten („Storylistening")

8.12.6 Elevator Pitching

Kurzbeschreibung
Elevator Pitching bezeichnet eine kurze, prägnante Präsentationsform, in der ein Projekt, eine Idee oder ein Angebot in maximal 60 Sekunden so vorgestellt wird, dass es Interesse weckt und einen Folgekontakt ermöglicht. Ziel ist es, entscheidende Kernbotschaften mit Spannung und Klarheit zu vermitteln und potenzielle Gesprächspartner:innen effektiv zu gewinnen (Meyer & Schlotthauer, 2009).

Anwendungsgebiete
Verwendet in Sales Meetings, Investorenansprache, Pitch-Trainings, Networking-Events, Karriereentwicklung (z. B. Vorstellungsgespräch), Startup-Vorstellungen und internen Projekt-Pitches.

Vorgehensweise
1. **Ziel und Zielgruppe bestimmen:** Wer ist mein:e Adressat:in und was soll erreicht werden?
2. **Struktur festlegen:** Einstieg mit Hook, Problem/Chance, Lösung/Nutzen, Differenzierung und Call-to-Action in knapper Form
3. **Kernaussagen formulieren:** Betonung von Nutzen statt Funktionen („Was bringt es mir?")
4. **Sprache fokussiert halten:** Aktiv, bildhaft und ohne Jargon; rhetorische Stilmittel: Fragen, Schlagworte, Zahlen
5. **Proben und Feedback einholen:** Zeitliche und sprachliche Feinarbeit durch Probevortrag, Metronom-Checks, Kolleg:innenfeedback
6. **Situative Anpassung:** Elevator Pitch variiert je nach Kontext (Social Event, Investorensitzung, interner Termin) (Meyer & Schlotthauer, 2009).

Beispiel aus der Praxis
Ein Start-up-Gründer präsentierte seine KI-basierte Recruiting-Lösung auf einem Pitch-Event so: „Stellen Sie sich vor, Sie senken Ihre Time-to-Hire um 50 %, frühzeitig Bias ausschalten und erhalten passende Kandidat:innen vor der Konkurrenz – in 30 Sekunden." Der Pitch führte direkt zu Folgegesprächen mit drei potenziellen Investor:innen.

Voraussetzungen und Rahmenbedingungen
Elevator Pitching erfordert präzise Zieldefinition und ein gutes Verständnis der Zielgruppe. Texte müssen mehrfach komprimiert und sprachlich vereinfacht wer-

den, um in kurzer Zeit verständlich zu wirken. Regelmäßiges Üben und externe Perspektiven (Peer-Feedback) sind erforderlich, um Timing, Inhalt und Sprachfluss zu optimieren. Coachings und Feedbackrunden unterstützen beim Feinschliff (Meyer & Schlotthauer, 2009).

Stärken und Schwächen

Stärken: Zeitökonomisch und wirkungsvoll in kontaktarmen Situationen. Klarheit erzeugen, Interesse wecken. Funktioniert als Türöffner in vielen Gesprächskontexten (Meyer & Schlotthauer, 2009).
Schwächen: Keine Details, wenn die Inhaltstiefe fehlt. Gefahr zu verkaufsorientiert oder generisch. Wirkung ist stark abhängig von Stimme, Präsentationsgeschick und Übung (Meyer & Schlotthauer, 2009).

Verwandte Methoden/Kombinationen
Ergänzt durch Pitch-Decks, Storytelling, Value Proposition Canvas, Kommunikations- und Präsentationstrainings, SPIN Selling-Techniken.

Werkzeuge und Tools
- **Pitch-Skript-Templates** für Hook, Problem, Lösung, CTA
- **Timer/Stopwatch** für 30 – 60 Sekunden-Pitches
- **Feedback-Tools:** Videoaufnahmen, Peer-Feedback-Sessions, Coaching-Audio-Playback

8.12.7 Stakeholder-Kommunikationspläne

Kurzbeschreibung
Ein **Stakeholder-Kommunikationsplan** definiert, wie, wann und mit welchen Inhalten relevante Anspruchsgruppen systematisch informiert, eingebunden und aktiviert werden. Ziel ist es, Erwartungen zu steuern, Akzeptanz zu erhöhen und Vertrauen durch gezielte und transparente Kommunikation zu schaffen (Sanghera, 2019; Ndlela, 2018).

Anwendungsgebiete
Eingesetzt in Projekt- und Change-Management, Strategieimplementierung, Krisenkommunikation, Nachhaltigkeits- oder Digitalisierungsinitiativen sowie im Innovationsmanagement im Stakeholder-Dialog (Sanghera, 2019; Ndlela, 2018).

Vorgehensweise
1. **Stakeholder-Identifikation und Priorisierung** – in Anlehnung an Mitchell e a. (1997) nach Macht, Legitimität und Dringlichkeit.
2. **Ziel- und Bedarfsanalyse** – Information, Publikumseinbindung oder Mitwirkung? Was benötigt jede Gruppe?
3. **Botschaftsdefinition** – maßgeschneiderte Inhalte für jede Zielgruppe.

4. **Kanäle und Frequenz festlegen** – persönlich (Workshops, Meetings), schriftlich (Reports, Briefe), digital (Newsletter, Intranet, Soziale Medien).
5. **Verantwortlichkeiten zuweisen** – wer spricht, wer liefert Inhalte, wer sammelt Feedback?
6. **Zeitplan und Rhythmus** – regelmäßige Updates, Meilenstein-Kommunikation und Eskalationspfade.
7. **Monitoring und Feedback-Integration** – Rückmeldemechanismen, regelmäßige Plan-Reviews und Anpassung (Sanghera, 2019; Ndlela, 2018).

Beispiel aus der Praxis
Ein IT-Transformationsprojekt führte einen Stakeholder-Kommunikationsplan ein: Führungskräfte erhielten wöchentliche Dashboards, Fachgruppen monatliche Workshops. Intranet-News und Town-Hall-Veranstaltungen sicherten Transparenz. Das Ergebnis: Stakeholder-Zufriedenheit stieg um 30 %, während Widerstände um 45 % sanken.

Voraussetzungen und Rahmenbedingungen
Ein wirksamer Kommunikationsplan setzt eine fundierte Stakeholder-Analyse voraus – mit Fokus auf Einfluss, Interessen und Kommunikationspräferenzen. Relevante Voraussetzungen sind klare Governance für die Kommunikationsverantwortung, organisatorische Offenheit für Feedback, definierte Kanäle und Inhalte sowie angemessene Ressourcen. Ohne methodische Struktur und konsistente Umsetzung bleibt der Plan wirkungslos (Sanghera, 2019; Ndlela, 2018).

Stärken und Schwächen

Stärken: Systematische, zielgruppengerechte Kommunikation. Besseres Stakeholder-Engagement und Vertrauensaufbau. Frühzeitiges Aufdecken von Bedenken oder Risiken.
Schwächen: Hoher Planungs- und Pflegeaufwand. Überkommunikation ohne Wirkung möglich. Wirkung abhängig von Datenqualität der Stakeholderanalyse.

Verwandte Methoden/Kombinationen
Eng verzahnt mit Stakeholder-Analyse, Krisen- und Reputationskommunikation, Projekt- und Change-Kommunikation, Balanced Scorecards für Stakeholder-Kennzahlen, Social-Media-Monitoring und partizipativer Kommunikation.

Werkzeuge und Tools
- Excel-Templates für Kommunikationsmatrix (Stakeholder × Medien × Frequenz)
- Projekt- und CRM-Tools zur Kontakt- und Feedback-Verwaltung (z. B. Microsoft Project, Salesforce)
- Intranet-Portale, CMS, Social-Media-Tools und Workshop-Moderationsmedien

Literatur

Aichele, C., & Schönberger, M. (2015). *IT-Projektmanagement: effiziente Einführung in das Management von Projekten.* Wiesbaden: Springer Vieweg.

Aier, S., Gleichauf, B., & Winter, R. (2011). Understanding enterprise architecture management design–An empirical analysis. *Proceedings of the 10th International Conference on Wirtschaftsinformatik.* https://aisel.aisnet.org/wi2011/50

Allweyer, T. (2020). *BPMN 2.0-Business Process Model and Notation: Einführung in den Standard für die Geschäftsprozessmodellierung.* BoD–Books on Demand.

Angrave, D., Charlwood, A., Kirkpatrick, I., Lawrence, M., & Stuart, M. (2016). HR and analytics: Why HR is set to fail the big data challenge. *Human Resource Management Journal, 26*(1), 1–11. https://doi.org/10.1111/1748-8583.12090

Arcidiacono, G., Calabrese, C., & Yang, K. (2012). Introduction: Six sigma. In *Leading processes to lead companies: Lean Six Sigma* (S. 1–10). Springer. https://doi.org/10.1007/978-88-470-2492-2_1

Athanasopoulou, A., & De Reuver, M. (2020). How do business model tools facilitate business model exploration? Evidence from action research. *Electronic Markets, 30*(3), 495–508. https://doi.org/10.1007/s12525-020-00418-3

Baburaj, Y., & Narayanan, V. K. (2018). Five forces framework. In *The Palgrave encyclopedia of strategic management* (S. 562-568). Palgrave Macmillan.

Backhaus, K., & Voeth, M. (2015). Handbuch Business-to-Business-Marketing. In *Grundlagen, Geschäftsmodelle, Instrumente des Industriegütermarketing* (2. Aufl.). Springer Gabler.

Beck, K., Beedle, M., van Bennekum, A., Cockburn, A., Cunningham, W., Fowler, M., … Thomas, D. (2001). *Manifesto for Agile Software Development.* Agile Alliance.

Becker, J., Knackstedt, R., & Pöppelbuß, J. (2009). Developing maturity models for IT management: A procedure model and its application. *Business & Information Systems Engineering, 1*(3), 213–222.

Becker, J., Kugeler, M., & Rosemann, M. (Hrsg.). (2012). *Prozessmanagement: Ein Leitfaden zur prozessorientierten Organisationsgestaltung.* Heidelberg: Springer Gabler.

Becker, W, & Ulrich, P. (Hrsg.). (2015). *BWL im Mittelstand: Grundlagen-Besonderheiten-Entwicklungen.* Kohlhammer.

Becker, W., Baltzer, B., & Ulrich, P. (2014). *Wertschöpfungsorientiertes Controlling: Konzeption und Umsetzung.* Kohlhammer

Benighaus, C., & Benighaus, L. (2020). Moderation, Gesprächsaufbau und Dynamik in Fokusgruppen. In *Fokusgruppen in der empirischen Sozialwissenschaft* (S. 111–132). VS Verlag für Sozialwissenschaften. https://doi.org/10.1007/978-3-531-19397-7_6

Bergmann, R., & Bungert, M. (2022). *Strategische Unternehmensführung: Perspektiven, Konzepte, Strategien* (3. Aufl.). Springer.

Bingham, C. B., & Eisenhardt, K. M. (2008). Position, leverage and opportunity: A typology of strategic logics linking resources with competitive advantage. *Managerial and Decision Economics, 29*(2–3), 241–256.

Bitner, M. J., Ostrom, A. L., & Morgan, F. N. (2008). Service blueprinting: A practical technique for service innovation. *California Management Review, 50*(3), 66–94. https://doi.org/10.2307/41166446

Borg, I. (2003). *Führungsinstrument Mitarbeiterbefragung: Theorien, Tools und Praxiserfahrungen* (3. Aufl.). Hogrefe Verlag GmbH & Company KG.

Bou Hatoum, M., Nassereddine, H., Musick, S., & El-Jazzar, M. (2023). Investigation of PESTEL factors driving change in capital project organizations. *Frontiers in Built Environment, 9,* 1207564.

Boulle, L., Colatrella, M. T., & Picchioni, A. P. (2008). *Mediation: Skills and techniques* (Vol. 1). LexisNexis.

Bourne, L. (2016). *Stakeholder relationship management: a maturity model for organisational implementation.* Routledge.

Brealey, R. A., Myers, S. C., & Allen, F. (2022). *Principles of corporate finance* (14. Aufl.). New York: McGraw-Hill Education.

Brem, A., Bilgram, V., & Gutstein, A. (2018). Involving lead users in innovation: A structured summary of research on the lead user method. *International Journal of Innovation and Technology Management, 15*(3), 1850022.

Brown, T. (2008). Design thinking. *Harvard Business Review, 86*(6), 84–92.

Bruno, I. (2012). Benchmarking. In *Encyclopedia of quality of life and well-being research* (S. 363–368). Springer. https://doi.org/10.1007/978-94-007-0753-5_170

Büssing, A. (2007). Organisationsdiagnose. In H. Schuler (Hrsg.), *Lehrbuch Organisationspsychologie* (7. Aufl., S. 557–599). Huber.

Camp, R. C. (1989). *Benchmarking: The search for industry best practices that lead to superior performance*. Productivity Press.

Cappelli, P. (2009). Talent on demand–managing talent in an age of uncertainty. *Strategic Direction, 25*(3).

Charan, R., Drotter, S., & Noel, J. L. (2011). *The leadership pipeline: How to build the leadership powered company* (Bd. 391). Hoboken: Wiley.

Chechurin, L. (Hrsg.). (2016). *Research and practice on the Theory of Inventive Problem Solving (TRIZ): Linking creativity, engineering and innovation.* Springer. https://doi.org/10.1007/978-3-319-31782-3

Chesbrough, H. (2003). *Open innovation: The new imperative for creating and profiting from technology.* Harvard Business School Press.

Chesbrough, H., & Bogers, M. (2014). Explicating open innovation: Clarifying an emerging paradigm for understanding innovation. In *New frontiers in open innovation* (S. 3–28). Oxford: Oxford University Press, Forthcoming.

Chmielewska, M., Stokwiszewski, J., Markowska, J., & Hermanowski, T. (2022). Evaluating organizational performance of public hospitals using the McKinsey 7-S framework. *BMC Health Services Research, 22,* 1–12.

Çitilci, T., & Akbalık, M. (2020). The importance of PESTEL analysis for environmental scanning process. In *Handbook of research on decision-making techniques in financial marketing* (S. 336-357). IGI Global Scientific Publishing.

Coenenberg, A. G., Fischer, T. M., & Günther, T. (2024). *Kostenrechnung und Kostenanalyse* (10. Aufl.). Stuttgart: Schäffer-Poeschel.

Cooper, A., Reimann, R., Cronin, D., & Noessel, C. (2014). *About face: the essentials of interaction design* (4. Aufl.). Hoboken: Wiley.

Crowe, M., & Sheppard, L. (2011). Mind mapping research methods. *Quality & Quantity, 46*(6), 1493–1504. https://doi.org/10.1007/s11135-011-9463-8

Dalton, J. (2019). *SWOT Analysis (Strengths, weaknesses, opportunities, threats).* In *Great Big Agile* (S. 249–252). Apress. https://doi.org/10.1007/978-1-4842-4206-3_62

Dattakumar, R., & Jagadeesh, R. (2003). A review of literature on benchmarking. *Benchmarking: An International Journal, 10*(3), 176–209. https://doi.org/10.1108/14635770310477744

De Haes, S., & Van Grembergen, W. (2009). An exploratory study into IT governance implementations and its impact on business/IT alignment. *Information Systems Management, 26*(2), 123–137. https://doi.org/10.1080/10580530902794786

Demir, E., & Kocaoglu, B. (2019). The use of McKinsey's 7S framework as a strategic planning and economic assessment tool in the process of digital transformation. *PressAcademia Procedia, 9,* 114–119. https://doi.org/10.17261/Pressacademia.2019.1078

Denison, D. R., & Mishra, A. K. (1995). Toward a theory of organizational culture and effectiveness. *Organization Science, 6*(2), 204–223. https://doi.org/10.1287/orsc.6.2.204

Denk, C., Fritz-Schmied, G., Mitter, C., Wohlschlager, T., & Wolfsgruber, H. (2016). *Externe Unternehmensrechnung: Handbuch für Studium und Bilanzierungspraxis.* Linde Verlag GmbH.

DIN. (2009). *DIN 69901-5: Projektmanagement – Projektmanagementsysteme – Teil 5: Begriffe.* Deutsches Institut für Normung.

Doerfler, W. (2014). Führung und Führungskräfteentwicklung. In P. J. Niermann & A. Schmutte (Hrsg.), *Exzellente Managemententscheidungen* (S. 149–171). Wiesbaden: Springer Gabler.

Dolnicar, S., Grün, B., & Leisch, F. (2017). Market segmentation analysis: Understanding it, doing it, and making it useful. *Springer.* https://doi.org/10.1007/978-981-10-8818-6

Drews, T., Molenda, P., Siebert, J., & Oechsle, O. (2015). Entwicklung eines Zielsystems zur Entscheidungsunterstützung bei der Gestaltung schlanker innerbetrieblicher Logistikprozesse in KMU. In M. Schenk, H. Zadek, G. Müller, K. Richter, & H. Seidel (Hrsg.), *20. Magdeburger Logistiktage* (S. 73-83). Fraunhofer.

Dumas, M., La Rosa, M., Mendling, J., & Reijers, H. A. (2018). *Fundamentals of Business Process Management* (2. Aufl.). Springer. https://doi.org/10.1007/978-3-662-56509-4

Ebel, N. (2021). *Basiswissen ITIL 4: Grundlagen und Know-how für das IT Service Management und die ITIL-4-Foundation-Prüfung.* dpunkt.verlag.

Ebner, K., Urbach, N., & Mueller, B. (2016). Exploring the path to success: A review of the strategic IT benchmarking literature. *Information & Management, 53*(4), 447–466.

Eckerson, W. W. (2017). *The secrets of analytical leaders: Insights from information insiders.* Technics Publications.

Elshenawy, R. A. (2024). *Using mind mapping in research methods to achieve impactful outcomes.* Springer Nature. https://communities.springernature.com/posts/using-mind-mapping-in-research-methods-to-achieve-impactful-outcomes

ENISA. (2022). *Threat landscape 2022.* European Union Agency for Cybersecurity. https://www.enisa.europa.eu/publications/enisa-threat-landscape-2022

Enkel, E., Bogers, M., & Chesbrough, H. (2020). Exploring open innovation in the digital age: A maturity model and future research directions. *R&d Management, 50*(1), 161–168. https://doi.org/10.1111/radm.12397

Farrokhnia, M., Noroozi, O., Baggen, Y., & Biemans, H. (2023). Sparking creativity in Entrepreneurship courses: The effect of using the SCAMPER technique in Brainstorming sessions. In *3E Conference-Inaugural ECSB entrepreneurship education conference 2023.*

Few, S. (2013). *Information dashboard design: Displaying data for at-a-glance monitoring* (Bd. 5). Burlingame: Analytics Press.

Fiet, J. O. (2025). SWOT Analysis. In *The theoretical logic of strategy* (S. 157–158). Palgrave Macmillan. https://doi.org/10.1007/978-3-031-79014-0_32

Fleischhacker, M., Graf, E. M., & Kabatnik, S. (2024). Fragetypen zur Lösungsentwicklung im Business Coaching-Eine gesprächsanalytisch motivierte Untersuchung ihrer sprachlichen, frage-und interaktionstypspezifischen Charakteristika. *Zeitschrift für Angewandte Linguistik, 2024*(81), 283–332.

Fleming, Q. W., & Koppelman, J. M. (2016). *Earned value project management* (4th Aufl.). Project Management Institute.

Fog, K., Budtz, C., & Yakaboylu, B. (2010). *Branding in practice.* Berlin, Heidelberg: Springer. https://doi.org/10.1007/978-3-540-88349-4

Freeman, R. E. (2010). *Strategic management: A stakeholder approach.* Cambridge University Press.

Fuchs, C., & Golenhofen, F. J. (2024). Marktverständnis, Marktsegmentierung. *Disruption und Innovation im Produktmanagement* (S. 63–82). Cham: Springer.

Gadatsch, A. (2025). *Grundkurs Geschäftsprozess-Management: Analyse, Modellierung, Optimierung und Controlling von Prozessen* (11. Aufl.). Wiesbaden: Springer Vieweg.

Gallup. (2023). *State of the Global Workplace 2023 Report.* Gallup Inc. https://www.gallup.com/workplace/349484/state-of-the-global-workplace.aspx

Gehlenborg, N., & Wong, B. (2012). Heat maps. *Nature Methods, 9,* 213–214. https://doi.org/10.1038/nmeth.1902

Geldermann, J., & Lerche, N. (2014). Leitfaden zur Anwendung von Methoden der multikriteriellen Entscheidungsunterstützung. *Methode: Promethee,* 49–50.

Gorb, O., Dorohan-Pysarenko, L., Yehorova, O., Yasnolob, I., & Doroshenko, A. (2022). Boston consulting group matrix: Opportunities for use in economic analysis. *Scientific Horizons, 7*(25), 20–30.

Goyal, A. (2020). A critical analysis of Porter's 5 forces model of competitive advantage. *Journal of Emerging Technologies and InnovativeResearch,7*(7),149–152.

Günter, B., & Helm, S. (2007). *Kundenwert: Grundlagen-Innovative Konzepte-Praktische Umsetzungen.* Springer-Verlag.

Gupta, S., Lehmann, D. R., & Stuart, J. A. (2006). Valuing customers. *Journal of Marketing Research, 41*(1), 7–18. https://doi.org/10.1509/jmkr.41.1.7.25084

Gürel, E., & Tat, M. (2017). SWOT Analysis: A Theoretical Review. *Journal of International Social Research, 10*(51).

Halvorsrud, R., Kvale, K., & Følstad, A. (2016). Improving service quality through customer journey analysis. *Journal of Service Theory and Practice, 26*(6), 840–867. https://doi.org/10.1108/JSTP-05-2015-0111

Hamm, M., Heider-Winter, C., & Leu, N. A. (2021). *Strategische Nachfolgeplanung in Non-Profit-Organisationen. Fit für den Generationswechsel im Gemeinnützigkeitsbereich.* Berlin, Heidelberg: Springer Gabler.

Hammer, M. (2007). The process audit. *Harvard Business Review, 85*(4), 111–123. https://hbr.org/2007/04/the-process-audit

Harter, J. K., Schmidt, F. L., & Hayes, T. L. (2002). Business-unit-level relationship between employee satisfaction, employee engagement, and business outcomes: A meta-analysis. *Journal of Applied Psychology, 87*(2), 268–279. https://doi.org/10.1037/0021-9010.87.2.268

Heesen, B., & Moser, O. (2017). *Working Capital Management: Bilanzierung, Analytik und Einkaufsmanagement.* Wiesbaden: Springer Gabler.

Heinrich, L. J., Riedl, R., & Heinzl, A. (2011). Ziele und Zielsystem. *Wirtschaftsinformatik* (S. 240–250). Berlin, Heidelberg: Springer.

Helms, M. M., & Nixon, J. (2010). Exploring SWOT analysis – where are we now? *Journal of Strategy and Management, 3*(3), 215–251. https://doi.org/10.1108/17554251011064837

Hiatt, J. (2006). *ADKAR: A model for change in business, government and our community.* Prosci Research.

Hill, T., & Westbrook, R. (1997). SWOT analysis: It's time for a product recall. *Long Range Planning, 30,* 46–52. https://doi.org/10.1016/S0024-6301(96)00095-7

Hines, P., & Rich, N. (1997). The seven value stream mapping tools. *International Journal of Operations & Production Management, 17*(1), 46–64. https://doi.org/10.1108/01443579710157989

Hines, P., Holweg, M., & Rich, N. (2004). Learning to evolve: A review of contemporary lean thinking. *International Journal of Operations & Production Management, 24*(10), 994–1011. https://doi.org/10.1108/01443570410558049

Hirzel, M., Alter, W., & Niklas, C. (2019). *Projektportfolio-Management: strategisches und operatives Multi-Projektmanagement in der Praxis* (4. Aufl.). Wiesbaden: Springer.

Hofmann, M. (2020). *Prozessoptimierung als ganzheitlicher Ansatz.* Wiesbaden: Springer Gabler.

Homburg, C., Schäfer, H., & Schneider, J. (2016). *Sales Excellence: Vertriebsmanagement mit System* (8. Aufl.). Wiesbaden: Springer Gabler.

Horngren, C. T., Datar, S. M., & Rajan, M. V. (2020). *Cost Accounting: A Managerial Emphasis* (17. Aufl.). Pearson Education Limited.

Hull, J. (2023). *Risk management and financial institutions* (6. Aufl.). Hoboken: Wiley.

IEC. (2018). *IEC 60812: Failure Modes and Effects Analysis (FMEA and FMECA).* International Electrotechnical Commission.

Imai, M. (1986). *Kaizen: The key to Japan's competitive success.* New York: McGraw-Hill.

Imai, M. (2012). *Gemba Kaizen: a commonsense approach to a continuous improvement strategy* (2. Aufl.). New York: McGraw-Hill Professional.

ISACA. (2019). *COBIT® 2019 Framework: Governance and Management Objectives.* Information Systems Audit and Control Association.

Jeston, J., & Nelis, J. (2014). *Business process management: Practical guidelines to successful implementations* (3. Aufl.). London: Routledge.

Jorion, P. (2021). *Value at risk: The new benchmark for managing financial risk* (3. Aufl.). New York: McGraw-Hill Education.

Josey, A., & Hornford, D. (2022). *The TOGAF® Standard – A Pocket Guide* (10. Aufl.). 's-Hertogenbosch: Van Haren.

Kallweit, B. (2020). *Ganzheitliche Markenpositionierung.* Wiesbaden: Springer Gabler.

Kantor, B. (2018). The RACI matrix: Your blueprint for project success. *CIO, Jan, 30.*

Kaplan, R. S., & Anderson, S. R. (2007). *Time-driven activity-based costing: a simpler and more powerful path to higher profits.* Boston: Harvard Business School Press.

Kaplan, R. S., & Norton, D. P. (1996). *The Balanced Scorecard: Translating Strategy into Action.* Harvard Business School Press.

Kaplan, R. S., & Porter, M. E. (2011). The big idea: How to solve the cost crisis in health care. *Harvard Business Review, 89*(9), 46–52.

Kauffeld, S. (2019). *Arbeits-, Organisations-und Personalpsychologie für Bachelor* (3. Aufl.). Berlin, Heidelberg: Springer.

Kemell, K. K., Elonen, A., Suoranta, M., Nguyen-Duc, A., Garbajosa, J., Chanin, R., … Abrahamsson, P. (2021). Business Model Canvas should pay more attention to the software startup team. *arXiv.* Retrieved from https://arxiv.org/abs/2102.06500

Kern, J. (2006). Ishikawa-Diagramm. In: *Produktionsmanagement* (S. 63–65). Springer. https://doi.org/10.1007/978-3-8349-9091-4_22

Kim, W. C., & Mauborgne, R. (2015). *Blue ocean strategy: How to create uncontested market space and make the competition irrelevant.* Harvard Business Review Press.

Ködding, P., & Dumitrescu, R. (2022). Methoden der strategischen Vorausschau: Szenariotechnik. In E. A. Hartmann (Hrsg.), *Digitalisierung souverän gestalten II* (S. 120–135). Berlin, Heidelberg: Springer.

Koller, T., Goedhart, M., & Wessels, D. (2020). *Valuation: measuring and managing the value of companies* (7. Aufl.). Hoboken: Wiley.

König, E., & Volmer, G. (2019). Systemisches coaching. In *Handbuch für Führungskräfte, Berater und Trainer* (3. Aufl.). Julius Beltz.

Kotler, P., Keller, K. L., & Opresnik, M. O. (2017). *Marketing-Management: Konzepte-Instrumente-Unternehmensfallstudien* (15. Aufl.). München: Pearson Deutschland GmbH.

Kotter, J. P. (1995). Leading change: why transformation efforts fail. *Harvard Business Review, 73*(2), 59–67.

Kumar, V., & Reinartz, W. (2018). *Customer relationship management: concept, strategy, and tools* (3. Aufl.). Berlin, Heidelberg: Springer. https://doi.org/10.1007/978-3-662-55381-7

Kupczyk, T., Dewalska-Opitek, A., Witczak, O., Budziński, M., & Kalita, D. (2024). Business model canvas application in start-up stage business developments – constraints and challenges. *European Research Studies Journal, XXVI, I*(4), 921–940.

Kurttila, M., Pesonen, M., Kangas, J., & Kajanus, M. (2000). Utilizing the analytic hierarchy process (AHP) in SWOT analysis – A hybrid method and its application to a forest-certification case. *Forest Policy and Economics, 1*(1), 41–52. https://doi.org/10.1016/S1389-9341(99)00004-0

Lankhorst, M. (2017). *Enterprise architecture at work: Modelling, communication and analysis* (4. Aufl.). Berlin, Heidelberg: Springer. https://doi.org/10.1007/978-3-662-53933-0

Lea, B.-R., & Nah, F. F.-H. (2013). Usability of performance dashboards, usefulness of operational and tactical support, and quality of strategic support: A research framework. In S. Yamamoto (Hrsg.), *Human Interface and the Management of Information* (LNCS 8017, S. 116–123). Springer. https://doi.org/10.1007/978-3-642-39215-3_14

Lee, J. H., Phaal, R., & Lee, C. (2011). An empirical analysis of the determinants of technology roadmap utilization. *R&D Management, 41*(5), 485–508.

Lehnen, J. (2017). Theoretische Grundlagen: Der Lead User-Ansatz. In *Integration von Lead Usern in die Innovationspraxis: Eine empirische Analyse der praktischen Anwendung des Lead User-Ansatzes* (S. 9-66). Springer.

Liedtka, J. (2015). Perspective: Linking design thinking with innovation outcomes through cognitive bias reduction. *Journal of Product Innovation Management, 32*(6), 925–938. https://doi.org/10.1111/jpim.12163

Liker, J. K. (2020). *The Toyota way: 14 management principles from the world's greatest manu-facturer* (2. Aufl.). New York: McGraw-Hill.

Linsey, J., Becker, B. (2011). Effectiveness of brainwriting techniques: comparing nominal groups to real teams. In T. Taura & Y. Nagai (Hrsg.), *Design creativity 2010* (S. 165–171). Springer,. https://doi.org/10.1007/978-0-85729-224-7_22

Lopes, R., Malta, P., Mamede, H., Santos, V. (2020). A creative information system based on the SCAMPER technique. In M. Themistocleous, M. Papadaki, & M. M. Kamal (Hrsg.), *Information systems. EMCIS 2020. Lecture notes in business information processing* (Bd. 402, S. 595–606). Cham: Springer. https://doi.org/10.1007/978-3-030-63396-7_40

Lucassen, G., Dalpiaz, F., van der Werf, J. M. E. M., & Brinkkemper, S. (2016). Improving agile requirements: The quality user story framework and tool. *Requirements Engineering, 21*(3), 383–403. https://doi.org/10.1007/s00766-015-0232-7

Lucero, A. (2015). Using affinity diagrams to evaluate interactive prototypes. In *Human-Computer Interaction–INTERACT 2015: 15th IFIP TC 13 International Conference, Bamberg, Germany, September 14–18, 2015, Proceedings, Part II 15* (S. 231–248). Springer International Publishing.

Luftman, J. N., Lewis, P. R., & Oldach, S. H. (1993). Transforming the enterprise: The alignment of business and information technology strategies. *IBM systems journal, 32*(1), 198–221.

Madsen, D. Ø. (2017). Not dead yet: the rise, fall and persistence of the BCG Matrix. *Problems and Perspectives in Management, 15*(1), 19–34.

Madsen, D. Ø., & Slåtten, K. (2019). Examining the emergence and evolution of Blue Ocean Strategy through the lens of management fashion theory. *Social Sciences, 8*(1), 28. https://doi.org/10.3390/socsci8010028

Madsen, D. Ø., & Stenheim, T. (2015). The balanced scorecard: a review of five research areas. *American Journal of Management, 15*(2), 24–41.

Maher, M. A. (2000). Diagnosing and changing organizational culture: Based on the competing values framework. *Journal of Organizational Change Management, 13*(3), 300–303.

Malorny, C., & Langner, M. A. (2007). *Moderationstechniken: Werkzeuge für die Teamarbeit* (3. Aufl.). München: Carl Hanser Verlag.

Marrone, M., & Kolbe, L. M. (2011). Uncovering ITIL claims: IT executive's perception on benefits and Business-IT alignment. *Information Systems and e-Business Management, 9*(3), 363–380. https://doi.org/10.1007/s10257-010-0131-7

Martinsuo, M. (2013). Project portfolio management in practice and in context. *International Journal of Project Management, 31*(6), 794–803. https://doi.org/10.1016/j.ijproman.2012.10.013

Mettler, T. (2011). Maturity assessment models: A design science research approach. *International Journal of Society Systems Science, 3*(1–2), 81–98. https://doi.org/10.1504/IJSSS.2011.038934

Meyer, M., & Schlotthauer, T. (2009). Elevator pitching. In *Erfolgreich akquirieren in 30 Sekunden.* Gabler.

Minbaeva, D. B. (2018). Building credible human capital analytics for organizational competitive advantage. *Human Resource Management, 57*(3), 701–713.

Mishan, E. J., & Quah, E. (2020). *Cost-benefit analysis* (6. Aufl.). London: Routledge.

Mitchell, R. K., Agle, B. R., & Wood, D. J. (1997). Toward a theory of stakeholder identification and salience: Defining the principle of who and what really counts. *Academy of management review, 22*(4), 853–886.

Mohajan, H. K. (2018). An analysis on BCG Growth Sharing Matrix. *Noble International Journal of Business and Management, 2*(1), 1–6.

Mora, L. (2016). Balanced scorecard. In A. Farazmand (Hrsg.). *Global encyclopedia of Public Administration, Public Policy, and Governance.* Cham: Springer. https://doi.org/10.1007/978-3-319-31816-5_2299-1

Murray, A., & Scuotto, V. (2015). The business model canvas. *Symphonya. Emerging Issues in Management*, 94–109.

Ndlela, M. N. (2018). *Crisis communication: A stakeholder approach*. Berlin, Heidelberg: Springer. https://doi.org/10.1007/978-3-319-97256-5

Nguyen, T., Reynolds, M., & Kandaswamy, R. (2021). Emerging technologies and trends impact radar: 2021. *Gartner Research Notes*. https://www.gartner.com/en/documents/4006010

Niemann, K. D. (2005). *Von der Unternehmensarchitektur zur IT-Governance. Bausteine für ein wirksames IT-Management*. Wiesbaden: Springer.

Osterwalder, A., & Pigneur, Y. (2010). *Business model generation: A handbook for visionaries, game changers, and challengers*. Hoboken: Wiley.

Ostrom, A. L., Parasuraman, A., Bowen, D. E., Patrício, L., & Voss, C. A. (2015). Service research priorities in a rapidly changing context. *Journal of Service Research, 18*(2), 127–159. https://doi.org/10.1177/1094670515576315

Palloks-Kahlen, M. (2007). Gap-Analyse. In C.-C. Freidank, L. Lachnit, & J. Tesch (Hrsg.), *Vahlens großes Auditing-Lexikon* (S. 519). München: Vahlen.

Pascoe, A. (2014). Innovation in pricing: Contemporary theories and best practices. *Journal of Revenue and Pricing Management, 13*(3), 267–270.

Patrzek, A. (2021). *Systemisches Fragen: Professionelle Fragetechnik für Führungskräfte, Berater und Coaches*. Wiesbaden: Springer Gabler.

Patton, J. (2014). *User story mapping: Discover the whole story, build the right product*. O'Reilly Media.

Paul, H., & Wollny, V. (2020). *Instrumente des strategischen Managements: Grundlagen und Anwendung. In Instrumente des strategischen Managements*. München: De Gruyter.

Paulk, M. C., Curtis, B., Chrissis, M. B., & Weber, C. V. (1993). Capability maturity model, version 1.1. *IEEE software, 10*(4), 18–27.

Paulus, P. B., & Nijstad, B. A. (2003). *Group creativity: Innovation through collaboration*. New York: Oxford Academic.

Peppard, J., & Ward, J. (2016). *The strategic management of information systems: Building a digital strategy* (4. Aufl.). Hoboken: Wiley.

Perridon, L., Steiner, M., & Rathgeber, A. W. (2022). *Finanzwirtschaft der Unternehmung* (22. Aufl.). München: Franz Vahlen.

Petrov, V. (2019). TRIZ. In *Theory of inventive problem solving: Level 1*. Cham: Springer.

Phaal, R., Farrukh, C. J. P., & Probert, D. R. (2004). Technology roadmapping – A planning framework for evolution and revolution. *Technological Forecasting and Social Change, 71*(1–2), 5–26. https://doi.org/10.1016/S0040-1625(03)00072-6

Porter, M. E. (1980). *Competitive strategy: techniques for analyzing industries and competitors*. New York: Free Press.

Preve, L., & Sarria-Allende, V. (2010). *Working capital management*. Oxford: Oxford University Press.

Probst, G., Raub, S., & Romhardt, K. (2013). *Wissen managen: Wie Unternehmen ihre wertvollste Ressource optimal nutzen* (7. Aufl.). Wiesbaden: Gabler.

Project Management Institute (PMI) (2017). *The standard for portfolio management* (4. Aufl.). Project Management Institute.

Project Management Institute (PMI) (2021). *A guide to the project management body of knowledge (PMBOK® Guide)* (7. Aufl.), Project Management Institute.

Proksch, S. (2014). *Konfliktmanagement im Unternehmen: Mediation als Instrument für Konflikt- und Kooperationsmanagement am Arbeitsplatz* (2. Aufl.). Berlin, Heidelberg: Springer Gabler.

Pruitt, J., & Adlin, T. (2006). *The persona lifecycle: keeping people in mind throughout product design*. Amsterdam et al.: Elsevier.

Ralston, P. A., Graham, J. H., & Hieb, J. L. (2007). Cyber security risk assessment for SCADA and DCS networks. *ISA Transactions, 46*(4), 583–594.

Ramanan, R. (2024). Balanced Scorecard. In P. M. Swamidass (Hrsg.). *Encyclopedia of production and manufacturing management*. Springer, https://doi.org/10.1007/1-4020-0612-8_77

Rasmussen, J. (2019). Storytelling as a guiding leadership principle: A framework for cocreating narratives with leaders. In J. Chlopczyk, & C. Erlach(Hrsg.). *Transforming organizations. management for professionals*. Cham: Springer. https://doi.org/10.1007/978-3-030-17851-2_10

Reeves, M., Moose, S., & Venema, T. (2014). BCG classics revisited: The growth share matrix. *BCG perspectives, 6,* 2014.

Remenyi, D., Money, A., & Bannister, F. (2007). *The effective measurement and management of ICT costs and benefits* (3. Aufl.). Amsterdam et al.: Elsevier.

Richardson, A. (2010). Using customer journey maps to improve customer experience. *Harvard Business Review, 15*(1), 2–5.

Ritchey, T. (2011). General Morphological Analysis (GMA). *Wicked problems–social messes: Decision support modelling with morphological analysis* (17. Aufl., S. 7–18). Berlin, Heidelberg: Springer.

Rodriguez Delgadillo, R., Medini, K., & Wuest, T. (2022). A DMAIC framework to improve quality and sustainability in additive manufacturing – A case study. *Sustainability, 14*(1), 581. https://doi.org/10.3390/su14010581

Rother, M., & Shook, J. (2003). *Learning to See: Value Stream Mapping to Add Value and Eliminate MUDA*. Lean Enterprise Institute.

Rothwell, W. J. (2023). *Effective succession planning: Ensuring leadership continuity and building talent from within* (4. Aufl.). New York: Amacom.

Rothwell, W. J., & Graber, J. M. (2010). *Competency-based training basics*. Association for Talent Development.

Sánchez-López, A. M. (2018). The innovation canvas: an experiential tool to stimulate customer discovery: An abstract. In *Marketing transformation: marketing practice in an ever changing world: proceedings of the 2017 Academy of Marketing Science (AMS) World Marketing Congress (WMC)* (S. 221-221). Springer International Publishing.

Sanghera, P. (2019). Planning for communication and stakeholder management. *PMP® in Depth* (S. 313–341). Berkeley: Apress.

Schaad, K., & Hofer, S. (2020). Benchmarking. In A. Redlein (Hrsg.), *Modern facility and workplace management* (S. 115–138). Cham: Springer.

Schawel, C., & Billing, F. (2018). Entscheidungsbaum. In *Top 100 management tools*. Springer Gabler. https://doi.org/10.1007/978-3-658-18917-4_31

Schawel, C., Billing, F. (2014). 6-3-5-Methode. In *Top 100 Management tools*. Springer Gabler. https://doi.org/10.1007/978-3-8349-4691-1_101

Schenk, B., & Schwabe, G. (2001). Moderation. In G. Schwabe, N. Streitz, & R. Unland (Hrsg.), *CSCW-Kompendium* (S. 66–75). Berlin, Heidelberg: Springer.

Schiersmann, C., & Thiel, H. U. (2018). Wissens-und Kompetenzmanagement. *Organisationsentwicklung: Prinzipien und Strategien von Veränderungsprozessen* (3. Aufl., S. 331–369). Wiesbaden: Springer Fachmedien.

Schiuma, G., & Santarsiero, F. (2024). *Open innovation labs: Unlocking organizational innovation capacity.* Cham: Springer. https://doi.org/10.1007/978-3-031-75533-0

Schmidt, T. (2023). Liquiditätsplanung. In T. Schmidt (Hrsg.), *Liquiditätsplanung: Das Steuerungstool für zukunftssicheres unternehmerisches Handeln–ein Praxisleitfaden* (S. 15–21). Wiesbaden: Springer Fachmedien Wiesbaden.

Schoemaker, P. J. H. (1995). Scenario planning: A tool for strategic thinking. In *MIT Sloan Management Review* (S. 25–40). Winter.

Scholz, C. (2014). *Personalmanagement: Informationsorientierte und verhaltenstheoretische Grundlagen* (6. Aufl.). München: Franz Vahlen.

Schuhmacher, M. C., & Kuester, S. (2012). Identification of lead user characteristics driving the quality of service innovation ideas. *Creativity and Innovation Management, 21*(4), 427–442.

Schwarz, J. O. (2005). Pitfalls in implementing a strategic early warning system. *Foresight, 7*(4), 22–30. https://doi.org/10.1108/14636680510611813

Şen, C. G., Baracli, H., & Şen, S. (2009). A literature review and classification of enterprise software selection approaches. *International Journal of Information Technology & Decision Making, 8*(02), 217–238.

Senge, P. M. (1990). *The fifth discipline: The art and practice of the learning organization.* Currency Doubleday.

Serrador, P., & Pinto, J. K. (2015). Does Agile work? – A quantitative analysis of agile project success. *International Journal of Project Management, 33*(5), 1040–1051. https://doi.org/10.1016/j.ijproman.2015.01.006

Serrat, O. (2017). The SCAMPER technique. *Knowledge Solutions* (S. 311–314). Singagur: Springer.

Silver, B. (2009). *BPMN Method and Style: F level-based methodology for BMP process modeling and improvement using BPMN 2.0.* Cody-Cassidy Press, Aptos.

Silzer, R., & Dowell, B. E. (2010). *Strategy-Driven Talent Management: A Leadership Imperative.* Hoboken: Wiley.

Simon, H., & Fassnacht, M. (2025). *Preismanagement: Strategie–Analyse–Entscheidung–Umsetzung* (5. Aufl.). Wiesbaden: Springer Gabler.

Sörgens, C. (2024). Implementing and validating product strategy with Objectives and Key Results (OKR). In S. Hoffmann (Hrsg.), *Digital Product Management* (S. 59–86). Wiesbaden: Springer.

Stamatis, D. H. (2003). *Failure mode and effect analysis: FMEA from theory to execution* (2. Aufl.). Milwaukee: Quality Press.

Starbuck, C. (2023). Data visualization. *The fundamentals of people analytics* (S. 283–323). Cham: Springer.

Stray, V., Gundelsby, J. H., Ulfsnes, R., & Brede Moe, N. (2022). How agile teams make Objectives and Key Results (OKRs) work. In *Proceedings of the International Conference on Software and System Processes and International Conference on Global Software Engineering (ICSSP'22)* (S. 104–109). ACM.

Stroh, M. F., & Benning, J. (2019). Projekt TechRad: Autonomer Technologie-Scouting-Radar für kleine und mittlere Unternehmen: Mithilfe Künstlicher Intelligenz autonom Scouting-Informationen für das Technologiemanagement von KMU bereitstellen. *UdZForschung, 20*(2), 31–32.

Subagyo, I. E., Saraswati, D., Trilaksono, T., & Kusmulyono, M. S. (2020). Benefits and challenges of DMAIC methodology implementation in service companies: an exploratory study. *Jurnal Aplikasi Manajemen, 18*(4), 814–824.

Tarhan, A., Turetken, O., & Reijers, H. A. (2016). Business process maturity models: A systematic literature review. *Information and Software Technology, 75,* 122–134.

Teich, I., Kolbenschlag, W., & Reiners, W. (2008). *Der richtige Weg zur Softwareauswahl: Lastenheft, Pflichtenheft, Compliance, Erfolgskontrolle.* Berlin, Heidelberg: Springer.

Teichgräber, U., Sibbel, R., Heinrich, A., & Güttler, F. (2021). Development of a balanced scorecard as a strategic performance measurement system for clinical radiology as a cost center. *Insights into Imaging, 12*(1), 69.

Thomke, S. H. (1998). Managing experimentation in the design of new products. *Management Science, 44*(6), 743–762.

Tokgoz, E. (2024). Quality and lean six sigma for engineering technicians. In *Synthesis lectures on engineering, science, and technology.* Cham: Springer.

Ulrich, K. T., & Eppinger, S. D. (2016). *Product design and development* (6. Aufl.). New York: McGraw-Hill Education.

Vanhoucke, M. (2014). *Integrated project management and control: First comes the theory, then the practice.* Cham: Springer.

Velcu-Laitinen, O., & Yigitbasioglu, O. M. (2012). The use of dashboards in performance management: evidence from sales managers. *The International Journal of Digital Accounting Research, 12*(2012), 39–58.

Vojinović, N., & Stević, Ž. (2022). Pestel analysis of the healthcare system with reference to the right to health during a pandemic. *Teme,* 437-455.

vom Brocke, J., & Rosemann, M (Hrsg.). (2015). *Handbook on Business Process Management 1: Introduction, Methods, and Information Systems* (2. Aufl.). Springer. https://doi.org/10.1007/978-3-642-45100-3

von Hippel, E. (1986). Lead users: A source of novel product concepts. *Management Science, 32*(7), 791–805. https://doi.org/10.1287/mnsc.32.7.791

Voß, M.; Bozkurt, H., Sauer, T., & Nutzmann, M. (2022). Group ideation with brainwriting – A comparison of co-located and distance collaboration. In *DS 117: Proceedings of the 24th International Conference on Engineering and Product Design Education (E&PDE 2022),* London South Bank University in London, UK. 8th–9th September 2022.

Vose, D. (2008). *Risk analysis: A quantitative guide* (3. Aufl.). Hoboken: Wiley.

Ward, J., Daniel, E., & Peppard, J. (2012). *Benefits management: Delivering value from IS and IT investments* (2. Aufl.). Hoboken: Wiley.

Weber, J., & Schäffer, U. (2022). *Einführung in das Controlling* (17. Aufl.). Stuttgart: Schäffer-Poeschel.

Webers, T. (2020). *Systemisches Coaching. Psychologische Grundlagen* (2. Aufl.). Springer.

Wehner, L., Brinek, T., & Herdlitzka, M. (2010). Moderation. *Kreatives Konfliktmanagement im Gesundheits- und Krankenpflegebereich* (S. 104–122). Wien: Springer.

Weihrich, H. (1982). The TOWS matrix – A tool for situational analysis. *Long Range Planning, 15*(2), 54–66. https://doi.org/10.1016/0024-6301(82)90120-0

Weill, P., & Ross, J. W. (2004). *IT governance: How top performers manage IT decision rights for superior results.* Boston: Harvard Business School Press.

Westermann, G. (2021). *Kosten-Nutzen-Analyse. Einführung und Fallstudien* (2. Aufl.). Erich Schmidt.

Widjaja, W., Yoshii, K., Takahashi, M. (2014). Efficient Group Discussion with Digital Affinity Diagram System (DADS). In Y. Luo (Hrsg.). *Cooperative Design, Visualization, and Engineering* (S. 203–213. CDVE 2014. Lecture Notes in Computer Science, Bd. 8683). Cham: Springer.

Wiersma, E. (2009). For which purposes do managers use balanced scorecards?: An empirical study. *Management Accounting Research, 20*(4), 239–251.

Winter, R., & Fischer, R. (2006). Essential layers, artifacts, and dependencies of enterprise architecture. In *2006 10th IEEE International Enterprise Distributed Object Computing Conference Workshops (EDOCW'06).* IEEE.

Wirtz, J., & Lovelock, C. (2021). *Services marketing: People, technology, strategy* (9. Aufl.). Hackensack: World Scientific.

Witte, F. (2020). Verantwortlichkeiten, Zuständigkeiten und Kommunikation. In*: Strategie, Planung und Organisation von Testprozessen* (S. 165-176). Wiesbaden: Springer Vieweg.

Womack, J. P., & Jones, D. T. (2003). *Lean thinking: banish waste and create wealth in your corporation* (2. Aufl.). Sydney: Simon & Schuster.

Zuzak, R. (2017). Early warning systems for strategic and crisis management. In *Proceedings of the International Scientific Conference "Knowledge for Market Use–2017: People in Economics–Decisions, Behaviour and Normative Models, Olomouc, Czech Republic* (pp. 459-463).

Zwicky, F., & Wilson, A. G. (1967). *New methods of thought and procedure: Contributions to the symposium on methodologies.* Berlin, Heidelberg: Springer.

Prof. Dr. Marius Schönberger ist Professor für IT, Technik und wissenschaftliches Arbeiten an der IU Internationale Universität. Seine Schwerpunkte sind Künstliche Intelligenz, Mensch-Maschine-Interaktion, IT-Projektmanagement sowie Führungs- und Kommunikationstechniken. Zuvor war er Geschäftsführer des Forschungsinstituts für Bildung und Digital (FoBiD) an der Universität des Saarlandes. In dieser Funktion war er für die Leitung und Begleitung von Forschungs- und Entwicklungsprojekten in den Bereichen Bildung und Digitalisierung verantwortlich. Als IT-Leiter eines mittelständischen Medizintechnikunternehmens in Saarbrücken war er für den Betrieb der IT-Infrastruktur und der IT-Systeme verantwortlich.

Stichwortverzeichnis

© Springer Fachmedien Wiesbaden GmbH, ein Teil von Springer Nature 2025
C. Aichele und M. Schönberger (Hrsg.), *Business Consulting – Methoden,*
Techniken und Einblicke, https://doi.org/10.1007/978-3-658-49390-5